钢琴教学与演奏

策划 周广仁

我的青年时代

〔美〕阿图尔·鲁宾斯坦／著

梁全炳　姚曼华　梁镝／译

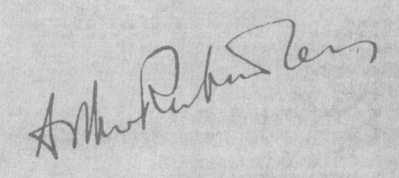

中央音乐学院出版社
CENTRAL CONSERVATORY OF MUSIC PRESS

·北京·

图书在版编目（CIP）数据

我的青年时代/鲁宾斯坦著；梁全炳，姚曼华，梁镝译. —北京：中央音乐学院出版社，2005.5（2025.4 重印）

ISBN 978-7-81096-103-5

Ⅰ.我…　Ⅱ.①鲁…　②梁…　③姚…　④梁…　Ⅲ.鲁宾斯坦，A.（1887~1982）—自传　Ⅳ.K835.135.76

中国版本图书馆 CIP 数据核字 （2005）第 043660 号

我的青年时代

阿图尔·鲁宾斯坦 著

梁全炳　姚曼华　梁镝 译

出版发行：中央音乐学院出版社

经　　销：新华书店

开　　本：A5　印张：22

印　　刷：三河市金兆印刷装订有限公司

版　　次：2005 年 5 月第 1 版　　印次：2025 年 4 月第 4 次印刷

书　　号：ISBN 978-7-81096-103-5

定　　价：168.00 元

中央音乐学院出版社　北京市西城区鲍家街 43 号　邮编：100031

发行部：（010）66418248　　66415711（传真）

谨 献 给

奈拉，和我共同生活了40年的妻子与朋友，

是她鼓励我写出了这本书，

并且对我充满冒险经历的年轻岁月表示出了

令人钦佩的理解。

目　录

中文版序

钢琴艺术史中曾出现过三位姓鲁宾斯坦的伟大钢琴家。前面二位安东和尼古拉兄弟俩是俄罗斯钢琴学派的奠基者，分别创建了圣彼得堡和莫斯科音乐学院。第三位就是阿图尔·鲁宾斯坦，波兰犹太人（1946年入美国籍），1887年出生于波兰罗兹市。他长达八十余年的艺术生涯丰富了近一个世纪的世界音乐生活。他的现场演奏和录制的大量唱片，以及后来制作的音像制品，更是钢琴艺术史上的宝贵财富，影响了一代又一代的钢琴家。他的演奏给人们树立了高雅的艺术标准，尤其是他作为波兰钢琴家对演释和推广肖邦的作品起到了权威性和指导性的作用。

读伟人的传记，尤其是自传，往往给人以丰富的知识和深刻的启迪，因为它包含了伟人所生活的那个时代的历史文化背景以及贯穿于伟人成长过程中的奋斗精神。很幸运，现在有梁全炳一家音乐爱好者热心地将阿图尔·鲁宾斯坦的自传《我的青年时代》译成中文，为我们认识、研究这位伟大的波兰钢琴家提供了宝贵的资料。

在这部自传中，阿图尔·鲁宾斯坦诚实、坦率地叙述了自己从童年到青年成长过程中所经历的学习音乐、独立奋斗等具有传奇色彩的故事。文笔生动细腻，极富幽默感。

书中讲述的鲁宾斯坦早期音乐教育问题，引起了我极大的兴趣。鲁宾斯坦年幼时显示出非凡的音乐才能，幸运的是他11岁时遇到了"伯乐"——伟大的匈牙利小提琴家约瑟夫·约阿希姆。约阿希姆为小阿图尔设计了一套将其培养成音乐家的方案。

约阿希姆的指导思想是："不能把孩子作为神童利用，他应该接受全面的教育。"于是他为小阿图尔专门请来老师教授他欧洲历史、哲学和文学等课程。尽管小阿图尔10岁前已学会讲俄、德两种外国语，约阿希姆还是让他继续学习英语和法语，因为他认为，对音乐家来说，语言知识是最宝贵的财富，是研究文学艺术及各民族音乐的重要条件和资本。在音乐课程方面，他为小阿图尔安排了钢琴、乐理、和声，弹伴奏和听室内乐及乐队的排练等。如此全面、系统的教育，为鲁宾斯坦打下了坚实的基础，以至于6年后，年仅16岁的鲁宾斯坦就能够独立奋斗了。

阿图尔·鲁宾斯坦非常善于学习，他通过不同途径学习各种知识和技能。他从他的同龄人和同胞弗雷德里克那里学会了正确、全面地理解肖邦，懂得了肖邦音乐的声音特色；他从克拉拉·舒曼的一位女学生那里学到了有关舒曼和勃拉姆斯作品的宝贵知识；他通过和一些著名演奏家一起演奏室内乐，积累了合作经验。有一次，他在参加了一部歌剧的排练后，把女主角完美的气息控制移植为键盘上的分句，并从歌唱中领悟到如何谨慎地运用自由速度。

阿图尔·鲁宾斯坦的青少年时代充满了艰辛和坎坷。他曾经在身无分文的窘境下，在波兰山区朋友的住处，每天深夜刻苦练琴，大量地钻研钢琴文献，扩大自己的演奏曲目。他的艺术道路尽管如此艰难，但是鲁宾斯坦生性乐观，他始终坚信这样的人生观："要无条件地热爱生活——不论生活是好是赖，我都爱它，不提任何条件……这是唯一的活法。"

中央音乐学院出版社出版阿图尔·鲁宾斯坦的自传《我的青年时代》中文版，这是中国钢琴教育事业的一件幸事，相信此书会给钢琴教师和学生以及广大的音乐爱好者以很大的启发。

周广仁

2004. 11. 25

作者的话

    我从来没有坚持写过日记，而且，即便有，它也一定和我的其他物品一起，在两次世界大战中丢失得一干二净。所幸，我记忆力超常，几乎能够追忆起我漫长人生的每一天。

    我要向读者诸君请求宽恕，原谅我的书写得如此简单，不过，它忠实地叙述了我年轻岁月中有过的拼搏、错误、奇遇，以及传奇般优美和幸福的故事。

童年在波兰

1

我有这条命多亏了萨洛梅姨妈。我是兄弟姐妹中的第七个孩子,最小的哥哥八年前出世,父母绝对不愿意再要我了。若不是萨洛梅·迈耶尔姨妈竭力相劝,我肯定进不了这个磨难之谷①。

我父母居住在罗兹,这是俄国占领区②里的一个城市,离华沙不远。它是波兰最年轻,然而却是第二大的城市。大概在19世纪中叶,沙皇尼古拉一世为了建立合理的棉毛纺织工业,便从西里西亚聘请德国工匠在这个名叫罗兹的小城定居下来。罗兹在波兰文里意为"小船",这个名字叫得很有讽刺意味,因为周围没有任何河流。于是,成百上千的手工业者涌进城里,他们整理好工具,建造起像样的作坊,迅速发展起蒸蒸日上的工业。受到新财富的吸引,犹太人便从全国各地涌向这座年轻的城市。他们很快掌握了德国人的羊毛纺织技术,而且在并不太长的时间内甚至赶上了自己的师傅。随即这两拨人就开始了残酷的竞争,工厂像雨后春笋一样冒出地面,住房、旅店、剧院、教堂和犹太会堂眨眼之间拔地而起。因为拥有整个俄国、乃至亚洲的一大部分作为销售市场,罗兹就成为位居莫斯科之下,沙俄帝国最大的工业

---

① 磨难之谷:指凡尘世界,源自《圣经》。——用阿拉伯数字标出的注是译注,下同。

② 俄国占领区:1772-1795年,波兰三次被俄国、普鲁士和奥地利三国瓜分,丧失了独立。罗兹处在俄国占领区。

中心了。

波兰当地居民对这一巨大的机遇没有表现出很大的兴趣。做生意并不吸引他们，他们喜爱的行当依然是农业、科学和艺术。但是数千农民进入工厂工作。于是，罗兹便变成波兰心脏里的一个外国城市了——这真是怪事。

我的外祖父海伊曼是第一批到这座新城碰运气的人中的一个。他成功了，于是建立了有八个女儿和两个儿子的大家庭，我母亲最年长。我父亲是普尔图斯克人，那是华沙北边的一个小镇。他建起一个小作坊，生产手工织就的衣料，并娶了我母亲。他们接二连三地生了六个孩子，三男三女。之后，事隔八年，在1887年1月28日，我这个"姗姗来迟"的不速之客按响了生命的门铃。大家告诉我，母亲生我很困难，但并未能够妨碍我胜利地闯进这个眼泪之谷。我本该取名莱昂，我估计，这是出于一些感伤的原因，但是我的小哥哥伊格纳齐，当时他八岁，激烈地反对：

"他的名字，"他喊道，"必须叫阿图尔！既然阿图尔·某某（指一个邻居的儿子）小提琴拉得那么好，那么这个小东西说不定也能长成个大音乐家！"

就这样我便叫阿图尔①*了。

我们居住在罗兹主要街道彼得库夫大街上，在一座漂亮住宅的一套宽敞、朝阳的公寓里。家里把我交给一个叫戴克拉的奶妈照看、喂养。她对我很尽心。但我听说，后来她偷东西被抓住，关进了监狱。我极为害怕，担心是不是随着她的乳汁也吸进了她

---

① * 阿图尔：后来，我的经纪人索尔·胡罗克为宣传之便，将我的名字写成 Artur（阿图尔）。在斯拉夫语国家，我都签名为 Artur（阿图尔）；但凡是在通常做 Arthur（阿瑟）的国家，我的签名也相应变成 Arthur（阿瑟）；在西班牙和意大利，我则签名为 Arturo（阿图罗）。——有星 * 号标出的注是原注，下同。

的不良习惯。不过，后来的日子表明我的担心毫无必要。我从未偷窃过——到目前为止！

我对音乐的第一印象来自工厂阴郁、单调的汽笛声。早上6点，天还没亮，成百的汽笛就已经在催促工人们上班。不过，一旦那些茨冈人走进房前的庭院，我便能听到美妙得多的音乐。他们带着穿了衣服的小猴子又唱又跳，一旁的所谓单人乐队则摆弄着各式古怪的乐器。此外，还有犹太小商人为收购旧衣服、俄国小贩为推销冰淇淋而发出的吆喝声以及波兰农妇唱歌似的夸耀自家鸡蛋、蔬菜和水果的叫喊声。我很爱听这些喧嚣，尽管从来没有什么能诱导我说出一个单词，但我总是愿意哼唱——就是用我的嗓音模仿——我听过的任何声音，此事在家里很是轰动。这轰动很快转化成为一种竞赛：大家赛着教我唱歌。这样，我就学会了按照人们各自的旋律来辨认他们。

"谁给了你这块蛋糕啊？"母亲会问我。

"呀，呀-呀，呀呀，"我唱道。

母亲满意地点点头："噢，我懂了，是路齐娅姨妈。"

波兰有一种饼干叫做"玛祖卡"，于是，想吃它时，我就会唱一段著名的"玛祖卡舞曲"。

我扮演这种鹦鹉人的角色大约两年功夫，直到一个重要的事件完全改变了我的生活。父母亲买回一架立式钢琴，我的两个姐姐雅德维加和海拉就要开始上钢琴课了。这件神圣的乐器完全占据了我的心灵，从此，休息室成了我的天堂。我唯一的武器就是哭闹，所以只要有人企图把我从那里弄走，我就恣意地开火。

当时已经订了婚的大姐不过是为提高修养才上钢琴课的。大姐的老师，肥胖的姬燕斯卡女士所讲的每句话，每个提示，都被我认真地听进心里。而且，看着她因为大姐弹错一个音符而打大姐的手心时，真叫人开心。有时，大姐在练习中出了错，我便打大姐一下。我就是这么一半玩耍、一半当真地学会了所有琴键的名称；并且，背对着琴，我也能说出每个和弦的音符，甚至是最不谐和的那些。自那时起，掌握错综复杂的键盘对我只是"过家家"而已。不久，我就能够弹出所听到的任何旋律，先是一只手，然后是两只手。有时，我会代替大姐和姬燕斯卡老师弹些四手联弹的曲子，并在适当的时候，煞有介事地停下来，把琴谱翻到下一页，装作我真的在照谱弹奏。

自然，家里人不会不注意到这一切。这里，我应提及，所有人，包括祖父母、外祖父母、舅舅、舅妈、姨父、姨母，谁也没有显露出过（哪怕少许）音乐才华。起初，他们觉得很有趣，但是当种种证据表明我的天赋之后，他们反而迷茫了。父亲偏好小提琴，认为小提琴比钢琴更通人性、更高雅。这个行当里几位神童的成功也令他印象深刻。他曾给我买过一把童琴，可被我一下子就砸坏了，我因而挨了一顿板子。他还做过一次努力，要我相信高贵的弦乐器的超凡脱俗，但遭到了彻底的失败。我本能地需要复调音乐、和声，而不是经常跑调、总要依靠伴奏的小提琴的纤细的声音。

真奇怪，已经过去了这么多年，童年的情景还如此清晰。我现在还能画出我家住房的布置；我生动地记得清早家中的喧闹，哥哥姐姐们冲出门去上学，不免会迟到；我母亲和一个女佣则要替他们准备一大堆三明治。他们总是手忙脚乱、大声喧嚷、互相斗嘴、忘记东西，好像大军出征——之后，就是绝对的寂静，只剩下钢琴陪着孤零零的我。

三岁半时，我的爱好已极为明显，家里决定应该为我的天赋做点什么。纳丹·福尔曼姨父（他德文很娴熟）给当时最著名的小提琴家约瑟夫·约阿希姆（Joseph Joachim）教授写去一封信，把我的情况详细告诉他，并请他出主意该如何来关心这样的天分。时任柏林皇家音乐学院院长的约阿希姆教授很友善地回了信。信中说，在我不满六岁前，什么也不必做，到六岁则应该把我交到一个好老师的手里。"如果你能带孩子来柏林，我很愿意见见他。"他在信中还补充了这么一句。

这话把家里搅了个底朝天……伟大的约阿希姆对小阿图尔感兴趣！

全家反复考虑、掂量了各种计划，最后决定上柏林。我大姐雅德维加的未婚夫毛里斯·朗道是年轻有为的羊毛代理商，一个高大、黝黑、英俊的人，很慷慨地送给我许多昂贵的玩具，取得了大姐的欢心。我父母希望他们长女的嫁妆能在德国首都置办。眼下就是个绝好的机会，我母亲和大姐可以带上我。

几天后我们就上了路。那次旅途中，我所记得的只是俄、德边境。我们到达那里时正好是半夜。叫人心惊肉跳的铃声把我们从睡梦中惊醒，母亲赶忙哄我安静下来。沉静了片刻，三个带着手枪和长刀、马刺在高筒靴上咔咔作响的俄国大胡子宪兵闯进包厢，并粗鲁地要求我们拿出护照。俄国和土耳其当时是唯一要求这种证件的欧洲国家。我被吓得要死，觉得肯定要被送上绞刑架了。以后每次通过俄国边境，我都无法摆脱这种神经质的恐惧。

到了柏林，我们住在萨洛梅·迈耶尔姨妈家。她是我的教母，并让我感觉好像到家了一样。我对那个大城市的唯一记忆就是有轨电车和电梯，黑白两色石头铺成的马赛克人行道，整洁的街道和房屋，但最主要的是没有我熟悉的烟囱和汽笛。我有一张自己的照片，四岁，和我漂亮的小表妹芳妮·迈耶尔（Fanny Meyer）一起拍的。这张照片总让我回想起这第一次到柏林的情景。

一天早上，我被带去见约阿希姆教授，他正在自己的琴房等我。这位大师当时约六十岁，身材高大，体格相当结实，面孔被花白的艺术家式的长发、大把的络腮胡子、浓密的八字胡须以及两道粗眉毛遮掩着，甚至两只大耳朵上也长有绒毛。起初，他那低沉的、瓮声瓮气的声音使我害怕。不过他目光中慈祥可亲的神情立即让我定下神来。约瑟夫·约阿希姆不大在意我姐姐对我天赋的煞费苦心的描述。他要亲自发现这一切，而且由于他对所谓的神童持有怀疑，就开始全面地考查我，就像医生检查病人一样。

首先他在钢琴上敲出许多复杂的和弦，叫我说出这些音符的名称，之后我还要用其它的方式证明我完美的听觉。我记得，最后他哼出舒伯特的《未完成交响曲》优美的第二主题，让我弹出来。我要先找出正确的和声，然后把旋律移调弹出。

当我令他满意地完成了这一切要求后，约阿希姆把我从地板上抱起来，亲了我一口，拿给我一大块巧克力。然后他告诉我母亲和大姐：

"这个孩子可能成为非常伟大的音乐家——他确实有这方面的天赋。多让他去听优秀的歌唱，但是不要把音乐强加给他。当他到了该认真学习的时候，带他来找我。我将十分高兴地监督他的艺术教育。"

感谢过大师的盛情，我们离开时满怀喜悦。两个星期后，雅德维加的嫁妆都已准备妥贴，我们返回罗兹，受到热情的迎接。全家得知我注定会有一个美好的前程都激动不已。整个城市都被约阿希姆的看法所影响，甚至报纸上都热情地报道了我们的柏林之行。

大惊小怪的人们关切着那些在我看来毫无价值的琐事，比如我演奏的曲调，或者猜和弦；而我一次能跳三级楼梯、比别的小男孩跑得都快这些英雄壮举却都无人提及。

雅德维加出嫁时，在家里举行了体面的犹太婚礼。婚礼之后的舞会上，请了一个有四五个人的小乐队。他们一开始演奏，那喧闹的乐曲声就令我兴奋地爬上一把椅子，装成指挥，开始胡乱地比划起来。不一会，我就摔在地上，结果头上碰出一个大包，鼻子也流了血。看起来，我不是当指挥的料。

2

我父亲购置了一栋房子。我们家住了第三层的一半，另一半由外祖父母海伊曼他们一家居住。这么相邻而居，大大加强了我们和母亲那边家人们的联系。他们可都是正统的犹太人。按照传统，每星期五全家都应和族长一起团聚。这样，我们家也就开始隆重地过安息日①了。

随着一个名叫诺爱米的可爱的小姑娘的出现，我在这一环境中的生活便有了新的转折。她是我的表妹，和我同岁，是弗朗季娅姨妈的养女。弗朗季娅姨妈是我母亲没有子女的三个妹妹中的一个，她就紧挨着我们家住。

诺爱米圆圆的小脸、金色的卷发、一双蓝眼睛闪耀着脱尘的表情，以及她细腻好看的皮肤，就像拉斐尔画出来的天使。她个性温顺，而且我们相亲相爱，形影不离。她的母亲在生她的时候去世，而她的父亲、我的巴维尔·海伊曼舅父再婚了，这让我感到有责任保护她。

弗朗季娅姨妈宠爱这个孩子，她的丈夫又很有钱，所以她尽量让诺爱米生活得十分舒适，也间接地让我生活得十分舒适。我们每天玩乐的地方是漂亮的儿童游乐室，它包括两间宽敞的、阳

---

① 安息日：犹太教每周一天的"圣日"，从星期五的日落到星期六的日落。是上帝休息的日子，和基督教星期日休息意思一样。

光充足的房间，里面摆满着玩具。一位女家庭教师照管着我们，领我们出门散步。我们轮流在姨妈家或者我们家一起吃饭。诺爱米，我叫她奈姆特卡，特别爱和我玩过家家，我们一个当丈夫，一个做妻子。她盲目地顺从我，总把最好的食物留一些给我，每当我碰到困难，她就立即大哭起来。当我坐下弹琴，我的琴声令她惊叹得屏住了呼吸。我想，我们大概是天底下最快乐的孩子。

之后的两年如梦似幻，那是极为幸福和无忧无虑的童年时光。我们玩累了，诺爱米和我就听女教师讲童话故事，但很快我们就开始编织自己的故事，而且我们越来越喜欢自己编故事，我们的生活就好像说不完的童话。我可以幸福地说，我从来没有改变过这种对生活的感觉……

罗兹那时是所能想象得出的最不健康、最不卫生的城市：没有公园、广场、林荫道、或者孩子们的操场。空气被化工厂的废气严重地污染，而从烟囱冒出的黑色浓烟遮天蔽日，因此我们每天出门散步，从健康观点看，只是个形式罢了。晚上的罗兹更糟。由于没有现代化的下水道体系，粪便都是用马拉小铁罐车往城外送，这使大街小巷臭气熏天，不堪忍受。

然而诺爱米和我都是以另外的眼光来看待所有这些不足的。我们爱罗兹！工厂是带有宏伟城楼的古堡，俄国警察是吃人的妖魔，街上的行人则是化了妆的王子和公主！

在家里，我常用钢琴来描绘我们日常生活中的故事或者小场景。我最大的成功是模仿外婆和厨娘吵嘴。低音声部的颤音预示着暴风雨即将来临，接着两个声音在持续的渐强（crescendo）中相互打斗，直到最后，一个突如其来的和弦结束了这场戏。

有一个晚上，父母领我去歌剧院，一个意大利巡回剧团正在演出《阿伊达》。歌手和布景都给我留下深刻的印象，但是一听到长号的第一组强音，我就吓得尖叫起来，只得被匆忙带回家。那晚之后很长一段时间，我都不能忍受长号的声音。第一次带我去听音乐会时，我更能适应些。后来，我去听过波兰钢琴家尤瑟夫·希利文斯基的演奏，可是我太小了，还不懂得欣赏。

大约就在那时候，一个号称"神童"的小男孩来罗兹开了一场音乐会，并且非常成功。他就是小提琴家勃罗尼斯瓦夫·胡贝尔曼①，当时年仅10岁。他的演奏使我很是高兴，我父母请他来玩。在家里，我俩相互为对方演奏，他同我非常亲近。直到他去世，我们始终是朋友。

然而，对我来说，当时最重要的事件是一个由荷兰人尤里尤斯·克瓦斯特指挥的小交响乐队来罗兹访问。乐队演奏了格里格的《培尔·金特组曲》第1号，它让我如此激动，以至于回到家后，我就能够弹奏出几乎整个曲子，这使全家大为吃惊。克瓦斯特先生应邀来我们家，听过我的演奏，认为已经该让我去上钢琴课了。家里立即遵从了他的建议。

我的第一个老师是巴甫沃夫斯卡女士，她是老学派的典型代表，她首要的努力就是让我的肘部紧靠身体两侧，还有就是放在我手背上的硬币不能在弹音阶时掉下来。白白奋斗了三个月之后，她不得不承认失败。于是我的学业又被委托给阿道夫·普莱赫奈尔先生。他是个古怪、有点魔力的人，一脸麻子，留着浓密的黄胡须。他说话要么过于温柔，要么声嘶力竭，但他是个懂行的人。在短时间里，我有了很大的进步，而且很快就能弹奏莫扎特、门德尔松和巴赫的曲子了。

一天清早，父亲走进我的屋子，脸上的表情很吓人。他挥动着手里的报纸，用悲伤的声音对我说："阿图尔，你知道谁去世了吗？"

---

① 勃罗尼斯瓦夫·胡贝尔曼（Bronislaw Hubermann, 1882 - 1942）：波兰小提琴家，曾师从约阿希姆。14 岁演奏勃拉姆斯小提琴协奏曲，作曲家亲自出场聆听。以色列爱乐乐团的创办人。

我被这个问题吓得大哭起来。

"安东·鲁宾斯坦[①]!"他喃喃地说道,"现在,你的前途被毁了!"

显然,父亲原本是打算把我送到这位碰巧与我同姓的大音乐家那里去的。他是位于圣彼得堡的帝国音乐学院的院长。他过早的去世粉碎了我父亲的计划和希望。然而,当时我并不理解这个损失有多大。直到今天我才意识到,要是安东·鲁宾斯坦能多活那么几年,我的艺术生涯会多么不同。

一天,某个机构的管理委员会询问我父母是否同意我参加一个募集善款的音乐会。这对他们是个重大的决定。我还不满 8 岁,要征求普莱赫奈尔先生的意见。在他同意之后,我们就立即开始准备我作为音乐会钢琴手首演的曲目。

音乐会的日期定在 1894 年 12 月 14 日。那天一早,全家都激动得开了锅,不过我还保持着平静和愉快。我刚得到诺爱米一份精美的礼物,试过漂亮的带白花边领的黑丝绒西服,感觉自己十分重要。音乐会进行得很有光彩。一位年轻女士演奏了门德尔松的小提琴协奏曲,一位男士唱了几首歌,接着就轮到我出场。看见一大盒巧克力摆在化妆间,我演奏了莫扎特的奏鸣曲、还有一首舒伯特和一首门德尔松的作品,情绪极好,并受到听众的热烈欢呼。听众里我的家人、他们的朋友、以及热爱音乐的罗兹犹太人和德国人占了大多数。诺爱米为我感到骄傲,这使我特别高兴。

两个星期后,我被送进学校上学了——自然是俄国学校,因为波兰学校是不允许存在的。我们被训练得能熟练地背诵沙皇及

---

① 安东·鲁宾斯坦(Anton Rubinstein, 1829 – 1894):俄国钢琴家、作曲家。与人携手创立了彼得堡音乐学院,即帝国音乐学院,并任院长。同时,他创作甚丰,包括钢琴协奏曲、奏鸣曲等,《恶魔》是其歌剧作品。

其家人的正式头衔"皇帝陛下、全俄罗斯的君主、波兰国王、芬兰大公等等",然后是学唱俄国国歌。我厌恶这一切,并对强加于我的这些纯属外国的东西忿忿不平。在家里我们都说波兰语,我是个波兰人。很奇怪,学校中浓重的异族气氛反而使我意识到我多么热爱波兰。下午,我和姐姐弗朗尼娅一起上波语课,那是我巨大快乐的源泉。

整整一年我的生活过得单调但很有规律,直到一天晚上,我被突然地送到大姐雅德维加的家里过夜。我已经两天不见诺爱米了。别人告诉我说她生了病。我想可能有什么事不对劲,但大家对我的问题总是躲躲闪闪的:"你必须离她远一些,诺爱米感觉不舒服。"而且他们的神情沉重而紧张。接着的几天我真是痛苦,人们行为古怪,我一出现他们就交头接耳,回避着我。我感觉自己像一只被主人遗弃了的狗。最后有一天下午,雅德维加满面泪水地回到家里。一见我,她就控制不住地哭起来,我立即就明白了一切。我猜到了真情:奈姆特卡已经不在了,我的小奈姆特卡死了!

雅德维加强压着嗓子说:"诺爱米出远门了。"我痴傻而轻信地笑着点点头。我不能忍受他们告诉我……我不愿听……我只想一个人呆着。

波兰语有一个词:"扎尔",一个美丽的词,但很难翻译。是悲痛、怀念、追悔、心灵受创,还有更多的意思,像内心里有一种哀号的感觉,那么地无法忍受,撕心裂肺。

第二天早上,我父亲带我去散步。他才说了几个字:"阿图尔,你知道……"我就立即打断他,迅速地说:

"是的,知道,知道,爸爸,她走了,但她会回来的!"

我的童年就此结束。此时此刻,我变成了一个大男孩。过了好几年,我才能谈论这件事,并倾听夺走她生命的那可恶的猩红热的细节。我可爱的小奈姆特卡,她现在自然已经是一个天使了，如果天使真存在的话！

我经历了一段烦躁的时期，变得脾气暴躁，不听话，不想吃饭，避着家里人，并且开始和学校里的男孩打架。没人能说动我弹琴娱乐一下。我每天只是懒洋洋地、随手弹弹音阶。我唯一喜欢的就是和卧病的外公玩牌，他教我最最复杂的玩法，吸引了我的注意力。我不甘心失去自己的小伙伴，满心的怒火、妒忌与仇恨，对着某件事情——或者对着某个人，我也说不好。一天晚上，毫无睡意，我突然明白了。是的没错，就是上帝，我外公的那个上帝，他向他的上帝热情地祈祷，并向我保证上帝无所不知，无处不在，能看穿我们最隐秘的思想，能保护我们，而且从来不会错。好吧，我痛苦地想，那么他怎么能做出如此不公、如此可怕的事情来？他一定是精神失常了吧，或者心不在焉。但是人们说过，对上帝而言，这样的情况是不可能的。一个疯狂的愿望控制了我。我要弄清楚上帝是否真的存在，是否知道我的怀疑——好吧，我就冒这个险，即使要以生命为代价。于是，我这个小男孩，笔直地坐在床上，屏住呼吸，怕得要死，脑子里想着这句恐怖的话：上帝是个傻瓜！我期待着他立刻出现，期待着他的致命一击，或者至少也是一声惊雷。但是什么也没有发生。于是我高声重复那句令人胆寒的咒骂，但还是没发生任何事！我夜复一夜地重复着这令我神经紧张的一幕。此外，我在学校也不开心，所有的知识都被迫死记硬背，从来不让我们喜爱自己的功课。不过，我学会了讲俄语和德语，我周围到处有人讲德语。加上母语波兰语，我已学会了三种语言。

在那个年代，俄国在政治上充满着不安定和骚乱。不满的工人阶级如饥似渴地倾听着知识分子所宣传的社会主义理论，那些所谓知识分子，主要是大学生和高中生。由于越来越难以控制这种宣传，革命运动被组织得很有成效，俄国秘密警察便使用了臭名昭著的"挑衅方法"。在合法、和平的集会上,例如游行或者庆典,派一个便衣警察混进人群。一旦这个"挑衅特工"突然喊出攻击沙皇或者政府的言论,或者开他一枪,便是警察干预的信号:他们一拥而上,殴打群众,逮捕领导。这样的行动就是最初的"集体迫害"。

很不幸,我曾目睹过这种场面。一天放学后走出校门,我和几个男孩停下脚步,观看一名工人的葬礼,我猜是个政治鼓动家。几百个工友跟着灵车默默地走着。突然听得一声大喊,不知从哪里冒出大批宪兵,手里挥舞着出鞘的军刀冲入人群,砍杀群众。我们惊恐万分,跑进最近的一个门洞躲藏起来,从那里观察了整个事件。参加葬礼的人们,抬着伤员试图散去。但当宪兵第二次进攻时,他们义愤填膺,便同攻击者们厮打起来。于是可怕的事情发生了。从旁边一条街道上冲出一队哥萨克,手里挥动着短皮鞭(我们称他们为哥萨克,但实际上是从西伯利亚调来的蒙古人)。他们骑着矮小的马匹,帽子歪盖在一只耳朵上,疯狂地冲向人群,毫不手软地狠抽所有的人。而在受害者绝望地呼喊着逃命而去时,杀红了眼的哥萨克就进攻无辜的旁观者,其中大都是穿着长袍的犹太老人。他们无情地对无辜者拳打脚踢,然后又去砸商店的橱窗……到处都是鲜血……我们能看见受害者脸上令人心碎的表情。事情结束很久我们才回家,心中满是死者的样子,眼前永远抹不去那恐怖的景象。

一天夜里,我心爱的老外公海伊曼死了。他卧病很长时间,是在睡梦中静静地去世的,哭泣声把我惊醒。第二天上午,全家人都来了,个个戴着孝,眼泪汪汪的。人人压低着声音说话,跑进跑出,安排葬礼。至于我,我又一次装做不明白究竟发生了什么事,也不让任何人解释。我恨死亡,实际上是害怕之极。我曾经向有着不同宗教信仰的同学们打听,想了解哪种宗教对死者的躯体处置得最好。我不愿被埋掉。我希望在通风的陵墓里，躺在置放于高大灵台上的透明棺材中。

父母亲越来越担心我郁闷的心情和对学校的反感。我甚至连钢琴都荒疏了，普莱赫奈尔先生也抱怨我心不在焉和懒惰。我只爱读书，碰到什么就读什么。我最爱显克维奇和儒勒·凡尔纳[①]写的小说、神话故事、历史书籍以及名人传记。但是诗歌除外。我感觉诗歌是冒充的音乐，是一种"音乐的穷亲戚"。每当听到形式、韵律和节奏是用来为高贵的词汇服务，而不是为声音服务的时候，我就替它感到害臊。只要家里任何一个年轻姑娘开始朗诵诗歌（当时这很时髦），我就会神经质地笑起来，不得不离开房间。

父母亲决定，我应该转到华沙去上学。

3

我很高兴离开罗兹。仓促准备之后，一天早上母亲和我就前往华沙。两个城市相距只有三小时的火车路程，但是两地反差之大却使我十分惊讶。我们离开了无主的土地，来到波兰的中心——欧洲永恒的战场。古代的波兰人由于运气不好，选错了邻

[①] 儒勒·凡尔纳（Jules Verne, 1828–1905）：法国小说家，现代科幻小说的奠基人。作品有《格兰特船长的儿女》、《海底两万里》、《从地球到月球》、《八十天环游地球》等。

居，这块毫无抵抗力的地域，夹在可怕地威胁着和平的俄罗斯与德意志两个国家之间。

波兰是个平原国家，处处是田野和森林。在有限的几条河流中，维斯瓦河成为它的大动脉。南部边境有一片美丽的山区。波兰并无异常值得夸耀之处。当时的城市简朴而守旧，总难从战争和革命中恢复过来。村庄简陋落后，道路破败，人民穷困。

我爱这生养我的国家，但是我的爱与民族主义①或者沙文主义毫无共同之处。我的故事将会展示，我只在国内度过了短暂的时光。但波兰的一切对我都具有不可抗拒的魅力，常使我沉溺于思乡之情。这魅力是有实在的根据的。例如，这里的四季是分明的，不会错乱，就像严谨的交响曲：四个理想的乐章，相互间在本质上是和谐的，它们并不会被混淆。每个季节都在短暂的生命中彻底展示各自的美，这独特的自然景色令人感触颇深。伟大的波兰作家符瓦迪斯瓦夫·莱蒙特②在荣获诺贝尔奖的小说《农民们》中，完整地表现了农民的生活、他们的感情和希望、欢乐与忧愁是如何被每个季节的特点所决定的。我个人偏爱波兰的秋季，还有它温柔、忧郁的黄昏，此时，大自然浓淡相间地涂着金色、棕色和黄色，成为肖邦一些最动人的夜曲的天然背景。

还有那森林，好像专门为童话创造的！那田野，在金色的麦穗轻柔地随风摇曳时，我从来不能看着它们而喉头不哽咽。即使是人民也都有着各自的印记：一个贵族、一个农夫、一个犹太人、一名女士、一名妓女、一个工人、一个学生，所有的人都具有不会相混的特点。农民们甚至保持了各地传统的色彩鲜艳的服装。

---

① 民族主义：英文版此处是"爱国主义"，疑似笔误，故根据波文版改为"民族主义"。

② 莱蒙特（Wladyslaw Reymont, 1867–1925）：波兰杰出小说家。因创作长篇小说《农民们》荣获 1924 年诺贝尔文学奖，其他作品还有《福地》等。

我的青年时代

　　我出生时，国家只剩下了波兰全部领土的三分之一。三个狡猾的统治者——"伟大的"普鲁士国王腓德烈、也冠有"伟大的"俄罗斯女皇称号的臭名昭著的叶卡特琳娜二世、以及奥地利女皇玛丽·特雷萨，通过一个邪恶的联盟，把波兰一分为三：东北部，以华沙为首都，成立了傀儡波兰王国，而俄国沙皇则窃取了国王的称号；西北部分变成德国的"东部边疆"，首府是波兹南；而南部则被奥地利人称为"加利西亚省"，省议会位于利沃夫，但却包括了波兰历史古都克拉科夫。

　　我第一次看见祖国的本色时，心情十分激动。我们住在"盎格鲁旅馆"，就是拿破仑在东征俄国时住过一个晚上的那家旅馆。我被那烛火通明的房间和房间里精致的古董家具与厚重的玻璃镜迷住了。

　　离旅馆不远处便是著名的"萨克森花园"，这是波兰"大力士国王"奥古斯特建造的。贵族们宏伟的府邸和王宫给华沙增添了特别庄重的氛围。街上挤满了快乐、精力充沛的人群，什么也不能阻止波兰人享受生活。妇女们看起来特别有吸引力，活力四射而且高雅。在这座城市里有一种不可抵御的愉快的气氛，它占据着我整个身心！在这里，俄国宪兵的存在更加刺痛着我。我非常反感俄语译文写在波兰语招牌的上方。不过，最使我火冒三丈的是在最显眼的地方树起了纪念俄国胜利或者颂扬波兰卖国贼的纪念碑。此处，我想起一件很好笑的轶事。好像是说在一个波兰小城里，新任命的市长召集所有重要人物，发表辞令优美的演讲，号召他们慷慨解囊，为刚刚镇压过波兰人起义的俄国将军树立塑像。"你们又重新归属于我们神圣的俄罗斯母亲和幼小的沙皇父亲了，这都要感谢他！"新市长结束时这样说。到场的人忧郁地点着头，开始申报：一些人5卢布，另外一些人10卢布。市长飘飘然起来，因为他干了一件漂亮的工作，这在圣彼得堡肯定会得到赞许的。

"先生们，我谢谢大家！"他说，"那么，我的副手就开始收钱啦。"

"钱？谁说钱来着？"一位年长的波兰人回答，"我们原是打算去坐牢顶替的。5 卢布相当于 10 天，10 卢布就是 15 天，依次类推……"

母亲和大钢琴家亚历山大·米哈沃夫斯基约好了见面时间，他是华沙音乐学院的首席教授。他用以接待我们的音乐室看起来像个万神殿，房间里点缀着几十个系着丝绸彩带的月桂花冠，都是他音乐会的战利品。我很快就发现，这样的装饰是当时波兰文艺界流行的自我炫耀的方式。但是树叶上积聚的灰尘之多，简直使人无法弹奏，我禁不住又是咳嗽，又是打喷嚏。尽管如此，米哈沃夫斯基还是鼓励我，说他认为我现在在他身边学习还太小，不过，他准备大约一年之后再一次听我弹奏。目前，他建议我先到鲁日茨基教授那里去学习。鲁日茨基教授出版了许多手指练习教材和钢琴练习曲。于是我母亲和鲁日茨基教授联系，他接受我当他的学生，甚至听也没有听我弹得怎么样。

"我的杰出的同行的评价对我已足够。"他声言道。

母亲把我留下，由我们的一个亲戚格拉斯太太（一位寡妇）照顾，她和她的女儿伊莎贝拉———一位很漂亮的年轻姑娘住在一起。她们的公寓在一幢陈旧、破败的住宅的附属庭院里，位于第四层，房子本身并无任何引人之处。一架租来的立式钢琴放在给我用的那间昏暗又不通风的房间里，看来我要在那里一连住好几年。母亲走后，我感到非常孤单，但是几天之后，华沙的魅力就起了作用。

终于，我可以和与我同龄的波兰男孩一起在迷人的萨克森花园里面玩耍，那是我欢乐的新源泉。用波兰语开设的家庭课程使我大感兴趣，而且我还发现格拉斯太太有些关于波兰历史的禁书。我起劲地全部读完，还有显克维奇①宏伟的三部曲也一样。这位作者的一个短篇小说，《哈尼娅》，甚至给了我写一部歌剧的灵感，我兴致勃勃地动起手来。就在这一切都让我异常兴奋时，鲁日茨基先生的钢琴课却不是这样。他是个高大、发胖的老人，蓄着长长的花白胡子，懒惰而且精神不振。上第一节课时他对我就漠不关心，要我弹一首莫扎特的奏鸣曲，但使我吃惊的是，在我弹琴时他却呼呼大睡。在被最后一个和弦弄醒之后，他含糊地说上几句，要求我买了他出版的几本手指练习教材，一天必须练三小时，然后就打发我回家。接下来的课程都是如此。

我不理会这种枯燥的家庭作业，宁愿研究我有兴趣的音乐。一旦有哪一位舅舅或者姨父从罗兹来到华沙，我的日常课程就往往被打断。他们会带我上馆子，饭后就去歌剧院。我的这些姨父和舅舅都是些怪人，每人都很有个性。巴维尔·海伊曼舅舅、诺爱米的父亲，是罗兹穿着最讲究的男人，处处模仿着威尔士亲王（后来的英王爱德华七世）的式样。他专门到伦敦购买西服和帽子，头发和胡子也都是照爱德华国王的样式修剪的。他拍照时更喜欢照国王的样子摆姿势，手里常常拿着一根马鞭，尽管事实上他从来没有骑过一次马。另外，巴维尔舅舅还有一种作风，我们都说他是"爱扇人嘴巴"的那种人。用法文说，就是"好动手打人的人"。如果谁在生意上和他作对，他就直接采用这种有说服力的办法，尽管在生活中他属于最温和的一类人。而他的弟弟雅库布二舅则完全不同。他是个顽固不化的单身汉，过着不折不扣的游手好闲的生活，夜总会没有他没到过的。他喜欢请我吃早

---

① 显克维奇（Henryk Sienkiewicz, 1846 - 1916）：波兰最伟大的作家。代表作为：《你往何处去》（获1905年诺贝尔文学奖），历史三部曲——《火与剑》、《洪流》、《伏沃迪约夫斯基先生》，更有短篇小说精品：《为了面包》、《炭画》、《灯塔看守人》、《哈尼娅》等。

点，通常都是咖啡、面包圈和压缩黑鱼子，而且还会给我唱些下流音乐厅里的小调。

另一位姨父，鲍莱斯瓦夫·什奈克，在我生日时送给我两尊贝多芬和莫扎特的泥塑胸像，由于酷爱歌剧，他郑重其事地说：

"阿图尔，你记着，有三位伟大的音乐天才——贝多芬、莫扎特和巴蒂斯蒂尼①！"

好多年我都真诚相信这一点，特别当我听过这位意大利男中音在安东·鲁宾斯坦的《恶魔》和威尔第的《茶花女》中演唱后，就更加深信不疑了。他让我激动万分。他与卡鲁索同是我所听过的最优美的男声。

鲁日茨基教授还是在上课时睡得很香甜，这大大妨碍着我的进步。格拉斯太太不时给我一个信封，里面装着给老师的学费，由我交给他。有一次，我拉响了他公寓的门铃，代替女仆来开门的是个大约十三岁的男孩。

"那位骑士（男孩们相互交谈时就是这样用第三人称的）带钱来了吗？"他不客气地问。

"没有。"我小声地回答。

"那就不上课啦！"他大叫一声，就"砰"地把门关上。

这对我是个巨大的震动。这是我生平第一次遭到侮辱，我非常伤心，坐在楼梯口上哭了很长时间。我给父母写了一封信，描写了那一幕，也提到教授上课爱睡觉的毛病。

之后不久，母亲就来把我接回家。他们最后一次见面时，鲁日茨基先生告诉她说，他看不出我作为钢琴家有多大前途，说我在上课时太不专心。那个侮辱了我的男孩是他的儿子，路道米尔·鲁日茨基，他后来成为歌剧、芭蕾舞剧和其他作品的著名作

---

① 巴蒂斯蒂尼（Mattia Battistini, 1856 – 1928）：意大利男中音，被誉为"男中音之王"。

曲家。不过，我始终没有弹过他音乐的一个音符。

我这次回罗兹可不太风光。我感到周围是一片失望和不以为然的气氛。我逐渐也觉得自己是个完全的失败者，而且城里的烟雾和臭气，街上来去匆匆、边说话边打手势的行人，以及缺少树木，都加重着我的失落感。

外公去世后，父母延续了过"安息日"的传统，倒不是出于宗教精神，而是为了制造一种纯粹的社交气氛。晚餐时有大约二十个最亲近的家庭成员，其余的人稍后才来。饭菜十分可口：母亲在做犹太式鲤鱼、狗鱼上是一位艺术家，在做鸡、鸭、鹅上也没人能比得上！

我极为喜爱星期五夜晚的聚会，不仅仅因为美味佳肴，我没有贬低它的意思，还因为那亲切、迷人的气氛。席间，讨论就开始了。起初是心平气和的，尔后声音就越来越大，直到最后所有人都在同一时间放开喉咙大声喊叫。但是没人会在意，这不过是宣泄一下自身的活力罢了。福尔曼姨父很擅长讲故事，总是有新鲜事可说。"爱扇人嘴巴"的舅父巴维尔会描述自己最近行动的细节。有时也让我弹上一曲。夜深时分，还会上些很淡的热柠檬茶，外加特别好吃的自制饼干。

这些周五晚上的聚会始终照常举行，直到一个晚上，我发现情绪起了变化。男人们都在低声说话，母亲心情很糟，我则被早早送去睡觉了。只有父亲一人沉默不语，但是他的行为很古怪，而且最令我不安。

一天早上，"炸弹"终于响了。当时我正在客厅练琴，我母亲的一位又高又大的表弟走进房间，帽子也没脱，就声嘶力竭地喊叫起来。母亲想制止他，结果反而火上浇油。他侮辱了父亲，还用非常粗鲁的言词威胁要把父亲告上法庭，以至我忍无可忍，突然扑过去，在他的手上狠狠地咬了一口，咬出了血。他大叫一声，朝着我的脑袋打了一记，就离开了。于是，母亲把一切都告诉了我。原来罗兹发生了经济危机。雇有数千工人、装备着现代化机器的大工厂，把所有的手工纺织作坊都挤垮了。我父亲成为首批受害者中的一个，并且彻底破产了。母亲的那个表弟害怕以前借给父亲的一笔钱会血本无归。不过，他错了，母亲断言，一切借款将分文不少地归还，哪怕我们要挨饿。父亲信守诺言，卖了房子、工厂、一部分家具以及银器和其他细软。后来我曾遇到这个表舅，他对着我笑，但我装做根本没看见他。

父亲是个有趣的人，善于分析，很有哲学头脑。他是在严格的正统环境中长大的，上的是希伯来学校，念过《犹太法典》。但这未能满足他的求知欲，于是他设法学习了法语和德语，以便能读那些伟大哲学家的作品。他还年轻时，他的父母就在同一天，在1863年起义①期间，被俄国人枪杀了。因此，他像许多人一样，为了碰运气，来到罗兹。在这里他认识了我母亲，为了能够娶她，他必须成为一名商人，当然是做纺织生意。

我出生时，父亲已四十好几了。他中等个头，腰挺得笔直，一双小眼睛，一个长长的尖鼻子，漂亮的前额，短下巴。我不记得他有哪怕一根白头发。他算不上英俊，但有着异常的魅力、和善的微笑及优雅的风度。他厌恶生意和金钱，唯一的娱乐就是读书，那时手边总少不了一杯柠檬茶。他为自己过目不忘的好记忆力而自豪。只要扫过一眼，什么数字、日期或者名字就都会深深刻在他心底。这个本领后来变成带点卖弄的癖好。他会用下面这类问题来折磨我们：

"孩子们，七年前的今天发生了什么事？"

一片沉默。

"谁记得？说说！"他坚持问道。

---

① 波兰1863年起义：1863年1月23日爆发于波兰王国和立陶宛的反俄武装起义，波兰史称"一月起义"，属于争取民族解放性质。1864年秋被沙俄军队彻底镇压。

谁也不记得。

"俾斯麦和威廉二世皇帝大吵了一架。"他胜利地微笑着。

就这样，上个世纪的大事小事被悉数过了一遍。父亲超然而谨慎地爱着他的家庭，很少干涉我们，更难得发火，而一旦发火，那可真叫人害怕。

我母亲就完全不同了。她精力过人，而且完全生活在现实之中，尤其是全家每个人的现实情况之中。可怜的妈妈，我知道她向来不是发愁就是生病。她年轻时长得很漂亮，很健康，后来得了一种气管炎，引起我所听到过的最厉害的咳嗽。她一咳嗽，我就怕得要死。她从来不关心自己，却从早到晚为别人操劳。如果家里情况看起来顺利，母亲就痛苦地唉声叹气，装出动弹不得的样子。但是一听到家里有人感觉不舒服，她就立即跳起身，带着她无穷的精力，急切地奔向病人，不容分说地自己控制起事情的进程。只有这种时候，她才感觉良好，感到幸福！全家都崇拜她，而认为父亲过于自我封闭。大家不理解他的那种节制。不过，他深深地爱着母亲，虽然他们常常发生激烈的争执。

当我们家的经济开始拮据时，我最大的两个姐姐已经出嫁。大姐雅德维佳已经有三个孩子，而二姐海伦娜则成为阿道夫·朗道大夫的新娘了。二姐夫（阿道夫）是大姐夫毛里斯的哥哥，是个极其值得尊敬和讨人喜欢的人。最小的姐姐弗朗尼娅也已订婚。我大哥斯塔尼斯瓦夫是个谦逊的年轻人，心地十分善良，他在银行任职，我非常喜欢他。我的二哥大卫，在柏林学习电气工程。而最小的哥哥伊格纳齐，我的名字就是他给取的，是家里的害群之马，但他是最聪明的一个。由于参加社会主义活动，他被学校开除了，并且，在他加入革命党之后，遇到了真正的麻烦，这让我们全家非常焦虑。

一家人都散开了。父母住在福尔曼姨父家的空房间里。我哥哥斯塔尼斯瓦夫和弗朗尼娅寄居在另一个姨妈家，而我则被雅德维佳大姐带到了皮里查河畔的一个名叫伊诺符沃奇的度假胜地。在我还要小一些的时候，我们总会在一个可怕的小村庄度过一部分夏天，那里距离罗兹如此之近，我从来没有真正感觉到已经摆脱了烟雾和汽笛。但是伊诺符沃奇是个很有趣的地方。雅德维佳的别墅离河不远，可以看见河对岸的原野和森林。很幸运，我们搞到一架钢琴，我可以好好练习，而且我还参加了由一名华沙来的很严肃的年轻学生办的班。我和几个可爱的孩子成了朋友，我们都很喜欢过暑假，午饭前我们在河里游泳，然后去上课，每天的课都是以弹钢琴结束。下午我们就去森林里远足或者到某个别墅去参加聚会。一周有两次舞蹈课，这在我的面前展开了一个全新的世界。就在那时我第一次爱上了一个姑娘。她叫马尼娅·舍尔，是个苗条、个子颇高的 12 岁女孩。她两条乌黑的辫子拖到腰间，双腿匀称，一双波斯公主般的眼睛。每次她和我跳舞，我就高兴得好像上了天，激动得很难说出话来。

马尼娅清楚我对她的热情。有时她会亲亲我这个钢琴弹得很棒的小男孩。于是我便挠她一把，生气地跑开。我可不能容忍她不把我当做她的情人。大姐雅德维佳有时允许我租一匹安静的老马骑一骑。我一早便骑上那匹名叫罗森纳特的马出发，想引起我的意中人的兴趣，好像自己是一个 16 世纪的西班牙征服者似的。我会碰上马尼娅正同一个 16 岁的"老头儿"打情骂俏，而且那家伙有一头火红的头发。我恨透了他！

随着秋天来临，我们该返回城里了。当时对我而言，在罗兹的生活并不太开心。父亲接受了在一个舅父的工厂里当会计的职务。他像通常那样安详，所有空闲时间依然都花在读书上，毫无灰心丧气的样子。但我可怜的母亲就很气馁，最近这一年对她的影响极其严重。她更加神经质，而且她咳嗽得让人很不安。伊格纳齐被捕了，因为警察在他的房间里发现了宣传革命的材料。我们甚至都不知道他被带到哪里去了。

我自己的生活全乱了套。我只能在福尔曼家客厅里的小沙发上睡觉，没有钢琴，没有任何课程，而且无事可做。但是感谢奇迹般的命运，我还是幸福的，甚至很幸福。原来我的初恋情人马尼娅就住在街对面！我整天就站在窗子跟前，像条狗一样等着看街对面房子里有什么信号或者什么动静。每当看到她拉动窗帘的手，或者她背对着窗子时的辫子，我的心就像敲击军鼓一般。

一天上午，母亲和我，为了三哥的事，不得不去拜访俄国秘密警察的头头。他满脸堆笑、十分客气地接待了我们，说话时语气温和亲切，但他的目光是冷峻的、残忍的，就像豹子的眼睛那样。我为他弹了钢琴，因为他喜欢音乐，接着母亲哭了起来。最终，那个警察头头告诉我们，伊格纳齐关在华沙的一所监狱，可以给他寄钱、香烟和食物。如果他表现好，也许过一阵能获释。实际上，两个月后他们允许伊格纳齐回家了。他脸色稍稍苍白了些，温顺了些，他为给我们增添了许多担忧而感到非常难过。但是我们感觉到他丝毫没有放弃自己的革命理想，也不会停止危险的活动。几周之后他又被捕了，被发配到西伯利亚，时间长达五年。

就在这期间，家人一直就我的前途问题进行着没完没了的讨论和咨询。我已经十岁，该是就我的事拿出一个具体决定的关键时刻了。去华沙毫无成果。在安东·鲁宾斯坦去世后，圣彼得堡也不必考虑。剩下的自然是维也纳，大名鼎鼎的特奥道尔·莱舍蒂茨基①教授就在那里工作和活动，但是那里我们没有熟人。于是，又提出了把我送到柏林的想法。

---

① 特奥道尔·莱舍蒂茨基（Teodor Leszetycki, 1830 - 1915）：出身波兰的大钢琴教育家，曾任职于圣彼得堡和维也纳。是帕德雷夫斯基的老师。

成长在柏林

4

这个重要的决定已经作出：几天后母亲和我将出发去柏林。但这次一想到要走，特别是想到再也见不到马尼娅，我的心就发紧。去亲切的华沙很容易，离家那么近，但现在则完全不同了。就好像离开一艘正在沉没的轮船，而船上还有亲人。我的心里充满对父亲的同情，可他却像往常一样平静，没有显露任何感情，甚至还在检验我们的记忆力。

"五年前的今天发生过什么事情？"

一片愕然。

"阿图尔的热巧克力茶弄脏了露霞姨妈的衣服。"

但是父亲很不开心。他极喜欢我，我知道这次的分离对他意味着什么。他是对的：从那一刻起，生活把我们分开了。

就这样，母亲和我又去柏林了。我们受到萨洛梅姨妈、她丈夫齐格弗雷德·迈耶尔和他们的四个孩子的真诚的欢迎，并和他们一起住了一段时间。那对我是非常紧张的一段时日，每天都约好和某位著名的钢琴老师见面。我不得不当面给埃尔里希教授、耶德里奇卡教授、莎尔文卡教授以及其他名声较小的教师弹琴。

这些拜访中，有一次我记得很清楚。我要弹给霍夫曼父子听。母亲有一封给他们的介绍信。我对能会见著名的尤瑟夫·霍夫曼特别激动。他是波兰人，出生于克拉科夫，当时才 22 岁，但已名声在外。在俄国他被认为是他的老师——永志不忘的安东·鲁宾斯坦——的唯一继承人；在美国则被看做受人喜爱的帕德雷夫斯基独一无二的竞争对手。很容易想象，要在他面前弹奏，我有多么惶恐。他们以波兰传统的好客接待了我们，特别是老霍夫曼，他是钢琴教师，认真地听了我的弹奏。年轻的尤瑟夫·霍夫曼是一副完全无所谓的样子，然而在音乐测试结束、我们已准备离开时，他却令人惊讶地留住我们，然后带着一股孩子般的自豪，给我展示他拥有的各种小玩意，其中还有伟大发明家爱迪生送给他的礼物。虽然这些东西让我印象深刻，不过他对音乐的漠不关心的态度，却多少有点使我失望。

真不走运，费鲁齐奥·布索尼（Ferruccio Busoni）这时正好在外地巡演，这对我的艺术生涯是个沉重的打击，因为他无论在艺术修养上还是在文化素养上都有开阔的视野，并且是个真正的伟人，他定能引导我的才华朝着更好的方向发展。由于大家对我这个人普遍没有兴趣，以及著名钢琴老师索要的学费昂贵，母亲有点灰心了。这时她决定再次带我去见约瑟夫·约阿希姆。虽然他作为小提琴家，可能对一个年轻的钢琴手的兴趣要小些，但母亲需要听听他的建议。他像从前那样高尚热诚地接待了我们，让我们大为感动。

"我的孩子，弹点莫扎特的东西给我听听吧。"他用他那深沉、柔和的男低音说道。我弹了《a小调回旋曲》，大师明显感到满意。他走出房间，回来时拿着一条林德牌苦巧克力。然后，约阿希姆教授请我母亲到另一个房间，商量我的未来，并作出了对我一生的最重要的决定！这个伟大人物自己承担了指导我的文化和音乐教育的责任，母亲感激得不知如何是好。仅仅在几天时间内，他就说服自己的三个朋友拿出所需的大部分资金，而他自己负担了这个基金的四分之一。这是伟大艺术家的极为慷慨大方的表示——他并不富有——而且是为了一个年纪小小的外国人，仅仅因为他初露才华。他的三位朋友是著名的银行家：罗伯特·门德尔松，一位业余的大提琴爱好者，著名作曲家费利克斯·门德尔松的侄孙；罗伯特·瓦施豪威尔，本人完全不通音乐，但他妻子崇拜约阿希姆；最后一位是马丁·莱维，他是个已经退休的生意人，创作弦乐四重奏是他的嗜好，虽然他写得不错，不过没有多少新意。三人之中只有马丁·莱维对我表现出个人兴趣。在他举行的晚宴上，通常都聚集着封建普鲁士以及驻柏林的外交使团的最为上层的人士，他也经常邀请我去为他的客人们弹奏。

约阿希姆向母亲提出的一个重要条件就是，不把我当做神童加以利用。他坚决地说，在我达到艺术成熟之前，应该接受全面教育。我在此可以骄傲地说，我的父母完全遵守了这一诺言！

于是，我的新生活立刻开始了。根据约阿希姆的推荐，皇家音乐学院的资深钢琴教授海因里希·巴尔特（Heinrich Barth）接受了我。更有甚者，他还同意免费教我，并替我管理全部财务事宜，比如接受四位资助者的付款并从中支付我的生活费与其他课程的学费，等等。事情一时间显得相当顺利，我最近的将来看来也得到保证，掌握在很内行的人的手里了。

我的学校文化课的教育成为一个非常重要的问题，而且约阿希姆、巴尔特和我母亲为此进行过多次讨论。最后决定不把我送到实科中学，而是决定我最好在家里接受教育。但是要找一个合适的教师并不容易：他不但要能够安排我参加中学每年的考试，还要让我能够跟上学校的全部课程。

最后他们找到特奥多尔·阿特曼博士，他将独自负担教育我的重任。一天上午9点钟，巴尔特教授把我领去上他的第一节课。课程每天两小时。

我认识阿特曼的那一天是永远忘不了的！我觉得他很高（当然我还是个孩子），是个身材魁梧、甚至有点发胖的人，大约四十岁的样子，生着一张大而圆的脸，鼻梁上架着一副金属镜框夹鼻眼镜，上面拴着条黑带子。剃了德国式的短发。我见他的第一眼就喜爱上了他，这是他眼睛闪耀着的温暖和智慧的光芒使然。

说到这里，我要对这位了不起的人表示我发自内心的感激。我尊敬的、心爱的特奥多尔·阿特曼先生，开始你像任何普通教师一样给我上课。我们从德国历史、地理、拉丁文，还有可怕的、讨厌的数学开始。你能精彩地向我介绍这些各不相同的课程的内容，我也热切地吸收着你讲的每一个字。你用清晰、准确的术语表述你的思想，听你上课是一件令人愉快和兴奋的事。

至于数学，它对我简直是灾难！你经常生气，甚至跑去向巴尔特教授抱怨——但一切都枉然。伟大的毕达哥拉斯①和欧几里得②，以及崇高的代数学让我觉得乏味得要命！

"你为什么要我证明他们伟大的理论呢？我毫无保留地相信它们啊！"我无望地反对道。

但是，几节暴风雨般的课之后，你明确无误地挤了挤眼睛，我看到对我苦难的一丝同情和内心的理解。你很清楚，不懂高等数学并不妨碍我的未来。感谢你，从此刻起，生活就变成持续不断地从学习中获得快乐了。你为我展现了各个时代的伟大哲学家们——柏拉图③、苏格拉底④、亚里士多德⑤以及后来的康德⑥和

---

① 毕达哥拉斯（Pythagoras，约前580 - 约前500）：古希腊数学家、唯心主义哲学家。

② 欧几里得（Euclid，约前330 - 前275）：希腊数学家。著有《几何原本》。

③ 柏拉图（Platon，前423 - 前347）：古希腊唯心主义哲学家。苏格拉底的学生，亚里士多德的老师。著有《理想国》、《法律篇》、《对话》等。

④ 苏格拉底（Sokrates，前469 - 前399）：古希腊唯心主义哲学家。好谈论，但无著述。其言行大都见于同柏拉图的一些对话中。

⑤ 亚里士多德（Aristoteles，前384 - 前322）：古希腊哲学家、科学家。留下有多种著述，如《工具论》、《形而上学论》、《物理学》、《伦理学》、《诗学》等。

⑥ 康德（Kant，1724 - 1804）：德国古典唯心主义哲学家。作品有《纯粹理性批判》、《未来形而上学导言》、《实践理性批判》、《道德的形而上学》等。

叔本华①。我们一起阅读尼采②的《扎拉图斯特拉如是说》，而我更加着迷于他的散文的优美，对他的思想倾向则不那么感兴趣，虽然他的第一部著作《悲剧的诞生（The birth of tragedy）》中清楚阐述的音乐和美术之间的差别得到了我完全的赞同。上历史课时，你很快就丢开课本上干巴巴的文字，带着我去遨游多少世纪的人类历程，给我指出人类自身的弱点给今天造成了怎样的结果，还有对权力的贪婪，以及人性的邪恶。

接下来，你又会让我看到生活的多姿多彩的美丽，看到生命的无穷无尽的可能，同时你唤起了我面对这一切的勇气。

你给我读的书籍总能成为我最忠实的朋友。多亏了你，我认识了歌德③、海涅④、克莱斯特⑤、巴尔扎克⑥、莫伯桑⑦、陀思妥

---

① 叔本华（Schopenhauer，1788－1860）：德国唯心主义哲学家、唯意志论者。认为"意志"才是宇宙的本质。主要作品是《世界即意志和观念》。

② 尼采（Nietzsche，1844－1900）：德国唯心主义哲学家、唯意志论者。提倡"主观战斗精神"，主张"超人"哲学。著有《悲剧的诞生》、《扎拉图斯特拉如是说》、《善恶的彼岸》、《道德的世系》等。

③ 歌德（Goethe，1749－1832）：德国诗人、剧作家、思想家。代表作有诗剧《浮士德》和小说《少年维特之烦恼》等。

④ 海涅（Heine，1797－1856）：德国诗人、政论家。作品有《德国——一个冬天的童话》、《西里西亚织工》等。部分诗歌由音乐名家谱成歌曲传唱。

⑤ 克莱斯特（Kleist，1777－1811）：德国剧作家。有剧作 8 部，部分被称为"命运悲剧"，如《破瓮记》、《赫尔曼战役》、《洪堡王子》等；小说《米夏埃尔·科尔哈斯》。

⑥ 巴尔扎克（Hanoré de Balzac，1799－1850）：法国作家。代表作有小说《驴皮记》、《欧也妮·葛朗台》、《高老头》等。1829 年开始写《人间喜剧》，计划写 137 部，完成91部，如《幻灭》、《贝姨》、《邦斯男舅》、《农民》等。

⑦ 莫伯桑（Guy de Maupassant，1850－1893）：法国作家。一生写有近三百篇短篇小说，如《羊脂球》、《菲菲小姐》、《一个女长工的故事》、《归来》等，和六部长篇小说，如《一生》、《漂亮朋友》、《温泉》、《比埃尔和让》等。

耶夫斯基①、果戈里②和托尔斯泰③。11岁时我便被他们深深地打动了。是的，你把我当成一个成年人看待，你宽容地、并且饶有兴味地听着我的感想或观点，甚至容忍了我尖锐地表达出来的评论。

我感谢你做的一切，我亲爱的阿特曼，全身心地感谢你！

5

母亲不得不回家照顾其他家人，所以开始急切地寻找住房和可以将我相托的合适人选。这事的难度很大。多数提供膳宿公寓的德国家庭都不愿接受钢琴手，因为不希望受练琴的打扰。此外，他们对负责照顾我这样年纪的小鬼唯恐避之不及。妈妈从来没告诉我她是怎么成功的，反正她最终找到了她认为合适的地方和人选。

约安娜·罗森托威尔太太是个六十出头的女人，一个富商的遗孀。她出生在波兰，还能磕磕巴巴地讲波语。她丈夫给她留下一笔中等的收入，一套宽敞、漂亮的公寓，三个女儿和一个儿

① 陀思妥耶夫斯基（Dostoyevsky，1821－1881）：俄国作家。曾因参加革命团体被判刑流放。主要作品有《白痴》、《罪与罚》、《卡拉马佐夫兄弟》等。大都描写社会不平，反映"小人物"的痛苦；特点是刻画人物异化心理入微。

② 果戈里（Gogol，1809－1852）：俄国作家。作有长篇小说《死魂灵》，剧作《钦差大臣》，短篇小说《涅瓦大街》、《外套》等。

③ 列夫·托尔斯泰（Lew Tolstoj，1828－1910）：俄国作家。代表作有《战争与和平》、《安娜·卡列尼娜》、《复活》，短篇小说《哥萨克》等。

子。儿子去伦敦后便杳无音信。她要想过得舒舒服服，唯一的办法就是向主要为学习德语涌到柏林来的年轻姑娘们出租房间。实际上，她已经把她的家变成了女生公寓。我将要在那里度过三年时间，不过我感到就像阿喀琉斯①一样，成为被女性包围着的唯一一个男孩！

母亲离开后，我就处于罗森托威尔太太的照料下。她的女儿长得互不相像。大女儿玛丽亚身材修长，长着一头乌发和一个鹰钩鼻，毫无魅力，虽然是个好人。她注定会成为老处女。她的妹妹爱尔萨大约二十五岁，相当漂亮，高个子，十分骄傲，鼻子和嘴巴很好看（我很喜欢她）。最小的女儿阿丽西娅长得很丑，色泽暗淡的红头发，一个红肿的鼻子永远流着鼻涕，腿短而不匀称，还有着同样令人不悦的性格。她们三人组成了一个音乐三重奏组。玛丽亚弹钢琴，爱尔萨拉小提琴，而阿丽西娅正在力图成为大提琴手。爱尔萨有一段时间曾经幻想搞音乐，其他两人从来都是业余爱好而已。我立即就被这个家庭接受了，并且在这种女性的氛围中感觉很开心。

说到我的音乐教育，巴尔特先生，我的教授、从此也是我的导师，决定每周私下给我上两节课。课不在学校上，在那里每节课他最多上半小时，而是在他家里上，一节课常常可以长达一个半小时。此外，我还要跟着他以前的学生米盖尔·卡普龙奇上预备课程，他是西班牙马略卡岛人。因为约阿希姆先生仍然是皇家音乐学院的院长，我便得到特许，可以在学校里上理论课、和声学以及合奏课。而且，他还经常让我给他的小提琴课当伴奏——这对我是了解整个小提琴文献的极好机会。

---

① 阿喀琉斯（Achilles）：阿耳戈英雄珀琉斯和海洋女神的儿子。出生时被母亲握住脚踵倒浸在冥河水中，因此除踵部外，任何武器不能伤害他的身体。在对特洛伊的战争中出了大力。后来在与波吕克塞娜相会时被帕里斯射中脚踵而亡。

巴尔特教授是个令人敬畏的人物。他身高一米八以上，体格健壮，腿脚依然敏捷。他有着灰白色的头发，略微有点谢顶。他的勃拉姆斯式的长络腮胡子颜色已经花白。浓密的上髭覆盖着单薄的嘴唇和下巴。他的金边眼镜却使他的外表显得严厉固执。

我很怕他。谁也没有像这个 60 岁的男人这样令我害怕过！不过当我看到他的许多学生上完课后都是满脸泪水时，我很快就明白，我并不是唯一的苦命人。他的教学方法认真、正直得有点近于天真。例如，他的学生中有几个美国姑娘，就是那种来德国进修一阵德语，参观一些博物馆，欣赏一下歌剧，甚或找个著名教授学习一点钢琴，以便可以夸耀一番。但是不行！巴尔特教授可不这么看问题，做他的学生就应当刻苦并尽最大努力。

"我不会帮助你偷你父亲的钱！"他对着那几个女学生大叫道，"如果你还是不练琴，而把时间浪费在剧院和舞会上，那我是不允许的，你父亲会从我这里了解到一切真相的！"

可以想象，被这样折磨几周后，那些不幸的姑娘是多么地苍白和消瘦。她们最终只好连续数小时练习单调乏味的音阶。

当然，我的情况不同。首先，不论进剧院还是去跳舞，我都太小，再说，我父亲也没钱给我偷。此外，我有演奏钢琴的天赋，甚至可以称之谓才华，而且我很敏锐地觉察出，巴尔特对这种天赋怀有某种尊重。过了一段时间，我注意到他真的喜欢我。他不时露出温和的目光，通常冷峻严肃的脸上也会稍稍绽出孩子般的微笑，特别是在令人满意的表演之后。可是，如果我课前没有做好准备，就只有上帝保佑了！我开始弹琴，要是弹错了音符，我就会心惊胆战地发现，他的长胡子是怎样一点一点地翘起，直至与地面平行，这表示他正气愤地噘起自己的下嘴唇，并且咬住。然后就是天下大乱！他"腾"地站起身来，对我破口大骂，拳头砸在钢琴上，然后出去一会儿。稍稍平静后，他就阴沉着脸，一言不发，把我打发回家。

　　我的另外一个老师卡普龙奇完全是另一种人。他还很年轻，才将近三十岁，是典型的拉丁人，快乐，有一双会笑的蓝眼睛，柔软的金色胡须。他以开朗愉快的态度对待音乐。演奏古典曲目时，他脸上没有那种要证明"感情深沉"的皱着眉头的表情，那种表情在德国人中非常流行，且深得评论家们的青睐。对他来说，音乐只是快乐，而且他懂得应该如何与我分享这一快乐。我们会兴致勃勃地弹奏改编为四手联弹的舒曼的交响曲，或者贝多芬的一两首四重奏，然后就吃些他手头总有的上好的巧克力；作为愉快的结尾，卡普龙奇总要弹一些西班牙流行的音乐……我太喜欢这种做法了！

　　可惜，这种伊甸乐园的生活并没有维持多久。巴尔特教授发现我对马略卡岛人的好感后很忌妒，随便抓着一个借口就将我喜爱的卡普龙奇辞退了。他立即找来他另外一个原来的学生、上了年纪的老姑娘克拉拉·海姆佩尔小姐，让她按照他的方式来为我上他的课做准备，其目的就在于"结束在音乐中寻找乐趣的胡言"，逼我严肃地对待功课，不厌其烦地弹音阶……简而言之就是把我淹没在枯燥乏味的练习中去。

　　我灰心丧气地看着自己的手在琴键上左右移动，好像在清洁一副巨大的牙齿，没了丝毫动力。"你为什么不让我喜欢它呢？"我心里想，并记起四岁时父亲迫使我喝下非常难吃的汤时我拼命反抗的情景。我也不满意巴尔特给我挑选的曲目，那是他年轻时很流行、但现在早已过时的东西。他喂给我青年门德尔松的作品，还有舒曼较差的作品，只是偶尔同意让我弹一首贝多芬容易的奏鸣曲，还有巴赫的一些优美的、令我高兴的前奏曲和赋格。我的生活就这样进行着……

　　19世纪行将结束，柏林城正在经历政治变革。普鲁士人（柏林就是他们的首都）还一直陶醉于1870年对法战争的巨大胜利之中。由于这场战争的胜利，普鲁士王国变成一个强大的帝国

——令人畏惧、引发灾难的德意志帝国——的核心。今天我们对此知道得再清楚不过了。年迈的普鲁士王威廉成为德意志第一个皇帝，柏林成了帝国的首都。帝国其他的主权国家都在不知不觉中变成卫星国。

老独裁者的统治没有维持多久，而他的儿子，腓德烈，一个战争英雄和正直的人，才比他父亲多活了三个月。于是皇位落到阴险的威廉二世手里。他的狭小的气量和无限的野心将结束漫长而平静的维多利亚时代，把世界拖入没完没了的、充斥着悲剧的混乱中。

我是在新帝国的首相俾斯麦下台不久后到柏林的。威廉二世一想到自己在普法战争中只不过是个低级军官，就不能忍受。他要把整个战争的荣耀据为己有。他要让世界看看，他究竟是什么人！在除掉伟大的俾斯麦之后，他手脚自由了。首先，他必须有强大的海军，能够消灭可恨的"大不列颠秩序"的海军。恰恰就是我的姨父迈耶尔的表弟、伟大的军舰设计师巴林，一个犹太人，帮他达到了这一目的。按照德皇的命令，军队变成帝国中最高的阶层。仅在柏林就驻扎着五六个精选的近卫团。每条街上我都能碰到全副武装的军官，明显地感到他们的傲慢。

皇帝把我们柏林人置于不断的恐怖之中，计算着每项措施能引起多少轰动。他是第一个采用这种手段的人，后来的希特勒之流将其发展到极致。他一天内就和奥地利、意大利结成三国同盟，他相信这个三国轴心会对欧洲其它国家构成威胁。另外，他对英、法两国拥有的大片殖民地垂涎三尺，仅凭威胁就吞并了西非和东非的两块主要的殖民地。他永远在行动，经常出人意料地出现在政治上敏感的地方。对广泛宣传的他的土耳其之行，我还记忆犹新。他身着东方长袍，骑马进入土耳其首都，希望这样能赢得整个穆斯林世界的好感。

在柏林，我们不停地有大型阅兵式。纪念色当之役的"色当日"变成全国最重要的节日。皇帝，在五个虎背熊腰的儿子的簇拥下，隆重地进入军事博物馆，那里展出着最近几场战争中获得的战利品。但是他从未对牺牲的士兵表示过敬意。我记得他有两个引人注目的特征：他的左臂生来就比较短，这是他要千方百计加以掩盖的缺陷；还有，他那著名的胡子，胡子尖弯弯地向上翘着，他自己显然是非常满意，一半的德国男子都趋之若鹜地仿效。

看着柏林从一个小王国的首都迅速发展成为世界级大都会是饶有趣味的。一条又宽又长的林荫道，通过勃兰登堡门与著名的菩提树大街相衔接，穿过动物园，一直延伸到市郊。新房子和新修的街道随处可见。以前市郊普通的夏洛腾堡现在变成了重要的商业和艺术中心，建起新的剧院、咖啡馆和饭店。选帝侯大街成了柏林的香榭丽舍大街。城市人口似乎每天都在数以千计地增加。甚至年代久远的音乐学院大楼，一幢简朴而高贵的建筑，文化部也发现它不够用了，而代之以一座现代化的、外表像监狱的楼房。

1900 年前后，这个大都会的文化和艺术生活达到了最高水平。城市拥有众多优秀的剧院，歌剧院和专门上演古典戏剧的皇家剧院都是由皇帝的私人金库资助，并吸引着许多杰出的歌唱家和演员。由费利克斯·魏恩加特纳（Felix Weingartner）指挥的歌剧院乐团为长票听众举行音乐会，成为演出季的重头戏。

但是我的心系着德意志剧院，其院长奥托·布朗姆（Otto Brahm）推出当时德国最杰出的剧作家格哈特·豪普特曼①的剧

---

① 格哈特·豪普特曼（Gerhart Hauptmann, 1862-1946）：德国著名作家，自然主义主要代表，剧作家，一生创作了四十余部作品，如《日出之前》、《织工》、《癞皮》等。获 1912 年诺贝尔文学奖。

作，也上演易卜生①、比昂松②、托尔斯泰以及许多其他名声较小的作者的作品。我崇拜在那里演出的男女演员们。我特别记得马克斯·赖恩哈特③，当时他还是个小演员，但很快他就离开德意志剧院，成了彻底改变戏剧生活的天才之一。

自然，最强烈地吸引我的还是柏林的音乐生活。对音乐家而言，德国的首都很快就变成世界上最重要的中心，他们来此寻求名声并得到承认。经纪人赫尔曼·沃尔夫（Hermann Wolff）把最著名的歌唱家、钢琴家、小提琴家和大提琴家召唤到了柏林。就是他让最伟大的指挥家阿图尔·尼基什（Arthur Nikisch）在柏林爱乐乐团执棒的。尼基什指挥的爱乐乐团音乐会成为我的音乐体验和艺术发展的主要源泉。我当时是为那些音乐会活着的，是同那些音乐会一起活着的。每个星期天上午 11 点钟，我就站在爱乐乐团的票房前，一脸的焦急，希望能够吸引到无所不能的赫尔曼·沃尔夫的目光。有时他不在，我便不免受一番煎熬。不过，谢天谢地，我总有办法成功地进去听公开的彩排。次日，星期一的晚上，乐团会为那些高贵的柏林社交圈举行正式演出，诚然，这些听众非常优雅，但不如星期天上午成群涌来的人们那样懂音乐和有热情。尽管如此，如果星期一能碰上某人发慈悲让我进他的包厢去听音乐，我会大大开心的。

一个多么奇妙、难以忘却的音乐世界展现在我面前！尼基什富有魔力的指挥棒让我了解了贝多芬和莫扎特所有的交响曲。当

---

① 易卜生（Henrik Ibsen, 1828－1906）：挪威作家、诗人、剧作家，尤以写作社会问题剧著称。代表作有：《玩偶之家》、《群鬼》。

② 比昂松（Bjornson, 1832－1910）：挪威诗人、剧作家、小说家，以戏剧创作成就突出，诗作《是的，我们永远爱此乡土》被用作挪威国歌歌词。获 1903 年诺贝尔文学奖。

③ 马克斯·赖恩哈特（Max Reinhardt, 1873－1943）：德国、奥地利著名演员、导演、戏剧改革家。希特勒上台后移居美国。

时柴科夫斯基、里姆斯基－科萨科夫、塞扎尔·弗朗克①和年轻的里夏德·施特劳斯被认为是现代派的作曲家，尼基什指挥的这些人的作品对我这样一个小男孩灵敏的耳朵来说，是一次又一次的新发现。从此以后我再也没有听到过这样演奏的音乐。尼基什是位个子不高的人，他长得身材匀称、五官端正。他的穿着总是非常考究。指挥时站得笔直，几乎纹丝不动，只有他的指挥棒以简短、节奏精确的动作驾驭着乐队。时而，为了强调某个乐句，他抬起左手，以那戴着闪闪发光的钻戒的纤细手指，指一指这个或者那个乐手。他优美、白皙的手上的那个戒指令他柏林的崇拜者们兴奋不已。这位小个子男人身上散发着无法抵御的魅力和力量，以至许多女人都爱上了他。我必须承认，我自己也完全在他的魅力控制之下了。

还有他的那些独奏演员！我听过欧仁·达尔贝②演奏贝多芬的《第四钢琴协奏曲》，他的演奏是多么的高贵与柔和，已经成为演奏这篇作品的典范深深地印在我的心中了。费鲁齐奥·布索尼相貌英俊、面色苍白，长得很像耶稣基督，有恶魔似的精湛技术，他大概是当时在世的钢琴家中最有趣的一个。演奏巴赫时，他那神秘的触键忽而能发出管风琴的声音，忽而又能弹出羽管键琴的声音，一种美妙的组合。布索尼以其丰富的感情和高超的技巧见长，以至他对李斯特作品的演奏至今无人可以超越，而且他能令作品听起来比原作更有分量。他对著名的《钟（campanella）》的演奏成了令人屏气凝神的体验，虽然他演奏的贝多芬和肖

---

① 塞扎尔·弗朗克（César Franck，1822－1890）：比利时作曲家，管风琴家。长期在巴黎任管风琴教师。作品富于浪漫色彩，气势宏伟，极重视套曲形式。歌剧作品有《于尔达》、《吉赛尔》。

② 欧仁·达尔贝（Eugen d'Albert，1864－1932）：法裔英国钢琴家，作曲家。16岁即作为音乐会演奏家登台。后跟李斯特学习，定居德国。继约阿希姆任柏林音乐学院院长。写有大量作品，包括歌剧 21 部，其中最成功的是《低地》、《死的眼神》、《启程》和《长笛独奏》等。

邦丝毫未能激动我。令我惊讶的是，他以一种嘲讽的情绪对待贝多芬最后的几首奏鸣曲，在速度和节奏上有很大的随意性；而他演奏的肖邦在技术上总是辉煌的，但缺乏热情和温柔，而这在肖邦作品中恰恰是很重要的。总体上说，布索尼对所有音乐家而言都是个令人敬仰的人物，他是带着尊严毫不妥协地走过了自己艺术生涯的榜样，是对自己的作品提出很高要求的榜样。在艺术家中，他总体文化素养之高也是罕见的，同样堪称模范。

我的偶像是比利时小提琴家欧仁·伊萨依（Eugène Ysaÿe）。虽然我已习惯于约阿希姆禁欲的克制和贵族般的高傲——他很少使用颤音（vibrato），但是这头比利时狮子琴声的丰满和富于感官刺激完全征服了我。不过，以后再来说他，第一次世界大战让我们建立了更亲密的关系。

约阿希姆对我的音乐发展还作出另一个宝贵贡献。约阿希姆始终高度关心着我，于是决定允许我出席他著名的四重奏团的排练，排练一般都在他自己家里进行。我为能聆听这位年长大师的评论和意见而感到自豪，那些见解对我大有教益，十分有趣，而且很有用。一天发生了意想不到的事情，今天提起来我还脸红。四重奏团的四位先生：约阿希姆、哈里尔（Halir）、威施（Wirth）和豪斯曼（Hausmann）对贝多芬的最后一首四重奏进行了近两小时的排练。那天天气很热，我就在阳光下非常不舒服地坐着，后来竟然睡着了，他们好容易才把我叫醒。约阿希姆以其一贯的善意对待了这件事，但好长一段时间我都感到羞愧。

至于我当时的社交生活，我已经开始在音乐圈内被认作是"有才华的小鲁宾斯坦——一个受约阿希姆保护的人"。因此许多柏林的音乐迷对我有了兴趣，开始邀请我到他们家去作客。我记得特别喜欢朗道一家。银行家威尔海姆·朗道（与我的两个同姓的姐夫没有亲戚关系）娶了罗兹一个银行家的女儿。夫妻俩对艺术都兴趣很浓。朗道太太喜欢用波语和我交谈，她丈夫则乐意听我的演奏。他们常常邀请我参加正式宴会。见钱眼开的罗森托威尔太太同意我去。我喜欢那些奢侈的菜肴，但总要回报一场短小的音乐会。当时这种剥削形式十分盛行，所幸，今天已经很少见了。

在其中一次宴会上，我认识了朗道先生的妹妹洛特·哈恩（Lotte Hahn）。她是位三十五岁左右、美丽而招人喜欢的夫人，还是个优秀的钢琴家。若不是财富、丈夫和孩子们的缘故，那么她已经为辉煌的艺术生涯做好了准备。

洛特·哈恩很清楚我对她的崇拜（有她在场时，我会不断地脸红，感到胆怯），但她以极为亲切、母亲般的方式对待我。她为我这种没有同龄男孩做伴、远离家庭而生活在女孩中间的"孤独生活"感到担心。于是她决定要为此做些什么。因为她的缘故，她13岁的长子库尔特成为我的朋友。他高个子，非常英俊，有一双最为真诚的蓝眼睛。一天他邀请我参加自己的"读书小组"。小组每周六晚7点聚会，库尔特和他的几个同学聚在一起，朗读古典戏剧作品，各自分担不同的角色。孩子们的父母轮流在自己家里安排聚会，还会给大家提供可口的晚餐。至于我，就只好作为名誉组员，因为我既没有家，又不能提供晚餐。阿特曼对这个主意十分赞赏，而我则太喜爱这种聚会了。我们读了歌德的《浮士德》，由施莱格尔和蒂克翻译的大量莎士比亚作品的优秀译本，克莱斯特、席勒①和莱辛②的最好的作品，甚至读了埃斯库罗

---

① 席勒（Schiller, 1759—1805）：德国剧作家、诗人。主要作品有《强盗》、《阴谋与爱情》、历史剧《华伦斯坦》三部曲、《奥尔良的姑娘》、《威廉·退尔》等。

② 莱辛（Lessing, 1729 - 1781）：德国启蒙时期的思想家、文艺理论家和剧作家。美术论著《拉奥孔，论绘画与诗的界限》、《汉堡剧评》奠定了德国现实主义文艺理论的基础。作品有《萨拉·萨姆逊小姐》、悲剧《爱米丽雅·伽洛蒂》、喜剧《明娜·封·巴尔赫姆》等。他对德国文化发展产生了重大影响。

斯①的整部《俄瑞斯忒斯》和索福克勒斯②的《俄狄浦斯王》，但是没读过阿里斯托芬的作品，也没读过任何现代作品。哈恩太太送库尔特和我到皇家剧院去看了上述一些戏剧。我有幸看到了出色演绎的莎士比亚的国王系列作品。

我们的"读书小组"建立在自治基础之上，运行得非常专业。我们大家一起投票决定谁扮演什么角色，并把表决结果当做最终方案。不允许互相指责，结果导致了每个人都固定扮演某一类型的角色。很自然，库尔特能完美地扮演高尚的英雄，决不会是其他的角色；弗朗兹·帕里塞，这个男孩有一副发颤的嗓音和一双笑眼，扮演滑稽角色；身体瘦弱、声音甜美的保罗·海因尼兹则非常不情愿地每次都演女角；胡果·佩尔斯，今天是纽约的艺术品经销商，令人信服地扮演了父亲的角色，当时他戴着牙齿矫形器，让我们觉得他很重要，并且十分羡慕；令我开心的是，我总被选中扮演坏蛋。作为理查三世，我得意洋洋地大开杀戒，清除登上王位的障碍；摇身变成魔鬼梅菲斯特，我抓住机会猛做鬼脸；身为雅戈，我开心地压低嗓音悄悄地说着那些刻毒的话！

我一向钦佩我年轻的同学们的克制与纪律，从不为任何表演表示赞扬或鼓掌，赞同时只是礼貌地点点头。有时，气氛活跃的晚餐之后，有些父母会请我弹弹钢琴，我就很高兴有机会能够小小地回报一下他们的招待。

我们小组里默认的导演是里夏德·福斯，一个智慧超群的家伙。他14岁，说起话来活像个老教授，严肃得要死，总能说到

---

① 埃斯库罗斯（Aischulos，约前525 – 前456）：古希腊三大悲剧作家之一。代表作为《被缚的普罗米修斯》、《俄瑞斯忒斯》（此为传统三联剧《阿伽门侬》、《奠酒人》及《复仇女神》）、《波斯人》等。

② 索福克勒斯（Sophokles，约前496 – 前406）：古希腊三大悲剧作家之一。现存《安提戈涅》、《俄狄浦斯王》、《厄勒克特拉》等7部完整的悲剧。他已不用传统的"三联剧"形式，而改成三出独立悲剧，把同时出台的剧中人增至3人，添改了彩画布景，改进了悲剧音乐，进一步发展了希腊悲剧。

点子上。后来，他成长为一位著名的律师。

洛特·哈恩还喜欢演奏室内乐。就是她把我引入勃拉姆斯作品之中的。一天下午，与一个优秀的小组一起，她演奏了勃拉姆斯的 A 大调和 c 小调两首钢琴四重奏。我无法描述我听到这音乐时是多么兴奋！她把我感动的样子看在眼里，当大家告别后，就把我留下，为我演奏了勃拉姆斯的几首钢琴曲，这使我更加理解和喜爱她了。

从这天起，我就迷上了勃拉姆斯。我必须了解他写的全部曲子，我醉心于读懂能够到手的勃拉姆斯的任何作品，却不去练习钢琴课上的作业。我赊账购买他的乐谱，甚至可以去偷钱来买！要是谁想送我什么礼物，那必须是我崇拜的大师的一篇改编成钢琴独奏的交响曲，或者一本歌曲集，或者一些室内乐。可怜的阿特曼，为我购买了一些昂贵的改编曲，几乎弄得破了产，我怀疑他给我上课挣的钱是他唯一的经济来源。我会迫使亲爱的海姆佩尔小姐用整堂课的时间来与我四手联弹勃拉姆斯的交响曲。当我告诉巴尔特教授，我渴望学会弹奏勃拉姆斯的《d 小调钢琴协奏曲》作品第 15 号时，他那惊讶的样子我永远忘不了。

"什么，什么？"他叫道，"我的孩子，你大概疯了吧！那可是令人生畏的作品啊，对你太困难了！"

那又怎样呢？当时我已发觉，只要真心喜爱就不存在克服不了的困难。一星期后，我已经能弹奏这首协奏曲了，这使巴尔特既惊奇又满意。

我的社交生活发展得很快，而且是多方面的。我天生外向，与生活在不同社会层面的各种各样的人们交往没有什么困难。一次，约阿希姆把我介绍给恩格尔曼（Engelmann）一家。这是个极为有趣的家庭。恩格尔曼教授是柏林大学生理学院的院长。他的妻子艾玛·布朗德斯（Emma Brandes）则是个著名的钢琴家，是克拉拉·舒曼最好的学生之一。她出嫁后就放弃了艺术事业，但我经常有机会听她弹琴，或者和她一起用双钢琴演奏。他们夫妻有几个孩子，小儿子汉斯是个大个子金发男孩，与我年龄相仿，他很喜欢我，所以，很快我就变成他们家的一员。

恩格尔曼一家居住在学院大楼里面，占据了整幢房子的正面部分。两架贝希斯坦演奏琴放在巨大的乐室里，看上去显得挺小。乐厅两边是两个较小的房间，里面摆满了书籍。汉斯有自己的娱乐室，整个地面铺设着做工精巧的电动火车道，我们俩非常喜欢玩这电动小火车。也是他让我了解了卡尔·马伊的冒险小说，我狼吞虎咽地读了个遍。而我则把凡尔纳的作品借给他读。值得补充一句，恩格尔曼一家是从荷兰的乌得勒支搬来柏林的，教授在荷兰也有类似的职位，而且还曾经在家中款待过勃拉姆斯几次。《降 B 大调弦乐四重奏》就是勃拉姆斯题献给威尔海姆·恩格尔曼教授的。我要说，那才是真正的《光荣篇（Titre de glorie）》。

与他们为伴我感到很幸运，不论是从个人角度，还是从音乐角度。我愉快地记得在他们家吃饭时的温馨气氛，餐桌上方挂着一盏大灯，极好的荷兰奶酪，浓浓的咖啡，特别是谈话中的那种知识分子气息，与通常不值钱的闲聊有多大的区别啊！我就是在这里认识的菲利普斯先生———一位瑞士画家，他有魅力、有才气，后来还给我画了肖像画，而他最出名的作品是感觉敏锐的罗伯特·舒曼的肖像版画。

还有一个家庭在我初到柏林的头几年里起了重要的作用：盖奥尔格·萨洛蒙医生、他的妻子与他们的两个儿子里夏德和弗里茨。萨洛蒙教授是罗森托威尔家的家庭医生。他的教授头衔纯粹是个荣誉称谓。他是最和善的那种人，说话温和，玫瑰色的面颊，是狂热的音乐爱好者，本人还是个相当不错的钢琴家。一次因为我肚子有点不舒服，把他给请来了。他立刻就喜欢上了我，我也很快就在他家找到了温暖的气氛。他家堪称德国高层犹太家庭的楷模——比波兰犹太人少些犹太味，比德国人自己更爱国。他们在社会中找到了自己的位置，他们的正直和诚实深受尊重，他们千方百计地为同胞的福利作贡献。只有像希特勒那样胡言乱语的疯子和迫害狂才会消灭德国人民中这样宝贵的财富。

萨洛蒙教授喜欢和我一起四手联弹。一天，我因体温过高而病倒，罗森托威尔太太把他请来。他检查了我的全身，摸了一下脉搏，然后微笑着说：

"没有事，就是普通的麻疹。"之后立即兴趣很浓地问我："巴赫的《F大调管风琴托卡塔》你用什么速度弹？"说完就给我看了随身带来的乐谱。

罗森托威尔太太走出房间后，他就把我从床上拉起来，抱到钢琴前，上帝作证，我们俩就饶有兴味地开始弹起托卡塔来了，这使大家吃惊不小。通常，在我受邀去他家，吃过丰盛的晚餐之后，全家便求我弹几首莫扎特的协奏曲，我不得不当场视谱演奏。当我看到他们一家四口都含着眼泪听我弹奏时，我非常感动。

在罗森托威尔太太家的生活是相当枯燥的，实际上，女孩们是见不着的，只是偶尔传出爱尔萨的小提琴声，或者被阿丽西娅刺耳的大提琴声搅扰。永远那么高贵的罗森托威尔夫人爱在房间里来回漫步，像鸽子一样一步一点头。一天早晨，住宅里活跃起来，说是要新来一批"付钱的客人"。第二天我喜出望外地发现，又有三个年轻女士被吸收进罗森托威尔家人的圈子。两个美国人：一个来自波士顿，另一个来自费城。她们占了紧挨门厅的最好的两个房间，而第三个呢，说来很难过，她占了我的房间，我则被"发配"到一个较小的地方，钢琴都勉强才塞进去。由于我对于练琴早就是又懒又固执了，这样重新调整的结果当然很惨。我几乎不再碰自己的钢琴，不过我却经常在美国姑娘们对面的休息室内的大钢琴上弹奏，希望引起她们的注意。

我一直暗自希望能够有些听众，现在，这种需求越发明显了，因为其中一位姑娘引起了我的兴趣。姑娘名叫伯莎·德鲁（Bertha Drew），她深褐色的头发柔软闪光，棕色的眼睛，雪白的皮肤，看上去十分可爱。我从未见过那么醉人的微笑。她微笑时，嘴唇轻启，皓齿浅露，一对酒窝出现在腮边，眼睛半闭。这是令人无法抗拒的！我敢赌咒，那一切显得极其自然。她衣着朴素，但很有品味，也从不化妆。

不久，我高兴地了解到她对音乐也很敏感。她毕业于拉德克利夫学院，是个骄傲的新英格兰人。她给我讲述了波士顿音乐生活中一些很神奇的事，那里的交响音乐厅，以及那里著名的管弦乐队。若干年后，我亲身体会到，她所说的每一个字都完全符合实际。

所以我力图吸引她的注意就毫不奇怪了。令我高兴的是，一天清早我终于成功了。我在休息室里弹琴，她静悄悄地走了进来，坐下，认真地聆听着音乐。从此，她就成为我每天的听众和同伴。读者很容易想象我有多来劲。我将勃拉姆斯，将《幻想曲》、《克莱斯勒偶记（Kreisleriana）》和《交响练习曲》的伟大作者舒曼，还将我正在学习的几首肖邦的作品介绍给她。但我多半是纵情地演奏改编的歌曲、交响乐和歌剧的选段。所有这些都能取悦我的听众，但大大妨碍了我技术上的进步。巴尔特教授的胡子经常处于水平状态，上他的课变成不折不扣的惩罚！尽管如此，德鲁小姐当时对我的影响还是积极的。我们会在动物园里长时间地散步，她常给我讲些道理，提醒我自己所具备的才华、承担的相关义务以及在望的锦绣前程。我喜欢在她房间里两人私下喝茶。这房间已被两个少女改造成很吸引人的起居室，看上去很有美国情调，按照她们的话，就是"好像回家一样"。她们把一面袖珍的星条旗钉在墙上，两旁是她们学校的三角旗，桌子上摆着鲜花和父母的照片，以及毕业典礼上自己穿着黑色长袍和戴着学位方帽的照片。她们还严格保持着房间的整洁。

这一切都好得难以置信。但是任何事情都有另外一面。随着我对德鲁小姐的感情日益加深，我不愿想到她还有别的事情要做。实际上，把她送来德国是为了让她提高德文水平，她要参观博物馆，参加宴会，看戏，还要结交新朋友。当然，我理应埋头于自己的功课——每天上午要在阿特曼那里呆很长时间，每天练琴两个小时，在音乐学院的课程以及其它的事情，跟海姆佩尔小姐上课，还有每周两次在严厉的巴尔特教授那里的课，外加每周两次在"读书小组"的社交活动，最后还有一些我必须去听的音乐会。那么哪里还有时间陪伴德鲁小姐呢？这成为我的一个严重问题了。

我开始忽视很大一部分必须完成的功课，发现自己在学习时越来越难以集中注意力。如有人邀请德鲁小姐吃晚餐或是上剧院，而我必须留在家里时，生活就变得忧伤而无聊。罗森托威尔太太当然发现了我身上的变化，但她宁愿视而不见。

差不多就在那个时候，从维也纳来了一个杰出的青年小提琴家，他开了三场辉煌的音乐会，征服了柏林。整个家庭亢奋已极。而我们的爱尔萨小姐则不顾死活地爱上了他。我不知道她是怎么做到的，不过她设法同艺术家见了面，他的名字叫弗里兹·克莱斯勒①。他当时的名声不太好。谣传他爱赌博，沉湎于饮酒，生活作风太随便。但是他演奏得好极了，有天鹅绒般的音

———————

① 弗里兹·克莱斯勒（Fritz Kreisler，1875－1962）：奥地利小提琴家，作曲家。先后学艺于维也纳音乐学院和巴黎音乐学院。1887 年（12 岁）就获得罗马大奖（小提琴）。1889 年美国之行获得成功后，暂时放弃了音乐，改学医学和艺术，还当上了陆军军官。1899 年返回音乐会舞台，以才气横溢和精明老练的演奏赢得了世界声誉，并成为一代小提琴宗师。同时他还创作了轻歌剧、一部弦乐四重奏和一系列很受欢迎的小提琴乐曲，如《维也纳随想曲》、《中国花鼓》、《美丽的罗丝玛琳》等。原先托称 17、18 世纪作曲家作品发表的《古典作曲家手稿》，在 1935 年承认是自己的作品。

色，令人惊异的技巧，还具备独到的锐气与魅力。在舞台上他以风度优雅见长。但奇怪的是，我总觉得他是理想的（甚至做梦都找不到的）咖啡馆乐手。在他用自己无可挑剔的方式演奏巴赫或贝多芬的协奏曲时，我总免不了认为他是在拉约翰·施特劳斯的圆舞曲。他的演奏太时髦了。他表演自己创作的短小、雅致的作品时最为出色，从来无人能与之相比。

整座房子都浸透着爱尔萨的爱情，罗森托威尔家的女士们生活在一种近乎歇斯底里的情绪中。她们说话也悄悄的，随时询问有无信来，表现得就像疯子一样。这种状态终于达到了高潮。一天，罗森托威尔太太要求所有的房客都出去吃晚饭，当晚她们要接待某些客人，纯属家庭聚会，需要绝对的隐秘。我的晚餐会送到房间里来。这当然引起了大家的好奇，于是我们决定要揭开这一秘密。我是唯一被允许留在家里的人，便成了密探。但是要弄清那位神秘客人的身份并不容易。尽管如此，我还是成功地摸清了整个事情的底细。原来，客人，而且是唯一的客人，就是弗里兹·克莱斯勒先生！所谓的招待会不过是帮助爱尔萨诱捕伟大小提琴家的一个阴谋。后来的历史表明，这计划毫无成果。多年后，克莱斯勒娶了一位性格坚强的女人，她知道应该如何医治他嗜赌和酗酒的毛病，并且对他后来的艺术生涯帮助很大。但我总认为爱尔萨对他会是个更有吸引力的妻子。这一伤心的故事留下的唯一纪念是克莱斯勒送给爱尔萨的礼物——一枚小提琴形状的镀金胸针，背面还刻有"弗·克"的签名。可怜的爱尔萨一直把它别在胸前。

那时，我越来越经常地去听音乐会。音乐会很少能满座，大名鼎鼎的赫尔曼·沃尔夫就搞了一份音乐家和音乐学生的名单，可以指望用他们来填满音乐厅，我也在这份名单上，经常能够得到免费票。有个晚上，我甚至有幸得到一张达尔贝在贝多芬音乐厅举行的独奏音乐会的票，那可是一场座无虚席的音乐会。他演奏得很美，特别是他自己改编的巴赫的《F大调托卡塔》和《热情奏鸣曲》。演出结束后，沃尔夫看到我拼命鼓掌和叫好，就抓着我的胳膊说：

"来，我把你介绍给大师。"

演员的休息室里挤满了人，我们费了好大力气才挤到流着汗、但十分高兴的钢琴家身边。赞扬了几句之后，沃尔夫先生把我介绍给这位大人物。

"这就是那个年轻的鲁宾斯坦。"他说。

"是因为同名，还是有才华？"达尔贝略带讽刺地问。

"两者兼而有之。"沃尔夫严肃地回答。

吃惊的钢琴家把我上下打量了一番，微微一笑，大声说道：

"年轻人，给我证明一下。我们到舞台上去，我想听听你弹奏！"

我还没来得及弄清楚是怎么回事，就已经坐在钢琴边，开始演奏勃拉姆斯作品第79号中的两首狂想曲了。起初只有达尔贝和他的几个朋友在听，包括歌剧《汉泽尔和格蕾太尔（Hansel and Gretel)》的曲作者恩格尔贝特·洪佩尔丁克①以及其他几个感兴趣的人。但很快，一部分本来忙着从衣帽间取外衣和帽子的听众，听到大厅里传来音乐，又急忙跑回来，希望能再听一曲加演。迷惑的人们看到是一个小孩在给达尔贝弹奏，就干脆停下来听了。当我停止演奏时，从观众席上爆发出意想不到的掌声，让我感觉好像刚刚结束了自己的音乐会。

达尔贝拥抱了我，说道：

---

① 恩格尔贝特·洪佩尔丁克（Engelbert Humperdinck, 1854－1921)：德国作曲家。1880－1881年在拜罗伊特当瓦格纳的助手。后执教于巴塞罗那、法兰克福和柏林。作品有6部歌剧，以《汉泽尔和格蕾太尔》最为著名。

"是的，你是个真正的鲁宾斯坦！"

我走出音乐厅时，还是晕乎乎的。在回家的路上，情绪极好的沃尔夫给我讲了一个令人难过的故事。

原来，杰出的年轻钢琴家奥西普·加布里洛维奇（Osip Gabrilowicz）（后来他当了底特律交响乐团的指挥，成为马克·吐温的女婿）一度很难得到标准很高的柏林听众的真正认同。他怀有雄心大志，又很刻苦，为即将到来的音乐会准备了一套完美的曲目，而沃尔夫先生则为他加强宣传，终于成功地填满了音乐厅。

"那天，我们年轻的加布里洛维奇走上舞台，看起来像一个得胜的英雄，状态很好，情绪高昂。但是，唉，就在他向观众躬身致意时，他的目光突然停在就座于最后一排的一个男人身上，那是费鲁齐奥·布索尼，最最令人生畏的大师！加布里洛维奇心都要跳出来了。他开始演奏，简直像个初次登场的新手，最糟糕的是听众注意到了这一点。唯一的希望只剩下加演节目了。布索尼离开之后，也许他能重新恢复常态。然而令他绝望的是，在他演奏加演曲目时，却发现布索尼正向舞台走来。在极度痛苦之中，他又瞥了那人一眼——结果……那人根本不是布索尼，而只是一个相貌相似的人……"

沃尔夫先生对我起劲地讲了这则趣闻，强调指出我方才对达尔贝的反应完全相反。

"只要你能努力学习，你会走得很远的。"他补充道。

全家人都在屋里等我，由于时间已很晚而感到不安。我讲了晚上的事情之后，大家都感到取得了胜利。

6

在与达尔贝的事情之后不久，约阿希姆就决定把我介绍给听众。他计划在音乐学院的大厅中举行音乐会，让我演奏莫扎特的《A 大调钢琴协奏曲》，由他指挥。

这是个令人振奋的消息。巴尔特教授另有一个使人高兴的计划：他想让我首先在波茨坦的一个交响音乐厅演出一遍上述协奏曲，由我的和声学老师卡伦卡姆夫当指挥，算是彩排。我喜欢波茨坦，那里是德国的凡尔赛，拥有精美的宫殿，尤其是腓特烈大帝为自己建造的"莫愁宫"。腓特烈大帝通常在此举行他著名的音乐会，他的长笛吹奏的水平如同职业能手一样高。

就这样，在一个冬日的傍晚，巴尔特教授和我坐上了去波茨坦的火车。在一小时的旅途中，巴尔特教授就像拳击教练一样，给我作着上场前的指导：

"当你走上舞台后，要向听众深深鞠一躬，然后再对乐队鞠一躬，时间短些。把琴凳调到最佳位置固定住，以便理想地控制自己的动作。别看听众。在给指挥可以开始的信号之前，必须集中注意于要演奏的曲子……"

但这还不算完。

"注意踏板，不要做鬼脸，演奏中不要哼唱，千万不要改变指法，否则你会陷入麻烦……还有就是……"

我很是害怕。我觉得音乐会突然变成了虎穴，我只要做错第一个动作，就会立即被撕成碎片。

但事情的发展却完全是另一个样子。听众用响亮的掌声欢迎了我，一半原因是我年纪小，但也多亏了我的朋友们（罗森托威尔家的一大群人与若干其他的朋友专门赶来波茨坦听我的首演），我的精神大受鼓舞。我努力遵照巴尔特教授的指导做，尽管不是每条都做得到。协奏曲奏得还不算太坏，虽然有点干巴和书卷气。

欢呼声震耳欲聋，还有人在高喊着要求加演。巴尔特教授相当紧张，一直留在后台，但此刻已安静下来，而且十分满意。他吩咐我演奏门德尔松的《无词歌》之中的《二重奏》。此时我已经完全放松并陶醉于胜利之中，彻底忘记了他的警告，开始一边演奏，一边对着朋友们微笑，脑子里东想西想，唯独没想音乐。突然，脑子里"嗡"的一声，灾难发生了！我头脑中一片空白，连一个音符都想不起来了。我只知道这首曲子是降 A 大调，于是我就不假思索、内心紧张地开始即兴演奏。没错，我展开了一段降 A 大调主题，但那与门德尔松毫不相干。经过几次转调之后，作为对比，我臆造了一个小调的第二主题，发挥了一阵，然后又回到了浪漫的降 A 大调。结尾是一段精致的琶音（arpeggio），用柔音踏板很轻地（pianissimo）奏出。

听众还像先前一样的热情，原因自然就是他们不知道这首曲子。真是走运，但我好容易才有勇气对他们鞠躬致意。回到后台时，我害怕得浑身发抖，等待着被处决！嗯，我永远忘不了自己看到巴尔特教授时吃惊的感觉，他没有举起斧子，而是走到我身边，握着我的手，眼里放着光芒，叫道：

"小鬼！你这坏蛋——不过真是个天才！我可是即使花一千年也想不出这种把戏来！"

两周后在音乐学院大厅，我和约阿希姆教授一起，演奏了莫扎特的同一首协奏曲。这次我感到自己是个老兵了。我已经能够驾轻就熟地运用巴尔特教授有关正确的舞台表现的程式了。事实上，我突然发现那非常有效，而且我愿意推荐给每一位钢琴手。那首协奏曲的演出效果也比在波茨坦强得多，因为我演奏时更加热情、自由，而约阿希姆则和我合作配合得很美。我们向听众鞠躬时，他当着大家的面亲吻了我的双颊。这对我是一个难忘的日子。

我非常需要音乐会所带来的这些刺激，生活变得更有吸引力了。我学习得更勤奋，上课时注意力也更加集中。已经确定，明年我将完全独立地举行一场演出，包括与柏林爱乐乐团合作演奏两首协奏曲，之间还有一些独奏曲目……一项非常艰难的任务。但这使我十分兴奋。就在那时我发现自己性格的一个特点——我只有看到自己工作的特定目的时，才能干得卓有成效，比如开音乐会，或者后来录制唱片。这两场音乐会后，我意识到，如一句老话所说——"成功至上"。我周围的气氛也发生了微妙的变化。我发现，罗森托威尔家的餐桌上更加经常地出现了我喜爱的菜肴，巴尔特教授的胡子也越发平静地在胸前休息，甚至阿丽西娅拉她那大提琴时声音也轻多了。在感情方面我也有所收获：德鲁小姐给我的时间多了一些，她的微笑似乎更温柔了。

大致就在这段时间里，我第一次听到了雅克·蒂博（Jacques Thibaud）的演奏。我永远忘不了他拉的布鲁赫（Bruch）的《g小调小提琴协奏曲》。他把这首优美但不浮华的作品变成了名曲。这首作品第一乐章的第二主题的演奏是如此地富有感染力，使我热泪盈眶。我冲到休息室去拜见并感谢他，而这位当时已经很有名气的风度翩翩的年轻人是那么友善，他竟邀请我这个 12 岁的小男孩共进午餐。后来我们成为亲密的朋友，我们的友谊一直延续到 1953 年他不幸死于空难。

其他一些艺术家也给我留下了极深的印象。宛如战神的特蕾萨·卡雷尼奥（Teresa Careno），她演奏起柴科夫斯基的钢琴协奏曲来具有两名男子的力量和气势；法国钢琴家艾杜阿·里斯雷（Edouard Risler）是贝多芬奏鸣曲的神奇的阐释者；布索尼，他出色地弹奏李斯特的钢琴协奏曲简直易如反掌；加布里洛维奇把舒曼的协奏曲表现得柔和又浪漫；阿图尔·施纳贝尔（Artur Schnabel），他是莱舍蒂茨基的学生，刚从维也纳归来，在尼基什指挥下举行了首场音乐会。音乐家们都喜欢他的演奏，但无论是评论界还是听众都认为他生硬而自负。他花了十年时间才赢得了执拗的柏林人的心。

由于爱玛·恩格尔曼对我个人的兴趣越来越大，我的音乐生活丰富多了。她五十多岁，是位胖胖的小个子女士。虽然看上去她总像是快被一件旧式紧身衣憋死，但她却极度活跃，走路时永远在跑。她圆圆的脸，一双活泼而又敏锐的眼睛。她是一位多么了不起的钢琴家啊！她弹奏得极为纯朴，并带着内在的激情——不是卡雷尼奥的那种力量，但也不是众多女钢琴家的所谓的"感情"。我们相互为对方弹奏勃拉姆斯和舒曼的许多作品，而且因为她同这两位作曲家都有过直接的个人接触，所以她可以给我透露这两位大师的只有少数人知道的事情。

特别令我好笑的是勃拉姆斯的粗犷和机智的故事。例如，我极喜欢那个有关一位葡萄酒大行家邀请作曲家吃晚餐的轶闻。

"这是我酒窖里的勃拉姆斯。"他对他的客人说着，取出一个沾满灰尘的瓶子，朝大师的杯子里倒了一点酒。

勃拉姆斯先看了看酒的颜色，然后闻闻酒香，最后呷了一小口，便把酒杯往桌子上一放，一言不发。

"你不喜欢吗？"主人问。

"嗯，"勃拉姆斯咕噜道，"最好还是把你的贝多芬拿出来！"

恩格尔曼太太与勃拉姆斯之间的友谊，是我了解他演奏钢琴的方法和他在自己的作品中所使用速度的宝贵源泉。她告诉我勃拉姆斯是如何评价她演奏他的一些作品的，通过这种方式，我学到了许多有关《亨德尔主题变奏曲》、《f 小调奏鸣曲》作品第 5 号以及他的一些钢琴曲和室内乐作品的知识。她对作曲家本人演奏的描述特别富有教益。"演奏时,"恩格尔曼太太告诉我,"他只表现一个总的轮廓,而不在意细节。有时未进入状态,他会弹得很糟,弹错成堆的音符,敲砸并乱弹整个的段落。他不乏感情,但故意回避感伤情绪。"约阿希姆也给我讲过其他一些令人神往的东西。不用说,他知道勃拉姆斯一切值得了解的事情。

关于舒曼,恩格尔曼太太给我讲述了他和他妻子在音乐关系上的许多有趣的细节。爱玛·恩格尔曼(娘家姓布朗德斯)是克拉拉·舒曼的得意门生,我不禁开始怀疑,伟大的克拉拉在多大程度上把她个人的"阐释"加到自己丈夫的作品上。克拉拉比她丈夫活得长久得多,没有中断音乐会钢琴家的艺术事业,这便是危险所在。与难以取悦的听众不断接触并经常重复同一套演奏曲目,势必会改变、甚至歪曲那些作品的原意。而克拉拉是个意志坚强的女人。我总能感觉到,舒曼的许多钢琴作品里都有她的影响。他调式(mood)的唐突转变,经常把互不相关的短小曲子汇集成一个作品,特别是夸张地采用节奏性的断奏段落(rhythmical staccato passages)——以上暴露了克拉拉曾亲自处理过,因为这些都是克拉拉音乐的特性。恩格尔曼太太演奏的舒曼很优美,这些问题我自然不敢对她提及一个字。我永远铭记着她那高尚、柔和并富有诗意的《a 小调钢琴协奏曲》的演奏。

跟阿特曼先生上课变得越来越令人振奋了。在我们长长的一堂课快结束时,时常有一两个朋友来看他,他会让我留下来听他们有趣的对话。其中之一是阿尔弗雷德·克尔博士,他是《当日》杂志令人畏惧的戏剧评论家。他的文章有自己独特的风格,爱用简短、省略的语句,每个字都像射出的枪弹。他的外表也十分引人注目,一身打扮像 19 世纪 30 年代的花花公子,左眼戴着单片眼镜，一条黑围巾在脖子上绕了两圈，掩盖着浆洗过的白衬衣的领子。

马克斯米廉·哈顿也是常客，他同样被认为是令人生畏的人物，只是原因完全不同。他出生在波兹南，父母都是犹太人，真名叫做马克斯·维特科夫斯基，来到柏林后才化名哈顿。他出版了一份名为《未来》的政治周刊，周刊从默默无闻到在德国新闻界赢得独一无二的地位是因为哈顿对自己的读者说真话，句句说的都是真话。众所周知，这要求具有相当的勇气。我刚认识他不久，他就卷进了一个闻所未闻的政治事件，他攻击了德国皇帝的顾问团，这在德国引发了丑闻。大家逐渐发现，德皇正在丧失大部分民心。他的危及和平的挑衅性政治举措已开始遭到广泛的批评：人们已经厌倦军事检阅、普鲁士年轻贵族的蛮横和军队的妄自尊大。

社会党人的领袖奥古斯都·倍倍尔，伟大的法国人若雷斯（Jaurès）的朋友，杰出的演说家，在国内获得了越来越多的支持。鉴于社会党成为一股不可忽视的力量，德皇企图削弱其威胁，转移日益不满的群众的注意，便决定对波兹南省采取强硬措施。波兹南省是波兰国家古老的摇篮，从波兰被瓜分起，就处在德国统治下。德皇所采用的策略根本不是什么新鲜玩意儿。长期以来，德国就竭尽一切努力，要把这个纯系波兰人的省份德国化。按照官方法令，这个省应称为"东部边疆"。波兰人民一直受到卑贱的地位和令人气恼的措施的困扰，其结果只是将天生的对立变成了仇恨。

德皇认为时机已经成熟，可以采取一些严厉手段，以便击败波兰人的抵抗。普鲁士议会通过了一项法案，来帮助德国移民，并以鼓励其按照由殖民委员会所裁定的低得可笑的价格购买大片地产的方式，来剥夺波兰人的土地所有权。此外，德皇命令在波兹南市中心建造王宫，那是一座新哥特式风格的丑陋建筑，介乎军事堡垒和监狱之间的东西，损害了古都的声誉。

但是波兰人接受了这一挑战。诚然，他们只有一个自然资源——人口的高出生率。作为热忱的天主教徒，他们生了比他们的迫害者或任何欧洲国家更多的孩子——德国人通常嘲讽地称之谓"波兰兔崽子"。在这个基础上，这些无忧无虑、大手大脚、轻松愉快的人们转眼之间变成一流的经济学家。为了对抗德国的进攻，教士、农民、还有地主把自己的钱都集中起来，开办了银行和其他信贷机构。准备妥帖之后，他们便经常使用假冒的德国名字，成功地收购了比被德国移民买走的土地多出一倍的地产。整个省分裂成两个盲目对立的阵营，任何人都只能生活在其中之一里，但不能同两个阵营都保持联系。

不难想象我个人对德皇这一令人厌恶的图谋的反应。我是个波兰爱国者，为祖国的不屈精神感到骄傲，我对国家遭受的不公极为痛心。所以我开始憎恨德皇了！

7

我在柏林的生活，现在大体上能按部就班地进行。在 1898 和 1899 年夏，我在柏林的日子因回罗兹过短短的暑假而间断过。在罗兹，全家人看到我很健康并取得良好的进步，感到十分高兴，还用我喜欢吃的东西把我喂得肥肥的，随后又含着泪水、带着祝福把我送回柏林。两次回家我都未能见到马尼娅·舍尔。

我第二次从罗兹度假回来后，巴尔特教授把我剩下的两个星期的暑假取消了。他吩咐我一天不落地和他一起把能接触到的双钢琴曲统统弹一遍。他是要我提高视谱弹奏的能力。起初我非常气恼，但现在，在多少年过去了之后，我满怀感激之情赞赏他的高尚行为。他曾为我牺牲了自己多少的闲暇时光啊。而且他更有人情味、更友好了。下课后他常常把我留下吃午饭，我也逐渐更了解他了。巴尔特九岁就成了孤儿，一对姓斯坦因曼的夫妇收养了他。斯坦因曼先生是位钢琴教师，而且极为严厉。

巴尔特作为钢琴家取得了显著的成就，特别是在德国和英国。然而我怀疑他是否曾到其他国家演奏过。他的演奏生涯为时很短。他还很年轻时就成为了柏林音乐学院的教授，腓特烈皇后（英国维多利亚女王的女儿、威廉二世的母亲）授予他"皇室与王室宫廷钢琴家"的头衔。巴尔特作为俾斯麦的崇拜者，对后来的皇帝不大在意。

我发现，巴尔特的个人生活很沉闷。斯坦因曼先生去世后，便由他来照料其遗孀。养母搬到了柏林和他一起居住。巴尔特的亲妹妹，年轻时一直远离哥哥单过，也与他合住在一起了，并替他管家。应该承认，对一个有厌世倾向的人来说，生活在一个只能坐在轮椅上、脾气古怪、永不满意的老太婆和一个身材细长、面部表情总是忧心忡忡的老姑娘之间，那日子想必是艰难而且暗淡的。正是她们把他拖累成了一个光棍汉。

叙述这些的时候，我并未忘了萨洛梅姨妈和她的全家。他们住得离我有半小时公共马车的路程，有时星期天我去看望他们。迈耶尔姨父是个虔诚的犹太人，不过是那种墨守成规、遵守教义、但不大思考问题的人。另一方面，他是热烈的爱国者。德国最新的胜利与接踵而来的阅兵、庆祝以及其它显示帝国实力增长的活动使他满怀骄傲。他通常躺在沙发上，嘴里叼着味道浓烈的雪茄，手捧俾斯麦或者老毛奇元帅①以及其他创造普鲁士的胜利的人的回忆录，也不知是读第几遍了。他从来不谈个人的事，所以我始终没有弄清楚他做的究竟是什么生意。

迈耶尔夫妇有四个孩子。最小的姑娘法妮与我同龄，是最善良的，还很聪明漂亮。她后来成为一个有希望的演员，但出嫁到瑞士后，就离开了舞台。

在迈耶尔家，我找到了类似罗兹家里的那种气氛，不过是在德国环境中罢了。饭菜是按罗兹方式精制的，这勾起了我对家的思念。迈耶尔姨父和他的家人在一起总是十分开心，尽管他自己倾向于条顿民族。

有两件事打乱了我平稳的生活。一是来了位年轻的澳大利亚钢琴手，他立即成为约阿希姆的又一个学生；二是母亲又来柏林，为我的"坚信礼"进行宗教方面的准备，我过完 13 岁生日就要举行这个仪式了。

两件事都让我心绪不宁。弗里茨·缪勒（Fritz Muller），一个德裔澳大利亚人，是个在钢琴演奏和作曲两方面都大有希望的男孩。他和我完全同龄，讨人喜欢，又很有才华，使我想到他是一个危险的竞争者。

当时，澳大利亚的著名歌剧明星内莉·梅尔芭②第一次来德国演出。约阿希姆在伦敦亲耳听过她的演唱并认识了她，感到有义务在故乡城市风光地接待好她。梅尔芭那阵子正是盛时，极富吸引力，所以这位已有一把年纪的大师被她弄得晕头转向就毫不

---

① 老毛奇（Moltke, 1800 – 1891）：德国著名军事家、军事理论家，曾作为参谋总长，先后组织指挥了对丹麦、奥地利和法国的三次战争，并取得胜利。

② 内利·梅尔芭（Nellie Melba, 1859 – 1931）：澳大利亚女高音歌剧演员。曾饰《浮士德》中的玛格丽特、《茶花女》中的维奥莱塔、《艺术家的生涯》中的咪咪和《塞维利亚的理发师》里的罗西娜等角色，是当时最著名的歌唱家之一。

足奇了。他没有错过女歌唱家的一场演出，甚至亲自参与了她的告别音乐会。整个柏林对此议论纷纷，我自己就听到过一些关于整个事件的恶意评论。而且正是梅尔芭把年轻的缪勒带到柏林来的。她在墨尔本听他弹过琴，因为着迷于他的才华，就决定帮他到德国首都继续学习。她轻而易举地说服了堕入情网的大师，要他把小伙子带在自己身边。于是，又一个年轻的钢琴手成为受约阿希姆教授庇护的学生。

在缪勒和我之间结下了相当奇特的友谊。我们相互敬重对方的才华，但同时也相当地嫉妒对方。我们每人都努力以自己特别的钢琴演奏本领来刺激对方。弗里兹断奏八度的速度之快令我惶恐，而我则以华丽的颤音来回敬他。事实上，这种竞争迫使我更加认真地对待手指技术的练习，对我大有好处。

然而，第二件事要麻烦得多。为了准备"坚信礼"，我必须去上经过改革的犹太会堂开办的学校，掌握希伯来语的基础。结果我发现，这是对我自己的信念的意外冲击，很难与我过去和当时的宗教背景协调。我父母，特别是我父亲从来不是正统的犹太教徒。母亲去会堂主要是做给别人看。我们只过"安息日"，但如同我已提到过的那样，这主要是一个借口，以便每个星期五晚上全家可以高高兴兴地聚会一次。我们是在波兰语的环境中长大的。我们没有太看重犹太法典和教义，虽然我们始终为自己的犹太种族感到骄傲。尽管这样，我记得，我们对波兰正统派犹太教徒一贯地采取蔑视和批评的态度，包括他们齐地的黑色长袍，蓄着的长胡子、长鬓发，以及节奏单调的吟唱。父亲带我去过一两次会堂，但只是出于音乐的原因，就是让我听听一个著名唱诗班的领唱歌手的表演。何况在这类情况下，会堂里聚集的是非常奇怪的混合群体，有犹太教的信徒，也有冲着歌手而来的天主教徒。在柏林的这两年，我离各种宗教活动就更远了。我以为，罗森托威尔一家在内心里是无神论者，巴尔特教授是个不公开的反犹太主义者，而我的朋友和熟人们几乎从未谈论过宗教。那么阿特曼呢？他嘛，无疑他是为我打开哲学世界之门、摒弃盲目信仰的那个人。

不过，我不得不听话，所以有三四个星期我必须去听一个男人单调乏味的说教声，他力图向我们五十来个男孩讲解错综复杂的希伯来语，以及《圣经》上对我们从哪里来的解释。

那重要的一天终于来到了，母亲幸福得不能自已。在萨洛梅姨妈和她的女儿们的陪同下，我们去了犹太会堂。在犹太教堂里，妇女们必须到楼上坐在专门为她们隔出的、远离男人的地方。我自己单独一人留下来。有人吩咐我披上带流苏的白披巾，不能脱帽，等待着在祭坛前祷告的犹太教士叫我的名字。轮到我了，我被领到讲坛上的桌子边。犹太教士在自己的助手们的陪同下，用希伯莱文对我讲了几句话，然后打开《圣经》的一章，指了指其中的几行，让我读出。我表现得很好。犹太教士又同另外几个人用希伯来语交谈了几句，仪式就结束了。迈耶尔一家和母亲把我带到一家极好的犹太饭店用餐，我还得到了传统的礼物。从母亲处我得到了"犹太教经文护符匣"，大概是让我每天晨祷时使用。迈耶尔一家送给我一只银表，那可实用多了。

1月28日我满13岁。我想，我已是个成年人，从此要一本正经了。不管怎么说，我为所得到的生日礼物感到高兴。德鲁小姐送了我由卡尔·陶西格无与伦比地改编的《纽伦堡名歌手》的钢琴谱。亲爱的阿特曼送给我勃拉姆斯的四首交响曲的钢琴谱，那是非常昂贵的作品集。还有很多东西向我飞来，有的有用，有的令人愉快。

借此机会，罗森托威尔太太组织了一个庆祝招待会，办得很成功。我们玩了各种游戏。我则模仿著名音乐家们的演奏，这是我的特长。结束时，我弹奏了自己偏爱的一些曲目：歌剧、交响曲、甚至轻歌剧的片断——但是没有正宗的钢琴曲。

德鲁小姐情绪特别好，史无前例地喝了两杯樱桃白兰地，有一点上头，便在我的伴奏下，跳了几步舞，唱了一些美国歌曲——一切都极具魅力。

客人们告辞了，对招待会十分满意。在我们要去休息时，发生了一件奇异的事：德鲁小姐和我又继续说了一会儿话。最后，当我像平常一样对她说"晚安"时，她突然用双臂搂住我，亲吻了我的嘴！这令我如此震惊，我的心脏停止了跳动并立即逃回自己的房间，不是因为节制或羞怯，而是因为我过于激动了。"她爱我！她爱我！"我只想着这一点。我们成为好朋友已经有一段时间了，而且有时我也会超过礼节多握一下她的手，但我从未敢再进一步。

第二天早晨，一个不眠之夜之后，我一想到又要见到她就幸福得浑身发颤！早餐她下来得稍迟，脸色略微苍白，但镇定自若，声称从未像昨晚那样玩得开心，并冲着我迷人地一笑，现出那两个酒窝。诚然我赞赏她的自控能力，但我大失所望，她好像什么也没发生过一样，可是那个亲吻呢？接连几天什么事也没有。噢，不，我忘了，发生过不快的事的：罗森托威尔太太出于只有她自己知道的原因，把我从自己的房间挪了出来，晚上在起居室给我铺一张行军床睡觉。丧失自己的小天地真让人伤心，我恼怒之极。这件事，外加德鲁小姐不可理解的举止，让我好几天都很颓丧。

意气消沉不是我的天性，我感觉必须做些什么来摆脱这种状况。于是，一天早上，我大胆地敲了德鲁小姐的门，走进她房间，不待她开口，就情绪激动地抱怨起我有多孤单，渲染我被赶来赶去，甚至没个安稳睡觉的地方。换句话说，把我自己变成了一个彻头彻尾的讨厌鬼。

她很生气。

"难道我也对你做了什么坏事吗？"她问，"我伤害过你么？"

"噢，当然不是的，"我大叫道，把她的手吻了个遍，"只是最近我很少见到你！你几乎每天晚上都出去，回家又那么晚，我都没有和你见面的机会。如果你答应我，不管多迟，你都来亲我一下，说声'晚安！'我就会开心多了！"

我有点难为情，因为我明白，自己像小孩求妈妈似地求了她。但德鲁小姐并不在意，她答应了。

所以一切都结束得再好不过了。甚至把我赶到起居室也不是坏事，因为它就在德鲁小姐房间的对过，离其他卧室很远。

对我来说，新生活开始了——更准确地说，是新的夜生活。德鲁小姐经常上歌剧院，特别是上演《特里斯坦》或者《纽伦堡名歌手》的时候。这两场演出都很长。她通常由一位在柏林的美国教会的年轻牧师陪同。对他我当然不吃醋，相反，我很高兴她在这么可靠的人手里。于是我几小时地等她，为了消磨时间有时就读书，有时则打个盹。但她踮着脚尖回来，轻轻关上门时，我都能听得见。她第一次在我的行军床边坐下时，我因感情被压抑了许久而不能自已，以全部热情温存地亲吻了她，她好像也有所回应。之后，她就经常来我的床边，总是那么小心翼翼，无声地穿过黑漆漆的大厅。我会悄悄地对她说些爱慕的话，而她就吻我的嘴，并且面带笑容。一次我们幽会时，我甚至要她等我十年，以便我们能结婚。对我如此大言不惭的求婚，她又报以一个甜蜜的微笑和亲吻。

最后我们终于遭到了报应。

一天上午，罗森托威尔太太把德鲁小姐和我叫到她房间里，并宣布她不能再容忍这种事情继续在自己的家里发生了。

"勾引他这么小年纪的男孩，你难道不害臊！"她叫嚷着，"我还从未碰到过这么令人愤慨的事情！"

德鲁小姐吓坏了，脸色煞白，结结巴巴地回答说，她只是出于对我这个远离家庭的男孩的同情，只是希望给我一点被剥夺了很久的母爱的温暖。

罗森托威尔太太一听这话，声音更高了：

"那你为什么偷偷地亲他？不仅如此，我还知道你亲了他的嘴，这太不像话了！"

可怜的德鲁小姐简直要跳将起来，愤怒的泪水涌到了眼眶。

"你怎么敢这样对我说话！你指责我堕落和行为不轨。在我们美国，亲朋之间互相亲嘴，并没有什么大不了的。"

我目瞪口呆起来——不仅由于看到了这可怕的一幕，而且还更由于德鲁小姐一个劲儿地强调她对我的是母亲般的感情。而我这个蠢货，还以为这是爱情呢！

德鲁小姐在罗森托威尔家继续住了几天，因为她父母马上就要到了。我们在吃饭时的见面变得非常可笑。我们当着大家的面笨拙地接吻，面对房东的三个女儿一半讥讽、一半恶意的笑容，我们不断地脸红。三姐妹中肯定有一个是打小报告的。

我的朋友德鲁小姐气得昏了头，跑到巴尔特教授那里去抱怨她所遭受的折磨。令我大为惊讶的是，巴尔特站在她一边。很久以后我才发现，巴尔特对漂亮女孩也很有眼光。德鲁小姐的父母终于来了，她搬到旅馆去和他们一起住。有一次，他们客气地邀请我去吃了午饭，把我当做家庭的一员看待。他们的女儿对罗森托威尔太太家里的事件的戏剧性描述没有太影响他们。

"唉，这些德国人，对什么是好教养都没有一点概念。"她父亲这么说。

在他们离开柏林回波士顿的那天，我手里拿着一把鲜花和献给心爱女友的一首小曲去送他们。在火车站，德鲁小姐把我介绍给她的未婚夫，那个年轻的牧师！哈哈，我居然没有吃醋！他们很快就在美国结婚了。在去美国巡演时，我经常与他们见面。直到她去世，我们一直是朋友。不久前，她的儿子——他很爱他的母亲——慷慨地把她在柏林写的日记送给了我。我嗓子发紧地读那日记时，暗自欣喜地看到，在那些花样的日子里，她确实感到对我的爱在她心灵深处轻轻搅动……

8

　　德鲁小姐离开后，在罗森托威尔家的生活对我就不堪忍受了。我突然感到，在她们中间我完全是个陌生人，常和她们家的什么人吵架，且因没有隐私倍感烦恼。这情况最后达到了顶点，在火气大发时我把琴凳砸成了碎片。我本以为会受到严惩，但女士们被我激烈的行为吓坏了，只是退回自己的房间里去，而我，身为胜利者，在餐厅单独享用了晚餐。

　　巴尔特也注意到了变化，他非常不满罗森托威尔一家对待德鲁小姐的做法，决定把我从这女人窝里带走。但要找一个合适的住所还有合适的房东却很不容易。不是房东太老，就是我自己太小；有些人受不了钢琴的吵闹，而另一些人又没有足够的地方放钢琴。简而言之，过了相当一段时间，巴尔特才找到了他认为理想的一对夫妇。他在上课前把我介绍给他们。那对夫妇给人的印象，用今天的话来说，是中产阶级的上层。妻子大约三十五岁左右，而丈夫年长不少。妻子要令人感兴趣得多：她身材匀称，面貌姣好，一双眼睛仁慈而含笑。说实话她很有吸引力。他们就像看货一样地审视我，和我闲聊天气，目的是要听听我的声音。最后，我认为，主要是考虑到我的老师的"皇家音乐学院教授、宫廷钢琴师"的头衔，再经过了仔细的商量，他们才决定收留我的。

　　温特夫妇住得离我的各科老师都很近，离动物园也不远，让我很开心。夫妇俩没有孩子，只有一个女佣，就这么简单。与罗森托威尔家里无尽的纷乱有多大的差别啊！我得到了一个相当宽敞、舒适的房间，一条小走廊与温特夫妇的房间分开。教授成功地说服了钢琴生产商贝希斯坦先生，给我送来了一架新的小三角钢琴供我目前使用，我的新生活就这样福星高照地开始了。我所有的朋友，包括迈耶尔姨妈一家都替我高兴。我现在才明白，大家好久以来都为我单独置身于——照他们的话说——对身心有害的女性气氛中间，感到不安。弗里兹·缪勒、汉斯·恩格尔曼、库尔特·哈恩和"读书小组"的其他成员从此也更经常、更乐意来看我了。

鉴于在贝多芬厅与乐队合作的音乐会日益临近，已到了我开始认真工作的最后时刻了。音乐会的曲目将包括：莫扎特的《A大调钢琴协奏曲》和独奏曲目：舒曼的《蝴蝶（Les Papillons）》，肖邦的一首夜曲和《b小调回旋曲》。幕间休息之后，是圣－桑的《g小调钢琴协奏曲》。

这样的曲目我喜欢。那首莫扎特的曲子越来越合我的心意了，而独奏曲目是经过认真挑选的。圣－桑的协奏曲是一首受人欢迎的新曲子，所以我干劲十足地投入它，并且我要承认，这首曲子在许多年中一直像一匹优秀的战马一样忠实地为我服务！曲子中无所不包：气势、优雅、令人目眩的光彩以及气质。再说它也是很好的音乐，虽然不免有点俗气。但是我深信，一个有才华的阐释者能够将他演奏的任何作品变得更为高贵，只要他是个再创作者，而不仅仅是个表演者。

1900年12月，就在圣诞节前，当音乐会终于举行时，我的神经几乎都要崩溃了，而巴尔特教授忧愁的面容让人看了更是可怜。和乐队的排练进行得很顺利，音乐家们似乎对我印象深刻，这样，我才又振作起来，并在音乐会上竭尽全力。每首曲子都获得了成功，最后，演奏完圣－桑的协奏曲，听众都从座位上一跃而起，开始喊叫并跺脚。这真是我的胜利。大厅满座，约阿希姆、作曲家马克斯·布鲁赫（Max Bruch）和大钢琴家莱奥波德·戈多夫斯基①）也都到场观看了。我加演四次后，他们全都走上舞台祝贺我，而约阿希姆教授还拥抱了我。赫尔曼·沃尔夫也开始把我当成一个重要人物看待了。趁这件大事之机，大姐雅佳和大哥斯塔希②从罗兹赶来了。第二天，从报刊的评论看，我被看做一颗上升的明星，而最重要的两个评论家（我甚至记得他们的姓名：一个是《柏林日报》的莱奥波特·施密特，另一个是《音乐报》的奥托·莱施曼）断言说，我是莫扎特作品的理想演奏者，对莫扎特有着最为深刻的理解。"是从有才华的人中挑选出来的。"——其中之一这样说，这句话我永远都忘不了。巴尔特教授写信告诉德鲁小姐我的成功和约阿希姆的满意，这封信至今还在我的手里。

由于这次值得牢记的音乐会，我身边发生了许多变化。我对数学的厌恶永远成为我上大学的不可克服的障碍，巴尔特和阿特曼接受了这个事实，允许我放弃参加中学的年度考试。取而代之的是跟着不同的老师上法语和英语课，每种一周两次。这个建议出自约阿希姆，他认为，作为一个音乐会演奏家，语言知识是最宝贵的资本。他太英明了。也多亏他，我再次作为独奏演员获邀与汉堡和德累斯顿的管弦乐队合作。这两次音乐会给我留下了美好的回忆，但也夹杂了些许不愉快的事。汉堡是德国第二重要的城市，所以和汉堡爱乐乐团的合作演出是非同小可的荣誉。和德累斯顿签订的合同更加荣耀，因为这次音乐会是为莫扎特的一个周年纪念举行的。第一天晚上由约阿希姆出演，第二天晚上我

---

① 莱奥波德·戈多夫斯基（Leopold Godowsky, 1870 – 1935）：美籍波兰钢琴家、作曲家，先后担任柏林、维也纳音乐学院钢琴教授，涅高兹曾为其弟子。1914 年定居美国，任芝加哥音乐学院钢琴系主任，发表过一套根据肖邦练习曲写的练习曲及许多小型作品。

② 雅佳是雅德维佳的爱称；斯塔希是斯塔尼斯瓦夫的爱称。

演。我要演奏莫扎特的最后一首协奏曲，即《降 B 大调钢琴协奏曲》。在两地演出我都应指挥之邀，住在他们自己的家里。

汉堡的演出是一次巨大的成功。我演奏了从不让我失败的圣－桑的协奏曲。我甚至被迫加演了一次，这是少有的荣誉，并且立即约定参加下个季节的演出。大姐雅佳和大哥斯塔希从柏林赶来了。音乐会之后，我把大姐介绍给指挥里夏德·巴尔特（与我的老师没有血缘关系），我们正准备回家时，她提出想带我去吃晚饭。我们的主人警告说，这么晚很少能找到还开着门的饭店，但大姐坚持，所以他只好让步了。由于天下大雨，剧院前聚集了一大群音乐会的听众，在等着雨停。人们好奇地看着我们。马车也见不到，大哥就去找。大姐和我在剧院前足足站了三刻钟，他才回来。上车后，我们问车夫哪里有好饭店，他回答这个时候只有在火车站能吃上些冷食。美好的一天就这么可怜地结束了。

在德累斯顿，我的指挥和东道主是著名的阿劳伊兹·施密特（Alois Schmitt），当代的车尔尼，他出版了无数册钢琴练习曲和手指训练教程。当时他已七十五岁左右，但仍精力充沛，并且指挥得很好。在他指挥下弹奏莫扎特优美的协奏曲是一种愉快。德累斯顿的听众极其喜爱施密特，给我们两人报以欢呼。

就在音乐会开始前，我接到大姐夫毛里斯·朗道的一个电话，他说是专门来德累斯顿参加我的音乐会的，所以他要一张票，并希望在音乐会后和我共进晚餐。但这次恰好音乐会组委会将在俱乐部设晚宴，当然，约阿希姆、施密特和我均在被邀之列。事情很为难，但大姐夫一定要我去向施密特先生讨一张音乐会的票和一张晚宴的请柬。我的主人感到有点意外，不过尽管事情发生在最后一刻，他还是为毛里斯在组委会主席的包厢里争取到了一个位置，还有一张晚宴的请柬。音乐会后，组委会、宾客、还有艺术家们都聚集在通向餐厅的大堂，没完没了地等待可以落座就餐的信号。当施密特先生走到我身边，说大家不能再等我姐夫而必须开饭了时，我感到十分惊讶。

"在包厢里他有没有告诉组委会主席晚餐他会迟到一会儿吗？"我问。

"这才是麻烦所在——他根本就没来听音乐……他一定发生什么事了。不过你不用担心，明天一早我们就知道了。"

我心中暗自猜疑，结果我猜对了。

第二天，我匆匆吃完早点，东道主就叫了一辆马车，我们一起到了大姐夫下榻的旅馆。我把施密特先生留在楼下，自己跑上楼去。我心爱的毛里斯正躺在床上，为我把他叫醒而大为生气。他说，遇上了几个朋友，他们把他拉到俱乐部玩牌，就把音乐会和晚宴忘得一干二净了，清晨3点钟才回到旅馆。

我回到老先生那里，编造了一个动人的故事，说姐夫在换衣服去音乐会时突然病了，由于他是独自一人，无法通知任何人。我永远没法弄清，施密特先生在多大程度上相信了我，不过，他很有风度地提出如果需要，他可以帮忙。对此我当然谢绝了。

我非常高兴地回到了柏林，又住到温特夫妇家。温特先生经常外出做生意，长时间不在城里。他夫人给人的印象是个好妻子、好主妇，但性格上具有强烈的浪漫倾向。我弹的音乐和读的书很使她兴奋入迷，而且她有一种不可遏制的好奇心，想了解我的全部生活。这种气氛并未令我不悦，相反，还正对我的口味呢。成天呆在一起，我们自然变得非常亲近。她给我讲了自己的一切，而我则告诉她身为年轻人的烦恼、梦想和希望。

一天上午，我从恩格尔曼太太那里得到一个令人兴奋的消息：恩格尔曼太太以前的保护人、梅克伦堡－什未林前大公遗孀殿下，表示愿意在什未林自己的宫中听我演奏。对这一邀请，巴尔特感到很高兴，而我则欣喜若狂，这是我和王室的第一次接触。

在 20 世纪初，艺术的境况，特别是音乐的境况，和莫扎特的时代几乎一样。此时，除法国和瑞士之外，整个欧洲都由诸侯统治着（仅在德国就有数十个）。歌剧、管弦乐队和上演保留剧目的剧场都在那些有封号的人手里，他们提供资金，自然就有绝对的权力。如果某个钢琴家对了他们的口味，就会被封为"宫廷钢琴师"。他们还毫不吝惜地颁发各种勋章和奖章……这让我想起一个挺逗的故事。

李斯特的学生、阿尔弗雷德·赖森瑙尔（Alfred Reisenauer）在德国某个小诸侯的宫殿举行了音乐会。第二天，宫内大臣到他下榻的旅馆，以大公的名义提出，可以给他 1000 马克，或者一个黑熊勋章，要么就是鹰鹫勋章或者其它类似的勋章，由他挑选。

"这种勋章在商店里卖多少钱一个？"艺术家问。

"嗯，我想，大约 20 马克吧。"朝臣回答。

"那么，"赖森瑙尔说，"我就接受一枚勋章和 980 马克。"

很明显，由于被迫只能和有王室血统的人通婚，绝大多数王室成员之间都有血缘关系。所以对于一个人，尤其是音乐家，得到某个统治者的庇护，自然是至关重要的事情。因为王族中一个人的推荐信就可为之打开各处的大门，对其艺术生涯就大有帮助。例如，这位梅克伦堡－什未林大公遗孀就是荷兰王夫——其妻即荷兰女王威尔海米娜——的母亲。所以这个关系非常宝贵。不过丹麦王储则是最最值钱的"战利品"，他同时是俄国沙皇遗孀、英国王后亚历山德拉和希腊国王的弟弟。

于是，在一个阴雨的早晨，我坐上了去什未林的火车。当我抵达这个只有大概两万居民的小小省城，意识到这就是大公国的首都时，我简直傻眼了。一辆宫廷马车把我拉到一座旧式的、没有任何现代设施的旅店。从宫内大臣的便函中了解到，我应在 2 点 45 分时做好准备，马车将在下面等我。

音乐会 3 点开始。我要穿燕尾服，打白领结。我吓坏了，因为我还一直穿着短裤，没有任何晚礼服。何况在我下榻的旅店，要按时准备好也很不容易，那里既没有浴室也没有热水。我好不容易才找到一个裁缝，给我熨平了衣服，结果我到宫中已经迟了10分钟。六名身穿制服的仆役将我引到大舞厅，在那里我见到了约五十人的人群，令我十分惊讶。其中大部分是身穿宫廷服饰的老太婆，领口都又大又低。男人则无一例外地穿着燕尾服，佩戴着勋章。这完全可以当做著名的好莱坞影片中构想的欧洲宫廷的场景了。

我一出现，一位夫人就站起身来，走出大厅。宫内大臣带着指责欢迎了我：

"年轻人，你迟到了。请到旁边那个客厅去，殿下将与你单独见面。"

我很窘迫地走进指给我的房间，看到了刚才离开大厅的那位夫人。我以为这只不过是殿下的侍从女官，就随便地点了点头……等她走近我开口说话，我才发现她就是殿下。

"我是大公夫人玛丽亚。你是钢琴家了，对吗？"我真想说："不，我是水暖工。"但我只是深深地一躬身，亲吻了她的手，就开始嗫嚅地道歉。她微微一笑，便回到大舞厅，把我引到钢琴边，请我演奏。当大家坐好后，我弹奏了约一小时的曲目，演奏了巴赫、莫扎特和勃拉姆斯的一些作品。在座的人都等着大公夫人发出信号，然后才响起了简短的礼节性掌声。音乐会结束了。宫内大臣把我引到大公夫人殿下身边，她坐的椅子比别人的高些。她很客气地感谢了我，并对我的演奏说了几句赞扬的话。然后她从自己充当宝座的椅子上站起身来，其余人都跟着迅速起立，像士兵一样立正站着。手里端着咖啡托盘的仆役出现了。也有我一杯，盛在精致的迈森瓷杯里，但是我的手因为疲劳还在颤抖，要把杯子端平都很困难。就在这时，宫内大臣走过来说，奥尔登堡大公夫人殿下要对我表示祝贺。所以我们就走到一位个子高高的、身穿一件美丽的粉红绸裙的漂亮夫人跟前，我深深地一鞠躬，脚跟一并，然后——糟糕！杯子里的咖啡撒到她那件漂亮的裙子上了。奥尔登堡大公夫人"啊"了一声，恶狠狠地看了我一眼，就迅速离开了。我恨不得地板裂开一条缝让我钻进去，这时大公夫人玛丽亚走过来微笑着安慰我，邀请我晚上回来，在她的私人房间里共进晚餐。自然，这使我完全放下心来了。

我很快就意识到，不幸的奥尔登堡大公夫人在到场的人士之中人缘不好。晚餐令我非常开心，只有一名仆役将我带到三楼的私人房间，大公夫人殿下穿着简单的衣裙，和两位可爱的女侍臣与无所不在的宫内大臣围坐在欢快的炉火旁。由于用晚餐时大家都相当随便，我十分放松，便斗胆给他们讲了几个精彩的犹太笑话，并请他们欣赏了我那套模仿曲目。我敢说，与下午的音乐会相比，我取得了大得多的成功。

回到柏林几天后，恩格尔曼太太告诉我，她收到了大公遗孀的一封信，对我的拜访表示非常满意，并希望1月29日在什未林能再次听到我的演奏，这次是和管弦乐队一起举行音乐会，隆重庆祝她的生日。我带着复杂的心情接受了邀请，我自己的生日是1月28日，这一邀请虽然让我受宠若惊，但却令我错过与朋友们的欢聚、各种生日礼物和可口的菜肴。相反，那天我要和乐队一起在什未林排练。不过即便如此，我还是很高兴能第一次演奏新学会的肖邦作品《波兰主题幻想曲》。所以，我最终愉快地启程去参加这个祝寿音乐会。这次见到的小小的首都已处于节日气氛之中，全城都挂满了彩旗。在这个忠诚的诸侯国，甚至大公遗孀的生日也是节日啊！值此机会，荷兰女王威尔海米娜也偕同她丈夫一起来了，当朝的大公也从里维埃拉返回，通常他都是在那里过冬，挥霍自己臣民的金钱，还有另外一些王室人物前来参加。当他们在排练过程中出现时，我顿感烦乱（显然他们无事可做），因为这把我们演奏人员搞得很紧张，即使我们奏错了什么地方，指挥也不敢停下乐队，结果就是，后来在正式的音乐会上，我们把这首优美的曲子演奏得很糟。所幸，我们的听众并不太懂音乐，他们发现不了这些区别，看到王族的人鼓掌，他们也就有礼貌地跟着鼓掌了。音乐会后，在当朝大公的主宫殿的大舞厅举办了国宴。乐队还要在晚宴时演奏，并为尔后的舞会伴奏。我和宫内大臣同桌。这豪华的场面使我震动不小。开始祝酒时，我想起了自己错过了的小小的生日，心中一阵妒忌。突然，我不假思索地对宫内大臣悄悄地说："多巧啊，今天也是我的生日。不过，请不要对任何人说起。"

自然，我知道他会感到值得把这趣闻对大公夫人说的，所以我周围立即引起了不小的喧闹声。我也受到大家祝酒，最终还收到不少可爱的礼物。迄今，我仍为这次显摆有点儿感到害臊，特别是玛丽亚大公夫人在第一次世界大战爆发前一直都为"我们的"生日给我发来贺电，对我表示良好的祝愿。

9

渐渐地，我和巴尔特教授的音乐关系变坏了，我越来越难以把心思放在学习那些我认为微不足道或者不喜欢的曲子上。例如，在学贝多芬的奏鸣曲时，我可能只喜欢第一乐章，而不喜欢第二乐章。贝多芬的《e 小调钢琴奏鸣曲》作品第 90 号就是这样，第一乐章很美，让人觉得大有可为，但我认为第二乐章过多地重复使用回旋曲式，削弱了第一乐章显著的效果，有些令人失望。实际上，我也没学到肖邦的作品，除了几首练习曲，而且那些也只是用来练习手指，并不是按练习曲本身就是艺术作品那样来学。巴尔特继续轻视巴赫，《平均律钢琴曲集（Das wohl temperierte Klavier）》中的三首前奏曲和赋格，以及由李斯特改编的杰出的《g小调幻想曲和赋格》，就是我在六年中仅学过的巴赫了！可是巴尔特还继续给我门德尔松、舒曼、舒伯特的许多小曲子，而没有一首这些大师的真正伟大的作品。一次，他让我练习阿道夫·冯·亨泽尔特（Adolf von Henselt）的协奏曲，一首又长又难的曲子，有点像肖邦的东西，但缺乏肖邦的才气。我记得，我当即表示反对，但教授坚持己见，直到一天我大发脾气，把这首作品的乐谱撕成碎片，使折磨我的人大受惊吓，这才拉倒。最叫我生气的是，我们所学的东西，实际上没有一首足以列入音乐会曲目，要么太长，结尾情绪忧郁，例如舒曼的《大卫同盟舞曲》；要么已经过时，缺乏艺术价值。

我失望地意识到，在这种情况下，我不得不过一种音乐的"双重生活"：其一是令人扫兴的，即巴尔特的课程；另一种则是我喜爱的，就是聆听、弹奏和学习一切优美的音乐，无论是交响乐、歌剧还是别的什么音乐。尼基什指挥的音乐会越来越使我着迷，他正在宣扬推广几位鲜为人知的俄国人：里姆斯基-科萨科夫、鲍罗廷、穆索尔斯基等。他是第一个演奏塞扎尔·弗朗克《交响曲》的，他给我介绍了里夏德·施特劳斯的《梯尔·艾伦施皮格尔》和《死与净化（Death and Transfiguration）》以及许多其他伟大的新作。巴尔特的偏狭心态令他声称所有这些音乐都很糟糕。对他而言，音乐到勃拉姆斯就告终结了，而瓦格纳则是个严重的反基督分子，我只好偷偷地听他的歌剧。

理论与和声学课也没有让我满意。老师们用无穷尽的卡农和其他枯燥乏味的练习使我疲惫不堪，那些东西从不能激发我去加倍努力。那段日子里我创作了不少东西，在弗里兹·缪勒和我之间进行着相互竞赛。我们每人都写钢琴曲或者歌曲，交给对方去评价。但我很快就遗憾地发现，自己天生就不是当作曲家的料！我模仿勃拉姆斯，尝试模仿贝多芬，后来甚至模仿肖邦。诚然，我能够谱写出好听的钢琴小品或者可以唱的歌曲，但那不是"我自己"的，我没有迫切的创作欲望，我并不真正需要这样做。所幸，我较早认识到了这个苗头。我想起了音乐书店的架子上充斥着成堆的作品，无人问津，也无人演奏过。原因很简单，那些都是人为地硬写出来的，而不是受惠于天才。我常常开玩笑说："比起与我同姓的、伟大的安东·鲁宾斯坦，我唯一的优势就在于我不发表自己的作品。"

弗里兹·缪勒努力鼓励我创作，但我认为他这么做只是出于客气；他本人有时给我一种印象，他是个有天赋的人，但后来证明我错了。

我在音乐上的种种幻灭，部分地从我的智力生活中得到了补偿。这要感谢阿特曼博士。他想出了一种新方法刺激我的思维，这就是让我去听杰出人物精彩的讲座，包括伟大的作家、历史学家、哲学家和科学家。对一个14岁的孩子，这样的智力大餐太吸引人了。我有机会听过维拉莫维奇－莫伦多夫教授关于希腊问题的课和年迈的著名历史学家莫姆森讲的罗马历史，还听过尼采著作的伟大评论家（我忘了他的名字）的课，还有许多其他人的讲座。不论可信与否，他们但都是通过展现观念教我思考，而思考，是上苍的神奇馈赠。

一天上午，阿特曼给了我一张票，看格哈德·豪普特曼新剧的世界首演。在德国，豪普特曼剧作的首演被认为是重要的戏剧事件，所以我感到急渴和幸运。那个夜晚真美好，新戏《罗泽·贝恩特（Rose Bernd）》让我大为感动，演出非常完美。此外，观众席上坐着的许多知名人士也使我兴味盎然。在幕间休息时，批评家阿尔弗雷德·克尔还请我喝了一杯咖啡，同我这个毛头小子讨论了这出戏的是非曲直，特别让我受宠若惊。

散场后，我在街上碰到阿特曼博士正在等我，他急不可耐地详细询问了整个夜晚的全部细节。好久以后，我才了解到，当时他只买得起一张票，但他宁肯让我去看，而不是自己享用……

"德意志剧院"的前演员马克斯·赖恩哈特成为了明星，给柏林的戏剧生活带来了新的活力。事情发端于一种新颖的演出，是被称为"群言堂"的餐厅文学表演，节目涉及政治、艺术和日常生活。其新颖之处在于把一个戴着单片眼镜的蜕变了的贵族引进观众席，坐在一个包厢里——那个贵族俗称"王公贵族思姆斯"，是由著名的讽刺周刊《辛普里齐思姆斯》杜撰出来的人物——这个角色对现实问题的傻乎乎的看法是观众最喜爱的部分。赖恩哈特找到一位理想的演员来扮演这一角色，他对包厢里的同伴或者对全体观众的大声评论会引发出阵阵笑声。表演在演出季里轰动一时。我饶有兴趣地观赏了它。但这只不过是赖恩哈特想像力与精力的一个跳板。很快他就把自己的"餐厅表演"变成了正规的戏剧，进而编写出一幕幕载入史册的戏剧作品。我一直认为，当时能了解他的作品并欣赏受到他的感召而离开"德意志剧院"的演员们的表演，是我的一大幸事。我得以直接观察了这位戏剧天才奇迹般的上升。由于他，我那时才看到了那些永远忘不了的戏剧。

赖恩哈特首次向德国人介绍了施特林贝尔格（Strindberg）及其作品《尤莉叶小姐与劳施（Miss Julie and Rausch)》）。之后，他把弗兰克·韦德金（Frank Wedekind）的两部令人着迷的戏剧搬上舞台，让柏林人发现了一位年轻、另类的剧作家：《春醒》，讲述少年人的爱情；另一部《地精（Erdgeist)》，现在称作《璐璐（Lulu)》，后来成为阿尔班·贝尔格（Alban Berg）的歌剧的脚本。《璐璐》肯定是舞台上最大胆、最令人反感的一出戏，不过它强劲并有说服力。马克西姆·高尔基的《在底层》获得了最大的成功。那是个令人心碎的故事，一群落魄的人挤在爆发了瘟疫的便宜宿舍内，但一个老乞丐开朗与慷慨的天性也能给这种地方的人们带来幸福。它让我第一次了解了幸福的真正含义。

《在底层》演了整整一年。赖恩哈特自己扮演老乞丐卢卡一角。然而，这一切只不过是刺激了他的胃口。转眼间，他就成功地接过了布拉姆的"德意志剧院"，尔后又接管了在滨河街的另一间大得多的剧院。之后他又新建了一家，就是"小型剧院"——那是一座温馨可爱的剧院，铺了红木地板，具有完善的音响效果和最舒适的座椅。现在他成为这个复杂的剧院网的绝对统治者，可以最终实现自己的梦想了。他把最大的剧院用来上演著名的莎士比亚戏剧，那是我平生看过的最完美的演出。《威尼斯商人》、《仲夏夜之梦》、《第十二夜》、《罗密欧与朱丽叶》、《哈姆雷特》都给我留下珍贵的回忆。在舞台布景上，赖恩哈特也是伟大的革新家，他创造了旋转舞台，因而演出中再也不必降下帷幕，不会打断情节，消除了长时间的幕间休息，再不会分散观众对剧情的注意了。

此外，他发现了一个好得难以置信的年轻演员，是个意大利裔的德国人，名叫亚历山大·莫伊希（Alexander Moissi）。此人具有我听到过的最漂亮的朗诵嗓音——听起来就像音乐——以及巨大的表演天赋。欣赏他扮演的哈姆雷特和罗密欧是无可比拟的体验。我也永远忘不了女演员格尔特鲁德·艾索尔特（Gertrud Eysoldt），她塑造了独一无二的璐璐，后来又塑造了奥斯卡·王尔德①戏剧中理想的莎乐美。因其宗教含义，《莎乐美》被审查小组禁演了，于是该剧只为专门邀请的客人们进行私下演出。那个难得的机会我在场，里夏德·施特劳斯也去了，并且他当时就决定完全照搬原文创作同名歌剧。

---

① 奥斯卡·王尔德（Oscar Wilde，1856－1906）：英国唯美主义作家。作品有童话《快乐王子集》、剧本《温德米尔夫人的扇子》、《莎乐美》等。

我记叙这些事情是因为它们强烈地刺激了我年轻的心灵。我开始贪婪地阅读凡是能弄到手的任何高品质的书籍。我阅读了德国、法国、英国、俄国和波兰的大量文学原著。我很难找到读书时间，因为温特先生严禁熬夜，晚上 11 点我必须熄灯。因此，我如果想读到临晨 3 点或 4 点钟，就要在床头柜上用三大摞乐谱围成书墙，在书墙中间点上一支小蜡烛，只透出一丝光线照在书上，而屋里其它地方则都笼罩在黑暗中。

我的读书热情开始不利于复习功课，特别是不利于巴尔特教授的功课。我不是照老师的吩咐每天早上练两小时琴，而是锁上房门，在谱架上放一本俄文的《安娜·卡列尼娜》或者显克维奇的一本波兰文小说，右手边放一点巧克力，左手边放些樱桃。只用左手在琴键上进行一些机械的练习，空闲的右手则取巧克力和翻书页！如此这般折腾一小时后，我就变换一下，用右手练琴，左手拿樱桃。家里人觉得我从来没有这么认真用功过。但自然，这种行为的结果是可悲的，每节课前，我都不免要疯狂地临阵磨枪。

尽管有这些勾当，我竟然奇迹般地没有太使巴尔特教授不高兴。一次，不算太差地上完课之后，教授突然从自己的烟盒中拿出一支香烟，递给我：

"抽吧，"他说，"你会喜欢的。"

我充满骄傲地点燃了，但才抽一口就满眼流泪，开始咳嗽，烟雾呛到了鼻腔里，看上去可怜兮兮的。教授由衷地笑了，送给我一小盒香烟，说道：

"你很快就会抽的。"然后他给我提了几条建议。

我在朋友们面前傲气地夸耀自己得到的这份能够公开吸烟的特权，但我越来越对香烟反感，过了一周就戒掉了，并且终生没有再碰。30 岁上我学会了吸雪茄，迄今依然快活不减当年地在抽。

这一年，一座完全用于音乐演奏的宏伟、漂亮的"爱乐音乐厅"在华沙落成并启用，成为华沙的骄傲。音乐厅中一个精致的大厅用于演奏交响乐，一个小厅用于演奏室内乐。一位年轻的波兰指挥艾米尔·姆威纳尔斯基（Emil Mlynarski）提出了这个伟大的设想并促成它的实施。华沙的有钱人答谢他的热情与干劲，帮助他组建了一个大型交响乐团——华沙爱乐乐团，这个乐团和欧洲同类乐团一样出色。在隆重的揭幕音乐会上，由姆威纳尔斯基担任指挥，帕德雷夫斯基担任钢琴独奏。几个月后，新爱乐乐团的经理亚历山大·莱伊赫曼先生听说了我在柏林的首演，就邀请我作为独奏演员参加一次交响音乐会的演出。这个建议令我万分欣喜，而巴尔特教授也很痛快地准许了，只是强调要把我的演出收入带回给他。借此机会我全家从罗兹来到华沙，借住在维塞尔姨父家，所以第一天我就一头扎进了家人中间。第二天我在崭新、漂亮的音乐厅同姆威纳尔斯基先生一起进行了排练。这位指挥家是我碰到的人里最有魅力的一个。他举止随便得出奇，嗓音柔和动听，待人彬彬有礼，带着贵族气派。作为交响乐队指挥他似乎过于温和了。但当他走上指挥台、手里拿起指挥棒时，态度一下子就全变了。身体笔直、沉着，他只用最有限的几个动作便完全控制了乐队，给独奏演员一种非常奇妙的安全感。自然，我演奏了圣－桑的协奏曲，这个曲子从未令我失败过，这次又让我获得了胜利。演出取得了巨大的成功。看到父母高兴，我感到骄傲。

两天后，发生了一件有趣的事。我应邀参加欢迎格里格（Grieg）和马斯卡尼（Mascagni）的晚会。当时马斯卡尼在华沙担任指挥。晚会由斯坦威和贝希斯坦钢琴厂的代理路德维希·格罗斯曼先生举办。他希望我能为两位大师演奏。他们似乎十分喜欢我的表演，但是之后，由一位波兰女高音歌唱家演唱波兰最杰出的歌剧作曲家莫纽什科的歌剧《哈尔卡》中一大段咏叹调时，我看到马斯卡尼哭了，而格里格也擦了眼泪。这是我与两位作曲家唯一的一次会面。格里格不久就去世了，而马斯卡尼后来变成法西斯分子。

我还在爱乐音乐厅参与了另外一场音乐会。那是与一名女高音歌唱家和一名小提琴家共同举行的独奏音乐会，收入捐献给一家犹太医院。我没有报酬，但是演奏完独奏作品——舒伯特优美的《流浪者幻想曲（Wanderer – Fantasie)》之后，我收到一顶银质桂冠。回到化妆间，我碰到一个长得极为英俊的年轻人在等我。他面孔苍白而富于表情，鼻子挺秀气，长长的人工卷发。他的一身打扮令人想起肖邦时代的时尚：紧身的黑色礼服大衣，灰色的裤子，双排扣黑天鹅绒背心，漆皮鞋。当他抓住我的双手，并用最华丽的词藻恭维我时，我注意到他的手很漂亮，手指修长。

"你是我所见过的最有才华的钢琴家！"他叫道。

这种说话的方式我从不喜欢，因为我讨厌言过其实，尤其是关于我的演奏。他立即注意到我的反应，就匆匆自我介绍，说他刚刚在华沙音乐学院毕业考试上获得作曲金质奖章。他坚决邀请我第二天到他家看看。但那是我在华沙逗留的最后一天，由于我有许多重要事情要办，我答应只在上午去一会儿。家里人在罗兹为我安排了一场独奏，我必须准备曲目，多少练练琴，还要准备音乐会后立即返回柏林。

我遵守了诺言，去拜访我的新相识——弗雷德里克·哈尔曼（Fryderyk Harman）。本以为他会住在音乐学生的那种普通的简朴住所里，然而，我诧异地走进了一套最奢华的公寓。给我开门的是个管家，他一本正经地把我引进一间很大的起居室，里面并排摆着两架演奏琴。一个大约十七岁的年轻姑娘微笑着迎接了我，对我的音乐会赞美了几句，然后说她哥哥要迟到几分钟，请我原谅。她那多少带点傲慢的自信让我有些胆怯。当我看到管家手里端着一个大托盘，从另一间屋子出来时，我的胆怯变成了慌张。

"唉，不，不！"我叫道，"我现在不能吃任何东西。我约好半小时后就要去用午餐的！"

一听这话，姑娘银铃般地笑了起来。

管家不过是端着弗雷德里克的早点托盘，从主人的房间出来，抄近路才经过起居室的。我也想置之一笑，但结果却做得不自然。

弗雷德里克终于出现了，他刚刚起床，谦和地对于让我久等表示了歉意，随即开始展示两架钢琴的上等品质。我再次为他那从容与高雅，还有他在两件乐器上弹奏出的优美音乐所打动。但很可惜，我不得不告辞了，因为父母亲在维塞尔姨父家等着我去吃午饭。于是，兄妹两人都很真诚地和我告别。

第二天晚上，我在罗兹陈旧的福格拉音乐厅举行了音乐会，就是我生平第一次听管弦乐的地方。厅里塞得满满的，但我觉得自己只是在为家人演奏。无论我的目光投向何处，都能看见某位姨妈、表兄或者舅舅。第一排坐着我父母、姐姐们和哥哥们，还有两个姐夫！面对这样的听众，要成功是不难的，所以演出自然以胜利告终！音乐会后，全家都集中到家里吃晚饭，我们喝茶，吃水果，直到深夜。

第二天我返回柏林。为了和我告别，全家又一次集中到车站。父亲把我拉到一边说，音乐会收入了700卢布，但因为有许多开支——去华沙的旅费、招待会，等等，所以眼下没钱给我带走。

"告诉巴尔特教授，钱我过几天寄给他。"他补充道。

实际上，父亲是可以什么也不说就把这钱留下的，我还未成年，他不必对任何人结账。火车即将开动，所有在场的人都来亲吻我，最后我终于进了车厢，筋疲力尽，但很幸福。

巴尔特教授从不和我讨论有关金钱的事宜。如我曾经提过的那样，他作为我的监护人，承担了我的全部事务，并帮我收取我在汉堡、德累斯顿和华沙的音乐会酬金（前两场我从来也不知道是多少钱），华沙的这场我知道是 300 卢布（约合 150 美元），应由我随身带给他。当时我得到的零花钱是一周两个马克（50 美分），温特先生受命给我提供现金以支付公共马车费和其他必要的费用。所以我压根不了解我的经费情况。有一件事我不高兴，实际上是忿忿不平，那就是巴尔特教授每年年底都要我给自己的资助人写感谢信。这使我心里总感到苦恼。

温特夫妇看见我回来很高兴，而巴尔特对我在波兰演出的艺术上与经济上的成功都十分满意，所以一切又都照旧了。我从罗兹回来刚刚过去两周，巴尔特教授突然在上课时问我：

"关于钱的事，你是否从父亲那里得到了什么消息？"

"没有。我还没有收到家里的信。"我回答。

几天后巴尔特又问，这次明显尖刻了许多："我们还没有关于钱的任何消息，挺奇怪的，是吧。"

"我父亲有些漫不经心。但我相信，钱任何一天都可能寄来。"我有点紧张地说，告辞时心情很糟。

再次上课时，我刚进音乐室，巴尔特教授就火气十足地对我叫喊：

"钱我还是没有收到，这太不像话了！我开始从最坏的方面来想象你的父亲了。"这对我太过分了。我收起乐谱，跑向大门，口中大叫道：

"我不允许你侮辱我父亲……你再也不会见到我了……我回罗兹去！"

我一路哭着跑回了家。一进屋就立即开始给父亲写信，告诉他全部经过，并问他我该如何回家。这时门铃响了，教授被领进房间，他因为爬了四层楼还气喘吁吁，冲着我嚷道：

"我要你把我说的每句话都给你父亲重复一遍！不要隐瞒任何事。"

"刚刚我已这样做了。"我平静地回答。"现在我等他的回话。"

他一言不发就出去了。我写完信，跑到邮局寄出。

我受了六天的煎熬才等到回信。收到信时，我没有认出父亲的笔迹，因为他非常讨厌写信，总是在母亲给我的信上添几个字（可惜，我继承了他的这个性格）。但这次他亲笔写了信。我记得第一句是这样的："很幸运，我在你母亲看到之前收到了你的信，因此她对这事一无所知。"接着他平静地解释了为什么拖延许久才给教授寄钱。"我不得不等待与音乐会相关的各项开支的结算，"他写道，"当然，我本该让你知道这些情况的，但我厌烦写信，而且原以为不必让你操心的。"他补充说，钱已经寄出，还让我对拖延这么久代他向教授致歉。

我非常吃惊，并深深地受到了伤害。我感觉在我一生中第一次需要父亲的时候，他辜负了我。他怎能不明白我打算回家的决定有多么重要呢？我痛心地想，这就是犹太人对待孩子的传统方法：不尊重他们的感情，认为他们无力进行建设性的思考。而他们，父亲和母亲，自然是不会错的，总知道什么会对孩子们有好处。

在我的一生中，接到父亲信的那天是个重要的转折点。我感到孤独，完全的孤独。一段时间里我反复思考了这件事，后来得出结论：我依然爱我的父母，爱我的家人，但在道义上和肉体上联结我们的链条永远断裂了。在那些艰难抉择的日子里，我给自己定了一条座右铭："绝不屈服！"这一信条我一辈子都忠实地信守着。

钱，巴尔特教授收到了，而且是他向我们父子道了歉。似乎一切又都恢复了正常，但我们的关系已经发生了微妙的变化。我继续准备着上他的课，不过比以往更加三心二意，我更多地沉浸于阿特曼的世界里了。但其结局对我非常致命。一天，巴尔特教授冷酷地宣布，他决定替我另找一个老师，认为阿特曼对我不合适：为了不必要的事情荒废了我重要的学业，占了我许多本该用于练琴和学音乐的时间，并从总体上对我的道德修养有着不良影响。我进行了强烈的反对，但无济于事。他已下定决心，阿特曼博士被解职了。这是短时间内对我连续的第二次沉重打击！告别时，阿特曼博士和我两人的嗓子眼都哽住了。后来，到了大街上，我放声痛哭。阿特曼离开了柏林一段时间，而我再也没有遇见过他。他从来也没有给我写过信，而我也不知道该把信寄到何处。

10

我在柏林的知心朋友们开始为我忧虑起来。我消瘦了，脸色苍白，闷闷不乐。他们认为该想点办法了。于是萨洛蒙教授夫妇邀请我和他们以及他们的两个儿子一起，去梅克伦堡湖区一个小村子里租赁的一栋别墅中度暑假。他们说那是个迷人的地方，紧挨着湖边。我高兴地接受了邀请。对我来说，那可不仅是一个暑假，还是一次异乎寻常的体验。那实际上是我这辈子第一次接触大自然，绝对荒野的大自然。

它与我父母或者大姐带我去过的罗兹附近拥挤不堪的地方截然不同。这里实际上只有我们自己，周围寥寥四五幢房子，而且彼此相距很远，离一个招人喜欢的古老小镇不远也不近。那镇子名叫吕兴，保留着中世纪的城门、钟楼，有可爱的老房子，还有古风犹存的居民，他们的北方腔听起来类似丹麦语。所以我们便独自享用了那片湖水，还有湖边茂密的森林。在我们别墅的后面有一个长满野花的花园，晚间散发出奇异的花香。我们有一只划桨的大船，我立即就学会了划船，真是其乐无穷！我也喜欢一个人去散步。森林总对我有种奇怪的魔力——一个神秘的世界，我十分喜爱的所有童话故事的心脏。坐在一棵老树下，我恍惚觉得每棵树、每根树枝都有什么话要对我讲。我觉察到自己被一个旺盛、强大的生命包围着……这的确奇怪。但是相反，我在巴黎香榭丽舍大街拥挤的咖啡馆里却感到非常孤独。

夏末，当我回到城里时，已经可以穿成年人的服装了。我得到了一件藏青色的西服上衣、一件背心和一条长裤。我也开始刮胡子了。这一切都使我精神大振。这还不算。一天晚上，音乐会散场后我在等公共马车时，一个粗俗、肥胖，乳房硕大的妓女鬼鬼祟祟地靠上来，悄声说：

"小家伙，跟我一起去吗？"

我着实被吓坏了，身体好像大量失血，虚弱得几乎晕倒。我不知所措，拔腿就跑，一口气跑回了家。但回到自己的房间以后，我意识到自己是个男人了。

从那天晚上起，我感到自己身上正发生着巨大的变化。我变得烦躁不安，干任何事情都不能长时间集中注意力；我变得精神紧张，神经过敏了；简言之，我很不愉快。但我很快找到了怨恨的根源……我嫉妒温特先生！他的夫人与我之间日益亲密的关系使我突然意识到她是一个女人，于是我再不能忍受温特先生亲吻她、抚慰她、或者放肆地做些玩笑的手势。随着时间的推移，这种状况更糟了，虽然她毫无觉察。最终，我决定要摆脱这种自卑情结。一天上午，我用了一个马基亚维利①式的诡计。在我练琴时，她送一杯牛奶到我的房间来，我平心静气地说：

"亲爱的温特太太，我极为遗憾，我要尽快离开你家了。"

她手里的杯子几乎掉到地上。

"发生什么事情啦？——难道我们对你做错什么了吗？"她大声说。

"哪里，没有的事！我不能告诉你原因，但我必须离开。"

她无法接受这种回答。

"你必须告诉我为什么——或许是巴尔特教授作梗吧？"她坚持要我说，几乎要哭出来了。

"不，这完全是我个人的决定。我很想告诉你原因，但这绝对不可能。只是，我求你，"我补充了一句，"千万别对温特先生说起，这必须保持在我们之间。"

她从房间走出去了。接下去的三四天，她一直试图说服我改变决定或者说清是怎么回事。但我不动声色。直到一天上午，她发疯似地大叫道：

"你不说出为什么对我这么做，我就不让你走！"

时机成熟了，反正我没有什么可失去的。我想，如果她不让我离去，那我起码可以摆脱这个噩梦；但要是她让我留下，那她就会陷入迷途……

我压低声音，几乎是耳语道：

"如果你逼我，那我就说。不过你得答应不生我的气。"

她点点头，微笑着说："亲爱的阿图尔，我为什么要生气？你知道我有多么喜欢你。"

"这个，你看，"我终于结巴着说了出来，"我对你有了不应

---

① 马基亚维利：15世纪意大利政治家，宣扬权术和阴谋，著有《君主论》。后来泛指使用阴谋手段来达到目的的人。

该的感情……这么亲近地与你生活，我再也忍受不了啦。"

长时间的死寂。之后，她故作轻松地说：

"亲爱的，这纯粹是瞎说八道。你很快就会没事的——不必因为这样的傻念头就离开我们！"

我心中有数，我赢了。

当晚，她就穿着轻盈的睡袍经过通向我房间的黑暗走廊来对我道晚安。我羞怯地把手放到她颇丰满的胸部上，她由着我。接着我们就亲吻。我的第一次真正的爱情就这样开始了。

不过这件事也相当复杂。别忘了，我依然有多种课程要上，还有大量家庭作业要做，更不用说面对着即将来临的汉堡和柏林的两场重要的音乐会，迫切地需要练琴了。由于我的音乐会以及相关的旅行，我早已放弃与"读书小组"的联系了。十分明显，在这么一大堆活动的压力下，我没太多时间谈情说爱。

温特太太，现在我叫她海妮，十分多愁善感，她非常爱对我讲述她自己过去的故事。我说起话来也喋喋不休，有一段时间她是我理想的听众。起初，我们的不断的闲聊没有太妨碍我的功课，但现在情况变了。海妮因为没有太多家务活，几乎整天都闲着。她丈夫即使没出差，也只是在吃饭时才出现，下午上班之前要先睡个午觉，晚上也睡得很早。无怪乎海妮总是呆在我的房间里。我们基本上不必担心。

巴尔特教授了解我发育期的烦恼，现在开始为我病态的外表感到不安，他询问我吃得怎样，睡得如何，但没有能从我这里得到一个满意的答案。事实上，这段时期我需要更多的睡眠时间，温特家的饭菜既不太好吃也不太有营养。通常给我吃的是德国土豆饼，我很不爱吃，所以常常买个黑面包在街上吃。但巴尔特对此一无所知。

一天，他说必须和温特太太见面，要我先给她打个招呼。这使我感到意外。我很害怕。难道他了解到什么了？或者他猜到什么了？第二天下午他板着面孔来了，说是必须单独和温特太太谈谈。我像做噩梦般地在自己的房间里等了半小时他才离去。他一走我就跑到海妮那里了解情况，结果看见她正在大笑。她笑出了眼泪才把经过告诉我。巴尔特一开始是抱怨我的功课：

"这个年轻人很懒，每次上课都准备不足。更糟糕的是他很容易就累了，甚至记忆力也不行了。他看上去健康不佳，还有心事。你没有发现这点吗？"

"我回答他说没有发现。"海妮说，"我觉得他在家里挺正常的，不过会不会是他功课太重了？"

"胡说，"他接着说道，"那想必是其它问题了。"突然，他红着脸补充道："我估计啊，温特太太，你大概从来不了解年轻人的一些行为——请你查查词典，那个词叫'手淫'……"说着，他便站起身来匆匆走了。

可怜的教授！我为他难过。他是那么单纯，在一些问题上是那么缺少经验。在他给我挑选的音乐会曲目中也体现出毫无二致的性格来。我从骨子里感到，他为我在柏林的首场独奏音乐会和我与汉堡爱乐乐团的第二次登台所做的建议就是错误的。而且很遗憾，我是对的。汉堡的听众，一年前曾经为一个穿着短裤、大有前途的小男孩才华横溢地演奏圣-桑的协奏曲热情鼓掌；一年后自然会为听到一个苍白、消瘦的少年人干巴巴地、不令人信服地演奏莫扎特的协奏曲感到失望了。应该说他们是正确的。演出后，有几声礼貌的掌声，我返场一次，仅此而已。

汉堡的里夏德·巴尔特，我这次还是住在他家，对与自己同姓的这位教授大为光火。

"你应该离开他！"他叫道，"你不是第一个他要努力毁掉的有才华的年轻人……我知道别的例子。"

他说得很在理，这个事实我自己也感觉到一段时间了。跟巴尔特教授学习越来越没有成效，我陷入了对音乐消沉的状况，这完全不是我疏于练琴所造成的。甚至我个人的音乐生活也不能帮我摆脱这种消沉。倒霉的柏林独奏会不过证实了我的疑虑。贝多芬的《e 小调奏鸣曲》作品第 90 号作为开头恰恰就是个错误。我对其第二乐章理解得太少。接着是《大卫同盟舞曲》。我热爱这首作品，虽然它长了些，可是巴尔特用这样或那样的次要细节惹得我非常烦恼，成功地扑灭了我最后一点热情的火花。其它曲目演奏得更糟。我演奏勃拉姆斯的第二套《帕格尼尼主题变奏曲》的速度肯定太快了，此刻我是既紧张又没情绪，弹错了不少音。最后一首，李斯特的狂想曲也没有弹好。我自知音乐会不成功。有掌声，但主要来自大厅里我的朋友们，稍后，在演员休息室，他们的赞美之辞听起来就像吊唁一样。

那些评论不算很糟，但是缺乏热情，正像我的演奏。

巴尔特，当然是责怪我的懒惰，说道：

"我的孩子，你只要愿意下功夫，你就会让所有人看到你有多厉害！"

这句话刺进了我的脑子，在我的耳际回响了一生。

所幸，约阿希姆因故未能来听音乐会，但是他必定听爱玛·恩格尔曼太太委婉地描述了事情的过程。她本人十分宽容，还试图安慰我，说艺术家的生活中总有高潮和低潮，我不必把一时的失败过分放在心上。温特夫妇，特别是海妮，坚持说我的音乐会是个重大胜利！真够讽刺的。

时间治好了大部分失望，我也重新捡起了一些生活的乐趣，比任何时候都更加坚定：绝不屈服。然而才过了一个月，一个可怕的经历又在等着我了。

我接到母亲的一封信，说是"有好消息告诉你，你父亲和我决定我该到柏林和你一起生活。你姐姐弗兰妮娅出嫁之后这才有可能。你已经到了男孩最需要母亲的年龄了。你可以想象，要我离开家，你父亲和家中其他人是多么困难。但我们认为，我绝对有必要在你身边。钱没有问题,因为巴尔特教授从你的监护人那里得到的钱足够我们两人用的"。

我无法接受用外人的钱和母亲一同生活的前景,这封信把我搞得目瞪口呆。在过去的几年中,我已经受够了这种屈辱的状况,几乎不能再忍耐下去了。我最热切的愿望是独立,是能尽快自力更生。而现在我父母的计划将使我更加依附于人,把获得解放的任何希望都推迟很久很久。

我回了一封恳求的信,努力用委婉的口气表达自己的反对。我可不想伤害母亲的感情。但我已下定决心拒绝这一安排。我甚至谎称我的那些资助人对资助我这么多年开始厌倦了,并添油加醋地说,其中两位,瓦施豪威尔先生和门德尔松先生从未邀请我去他们家里,可见他们对我这个人根本漠不关心。

父母对我的信充耳不闻。他们还是抱着旧式家长的观念,认为孩子对于自己前途的计划没有发言权,而是要盲目听从。因此母亲不顾我的种种反对,她写信说,两周内就到。在找到我们俩的公寓并与巴尔特教授商谈妥当之前,她会先在萨洛梅姨妈家住一阵。我气恼之极。

"他们怎能这样!"我叫道,"他们怎能如此忽视我的愿望、我的感情?"

我怒不可遏,决定尽我所能阻止母亲来德国。第一个举动就是向约阿希姆教授吐露了这一切。教授默默地听了我一连串感情激动的指责、抱怨和抗议,停顿片刻,他带着忧伤的微笑回答说:

"我的孩子,反对母亲的愿望对你肯定是件十分痛苦的事情。不过我很理解你的理由。童年时我也有过类似的经历。我试试劝阻她,希望我能成功。"

巴尔特呢,他做出反应的方式明白无误地表露出他的普鲁士血统。

"我总可以拒绝把钱交给她的。"

他狞笑着说，一下就让我后悔找他讲了这事。马克斯·布鲁赫、马丁·莱维先生、恩格尔曼夫妇、萨洛蒙夫妇、洛特·哈恩等均对我表示同情。他们都认为，在这种条件下和母亲住在一起，对我将是致命的。

1902年3月，一个灰朦朦的寒冷的早晨，母亲来到了柏林。我因为要上课，没有去车站接她，因而是迈耶尔姨妈和姨父管的这事，他们把她接到了自己家里。傍晚，我上完课去和她会面。她以愉快的喊声和洋溢的母爱迎接了我，然而马上对我的外表担心起来。

"你脸色苍白、精神疲惫，体重一定减轻了。"她叫道，"可能是吃得太少，我看出来了，他们饿着你了。"然后她继续说："但是，我可怜的孩子，现在一切都要改变了。我会做你最喜欢吃的青豆鸡汤面和好吃的炖牛肉叫你胖起来的，你的气色马上就会好转的。"

我被这种久违的母亲的关爱打动了，但这让我感觉更糟，好像是个叛徒！然而，她如此想当然地无视我反对她前来并把我当做个不负责任的孩子，我还是不免惊诧。看到她随身带来的行李，我更是不寒而栗。我恐惧地看到枕头和床罩、刀和叉、大小盘子，诸如此类，够用好几年的。

母亲到来的那天，对她对我都成为一段磨难的开始。这段时间一直延续了两个月，而且成了我记忆中最不舒心的日子之一。

起初，在她与约阿希姆和巴尔特谈过之后，我发现，她只是为这两人对她的提议闪烁其辞感到有些奇怪。

"唉，这些德国人！"她评论道，"他们似乎并不理解孩子多么需要母亲。"

但后来，与我的家庭教师和庇护人谈话后，她意识到存在着一堵反对她的墙，感觉到被一个针对她的阴谋所包围。到了那个时候，她脑子里才开始明白，我才是那些人敌视她的根源，是我说服他们这样行动的！当她直截了当地问我时，我没有否认。那时，母亲脸上带着痛苦的表情看着我，很清楚，我已不再是她那个不负责任的小孩，我变成了敌人。

尽管如此，她还是决定留下，没有认输。这除了她认定她在我身边对我有益之外，我还感觉到她一想到如果承认失败，就这样回去，会多么的沮丧。于是，她决定与我一决雌雄，就与我一人。这真是件可悲的事。一开始她就不喜欢温特夫妇，特别是海妮，不喜欢到那里去看望我。她神秘的母性本能地觉察到有些事情不对头，她什么也没有说，但我知道她觉察出了什么。海妮对她很客气，但她的礼貌是被迫装出来的。

因为萨洛梅姨妈家很远，我功课很重，没时间跑去看望母亲，我们只得在各种奇怪的地方见面，例如在动物园的长凳上，或者在某个咖啡馆里，有时干脆在街上来回走。这太可怜了！她求我，哭诉，发火骂我，但我很顽固——我不想让步，我不愿、也不能依靠他人的恩惠与母亲住在一起。不过，看到她如此的处境，我的心都碎了。

我非常爱我的父母，但却是用特别的方式爱的。我深爱着我母亲，可是我们之间几乎没有任何沟通。她与音乐毫不相干，这让我们在很重要的一个方面相隔甚远，而且她也很难理解我所主张的任何事情。尽管如此，她是那种理想的妻子和母亲，家里人都像圣人一样崇拜她。父亲的情况则略有不同，他也不懂音乐，但他努力过，他钻研过，在哲学上他是敏锐的。也许他过于相信犹太法典了，不过他的头脑对新思想是开放的。在生意上他不走运，因为他太诚实，对钱太无所谓。我最喜欢他的是对事物具有广泛的兴趣；他对自己的事和自己的家庭不太重视，但是一篇文学作品，或者百科全书中一个生僻的条目，却能激起他浓厚的兴趣。

当我回顾往事时，我觉得自己与家庭疏远的主要原因在于，他们在我小小的年纪就把我送到了国外，让我生活在外国人中，而那些人在我最稚嫩的时候，对我的思想和性格产生了巨大的冲击。于是，我一方面在同母亲毫无效果、无休无止地争吵，另一方面始终受到巴尔特教授的胡子的威胁，我的生活简直无法忍受了。

11

一天，约阿希姆教授把我叫到他在学校的办公室。

"孩子，听说你和母亲之间还有些矛盾，我很难过。不过我为你作了个不错的计划。上次在波恩举行的贝多芬音乐节上，我们和你的大名鼎鼎的同胞帕德雷夫斯基合演了三重奏。他不仅是个杰出的音乐家，而且是个高尚的人。由于我们建立了友谊，我便给他写了封信，问他是否可以在他瑞士的别墅里接待你，听听你的演奏，并告诉他我对你的看法。他刚刚回了电报，说他很高兴做这件事，不过你必须马上走，因为他很快要去治病。因此，我的方案如下：你后天就走，一个字也不要对你母亲讲，去瑞士住上一周。同时，我去通知你母亲，就说你去找帕德雷夫斯基了，因为你再不能忍受最近几个月来的压力了。我不打算告诉她你离开多久。估计她不会跟去瑞士，因为她没有你的地址。"

我高兴得心都停止跳动了，真想亲他一下。他给我提供的，不仅是脱离苦海的出路，而且是让我见识一个美丽的国家，认识一个正处于荣誉顶峰的杰出人物。

莱维先生慷慨地为我提供了旅费……足够奢侈地过一周。但巴尔特教授听到这个消息后有点担心："如果约阿希姆教授希望你去，那我不能妨碍你。"他说，"但你什么时候才开始认真学习呢？"

他说得对，我也正为要在伟大的帕德雷夫斯基面前演奏感到焦虑，尤其是最近以来太忽视了练琴。

尽管如此，巴尔特教授还是很和善，把我送到了火车站。他告诉我许多一定要去参观的地方，并交给我一封给他朋友的介绍信，一名家住洛桑的教授，轻声地问道：

"我是否可以期待从今天起一周以后你会来上课？"

我肯定地点点头。

"嗯……"他怀疑地说，"到时候再说吧！"

火车开动之后，我长长地呼了口气。一种获得自由的美妙感贯穿了我的全身，哪怕只有几天也好啊！

那是趟夜车，但我睡不着，我坐在自己二等包厢的窗前，看着窗外掠过的风景，时而反复思考着最近经历的噩梦，时而琢磨起很快要为帕德雷夫斯基进行的弹奏。

清晨（那是在 5 月中旬），火车穿过了一条很长的隧道，突然沐浴在阳光之中。我抬眼一看，不禁兴奋得大叫一声，像是被眼前的景色电了一下，只见积雪覆盖着的高山，山脚处，深蓝色的、庄严的莱蒙湖①被水边嫩绿的草地环绕着，草地上点缀着大片的明黄色野花——那种颜色我还从未见过。还有和缓的山丘上那一望无际的葡萄藤！我被这美景迷住了。

两小时后火车抵达洛桑，我在车站对面挑到了一个外观朴实

---

① 莱蒙湖，亦称日内瓦湖。

的旅馆，吃了一顿丰盛的早餐，喝了三杯极好的咖啡。然后我好好地洗了个澡，穿戴整齐，终于消除了疲劳，我便鼓起勇气下楼去打电话。酒店的服务生不肯相信我：

"什么？你想和帕德雷夫斯基先生讲话？你想要干什么？"

我只得解释一番，他才同意拨电话。

是管家接的电话，讲的法语：帕德雷夫斯基先生知道我要来，并请我乘某一时刻去莫尔日的短途火车。在莫尔日的火车站上会有一辆马车等我，把我送到帕德雷夫斯基的别墅。

我按照他的指引，一个小时后，上午 11 点，马车已经把我送到里翁·波松别墅的门口了。我一拉门铃，大门就自动打开，一只样子很凶的狗开始狂吠，冲着我龇牙，似乎要把我撕成碎块。所幸，它被链条拴在狗窝边。

在一进门的花园的尽头，有一座房子，砖木结构，从建筑学角度看很普通：它既非别墅，又非城堡，倒更像避暑胜地的一处舒适、宽敞的家庭膳宿公寓。一个满脸带笑的管家开了门，把我领进一间巨大的、有两层楼高的方形大厅，一道属于二楼的柱廊三面环绕，可以通往楼上的房间。大厅中央摆放着一张很大的台球桌。管家接过我的大衣和帽子，打开了正对入口的一扇门，请我在客厅里等候大师。他对我有点过于随便，而我则因为法语很差感到有些不好意思。所以我很高兴地摆脱了他，走进那间令人激动的客厅。首先让我一震的是两架演奏琴，键盘相对地摆放在两扇凸窗旁边。窗户中间有一扇双层玻璃的门通往宽敞的游廊，可以从两架钢琴之间狭窄的空隙走过去。墙上挂着三张大师的肖像：著名的那张是伯尼－琼斯所画；第二张是阿尔马－塔德米的作品；第三张是一位法国画家所画，但画家的名字我不记得了。两架钢琴上摆满了鲜花以及放在相框里的照片，有国王和王后、西班牙的公主以及重要的贵族。我还注意到其中有一两位美国要人，但令我惊奇的是，没有波兰人。

因为激动和期待，我颤抖着，在两架斯坦威牌钢琴间占据了一个显眼的位置，站着等候。过了一刻钟，感觉像是永恒，一道侧门打开了，一位年迈的老太太走进房间。一见我站在那里，她就走了过来，用发颤的声音问道：

"你就是那个从远道来要给大师演奏的年轻人吗？"

我点点头。

"喔，我替你难过，"她继续说道，"到底有谁会在听了大师的演奏之后还想听其他钢琴手弹琴呢！"宣布了这么一个破坏性的"判决"后，她就消失了。

这时候，我开始感觉有点头晕，而且疲惫极了。又进来一位年轻得多的女士，我马上猜到她是帕德雷夫斯基夫人，我见过照片。虽然体型笨重，但我觉得她长得挺俊美：一双天鹅绒般的黑眼睛，白皙的皮肤。我本想礼貌地同她打个招呼，但她却看也不看我一眼，手中拿着一串钥匙，穿过整个客厅，闪进另一个房间了。这可是个不小的打击！我的感情受到了伤害，坦白地说，我感到恐惧。那两只掀起盖板的键盘似乎正在对我龇牙咧嘴，就像院子里的那只狗一样。我差一点要撒腿逃跑。这时奇迹出现了：中间那扇门洞开，太阳出来了——是的，是太阳。那就是帕德雷夫斯基，四十五六岁，看去还很年轻，身穿一套白西服，白衬衫，系着法式白领结。一头蓬乱的金发，同样颜色的八字胡，在嘴唇和下巴之间还畜了一小撮，正像一头雄狮。是他的微笑与魅力使他看起来异常开朗。

他踩着碎步快速来到我跟前，几句热情的道歉就让我立即放松下来，忘记了所有的苦难。

"我从我十分钦佩和尊重的约阿希姆教授那里听到了有关你的令人高兴的事。"他说道，"我也很高兴你是波兰人。"他亲切地拍拍我的肩膀，补充道，"现在……就弹些你想弹的东西吧。"

当时我犯了一个大错误——是许多年轻人在同样情况下都会

犯的错误，这一点后来我才发现。我选择了还没有完全掌握的勃拉姆斯的《帕格尼尼主题变奏曲》的第二套，只是想用那些难弹的段落来给他留下印象，而不是演奏一首我能够从容表达、以便最充分地展现自己才华的曲子。为此，我遭到了惩罚，因为我又累又紧张，弹错了好多地方。

弹完后，我羞愧地低着头。"到此为止了，"我想，"他会告诉我怎么出门的。"但是相反，他竟然更加和蔼、热情了。

"我亲爱的年轻人，"他说，"不要为弹错几个音就垂头丧气。我知道你没有发挥好，但我能看出你多有天分！"

我心里想，他这样说是出于对约阿希姆教授的尊敬。我站起身来，准备告辞。

"你不会就走的，对吧？"他说，"我希望你能留下吃午饭，好不好？"不等我回答，他就用手臂搂着我，把我带进饭厅。这样，我就完全被他的魅力控制了。帕德雷夫斯基夫人已经在等我们了，当我吻她的手时，她并未提及刚才曾经看见过我。

我们三人一起进餐。老太太没有下楼。我得知那是女主人的姑妈，她在自己的房间用餐，但每天早上5点就起床，给帕德雷夫斯基夫人的获奖的鸡喂食。她年事甚高，已将近九十五岁了！饭桌上的谈话进行得很活跃。帕德雷夫斯基是位极健谈的人，说起话来声音颇高，就像男高音说话的嗓音，但是发音有点小毛病，"司"、"诗"不分，有点漏风。不过，他说话的效果令人入迷。我终于理解到他为什么成了当时最有名的演说家之一。再说，他能轻松地讲五种语言。若不是帕德雷夫斯基夫人高声评价了我"恰当"的餐桌礼仪，我会更欣赏这顿午餐。我认为，当着我的面评论我的举止很没品味，而且我满意地发现帕德雷夫斯基皱紧眉头表示不以为然。

用罢午餐，他打断了我的连声感谢，把我送到前厅，从一个架子上挑了一根镶嵌着象牙手柄的马六甲手杖递给我，其风度举止很是迷人。他对我说道："我的年轻的朋友，因为我的马车现在不能送你去车站，你只能步行了。不过距离很短，而且这根拐杖可以帮助你，你也可以把它留作这次访问的纪念。乘头一趟火车返回洛桑，迅速收拾好你的行李，然后马上回来，我们晚上有客人，你得换换衣服。我希望你能和我们一起住五天，直到我们动身去艾莱班。"

这些话说得彷佛我是他的近亲，我感动得一个字也说不出，不过他猜到我的感情，只是微微一笑。

我哼着歌曲，吹着口哨离开了，一路跑回车站，而不是走过去的。两小时不到，我又回到了莫尔日，在车站叫了一辆马车来到里翁·波松。管家马尔采林把我领到三楼给我住的宽敞又舒适的房间里；从凉廊上，"布兰克山"的景色尽收眼底。我换上了黑西服套装，穿上黑皮鞋（这是我唯一的晚礼服），下了楼，来到主人跟前。客人们已经到达：三对中年美国夫妇和一位瑞士绅士。我被介绍给他们，但是没听清他们的姓名。谈话用的是英语，我能听懂，但还不敢讲。

晚饭棒极了，上菜的方式也十分考究。我记得那是我生平第一次吃龙虾，是南方品种，喝粉红色的香槟酒，那是主人的偏好。

大家在客厅里喝完咖啡后，帕德雷夫斯基向他的客人们说了我一些好话，并让我演奏。这次我情绪正常。我全身心地投入了自己钟爱的勃拉姆斯作品的演奏：两首狂想曲和一首间奏曲，还有肖邦的一首即兴曲。演奏完毕，帕德雷夫斯基站起身来拥抱了我，说：

"我一开始就知道你有了不起的才华。我要写信把这次演出告诉约阿希姆教授。"

他的客人们也对我赞许有加，但我的印象是他们不敢当着帕德雷夫斯基的面过分夸奖其他钢琴家，因而都显得有些冷淡。客人们走后，这位伟人陪我来到我的房间，在一张矮一些的椅子上舒舒服服地坐下，开始像父亲一般询问有关我的家庭、波兰以及与约阿希姆相遇的情况———一句话，要了解我的全部生活。我不知道是因为他的个人魅力，抑或是他对我真诚的关心，要么是因为我在柏林最近几周的愧疚，我感到一种和盘托出、宣泄内心的迫切冲动。

虽然在倾吐有关我母亲的令人难过的故事时，我在他眼里看出他并不赞同我，但他和善良的约阿希姆一样，对我表示出了很大的理解。

"艺术家在找到自己的位置前，道路都很曲折。"他用自我反省的语气说道，"医生、律师或者工程师的事业都是清晰地规划好的，然而我们这些可怜的艺术家却始终生活在不确定之中。"

他从椅子上站起来，开始在房间里来回踱步，抽了一支烟，又坐下去，对我讲述起他自己生活中令人心碎的故事。因为今天这些已广为人知，我就不再赘述。但我必须说说他独子的事。可怜的孩子生下来头部就严重畸形，外加四肢瘫痪。他母亲死于难产。这个小可怜只得由爷爷照顾，尔后又由未来的继母照看。孩子极为聪明，具有天使般的性情，大师非常疼爱他。

"我和他见面的时间太少了，"帕德雷夫斯基说，"总是在旅行演出。直到最近几年我们才一起住在这栋房子里，可是……"他顿了顿，"几个月前他死了。"他声音都变了，我也几乎哭起来。

"马尔采林，"他停了一会儿又开始说，"你知道——我的管家——是他的护士，就像母亲一样照料他，所以我们现在也把他当成家庭成员。他是我的仆人、秘书和朋友。"

宣泄过感情之后，他祝我晚安，但在走出房间前又补充道："不要太在意你那些年轻人的烦恼，你看，一个艺术家的生活中还有更困难的问题。"

这一长谈给我留下了深刻的印象。"这就是那个大名鼎鼎、幸福、富有、伟大的帕德雷夫斯基吗？"我吃惊地想，并意识到站在自己面前的是一个我生平遇到过的最不幸的人之一。

第二天我几乎没见到他。他通过马尔采林给我一个信息，建议我去看巴尔特在洛桑的朋友，布德教授。我因为带了巴尔特教授的介绍信而受到特别热诚的接待。老先生很可亲，并把我介绍给他全家，他们留我吃了午饭。教授的小儿子，仅比我年长些许，领着我沿湖游览，看了不少美丽的景点。深夜，我坐船抵达了莫尔日，为这一天的体验所陶醉。

在里翁·波松的最后三天最为有趣。上午，吃过早饭，我手持一本好书，安坐于大厅，一直倾听着大师在二楼自己的房间里练琴。他在练习勃拉姆斯的《亨德尔主题变奏曲》，一些艰深的段落他慢速重复了上百次。我注意到，他的演奏受到某些技术缺陷的严重妨碍，特别是他手指的发音常常导致节奏上的不稳定感。匆匆吃完午饭后，他通常回去继续练习到晚上7点，然后他会叫上我一起去院子里，好和马尔采林玩一盘保龄球。虽然我们很努力，但永远会被管家击败，赢走他主人所下的赌注。晚餐都很丰盛，还上香槟酒。喝过咖啡后，我们玩一会儿台球。帕德雷夫斯基喜爱这些运动，告诉我说这能使他保持良好的体态。之后，他喜欢坐在牌桌边，独自玩上三五局桥牌，每一局都全神贯注、坚持到底，严格遵守桥牌规则。当时我觉得挺滑稽，但今天我得承认，这要比一个人玩的纸牌游戏有益得多。

最后一个晚上，他坐到客厅里的一架钢琴旁，为我弹了差不多两小时，给我演示钢琴弹奏中的各种各样的困难，指出有才气的指法、巧妙的踏板使用以及其它许多有趣的附带说明。他不时优美地弹出一段乐句，或者产生出非常美的声音，令我着迷。不过，那些曲调原本可以更加动人的，但他夸张的自由速度（rubato）与太多的分解和弦有点使我失望。我逐渐意识到我的音乐天性与他的相距甚远。

当我在里翁·波松的逗留将结束时，帕德雷夫斯基建议我陪他们坐火车一起到日内瓦。

"你应该看看日内瓦。那是最美的城市之一。"

从莫尔日到日内瓦的旅途很短。当火车在车站停下时，我和我伟大的同胞告别，亲了他夫人的手，对他们为我所做的一切表示了感谢。看见我还提着箱子站在月台上，帕德雷夫斯基就打开车窗叫道："如果暑假没有什么更好的计划，就来和我们一起过！"

我还没有来得及回答，车就开动了。

一个人呆在车站里，我突然想到第二天我该回到柏林，同时也想起巴尔特对我能否准时出现持有怀疑。我迅速查看了火车时刻表，发现最好是半小时后就上路。"这次日内瓦就免了吧！"我大声自言自语着，跳上了火车。第二天一早我就到了德国首都，因为坐了一夜火车而筋疲力尽，心里惦记着母亲。回到公寓里，海妮欢迎我时，热情高涨地叫着："她走啦，她走啦！"

我大受震撼，一句话也说不出来。我感觉体内有什么东西破碎了——我为可怜的母亲感到万般后悔，几乎想求她回来！过了好久我才镇定下来面对新情况。巴尔特教授对我的回来显然感到高兴，但是，我对帕德雷夫斯基是什么印象、他对我又有何评价，巴尔特并不怎么好奇。就这样，我又回到了老路上来，只是这回我的信心更少、工作热情更低了。

12

约阿希姆教授收到帕德雷夫斯基的信后大为欣喜。"毫无疑问，这孩子真有才华——他写道——因此我预言他将有辉煌的前程。"他还就我的为人称赞了几句，并再一次邀请我去他家度暑假。

"你看，我们所希望的都实现了。"约阿希姆品评道，"你母亲终于同意了我们的看法，让你安静了；而这次由一位真正高尚、伟大的人陪伴一起度过整个夏天的机会，对你会大有好处。"

我听着他的谈话，依然为母亲的离开感到万分不安，而萨洛梅姨妈充满指责的信则使我更为难过。然而，我知道自己是对的。

年迈、和善的马丁·莱维先生请我吃午饭并讨论了全部情况。帕德雷夫斯基对我感兴趣触动了他，使他很是满意，同时增强了他对我未来的信心。他认为已经到了和巴尔特分手的时候了，按他的话说，巴尔特正在"扼杀我对音乐的热情"。

"恩格尔曼太太，"他补充说，"也是这个看法，约阿希姆虽不公开讲，但应该不会反对。"

我的回答是："这绝对不行。我不能突然离开一个这么多年来对我如此投入，不收一分钱，还在我身上耗费了那么多宝贵时间的人。我觉得那会让他伤透心的。"

莱维先生认为我太伤感，但他提出了另一个建议：

"我的女儿嫁给了马尔堡大学一位细菌学教授，马尔堡是座秀丽的小城，很像海德堡。我在那里租了一幢别墅消夏，以便离女儿和外孙们近些。你愿意和我一起去么？我可以通过约阿希姆把你的暑假延长两三周。你可以从马尔堡直接去瑞士。"

这个主意打动了我，但我害怕巴尔特的反应。我又对了。巴尔特听说之后勃然大怒，而最令他气愤的，是帕德雷夫斯基通过约阿希姆教授邀请了我，竟然无视他决定我命运的权利。

"除非他给我写信，否则我不会允许你去的。"他说，听着好像是最后通牒。

莱维先生得知此事后，就与帕德雷夫斯基很有技巧地通了几封信，说服他给巴尔特发了一份电报，求他"允许您有才华的学生作为我们的客人来此消夏"。

这样巴尔特才不再反对，而我也很高兴地开始为度过一个惬意的长假作准备。

莱维先生的别墅是个宽敞、舒适的地方，建造在一个俯瞰着全城、面对着对面山上古老城堡的山丘上。这里的一切都很有品味：轻木墙裙，漂亮家具，设施现代化的浴室，甚至还有一架很好的贝希斯坦大钢琴。房主人还从柏林府邸带来几个仆人，就只为我们俩服务！无怪乎我很快就恢复了好心情。莱维先生的女儿是个年轻、黑眼睛、充满魅力的女人，有一副训练有素的歌喉。我常为她伴奏舒伯特和勃拉姆斯的歌曲，我们很快就成了好朋友。她的丈夫是个著名的科学家，是威廉·詹纳教授的助手，看去就像学者，极其令人尊敬。他缺乏幽默感，不懂音乐。莱维先生别墅里的食品既好吃又奢华，他是个真正的行家。恐怕我"长期从事的美食家事业"就是从这次拜访他家真正开始的。奶汁鳟鱼、肥鹅肝、莳萝烧小龙虾、鲁昂鸭以及其它诸如此类的烹饪杰作，我那无知的味觉从未接触过。我欣喜地品尝了这些美味。

这种快活的生活延续了三周，而后就到了该去瑞士的时候了。我要承认，对第二次造访帕德雷夫斯基夫妇我颇有顾虑。主要是与巴尔特的告别给我留下了不愉快的感觉，好像我在道义上有所亏欠。当时他用悲哀的声音说：

"现在你自然要跟帕德雷夫斯基学习了？"

我坚定地回答道："不，绝不会的……我只是作为客人和同胞被他邀请而已。"

他忧伤地微微一笑，并不相信，而我则满心痛苦地出发了。

莱维先生和全家把我送到车站。这次我是在舒适的条件下旅行的，我慷慨的庇护人给我提供了卧铺车票。

里翁·波松的气氛从我第一次拜访以来已有明显的变化。

"家里满是客人。"马尔采林告诉我。这次他把我的箱子拎到了一间小房间里。"大师在刻苦地工作，"他说，"他在准备去俄国巡演的曲目，而且正在创作一首钢琴奏鸣曲。他只有吃饭时才下楼来。"

这就是说，到吃午饭时我才能看到他。女主人也不见人影，对此我倒不那么遗憾。为了消磨时间，我来到前厅，坐在我最喜欢的座位上，开始读报。不一会儿我就听见帕德雷夫斯基开始工作了。他大段弹奏了自己的奏鸣曲，其中很多我已经熟悉，因上次曾听他弹过。

锣声响起，午餐时间到了。客人们立即聚拢到一起，有的从花园进来，有的从楼上下来。这些人似乎都不是一路人，相互之间好像毫无共同之处。很快帕德雷夫斯基夫人也出现了，她相当诚恳地欢迎了我，但并未劳神把我介绍给别人。最终，至少迟了20分钟，帕德雷夫斯基才进入餐厅。我觉得他也变了。这回他不再像太阳那样光芒四射。他看起来心事重重，神情紧张，但他依旧充满魅力。他握住我的胳膊，一边夸奖着我，一边把我逐一介绍给各位客人。我说客人们不是一路人并没有错：有一对夫妻，诺希格夫妇，来自波兰的利沃夫，丈夫给帕德雷夫斯基的歌剧《曼鲁》写了脚本，还是位活跃的犹太复国主义者，这足以戳穿现在在犹太人中流传的这位伟大的钢琴家有反犹主义思想的谣言。诺希格太太年约三十，相当漂亮；略微有点胖，眼睛闪闪发光。而她丈夫却是个戴副眼镜、满脸胡子的小个子中年人，极有智慧，但是举止笨拙而胆怯。

其他的客人是三位职业相同的绅士，都是音乐经纪人，但他们似乎属于完全不同的世界：谢夫里耶先生，一位上了年纪的法国人，穿着雅致的黑西服，带着硬领，曾经帮助房主人宣传在巴黎最初的一些音乐会，之后就退休了，仍然是单身汉，在里翁·波松是一位十分受欢迎的常客；第二个经纪人是位典型的英国人，留着国王爱德华七世款式的胡子，名叫阿丁顿，是帕德雷夫斯基活动力最强的代理人，曾陪同大师去英国、澳大利亚和新西兰巡演，对欧洲大陆和其他外国语言充满蔑视，且坚信自己一贯正确；第三位经纪人叫雅切夫斯基，是个怪人，他是波兰人，但在基辅出生和成长，并且浸透着俄罗斯式的思想方法。雅切夫斯基可以成为喜剧中的一个原型：一只眼睛用一大块黑布挡着，另一只眼睛却极为警惕，而且透着恶意。他那冗长沉闷的笑话，还有拿所有的人和事取乐的癖好，很快就引起大家的厌恶，他又坚持认为俄罗斯的一切都是最优秀的，简直惹人生气。帕德雷夫斯基请他当经纪人是因为去俄国巡演在即，正是这次巡演令他忧心忡忡。他只在少年时去那个国家演出过，现在俄国人则强迫他接受邀请。无疑，这位爱国的波兰人憎恶为侵略自己祖国的人演奏。

帕德雷夫斯基夫妇总爱请人吃晚饭，有时是邻居，主要是流亡的波兰人。钢琴家泽格蒙德·斯托尧夫斯基和他母亲每天都来。这位母亲是个做作的老太婆，她的举止就像正在进入路易十五的王宫一样，那架势通常让我们忍俊不禁。帕德雷夫斯基喜欢捉弄她：有一次，他教给太重礼节的法国人谢夫里耶先生用一句高雅的波语来欢迎她，无辜的法国人于是后脚跟一并，亲吻着她的手，滚瓜烂熟地背诵道："您贵体如何，老母牛？"可怜的老太太，一身盛装——做了头发，衣服镶着花边，带着裙褶，几乎气得晕了过去。

帕德雷夫斯基夫人的生日举办了隆重的晚宴加以庆祝。饭后一部分客人，其中也有我，即兴玩起字谜游戏，表示祝贺。我永远都会记得这个欢快的夜晚的结尾，然而，那对我却是我一生中最不快的事件之一。当客人们起身告辞时，帕德雷夫斯基夫人不希望晚会就此结束，便要我弹只曲子。我对此完全没有准备。大家都在聊天、大笑和畅饮，我觉得演奏只会破坏大家的情绪。于是我假装头痛得很厉害，拒绝了。

"哟，"女主人叫道，"我刚刚搞到一种治偏头疼的新药，正好试试看。"她立即差遣女仆把药拿来，从样子可怕的药瓶里取出一片药递给我，补充说：

"现在先吃一片，明天一早在早饭前再吃两片。"

我答应着回到了自己的房间。第二天早上，我手里拿着瓶子下楼到饭厅，看见诺希格太太独自一人在喝咖啡。我向她承认昨晚自己撒了个小小的谎，并问她，我还要不要吃那自己并不需要的药片。

"你当然不用吃那些药片。"她回答，"不然，你的胃可能会不舒服的。"

我松了一口气。

过后，我在前厅读报时，帕德雷夫斯基夫人穿着睡袍从柱廊上对我喊道："你吃了药吗？"

我被她说话的声音吓得要死，怯生生地回答说："没有，夫人。我觉得今天好多了。所以诺希格太太建议我不用吃了。"

帕德雷夫斯基夫人一言不发地转身进了自己的房间。

锣声把我们大家都召唤到了前厅，我们像通常一样等待着房子的主人，他最后终于出现了，眉头紧锁，带着生气的表情。他径直走到诺希格太太跟前，吼叫起来：

"那么，你怀疑我妻子要毒害我们的客人啦?"

可怜的女人沮丧地看了看我，泪流满面，跑出去了。摸不着头脑的丈夫也跟着跑了出去。我白费口舌地给帕德雷夫斯基解释了事情的来龙去脉，但整个午饭过程中他一直怒气冲冲。谁也没说一句话，除了雅切夫斯基。他不合时宜的笑话没人去听，而我则深感不安，意识到帕德雷夫斯基夫人对她丈夫的影响有多大。稍后一些，大师向诺希格太太表示了歉意，但是在他们原先真诚的关系中已出现了某种不自然。大约一星期后，诺希格夫妇就走了。

另一件事证实了我的感觉。查尔斯·斯坦威先生——当时是著名的钢琴厂老板，就是那家钢琴厂把帕德雷夫斯基介绍给美国听众的——预告要来日内瓦，第二天他就被邀请到里翁·波松吃午饭了。我们大家立刻就感受到他坦率的风格。他坐在男女主人之间，就音乐事项展开了活跃的讨论。其间，这位贵宾问帕德雷夫斯基，哪种钢琴可以在斯坦威之后名列第二。

"无疑是埃拉尔德琴①。"

"你怎么能这样认为呢!"美国人把双手一举，叫起来，"埃拉尔德琴是过时的古董乐器。虽然它在击弦机还有某些优势，但发出的声音像羽管键琴。"

---

① 埃拉尔德钢琴（Erard）：1777 年法国制造的第一架钢琴。塞巴斯蒂安·埃拉尔德是德裔法国人，生于斯特拉斯堡。是一个乐器制造厂的创建者。1768 年到巴黎，和一个羽管键琴制造者合伙，在维莱卢瓦公爵夫人赞助下，生产出法国第一架钢琴。后和兄弟让－巴蒂斯特合作，在巴黎自行开业。1786 年在伦敦设立分厂。对钢琴制造有过多种改进。

"我能用这琴弹出明亮的声音。"帕德雷夫斯基有点针锋相对。

"但和贝希斯坦没法比，无论是声音还是机械方面。"斯坦威先生急不可耐地叫起来。"我不能想象哪个钢琴家会选择埃拉尔德琴，而不要贝希斯坦琴。"

"我恰好就是那个钢琴家，而且我可以保证，你的看法不对。"帕德雷夫斯基带着讥讽的微笑平静地回答。

钢琴厂主大笑，一点没被说服。

一直在越来越恼怒地倾听着这场争论的女主人，这时，突然气得带着哭腔说道：

"我不能忍受任何人这样狂妄地与大师说话！"

斯坦威先生立即站起身来离开了房间。一时间，大家都惊愕不已。帕德雷夫斯基追着客人出去，希望能把他劝回来，但没有成功。过了几分钟，他的贵宾就回日内瓦去了。

大师经常给我弹奏自己的奏鸣曲中长长的选段，使我慢慢地了解并喜欢上了这首曲子。事实上，他能以至高的品味弹奏自己的作品，不像在其他作品中那样不能太准确地表达乐句。一天下午，当他要求我弹一弹最近刚学过的几首曲子时，我居然极端狂妄地求他不要给我上课，因为这可能伤害巴尔特教授的感情。任何一位不怎么高尚的钢琴家都会把这视为侮辱，但帕德雷夫斯基却带着理解的微笑表扬了我的忠诚，虽然在一瞬间也显得有点尴尬。

漫长的暑假结束了。尽管我天生懒惰，也感到需要认真干活了。在里翁·波松，我只是在摆在花园中小亭子里的一架立式琴上三心二意地练习过。我发现聆听大师创作他的奏鸣曲要有趣得多。在他家的最后几天里，我很少见到他。雅切夫斯基和准备到俄国巡演占据了他的全部时间。他会整天地练琴。但他专门下楼来和我道别，并照着波兰礼节亲吻了我的两颊，祝我一路平安。头天晚上我已对帕德雷夫斯基夫人为我所做的一切表示了感谢。夫人只在柱廊上向我挥了挥手。我离开里翁·波松时，心中充满了感激之情。

从色彩丰富得令人目不暇接的瑞士回来，柏林是那么阴冷和灰暗。秋雨压抑了我通常乐观的性格，我又继续着周而复始的课程，长时间地等候公共马车。巴尔特教授对我准时回来，特别是得知我没有跟帕德雷夫斯基上课后，明显地感到满意。我不在时他搬了家，搬到一套朝阳、温馨的新公寓，位于时髦的陶恩辛恩大街。去年春天，他的继母去世了，现在只有他妹妹和他住在一起，她更加精心地照料着他的生活。桌子上出现了插着新鲜郁金香的花瓶。我惊奇地发现了一尊很大的安东·鲁宾斯坦的胸像，作为音乐室的主要摆设。教授本人也更有人情味、更放松了，因此，我们的关系也就缓和、亲近了些。他甚至离谱地在午餐时请我吃了一顿龙虾，因为他听说我喜欢这一美味。于是有一天我们上一家昂贵的专卖海味的饭店，大快朵颐了一番。席间的话题都不太重要，但愉快的谈话中仍然不时冒出一两句令人不安的内容。

教授看似随意地提出，对我而言，最好的方案就是他收养我。这样我前途中的许多问题就容易解决了。他还暗示说，他有一个为我在音乐学院最终争取到教授职位的初步计划。这两个建议搅乱人心，而且根本无法接受。尽管我最近表现恶劣，但是我深深地依恋着我的父母，从未想过要改变我们之间的关系。说到在音乐学院教书，我感到自己不可能这么年轻就安顿下来，吃力不讨好地给天资有好有坏的学生上课。我的梦想是周游列国、扩大视野，是开音乐会，而绝不是束缚在钢琴教师刻板、乏味的生活上。但是我没有做声。我不想作出承诺，最重要的是，我想安安静静地享用龙虾。这顿盛宴以典型的巴尔特式的迂腐结束。

我的青年时代

"现在，我的孩子，"当我们来到大街上时，他说，"我们必须消化一下这顿大餐……我们去爬胜利圆柱吧！"开始我以为他是开玩笑，可是，不对，他是当真的。我不得不和他一起，沿着胜利圆柱没完没了的旋转楼梯向上爬。

这段时间我的兴趣在各种语言上，拉丁文特别吸引我。我对数学的反感没有改变。我仍然热爱读书，并且吸收所能碰到的音乐。不过我最大的消遣是看戏，当然还有听音乐会。

近期没有公开演出的安排，我有点失望，担心顺利开了头的艺术生涯会就此夭折。

一天，我正在逛街，感到有人拉了拉我的胳膊。一回头，看见了弗雷德里克·哈尔曼，那个华沙的年轻作曲家。我很高兴又能见到他。

"你怎么样？你什么时候来的？你是仅仅路过，还是要呆一阵？"我用波语问他，他也说道："我不知道你还在柏林，能遇到你真是太棒了！我们得聚一聚。"

当我们相互回答了对方的问题后，我了解到，他即将在一场音乐会中以作曲者、指挥和钢琴手的身份登台；他写了一首三乐章的交响曲；他将和乐队一起演奏自己的钢琴幻想曲，这个曲子在华沙音乐学院得了金奖；他还要为一位德国女高音歌手伴奏，所演唱的歌曲也是他自己作的。这一宏大的计划使我大有感触，而且对他的作品很是好奇。音乐会定在 12 月初举行，即一个月之后。

我们约好第二天在他家里会面，我高兴地发现他住的膳宿公寓离温特家不远。弗雷德里克在膳宿公寓的底层有个兼作起居室和音乐室的厅，还有间小卧室。公寓的其他房间占据了漂亮的新楼的大部分。这公寓是一名上了年纪的波兰女士开的，她是华沙一名律师的遗孀，哈尔曼以前就认识这位律师。房客大都是作家、画家和音乐家，还有几位有钱的太太。弗雷德里克的套间很吸引人，我一下就喜欢上了。壁炉中，木柴哗哗剥剥地燃烧着；房内有一架贝希斯坦牌演奏琴，书籍和乐谱扔得满屋子都是，还有一只沙发，外带一张咖啡桌和几把软椅子，给人以温暖、舒适的感觉。

我们吃了下午茶后，弗雷德里克就坐到钢琴边，开始弹奏自己的作品。交响曲的名字有点矫揉造作，叫做《历经苦难通向星斗》，曲子非常浪漫，受到他所崇拜的柴科夫斯基的强烈影响。尽管如此，作品里还是包含着一些纯真和激动人心的素材，乐曲主题自然、流畅，弗雷德里克弹得自在、清晰、富于感染力。

他为钢琴和乐队写作的《幻想曲》篇幅较小，有着强烈的波兰特色，没有他那首交响曲中的忧郁情绪，声音轻盈而迷人——更像帕德雷夫斯基的东西。

我很难描述这首次长时间的拜访。我只能说有一种令人无法拒绝的东西。弗雷德里克的智慧和活力，他的弹奏得很好的有趣的作品，同他讲波兰话的愉快，他房间内的温馨，把我这个还不成熟的孩子完全俘虏了。

当晚弗雷德里克把我留下吃晚饭，是在膳宿公寓二楼的饭厅吃的客饭。菜肴很好。我们两人共用一张小桌，从那里可以观察到其他用餐的人。由于弗雷德里克逗人的、往往很尖刻的评论，在晚饭结束时，我对他们中大多数人的事都已了解了。后来他把我介绍给了更有趣的人，其中有两个画家，据他说颇有才华：一个是德国人，十分健谈；第二个是瑞典人，缄默无语。我还认识了一位女士，一个很有吸引力的年轻女子。她刚和一位著名的剧作家离了婚。她的打扮、她苗条的身材、深沉悦耳的声音令我心动不已。不过她与弗雷德里克好像关系已很融洽。

从这一天起，柏林对我来说已变了，似乎变为一座新城。原先的所有烦恼都已烟消云散了，很简单，因为我不再想到它们了。现在我的生活就围着弗雷德里克转，我每天都设法见他，帮助他准备音乐会，积极地参与其生活。由于家里给的费用很宽裕，他能经常请我在他的住所吃饭，或者上剧院、听音乐会，或是去那些价格不菲的饭馆。换句话说，他给我展示了一种我从不知晓的生活方式。不论是同他谈论音乐、文学、艺术，还是谈其他人，他的言谈总给人带来愉快；他敏锐的头脑使他说的事件件有趣，何况他能流利地讲五种语言呢。

音乐自然是我们友谊的基础。我们会热烈地讨论作曲家、演奏家和指挥家，还会冲到钢琴边以证明这样或那样的论点。我让他爱上了勃拉姆斯，他先前对这位作曲家所知不多，反过来，他给我带来了上帝的礼物——让我发现了真正的肖邦。怎样强调我欠他的这份赐予都不过分，我请求读者诸君不要低估了我这番表白。

当然，肖邦我是相当了解的。我在音乐会上和私下听过许多肖邦的作品，但是在德国，他的音乐常被称作沙龙音乐。我也听帕德雷夫斯基演奏过几次，但他有时在速度和表情上任意地夸张，不能令我信服。于是我就接受了相当普遍的看法，认为肖邦是一个年轻、多病、浪漫的人物，为钢琴谱写感伤的音乐，其乐曲优美、艰深，但除了忧郁外，就不能表达任何东西。

弗雷德里克·哈尔曼对肖邦满怀激情。他虽不是个伟大的钢琴家，甚至受到记忆力差和若干技术缺陷的困扰，但他的肖邦弹得正确，因为他掌握了这一音乐的真正特征，每一曲玛祖卡都跳动着波兰大地的节奏；波洛奈兹都是那么庄重、有力；谐谑曲或叙事曲均带着它们固有的巨大热情；而圆舞曲则洋溢着魅力与高雅。我意识到我现在才听到了肖邦音乐该有的声音！我从这位波兰大师身上获得的灵感，大多源自弗雷德里克对他的天才的深刻、直觉的理解。

不过，除了我们在音乐和理智上没完没了的争论之外，我还爱听我的朋友生动地描述华沙，描述波兰的生活，描述他的家庭以及他自己的感受。他拥有少见的沟通能力，能让我栩栩如生地想象他提及的每个事件、每个人物。他的故事十分拿人，以至于我周围的一切人和事与他给我展现的世界相比，都变得苍白了。我对波兰天生的爱是我感兴趣的重要原因。弗雷德里克讲了他和他父亲之间的麻烦，他父亲不相信他的才华，因而这场即将举行的音乐会对他就有着非常重要的意义。但他谈及自己母亲的时候充满了爱，母亲理解他的志向，她本人也很喜欢音乐。一天他告诉我，他母亲和妹妹都要来参加他的音乐会。

随着那重要的一天的临近，我也更多地卷了进去，我请求朋友们去买音乐会的票，向他们介绍弗雷德里克，夸耀我和他的友谊。我的年轻的音乐伙伴们，比如缪勒和其他许多人，对此都饶有兴致，并答应了去听音乐会，但是老一辈的则有些不情愿。到处能感觉到德国人对非日尔曼音乐的偏见。巴尔特使劲给我泼冷水，说什么他听到过不利于弗雷德里克的看法，但不愿透露消息来源。温特夫妇对我经常不在家、对他们越来越疏远表示不满，同时对我很晚才回家日益不安。在这一点上，温特太太的醋意和温特先生的责任感相互携起手来了。不过话又说回来，我的功课和学习都在进步，这让我极为满意，其原因只是自己对音乐、对生活本身又产生了兴趣。

音乐会的前两天，弗雷德里克的母亲和妹妹来到了柏林，在同一所公寓租了一个套间。当天吃下午茶时，我就被介绍给她们了。原来我在华沙认识的有银铃般笑声的姑娘就是他妹妹，但现在看起来已经成熟和庄重多了，同时也更有吸引力了。她个子不大，这是我喜欢的。我注意到她聪慧的黑眼睛以及丰满的红嘴唇张开时，洁白的牙齿很有光泽。我特别为她的雅致所折服。母亲高个子，黑头发，举止活泼，略显轻佻。两位女士都把我当做家庭成员来欢迎，这显然是因为弗雷德里克对我和我们的友谊大加赞扬的结果。她们把我留下吃晚饭，之后表现出渴望听我演奏。我想起什么就给她们弹什么，真是一个音乐大拼盘：巴赫的赋格，之后就是《纽伦堡名歌手》的序曲，勃拉姆斯的一两首曲子，弗雷德里克的交响曲的片断和其他一些东西。我千方百计地讨好她们，同时就已意识到自己爱上了弗雷德里克的妹妹。母女俩都很懂音乐，迫使我弹个没完，而且好像挺喜欢我。到了深夜，该告辞时，两位女士要我保证，在她们逗留柏林期间，我所有的空闲时间都将陪她们度过。就我而言，自然十分乐意，谁要是阻挠，我就会杀了谁。

错过任何一场弗雷德里克音乐会的排练都令我沮丧，特别是彩排。我上午的课程不允许我陪着他们，但是我好奇得要死。我想听到他配器的效果，看看乐手们作何反应，还有他自己又是持什么印象。开音乐会的那天下午，我做完功课就跑到膳宿公寓，碰到哈尔曼一家正在同伟大的钢琴家、他们的老熟人尤瑟夫·霍夫曼一起喝茶。他装出记得我的样子，但我看得出他没有，须知，从上次匆匆见了一面到现在已经五年多了。这回他给我留下的印象要好得多，他对弗雷德里克及其音乐会表现出了一定的兴趣。我也喜欢他一本正经地讲笑话嘲讽人，虽然主要是针对同行的音乐家和钢琴家同伙的。

晚上，我们去听音乐会时都很紧张。整个音乐会上我激动得血液都沸腾了。纯粹从音乐的角度出发，我的注意力集中在配器效果以及弗雷德里克作为钢琴手兼指挥的表现上。交响曲在许多方面都令我失望：配器沉重而笨拙，并且整首曲子太像柴科夫斯基了；只有波兰式的、天真的清新是他自己的——这是他后来所有作品的特点。弗雷德里克指挥欠自信、不果断，阻碍了音乐的自由流动；我认为这是他一时的紧张所致，但当同样的缺点出现在幻想曲的钢琴演奏中时，我就开始担心了。我突然明白，在他的整个音乐结构中存在着重大的空白。尽管如此，他为演唱他歌曲的德国女高音伴奏得很好。音乐会平安地结束了，甚至可以认为是一个成功、相对的成功。观众很喜欢弗雷德里克，给他的掌声很热烈。他自已似乎陶醉于这掌声，他母亲和妹妹都满腔热情。

我发现，对弗雷德里克的三重角色，霍夫曼留下的主要印象是演奏家。音乐会后，霍夫曼、我和哈尔曼一家去一个高级饭店用晚餐，我们为弗雷德里克的成功首演喝了香槟酒。

观众对音乐会的意见有分歧，所以我焦急地等待着晨报的评论。柏林的报纸对音乐会作了长篇报导，一般对他都很友好。媒体最欣赏的是弗雷德里克的歌曲，也赞扬了他的演奏，然而对他的交响曲没有多加评论。

接着几天，我所有的自由时间都是和哈尔曼一家一起度过的。弗雷德里克的妹妹巴霞是个危险的小妖妇，她越来越频繁地逗引我。她会突然间毫无节制地无故大笑，把大家逼到极限。我们成了好朋友，虽然方式非常可笑。当她玩得很开心时，会让我吻她，我便顺从着她，却不敢告诉她我爱上了她。尤瑟夫·霍夫曼也是两位女士身边的常客，而且我很快就注意到，他是我的竞争敌手。我妒火中烧，但是看到巴霞似乎对他的献媚没有什么回应，相反她宁愿要我弹些什么，而不要听伟大的霍夫曼弹琴，我就轻松多了。后来我了解到，他曾向巴霞求过婚。

巴霞和她母亲的离开使我十分失落，若不是弗雷德里克，我会完全垮掉的。所以我和他见面比以前任何时候都多。弗雷德里克期望自己的音乐会能有一些物质的收获，但是组织这次演出的赫尔曼·沃尔夫基本没有兴趣，而且用含糊的解释来搪塞他，根本不提将来的计划。

弗雷德里克最担心的还是他的父亲。在长谈中，我进一步了解到他的家庭和他在华沙的生活。有些事听起来就像小说。

弗雷德里克的的祖父属于华沙名列前茅的银行家，是个杰出的人物。父亲是一个重要的进出口公司的头头。但是弗雷德里克和父亲之间从没有过亲密的感情联系——他认为自己是父子两人性格不和的牺牲品。

"从幼年开始，父亲对我就很冷淡。"他说，"他从来不相信我的才华，反对我从事音乐的计划，使我的生活很不愉快。是母亲给我创造了学习音乐的条件，使我得以读完华沙音乐学院，并得到了作曲金奖。也是她鼓励我继续创作。如同我对你说过的那样，柏林音乐会的目的是要说服父亲，让他知道我有权搞音乐。"

在他不停地对他父亲大发脾气时，弗雷德里克喜欢隐约地暗示他根本就不是他的儿子。他告诉我他母亲和一位有名的钢琴家的不正当的恋爱事件，那人是个臭名昭著的"唐璜"。他乐意把自己看成私生子。这一切说得真是玄乎，我半信半疑地听着他充满偏见的谈话。

海妮不喜欢我与弗雷德里克的友谊所带来的变化。我向她讲述自己对巴霞的爱情，她非常理解地倾听着。不过对于女人和她们的反应，我还有很多要学的。很快，海妮就向她丈夫抱怨，说我由于对哈尔曼一家过于迷恋而老不在家，荒废了学业。温特先生立即决定和巴尔特教授谈话，把一切都告诉他。巴尔特听到有关弗雷德里克的谣传，也耳闻我为弗雷德里克的音乐会出了很大的力，因而对他颇有成见，一听到温特的话，自然极为光火。我一去上课，教授就命令我同他断绝关系。

"他的影响，"他说道，"从音乐和道德方面综合来看，对你很危险，我不会允许的。"

在长篇大论地教训我不该把大量的时间浪费在一个不值得的人身上之后，他没有上课就打发我回家。

我震惊之极，甚至都没生气。这太荒唐了：任何人都无权禁止我追求真正的友谊，我想。一回到家，我就直言不讳地责备了海妮的背信弃义，而她为能与我和好，答应今后帮我安排同弗雷德里克的会面。因此，我们还能继续在我家或者他家见面。

13

不知怎地，我已经完全厌倦了柏林。现在我所有的心思都已转向华沙，对巴霞的爱情并非唯一原因。我对自己的生活完全丧失了勇气。即便是一段相当有趣的新经历也没能改善我的忧郁情绪。马克斯·弗里德朗德尔（Max Friedlander）博士——柏林大学著名的音乐理论家，和他的妻子——莱舍蒂茨基（Leschetitz-ky）从前的学生，经常邀请我去他们家参加音乐聚会。于是我有机会与优秀的艺术家们，如小提琴家卡尔·弗莱什①和勃罗尼斯瓦夫·胡贝尔曼共同演奏室内乐。一天，弗里德朗德尔太太请我给她上钢琴课。这一请求让我很是荣幸，并为生平第一次能以教师的身份挣钱感到自豪。

很遗憾，我的学生有点歇斯底里，受到一丁点儿批评就会流泪，同时又来吻我的手，表示歉意。这事结果成了噩梦。其它每件事情也都令我厌烦，柏林我已受够了。而同时，我对巴霞的爱

———————————

① 卡尔·弗莱什（Carl Flesch，1873－1944）：匈牙利小提琴家。1895 年在维也纳首次作为独奏家登台。先后在布加勒斯特音乐学院、阿姆斯特丹音乐学院、费城柯蒂斯音乐学院和柏林音乐学院教授小提琴。作为独奏家广泛旅行演出，并在柏林举行过一系列历史音乐会。著有《小提琴演奏法》。

情与日俱增，可怜的弗雷德里克不得不听我那没完没了的废话。

一天，我再也忍受不住，就给巴霞写了一封热烈的情书。那是真正浪漫感情的爆发！我发誓要把整个世界献在她的脚下；我要超过李斯特和安东·鲁宾斯坦，更不要说布索尼和达尔贝了；我要没命地亲她吻她；我会爱她直到我生命的尽头！她，只有她，才能激发起我实现这一切的愿望和力量。没有她，任何事情都毫无意义。

寄出这封火焰般的宣言之后，我惴惴不安地过了一个星期，等着她的回信。

弗雷德里克努力让我不去想他妹妹，但都无用。剧院和高级饭馆不再有吸引力，他便开始用通灵术来引起我的兴趣。他带我去了他的一些富有的朋友家几次，吃过上好的晚餐就开始"降神会"，我则要求那些"灵魂"能帮我和巴霞联系。

另一个能让我分心的是他公寓里的一个年轻的离婚女子。她一下子迷恋上弗雷德里克，便给他写信，还附带上鲜花和点心，吃饭时一双火辣辣的眼睛盯着他不放，耍尽了各种勾引男人的手段。弗雷德里克对她的魅力有免疫力，却试图利用自己对她的影响来推荐我。那位道德原则异常灵活的女士不认为这个替换有何不好，就转而向我寻求爱情。这曲爱情间奏虽然令我鼓舞，但使我本来就已相当复杂的现状更凭添混乱。海妮十分反感那些由她不认识的人寄给我的洒着香水的信件，甚至巴尔特教授也注意到我口袋里散发出的奇怪香味。

"你身上有股广藿香的香气。"他说，我猜这是他知道的唯一一个描述香味的词汇。

但也有片刻的愉快，比如，在那离异女子温馨的小客厅里喝茶。那时尤瑟夫·霍夫曼、弗雷德里克和我就会在钢琴边转悠，弹奏这首或者那首曲子。正是在这种时机，我才能充分地欣赏到霍夫曼的特殊才华——极好的记忆力和对左手技巧的完全掌握。

他能只演奏贝多芬整首奏鸣曲的左手部分，而这时我弹其右手部分，这要容易得多。他也让我了解了几位现代俄国作曲家的作品，特别是尼古拉·梅德涅尔（Nikolai Medtner），我极喜欢其《第一奏鸣曲》。同时，霍夫曼还有一个奇怪的习惯叫我们惊讶不已：他随身带着自己正在创作的协奏曲，我们一边喝茶，一边大声聊天时，他能安静地继续进行创作——自如地集中注意力的奇招。

过了两个多星期，没有巴霞的任何回音，她的沉默更加刺激了我，我在短时间里连续给她写了两封情书（相比之下，第一封信似乎非常节制）。我向她断言，没有她，生活已没有意义，消沉地暗示了自杀的可能性……又过去一周，还是石沉大海。

然而，一天下午，弗雷德里克突然念了他妹妹的一封来信。照她的说法，信是代父亲写的。哈尔曼一家打算举办一个大型的晚宴和舞会，大约有两百人参加，希望宴会前先开一场音乐会。"阿图尔是否"，她写道，"愿意来华沙演奏一小时的音乐。父亲很容易另外为他组织一场公开音乐会。他可以在我们家住两周左右，并进一步探讨其它可能性。"她还补充说，她父亲愿意向我支付300卢布（合150美元）的酬金，还负担旅费，公开音乐会也支付近似的报酬。

这听起来如同一封由秘书写的公函。但下边有一句附言！"说服阿图尔来。"这几个字将要改变我整个的生活进程。

我决心要去。巴霞的附言就是命令，这是我期待已久的回应。我鼓足勇气，到巴尔特教授面前，去请求他的同意。我本来预感他会拒绝的。但我低估了他对钱的重视。一听到两场演出的报酬，他势不两立的态度就立即改变。

"如果你答应除去少量的个人开支外，能把全部酬金都带回来，我就让你去。不过你两周后一定要回来。"

　　我收拾行李时情绪亢奋。弗雷德里克出钱帮我买了卧铺车票，并送我到火车站。一路上，他给我提供了有关家里人的额外情况，并指点我第一次和他父亲见面时应注意什么。

　　"他非常敏锐。"弗雷德里克说，"他会试图证明我不像你想象的那样有才气，同时他会仔细观察你，以弄清你对我的信任有几分真诚。"

　　在这一点上我尽力安慰他，并感谢他为我做的一切。我友好地拥抱、亲吻了他，于是火车向华沙方向开动。我热烈盼望的一刻终于来到了。

　　第二天清早7点我到达波兰首都，有点不好意思这么早就去叫醒哈尔曼一家。给我开门的还是我上次见过的那个有教养的管家，他穿着一件黑黄两色的条纹背心。一位年轻一些的男仆帮着他拿起我的行囊、大衣和帽子，然后他说，哈尔曼先生希望和我一起用早餐，问我是否可以在餐厅等他。"女士们还在睡觉。"他补充了一句。想到要独自面对那位严厉的父亲，我着实感到害怕。

　　几分钟后，弗雷德里克的父亲走进屋来。他的样子使我吃惊不小。他已完全秃顶，浓密的灰白胡子把嘴都掩盖住了。而且我立即发现，不久前的中风使他左半边脸还麻痹和下垂着。他戴着眼镜，但是一只镜片是毛玻璃的，以便掩饰那只失明的眼睛。他热诚地欢迎了我，提到我给他妻子和女儿留下的好印象，然后强调他正高兴地期待着我将在他们晚会上的演奏。客气一番之后，我们就坐下来用典型的波兰早餐：茶，各种面包圈和面包，香肠、奶酪和鸡蛋。

　　哈尔曼先生立即就开始谈论弗雷德里克，整个早餐过程都滔滔不绝。他说的完全像他儿子预料的一样。

　　"我为他忧虑。"哈尔曼先生说，"他记忆力很差，缺乏节奏感。当钢琴家的道路会非常艰难。"然后他问："你是否真认为他有作曲的才华?"

我掩盖着内心深处的疑虑,极为雄辩地描述他儿子才气的积极方面,例如对肖邦的细腻的感觉、出众的视谱能力、他的作品的波兰特点和当指挥的可能性,等等。

哈尔曼先生似乎对我的论点很有感触。"我很高兴能从一个有才华的年轻人嘴里听到这一切。"他说,"但愿你是对的。"然后便离席而去。

管家把我引到弗雷德里克的套间,我逗留期间就将住在这里。套间包括一间舒适的卧室和一间起居室,起居室里放着一架极好的贝希斯坦钢琴,还有摆满了书籍和乐谱的书架。走进房间时我听到那熟悉的银铃般的笑声——巴霞就在那里,看去是那么可爱,还是一如既往地高傲而甜蜜,她伸出双手非常真心地欢迎我,但只字不提我的信!因此我也没提。

我们讨论了晚会、我的曲目、钢琴的选择,最后讲到客人们的一些情况。我只是半心半意地在听,一直在观察她,以探寻对我的爱情回应的任何迹象,但只见那一贯的略带嘲弄的友好表情。

突然,她说:"在招待会上还将有一个非常有趣的人——是个画家。我要把你介绍给他。请对他亲切些。"

我感到好像有人狠狠地打了我一记耳光!是的,我立即知道,那就是她爱着的男人!

我的心碎了。但我依然爱着她!我的唯一希望就只剩下音乐。我知道,巴霞喜欢听我弹琴,音乐还能替我开口说话。

我冷冷地说:"好的,我会努力使你的朋友高兴的。"然后走进自己的卧室,去取出箱子里的东西。

哈尔曼太太到午饭时才出现,她拥抱了我表示欢迎,她丈夫也从办公室回来。午饭时的中心议题是晚会及其准备工作。我几乎没有开口。饭后立即回到自己的房间去练演出的曲目,一直到该换衣服的时候。那个晚上我决心弹出自己的最佳成绩。

晚上9点钟左右，客人们开始到来。音乐会开始时，早就过了10点钟。我从未像那晚那样充满激情、忘我地演奏。我把所有的绝望，或许还有一丝希望，都倾注在演奏之中。我知道自己取得了成功。最后一首作品，肖邦的《降b小调谐谑曲》是我在出发前几天专为这次演出机会准备的。弹完后，听众把我团团围住，一些女士眼睛还含着泪水。男女主人都着了迷，哈尔曼太太则感情奔放地吻了我。

当我四处观望寻找巴霞时，我看见她正专注地和一个三十五六岁的男子谈着话。他穿着燕尾服，很有风度，胸前插着一朵红色石竹花，戴着单片眼镜，一副典型的勾引者的模样——修剪整齐的黑色头发，上唇一小撮英国式胡子，一张大嘴，嘴唇鲜红，鼻翼像参赛的马匹那样翕动不止——这就是所有的特征！

巴霞感到有人在观察她，就过来把我从我的崇拜者的包围中解救出来，然后径直把我带到他身边。

"这就是我对你说过的那位绅士。"她说道，好像我不知道似的。"他是个了不起的艺术家，我希望你们俩能成为朋友。"

当他祝贺我的演出时，脸上掠过一丝嘲讽的微笑，就在那时我发现他是跛脚，但是他居然有办法将自己的残疾变成一种格外的吸引力。突然间，可靠的直觉告诉我，他们之间不是一时心血来潮的调情，他就是巴霞的情人。

我唐突地离开他们，走进餐厅。那里有一张大桌子，上面摆满食物和酒水。我点了伏特加酒，一口气喝了五六杯，然后又喝葡萄酒，不管红的、白的、还是香槟酒，碰到什么就喝什么。我愚蠢地认为，灌酒也许是最愉快的自杀方法。但不知是什么奇迹使然，我始终完全清醒着，并且越来越清楚地意识到自己可怜的精神状态。

舞会一直延续到天亮。要说跳舞和喝酒，波兰人是无与伦比的，同时他们还懂得如何保持本身固有的礼貌和优雅的风度。

我原本以为，这个不祥的夜晚是我和"华沙社交界"的首次接触。但后来我发现，这个词汇不大适合哈尔曼家的客人们。他们只是华沙社会各界偶尔聚到一起的人群。一些人出自上层贵族，但他们都没有带妻子来，除非那些夫人碰巧曾是演员或者是有钱的犹太继承人；还有少数律师和医生，他们当然都带着妻子，另有少数商界人士。到场者绝大部分是诗人、作家、艺术家和音乐家——生气勃勃、有趣、富有魅力的一群。后来，我再也没有遇到过比那个晚上更迷人的群体。当时我第一次瞥见的这个所谓"华沙社交界"，其实最好称之为"哈尔曼社交界"。

14

舞会之后的那天，是我有生以来宿醉最严重的日子！我的头疼痛欲裂，胃也感觉要被烧焦，以致一整天都无力起床。所幸，主人对我这种可怜的状态表示完全理解，随我自然处之，而没有过分地同情。

晚饭之后（其实我一口也没吃），哈尔曼夫人和巴霞强迫我给她们伴奏了几首歌曲。母亲的嗓音悦耳，唱歌的感觉也不错，但在技巧上有些瑕疵；女儿还仅仅是个有希望的新手。哈尔曼先生没有回来吃晚饭，他的妻子这样对我解释他不在场的原因：

"我丈夫有个情妇，一个可爱的芭蕾舞演员，晚上他都和她在一起，只在特殊情况下才回来吃晚饭。"

对我来说，这种对待婚姻生活的态度确是件新鲜事，我开始理解弗雷德里克谈及自己的家庭时常有的那种玩世不恭的评论了。

晚上休息前，我随着巴霞来到她屋里。

"你给我介绍的那个画家，是你的情夫，对吧？"我直截了当地问。

她的脸稍红了一会，生气地瞥我一眼，咬了咬嘴唇，然后就镇定自若了。她回答说："是的，是我的情夫——而你，如果你真的在乎我的话，你就必须帮助我！我会假装带你去参观市容，实际上我去找他，你自己想干什么就干什么。之后，我们在一个咖啡馆汇合。求你为我做这件事……求求你！"

按我的本能首先应该给她一记耳光。但同时，我觉察自己因为愤怒和羞耻而满面通红，沉默了好一会，我说道：

"好吧，我料到了这样的打击。不是我妒忌——我没有这个权利，你从来没有答应过我什么——而是更糟糕的情况。我知道自己永远不会对任何人再有这样纯洁和强烈的爱情了！可以，我帮你……我会成为你值得信赖的'知心朋友'的！"说完我走出她的房间。

我既不愤恨，也无敌意。更重要、更深刻的是：一夜之间，我似乎已经长大成人，不再幻想。虽然我很清楚自己处境孤独，但这件事令我坚强起来，足以装出一副若无其事的样子来。巴霞冷酷的利己主义能够传染。回想起那个夜晚，我有一点可以肯定：以后再也没有什么事对我的性格产生过这么大的影响，我从刚刚抵达时的被爱情遗弃的"少年维特"，变成一个玩世不恭的坏小子。

弗雷德里克的母亲徐娘半老，还是生气勃勃、魅力不减，能流利地讲英语、法语和德语。她具有很高的文学和艺术的鉴赏力，对于任何有趣的事物都能接受。她极好交际，经常举行小规模的英国式茶会，邀请年轻的作家、演员和音乐家。

若是易怒的男主人在场，晚宴就显得更正式。但是最喜人的活动是几乎每晚都有的夜宵，那是在看戏或者音乐会之后，兴致正浓的人便被邀请来，活跃的讨论能延续几个小时。食品通常都很精美。当年，家里只要还有一个人尚未躺下睡觉，仆人和厨师就总伺候在旁——这种生活方式现今已是难以想象！

弗雷德里克的母亲痴迷于一件事：歌唱。她老是想唱歌，我很快变成她最喜欢的伴奏。我有时感到难受，因为她的嗓子不太好，其诠释也太业余，但是我还要感谢她，她让我了解了那么多优美的歌曲，特别是那些来自波兰、俄国和法国文献而我此前并不知道的歌曲。她唱过肖邦、莫纽什科、潘凯维奇、萨日茨基、维尼亚夫斯基的歌曲——其中一些很动人——也唱过柴科夫斯基、穆索尔斯基、鲍罗廷、里姆斯基-科萨科夫等人的许多歌曲；而法国人中最好的是福雷、迪帕克（Duparc）、肖松（Chausson）的歌曲，还有些其他人的。马勒的《旅行者之歌（Lieder eines fabrenden Gesellen）》是个巨大的发现，它深深地打动了我。反过来，我给她介绍了我喜爱的舒伯特、舒曼和勃拉姆斯——他们是无与伦比的歌曲大师。

因此，在华沙逗留的两周过得很快，就像一天似的。那场公开音乐会由于某种原因没能举行，但尽管如此，巴霞的父亲还是支付了他允诺的酬金，假装音乐会只是推迟而已。他说，不久自己就将去柏林，并且对弗雷德里克和我有一个近期的计划。告别时，他们全家都亲吻了我，就像我是他们家的一员那样。巴霞用马车把我送到车站，温柔地亲吻和拥抱了我，但马上又发出银铃般的嘲弄的笑声，这一次可深深地伤了我的心。

15

　　我的父母对这次华沙之行一无所知，我瞒着他们，担心他们会采取什么对策，但没有发生这类事。当他们知道我去过华沙，就怀疑幕后是巴尔特教授在捣鬼。然而，我感觉得出没有接到我的一个字，他们还是有些伤心。

　　我准时回到柏林。海妮见到我很高兴，而弗雷德里克则急着想知道我这两周在他家度过的一切细节。

　　我对他和盘托出。在我模仿他熟识的几个人的举止、学他们说话时，他笑出了眼泪。但之后他突然严肃起来，想听听他父亲对我讲的话以及对我描述的他的柏林音乐会有何反应。听到他父亲关于我们俩的计划之后，他心里宽松了许多（他似乎与计划的发起有一定关系）。我也扼要地讲了巴霞和我破碎的心，但没有透露她个人的秘密。

　　巴尔特教授冷淡地欢迎我回来，并立即向我要钱，我如数交给他。他的态度马上就温和起来，甚至多留了我一会儿，提出关于我未来的草率的设想。

　　"一年之后，"他说，"你可能有机会在音乐学院得到一个助教的职位，跟着某位年长的教授干，说不定就是我！"

　　我没有做声，既未表示同意，也未反对，虽然他对我未来的多次设想只是叫我厌烦。

　　他继续说道："我的孩子，下个季节没有举行任何音乐会的可能。上一次的音乐会表明你琴练得太少。"

接下去的两三个星期我又陷入了固定的生活样式——一节课接着一节课，偷偷地和弗雷德里克见面，偶尔有场好戏或者音乐会，虽然演出季节已经快要结束。空气中已感到春的气息，我的朋友们仍然对我很好，甚至有过之，好像他们知道我同柏林已经有多么疏远，而预见到将会失去我。

一天早上，哈尔曼先生来到柏林。弗雷德里克给我送了个信儿，并以他父亲的名义请我共进晚餐。我们在菩提树大街的"德雷塞尔饭店"吃的晚饭，那是当时柏林最好的餐馆。老人为显示气派，给我们点了豪华的大餐。直到上甜点时，他才开始讲述他聘请华沙爱乐乐团演出的计划，音乐会当然在华沙，两周之内举行，这将成为结束演出季的隆重演出。节目由弗雷德里克指挥，包括一首大型管弦乐作品和两首钢琴协奏曲，由我担任独奏。他的意见是，其中一首协奏曲应是弗雷德里克的《幻想曲》（顺便说一下，这首乐曲我已很熟悉）。不仅如此，他还出乎寻常地热情邀请我在华沙时住在他家，而且整个夏天和他们全家一起去扎科帕内度过，那是波兰塔特拉山脉中的一处著名的避暑胜地，他已经预定了一座别墅。他的邀请并未令我太吃惊，我多少预计到会有这类事情发生。这不但因为哈尔曼一家很同情地倾听了我对巴尔特教授和柏林的反犹气氛所诉的苦，还由于弗雷德里克的父亲认为，我在音乐和实际问题上对他儿子是个极好的促进者。此外，我高兴地发现，这位老先生确实喜欢我。

我听着他的计划，尽量保持若无其事的样子，但心中很不平静。不用说，我极为渴望立即答应！不过，还有许多可怕的"但是"拦在路上。首先：巴尔特教授，我确信这次他绝对不会同意我去，而这将导致完全的决裂。其次：钱的问题，教授从来没有给过我他替我保管的金钱的账目——音乐会的收入，还有我的资助者们每年提供的款项——而开口要它，就需要不小的勇气，这是向一位多年来没有任何报酬、而为我花费了那么多时间的人开口啊！更不要说他真诚地关切我，为我付出过大量心血。同样很清楚，如果我接受哈尔曼的建议，就等于烧毁身后所有的桥梁，换句话说，从此我将只能自力更生，得不到任何人的资助，又缺少对未来的计划，从而冒险过一种不稳定并且危险的生活。然而，唉，恰恰是这些危险吸引着我。我能感觉到自己血液里的冒险的天性……我答应在和教授商量后答复他，但不论结果如何，我已经作出了决定。我要离开！

第二天下午，我有教授的课，我把巴赫的一首《前奏曲和赋格》弹得相当好，教授很满意。这就使我更难提出去华沙的方案。但是没有办法，我只好鼓足勇气，带着激烈的心跳，说出了整个计划，并尽力把它描绘得绚丽多彩。

"我在波兰有着光辉的前景，这样还可能吸引到俄国方面的重要演出合同。"我说道，"我需要它来提高我的斗志。您很清楚最近一年我是多么的消沉。只要我能独立，我就会恢复自信。"我迅速补充上一句，"这个夏天我想认真练琴来扩大曲目。"

巴尔特的反应比我预想的还要糟。他听我说话时没有打断我的话，但眼睛里充满怒气，额头上渗出了汗珠，胡子翘得比任何时候都要高。说实话，看到他如此震怒，我害怕极了。然后他开口说话。起初他很温和，努力保持平静，说出自己全部的反对意见。

"你还没有条件过这样的生活，"他开始说道，"像你现在这么懒惰，又没有任何监督，奢华的生活只会完全毁了你的前程。我打算在学院里给你谋个像样的职位，只要认真工作，随着时间的推移，你甚至可以成为一个正教授！"

突然，他大发雷霆，对我吼叫起来："你这个不知感恩图报的小鬼，你会了结在阴沟里的！我先把话说在这里。"他跳起来，高声喊道："如果你要走，就不要再回来！别指望你的资助者们了。我会告诉他们，你违背了我的意志，走了！"

这真的太过分。我受到极大的伤害，泪水在眼眶中打转，但我忍住下来。我忘记了通常的恐惧，突然不可抑制地想把多年来积压在心头的一切烦恼统统说出来。我下定决心告诉他全部真情。

这是我一生所做的最糟糕、最残忍的事情之一。在完全心平气和之后，我说道：

"教授先生，我伤心地发现你对我一无所知，对我的性格毫不了解。你给我计划的前途似乎完全是你自己生活的翻版——而我拒绝接受这些！我宁愿充实、幸福地过上一周，然后死去，或者照你说的'了结在阴沟里'，也不愿像你这样长年地活着。我目睹你整日并不愉快地工作，给那些大多没什么才华的学生上课，从不旅行，从不娱乐。我知道你高尚地赡养了你的养母，现在又是你妹妹，但是你们谁也不敢结婚，因为你们太相互依赖了。甚至你的音乐观也受到偏见、缺乏好奇心和兴趣的禁锢。你把我从阿特曼博士身边带走，因为他代表了能赋予生命以意义的一切。教授先生，我不愿意在柏林再呆下去了。我不想再仰仗他人生活了。我希望独立，但是请相信，我深深地感激你为我所做的一切，更感激你给予我的爱。"

我泪流满面，握住他的手亲吻，但他粗暴地抽回手，火气十足地说：

"好，要走就走。不过我要把替你掌管的钱扣下来留待日后，因为现在你会一眨眼就统统愚蠢地花光的！"

听了这话，我骄傲地回答说："我不要这些钱，也永远不会开口要。请你替我送给那些急需它的音乐人吧！"

这就是整个事情的经过。我走出门，身心疲惫，后悔不已。这是我记忆中深感羞愧的一天。

回到家，我说不出一句话，海妮看到我失魂落魄，非常焦急不安。我求她让我安静一会儿，并答应待我冷静下来后，会把一切都告诉她。半小时后，门铃响起。巴尔特教授对女仆说，他来和温特太太讲话，但是不想见我！于是可怜的海妮只好听着教授诉苦。

"他居然有脸跟我讲那些话，我本该杀了他！但我被惊呆了，反应不过来！"教授说。

他对温特夫人重复了他认为我将会了结在阴沟里的美妙预见，最后声明他认输，说温特夫妇不用劝阻我离开，他再也不愿见到我。

在柏林的最后日子是我在那里度过的最忧伤的时光。我不得不去看望约阿希姆教授，教授像往常一样，表现出充分的理解。

"我预计到会发生这样的事情，我的孩子，"他说，"我祝你一切顺利！你会面临艰苦时期的，像我们年轻时一样；但是我相信你，相信你的才华。"

我激动得用断断续续的声音感谢了这位高尚的艺术家和伟大的人。

我的大部分朋友都深表同情，并伸出援手；不过我想，单听我的一面之词，他们恐怕会对可怜的教授不够公平。弗里德朗德太太甚至去找他大闹了一场，说他"用心不良，行为残忍"！

我给我的三位庇护人分别写了辞藻华丽的感谢信，并告知他们我决定自己把握自己的前途。

我已经受够了柏林。在1903年，我的生活翻过了重要的一页！

自力更生

16

多次挥泪向海妮和其他朋友告别，空口许下诸如冬天一到我可能就会回来之类的诺言，我终于在弗雷德里克和他父亲的陪伴下前往华沙了。这一次，我的到来真像回家。所有人，包括仆人，一起真诚地欢迎我。弗雷德里克的起居室成为我舒适的卧室。我立刻又被这个家庭的令人兴奋的气氛所打动。我说不出具体原因，但是这个家庭的整个关系以及那怪异的内情无法形容地吸引着我：不受爱戴且令人厌恶的父亲，有时却也极其善良；母亲酷爱歌唱，对于社交乐此不疲，又很好客；还有两个迷人的女儿（已出嫁的大女儿现在每天都回来）；更不要说弗雷德里克了，他富有魅力的个性真是锦上添花。毫无疑问，他们那豪华的生活方式：精美的饭菜，还有上剧院看戏，散场后与挚友共享欢快的夜宵，这一切同我的迷恋都大有关系。几天这样的生活过下来，就使我把柏林、巴尔特和不久前的苦恼忘得一干二净。我开始充分享受重新得到的自由。

弗雷德里克和我满腔热情地开始准备我们的音乐会。我给他弹奏勃拉姆斯的《d 小调钢琴协奏曲》，展示钢琴和乐队结合的交响性，指出恰当的速度，对他如何指挥这一优美作品给了些具体提示。他的幻想曲没有给我造成什么困难，因为我已了如指掌。除此以外，弗雷德里克打算演出他钟爱的柴科夫斯基的《罗密欧与朱丽叶》的序曲。我期盼着这场音乐会。我们进行了三场排练，我们十分需要这样做，因为我的朋友还有许多东西要学。他的节奏还是不够明确，而他的记忆力也成问题。在一次排练中，我看见艾米尔·姆威纳尔斯基不安地把双手绞在一起。

"这将是场灾难。"他喃喃地说，"他甚至不会像样地握住指挥棒！"

尽管如此，音乐会进行得还好，我们两个人都获得了成功。听众人数也不少。我得到一大笔酬金，还应邀在音乐学院大厅举行独奏音乐会。我的姐姐雅佳和海拉出席了两场音乐会，但她们猛烈抨击我对待家人的顽劣行为，因为这一次我又对家里隐瞒了自己的计划。然而，当得知我与这么一个重要且富有的家庭住在一起时，她们很快就改变了看法。而这个新的态度更加惹恼了我。我宁愿她们忿忿不平，因此我就尽量少见她们。

1904年的华沙是一座令人陶醉的城市！波兰人骄傲地称之为"东方巴黎"，我发现，他们这样溢美是有根据的。华沙很难说得上是个美丽的城市——从建筑学角度看它不太有趣，但在空气中有一种特别的东西：从街道和公园，从房舍和宫殿，从剧院、饭店和咖啡馆，散发出一种难以名状的魅力。华沙当地人属于特别的一类波兰人。他们富于百折不挠的精神和勇气、用之不竭的活力和娱乐的激情，能创造一种快乐和兴奋的气氛，并使之感染其他人。当然，他们也有自己的缺点，譬如过分尖刻并常带点恶意的幽默感，还有无法满足的好奇心，并且完全缺乏保守秘密的习惯。他们是个人主义者，和巴黎人一样，随时随地批评一切人和一切事。

不过女人，华沙的女人，真值得用单独一章来书写！这里我只想说，以我的孤陋寡闻，她们是在整个地球上最有吸引力的女性！巴黎的雅致与时髦外加著名的斯拉夫风韵，再混以北欧的艳丽和意大利的热烈与精力，我们就能想象典型华沙女性的样子了。

弗雷德里克喜爱他的城市及其居民。他知道我早年对波兰首都的印象不算太好，其原因就在于我那时还是个孩子，以及我的生活条件所限。所以他现在决定让我尝尝华沙真正的魅力。那一年的春天使人心醉，是在严冬之后突然到来的。赏心悦目的绿叶点缀树枝，皇家澡堂子公园盈溢着丁香和茉莉的芬芳，萨克森花园里到处是高声嬉戏的孩子和动情地拥抱着的年轻情侣。咖啡馆和饭店在街边摆上一张张桌子，人群一边啜着饮料，一边进行着活跃的谈话。在乌亚兹道夫斯基大街——华沙最值得骄傲的林荫大道，一串串的灯光，敞篷马车由良种马拉着，正副车夫穿着制服，上面风光地坐着城中的精英。

多亏了弗雷德里克，我很快就参与到这种令人沉醉的生活中。每天都有新东西：在家里、在其他人家或者高级饭店里一次次有趣的午餐，总是为了欢迎艺术界、学术界或政界的某位杰出人物。下午的时间花在音乐上：在两架钢琴上整整几小时地弹奏交响曲，或者我为女主人伴奏。有时，巴霞陪着母亲唱二重唱。生就一副好嗓子的弗雷德里克则唱自己创作的歌曲。晚上我们都在剧院度过。因为我们仍然生活在没有广播、电视和电影的时代，所以仅有的娱乐方式就是上剧院和看马戏。对华沙的剧院我简直就是崇拜，特别是大剧院和歌剧院都是最高水平的。当时最好的歌唱家都在这里进行过令人难忘的演出：巴蒂斯蒂尼、贝林乔尼小姐、安塞尔米（Anselmi）、卡鲁索、雷什科（Reszko）兄弟、森姆布里奇（Sembrich）小姐、波兰女高音歌唱家卡罗莱维奇（Karolewicz）和克鲁塞尔尼茨卡（Kruszelnicka）。"多样化剧院"主要上演古典戏剧和喜剧。很遗憾，沙皇当局禁演密茨凯维奇①和斯洛瓦茨基②的优秀剧作，还有同时期的维斯皮扬斯基（Wyspianski）和热罗姆斯基的作品，因为它们包含着太多的革命

---

① 密茨凯维奇（Adam Mickiewicz, 1798－1855）：波兰伟大的民族诗人、剧作家。代表作有《康拉德·华伦沃德》、《塔杜施先生》、《先人祭》等。

② 斯洛瓦茨基（Juliusz Slowacki, 1809－1849）：波兰浪漫主义时期的重要诗人、剧作家。代表作有《柯尔迪安》、《巴拉丁娜》等。

和爱国的内容。不过，观看"波兰的莫里哀"弗雷德罗[①]的几部喜剧仍然令人高兴，那是由世界上无与伦比的波兰演员完美地表演的。

维也纳的轻歌剧在这里上演时比在维也纳更具活力，歌手也更出色。法国的滑稽剧自然算不上最有智慧的作品，但其品味，其演员阵容，其美感，其纯粹的波兰气质，以及女演员的那略带色情、但从未沦为粗俗的表演，却把这浅薄而平凡的剧作变成小小的杰作！

路希娜·梅塞尔（Lucyna Messal）是轻歌剧理想的女主角——人又漂亮嗓子又好。当她演唱奥斯卡·施特劳斯的《朱古力糖兵（The Chocolate Soldier)》中著名的爱情圆舞曲时，我都流了泪，但同时眼睛又离不开她那令人着迷的美貌。她的"性感"会自然显露，不必像碧姬·芭铎和玛丽莲·梦露那样刻意去表现。而且她还不是唯一的一个，我记得担任配角的女高音鲍古尔斯卡和卡维茨卡都是可爱的女人，而且她们的歌舞都很使人销魂。我也不能不提到男人。在轻歌剧中有个演员叫雷铎，一个相貌堂堂的男高音。而我喜爱的莫罗佐维奇，是一个天才的笑星。特拉普绍、温克勒尔和加辛斯基则是滑稽剧中的明星。

我想那些不是波兰人的读者已经在对这一大串往昔的剧院和演员的名字感到奇怪了，但是我觉得需要对他们表示感谢，这些独一无二的演出丰富了我年轻的岁月，并一直铭刻在我心底。

---

① 弗雷德罗（Aleksander Fredro，1793－1876）：波兰最伟大的戏剧作家。继承了莫里哀的传统，留下将近40部作品。代表作有：《哥德哈布先生》、《夫与妻》、《报复》、《终身使用权》、《约维亚尔先生》、《贵夫人和轻骑兵》等。

17

　　每次演出后，和以前一样，我们就开始那些开心的"夜宵聚会"，常有一些歌剧或戏剧演员参加进来。俄国的特色菜——熏制滨鹬，搭配蛋黄沙司，外带优质波兰伏特加，通常就能使聚会的气氛活跃起来。有时晚会在音乐声中结束——某个客人唱莫扎特的《唐璜》，或者莫纽什科①的《哈尔卡（Halka）》的片断，弗雷德里克或我弹钢琴。我们的女主人，玛格达莱娜夫人，总坚持要我给她伴奏，坚称"我们之间存在一种完美的音乐理解"。男主人一般不参加这些深夜的招待会，因为他已经同自己的情人在饭店的包间里吃过晚餐了。然而，有几次他很早回家休息，就免不了发生一些不愉快的事：当深更半夜，我们的音乐或者智力游戏正在高潮时，客厅的门会突然打开，这位老人身穿睡衣，苍白的面孔气得扭曲着，用沙哑的声音使劲叫喊道："滚出去，滚，滚!!"然后重重地摔上门，水晶的枝形吊灯就叮叮咚咚地足足晃上五分钟。第一次见到这种情景时，我被吓得话都说不出，但令我极为惊讶的是，所有在场的人却都那么平静地、几乎无所谓地对待这事。很快我了解到，大家早已习惯这种发作，差不多把它当成了节目的一部分。玛格达莱娜夫人对此通常一笑置之。

----

　　① 莫纽什科（Stanislaw Moniuszko, 1819 – 1872）：波兰作曲家，波兰民族歌剧和艺术歌曲的创始人。主要作品有《哈尔卡》、《凶宅》等。

我的青年时代

"我丈夫就是这样神经质！可怜见的，他工作真辛苦。"接着我们又继续作乐。

一天下午，弗雷德里克冲进我的房间，叫道：

"阿图尔，我们运气真好！我刚刚得知巴维尔·科汉斯基①来了！他住在斯蒂钦斯基家。今晚他们邀请我们两人去吃饭！"

我也兴奋起来。弗雷德里克早就给我讲过许多关于这位神话般的年轻小提琴家的事。科汉斯基出生于敖德萨，是犹太人，与我同龄。埃米尔·姆威纳尔斯基在敖德萨当小提琴教授时发现了他的才华。后来他就把这个神童带到华沙，全责照料他，待他如子，并让他接受了扎实的波兰教育。那孩子演奏得极好，13岁就被姆威纳尔斯基委任为新成立的爱乐乐团的第一任首席小提琴，但为期仅一年。之后，姆威纳尔斯基就把他送到著名的布鲁塞尔音乐学院学习了几年。姆威纳尔斯基本人和其他几位艺术庇护人为他在比利时的学习提供经费。巴维尔毕业时获得了奖章，现在正好回到华沙。

这个简单的履历和我的情况十分相像。我们两人都脱离了家庭，为着前途早早地就被抛进这危险的艺术世界。

当然，我热切渴望能认识他。晚上11点我和弗雷德里克来到斯蒂钦斯基家，这个家庭在事业上帮助过巴维尔。这家的三个年轻儿子接待了我们，他们都是华沙大学的学生。我们等了巴维

---

① 科汉斯基，巴维尔（Kochanski, Pawel, 1887—1934）：波兰小提琴家。7岁起师从姆威纳尔斯基，14岁便在华沙交响乐团任第一小提琴手。1903年去布鲁塞尔音乐学院拜托姆松为师，两年后荣获一等奖。1907年执教于华沙音乐学院，并在欧洲各地巡演。1913—1919年间先后在彼得堡音乐学院和基辅音乐学院任教。1919年后，到西欧和美洲旅行演奏。后担任朱利亚音乐学校大师班教学工作，极受重视，同时举行系列音乐会，于是常住纽约。他的演技纯熟，表情精妙人微。他和阿·鲁宾斯坦一起为确立希曼诺夫斯基在世界乐坛上的地位作出了显著贡献。一生改编了许多钢琴曲和小提琴曲，包括法雅的西班牙流行歌曲。他的名字在西欧语言中即保罗，在本书中按照波兰语发音译成巴维尔。

尔一会儿。他出来时，还没和任何人打招呼，就首先声明斯蒂钦斯基夫人头疼，所以她很抱歉今天不外出了，并请他替代自己在晚餐桌上代行主人之职。

巴维尔个子不高，身材瘦削，双腿很细，还略显罗圈，但我马上就感到他身上有一种巨大的活力。他的面孔是我生平见过的最最令人着迷的一个：结实的方脸，突出的下巴，轮廓精巧的鼻子略带鹰钩。但最引人注目的是他的眼睛——杏仁眼，眼珠漆黑，那深邃柔和的表情最能触动人，特别是在他演奏的时候。黑色的卷发乱蓬蓬地、桀骜不驯地覆盖在头上。"我要好好看看你。关于你我已听说了好多!"他用波兰语欢迎我，带着明显而好听的俄罗斯口音。

我们相互端详了几秒钟，之后他说：

"来，让我们演奏贝多芬的《c小调奏鸣曲》① 吧!"倒是一刻也未耽误。

我坐到钢琴旁，在谱架上摆好乐谱，巴维尔调好琴，两人就演奏起来。我们的演奏就像两人一向都在合作似的。他每次暗示一个什么表情，我马上就能接住；我起一个乐句，他便照同一种风格继续下去。简而言之，从音乐角度看，我们两人是天造地设的一对。

演奏完毕，谁也没有作声。随后巴维尔走出房间，喊道：

"吃饭!"

愉快、可口的晚餐在高谈阔论中延续了两个小时。

突然巴维尔像孩子一样宣布：

"我累了，想上床，不过大家不要走，到我屋里来吧，我们继续聊天，我躺在床上。"

在脱衣服前，他从抽屉里拿出一张自己的照片送给我，上面

---

① 《c小调奏鸣曲》，是指贝多芬的《c小调小提琴和钢琴奏鸣曲》作品第30号。

还题了词："送给我最好的朋友阿图尔·鲁宾斯坦作纪念。某年某日。——巴维尔·科汉斯基"

我十分惊讶地读着。他想必是预先在灵感来临时写就的。我们真的成为最要好、最亲密的朋友。我们的友谊使我们生活得更坚强、更美好、并且更高尚。

通常整个下午巴霞都会消失不见，然而晚餐时，她的那位朋友却是常客，好在我那不幸的爱情开始熄灭了。弗雷德里克帮了不少忙，他把我介绍给几个漂亮的女演员，还带我参加各种招待会，让我得以结识一些出身名门的可爱女士，她们那种庄重的举止使我惊叹不已——她们表面上冷若冰霜，但目光中却激情似火，而且很难招架。

必须承认，到了这个地步，我是打算放纵自己的。我脑子想的唯一的事就是和这位或那位女士接触——而且我又全都想要。练琴全然被忽视。更重要的是，我开始怀疑弗雷德里克的奇怪行径。我从未看见有什么女人吸引他，或者让他感兴趣。以前在柏林，他曾对我详细讲过他和一个女仆的爱情，那是个乡下姑娘，他曾想娶她为妻，但害怕父亲不同意这门婚事。她的照片就放在他的写字台上。我甚至记得她名叫海伦娜·巴尔托辛斯卡。但在华沙他却从未提起过她，我也一直没有见到过她。

一天深夜，我们从一个不错的晚会回来，喝了些伏特加，演奏了不少乐曲，回到自己的房间后，他终于讲出了实情。那是令人伤心的故事，但谜团解开了。他坦承自己长期受到生理缺陷的困扰，不能做爱。这样我才理解了他古怪的习惯。好几次当女士们明显对他有好感时，他却努力来引发我的兴趣。

他的手段很巧妙："阿图尔，你发现没有，昨晚你演奏时，迷人的某女士是用怎样的目光看着你的？"

"没发现，"我回答，"我忙着弹琴呢。"

"嗯，所以啊，看来她对你是着魔啦!"他坚持。

"瞎说，"我说道，"她爱的明明是你——大家有目共睹!"

"别傻啦——她只是在装样子而已。她就是要引起你的注意。只要小小地表示一下，你就清楚了!"

这种谈话百试不爽。我立即开始对那位女士献殷勤，对她表示爱情，有几次，如果碰上热情的女子，战斗就胜利结束。尽管如此，那种短暂的成功总不能给我带来完全的满足。我这个17岁的男孩，常常徒劳地以"可爱的孩子"的角色而告终。至少我自己这么认为。但是很快我就明白我错了!第一条提示又是来自弗雷德里克。

"阿图尔，今晚，你给我母亲伴奏时，她好像有些恍惚。我觉得她爱上了你。"

我哈哈大笑，"弗雷德里克，真荒谬。我打赌，总有那么一天你会说你父亲爱上我了!"但他依旧很认真。

"我很了解母亲，我向你保证，自从我以前在柏林告诉过你的那次外遇之后，我还没有看见过她处在这种状态中。"

我还是想一笑置之，但是自己心里都没了底。他的旁敲侧击叫我大为震动。我发现玛格达莱娜夫人行为有所变化已经有一段时间了。她快活的天性变得神经质起来，老是心神不宁，这导致她和专横的丈夫之间经常吵闹。一天午饭时，发生了一场特别不愉快的争吵。哈尔曼先生把厨师、一个友善的老头叫到饭厅，为饭菜准备过程中出现的所谓缺点，用下流话侮辱他。以前也发生过类似情形，但这次却超过了女主人通常的自制能力，她痛哭失声，指责丈夫残酷和不公平。盛怒之下，他也对她喊叫起来，结果引起他剧烈的咳嗽。这时可怕的一幕发生了:他那假牙从嘴里掉到地上!我们一语不发，谁也没有足够的勇气去捡起那令人腻味的东西，老先生不得不自己弯腰去捡。女主人几近歇斯底里，过了好长时间我们才让她平静下来。

吃下午茶时，她也经常和两个女儿发生莫名其妙的争吵。与此同时，她的整个注意力都集中在我身上，过分地关心我是否舒适，每天都要询问我的换洗衣物之类的事。在钢琴旁随着我的伴奏歌唱成为她最幸福的时刻，而且她好像永远没有个够。

这是命运，是注定要发生的。一天晚上，在唱完舒曼的一首动人心弦的歌曲《我不恼怒（Ich grolle nicht）》后，她受一时的激情支配，伸手抱住我，我们热情地接了吻。谁也没说话。我干脆离开了房间。

我极其心烦意乱，一夜未能合眼。头脑里诸多矛盾的想法折磨着我。我努力分析眼下的新情况：首先，勿庸置疑，她是个很有魅力的女子，而我则特别容易屈服于女性的魅力。但也有其他因素，譬如，我也清楚自己还需要某种母性的关怀，我从与海妮的经历中学到这一点。我脑子里也出现过另一种颇为丑恶的想法：这里的情况造成我在这个家庭里占据了主导地位，这成为我在精神上对巴霞的报复，她那么高傲，就因为她比我大三岁；现在呢，巨大的年龄差别却没有阻止她母亲爱上我。

但是要采取任何措施都已经太迟。我掉进罗网，无法脱身。我也没有地方可去，何况，还有一个重要原因，我太脆弱，无力抵御这样的诱惑！

我生活中具有吸引力、令人兴奋的长长的一段就这样开始了，但由于同样的原因，却也不仅危及我的艺术生涯，而且危及我的道德完善。这肯定是我父母亲干预的好时机，他们该迫使我回家，然后想方设法送我到维也纳莱舍蒂茨基那里，或者去找布索尼。但是这样的事情没有发生，我全家看来都接受了我的现状，就像我的两个姐姐一样，没人意识到现在正是我急需更加严格训练的时刻。

18

弗雷德里克对事情的新转折显得很高兴。看来,他就是期待事情这么发展的。我感到,他在暗中祝福我们呢。现在,我已熟知他的处事手腕,所以就怀疑事情是他一手策划的。母亲大概很高兴儿子成了她的知己,但我却震惊而羞愧,特别是每当深夜,最后一个客人告辞之后,只剩下我们三人时,弗雷德里克就会说:

"阿图尔,你为何不和我母亲多呆一会儿?她还想唱歌呢。我回自己的房间去,想办法写完那首歌,过一个小时我来找你。"

要回到我们的房间,弗雷德里克和我都必须下楼,穿过院子,再爬上另一道楼梯。他拿着他房间的唯一钥匙。自然,他声言要来找我,是他不再出现的简单借口罢了。

除去大量的社交活动,最近在华沙又这么生活,真够累人的!在我的新朋友中,我想提一下康斯坦蒂·斯卡尔仁斯基(Konstanty Skarzynski)先生,他和歌剧院以前的一位女高音结了婚,对我兴趣甚浓。我本来没有特别注意他,但在不久的将来,他将对我甚为重要。

到去扎科帕内的时候了,弗雷德里克和我先上路,因为他想带我看看波兰的古都——克拉科夫,这个城市就位于去扎科帕内的路上。我们在清早抵达,早饭后就立即开始参观市容。那是一种了不起的感受!城市很大部分没有受到时间的侵蚀,陈旧的堡垒和城墙散发着一种中世纪的气息。"瓦维尔王宫"建在山上，从那里可以看见全城和维斯瓦河的景色。那是一座威严的建筑，气势宏伟，具有纯粹的文艺复兴时期的风格。在紧挨着的大教堂里有波兰许多国王的陵墓。近年来，波兰人在紧邻的一个小教堂内埋葬了他们伟大的儿子们——享有无上荣誉的战斗英雄、艺术家、音乐家和科学家，等等。

第二天晚间我们到达扎科帕内。扎科帕内！对我而言这名字本身就具有神秘的味道①。它让我回想起多少酸甜苦辣：那些艺术冲动、情绪低沉、美梦成真的时刻，还有那些重大抉择的时刻！

是的，这里就是我的人生出现意想不到的新转折、从而跃入未知的舞台的地方！扎科帕内是个坐落在山谷中的村庄，被塔特拉山四面环绕着，塔特拉山的南麓归匈牙利，西麓属捷克斯洛伐克②。这两个国家都像加里西亚一样，当时是奥匈帝国的组成部分。该地区曾是避暑胜地，直到精力充沛的哈乌宾斯基大夫发现这里纯净的空气有利于治疗肺结核和其它肺部疾病，它才成为重要的冬季疗养地。另一位医生，德乌斯基博士，在一座小山的顶部建造了一所可以俯瞰全村的漂亮的疗养院，这位大夫的妻子是镭的发现者玛丽·居里的妹妹。

弗雷德里克一家在外围相当偏僻的位置，紧靠着通往最高峰"盖奉特峰"的路边，租了一所很宽敞的别墅。那座山峰庄严地傲视着周围整个地区。当我们最终到达那里时，玛格达莱娜夫人、巴霞和仆人们已经把房间收拾安排好：所有物品都已打开，摆放妥当。底层一间起居室，里面还有架三角琴，一间餐厅，一条风雨廊，以及厨房和仆人们的房间。门厅的另一侧有两个小房

---

① 扎科帕内（Zakopane）：在波兰语里的意思是"被深埋着的地方"。
② 捷克斯洛伐克，作者著书时该地区还未分成捷克和斯洛伐克两个国家。

间，给巴霞和她姐姐住，后者将在次日早上到达。弗雷德里克的套间在二楼左侧，共有两个舒适的房间，一架从克拉科夫运来的极好的贝希斯坦牌钢琴供他个人使用。我的房间在楼梯的右侧，与玛格达莱娜夫人的大套间仅隔一段很短的走廊和一间浴室。房间的这种分配使我不舒服，尤其在我得知我占用了男主人哈尔曼先生的房间之后。他正在加斯坦温泉疗养，由他的情人芭蕾舞女演员陪着，但计划到季节的末尾来同我们会合。

这一切对我真是个噩梦。巴霞很清楚这一情况，摆出一副客气的、若无其事的样子；而仆人们，尤其是玛格达莱娜夫人的贴身女仆帕乌丽娜，表现得好像这是世界上再自然不过的事情了。

第二天一早，巴霞的姐姐波拉带着她一岁的孩子和奶妈来到，但她丈夫没来。她是个极可爱的人。两姐妹有某些相像之处，差别主要是波拉热情温柔，而巴霞身上有一种男性的粗犷。

在这个僻静的别墅中，生活从一开始就变得很复杂。气氛一直紧张，周围没有朋友，没有熟人，整个空间就是我们这几个人，以致相互间异常敏感。每个人的神经都随时绷得紧紧的。几天后我发现，波拉开始排斥我。只要我在场她就几乎不说话，并且只在吃饭的时候露面。两姐妹形影不离，主要在她们的房间里呆着，或者一起长时间地散步。虽然巴霞对我的态度没有变化，但她只是假装高兴而已。频繁的争吵激化了母女之间的关系，常常出现叫嚷、哭闹和摔门的场面。

玛格达莱娜夫人对这样的状况全然不在意，把波拉的举止和她刚刚怀孕联系起来。

"她怀头胎时也是这样。"她说，"别以为她是针对你的。"

但我并未信服。

玛格达莱娜夫人对我不断的关注已经令我极不自在，而且她完全无视家中的其他成员。弗雷德里克力图做到举止自然，但是不很成功。他一门心思地创作一组歌曲，经常三更半夜还要征求我的意见。若在房间里找不到我时，他就直接敲他母亲的房门。

最终，我受够了这一套。我情绪低落得有些病态，便打算认真练琴。但清晨我喜欢多散会儿步。乡间景色怡人——杜纳耶茨河咆哮着直泻而下，那清澈的河水激荡在山岩间，鳟鱼和其它游鱼银色的身影在阳光下闪耀。幽暗、高大的松树林长满村庄周围的缓坡。山的形态叫人联想起童话故事，那么遥远，那么神秘。山峦似乎令外人难以企及，但对自己的儿女——塔特拉山民并非如此。这些山民是保持了原貌的、奇特的一族，与其他波兰人迥然不同，和大山相依为命。他们又高又瘦，面孔仿佛山鹰，高颧骨，鹰钩鼻，胡子通常刮得干干净净。他们看上去似乎是画家和雕塑家的理想模特。

波兰为这些人感到骄傲，在历史的长河里他们勇敢而忠于祖国，并产生了自成一体的贵族阶层。在此地极为高尚的氛围中和他们经常接触，给予我很好的影响。我恢复了自己素有的好心情，这转过来又影响到全家。如今吃饭时，又有了活跃的对话和微笑的面孔，我们共同的生活较能忍受了。

我只能在夜间练琴，白天根本不可能集中注意于音乐。早餐太迟，我独自的远足，拖得很长的午饭、下午茶和晚餐结束后，基本上就没有剩余时间了。于是，由于客厅和其他房间完全隔离，我在大家都去休息后，几乎等到午夜才开始工作，通常持续到凌晨三四点钟。无疑，这些在钢琴旁度过的夜晚是我一生中最有收益的时刻。我越来越意识到自己的曲目是多么陈旧和贫乏，便以巨大的热情投入到掌握那些在柏林的年月里巴尔特教授不让我接触的音乐作品中。勃拉姆斯的《降 B 大调协奏曲》，贝多芬的《c 小调协奏曲》和《G 大调协奏曲》以及他的《热情奏鸣曲》，肖邦的两首大型奏鸣曲、两首叙事曲、三首谐谑曲、几首前奏曲、六首练习曲、《f 小调幻想曲》、《船歌》以及《升 f 小调

波洛奈兹舞曲》和《降 A 大调波洛奈兹舞曲》；此外还有舒曼的
《狂欢节》和《交响练习曲》，李斯特的《梅菲斯特圆舞曲（Me-
phisto Valse)》……所有这些标准作品我都是在扎科帕内的那两
个月中，在深夜里学会的。由于我拥有迅速掌握音乐作品的意义
和结构的特别天赋以及出众的记忆力，这些才有可能实现。任何
曲子，我把乐谱读上几遍，就能弹奏了。当然会忽略许多细节，
特别是那些与技术问题相关的细节。对一般的听众来说，听着都
很不错，只有那些行家，我的钢琴同行们，才能发现遗漏了什
么。对我而言，当务之急是掌握尽可能广泛的曲目，也就无力顾
及那些缺点。借助大量地使用踏板和天生的炫技本领，无论在我
的形象方面还是在音乐方面，我的问题就都"可以不被察觉"
了。

19

一天深夜，我听到有种可疑的声音从花园里传来，就通过窗
帘间的缝隙小心地向外察看，发现在别墅前面有一个高个子男人
的奇怪身影，披着件黑色长斗篷，头上套着风帽。说来真难为
情，我害怕之极。关于塔特拉山中凶残豪杰的令人浮想联翩的传
说，突然变成活生生的现实，威胁着我夜间安宁的工作。我匆匆
回到自己的房间，透过窗户看着他消失在黑暗中。但次日早上我
描述此事时碰上的净是怀疑的面孔。

"肯定是你的幻觉，"巴霞说，"自从戴特马耶尔①写过塔特拉山区的传说之后，这里就从来没有过任何强盗。"

其他人也都不相信我的故事。但是当天晚上我再次见到那个人影，他就站在客厅的外面，这次停留的时间更长。甚至当我躺下睡觉时他还在原地。这未免太过分了。

于是，第二天晚上，看到那人又蹑手蹑脚地走到琴房窗下时（弗雷德里克和仆人们都做好准备，以防万一），我打开通向花园的门，心里害怕得"怦怦"乱跳，叫道：

"你在干什么？你想要什么？你是谁？"

一个被吓坏了的声音客气地回答说：

"我喜好音乐，是来听你弹琴的。如果妨碍你，我就走开，不再打扰你。"

所有人，包括那个陌生人，一起开心地大笑起来。弗雷德里克邀请他进屋喝杯茶，认识认识家里人。那个吓人的鬼影原来是个医科大学生，名叫勃罗尼斯瓦夫·格罗马茨基，一个业余的小提琴爱好者，他说自己在乌克兰的伊丽莎白格勒上学，同学中有一个波兰年轻作曲家，并说那个作曲家是个天才，名叫卡罗尔·希曼诺夫斯基（Karol Szymanowski）。

"我抄写了他的几首前奏曲和练习曲，"他补充道，"还有题献给我的小提琴奏鸣曲。我能给大家看看吗？"

因为对所谓的天才不止一次地失望过，我就居高临下地点点头，说：

"你也听见了，我正在练习一些很严肃的作品，不过，请你明天来，并给我们看看你的朋友的几只小曲子。"

---

① 戴特马耶尔（Kazimierz Tetmajer, 1865－1940）：波兰诗人、小说家、剧作家。作品多以塔特拉山传说和山民生活为题材，如《塔特拉山传奇》、《死亡天使》、《玛丽小姐》等。

第二天下午，格罗马茨基带着一摞手稿过来，弗雷德里克和我看也没看就把手稿拿到钢琴边。我们确信会看到一个学童的幼稚的涂鸦。然而，一首前奏曲的头几个小节一弹，我们俩的惊讶就难以形容。这是大师谱写的音乐啊！我们热切地读完了所有的手稿，由于意识到我们正在发现一个伟大的波兰作曲家，我们就越发激动和兴奋！他的风格明显地受到肖邦的影响，曲式有些像斯克里亚宾，但是已经可以从旋律的线条和大胆、新颖的变调中感受到强有力的、且具有独创性的个性。

我们接连不断地提出问题，向格罗马茨基打听希曼诺夫斯基：他是哪里人？在哪里学的音乐？住在什么地方？目前在何处？可怜的格罗马茨基几乎来不及满足我们的好奇心，但是他因为如此成功地证明了自己的观点而十分快乐！

"希曼诺夫斯基出生在乌克兰的祖业上，那里大部分的地主都是波兰贵族。"他说道，"他先是在附近的俄国城市伊丽莎白格勒上学，在那里我们成为同学和朋友，在学校他跟他的表舅、优秀的教育家涅高兹①教授学音乐。后来他被送到华沙音乐学院，老师是著名作曲家诺斯科夫斯基，毕业时获得过作曲金奖。"

"但他现在在哪里？在哪里？"我大声叫道。

格罗马茨基伤感地回答："几个月前他失去了父亲。那是个巨大的打击。全家对他的沮丧很是忧虑，便说服他去拜罗伊特，参加瓦格纳音乐节。现在他就在那里。他给我写信说，《纽伦堡名歌手》和《特里斯坦与伊索尔德》给他留下了深刻的印象。"

我们对他的故事大感兴趣，并发现在我们生活中出现了一个杰出的人物。但给我印象最深的是弗雷德里克的反应。他没有露

---

① 涅高兹，此指古斯塔夫·涅高兹（Gustav Neuhause）：是前苏联著名钢琴家、钢琴教育家海因里希·涅高兹之父。这个家族来自德国。当时他在伊丽莎白格勒创办了一所音乐学校。希曼诺夫斯基以及小涅高兹都曾在那里学习。古斯塔夫的妻子是希曼诺夫斯基母亲的表妹，所以希曼诺夫斯基和小涅高兹（海因里希）是表兄弟。

出一丁点儿忌妒的痕迹，虽然他有许多可以妒忌的理由。他不可能没有发现我的音乐兴趣怎样转向了这位新人，而他却真诚地分享了我的这种热情。

当晚，我按照他的朋友提供的地址给希曼诺夫斯基写了一封长信。我告诉他他的音乐如何深深地感动了我，怎样在我长时间丧失信心之后让我在音乐上焕然一新，又是多么接近我的音乐天性；还有，我急于认识他，和他交流看法。这是我一生中写过的最重要、最紧急的信件之一。

与此同时，我们认识了一些休假的游客，他们大部分来自华沙或是罗兹，听过我的演奏或者听说过我，并对我将来的计划问长问短。被他们的问题所困扰，也为了让大家满意，我便回答如下："我准备去巴黎。"这完全是杜撰，我也满可以说"我准备去通布图①！"的。所以一天早晨，当玛格达莱娜夫人让我看康斯坦蒂·斯卡尔仁斯基先生的信时，我是多么的惊讶！这个斯卡尔仁斯基先生就是在华沙时很喜欢我的演奏的那一位。他从巴黎写来的信中说："对年轻的鲁宾斯坦我有一个十分有趣的信息。这里的一位经纪人，加布里埃尔·阿斯特吕克先生成立了一个音乐协会，打算把新的音乐作品和音乐人隆重介绍给巴黎听众。他刚好和波兰羽管键琴好手万达·朗道夫斯卡②女士签订了第一个合同。我觉得他会很乐意请年轻的鲁宾斯坦也参加到其中来的。也许你能说服这个年轻人到沙维尔来和我们住上两个星期左右吧。我相信能找到机会把他介绍给阿斯特吕克和巴黎其他几位有影响的音

---

① 通布图（Timbuktu），非洲马里古都，以黄金和象牙贸易著称，曾经是撒哈拉以南的文化、宗教和经济中心。

② 万达·朗道夫斯卡（Wanda Landowska，1877－1955）：波兰享有世界声誉的羽管键琴演奏家，钢琴家，先后旅居法国和美国，通过演奏、教学与著述为羽管键琴及其音乐的复兴作出重要贡献。作品有：《巴赫及其作品的演绎》（1906）和《古代音乐》（1908）等。

乐家的。"

我大吃一惊，随口说的一句话成了现实，这似乎是个奇迹。全家上下都为这消息振奋。我不浪费一分一秒，马上就开始编制各种计划——我太激动了，无法去想任何其它事情。当务之急是搞到路费！我无论怎样也不愿向弗雷德里克借钱，因为他惟有向他母亲开口要。唯一的办法是组织一场音乐会，还要指望观众比较多。这有风险，但我别无选择。于是我租下"莫尔斯基的眼睛饭店"的小剧场，扎科帕内唯一大小合适的大厅。音乐会将在两个星期后举行，我还厚着脸皮安排了全属首演的曲目——就是说，都是我正在练习的那些曲子。而我又很走运，音乐会的票几乎销售一空。原来，在扎科帕内消夏的人们都很有音乐素养，且对我的进步感到好奇。

20

卡罗尔·希曼诺夫斯基发来一封简短的电报答复我的信，说他将于某日某时到达扎科帕内，希望我还会在。

弗雷德里克和我一起去车站，格罗马茨基在那里与我们碰头，我们极为兴奋地等待火车的到来。不久他到达了：一个身材修长的青年，21岁，但看上去要比较老成一些，一身黑装，还戴着孝。他戴着圆顶礼帽和手套，与其说是音乐家，倒不如说更像个外交官。他一双美丽的灰蓝色大眼睛含着忧郁、聪慧和极为敏感的表情。他稍稍跛着脚朝我们走来，真诚而含蓄地向他的朋友致意，对我们的热情欢迎报以彬彬有礼的微笑。格罗马茨基带他离开，他们住在一起。但稍后他们两人就一起到我们的别墅来吃午饭。饭桌上，希曼诺夫斯基略显拘束，波拉和巴霞千方百计要讨他欢喜，玛格达莱娜夫人的刨根问底，外加她为弗雷德里克感到妒忌，都明显让他有些厌烦。希曼诺夫斯基客观地讲述了拜罗伊特的音乐节，未发表什么意见。午饭后，我以必须关心音乐会准备的细节为由，和两位客人一起前往"莫尔斯基的眼睛饭店"，在那里我们坐下来点了咖啡和干邑。至此，作曲家才敞开心扉。他告诉我说，我的信让他决定前来扎科帕内，他在华沙的一次音乐会上听过我演奏，他渴望向我展示自己最新的作品，并由我来演奏。他说话声音柔和并令人信服。一双眼睛在浓眉下充满了热情。就在此刻，我高兴地看到他人情味的一面！这是个愉快的下午，我接受了与他们共度夜晚的邀请。

"要不要叫上弗雷德里克？"我问。

"不，我倾向不要。"他略带迟疑地回答，"当然，要看你是不是方便啦。我感到他和我没有多少共同点，无论在个人生活，还是在音乐方面都是如此。"他补充说。

最初在火车站我就感觉到了这一点。看来我要有些为难了。不过我找到了当晚独自与他们见面的借口，我说他们想带我去见希曼诺夫斯基的一个朋友，那朋友是个年轻的诗人、作家和画家，是在"莫尔斯基的眼睛饭店"遇到的，他想为我画肖像，名字叫斯塔尼斯瓦夫·维特凯维奇。当然，事实上并不是要画什么肖像，我们只是坐在一起喝酒、聊天。从一开始，维特凯维奇也强烈地吸引着我。我即刻明白，他、希曼诺夫斯基和格罗马茨基是合我心意的伙伴！我突然明确地意识到，别墅里暖房般的气氛，加之那种话里有话的言谈以及造作的快乐，掩盖着许多郁闷、病态的情感。

和这三个年轻人在一起，我感到清新的空气在阵阵流动——

充满了青春和活力。很快我们就相互密不可分了。他们经常来别墅，有时留下吃饭。而一般性地客气几句之后，四个人就坐到钢琴旁，开始活跃地交换意见，话题涉及到一个个作曲家，人人都努力要证明自己的观点。我自得其乐地炫耀着自己的好记性，演奏瓦格纳、勃拉姆斯和斯克里亚宾的作品，还有歌剧和交响曲，使希曼诺夫斯基大为高兴。在这种情况下，弗雷德里克常常会靠边站。他对众多作曲家和演奏家的机智、过分尖锐和敌意的评论，在我们这里得不到反应，他也不适应我们谈话的气氛。就这样，我们聚会时，他渐渐成了稀客。一位年轻雕刻家，一个土生土长的山民和英俊而有才气的男孩，成为他新的兴奋点。弗雷德里克看出我身上的变化，不过尽管他有些忌妒，但还是入微地理解了我对于正常、健康的艺术生活的需求。他的母亲也努力掩饰着对我常常外出的不耐烦，但是她相当聪明，没有来干涉我。夜间，我的工作稳定地进展着，并很快准备好了音乐会和巴黎之行。生活显示出更明亮的色彩。

21

在"莫尔斯基的眼睛饭店"举行的音乐会总算大功告成。我弹奏了大量新近学会的曲目，那些作品我还没有完全消化，但我演奏时热情似火，不甚完美也就不太引人注意了。不管怎么说，我去巴黎的钱已经到手，于是决定尽快成行。

那是一次长途旅行，先乘夜车到克拉科夫，然后转车去柏林，再行一夜抵达巴黎。卡罗尔·希曼诺夫斯基打算回到自己在乌克兰祖传庄园的家中去，决定陪我到克拉科夫。这样，在音乐会后几天，玛格达莱娜夫人和弗雷德里克把我们送到车站。告别时气氛很愉快。他们不大相信我在巴黎的东道主能促进我的事业，预期我很快就会回到华沙。

希曼诺夫斯基和我在火车上找到一间无人的包厢，晚上我们能躺一躺。但是就在火车开动的那一刻，发生了一件意外的事：我突然大哭起来。我陷入恸哭竟无力控制，一连几个小时都平静不下来。这让所有积聚起来的忧伤得到了宣泄：深深影响了我的与巴尔特的决裂；对未完成的学业的焦虑；而最主要、最痛苦的，是弗雷德里克一家有如维纳斯城堡的危险魔力，而我则像汤豪舍①一样地屈从了！

我对希曼诺夫斯基那一晚给我的感人照顾永志不忘。他没说话，只把自己的大衣放到我的头下，又笨手笨脚、但却温柔地拿些报纸盖在我身上。"你会暖和些的。"他说。我们终生不渝的友谊就产生在那个夜晚。第二天早上告别时，我们兄弟般地紧紧拥抱着。

傍晚，我抵达柏林。天灰蒙蒙的，下着雨，城市看上去很郁闷。两趟火车之间有两个小时的间隔，于是我叫了一辆出租马车，让车夫沿着海妮的家、巴尔特的家和弗雷德里克住过的膳宿公寓慢慢驶过，就像一个罪犯流连于犯罪现场。

深夜我离开柏林，心中松了口气，但对巴黎和即将发生的事情有些提心吊胆。半夜时分，在阿尔萨斯车站，几个法国青年走进我的包厢，他们流畅、优雅地说着母语，使我兴趣盎然。那是我第一次听见发音纯正的法语。

---

① 汤豪舍：《汤豪舍》，瓦格纳的三幕歌剧，讲述汤豪舍受爱神维纳斯诱惑，抛弃恋人，与维纳斯私通，后厌倦而重返人间赎罪。

早上9点，火车停在东站，一个肮脏、发臭、昏暗的地方。要去沙维尔，我必须乘马车到圣拉扎尔火车站，那里更让人恶心；然后我登上那被煤烟熏黑了的、十分龌龊的郊区小火车，前往我的最终目的地。火车几乎一直在隧道里行驶，我完全看不到城市的面貌，终于抵达小小的沙维尔站时，我真有点扫兴。斯卡尔仁斯基伯爵正在等着我：

"欢迎到巴黎来！你就快见到这座全世界最美丽的城市了！"他高兴地说，然后帮我提着箱子，带我坐上他讲究的朗道马车①，我们驱车前往他的别墅。

他号称别墅的房子中等大小，正面有一个小花园，位于城郊一片小区的主路旁边，周围全是类似的房子。他把我领到一间小黑屋，里面带有一个老式、样子可怕的洗脸池。匆忙、困难地梳洗和换装之后，我下楼到餐厅，斯卡尔仁斯基夫人正在等着我们吃早点。她的外表令我大吃一惊，几乎吓我一跳。她的面容还残留着一点姿色，但她硕大的胸部和腹部像水桶一样又粗又直，无情地塞在一件强力紧身衣里面，似乎随时都可能"嘣"的一声裂开！她年轻时是个歌剧演员，极有魅力和朝气。很快我就意识到，正是她在华沙注意到了我的才华，并对我本人发生了兴趣。

"午饭后，我丈夫带你去看巴黎市容，明天则领你去见阿斯特吕克先生。"她说。

于是，午饭后斯卡尔仁斯基伯爵和我就早早地乘车奔赴巴黎的心脏。他在协和广场停下马车，把我领到这个独一无二的广场中央的方尖碑之下。从那里，可以欣赏到世界上最美的四个景观：右边是马达莱娜教堂，肖邦的葬礼就在此举行；左边是众议院——这两座建筑都是纯粹的古希腊风格；前面是宽阔的香榭丽舍大街，其尽头是耸立的凯旋门，正沐浴在落日的红色霞光中；

---

① 朗道马车：当时流行的可以敞篷的高级四轮马车。

我身后拾级而上便是漂亮的杜伊勒里花园，直通宏伟庄严的卢浮宫。

我被这四周的美景感动得声音哽咽……说不出一个字，但却默默地发誓：世界上我哪里也不住，只住这里，住在这座非凡的城市里！

斯卡尔仁斯基的车只套了一匹马，拉着我们沿香榭丽舍大街慢慢地上行；那个时代，街道两旁排列着讲究的旅馆与和谐整齐的民宅。这里完全是一个住宅区，没有餐厅、商店或剧院。从星形广场向各个方向放射出去的 12 条宽阔的林荫大道，给我留下了极深的印象。我也永远忘不掉看见布洛涅树林大街（现在称福什大道——译者）的第一眼，两边栽种着高大的马栗子树，在这个霞光灿烂的夏日傍晚，茂盛的绿叶呈现出千差万别的颜色。

加布里埃尔·阿斯特吕克（Gabriel Astruc）先生是古老的西班牙赛法尔德犹太人的后代，是比利时大犹太教士之子。他十分喜爱音乐和戏剧，但在这两方面均无特别才气，所以决定当经纪人。在埃诺赫父子音乐出版社做了不长的一段时间之后，他就迷恋上了生意经，并依靠一个朋友、土耳其银行家伊萨克·卡蒙多伯爵的资助，成立起一个音乐协会。那是一个推广表演艺术，也包括戏剧演出的代理机构。

阿斯特吕克先生把自己的音乐协会设在"汉诺威大楼"内，

那里是黎塞留公爵所建宫殿唯一保留下来的一翼，位于意大利大街和伟大路易路交汇处。巨大的接待处设计成圆形大厅的形状，三扇宽大的窗户可以欣赏到整条大街的全景，皮萨罗①特别爱画这样的景色。

我们还没有来得及欣赏这美景，加布里埃尔·阿斯特吕克先生就已到私人办公室门口来欢迎我们了。他四十出头，但肥壮的体型和过早的谢顶使他看上去更老些。一双又大又黑的眼睛凸出在他那苍白的脸上，他有一只又细又长、线条很美的鼻子和修剪得很整齐、漆黑如墨的落腮胡须及八字胡。

他没有在开场白上浪费时间，或是询问我的教育背景和学业，只是抓住我的手，对吃惊的斯卡尔仁斯基大声叫道：

"你明天下午能不能把这个年轻人带到普莱耶尔钢琴厂？我邀集几位优秀的音乐家听听他的演奏，听他弹完琴后再据此作进一步的打算！"

我们当然表示同意，在和他告别时充满了希望。

由汉诺威大楼走一个街区就是歌剧院广场，著名的"和平饭店"就在嘉布遣修女大街的拐角上。我们花了不小工夫才在巨大的露台上找到一张小桌子，要了杯茶。我目不转睛地打量着我身旁独特、迷人的生活。那是 1904 年，当时那些林荫大道还是巴黎的心脏。大剧院、最好的餐厅和咖啡馆都集中在这些历史久远的街道上。

人行道上满是行人。一些巴黎女子在街道上迅速、欢快地走着，她们用三个手指尖轻轻地从一侧提起齐地的长裙，脸上罩着面纱，头戴装饰华丽的阔边花式女帽，让我浮想联翩。也许此刻

---

① 皮萨罗（Camille Pissarro, 1831 - 1903）：法国画家、版画家。由印象派转为新印象派。热衷于描绘农村景色和都市街景。作品有：《歌剧院大道》、《开满鲜花的树木》、《蓬图瓦兹一景》等。

她们正在赶赴浪漫的幽会吧。年轻的情侣紧紧搂抱着漫步走过；"巴黎款式"的衣着考究的游手好闲者正在寻找刺激；似乎没人知道什么是抢时间赶路。公共马车、出租马车和私人马车来来往往地行驰；树木已经开始洒下金黄色的叶片。空气中混合着香水味和很重的马汗味，被一阵阵微微的秋风送进人们的鼻孔。

这就是我第一次接触到的巴黎街景，直到现在我写这些文字时，那魅力还在持续。

第二天我们早早地离开了沙维尔，中饭在歌剧院大道上古老的"万国酒家"吃，他们以便宜的价格提供 20 种不同的小吃。斯卡尔仁斯基尽可能要让我在下午的时候心态良好。他知道我非常紧张，也知道这次试演对我意味着什么。近期内我不会再有任何其他的机会了。

普莱耶尔钢琴厂当时还在"罗什舒瓦尔大道"。在等候阿斯特吕克先生和那些令人生畏的"优秀"音乐家之际，我们参观了演奏厅，肖邦就曾经在此举行过他那为数稀少的音乐会，他用过的钢琴还摆在舞台上。当时的厂主利昂先生建议道：

"上去弹几小节嘛！你会发现这架琴的声音现在依旧很美！"

他说得对，而且当我把手放在神圣的键盘上时，心中充满畏惧。这时有人打断我们：

"先生们已在客厅里等着啦！"

阿斯特吕克先生露出一个鼓励的微笑表示欢迎，并把我们介绍给其他绅士。他们只有三人：保罗·杜卡（《魔法师的弟子》的曲作者）[①]，著名的小提琴家雅克·蒂博，以及当时还不太出名的莫里斯·拉威尔。没来专业钢琴家，我松了口气。

---

① 保罗·杜卡（Paul Dukas，1865－1935）：法国作曲家，评论家。冼星海留学法国时的作曲老师。最著名的作品是管弦乐谐谑曲《魔法师的弟子》，歌剧《阿丽安与蓝胡子》，芭蕾舞剧《仙女》等。

蒂博还记得曾在柏林和我一起吃过午餐，并很高兴能和我再次见面。其他两人一本正经，就像法庭上的陪审团，一言不发地等待我的弹奏。然而，蒂博的在场让我恢复了自信。我重提他在柏林对布鲁赫的协奏曲所作的完美的阐释，并走到钢琴边，为他演奏一曲，然后我换成门德尔松的小提琴协奏曲，弹起他感人地演奏过的那几个片断。

没料到，这"迂回策略"竟驱散了其他人的冷漠，他们的兴趣也热烈起来。他们意识到我是个音乐家，而不仅仅是一个刚刚起步的17岁的钢琴手。尔后，我正式弹奏了巴赫的一首托卡塔，贝多芬的某部奏鸣曲的一个乐章和少许肖邦的作品，弹得不是太好，但是赢得了他们。他们一致称赞我的才华，预言我前程远大，并强烈建议阿斯特吕克先生要关照我。这正好是后者需要和期望的，他当场向我提出签订合同。

在回汉诺威大楼的出租马车里，我们三人，阿斯特吕克、斯卡尔仁斯基和我评论了试演的方方面面。我们一到阿斯特吕克的办公室，就开始认真讨论合同的事。至于我，只想到一件：保证提供月酬金，从我今后的演出收入中预支。这就意味着给我保了险——弗雷德里克在柏林的生活中我最最羡慕的就是这个。阿斯特吕克愿意接受我的条件。他提议每月支付我500法郎（相当于当时的100美元），为期5年。合同的其它条款相当苛刻。由他承担风险而组织的音乐会，六成的收入要归他；而其它渠道举办的演出，也有四成的收入归他。但我并未在意这样过分的条款。对于我来说，重要的是那500法郎，它们闪闪发光就像天上500颗星星！

我就这样高兴地同意了他所提出的一切。他吻了我的两颊，说：

"好，我的小东西，现在你剩下的就只是回波兰去，要你父母双亲在合同上签字。合同还要经过公证人的公证和驻华沙的法国领事的法律认证。"他又补充道，"尽快带着这些文件回来，我们要迅速策划我们的活动。"

我打了个冷战。自从同巴尔特断绝关系后，父母亲没有得到过我的任何消息。对我在什么地方，我一点也没有让他们知道。可现在倒好，我完全在他们的掌握中：我的前途要听凭他们了！

我的整个情绪一落千丈。更糟糕的是，在阿斯特吕克和斯卡尔仁斯基面前我还要泰然自若。他们并不了解我的家务事，如果知道，天晓得他们会做出什么决定。

这一天剩下的时光我愿留在巴黎。

"我想一个人在市里转转，也许我会去法兰西喜剧院看看演出。我会乘最后一趟火车返回沙维尔，不要为我担心。"我对斯卡尔仁斯基伯爵说。

他认为我要庆祝一下这个高兴的日子纯属正常，而我只感觉迫切需要单独呆一会儿，以便决定该如何行事。

我在街上晃悠了相当长的时间，一直在反复思考：我是去冒很可能遭父母拒绝的危险呢，还是放弃一切？

走了半天，权衡了利弊，我终于做出决定：我要回罗兹去争取自己的权利！于是，我充满希望和勇气，在一个咖啡馆吃过点东西，然后走进法兰西喜剧院，在二楼楼厅看了奥克塔夫·米尔博①的《生意就是生意》，德·费罗迪的演出奇妙无比。这出喜剧讲的是一个丧尽天良的生意人的故事。它让我的神经彻底松弛下来，我意识到还有比我更加两难的情况。回到伯爵的别墅时我心中满怀希望。

---

① 奥克塔夫·米尔博（Octave Mirbeau，1848－1917）：法国作家。作品内容多含传奇，以揭露社会黑暗和资产阶级谎言居多。

23

　　玛格达莱娜夫人和家中其他成员都已返回华沙。他们搬入位于时髦的乌雅兹多夫斯基林荫大道上的新居。我寄自巴黎的信中告诉她合同已经签订，几天后我就回来。她立即回了我一封电报，以她丈夫和自己的名义邀请我住到他们家去。

　　我在斯卡尔仁斯基家又停留了一周，斯卡尔仁斯基夫妇使出浑身解数殷勤款待我，伯爵为自己的被保护人取得的成绩极为得意。之后，我决定接受哈尔曼一家的邀请。关于取得吉凶未卜的签字问题，我想听听他们的意见。

　　从巴黎到华沙的火车要走 36 个小时：在拥挤不堪的二等车厢里一天两夜没合眼，我到达华沙时疲惫之极。但一看到弗雷德里克正在车站等我，我又恢复了生气。他像以前一样热烈欢迎我。扎科帕内的事已经忘得一干二净。他对我的友谊纯洁如初。在回家的路上，他问了一大堆我对巴黎的印象，这让我为自己在扎科帕内对他的态度感到羞愧。在新居，全家人隆重地欢迎我。哈尔曼先生夸大其词地说：

　　"你打赢了事业上的第一仗，远大的前程已经属于你了！"

　　玛格达莱娜夫人拥抱我，甚至巴霞都显露出些许感情。当我说起在罗兹等着我的困难时，他们都愤慨地叫嚷起来：

　　"你父母已无权干涉你的计划。这是一个难得的机会，你可不能放弃。"

弗雷德里克的父亲补充道："如果需要帮助，你始终可以指望我。"

那套公寓在一幢由一个俄国鱼子酱商人新近建造的楼房里，包括全部的底层。这栋房子和整条漂亮的大道上的其余建筑不相协调。哈尔曼家的门厅比较宽敞，其它房间的布局也更实用。房子看起来很豪华，但冷冰冰的。这次我被安排在一间真正的客房里。我与其它卧室隔得较远，在这样的环境里，我感到很方便。在他们的旧公寓中，某些安排给我留下了若干不愉快的回忆。

我给父母写了一封信，说我要回家。从华沙到罗兹火车行驶不足两小时，然而感觉好像总是走不到。我父母和家人们都集中在火车站，并一如既往地兴奋过度地喊叫着，提着问题，手忙脚乱地欢迎我，我自然立即感到又回到家里。

后来，当我和父母单独在一起时，发生了一件不能忍受的事：父亲像孩子一样大哭起来。我从来没有看见他这样过，我感到自己像个罪犯。以后，我一直都在徒劳地努力忘却这一幕。

父亲平静下来之后，他对阿斯特吕克的建议印象颇佳，而且，他愿意履行必要的法律手续，以便使合同生效。这让我大为意外。在提笔签字的时候，我母亲一听到这文件会使我获得成人的合法权利，就突然显得不大情愿。然而，父亲说服了她，说他们无权在我的事业上设置障碍。

我皮包里装着签好字的文件回到华沙，却也由于这么容易就取得胜利而有点负疚感。

回到华沙，有些意外的情况正在等着我。巴霞的父母决定把她送到巴黎，去跟波兰著名的男高音杨·雷什科（Jan Reszke）学习声乐，由她父亲送她去。玛格达莱娜夫人还微笑着宣布：几周后，她将去巴黎看她女儿。这对我可是个糟糕透顶的消息！

但另一个消息更使我气愤。我的舅舅巴维尔·海伊曼来到华沙去办公室拜访哈尔曼先生，并请他任命我父亲为哈尔曼先生在罗兹的商务代表或类似的职务，藉此帮助我父亲。当哈尔曼先生把这件事告诉我，并答应尽力而为时，我真想因为舅舅如此可恶的轻率言行而杀掉他！后来我才知道，这事的结局还要糟。哈尔曼先生再次前往罗兹时，他就此事咨询当地的一个生意伙伴，那人是我母亲的亲戚，自从我们家破产后，他就瞧不起我们全家。我父亲对此一无所知，怀疑是我怂恿的；他不承认与此事有任何关系；而我也很难辩白自己的无辜。可怜的父亲受到了深深的伤害。

24

我和巴霞父女一起坐上去巴黎的火车。这次，当我抵达目的地时，肮脏、发臭、阴暗的北站在我眼中如同王宫。我刚刚赢得的独立和那五年的月薪使我陶醉在自豪中。

在一个肮脏的旅馆度过一个不眠之夜后，我一大早就跑到街上，去"和平饭店"饱饱地吃了顿早餐，然后直接去汉诺威大楼。手中拿着签好字、经过法律认证的文件，我立即被领到阿斯特吕克先生的办公室。

"你回来啦，年轻人！"他喜笑颜开地说，"我为你想了些好主意，估计你会满意的。"

我带着复杂的感觉听着他那计划中的细节。他想动用盛大的演出、管弦乐队等等手段来把我介绍给巴黎听众。为寻求资金支持，他找了法国钢琴生产商厄迪纳·加沃先生，一个有雄心和主意多端的人，他采用现代化的广告手段来推销自己生产的钢琴，并把历史悠久、地位稳固的埃拉尔德和普莱耶尔牌钢琴远远甩在身后。我已经十分习惯于德国贝希斯坦牌钢琴优美的音色及其灵巧的击弦机，要在一种不熟悉的钢琴上演奏使我不安。然而，阿斯特吕克先生已为我的音乐会选定了加沃牌钢琴，要想调整为时已晚，何况，我还被告知，在法国找外国钢琴几乎不可能。

"我的钢琴质量不比贝希斯坦琴差。"在我试弹过两三架之后，加沃先生说，"埃拉尔德钢琴击弦机很好，但其声音不洪亮。他们 100 年来都没有改进。而普莱耶尔钢琴的声音虽很优美，不过对现代演奏厅来说是太弱了。"

加沃先生对这两种钢琴的看法是有根据的，不过他对于自己的产品过于乐观了些。我努力温和地说出对他的钢琴一些缺点的批评意见：音色冷，高音不够亮，还有其它一些小问题，但是我清楚，揭幕音乐会的合同已由两位先生签订，我什么也改变不了。

音乐会的日期定在 12 月里。阿斯特吕克邀请了拉穆勒管弦乐队，指挥是卡米尔·舍维雅，他是夏尔·拉穆勒的女婿，后者是乐队的已故创始人。乐队要为由我自己挑选的两首协奏曲伴奏，中间是几首独奏作品。为使音乐会丰富些，阿斯特吕克还邀请了一个年轻的女高音演唱德彪西的三首歌曲，当时，德彪西的歌剧《佩里亚斯与梅丽桑德》是他的支持者和反对者激烈冲突的缘由。女高音名叫玛丽·加登①。她年轻漂亮，不久前才扮演过梅丽桑德一角，舆论普遍赞扬她的美丽和嗓音，但尖锐地批评她

---

① 玛丽·加登（Mary Garden, 1874–1967）：苏格兰女高音歌唱家。幼年时被带到美国芝加哥，并接受早期声乐教育。1895 年到巴黎学习，加入巴黎喜歌剧院。1902 年应德彪西之邀创造了梅丽桑德一角。后在马斯内、圣-桑等人的许多歌剧中演出均获得成功。1907–1910 年加入曼哈顿歌剧团，1910–1931 年在芝加哥歌剧团工作，1919–1920 年担任该团团长。

有明显的英国口音。

阿斯特吕克先生口袋里还装着另一个计划。格雷弗勒伯爵夫人（Greffulhe）（法国小说家普鲁斯特笔下的德盖芒特公爵夫人①的原型）创立了一个由法国贵族的高层人士组成的"法兰西宏艺协会"（Les Grandes Auditions de France）。协会成员应该自选特殊的戏剧或音乐活动，订购豪华包厢并盛装出席以表支持：女士穿着露肩的衣裙；男士则一身燕尾服，配上白手套和必不可少的缎面大礼帽。

感谢阿斯特吕克先生出色的人际关系，格雷弗勒伯爵夫人同意在她秋天居住的城堡里接待我。她想察看我一番，以弄清楚我是否值得她庇护。

火车行驶一小时后，我抵达一个小站，她的马车正在等着把我接到布德朗森林城堡。一名身穿制服的男仆把我领到二楼一个舒适的房间，高大的壁炉里火光熊熊。我在那里坐等了好长时间才有人叫我去楼下宽敞的音乐室，伯爵夫人正忙于同一个高大英俊的年轻人谈话，过了一阵他们才发现我已经到达。于是伯爵夫人转过身来，目中无人地同我打招呼，笑也没笑一下，把我介绍给自己的陪同罗弗雷多·卡埃塔尼先生，并立即要我弹点什么。她的普莱耶尔钢琴状况很差，音走得很厉害，但我还是设法把肖邦的《降 A 大调波洛奈兹舞曲》在上面匆忙地弹了出来。我弹完后，她叫声"好"，但并非很有把握。不过她的朋友很满意。他说他正在佛罗伦萨学音乐，而且正在写一部歌剧，接着声称自己是个狂热的瓦格纳分子。他这么一说，已足够使我回到钢琴旁，把整首《纽伦堡名歌手》的序曲给他弹奏一遍。这一回，我用非钢琴化表达音乐的手段，又一次赢得了胜利。唐·罗弗雷多热情赞赏我的演奏，以至伯爵夫人不再犹豫。她当场许诺"法兰西宏

---

① 指普鲁斯特的小说《追忆似水年华》中的女主人公。

艺协会"将出席我的首演。

格雷弗勒伯爵夫人是个令人惊讶的人物，其外表很像玛丽·安托瓦内特王后[①]的肖像和胸像。有人对我说，她渴望做到与王后相像，竭力模仿王后的风度，而且巴黎社交界也部分认可她是王后。

伯爵夫人和我道别，这一次她可温柔地微笑了：

"午饭送到你房间里，然后我的马车会把你送到车站。"她用帝王的口吻说道。

很难相信，那里曾发生过法国大革命，而且，法国还是个共和国！

靠着阿斯特吕克先生的帮助，我在卡尔迪内路 42 号、离他家就几栋房子远的一个膳宿公寓找到一个房间。那房子原是幢小巧的三层楼的公馆，由房东高多维努斯先生自己改造成膳宿公寓。房东同时还是经理兼看门人。他妻子（我平生见过的最难看的老太婆之一）为全体房客做饭。他们住在门房里，他就负责开门并注意进进出出的人。

房钱和饭费，包括早、中、晚三餐，每天合计为 7 法郎，当

---

① 玛丽·安托瓦内特王后（Marie Antoinette）：奥地利公主、法王路易十六的王后，1793 年在法国大革命中被处死于断头台。

时合 1.4 美元, 很是便宜。但食物也同样是廉价的, 我们吃的主
要是沙拉和肉末土豆泥。

其他所有房客都是斯堪的那维亚人。一对年轻姐妹来自芬
兰, 是到巴黎学声乐的, 不过缺乏才气。一位瑞典女士是歌剧女
高音, 声音很美。还有两个大学生也来自北欧。

我在三楼的房间宽敞、朝阳, 有一架加沃先生送来的钢琴。
但是没有浴室, 浴室在当时的法国还不常见, 讲究的法国人通常
都在移动式的橡胶浴缸里洗澡, 那是件非常困难、又不方便的
事。

搬家的那天, 阿斯特吕克先生请我上他家去吃晚饭, 于是我
认识了他妻子和他宠爱的五六岁的独生女。小姑娘叫吕西安娜,
长着一双乌黑美丽的大眼睛, 一下子就挑中我当她的"未婚夫",
这一身分我保持了好几年。

"我需要你的节目单。"她的父亲说道, "现在就该开始为音
乐会做广告, 为此我必须有一份!"

我极为反感这种要求! 这一辈子, 每当经纪人在音乐会之前
很久就来要演出节目, 我就要经历这种痛苦! 一旦交出节目单,
就无法改变。一般规律, 只要演奏者有名并受人喜爱, 音乐会的
听众并不在乎他演奏什么。但是如果演奏者有勇气在最后一刻对
节目单作任何变更, 那就求上帝保佑他吧, 听众立即就会猜疑,
并感到受了欺骗!

当然, 那天晚上要满足阿斯特吕克先生的愿望并不太难。我
的曲目还很有限, 所以我准备以肖邦的《f 小调钢琴协奏曲》开
始, 然后弹勃拉姆斯的一首曲子, 以及肖邦的两首练习曲, 幕间
休息之后将由玛丽·加登演唱德彪西的三首《遗忘的小咏叹调
(Ariettes oubliées)》, 最后是圣-桑的《g 小调钢琴协奏曲》。

"圣-桑!"主人叫起来, "那太好了! 我马上安排你和大师
会见。我希望他能来参加音乐会!"

　　于是，一天早上，我应邀去拜访那位大作曲家。他孤单一人住在一栋老房子的底层。他接待我时相当热诚，这令我感到惊讶，我曾听说他粗鲁得出了名。他的房间是真正的"音乐室"——到处是乐谱，在埃拉尔德琴上放着一大摞，桌子上堆满了书籍和音乐刊物，墙上挂着贝多芬死后的面模，有名的和无名的人物的照片四下乱放着。

　　圣-桑先生个子不高，肥胖，略微谢顶，蓄一圈花白的短络腮胡子，鼻子两边不对称地长着两个肉赘。他看起来像个法国银行里的高级职员。

　　"我很高兴你将演奏我的协奏曲，"他说，"首演是我自己指挥的，当时是由与你同名的安东·鲁宾斯坦演奏的钢琴。他一个星期便学会了这首曲子。"他补充道，"我不能来参加你的音乐会。晚上我不出门，但我争取来听你的排练。"

　　当我告诉他我是波兰人时，他突然冲到钢琴旁，弹奏了《E大调谐谑曲》，并宣称："这是肖邦作品中我最喜爱的！"

　　以我的口味来说，他弹得稍快了些，但技术上完美无缺。随后在我告辞时，他把我送到门口，帮我穿上大衣，他的举止与他的坏名声大相径庭。

　　"音乐协会"里的圆形大厅是巴黎艺术界每天的聚会处。诸如音乐家、歌手、舞蹈演员、作家、记者都会来来往往，组成各种小组，就这个或那个问题争论不休，比手划脚，发出响亮的笑声。观察他们十分有趣，虽然大家来此实际上都是为了引起阿斯特吕克先生的注意。拉威尔是常客，他曾和我多次尝试四手联弹，其中包括德彪西极美的四重奏，这对我是一大发现。我可是第一次接触德彪西的音乐。保罗·杜卡给我带来了自己的《奏鸣曲》和《拉莫主题变奏曲（Variations on a theme Rameau）》，都很有趣，但都有些过分雕琢的痕迹，写得也不太钢琴化。

有时会有一个矮胖的男子加入作曲家小组，他生着一张圆脸，黑色的连鬓胡和浓密上翘的八字胡。那是个快乐的西班牙人，一双明亮的眼睛迷人而愉快。我们都爱听他那些令人捧腹的故事。我不知道他的名字。几年后，杜卡赠送了我一套西班牙作品《伊比利亚》，他说，作曲家不久前刚刚去世。

"我们在他陪伴下玩得多好啊！你还记得吗?"他问。

那就是伊萨克·阿尔贝尼斯，我在西班牙和西班牙语国家的巨大声誉都是受恩于他。能把他最重要的钢琴作品《伊比利亚》介绍给他的祖国以及世界各地，是我的荣幸。

巴霞被他父亲安排住在一个女生膳宿公寓。杨·雷什科已听过她的试唱，同意接受她为学生。哈尔曼先生在回华沙之前给她规定了一条：晚上除跟我之外不准和任何人出门！我还未来得及享受这一特权，她妈妈已经电报通知即将抵达。于是她就出现在巴黎北站，带着忠实的女仆帕乌丽娜和许多行李。巴霞和我都到场帮忙。她在"迪埃娜旅馆"租了一个套间，那是个古老僻静的地方，她说是"为了靠女儿近点"。

午饭后，她借口头疼和劳累打发巴霞回家，但坚持要我留下，留了一整天。

一夜之间，我又落入那可怕的老一套中，巴黎变成了华沙。

音乐会只差两个星期了，然而我不断地被玛格达莱娜夫人叫去陪她逛商店，看病，找牙医，干我讨厌的各种琐事。另一方面，不能否认，我喜欢上等餐馆的食物，还有那些我一向热爱的剧院。但是永远做她的客人让我无地自容。自然，我那引以为荣的500法郎，担负不起这种奢华的生活。

所有这些都有损于我的工作，一转眼，那个决定命运的日子到来了。排练定于上午10点在"新剧院"（今巴黎剧院）进行。

卡米尔·舍维雅先生在他的办公室会见了我，他没有浪费时间，直截了当地问了我的演奏速度。照我看来，他活像一个私人侦探：体格结实，四方肩膀，四方脑袋和四方的短发，刷子一样的八字胡和敏锐的小眼睛。我有点怕他。乐队成员已经在舞台上等着我们了。我第一眼看见他们时，略微吃了一惊！他们大部分人都穿着大衣，戴着帽子坐在那里，戴着圆顶礼帽的低音提琴手们看起来尤其滑稽可笑。然而，我为此感到有点恼火，因为我以为这是他们对一个竟敢雇佣他们参加首演的男孩表示不敬的方式。不过我猜错了，他们只是害怕在没开暖气的剧院里会感冒。

舍维雅指挥起来就像一个训练新兵的教头。他牢牢控制着管弦乐队，他们都跟随着他的节拍，但他很少注意表情和细微差别。肖邦的协奏曲成为他的牺牲品，他根本不理解什么是自由速度，第二乐章小广板（Larghetto）的超凡之美也全被忽视了。

我越来越不高兴，这时有人悄悄说："圣－桑来了！"

他坐在包厢里，不理睬我们对他的躬身致意，一副满不在乎的样子。我们开始排练他的协奏曲，我弹出开头的华彩乐段，心里害怕得直跳。可是舍维雅先生这时正忘乎所以！他用可怕的速度催促着我弹完整部作品，尾声听起来就像放鞭炮一样！我们去欢迎大师，他含糊其辞地说了声"很好"，然后就起身离去，连手都没和大家握。这时，阿斯特吕克先生和他的秘书罗伯特·勃路塞尔赶到了。看到我脸色煞白，情绪不高，他依然愉快地叫道：

"小东西，我不喜欢你的表情！我要带你到一个高级饭店吃午饭——那能让你的脸色恢复红润！"

饭店的名称是"风流女郎"，就在汉诺威大楼对过，十分有名。阿斯特吕克为我点了龙虾，并让服务生冰上一瓶香槟，告诉我："这酒对你有好处。"他说得对。第一杯冒泡的甘露下肚，我就感觉好一些；喝完第二杯，我已面带微笑；三杯过后我甚至咯咯地笑出声来！在这快乐的情绪中我回到卡尔迪内路的住处，立即奔到钢琴旁，打算复习肖邦作品的一个段落，我的手指竟软得像面条一样，根本不听使唤了——这是我人生中最痛苦的时刻之一。这当然是香槟酒闹的。我陷入绝望，离音乐会开始只差五个小时。我这辈子还没有这样无奈过，我不知道该怎么办。在痛苦之中，我惊动了整个公寓。所有的斯堪的那维亚人都跑进我的房间：芬兰的两姐妹要我躺下；瑞典女歌手把一块湿毛巾敷在我额头上；男人们拍打我的脸颊，按摩我的双手；而高多维努斯先生送来一杯浓咖啡。最终，经过两小时这么紧张的护理，我的手指又能动了！这次经历之后，我再也没有在开音乐会的当天沾过一滴酒。

"新剧院"里座无虚席。阿斯特吕克先生给许多杰出人物和学音乐的学生寄去了免费票以确保满座，玛丽·加登吸引来许多德彪西迷，最后，"法兰西宏艺协会"的成员们也都魅力十足地登场了，这十分重要，给首场音乐会分外增色！

很容易想象我这个年轻男孩的感受，很少在大庭广众面前演出，尚无足够的准备，又缺乏经验，而一下子要面对世界上最有阅历、最挑剔的听众，他们还对我抱着极高的期望。我被彻底吓坏了。

一阵友好的掌声伴我来到台上，乐队全体起立。这样我感觉好转不少，已经能够全力投入。但是肖邦的协奏曲演奏得很差，既有乐队的问题，也有我自己的过错。我通常优美、饱满的琴声丧失在陌生、声音细弱的加沃牌演奏琴上，微妙、精致的小广板很难听清，第三乐章我还磕绊了一两次。我们得到一些礼节性的掌声，我们也只配如此。之后便是我的独奏曲。勃拉姆斯的《幕间曲》我弹得相当好，却遭到冷遇，这让我急得要死。我原准备了肖邦的两首降A大调练习曲，作品第25号中的之1和之2，两首都很美，可是效果不太显著。我于是不假思索地用《a小调练习曲》作品第25号之11代替了上述第二首练习曲，虽然这首曲子还远远没有熟练到演出的水平。我用左手竭尽全力敲击出英雄的主题，靠踏板的帮助，右手蒙混过高音部很难的段落，在辉煌的一刹那结束了该曲！这引起了欢呼声，在听众中甚至响起几阵叫好声。我当即意识到，响亮的敲击弹奏，哪怕从音乐角度看是最为糟糕的，也总能受到缺乏经验、不懂音乐的那部分听众的热情欢迎。令我羞愧的是，在后来的音乐会上，我还多次使用过这一手。

玛丽·加登唱得很美，在喜欢德彪西的听众里获得了巨大的成功，不过其他听众的反应较弱。音乐会的最后一个曲目是圣-桑的协奏曲。乐队演奏得很好，进展十分顺利，然而，钢琴的缺陷又一次无情地妨碍了我。漂亮的谐谑曲没有火花，而最后一个乐章我无法弹出足够的力度。所幸，听众喜欢它，迫使我加演了肖邦的一首圆舞曲。音乐会就此结束。总起来说，音乐会取得了"一半成功"（我不得不使用这个刺耳的判断），这是个多么可怕的词汇啊！

后来在化妆间，大家对我都很友善，说了许多恭维话，然而我听来有点悼词的味道。

我和玛格达莱娜夫人以及巴霞约好在"普律尼埃饭店"吃晚饭，但是阿斯特吕克拦住了我。

"亲爱的，只好让女士们等候了。现在我需要你去赴《费加罗报》的约会。"

我很恼火，因为我没有情绪和记者谈话，尤其是时间已经很晚。但是阿斯特吕克坚持，于是我们驱车前往德鲁奥路，有人把我们领进候见室。一个高个金发小伙子在房间里不耐烦地走来走去。阿斯特吕克和他打招呼：

"你好！我亲爱的，事情进行得如何？"

"很不错。"他回答，"谢幕九次呐！"

阿斯特吕克给我们相互介绍。

"这是亨利·伯恩斯坦先生，他刚在体育馆举行了他的剧作

《老家》的首演。"

"我觉得，我们来这里都是为着同一个目的吧?"他微笑着问剧作家。

"我猜也是这样。"后者答道，打了个马虎眼。

这时有位先生走进房来。"你们谁先?"他问道，期待地看着我们。"我已经来了半个小时啦!"伯恩斯坦焦急地说着，就跟他走进另外的房间。几分钟后，另一个人，夏尔·若利先生把我们请到他的办公室。

"告诉若利先生你想要他写些什么。已经很迟了，他凌晨1点截稿!"

我满脸通红，以为这是开玩笑。但他二位都很认真。

"在巴黎我们就是如此办事的。伯恩斯坦也正是来口授有关自己剧作的评论的。"阿斯特吕克说道。

无奈，我只好与巴黎报刊的这种不道德做法同流合污。于是我害羞地、结结巴巴地列举了我演出中的几个亮点。

"不，不，这样不行!"阿斯特吕克叫道，"若利先生总归要亲自写这篇文章的，把节目单给他就行了。"

之后，我在"普律尼埃饭店"见到两位女士情绪低落地在等我，已经不指望还能见到我。饭店都快要关门了，于是匆匆忙忙地给我们上了饭菜，而且菜肴也不是很好。玛格达莱娜夫人送给我一块很好的金表，我平生的第一块。"纪念你在巴黎的首演这一伟大日子"，她说。我很感动，同时也伤心地想起弗雷德里克在柏林的首演。

第二天上午，我在《费加罗报》的头版吃惊地读到一篇对我的音乐会大加赞扬的评论，外加对听众反映的丰富多彩的描写，还献媚地提到"法兰西宏艺协会"，并预言我美妙的前程。

其他报刊对音乐会的意见不一致。各家日报几乎没有音乐版面，只用寥寥数行说我有才华，前景看好。少数音乐周刊或月刊则认真得多。有位评论家，我忘了他的名字，写了一篇十分严厉的回顾。他写道："他还远远不够资格被如此煞有介事地引荐给巴黎公众。"按照他的看法，我是个冷血、幼稚的爱好者，竟敢还没完全学会就拿肖邦的练习曲出来炫耀。他对我的艺术发展表示怀疑，不过也承认我拥有依靠气质和技术激发听众的才能。在许多方面我都同意他的意见，但我认为他否认我很有音乐天分是不公平的。阿斯特吕克先生对所有这一切似乎都无所谓。他看起来甚至很高兴，并决定下个月在农民大厅（一个主要用于开办音乐会的场所）为我举办三场独奏音乐会。

"在那里你将给他们看看你的本领。"他如是说。

对我来讲，这意味着需要苦干。而且我也很想工作，想全心全意地工作，哪怕只是为着向我的新朋友们证明我还值得他们信赖。

逆境对我总有裨益。不过，我的各种良好愿望都面对着一块巨大的绊脚石，那就是哈尔曼夫人身在巴黎。她这么一个心智正常的人竟如此不理解我的问题，真令我苦恼。她不断强迫我整天陪她度日，只要我试图摆脱，说明必须去工作，她就会硬闯入我那简朴的住处。

阿斯特吕克先生是唯一一旦有需要就可以和我见面的人。不用多说，我喜欢和他外出。认识新面孔十分有趣，而且能够帮我提高法语。

"你现在已经是个巴黎人了。"他常喜欢这么说。

一天晚上，在他家美餐一顿之后，他的客人们，其中有杜卡、皮埃尔·拉洛、《时代》杂志的评论家加布里埃尔·皮埃内以及我的老朋友舍维雅，请我弹奏里夏德·施特劳斯的歌剧《火荒（Die Feuersnot）》中的一些片段，因为吃饭时我一直在大谈这部歌剧。这是我喜欢做的事情，所以我弹了很长的一段，嘴里哼着部分曲调，边解释剧情，边指出使用的各种乐器。最后我把客人们搅得大为兴奋，以至这件事很快就传到喜歌剧院院长阿尔贝·卡雷那里，这位院长已决定用这部歌剧作为下一个演出季节的首演节目。

当晚，稍稍靠后，拉洛先生问我："你最喜欢哪些作曲家？"

我列举出几个名字，特别热情地提到勃拉姆斯。他们哄堂大笑。

"哦，他多古怪，他居然会喜欢这么个阴沉和令人厌恶的家伙的音乐！"拉洛对大家说。

我恼火已极，真想扑上去揍他。但是，我很快就挺反感地发现，所有拉丁国家的人对这位大师都抱有同样的偏见。无怪乎我的音乐会上他的作品会遭到如此下场。

一天早上，我也遇到一个惊喜：圣–桑大师给我寄来一张他的照片，上面的题词是"送给阿·鲁，钦佩他巨大的才华。夏·圣–桑"，这位老人真叫人猜不透。

一天，阿斯特吕克带着我参加他的朋友卡蒙多伯爵举行的午宴。伯爵家住格吕克路3号，就在"大剧院"对面。他的公寓有八间沿街的大厅，里面挂着他收藏的印象派作品，包括雷诺阿、德加、马奈和莫奈的最好的油画。

午宴聚会极为有趣；我们只有六人。除了主人、阿斯特吕克和我之外，还有著名的花花公子、作家亨利·戈蒂埃–维拉，他的笔名是"维里"，还常为《巴黎回声报》写音乐回顾，署名为"剧院引座员"。他带来两个像孪生姐妹的年轻女士，她们衣着一样，唯一的差别在于一个在短发上系着一根天蓝色带子，另一个系着粉红色带子。头一个是维里的妻子，他向我们介绍时说她叫"科莱特"①；不过要过几十年，她才会成为法国文坛上那个著名的科莱特。第二个是名叫波莱尔的当时很走红的女演员。两人都

---

① 科莱特（Gabriele Colette, 1873 – 1954）：法国著名心理小说家，代表作是《动物对话》、《一只小猫》等。

长着几乎一样的棕色杏仁眼，还有罕见的又大又薄的嘴巴，说起话来带着顽童语调，打着巴黎腔，对话中还夹杂着一大堆方言，凭添不少乐趣。我注意到戈蒂埃－维拉先生进屋时头上戴着一顶平沿圆筒礼帽，手里拿着一根样子古怪的手杖，他将它们放置在椅子上。他喜欢很容易地被大家认出来，所以人们从没见过他不带这两件道具的。他的胡须仿效拿破仑三世的式样，那贪婪的小眼睛一闪一闪地透着恶毒。他和这两位女士在巴黎名声相当不好，甚至大街上都会有人尾随他们。

午饭时，维里用尖嗓子糟践了所有知名和不太知名的人物，两个女人也用自己的方式取笑他人，引得我们大家狂笑不已。

回家的路上，阿斯特吕克满意地告诉我，"引座员"答应写一篇关于我的文章，就像《费加罗报》那样。唉，这是怎样的时代，怎样的风气啊！

26

那三场音乐会的曲目变成一个噩梦。我甚至还没有开始考虑。勃路塞尔先生建议我可以在一场音乐会上演奏杜卡的变奏曲。他说："这样会取悦评论家的。"我喜欢杜卡的作品，但要在这么短的时间里练好这首曲子是个大问题，而更糟糕的是，我害怕作曲家亲临现场。同时也很难跟玛格达莱娜夫人启齿，说我从此只有晚上才有空陪她。不过，最后她还是让步了，让我自由支配时间去工作。

　　为三场独奏音乐会准备一套很好的曲目本来就是件难事，而这一次几乎无法过关。于是我开始从所有在扎科帕内的夜晚学过、但从未真正掌握的作品中，以及柏林时的一些零碎的曲目中，挑选比较好的将之拼凑起来。经过长时间痛苦的犹豫、思考，我在纸上潦草地写下一些曲名，看起来还像一套不错的曲目。我居然胆大妄为地把杜卡的作品也加了进去，而我根本不知道能否来得及学会。

　　感谢上帝，我在音乐方面掩饰缺点的天赋再次拯救了我。我真的练习好三场音乐会的曲目，我的记忆力帮上了大忙，而且在抒情作品中我总是感觉甚好。不过碰到困难的段落，我就气势磅礴地溜过去，用延音踏板掩盖漏掉的音符。由于我的活泼和气质，这一切都产生了应有的效果。

　　我的音乐会还相当顺利。1904 年时，法国听众的举止行为与今天大不相同。在当时，优秀的段落，即便在一首乐曲之中，也会被"棒极了！"或者诸如"真迷人啊！"、"多了不起的艺术家！"等高声评论打断。奏鸣曲的乐章间可因鼓掌而暂停，我们表演者则必须起立并鞠躬。事实上，这一切对我并无妨碍，相反，能给我鼓舞（再说，就是今天在私宅，朋友们也是常用这种方式表示自己的赞许的）。

　　我的曲目包括：两首贝多芬的奏鸣曲《华尔斯坦（Waldstein Sonata）》和《D 大调'田园'（'Pastoral'Sonata)》，舒曼的《蝴蝶（Papillons）》和《狂欢节（Carnaval)》，我能搜罗到的肖邦的所有曲子，李斯特的两首练习曲、一首狂想曲和《梅菲斯特圆舞曲》，还有一些过时的门德尔松的作品，斯克里亚宾和卡罗尔·希曼诺夫斯基的几首小作品，以及前途未卜的杜卡的作品。杜卡的那首作品进展不太顺利，我被作者吓坏了。不过他对此事十分宽宏，并仍把我当做朋友。

　　无论如何那晚的成功还是实实在在的。较小的音乐厅和不那么张扬的宣传使音乐评论家们可以看到我是个真正的音乐家和真正的钢琴家，就算还有点不成熟。

维里，"引座员"，就这几场音乐会写了一篇很长的文章。文章里充满夸张的赞誉（他收钱就是干这个的），点缀着机智与挖苦的意见，但对音乐问题没有一丝认真的态度。尽管如此，对音乐无知的巴黎人，或者说得好听些，对音乐无所谓的巴黎人，还是很爱看他的文章的。

是的，我很遗憾地这么说，那时音乐在法国极不受重视，接近于停滞不前。这当然有实在的原因，比如缺乏足够的音乐厅。百岁高龄的埃拉尔德厅或普莱耶尔厅与其说是大厅，毋宁叫沙龙，只能容纳三四百名听众，比较新的农民大厅也多不了多少人。其结果，在那里举行的音乐会都被看做私人性质；广大听众对这些活动要么就兴趣不浓，要么根本不知道有这种活动。

公平地说，巴黎存在着一种音乐会生活，而且很特殊。每星期天下午，相同的时间，三个主要管弦乐队——音乐会协会、"科洛纳"（Colone）和"拉穆勒"（Lamoureux），都要演出交响音乐。这活动只在星期天举行，因为平时乐团成员们还要参加其它零星的音乐活动，此外，科洛纳乐队和拉穆勒乐队常驻的剧场往往不空（它们都有自己的日常演出）。

令人景仰的音乐学院音乐会协会通常都在学院的小礼堂举行音乐会，使它的追随者们极为垂涎。原因是乐团的长票已经父子相传了上百年，外人休想染指，除非某个订户去世时没有后人。

巴黎资产阶级家庭对这些星期日音乐会很是满意，参加者都认为自己在做正确的事。唯一对音乐真正有响应的观众都来自顶层楼座，不过他们主要是想表达自己的不满，而不是热情。《汤豪舍（Tannhauser）》、《佩利亚斯（Pelléas）》、还有《春之祭（Le Sacre du printemps）》首演之夜的著名丑闻就是佐证。

经历过柏林活跃的音乐生活之后，我对这种气氛感到失望。

甚至城市的骄傲——巴黎歌剧院也徒有其表。歌手很平庸，乐队同合唱团的水平十分可怜。不过，为公平起见，我要讲一个例外。一次，阿斯特吕克先生送给我一张喜歌剧院的票，去听马斯内①创作的《玛侬（Manon）》。不知是因我的精神状态还是其它原因，那轻松、悦耳的典型法国音乐征服了我，我被感动得几乎哭出来。男高音克莱蒙（Clément）和玛格丽特·卡雷（Marguerite Carré）所扮演的主角很完美。没有其他演员能够与之相比，即便是卡鲁索也不行。

玛格达莱娜夫人回华沙去了。在我两周的音乐会期间她很少能见到我，最后一段时间她变得焦躁不安。巴霞也只是去看她一下就走，她说她想过自己的生活；况且，声乐课程之外她的自由时间也不多。

玛格达莱娜夫人一走，我当然松了口气，同时，也使我认识到一件烦人的事，就是说，我的 500 法郎，看起来好像是一笔财富，但在巴黎的作用十分有限。交完房租、洗衣费和一些额外开销后，就所剩无几了。而我又喜欢每天都去"和平饭店"，总是一边阅读在露台前面的报亭买来的巴黎、柏林和华沙的报纸，一边享用一份可口的巧克力木司，我觉得那里就是世界的中心。

玛格达莱娜夫人在巴黎时，我没有这样的诱惑。我完全在她的掌握之中，没有机会花钱。现在，我的经济状况很不稳定。我急需几件新衣服，特别是一件厚大衣。空气中已有了寒意，而我只有夏装。在我对巴尔特教授骄傲地声明一切都可以送人之后，我的其它物品（不过也不多）都留在柏林。但我十分后悔把自己精心收集的书籍都留下了。

---

① 马斯内（Jules Massenet，1842－1912）：法国作曲家。代表作有《玛侬》、《维特》和《黛依丝》。

我的音乐会没有带来预期的效果，没有进一步的合同，我的成功似乎被忽视了。"为什么你不在巴黎演出呢？"人们有时这样问我。我能怎样解释呢？星期日的交响乐队只接受出得起价钱的独奏演员或者能叫座的著名艺术家。

所以，命中注定，从那时起，以及之后好多年，我将痛苦地生活在永远缺钱、永远负债之中！

尽管如此，巴黎的魅力未使我厌世，我还是在力所能及的范围内尽情享受它。

一天晚上，在德特巴赫夫妇——他们是阿尔萨斯人，有钱又喜欢音乐——的餐桌上我结识了一个年轻人，他将近三十岁，却已谢顶，有一双敏锐的蓝眼睛，两片紧闭的厚嘴唇。

"这是个天才的大提琴家。"有人告诉我。原来他就是巴布洛·卡萨尔斯（Pablo Casals）。饭后，我们俩就音乐话题展开了活跃的讨论，谈话过程中，他透露自己爱好勃拉姆斯，让我很高兴。

"你喜欢他的《d 小调钢琴协奏曲》吗？"我用法语问他。

"我从来没听过这首曲子。请给我弹几段吧。"

没有什么比这更让我愉快的了。我洋溢着激情弹奏了整部曲子，包括管弦乐队的部分。卡萨尔斯听后心醉神迷。稍后，我们一同告辞出来，在大街上决定找间咖啡馆，而不是回家。"我们还得谈谈。"大提琴家说。于是，到了凌晨 3 点，啜着软饮料，高兴地就许多话题交换了观点之后，我们的相识已成长为友谊。

这个值得纪念的夜晚之后大约一星期，高多维努斯拿着一张名片走进我的房间。

"这位先生在楼下等你。"他说着递给我一张名片，那上面是个曾对我的首演写过一篇破坏性短评的评论家的名字。

他能向我要什么？我思忖着，认定他是想来要钱，就像《费加罗报》和"引座员"一样。

在小客厅里，一个穿着深色西服，硬领，打着黑领带，鼻尖上松松夸夸地戴着一副夹鼻眼镜的年长男子站起身对我开口道：

"年轻人，我是以巴布洛·卡萨尔斯的名义来看你的。这位我相当敬重的大艺术家读了我对你的首演的评论文章后十分气愤。他告诉我：'如果你真的认为我非常棒，那我可以向你保证，鲁宾斯坦完全可以比得上我，甚至在我之上。'我承认，他的话让我感触颇深，我决定进一步了解你。"

用这样高尚的方式替我辩护带给我巨大的满足。结果很容易预见：从那天起，这个人（我忘了他的姓名）就成为我的坚定的支持者。

没有演出的合同，因此没有钱花，使我生活得很糟糕。我不知道应该如何应对。一天傍晚，在绝望之中，我试图从"音乐协会"的出纳那里预支我下月的收入，正好被阿斯特吕克先生碰到。他本想阻止我这么做，但看到我那么垂头丧气，就改变了主意，同意我拿钱。接着，他又以父辈的口吻加上一句：

"我的孩子，今晚我带你去一个漂亮女人那里吃晚餐！"

我没有反对，因此一小时后，他到膳宿公寓来接我，然后我们一起步行几条街后就来到阿尔弗雷德·德维尼路，那是蒙梭公园周围的小街巷之一。我们走进路旁的一所房子，在电梯里我问那漂亮女士是谁。

"哦，那是位歌剧演员，曾在音乐厅演出过，名字叫卡瓦里埃利。"他回答说。

我的心跳加速。

"会不会碰巧是那个著名的丽娜·卡瓦里埃利（Lina Cavalieri）？"

"是的，正是她！"他说。

我不敢相信自己的耳朵。早年在柏林时，我曾热衷于收集卡瓦里埃利的彩色明信片，当时都称她为世界上最美的女人。她是我把图片钉在墙上欣赏的美女，在我的白日梦中，为了她的一吻，我就是献出生命也干。而现在，在这个忧伤的日子里，我却将要见到她，和她共进晚餐……这简直好得让人不敢相信！

有六个或八个人正在客厅里啜着开胃酒。她就在那里！比明信片上还要漂亮。她跑向阿斯特吕克，吻了他的两颊，一见我，就用她那圆润的嗓音，带着明显的意大利口音问道："这个小孩是谁？"我被当做正在升起的一颗明星郑重地介绍给她后，她也吻了我，还说："非常、非常高兴认识你。"

我简直像进了天堂，然后我们就座。她坐在阿斯特吕克和俄国巴利亚廷斯基公爵之间。后来我了解到，公爵是她正式的情人。其余的客人有康斯坦·萨伊，一个极英俊的年轻人，继承了一大笔制糖业的遗产，是卡瓦里埃利的心上人；另外还有一个男人是她的伴奏，以及两位女士，年纪大一些的或许是她的秘书，年轻的金发女郎是个演员。我就坐在这两位女士之间，正对着女主人。晚餐很奢侈，始终都有香槟酒。开始吃甜点时，谈话变得声音更大、也更愉快了。大家为任何愚蠢的故事发笑，一刻不停地喝着酒。

用餐时我的目光离不开卡瓦里埃利，离不开她那睫毛长长的温柔的黑眼睛，离不开她那带着粉红色鼻翼的直直的小鼻子、菱角形的嘴巴、长长的脖子、古典式的下巴和美丽的肌肤——她的一切都那么完美。我心怀赞叹地看着她。坐在我右边的年轻女演员外表相当普通，金发，翘鼻子，丰满的乳房，以及用今天的话来说应为"性感"的身材。她已有一点儿醉意，身子越来越歪向我这边。这使我开始兴奋起来。接着发生了件奇怪的事：天仙般的卡瓦里埃利在我的眼中变成博物馆中一尊最美的雕像，而我右边的女人却变得越来越令人想拥有了，她是有血有肉的啊！

回到客厅后，卡瓦里埃利请我弹几段歌剧的咏叹调和一些她喜欢的歌曲。她又一次吻了我。然而那一夜是以相当意外的方式结束的。我护送了那位金发女郎回家。但是卡瓦里埃利多年以来一直是我的朋友。

多亏我的"老板",我受到一位富有的努涅斯大律师（Maître Nuñes）的邀请，到他位于"星形广场"旁边漂亮的家里吃圣诞大餐。对法国人来说，这是真正大饱口福的机会。我们享用了配有精制沙拉的新鲜肥鹅肝，放在餐巾上的松露①，著名的带血鸭；甜点是煎鸡蛋薄饼，并搭配着上品葡萄酒。我的味觉早已受过熏陶而喜欢上这类食品，现在可被彻底惯坏了。

事实上，这段时间是许多年内我生活的典型写照，它充满矛盾：一方面要为每天的生存奋斗，另一方面又经常能潜入极致的奢华之中。

27

一天下午，阿斯特吕克对我说："你到尼斯去开音乐会！我也过去，然后带你去蒙特卡洛。"

我狂喜不已。终于快签真正的合同了，而且是在"蓝色海岸"。我准备了一场效果很好的音乐会节目。几天后我们便出发前往大名鼎鼎的里维埃拉。蓝色的地中海、棕榈树和英国人散步

---

① 松露：又译黑松菌，是法国的一种名菌，味道极美。因为生长在土下，法国人常带着嗅觉敏锐的猪去林中寻找、采集，因此价格昂贵，在法国被誉为"黑金"。上菜时，盘子上须先放上餐巾，再把加工好的松露放上；或者用一个盛面包的小柳条筐，先垫上一块布餐巾，松露放置其上，食者自取。

大道令我神往。这里真是仙境!

然而,音乐会让我大失所望。因为我不得不在"鲁佩马耶尔厅"演奏,那是一个知名的茶馆。那地方能容纳的人不超过100位,到场的听众不足60人,大部分还是精神不振的老妇人。这一令人神伤的活动是在午饭刚过后举行的,演出费少得都不值一提。

当晚我们就前往蒙特卡洛。1905年时,光是这地名就有一种神奇的吸引力。这是当时世界上唯一能玩轮盘赌的地方。著名的作家们以描写蒙特卡洛多发的自杀案件和轰动的巨额输赢,将其打造成富有传奇色彩的地方;报刊则报导盛传一时的盗窃大案,传播牵连名人的谣言。简而言之,这是让人人兴味盎然的地方,是全世界赌徒的麦加。

多亏轮盘赌,摩纳哥大公阿尔贝特成为全欧洲最最富有的君主之一。他出资在赌场旁边修建了一座不大的、装饰过度的剧院,内有一个完美的歌剧院,并有很好的乐队、芭蕾舞团以及合唱团,可以在那里欣赏到杰出的歌唱家和指挥家的表演。这个剧院的灵魂人物是来自罗马尼亚的一个犹太人,名字叫拉奥尔·贡斯伯格。他极为多姿多彩,与阿斯特吕克交往颇深。两人都偏爱大型演出和大胆的设想。多谢贡斯伯格的帮忙,我们才在"巴黎宾馆"得到两间舒适的房间以及马斯内的新歌剧《小天使(Chérubin)》的世界首演的入场券。该剧由丽娜·卡瓦里埃利和鲁塞里厄雷(Rousseliere)担任主角。

这一切都极其令人兴奋,但是我最为感动的是贡斯伯格帮我进入赌场。对未成年人来说,进赌场是绝对禁止的,因此他只好签字证明我已满21岁。阿斯特吕克给我两个金币,价值40法郎,当时称金路易①或金拿破仑。他建议我在轮盘赌上一试自己的运

---

① 金路易,初为铸有路易国王头像的金币,后指面值20法郎的金币。

气。

"说不定你会发大财的。"他开玩笑地说道。

我胆怯地向一张可怕的赌桌走去，把金路易压在黑格上，结果出来的是黑，赌台管理员在我的钱上加了一个金路易，我正想把两个金路易一起拿走，他叫起来："再来啊！"我的心脏都停止跳动了。圆球转了几圈后又停在黑格上，现在我手里已是四个金币。我一下浮燥起来，这次我把四个金币全压在红格上。我还是吉星高照。经过不到半小时的有害身心的运动，我所有的口袋里都装满了金路易，当时还不用筹码。

我带着胜利者的兴奋情绪要找阿斯特吕克夸耀我的成绩。这时科莱特夫人拦住我：

"年轻人，我肯定你赢了！我在你眼睛里看到胜利的喜悦。"

我没有回答，而是把口袋里的金币抖动得叮当作响。

"噢，"她说，"那你是第一次参赌吧。这是你的好日子，你不会输的。你把一个金路易放在黑格或者红格上就可以。如果输了，你就放上两个；如果再输，就放四个，然后放八个，依此类推。只要出来你压钱的颜色，那结果还是你赢，而且你早晚会压中的。"

我觉得她的设想就像 C 大调的音阶那么简单。所以我又回到赌桌上，根据她的方案来赌博。开始进行得很顺利，但是，当我坚持压在黑格上时，却突然碰上连续八九次红格，我输得一干二净。我永远也不能忘记这次失败。直到今天，我对科莱特夫人还有怨言，尽管我对她的作品很欣赏。

歌剧《小天使》的世界首演是大张旗鼓地进行的。摩纳哥大公也亲临现场，并请作曲大师马斯内与他共享一个包厢。歌剧院的经理们、评论家们和指挥家们从许多国家的首都赶来参加这个重大事件。所有男士都穿着燕尾服，佩戴着勋章，而女士们则穿着新潮的时装，一身的珠光宝气。好一派华丽的景象！

我的青年时代

　　很遗憾，歌剧本身是个哑炮。我美丽的卡瓦里埃利距离歌剧明星还差得很远。嗓子训练不够，不幸，还有明显的跑调倾向。音乐在这里也没能帮多少忙。《玛侬》和《维特（Werther）》也未能给她灵感。尽管如此，掌声很热烈。作曲家不得不多次鞠躬致谢。卡瓦里埃利收到的花那么多，整个舞台都变成了花园。大家都做出她获得了伟大成功的样子。等到这些都结束，我们得以和贡斯伯格先生一起去参加为欢迎马斯内以及其他重要人物而举行的晚宴时，感到很开心。上香槟酒时，我们的主人站起身来发表祝酒词，向作曲家致意，但他主要讲了自己，而忘记了讲话的初衷。我生平从未见过能这样自我吹嘘的人。

　　第二天一早，贡斯伯格先生把我们送到车站，我们要乘火车返回巴黎。

　　"我来管这个孩子，看来他有才华。"他说。

　　我的老板不相信地大笑。后来，在车厢里他对我讲了许多有关这位仁兄的精彩的趣闻。

　　"贡斯伯格是我认识的头号牛皮大王，"他开始说道，"他自认为是拿破仑再世。你看见他走路时怎样模仿拿破仑的样子，把左手插进马甲的两个解开的钮扣之间吗？他吹嘘，是他单枪匹马地挽救了塞瓦斯托波尔战役①。此外，这个可怜虫，他自认为自己是个伟大的作曲家。不过在自己的行当里他是个真正的天才。他把这个什么也不是的歌剧院变成欧洲最好的之一。上星期他在蒙特卡洛推出俄国最伟大的男低音歌唱家费奥多尔·夏里亚宾的演唱，非常轰动。下个月我要把他带到巴黎去。"

　　当我回到位于卡尔迪内路上的旅馆时，高多维努斯先生一边给我开门，一边悄声说：

　　"一位女士在小客厅等你！"

---

　　①　塞瓦斯托波尔战役：1853－1856年克里米亚战争最残酷的阶段。

令我大为惊讶的是，我看见了我大姐雅德维加。起初我十分害怕，以为她是从丈夫和三个孩子身边逃出来的，还好不是。

"我来看望你，也看看巴黎。"她微笑着说道。

现在我猜到，显然全家人得出一个结论，以为我在这里发迹了，他们当然希望能参与其中。

"我的房间就在你的旁边。"她很幸福地说，"你看吧，我们会玩得很开心的……你一定要领我看看城市。"

于是，接连几天我们参观巴黎的名胜古迹。卢浮宫、荣军院、布洛涅树林、林荫大道以及其他地方。最后在"和平饭店"，我说服她品尝我钟爱的巧克力木司。所幸，她带着足够的钱，我以要花钱买衣服和在蒙特卡洛破费太大来掩饰自己的手头拮据。但是我没有让她接近我的新朋友和新相识。过去许多不愉快的经历对我已是足够的教训。

一个星期日，我被邀请去德特巴赫夫妇家吃午饭，这是严格的家庭聚会，像人们所说的"至亲密友之间的聚会"。午饭后主人去参加赛马，女家庭教师带着两个幼童到布洛涅树林去散步。我和女主人留在家里。女主人还很年轻，相当有吸引力。有一次在歌剧院，在黑暗的包厢里，我坐在她后面，在一时的冲动下我吻了她袒露的后背，从此她就开始和我调情。那天下午，就剩下我们两人时，我似乎觉得她想要我发展上次在歌剧院所作出的毫无感情基础的行为。但我没有情绪，白衬衫上了浆，发硬的衣领很紧，我感到不舒服。德特巴赫夫人，作为有经验的女人，也感到这不是相互亲热的合适时机。所以她提议，带我到那些邀请她去听演奏贝多芬四重奏的朋友们家去。

我们走进宽敞的客厅时，演奏者们正好演奏到快板乐章，所以我们就在门口停下脚步。我的脖子疼得要死，而且越来越疼，我再也忍受不了啦。我对自己的女伴耳语几句，就匆忙出来了。我不得不解掉那讨厌的领子！此外，那晚我同巴霞约定要去参加波兰钢琴家奥古斯特·拉德旺的音乐会。拉德旺定居在巴黎，每年举办一次独奏音乐会，把他当成自己宠坏了的孩子的整个巴黎都来参加过。

回到家我就换衣服。但我下意识地脱掉衣服，躺到床上。突然我感到非常不适，在一阵猛烈的呕吐后我又躺下，陷入了半睡眠状态。我大姐后来告诉我，当她看见我时，我正发着高烧并说着胡话。她急忙打电话告诉阿斯特吕克先生，他也吓坏了，立即派人叫他的医生。医生的诊断结果是猩红热。鉴于我的年龄，病情是相当严重的。说胡话和发高烧持续了两天两夜，到第三天病情才有所缓和。给我安排了一个训练有素的护士，但大姐一刻也没有离开过我的病床。

我生病的第一天，从华沙发来一封奇怪的电报，内容如下："昨夜在招魂会上你曾呼救（句号）电告你身体如何（句号）爱你的弗雷德里克"。

康复很慢，拖的时间挺长。我应该大大感谢高多维努斯夫妇二人。他们允许我留在家里。这是很危险的传染病，大夫本想让我住院，但是两位房东决定冒险。当然我与膳宿公寓的其他人是完全隔离开的。三个星期中我看到的人就是大姐和护士。可怜的雅佳运气不好。她来巴黎是为了好好玩一趟，为我的荣誉高兴一番，结识名人，享受大都会的令人向往的一切的。但是代替这一切的却是她被拴在病人床边，干了许多令人不堪的事情，一天只能睡几个小时的觉，几乎无法上街。

我的这位大姐性格复杂。她长得好看，虽然脸庞属于轮廓稍硬的东方型；只受过很浅的教育，包括那些钢琴、法语和舞蹈课，这与罗兹犹太小市民家庭相称；嫁给一个很成功的生意人，生了三个孩子后突然发现自己渴望文化，向往更高的生活目标。她的这个渴望几乎成为狂热，而我恰好在这时开始升腾。她一门心思地憧憬着到我身边一起过一段光彩的艺术的生活，丢下丈夫和孩子们自己照顾自己，而挤进我的个人生活中来。不过，我必须好好报答她的这颗慈姐心和在我病中给我的温存的关怀。

一天，我感到有点儿力气，便求她和护士把我的床移到钢琴边，当我打算用苍白发颤的手指弹些什么时，我的大姐满脸泪水，很长时间大哭不止。我的心至为感动。

在我痊愈之后她才回家。感谢上苍，她没有感染上病毒。但她丈夫后来坚持说，她把三个孩子都传染上了猩红热。

我的经济情况降到了低谷。我对医生、药房都欠着债，自然，还欠了一个月的房租。船破又遭顶头风，我的两只耳朵都长出脓包，那是这场病引起的不愉快的后果。被迫做无麻醉排脓手术所带来的疼痛，把我变成神经紧张、身体虚弱的人。

实话实说，那期间也有些愉快的时刻值得记录在案。德特巴赫夫人，她由于某种原因对我生病感到内疚，在我整个康复期间一直给我送来很好的水果和鲜花。阿斯特吕克先生像个真正的朋友一样，给我许多关心和理解。他经常请我吃午饭，认真仔细地为我选配菜肴。

"我的小家伙，多吃点菜，"他说，"你需要补充新的力量。"

在他给我倒满一杯波尔多酒时，便说："你喝啊，这对你是新的血液。"

巴霞从膳宿公寓搬出去了，她和她的两个也在雷什科那里学声乐的女同学一起在雨果大街租了套漂亮的公寓。

"我的心上人在巴黎。"她声言，"所以我必须有更多的自由。"

一次晚饭后，在几个朋友圈里，她请我喝咖啡。和她同住的是两个英国姑娘，都很漂亮。小的刚满16岁，一头长发用带子松松地扎着，她叫马吉·泰特（Maggie Teyte），后来成为法国喜歌剧院的伟大的梅丽桑德一角和德彪西歌曲的完美的阐释者。第二个是奥尔加·林（Olga Lynn），多年以后则是伦敦最受欢迎的声乐老师，贵族上流社会的宠儿。

除我外，巴霞的客人中还有两个波兰人：她的阴沉沉的情人——来自华沙的画家，和一位个子很高、身体结实的男人，刚三十出头，叫尤瑟夫·雅罗申斯基（Jozef Jaroszynski）。后者令我着迷。我刚走进房间，他便开始大叫，那嗓音之大是我平生仅闻，同时他狂放地挥舞双手，使自己周围的一切都面临要遭毁坏的危险。

"请弹点什么吧，请求你啦！我听说你是位那么了不起的钢琴家！"

他几乎强迫我坐到一架姑娘们租来的小钢琴旁。我弹了肖邦、斯克里亚宾、卡罗尔·希曼诺夫斯基的作品和其他能想得起来的东西，然后给姑娘们伴奏歌剧中的咏叹调。这时雅罗申斯基就发疯似地大声喊叫，一次次跳将起来，手舞足蹈上好一阵，像处于迷幻中一样。这样表达高兴的方式对我极为新鲜。巴霞的"唐璜"坐在沙发上一动没动，只是一支接一支地抽烟，带着讥讽的微笑看着我们。

就这样子，像魔鬼般地吵闹了两小时，直到一阵愤怒的敲墙声打断我们的即兴音乐会——恼火的邻居们抗议了。最后雅罗申斯基和我离开，把画家留在了楼上。

"这个画家不让我安宁，他想给我画肖像，可我不喜欢他的画。"我的新朋友诉苦道。

我们找了间咖啡馆，他还是那么大声说话、唱歌，使得坐在邻桌的人们只好远远躲开。

第二天他请我到一个高级饭店吃午饭，并在平静得多的状态中描述了自己的生活。他出生于乌克兰最富有的波多莱，那里的大部分土地都属于早就定居于此的波兰家庭。在乌克兰隶属波兰时，他们一直拥有土地，直到俄国占领乌克兰。

雅罗申斯基一家四兄弟，继承了大片土地和一个制糖厂。他从小想当钢琴家，音乐永远是他的偏爱，但父母亲对此连听都不愿听。

"于是我不得不进基辅大学学习法律。"停顿片刻，他补充道，"但就这样，我也是把空闲时间都用在歌剧院、音乐会上，或者花在钢琴旁。"

父亲去世后他就抛弃了学业，回到农村，在农业上表现出天赋。他采用现代化的耕作方法，购买了更多的土地进行开发。他是个坚定的光棍汉。

"所有我认识的姑娘对音乐都一窍不通。"他说，"可我爱旅行，还喜欢一旦有可能就去听音乐。"

我们俩成了好朋友。由于他，我又开始享受起巴黎的富有生活：吃精美的菜肴、看戏和听音乐。而同时我的债务一直在增加，连付小费的钱都不够了。

一天，雅罗申斯基告诉我，他必须回乌克兰去。

"我必须处理几件刻不容缓的事，不过大约一周后就回巴黎。"他说道。稍停，他心血来潮又补充了一句：

"也许你能和我一起走吧？换换地方对你会有好处的。"

听到这句话，我脑子里涌现出一个极好的计划。为什么不利用这个建议在我的家乡城市罗兹举行一两场音乐会呢？我在巴黎首演成功的声誉在罗兹有着巨大的影响，我可以指望把票卖光嘛！我立即给大哥斯塔希发出电报，他是这些事情上我唯一可以依靠的人。我请他就我的音乐会做一个预告，如果售票情况良好，就再预告第二场。两天后让人兴奋的回答来了："大有兴趣（句号）已预告两场"。

我对老板说，我旅行的原因是想在家里小憩一段，并未提起音乐会的任何情况。也许这是不漂亮的行为，甚至有点不诚实，不过我深信，在我故乡的音乐会不在阿斯特吕克要扣除 40% 收入的那种音乐会之列。此外，我急需现钱。雅罗申斯基同意我的小算盘，于是我们就乘北方快车回波兰，这还是我第一次能舒舒服服地旅行。早晨 7 点我将在罗兹下车，而他则继续去自己的目的地。

这次，我抵达罗兹的过程堪称一幕闹剧。我头天晚上去睡觉前，请卧铺车厢的列车员在早上 6 点把我叫醒，但他回话极不客气，迫使我把他赶出车厢。这件事使我很长时间都不能平静下来，但最后总算能够入睡。

火车停下来时天还很黑，我对此没有注意。往常列车到站停车时，总会惊醒我，但只醒一会儿。这次也一样，我又迷糊过去。突然听见外面有人用波兰语喊我的名字：

"鲁宾斯坦先生！鲁宾斯坦先生在哪里？你们看见鲁宾斯坦先生了吗？"

我一下从床上跳起来，身上几乎一丝不挂，摸着黑跑过去打开车窗，惊讶地看见大哥斯塔希、五姐海拉和两个姨妈在月台上跑来跑去找我。显然是到了罗兹！当他们看见我一身"亚当服"地站着后，就用力打着手势，试图让我明白赶快穿衣下车。我抓起衣服，可列车突然"哐铛"一声启动。他们叫，我也叫，但我又能做什么呢？两小时后列车就到华沙，我只好在那里搭下一趟火车返回罗兹。少顷，我稍稍平静下来后，就决定穿戴整齐，和雅罗申斯基一起在餐车上吃顿早餐。我拿出刮脸刀具，认真地在脸上抹好肥皂，准备刮胡子。突然列车又停下来。我以为出了什么问题，便从窗口伸出头去看一眼，我看到什么呢？真把我吓一跳，我看见了可怜的大哥、五姐、姨妈们一个个气喘吁吁地朝我的车厢跑呢！当他们看到我大张着嘴、抹满肥皂的脸上满是惊诧时，又开始声嘶力竭地叫喊起来……但火车再次开动。原来，它只是在罗兹另一头的新站停一分钟，他们无望地试图能在那里追上我。后来当我在餐桌上把这一切告诉雅罗申斯基时，他笑出了眼泪，还一定要去收拾那个列车员。我花了很大力气才劝住他。

不过，最后还是一切顺利——我及时赶上音乐会，并且是在座无虚席的音乐厅演奏的。尔后是传统的、20人的"家庭便宴"，准备的是犹太式狗鱼和我喜爱的各种美味。

第二场音乐会的票也几乎全部售罄。这大大缓解了我的财政亏空。然而从另外的角度看，情况一点也不令人满意。政治形势使得波兰极其不安，俄国的不安则更加严重。中国旅顺港的小事件引起日俄冲突，先被俄军司令部轻蔑地当做"惩罚行动"，后来演变成一场真正的战争。这场战争对沙皇统治产生了灾难性的后果。在日本取得陆上的胜利和俄国海军舰队被日本海军上将东乡平八郎全歼之后，俄国熊的威信丧失不少，日本则成为亚洲的头号世界强国。

开始时俄国对这一切并没有太认真对待。广为流传的是关于乘火车穿越西伯利亚开赴前线的俄国军官的趣闻轶事。他们欢宴、成箱地喝伏特加酒以及陪同他们的女人是人们的主要话题。但是随着战争的进行，不断失败和巨大伤亡的报导改变了一切。社会上出现不满和不安的预兆，这些很快就变成愤怒的游行示威。很清楚，沙皇进行战争的方法在人民中间引起的愤怒越来越大。人们把战事之所以会如此耻辱地发展的责任，全都推到沙皇及其政府头上。

最后，为表抗议，年轻的俄国神父加邦领着两千彼得堡市民进发到沙皇的宝座——冬宫去请愿，要求给人民以宪政。游行队伍毫无阻碍地一直来到冬宫前的大广场。但抵达大门时，冬宫卫队便从建筑物两侧开火射击，打死 500 人，打伤的则更多。开枪的命令是沙皇的一个叔父下的，沙皇本人和全家正在"皇村"。

这一悲惨的事件成为燃起 1905 年革命的导火线。为对在彼得堡的屠杀进行报复，沙皇的另一个叔父谢尔盖大公在莫斯科遭枪击身亡。愤怒的群众攻击警察哨所和公共建筑。知识分子发表宣言，大学生上街示威，甚至皇族也倾向于人民一边，但是革命既未能赢得军队，也未能赢得警察。而强大的东正教教会保持了对沙皇的忠诚。结果起义被忠于沙皇的势力镇压下去。数千人付出了生命的代价，数千人被流放到西伯利亚。而警卫队和令人恐怖的秘密警察在俄国掌握了大权。不过尼古拉二世学会了害怕自己的人民。而像通常一样，我们波兰人最终变成第一批牺牲品。

因为要等雅罗申斯基，我在回巴黎前，先在华沙呆了两天。玛格达莱娜夫人和弗雷德里克看到我身体已经康复，很是高兴，并邀请我在当年夏末，即 7 月底，到瑞士看望他们。他们打算住在一个比"蒙特勒"① 还高的旅馆中，从那里可以俯瞰莱蒙湖的

① 蒙特勒，莱蒙湖畔一处深受欢迎的高级休闲度假区，有"瑞士的香格里拉"之称。

景色。我很高兴地接受了邀请，因为这驱散了我夏天无处可去的担心。

雅罗申斯基和我在一个可爱的春天早晨抵达巴黎。那是 5 月 1 日，在法国人们传统地把它作为铃兰日来过。到处可见这种花，卖花女在街上向人兜售。全城都弥漫着它的幽香。城市也对此作出响应：这里一切都是那么新鲜快乐，马栗子树正盛开着鲜花。时髦的巴黎女郎以自己的美丽和魅力使大街小巷活跃起来。而苍白、灰兰色的天空似乎带着微笑看着这一切。我们为能参与其中而陶醉和快乐，便决定要好好地庆祝一下这个日子。

我们从在布洛涅树林重新开业的"皇家饭店"享用精美的午餐开始，舒服地休息片刻之后便到皇家剧院去看典型的法国滑稽剧，题为《肖邦》，这是我平生看见过的最可笑的一场演出。特别逗乐的是这么一幕：一个退休将军每星期都要在幽会之屋和自己的情妇相见，但是为了使调情能达到高潮，必须有一个钢琴家在隔壁房间里弹奏肖邦的圆舞曲。一回，可怜的老钢琴家身体不适，就叫一个年轻的钢琴家顶替，但这个年轻人带着一腔热情弹出的不是肖邦，而是施特劳斯的圆舞曲。于是灾难发生了！将军只穿着内衣，满脸通红，冲进隔壁房间，对着年轻钢琴家大叫："见鬼，真是活见鬼！这是什么倒霉音乐？"幽会自然以彻底失败告终。雅罗申斯基看了哈哈大笑，声音之大震动了整个剧院！而我则为肖邦音乐的影响力感到骄傲！

这一天我们是以去著名的"马克西姆"用晚餐结束的。这饭店与今天的马克西姆有多大的不同啊！当时饭店要晚上才营业，顾客由行为轻佻、名声不佳的女郎以及供养她们的男士，包括年纪大些的认真的追求者和年轻的情夫所组成。但是这个饭店是不准上流社会的女性入内的。此间，在匈牙利茨冈乐队演奏的音乐中，舞会一直延续到破晓。饭馆的烹饪和藏酒是第一流的。

匿名的在位君主们，如俄国大公们、戏剧界的杰出人物和

"半地下社会"的精英们夜复一夜地把这个地方塞得满满的。如需要保持隐私不为人所知，则有二楼的小隔间，可以从后门隐蔽的通道进出。不过那是富人的世界，穷光蛋不能涉足。这不是我第一次到马克西姆饭店，不过以前都是在外面露台上花1个法郎要一份火腿三明治，50分加一杯咖啡，偷眼看一下里面都发生什么罢了。所以这一次我玩得很痛快，我们请了一个迷人的英国红发女郎陪桌，还和她跳舞。

这一天我记得很清楚，因为我感到十分幸福、无忧无虑！而第二天则更好。阿斯特吕克先生一早就给我留下一张便条，上面写着："我要立即见到你，有急事相告！"我即刻跑到汉诺威大楼，对在罗兹举行的音乐会感到某种内疚，并准备拿出收入的40%给他。老板满脸微笑，以少有的真诚欢迎了我，而后便开心地大叫：

"我的小伙子，有人邀请你去美国巡回演出啦！"

我木楞楞地一动不动地站着，张着嘴不敢相信。

"这一定是搞错了，"我终于说出话来，"我在那个国家不认识任何人，如果是我在巴黎的音乐会成为这一邀请的理由，那坦率地说，我不相信！"

他大笑。"今天下午在我办公室你和那位美国绅士见过面以后，就可以自己弄明白了。"

美国人准时到来。他用很难听懂的蹩脚的法语说，他在努力寻找我的下落，已颇有一阵子，很高兴现在终于找到了。

"但是要把我带到美国的想法是怎样产生的呢？"我问道，这时我仍然心存疑惑。

"我只是作为巴尔的摩市克纳伯钢琴厂的代表来的。威廉·克纳伯先生是从波士顿的一个最有影响的评论家那里听到对你的极好的评价的。那位评论家在瑞士帕德雷夫斯基的家中曾亲耳听你演奏过。从那时起我们就想和你取得联系了。"

　　自然我的眼前浮现出那个晚上在帕德雷夫斯基家中的情景以及他的那个美国客人。人生就会有这种事，它可以大大振作你的精神，而且这次是在特别合适的时机。我让两位先生留下来商量合同的细节，自己则跑到"和平饭店"要了两份巧克力木司。

　　大家都很为这个消息激动，特别是我的老板和他的工作人员。这使我的处境大为改善，从此他们就把我当成未来的摇钱树。他们打发一个名叫萨沙·吉特里①的年轻画家来为我画一张漫画，以备报刊之需。这个年轻画家的父亲是有名的演员吕西安②，他把儿子赶出家门，拒绝为他负担生活费。于是可怜的年轻人便不得不靠画漫画为生。

　　"因为我想上台演戏，父亲就大发雷霆说，剧院没有位置给两个吉特里。不过就这样我也不会认输。"

　　谢天谢地，他实现了诺言——弘扬法兰西的表演和戏剧艺术。可惜他所画的那张我的漫画在战争期间丢失了。

　　与美国的合同已经签订。主要条款是，预计 3 个月内举行 40 场音乐会。旅费由经纪人支付，生活费由我本人承担。演出费比我预计的要少得多，总共才 4000 美元，当然要从中扣除那众所周知的 40%。

　　"我的小家伙，你不要再节外生枝。"老板安慰我说，"这趟巡回演出能为你的远大前程开辟道路！"

　　为冲淡我的失望，他给我一张票。

　　"这是今晚在汽车俱乐部开幕式的票。夏里亚宾的首演。你将坐在'法兰西宏艺协会'的一个包厢里。"

　　阿斯特吕克先生真了解我。我的脸马上就阴转晴。俄国的男

----

　　① 萨沙·吉特里（Sacha Guitry, 1885 - 1957）：法国漫画家，演员，导演，许多小市民趣味剧作的作者。二次大战期间同德国人合作。

　　② 吕西安·吉特里（Lucien Guitry, 1860 - 1925）：法国著名喜剧演员。

低音在巴黎成了传奇人物。法国的报刊几年来都在宣扬他演唱歌剧取得的难以置信的成就，赞美他那独一无二的歌喉，传播他的风流韵事；还有很多故事是关于他卑微的农民出身，他与伟大的作家高尔基的亲密友谊，和他非凡的仪表，这一条最吸引女读者。所以毫不奇怪，阿斯特吕克和贡斯伯格一致决定，在大歌剧院正式首演之前先来一场盛大的慈善演出，这一场的庇护人是强有力的格雷弗勒伯爵夫人。

我永远忘不了这个晚上。夏里亚宾计划演唱古诺的《浮士德》中梅菲斯托的两大段咏叹调，但是，他选择了博伊托①的《梅菲斯托费勒斯》中的服装。那是怎样的行头啊！当幕布徐徐拉起，人们在舞台上看见的是一个裸体男子的健美身躯，像大力士赫丘利那样肌肉发达，是男性美的理想化身。大感意外的观众高声呼喊着。有人觉得惊愕，有人表示赞叹。然后，夏里亚宾开始用自己独一无二的歌喉演唱那著名的小夜曲：声音强而有力，充满脉脉温情，像男中音那样柔和，又像男高音那样富有弹性，自然得像与人交谈。同时他还是位极好的演员。古诺的梅菲斯托不时会有变成喜歌剧角色的倾向，但夏里亚宾扮演的角色就像歌德设想的那样是邪恶的化身。夏里亚宾唱完后，全体观众都立即起立，狂叫"太棒了！"要求再来一个。谢幕20次之后，这位俄国巨人重唱了那段咏叹调。我平生再未见过观众表现出如此巨大的热情，当然，我自己属于那些喊声最高的人之列。当晚夏里亚宾就荣登全巴黎崇拜的偶像的宝座。

音乐会后，阿斯特吕克和贡斯伯格把我带到后台，让我认识这位伟大人物。他还穿着戏装，所以我忍不住笑出声来。他那引

---

① 博伊托（Arrigo Boito, 1842－1918）：意大利作曲家、诗人、歌剧台本作者。作有歌剧《梅费斯托费勒斯》等，但不算太成功；他得以传名主要是为威尔第的《奥赛罗》和《法尔斯塔夫》写了杰出、深刻的台本。

起巨大轰动的裸体的外形，原来是全身穿着肉色的紧身服所获得的，他自己在紧身服上勾画出与赫丘利相称的肌肉的线条，要知道他是个业余雕塑家，自诩有解剖学的知识。我用我能说出的最地道的俄语向他表示祝贺，使他非常高兴。

"啊，到底——到底我可以有人说话了。"他叫道，"到现在为止，我不得不由两个不懂我的语言的不学无术之徒陪伴着。"

那两个"不学无术之徒"大笑。

"因此，我们一定要把这个小伙子带去吃饭。"

在"和平饭店"二楼的包间里，上了鱼子和伏特加，接着又是香槟酒。贡斯伯格从蒙特卡洛芭蕾舞团带来两个漂亮的女舞蹈演员。夏里亚宾一杯接一杯地喝伏特加，一会儿把这个姑娘拥在膝盖上，一会儿又把另一个女孩搂坐在大腿上。在屋角有一架破旧的立式钢琴。没有多久，当稍稍有些醉意之后，我就开始弹奏《浮士德》、《卡门》和《叶甫盖尼·奥涅金》中的片断，还弹了我能想到的其它曲子，而夏里亚宾则跟着我敞开嗓门大唱。这个晚上是我们两人终生不渝的友谊的开始。

"阿图莎（他总是用俄语中我的名字的昵称叫我），下个月和我一起去奥朗日，我们一起玩玩，你给我当翻译。"

好哎！先到奥朗日，再到瑞士，这个夏天该有多棒啊！

与此同时，我和雅罗申斯基继续到饭馆"深入了解"法国的烹饪，并经常上剧院。我们看了吕西安·吉特里在伯恩斯坦的《小偷（Le Voleur）》中所扮演的角色；雷让娜（Rejane）女士在《桑-热娜夫人（Madame Sans-Gêne）》中所扮的人物；伟大的女演员萨拉·贝尔纳尔[①]在罗斯坦德（Rostand）的《雏鹰》中的

---

① 萨拉·贝尔纳尔（Sarah Bernhardt, 1844－1923）：法国女演员，因扮演雨果和萨尔都的剧作中的悲剧人物而享有世界声誉。以音色优美，台词、声音技巧及感情变化丰富著称。

表演。我得承认，我很心疼地看着这个了不起的女士扮演小伙子，她那有名的金嗓子因此失去了光彩和力量。我心目中的英雄是吕西安·吉特里，照我的拙见看来，他是法兰西戏剧界最杰出的演员，他比任何人更能用自己强大的魅力充满整个舞台。许多演员都试图模仿他，但都是白费劲。只有雷米（Raimu）接近他的成就，不过那是多年之后的事了。而雷让娜，这个相当神经质和敏感的人，则是魅力的化身，她能以自己并不漂亮的面孔让观众相信她是个美女。

有一阵，我很少见到巴霞，这部分是因为我愉快紧张的生活，部分是因为巴霞的情人在这里。所以，一天下午，她在画家陪同下来到我这里时，我相当惊讶。

"我们需要你的帮助，"她一来就说，"我们要马上得到200法郎，我已经一文不名了。"

我自己口袋里也只有一个金路易，所以除了去找阿斯特吕克先生的出纳请求预支工资外，别无他法。我们三人乘公共马车来到意大利林荫大道。巴霞和她的朋友在街上等着，而我则花了很大的工夫才从极不情愿的出纳那里抠出钱来。巴霞紧紧拥抱并亲了我一下表示感谢。而她的情人则抽着烟，眼睛看着相反的方向。"自去年以来，情况变化多大啊！"我相当满意地想。

"最近你见过夏里亚宾吗？"一天，雅罗申斯基问我，他知道我不仅去听俄国男低音歌唱，而且还认识他。

"见到啦！"我回答说，"明天又能见面呢。"

"啊哈，"我朋友叫道，"那你一定要介绍我认识他。我在基辅学习时，他就是我的偶像。我常在剧院前等上整整一个晚上去买他演出的票。"

为他这种精神所感动，我答应去设法解决。第二天，我不惜口舌，给夏里亚宾描述了一个"在基辅的波兰穷学生，宁可挨饿也要听你的歌唱，极为渴望认识你。他期望能对你表示钦佩"的故事，一般不喜欢访客的夏里亚宾显然为我的故事所打动。

"带他来吃下午茶吧。我喜欢学生。"他回答。

当那个重要的日子到来时，我和雅罗申斯基一起按下"格兰德饭店"中夏里亚宾房间的门铃。他亲自给我们打开门，特别热情地握了握雅罗申斯基的手。

"我看你不像学生嘛。"他对他说。

雅罗申斯基慌了神，不过什么也没有说。桌子已经按照俄式下午茶的式样布置好，上面放着伏特加、熏青鱼、沙丁鱼和冷餐肉。几杯白酒下肚，伟大的歌唱家隆重地宣布：

"我收到我的朋友高尔基的一封来信和他最近写的一篇短篇小说的手稿。美极了，我必须给你们读读。"说完他就进去取信。

直到此刻，雅罗申斯基没有说过一个字。他过于激动，而且天气很热，又喝了烈酒。夏里亚宾手里拿着一大卷稿纸坐下，开始读起来。他那强有力的声音回响在整个房间，空气里充盈着高尔基的字句：他用复杂的长句子描述俄罗斯母亲的草原、森林和河流，诉说着人民的饥饿、疾病和贫困。我们精神集中地听了很长时间，突然我惊恐地发现雅罗申斯基在拼命地和瞌睡作斗争。他使劲瞪大眼睛也没有用，最后失去了对自己的控制，头垂到胸前，不久就发出很大的鼾声。夏里亚宾立即站起，眼露凶光，大声叫道：

"滚，滚，你这狗杂种，但愿我永远不再见到你！"

我拉着我不幸的朋友回到他的旅馆，一路上他还迷迷糊糊，眼中含着泪水，他在旅馆坐了整整一天，神情沮丧。几天后他就启程返回波多莱老家。当我把他送到北站时，他突然很慷慨地拿出两张崭新的纸币递给我，每张1000法郎，说：

"我知道这对你有用。不过你不要一下子就把它花掉啊！"

我作为一个天生乱花钱的人，没有听从他的忠告。感到自己很富有，我便定做了四套有点过分漂亮的西服（一套深灰色的甚至还有缎子的翻领），一项引人注目的巴拿马草帽以及一双黑白两色皮鞋——十分完整的一套行头！裁缝只得到一小笔定金，其他都是赊帐。

当一切准备就绪，我就去汉诺威大楼提醒阿斯特吕克，说夏里亚宾邀请我去奥朗日。

"他昨天不得不出发去排练了，"老板回答说，"不过他逼着我保证带上你，并把你安全地送到他的别墅。"

我们离开已经少了一半居民的巴黎城。大奖赛马——赛马季节的高潮，标志着大撤退的开始。富人们住进自己的城堡或者挤进海滨名胜及其周围的赌场。其他人则在全年的过饮、过食后，跑到维希或别的温泉疗养地去接受三周严格的节食治疗，以便消除过食造成的要命后果。那些没有经济实力去度上述两种假期的人们，只好留在巴黎，但他们要在整个夏天把房子的所有窗户关得严严实实，以示主人已经正式地出门。

30

奥朗日以保存完好的古罗马环形剧院而自豪，这和周围城市的古罗马竞技场形成对比。美丽的城市坐落在普罗旺斯地区的中心，不远处就是教皇的阿维尼翁城以及被高庚和凡·高宣扬出了名的阿尔勒镇。剧院的底部矗立着一堵由巨石砌成的高墙，墙前便是结实的舞台，面对着半圆形阶梯观众席。整个建筑就是一年一度的歌剧、戏剧节的演出场地，给人印象深刻。博伊托的《梅菲斯托费勒斯》和柏辽兹的《特洛伊人》是那年的音乐大事。而戏剧则以法兰西喜剧院为代表,演出了索福克勒斯的《俄狄浦斯王》和科尔内勒的《老爷》。在这个受人欢迎的艺术节上,听众、观众极多,以至很多人不得不到附近的城镇寻找住处。所幸我在夏里亚宾下榻的优美的别墅里有一个舒适的房间,去圆形剧院只要穿过一条马路就到了,而且我捏着全部演出的免费票。

"夏里亚宾先生在剧院等你。"年轻漂亮的女仆给我打开别墅的门时这样告诉我。为了不错过太多的排练,我把箱子交给她,自己就直接跑到剧院去。在舞台上看到的已不是"裸体的"梅菲斯托费勒斯,而是一群古希腊人,正在用他们令人心碎、哀婉动人的词句,对不幸的俄狄浦斯王的命运表示痛惜。夏里亚宾身着休闲服,坐在石凳上,一看到我,就狂喜地叫起来:

"阿图莎,这个穆内 – 絮利真是个天才,我要向他学习,他是世界上最伟大的演员!"

这个可怜的乱伦君主每次激昂慷慨地叫喊时,都紧紧地握一下我的手……穆内 – 絮利,被当做当时最伟大的悲剧演员,他是旧式夸张的朗诵学派的大师,他的每组词语都抑扬顿挫,随时都在表演。至于我,则并不能接受这样的表演,相反,这种演法有时更会让我控制不住地咯咯笑个不止,我为此感到难为情。

这天上午,我们两个,夏里亚宾和我,像吃错了药,相互不对劲:他教训我在戏剧问题上缺乏专业知识,没有水平;而我则执著地求他,要他别去模仿那个老演员。但是很快,当我们看见法国喜剧院一个漂亮的年轻女演员时,两人的观点就又完全一致了。眨眼之间,不能自已的夏里亚宾就搂着她的肩膀,在她的耳边说着什么了。

"阿图莎,"他和那个姑娘作了很长时间的谈话后对我叫道,"你在剧院咖啡馆等我,我到那里去找你,我们一起吃午饭。"

当他满面春风地出现时,我已等了整整一小时。他微微咧着嘴向我道歉。

"唉，我把她带到我的房间，可是见鬼，她正好遇到讨厌的一月一度的麻烦，哼，我只好不找她，而找了她母亲。"他大笑道，"不过她母亲不赖，真不赖！"

这件事成为我一生中最最急风暴雨的十天的开始。夏里亚宾不顾一切体统。任何有点姿色韵味的女人大都心甘情愿地成了他不可遏制的情欲的牺牲品。尽管这样，他演的梅菲斯托费勒斯一角还是让人难忘！当他从墙中间的壁龛中出现时，昏暗浅蓝的光线照着他画在戏装上的肌肉，看起来周身赤裸，接着他以无与伦比的方式唱出长长的一段引子，如同在巴黎一样，观众就情绪亢奋、疯狂起来。我们以传统的办法庆祝他的胜利。歌唱家的另一个同住这栋别墅的朋友有特殊的能耐，能在恰当的时刻找到有吸引力的女人，因此就极为有用。那一晚他从剧院找来四个迷人的姑娘。当晚的英雄，喝下几杯伏特加就来了精神，想要把四个全都据为己有，最后挑了两个，其余的留给我们。这天夜晚的狂欢就是我们每天日程的模式，我不得不承认，那的确愉快极了。

柏辽兹的《特洛伊人》给我留下深刻的印象；这是我第一次听这位怪异的天才的歌剧作品。我称他为怪才，是因为我认为在他的音乐中，卓越的部分和平庸的部分交替出现。柏辽兹受到贝多芬的启迪，通过自己超级的浪漫主义激情，创造了规模宏大的形式，办法是过多地运用乐队与合唱。肖邦说他"制造了太多的噪音"。但随着时间的推移，我逐渐懂得并越来越爱他的作品了。《俄狄浦斯王》是我的一次重要的体验。法兰西喜剧院上了年纪的穆内－絮利朗诵风格理想的、天衣无缝的统一，使我对他的成见烟消云散。这种风格的统一只能在他的表演中找到。他真实的情感和对索福克勒斯悲剧的近乎音乐的阐释没有引人发笑，相反，却使我热泪盈眶。夏里亚宾是对的，我向他坦述自己看法的改变。

该去瑞士了，我的朋友们在等我呢。

"我们可以同路到里昂，在那里过一夜。"我的老板说，"一早有你的火车，而送我去艾莱班的火车稍迟一些，我去那里疗养。"

我当然同意。同几个音乐家和批评家一起愉快地吃完午饭，之后我回到别墅收拾行李，与朋友告别。夏里亚宾拥抱和亲吻了我。

"阿图莎，你来俄国，在那边我们才真能好好玩啊！"他说。

"才真能好好玩？"我心想，感到一丝恐惧，"难道在这里我还缺少什么玩的吗？"

歌唱家的又一个牺牲品，那个好看的女仆把我的箱子送下楼来。

在火车上阿斯特吕克和我碰到一些可爱的同伴，在活跃的谈话中度过了几个小时。将近半夜我们到达里昂，但在那里遇上不愉快的意外——没有一个旅馆能找到空房间。

"孩子，你一点都不用担心，"诡计多端的经纪人说道，"我知道这边有一个好地方，我们能上床，而且，最后也能睡着。"他狡黠地补充了一句。

那"好地方"原来是全城最漂亮的妓院，我的老板到这里就像回到自己的家。

"早上8点叫醒我们，要一顿像样的早餐。"他对老鸨说完，就把我留给一个高个子、丰满的黑发姑娘照顾，自己挑好一个清瘦的金发姑娘走了。这一晚我才了解到付钱寻欢的秘密。

第二天上午我们在车站分了手，我坐上去蒙特勒的火车。风平浪静的莱蒙湖宁静地躺在阳光下，群山从气势雄伟的高处凝视着湖面。原野都披上了夏日的盛装。到达目的地时，天气很热。我在车站的小吃部随便吃了点快餐，就坐上从附近的泰里泰到"科（区）大宫殿饭店"的缆车，爬了半小时陡坡后，就抵达了饭店。弗雷德里克在缆车月台上欢迎我，依旧那么真诚、令人感动。他把我领到饭店大堂，他母亲和巴霞在那里热烈地迎接我。这说起来有点奇怪：尽管我们之间关系的性质不正常，但我还是感觉像回到家人中间。

"科（区）饭店"是一座规模很大的五层建筑，它仁立在高出湖面的岩石上。一道栏杆沿着峭壁修建，居高临下，整个湖面和它的守护神——白雪皑皑的阿尔卑斯山——的全景尽收眼底。真是气势巍然的景色啊！

建筑内部，是典型的瑞士旅馆风格：周到雅致、秩序井然，充溢着一种令人愉快的舒适感。铺着地毯、十分宽阔的大理石楼梯引导着顾客从门厅来到二楼的大堂，那里面积宽敞，有高大的凸窗。房客可以聚集在这里打牌、喝咖啡和闲聊。紧挨着的饭厅都漆成白色和金色，附带一个没有顶篷的阳台。晴天时，我们就可以在阳台上用餐和享受阳光。饭菜很讲究。

我的朋友们住在三楼一个三间房的联通套间。我的房间在长长的走廊尽头。弗雷德里克很走运，有一架从洛桑租来的三角钢琴，他一头扎进协奏曲的创作，在钢琴旁一坐就是好几小时。这样我就没有多少机会为美国巡演准备任何新东西了，尽管我有这种打算。其可怜的后果就是我在几周内，连钢琴都没有碰一下。不过，我对此也的确没有太在意。

在"科（区）饭店"过的生活极像我稍后在横渡大西洋的豪华汽轮上所过的。在这里，和在船上一样，我都有一种与世隔绝的孤独感。要宣泄积聚起来的精力，唯一的办法就是上山或下山。两者都不那么容易。乘电缆车上下一次要花掉一天的时间。结果我们每天只好沿着栏杆散步，这就变得像在轮船的甲板上漫步一样单调。在此情况下，难怪我们养成了下述恶习："居心叵测"地观察周围的一切人和事，用母语波兰语大声评头品足，以免被偷听。在自己无论是坐火车、轮船，还是乘飞机旅行中，我经常注意到，大家都愿意仔细打量一道旅行的人，对一些人感到厌恶，对另一些人却有好感，这当中又没有任何理由，除去一条，大家都被塞进了同一个地方。

我们在"科（区）饭店"的举止行为证明了我的理论。每当一家德国人走进饭厅，我们就感觉上火，唯一的理由是那德国男人外表像个屠夫，他妻子太高、太瘦，孩子们的头发颜色太淡，脸上雀斑太多。但是我们又会同情地去观察一位脸色苍白、身体孱弱的阿根廷女士和她的两个十几岁的女儿以及一个很显然是她的情人的英俊男子。一群吵吵嚷嚷的意大利人引起我们的愤慨。不过，让我们好奇的主要对象是一个英国人。他自行其是，处处显得非常完美。他的穿戴无可挑剔，一天更换三至四次，总与所去的场合非常协调。傍晚他的晚礼服、条纹衬衫及漆皮鞋和丝袜的搭配，真是优雅。他总是一个人吃饭。脸色红润，胡子刮得干干净净，外加他那单片眼镜，又使他增添了社交场合中高人一等的气派，这是英国人典型的外表，会引起人们的尊敬、赞赏。我们对三位高傲的俄国女士产生了兴趣，其中之一是波罗的海海边地区的男爵夫人。我认为她很美，但玛格达莱娜讨嫌她，这当然很自然。

经过几天这种气氛的冷战之后，我们开始和旅馆里的一些房客结识，起初不那么大胆。在对他们了解稍多之后，我们不得不羞愧地承认，我们的评价是多么肤浅。比如，那些德国人，他们竟然是热烈的音乐迷，一天，我曾碰到他们站在弗雷德里克的房门外聚精会神地听他弹奏。这当然使我们接近起来。我们争论勃拉姆斯和布鲁克纳的那些时光，迄今我还能愉快地回忆起来。

阿梅丽娅·鲁罗太太，那个阿根廷女人，患有肺病。这种病有时会回光返照，使患者异常美丽，她现在就是这样。她喜欢用吉他自弹自唱，以甜美、柔和、动人且音量适中的声音演唱自己祖国的流行歌曲，使我热泪盈眶。一些歌曲至今我都记得。陪伴她的年轻人是来自法国巴斯克省康博城的画家，他们都住在那里，从小就认识，而并非像我们以为的是她的情人，只不过是全家的老朋友。无需多说，我们都喜欢上了阿梅丽娅，大家很快就形影不离。

上面说到的三个从聖彼得堡来的骄傲的女士，得知我们会讲俄语，就抛开装腔作势的架子，请求允许她们加入我们一伙。于是，用餐完毕，旅馆大堂里的那张咖啡桌就成为生活的中心。对话活跃而主题严肃：诸如艺术、哲学、宗教和政治等，有时只是闲谈，讲个好故事，机智的回答和有趣的模仿都会引起大笑，我们的下午和夜晚充满着无限的快乐。

上午我在弗雷德里克的房间里度过，他让我看他的协奏曲的进展情况。他谱写这首曲子正遇到困难，因为他在我的影响下接受了勃拉姆斯的风格，这不太符合他的天性。偶尔他也让我弹弹钢琴。

魅力十足的英国人依然吸引着我们的注意力。他那经过调教的无动于衷的神情举止、无可挑剔的餐桌礼仪，可作世代楷模，的确值得钦佩。对他的贴身男仆我们也印象深刻，那仆人简直是沃德豪斯①小说中吉夫斯的原型，每天中饭和晚饭后，他就拿着装满雪茄的大银盒出现于大堂，仔细地挑出合适的一根，然后很在行地切开，给自己的主人点着。

一天上午，当我看到英国人和弗雷德里克一起在走廊踱步并活跃地交谈时，我的惊讶简直难以描写。我的朋友叫住我：

"阿图尔，这是约翰·沃森，他认识奥斯卡·王尔德，而且很熟！难道这不叫人感到很有意思吗？"

---

① 沃德豪斯（Pelham Wodehouse, 1881－1975）：英国幽默小品散文作家。其作品描写贵族伍斯特和他的男仆吉夫斯之间的故事。

"噢！"我几乎大声叫出来。那骄傲的阿尔比恩①的高贵儿子终于揭开了假面具。沃森先生摘下单片眼镜，兴味渐浓地讲起自己的朋友奥斯卡·王尔德的故事来。

"我可以给你们看看他曾经提到我的那本书，"他说道，"而且我想认识你。"他转向弗雷德里克，"有一天我偶然听到你谈及奥斯卡·王尔德时是那么情绪高昂。"

对我而言，这两人的关系是一目了然的。但我高兴地注意到，沃森的眼睛闪耀着愉快的光芒，他还有真正的幽默感。从那天起，他就成为我们中的一员。当着大家他没有脱下面具，但在哈尔曼一家和我的面前，则完全抛开。一晚，夜已很深，只剩我们三人坐在弗雷德里克房间里，他有种冲动想说出自己的真实生活。他的法语说得很漂亮。

"我的'生意'，"他开始道，"是靠打牌作弊！"

我们大笑起来，把他的话当做玩笑。

"别，别，请别笑。"他继续说，"我是认真的。我知道你们不会出卖我，所以我可以讲讲自己的经历。"

于是他讲了一个职业扑克骗子的真实故事。

"我有两个搭档，一个是德国的男爵，另一个是名声很好的英国人，但我们装作不认识。我们在做过标记的旅馆、在一年里约好的季节见面。对于我们感兴趣的人，我们会试图摸清他们的财务状况，然后制订工作计划。当然，就像你们也能看到的一样，我们必须引起酒店客人们的注意，这有利于我们接近猎物。他们爱摆绅士架子的心态也常常令其对自己的损失装糊涂。具体的骗术当然不能泄露给你们，"他笑笑说，"这个必须保密。"

我们默默地坐着，对这种公开承认罪行的做法，一半觉得有

---

① 阿尔比恩（Albion）：古希腊、古罗马人对英格兰、不列颠的称谓。

趣，一半感到胆寒！不过他这样随便和带着嘲讽地向我们说出一切，使我们怀疑这种说法的真实性。这显得十分荒唐！同时他对我们的信任又满足了我们的虚荣心。因此，不管他是不是骗子，我们依旧喜欢这个假冒的英国勋爵。

奥斯卡·王尔德也常常是我们的话题，其创作和丰富的生活当时颇有争议。有一次，当我们讨论他的剧作时，我生动地描述了、实际上是表演了整部《莎乐美》，这是剧作家为法国女演员萨拉·贝尔纳尔写的一部戏剧，在柏林的一次私下演出中我看过全剧，当时是马克斯·赖恩哈特在柏林导演的。

那一天我的状态肯定特好，结合几场剧情紧张发展的戏剧故事，我模仿演员的动作和声音，夸张地描述几个场景的迅猛进展，打动了人数不多的观众，使沃森忘记自己平日的冷静沉着，激昂地叫起来：

"为什么我们不在这里演出呢？"

我们看着他，心里觉得好像他要让我们纵身跳过饭店的栏杆一样。

"你们别发傻了！"他坚持己见，"这完全是现实可行的。舞台我们有，演出么，大家都参加。在生活中你们都是很好的演员嘛！"他补充道，诡谲地微微一笑。

他说得对。饭店底层有一个舞厅，带一个小舞台。星期六那里有舞会，但其他日子都大门紧闭。

这个主意看似疯狂，但正因为它疯狂，我们才喜欢。

我们计划这次非同寻常的演出时，忘记了一件最重要的事，就是用什么语言来演！该戏是用法语为萨拉·贝尔纳尔写的。但萨拉从未演出过，所以第一次发表时用的是英文。作为发起人我坚持用德文演出。

"柏林的演出我记得住每个细节。"我说，"我能照我看过的那样排演出来。"我骄傲地补充道。结果硬是通过了我的主张。

这自然就把我们迷人的阿梅丽娅·鲁罗和她的陪同排除在外了。他们对德语一窍不通。男爵夫人和她的女友们一开始就拒绝参加这件事。沃森懂一点德语，但讲起来带着叫人受不了的英国腔，我们也只好放弃他。经过多次筛选和讨论，最后得出结论，重要角色就落在我们四个波兰人身上。

这个剧本在洛桑的一家书店里有三册。我给所有演职员把剧本通读一遍，很快就分配好角色。玛格达莱娜夫人扮演希罗底，我演希律王，巴霞当然是演莎乐美；而弗雷德里克则选了戏不多的一个配角——纳拉波斯。分配先知施洗约翰一角时发生了困难。沃森找到一个候选人，是他在泰里泰小镇认识的一个男孩，自称叫热尔曼·戴斯巴贝。迄今我还一直怀疑这是否是他的真名。我推测，他是借用当时一个相当著名的法国诗人的名字。小伙子当时约有二十岁，个子很高，相貌英俊得难以形容，而且沃森对他的宠爱是明摆着的。此外，他还很聪明，对所扮角色又十分卖劲。大家别无选择，只好认可。各自分头抄好台本后，我们马上就开始排练。经过几天热情的工作，事情初具规模，我们都很满意，这预示着将是一场真正的、几乎专业的演出。

对此，整个饭店，从管理人员到每个房客，一开始是半信半疑，但慢慢地就越来越感兴趣了。经理是个喜欢上剧场的瑞士人。他建议我们收入场费，而收入则由旅馆工作人员分享。他说，如果我们同意，他可以帮忙争取舞台布景，借几个懂德文的服务生来当群众演员扮演犹太人和拿撒勒人，还提供几名舞台布景工，以及找几个搞音乐的伴奏莎乐美跳的《七重天舞（Dance of the Seven Veils)》。他的建议很有吸引力，我们毫不犹豫地表示同意。大家决定在两个星期后演出。经理在蒙特勒和洛桑报上发了消息，开始积极地兑现自己的承诺。我想起一个古老的犹太旋律，给弗雷德里克写下来，他用旅馆的六个乐手组成乐队，这就是莎乐美舞蹈的音乐了。巴霞学了《七重天舞》的几个舞步，她跳得很好，又有相应角色的气质。甚至讲德语的服务生们也很高兴在我的指导下学台词和表演，并参加戏剧演出的准备工作。我按照在柏林见到的样子，导演了整个戏剧。

弗雷德里克和我决定以四手联弹杜卡的《魔法师的弟子》来开始演出。我们弹得极好，可以指望这样能激起观众的情绪。

终于，那个重大的夜晚来临了。令我们惊奇的是，从洛桑、蒙特勒、泰里泰、克拉朗以及附近的其他地方赶来许多人。舞厅里观众爆满。杜卡的曲子引起欢呼，戏剧取得了真正的成功。我扮演希律王时有一种奇怪的感觉，好像是演自己的生活，那个晚上希律王激情满怀地追逐莎乐美，而我则想起自己以前对巴霞的爱情，同时引起了对她母亲——玛格达莱娜扮演的希罗底的仇恨。这是一种奇怪的巧合，简直令人不安。

演出后，旅馆经理感到非常高兴，他宴请我们全体和舞台工作人员，让大家吃了一顿愉快的晚餐。一对从洛桑来看演出的善良的夫妇赞扬了我们的表演，对我们的钢琴四手联弹尤其喜欢。那位男子自我介绍是克莱顿上校、英国人，给英王爱德华七世的弟弟、康诺特公爵当私人副官。他的太太是法国人——富基埃尔男爵的女儿，是位迷人的女士。他们邀请我去伦敦逗留几天，就住在他家，在他为康诺特公爵及其千金帕特里夏公主举行的大型招待会上演出。我将得到酬金和往返旅费。建议挺令人向往——可以让我了解伦敦，结交"上层社会"，所以我愉快地接受了邀请，同意11月去他府邸住一周。

在"科（区）饭店"快活而感受丰富的夏天结束了。我们经过日内瓦返回巴黎，在日内瓦停留了两天，虽然城市很令我喜欢，但并不像帕德雷夫斯基说的那样被它所征服。弗雷德里克和他母亲从巴黎乘火车回波兰，巴霞留在巴黎，而我回到自己在卡尔迪内路的住处，开始准备去美国巡回演出的节目。

去伦敦前，天老下雨，人也感到压抑。但尽管如此，我还是去看了一两次不错的演出，听了几场音乐会。我也回想起一件当时发生的相当不愉快的事。俄国作曲家斯克里亚宾来到巴黎，他的钢琴作品我相当熟悉。他来是要举行一场他自己作品的音乐会。阿斯特吕克打算把它办得很隆重，由尼基什指挥，曲目包括《狂喜之诗（Poème d'extase）》、另一首交响作品以及一首钢琴协奏曲，作曲家本人担任独奏。

"这位年轻人是最崇拜你的一个，"阿斯特吕克对俄国大师介绍我时说。大师法文讲得很差，在迄今他还不大为人所知的法国，能找到一个翻译和热烈的崇拜者，他很是高兴。

"来，我请你喝茶去。"他友好地说，于是我们就到附近的"和平饭店"，要了茶和点心。斯克里亚宾个子不高，人很瘦，一头褐色卷发，蓄着仔细修剪过的翘得高高的灰白大胡子，有点像尼基什的胡子；还有一双冷静的棕色眼睛，好像对周围的一切都视而不见。

"你喜欢的作曲家是谁？"他心中已知答案，却带着大师般的谦虚微笑着问我。当我毫不犹豫地回答说是"勃拉姆斯"时，他拳头重重地打在桌子上。

"什么，什么？"他尖叫道，"你怎么能同时喜欢这个可怕的作曲家和我呢？当我在你这个年纪，我自认为只爱肖邦，后来成为瓦格纳的热爱者。可现在，我仅仅是斯克里亚宾的崇拜者而已！"

他大发雷霆，抓起帽子跑出饭店，把我一个人撂下，我被这情景弄得目瞪口呆，而且他连账也没有结。

后来在音乐会上，他为这次发作得到了一个小小的报复。他的《狂喜之诗》被听众又吹口哨又喝倒彩。我亲眼看见杜卡、布律诺①和福雷②怎样爬到椅子上，起劲地敲钥匙，吹口哨。其实，和他们相反，我承认这一作品给我的感触很深，其中几段我极为喜欢。几年后在莫斯科，指挥家库塞维茨基带我去见斯克里亚宾，当时我正在自己的音乐会上演奏了他的作品。这次作曲家很有礼貌地接待了我，又请我喝茶，花了近一小时给我详细地介绍自己的新作《神秘（Misterium）》，那个作品计划在特地修建的神庙里演出！斯克里亚宾确实有点古怪，但我对他的音乐总是极为欣赏。

31

我去伦敦时心里很没有把握。在我已经了解的欧洲大陆各国中，人们对英国人和他们的生活方式、语言、习俗、衣着、餐桌礼仪，都带着一种敬畏。

维多利亚女王在自己对地球五分之一土地的 64 年的统治中，努力把严厉的行为准则强加给她的臣民们。她的继承人爱德华七

---

① 布律诺（Alfred Breneau，1857－1934）：法国作曲家、评论家。曾在巴黎音乐学院学习大提琴，获头等奖；后从马斯内学作曲。主要写歌剧，如《获月》、《风暴》、《小皇帝》等；歌剧之外最重要的作品为《安魂弥撒曲》。

② 加布里埃尔·福雷（Gabriel Fauré，1845－1924）：法国作曲家、管风琴家。师从圣-桑。1896 年任巴黎马德莱娜教堂管风琴师，同时被聘为巴黎音乐学院作曲教师；1905－1920 年任院长。作有戏剧配乐《佩利亚斯与梅丽桑德》等，以及大量管弦乐、室内乐和钢琴曲。

世，其威尔士亲王①的身份更加为人所熟知，虽然受到他母亲的严厉警告，但仍以讲究饮食、喜好女色和美酒以及嗜赌而闻名于世。我到伦敦时，正值爱德华七世时代的开始，观察这个时代对英国的影响是一件引人入胜的事。

到伦敦的旅途是非常不舒服的（而且不可能更糟糕了！）。前往加来的三小时，我们一直坐在烟雾弥漫的车厢里，然后坐小汽轮横渡加来海峡。人们都拥挤在甲板上，四周散发着晕船呕吐物的残余气味，不时又加上大浪带来的新的呕吐物的气味。这样折腾一个多小时后，在多佛尔下船时我们已十分疲倦，可是还要排长队、查护照、过海关，然后再上一列快车颠簸一个半小时，最后才到达伦敦。不过第一次访问伦敦的兴奋使我一下子就忘记了所有的不适。

根据克莱顿夫人信中的指点，我雇了一辆双轮小马车，车把式坐在我身后，座位比我的要高，这叫做"汉森马车"。多少受阴暗、雾蒙蒙的街景感染，我前往波特兰广场 78 号时，心情有些郁闷。两位主人在布置讲究的客厅接待了我；克莱顿上校身穿燕尾服，而女主人则是一身华贵的晚礼服裙。

"我们应莫利勋爵之邀，将去赴晚宴。你也受到邀请，所以请你快换衣服。我们现在就走，尔后让马车回来接你。"

身穿燕尾服、打着黑领结、看上去很严肃的管家领我到我住的房间。接着一言不发，走进浴室，向澡盆放水。在我忙着脱衣服时，他打开我的箱子，把我的晚礼服拿出去熨。我正舒舒服服地浸泡在热水中时，他跑回来，几近惊惶失措。

"先生，我找不到你的圆顶大礼帽……我已经到处都找遍了。先生……你能否告诉我，你把它放在什么地方啦？"

---

① 爱德华七世（Edward VII, 1841－1910, 1901－1910 年为英国国王）：由于他母亲在位时间很长，他身为王储——威尔士亲王长达 59 年，而登基仅 9 年就去世了。

我也慌了。我还从来没有过圆顶大礼帽呢！这管家突然让我感到，一个男人没有圆顶大礼帽就不该活着！但是所幸，我头脑还保持了足够的清醒，便解释说：

"太可怕了！肯定是我在巴黎的仆人忘记给我装进箱子里。我真不知道现在该如何是好。我可不能不戴大礼帽赴晚宴啊！"

管家说道："今晚我最好给你一顶上校的礼帽，希望大小对你合适。"

咳，合适什么！我的头很大，从来没有买到过尺寸合适的现成帽子。尽管如此，我还是借了克莱顿上校的礼帽，抓在手里，假装戴在头上太热。

莫利勋爵家只是举行一个小型晚宴，人数不超过 10 个，但非常正式。我们必须成双结对地进入餐厅，男士要伸出手臂让女士扶着。我们就座之后，便不再交谈，大家主要的注意力都集中在菜肴上。饭菜并不太可口，但上菜的方式绝对最为考究。

在吃甜点时，主人站起身来，举起一杯香槟酒，郑重其事地说：

"女士们，先生们，我提议为国王的健康干杯！"

大家都站了起来，默默地啜上一口。饭后，莫利夫人请女宾们回到休息室，男士们则留在餐桌旁，又上了咖啡和葡萄牙产的波尔图葡萄酒。喝过几杯酒，谈话的声音就大起来，气氛逐渐活跃。几个有趣的笑话引起了哄堂大笑。半个多小时后，男主人才很费劲地说服我们与女士们会合到一起。在这次宴会上我感到极为陌生。好像谁也不知道我是音乐家，我只是作为克莱顿夫妇的客人才被邀请的。虽然这样，我还是很高兴能结识当时伦敦典型的上层社会。

我的男女主人非常好客。他们把我带到国家画廊（National Gallery）和大英博物馆（British Museum）。这两个博物馆我非常喜欢，特别是在里面参观很方便。要欣赏其中的杰作毫不困难，例如从帕台农神庙①运来的名闻遐迩的埃尔金（Elgin）大理石雕像，或是委拉斯克斯②画的维纳斯——这是画家所画的唯一一幅裸体画。记得参观卢浮宫总使我又烦又累，因为展厅太大，得在很陡的楼梯上爬上爬下，光线也很差，许多杰作的摆放位置亦令人看得颇为吃力。要想在一次参观中能看上米洛（Milo）的维纳斯雕像和蒙娜丽莎，不得不走好几公里的路。

克莱顿家的大型宴会在两天后举行。整所房子来了个底朝天。大型家具都被搬走，换上新的。主休息室改变成音乐厅，每个角落都饰以美丽的花朵。为了不妨碍晚宴的准备工作，午饭都在外面吃。

"我们去'斯科特饭店'吃龙虾吧。"上校说。

斯科特饭店是皮卡迪利广场旁一家有名的餐厅，那是唯一可以吃到双螯比虾身大的新鲜龙虾的地方。

那一晚，克莱顿夫妇和我穿戴整齐，在摆放着饮料的底层休息室等候应邀来赴宴的客人。8点整，高贵的客人便分秒不差地准时到达了。康诺特公爵在自己的儿子亚瑟王子和女儿帕特里夏公主的陪同下最后一个到达。我想，这是礼宾的要求。宴会不像莫利家的那么正式，这使我十分满意。克莱顿夫妇把我介绍给全体客人，客气地说我有才华，作为回应，我听到一些有关音乐的机智的评论。当管家宣布开始上菜后，公爵把手臂伸出给克莱顿夫人挽着，克莱顿上校则把手臂伸给公主。而其他客人则免了这种客套。我被安排坐在公主对面一侧，这既光荣又愉快，因为公

① 帕台农神庙：雅典卫城上供奉希腊女神的主神庙，建于公元前5世纪。
② 委拉斯克斯（Velazquez，1599－1660）：西班牙画家，国王腓力四世任命的宫廷画师。曾两次访问意大利，研究文艺复兴诸大师的作品。在艺术上反对追求外表的虚饰，善于表现人物的性格特征。笔致自然，色彩明亮。作有大量的肖像画、风俗画和历史画。对19世纪欧洲现实主义画派有较大影响。作品有：《火神的锻铁工场》、《酒神》、《腓力四世之家》、《教皇英诺森十世肖像》、《纺织女》等。

主端庄妩媚——她是位高个子黑发姑娘，有一双聪慧的黑眼睛。她把我当做一个成年人，问我对伦敦的印象和在巴黎的生活。到晚宴结束时我们已建立了良好的友谊。后来我了解到，其他参加者都是上流社会中的知识分子，对文学和艺术均感兴趣，也是音乐会和严肃戏剧演出的常客。

在十分美味的晚宴（女主人是法国人嘛！）之后，免除了祝酒，男士们只短暂逗留，喝了点咖啡和饮料，然后我们就上楼去大厅参加音乐会。新的客人还不断地到来。很快二楼的两个房间就坐满了人。

我已忘记那晚我演奏的曲目，只记得最后两首曲子是瓦格纳的歌剧《特里斯坦》中的《伊索尔德之死》，由李斯特改编；和著名的《女武神来了》（瓦格纳著名连环歌剧《女武神》中第三幕，由我自己改编）。两首曲子都很成功，这与当时瓦格纳很风行有关。公爵和她的千金尤其满意，因为他们熟悉这两段音乐，其他的客人们对我也很热情，就像波兰类似的听众一样。

音乐会之后有布置考究的自助小吃，最后一批客人离开时已是深夜。

"你演奏得真辉煌，"可亲的法国出身的女主人一边这样说，一边吻我，而男主人则同我握手，显然很满意。我应提一句，整个访英期间我说的都是法语，因为我的英语还很糟。但实际上这对我有利，因为在和英国人的交谈中我一直占着上风。

最后四天我过得很是愉快。克莱顿夫妇带我乘火车到乡间和伯纳姆勋爵一起度周末，伯纳姆是大报《每日电讯》的老板。他六十开外，身材短粗结实，已经完全秃顶，有一个又大又圆的鼻子，两腮通红，大概是经常在户外活动的缘故。他带着一大家人高声地欢迎我们。我原本以为英国人都是冷冰冰的，感情很有节制！当我向克莱顿夫人表示自己的惊讶时，她哈哈大笑。

"我亲爱的，"她说，"伯纳姆勋爵是犹太人。在英格兰有不少犹太人在自己的领域取得事业上的成就后，就会得到爵位和荣誉。维多利亚女王就给自己的爱卿本杰明·迪斯雷利首相授予了比肯斯菲尔德伯爵的头衔呢！"

这一信息大大增加了我的民族自豪感。这个周末过得愉快而有生气。晚饭后我先弹奏严肃音乐，然后我让年轻人翩翩起舞。我们还即兴想出一些游戏，半夜过后还玩了很久。

第二天上午我们回到城里，那是我在伦敦逗留的最后一天。男女主人非常热情地和我道别，然后把我送到维多利亚火车站。克莱顿夫人送给我一对表面上镶着白色珐琅的漂亮金袖扣，中间是一小块钻石，周围一半镶着细小的红宝石，另一半则是祖母绿。我为这次造访高兴不已，但也有点失望，因为没能认识任何一个英国音乐家。克莱顿夫妇只和贵族们有交往。

我回到巴黎，这次已经没有去时那种旅途劳顿之感了，而是沉醉于骄傲情绪之中！因为我变成和英国王室家庭、贵族和财主建立了亲密关系的人啦。回家的路上，法国人那种矮小、肥胖和满脸大胡子的外表的反差令我惊奇……

膳宿公寓里的朋友们为我接风，还吃了可口的巧克力冰淇淋当甜点，我来了兴致，决定要放荡一回。

"如果你想痛快玩玩，就去'女神游乐厅'，"其中一个斯堪的那维亚的大学生建议我说，"那边有城里最好的表演。"

我相信了他，听从他的建议去了那个地方。游乐厅已满座，只剩下站席，我急切地买了一张票。

1905年，"女神游乐厅"及其所谓"场面豪华的演出"正红极一时。如果到巴黎不看这种表演，略有"志气"的游客都会感到没面子。但我要坦言，这个"豪华演出"使我失望。主要吸引人的是十几个慢慢走下阶梯的半裸的姑娘；有些裸露着乳房，但她们必须像雕像一样站着不动，于是过一阵人们就不想再看她们了；另外一些姑娘戴上奇形怪状的头饰，目的是图解当时的热点新闻，上面写着"我是巴拿马运河"或者"我是参议院"抑或"我是屠宰场"等等词句。她们在台上的游走既无美感，也无韵律感，脸上带着刻板的微笑。更糟糕的是，还有一男一女两个类似司仪的人一直在周围，连说带唱、比比划划地解释那些胡闹节目。几个一流的歌舞杂耍倒让我略感轻松。

至于我，更对观众席感兴趣，而不是舞台上的表演。站席和我想的完全不同，法国人称之谓"风流走廊"，本来就是用来散步的。这地方似乎是专为男人们预备的，也是妓女拉客的地方，那些男人中不少人都身穿晚礼服，戴着缎面礼帽。这"风流走廊"和类似门厅的宽敞大厅连在一起。幕间休息时，可以看东方的肚皮舞，购买淫秽明信片或者可笑的小玩意儿，或者在小桌子旁喝提神饮料。一长溜的吧台边，有漂亮姑娘在卖酒，那是妓女们和散步者们讨价还价的地方。雷诺阿有一幅美丽的画，名字叫《女神游乐厅里的酒吧》①，表现的就是这个场景。

我正以 18 岁小伙子的好奇心注视这一切时，突然，一位极美的金发女郎打断了我。

"我亲爱的，来吧，"她悄悄说，"我住得很近。我们可以一起度过一段时间，你不会后悔的……我会给你很多快乐！"

她的话语和声音让我异常兴奋，以至我无法抗拒。她不再多说，就挎着我的胳膊离开剧场，去到街对面的一个小旅馆。片刻之后，我们进到一个房间里，房间连着一个小卧室，里面摆着一张宽大的床。服务员提进来一个里面装有冰块和两瓶香槟的小桶，并一下子把瓶塞全部打开。他后面跟着一个高挑个黑发女人，带我来的金发女郎介绍说这是她的"最要好的朋友"，接着两人就向三个大杯子倒酒。不到半小时，我们就喝光了香槟。同

---

①《女神游乐厅里的酒吧》：是马奈的名作，1882 年首次展出。画家让酒吧女人画，是绘画史上的一个突破。

时我也就无条件投降了。

这时她们脱光了我的衣服，把我弄上床，用专业而熟练的手法开始对我干活。我觉得自己好似在诊所里，被两个堕落的护士进行了让人心痒难耐的"治疗"。事毕，她们就准备离开，并向我要钱。同时，服务员送来香槟酒和房费的账单。总数超过200法郎。而我这个可怜的蠢货，身上带着80法郎就以为自己是富翁。我很害怕，担心他们会把我抓起来，或者痛打一顿。这时我突然想起那对无价的袖扣还一直放在口袋里。

"我想跟经理说话。"我对服务员说。

过了一会儿，一个满脸凶相的胖男人出现了。

"愿为你效劳。"

"我忘记多带点钱了。"我解释说，努力装出一副随便的样子，"由于一个小小的意外，这两位女士才把我带到这里。"我苦笑着补充道，"所幸，我身上有这一对袖扣，还是我清早在伦敦买的。请给我150法郎，你把袖扣留到明天，我一早就来赎回。"

我的处事方式和宝石的美丽使他很高兴。

"好吧！这钱你拿着，但不要忘记明天一定来。"他说。

我松了口气。为支付房费和女人的费用，还有过一番斗争，因为她们想要拿走我所有的钱。我发誓，永远不再陷入这种麻烦！过了三星期，直到我去美国的前夕，我才弄到赎回袖扣的钱。胖子经理玩世不恭地微笑着说：

"先生，因为你没有在第二天上午来，我亏本把它卖了！"

32

新年前几天，我坐上一艘横渡大西洋的法国客轮"图赖纳号"。阿斯特吕克先生送给我一个放梳洗用具的包，以及一些零花钱，是用来在船上给小费的，他说这很重要。在圣拉扎尔火车站他预祝我成功，并教我遇到危险如何处置，怎样对付晕船，等等。他的话没有能给我什么安慰，我对第一次与大海接触很害怕。在一个阴暗而有雾的夜晚到达勒阿弗尔时，我的情绪糟糕透顶。

和现代豪华客轮相比，"图赖纳号"客轮就像一只普通的内河船舶。接待厅的用途极多：是客厅，一架普莱耶尔大钢琴放在角落里；当休息室，在下午茶时和餐后，乘客们都聚集在这里；还当阅览室和写信的地方。中间有一道宽阔的扶梯一直通到客舱和餐厅。

我的客舱完全是斯巴达式①的：两个吊床，一个在另一个之上，占据着整个舱室的一半；浴室自然没有——在当时的法国还没有听说过这种设备——代替它的是一个小洗脸池，要按住开关不松手，才会滴滴答答地流出细细的一股冷水。在我得知除了上层甲板的两个舱室外，在这条船上没有更好的舱室时，我的情绪才算好一点，虽然仍不高兴。我满意的一件事是，舱室归我一个

---

① 斯巴达：古代斯巴达人以简朴、艰苦的军事化生活著称。

人使用。所幸，在客轮驶出公海前，我已经入眠。这样就避开了和大洋的第一次接触。我决定第二天在午饭前一直躺在吊床上。在这局促的斗室里刮胡子、穿衣服可是件麻烦事，因为需要打铃叫热水，然后等好一阵才给送来。尽管如此，我还是去了餐厅，那是个不太吸引人的地方，既肮脏又发臭。我是少数几个能下床去餐厅的旅客之一，这使我很是骄傲，觉得自己算是个老练的航海者。但是这种幸福感维持得并不久。轮船开始摇晃起来，海浪从四面八方拍打船身，发出的巨响让人恐惧。大家都跑回舱室，躺到床上。但这只是个开头，在今后漫长的岁月中，还有多次同样糟糕的横渡之旅。我们在船上过了十天才到达纽约。

在两个漫长的不眠之夜里，我多次晕船，再也不能忍受舱室中的污浊空气。我胡乱地穿好衣服，跌跌撞撞地来到休息室，打算爬到上层甲板散散步，但我发现，所有的门都上着锁。他们告诉我，出去挺危险。于是我试着弹钢琴。这才发现，在凳子上坐住是最困难的，可是弹琴还挺顺利。不一会儿我就有了一个聪明的发现：一旦弹强节奏的曲子，我就跟着乐曲的节拍呼吸，而不是随着船身剧烈、不规则的上下簸动而呼吸，那样会使我立即晕船。由于接着的经验证明了这个理论管用，我就决定不离开休息室，以便需要时钢琴总在附近。好心的服务员答应给我送饭，他也喜欢音乐。令我大感意外的是，一部分旅客——样子就像医院里刚做完手术的病人——开始爬上楼来，在低矮的凳子上坐好，欣赏起音乐来。他们声称，只要听听音乐，就能感觉好些。

除夕，大部分旅客都颇为吃力地穿好衣服来参加晚餐。船长邀请我和几个"重要人物"坐到他自己的桌子上。我们之中有四五个法国商人，出席的唯一女士是美国人，稍后一个脸色苍白的法国青年也加入进来，他是阿尔芒·德·贡道－比隆伯爵①。

---

① 阿尔芒·德·贡道－比隆，Armand de Gontaut－Biron，以下简称阿尔芒。

　　为新年准备的丰富的菜肴白费了：一见新鲜的肥鹅肝或者橘汁鸭子，我们的肚子就抗议。我艰难地喝下一些清炖肉汤，吃了一点水果，不过后来，在休息室，钢琴使我恢复了力量。我享用了香槟以庆祝新年和我到美国的首演。应大家之邀，我举行了一场真正的音乐会，中间还闹了个笑话。轮船一度突然被海浪高高地举起又抛下，我失去平衡，跌倒在地，但没有受伤。在我爬起来以后，船长吩咐两个水手用皮带把我的双腿绑到琴凳上，那琴凳和钢琴一样，都用钩子固定在甲板上。音乐会继续进行，没有再发生意外。我很高兴被这样"固定在艺术上"。

　　"真好，妙极了！"当我演奏完后，阿尔芒伯爵叫道，他的掌声也比别人的响亮。"你是否愿意陪我喝一杯香槟呢？"他极为客气地问，"我崇拜音乐，你的演奏深深地打动了我。"

　　这个中等身材的年轻人大约二十五岁，一头淡淡的金发，梳成中分发式，高卢人式的浓密的胡子掩盖着他轮廓好看的嘴唇，漂亮的长鼻子，一双湛蓝的眼睛和两只秀气的耳朵使他的面目显得与众不同。他是典型的 18 世纪的法国贵族！

　　那晚，在这条摇摇晃晃的轮船上我们成了朋友。我们邀请那个孤零零的美国女士，喝光整整一瓶香槟酒，一直玩到黎明。那位女士是个有吸引力的中年妇女，一个洛杉矶财主的寡妇。她对这个我们从未听说过的小城市赞不绝口，称那里是天堂，有天底下最善良的人、最好的花卉和水果。不过，她愤怒地说，美国人都绕过它，而成群结队地涌向堕落、荒凉、无法无天的旧金山，那地方本该从地球上抹去的！对我们两人而言，这些听起来都是幻想，她说的那些事都是遥远而不现实的。不管怎么说，她热情地邀请我去看望她，去和她一起演奏音乐，她透露她会弹竖琴。

　　从那个晚上起，我们三人就聚在一起共度时光。当五天后海浪稍稍小些时，我们便更加自在地到处活动，对真正的食物又有了胃口。一个晚上，船长桌上的那些商人邀请我们参加扑克赌局。一般说来在玩牌上我算得上好手，但当时对这个玩法我还不会。

"这没有什么难的，"急着要去玩的阿尔芒伯爵说，"只要几分钟你就能学会。"

实际上，玩扑克很容易学会，但想玩好，要花时间，并且要有才干。虽然如此，这项赌博还是吸引着我。尽管我们玩的赌注很低，但我每晚都是输家。我每当有一手好牌时都不会掩饰自己的兴奋，于是我的对手就不再和我较劲下注了，而他们无论是手持坏牌而虚张声势还是大牌在握而不露声色，都可以轻易捕获我这样的猎物。

"阿图尔，要不露声色！"阿尔芒伯爵试着教我，但为时已晚，我输掉了身上所有的钱，阿斯特吕克给我做小费的钱也不例外，于是只好出局。所幸，第二天上午我们就可抵达纽约了。

服务员答应及时叫醒我，好让我看看自由女神像——法国给美国的那件礼物。但是我早几个小时就起床穿好衣服，因为即将登上新大陆太让我激动了！我们从自由女神像身边经过时，她那高大挺立的形象给我留下了深刻的印象，而且，我为这座自由的象征所感动，当时我仅仅是个受着俄国占领者严厉统治的、可怜的波兰犹太人啊。

在允许我们靠岸之前，一艘小艇将移民检查官和一个医生送上船来。同时，一群报刊记者冲上船，试图就轮船延误一事采访乘客，他们已经知道我们在穿越大西洋的过程中遇到过困难，客轮受到损坏，旅客吃了苦头。最终，这一切都结束之后，我们才能下船。我的脚一着地，就有一位高个子男人走过来，自我介绍说，他是乌尔里希先生，是代表克纳伯钢琴厂来做我巡演的经纪人的。

"亲爱的乌尔里希先生，"我尴尬地微笑着说，"请你帮我摆脱困境。我打牌时把所有的钱都输了，我要一点零花钱，支付船上的各种小费，10 美元该够了。"

"好的，年轻人！"他一边递过钱，一边大笑，"我希望你弹钢琴要比玩扑克好些。"

我跑回船上，匆匆地办完诸事，又回到乌尔里希身边。这时他身旁已有几个摄影师和记者，他们提问的速度非常快，我都听不大懂。

"那些玩扑克的人是谁？你被拴在钢琴上是什么感觉？你是这次航行的英雄，对吗？你是安东·鲁宾斯坦的儿子吗？你是否每次音乐会都要弹断几根弦？你是帕德雷夫斯基的学生吗？……"

他们根本没有等我的回答。阿尔芒伯爵终于来帮我的忙了，于是我把伯爵介绍给我的经纪人，记者们立即兴奋起来。

"你是一位真正的伯爵吗？你来美国是要和一位女继承人结婚吧？你是否有时戴皇冠？"等等，等等。

阿尔芒伯爵富有经验，所以很快就摆脱了他们。

"阿图尔，你准备住在什么地方？"他转向我问道。

"我已为他在'尼德兰饭店'预定了一个房间，还带一架钢琴。"乌尔里希回答说。

阿尔芒伯爵讥讽地笑道：

"这不可能，你不能在那种地方居住。这个城里唯一适合你的饭店是'沃尔多夫－阿斯托里亚饭店'。"

"那可花销很大啊！"乌尔里希说。

"好东西都是昂贵的。"伯爵富有哲理地回答。

于是我就决定住"沃尔多夫－阿斯托里亚饭店"。一辆"四轮儿"——当地人这样称呼这种一匹马拉的车——把乌尔里希和我拉向第 5 大道和第 34 街交汇处的一座宏大的红色建筑。

从码头一路过来，周围肮脏破败的街道令我厌恶不已，因而饭店的巨大规模让我倍加亢奋。乌尔里希先生微微一笑说：

"等你看到'弗拉蒂龙大厦（Flatiron Building）'再说吧。那是世界上最高的公寓楼，共有 21 层哪!"

我们走到接待处。我要一个带浴室的单间，房子要宽敞到可以放得下一架钢琴。

"在卧室里放钢琴是违反规定的。不过如果我给你一个小套间，你就可以使用乐器。价格是每天 21 美元。"

乌尔里希打算要走。

"价格太高了。"他悄声说，"在'尼德兰饭店'你花 4 美元就能有一个漂亮房间!"

"不，"我反对道，"我喜欢这里。我要这个套间，不管它什么价格!"

我说话的口气是那么坚决，乌尔里希只好认输。我在登记册上签名后，就被领进我的房间。房间真叫舒服! 一间可爱的起居室，摆放着一把小沙发、几把软椅、一张写字台，墙角有个小吧台，还有一个上面放了几本书的书架。卧室是那么温馨，我可以在里面呆几个礼拜不出门。每个房间都有电话。最使我着迷的是浴室，那是此生第一间由我独占的浴室，它相当完美，在一排精巧的挂架上挂着 10 条雪白的毛巾，带香皂的浴缸，一瓶归我使用的浴用盐晶，甚至冰水龙头。

"在美国，所有饭店都有单独的浴室。"乌尔里希先生取笑我那么兴奋。

我羞愧地承认欧洲在卫生方面落后很多。洗漱完毕，我们就下去喝茶，并开始讨论巡演事宜。

两天后是我的首演：我要作为独奏演员和费城交响乐团一起在卡内基大厅演出，他们挑选了圣 - 桑的《g 小调钢琴协奏曲》，这是我的拿手节目。而且在巴尔的摩、费城和华盛顿也是同样的曲目。预计在芝加哥、明尼阿波利斯和辛辛那提也将和管弦乐团合作演出。其他的演出将是我的独奏音乐会。

这看来真像一次名副其实的大巡演，我生平的第一遭。我的心带着希望和兴奋跳动。回到房间时，电话铃正在响，是阿尔芒伯爵请我在饭店的烤肉馆共进晚餐。晚餐上他给我讲了自己的身世，那是一个令我入神的故事。他属于悠闲的贵族阶层，我本以为，法国大革命结束后，这个阶层已经消失。在他所属的那个上流社会，年轻男子除了参军不会从事其它职业，他们的主要事情就是骑马、跳舞、击剑和法国人称之为"花天酒地"的放荡夜生活。阿尔芒童年丧母，在军队服役后与长兄路易共同租下一套巴黎的公寓，所过的生活和他前面给我描述的一模一样。

"哥哥在几个月前结了婚，"他补充道，"而我认为一个人过着没意思，所以悄悄地干了一个工作。我现在当法国庞哈尔－勒瓦索尔汽车公司的代表，这是我第二次为他们来美国了。不过不要弄错，我不是普通的推销员，这种事有别的人干。我所做的就是在纽约富有阶层的家庭宴会上不显眼地宣扬公司的汽车。由于姓氏的缘故我接触那些豪富比较容易。"他不禁大笑起来，"而他们都以为我是在追求百万富婆呢！"

我很欣赏他的坦诚。我对他也非常诚恳。那次相互交心确立了我们的友谊。我们决定尽量多地在一起共度时光。

第二天早上我醒来很迟，我想叫早餐，但是找不到召唤服务员的按铃开关。我徒劳地在走廊上寻找服务员或者清洁女工，一个热心的邻居看我神情沮丧，就告诉我相关的信息。

"需要服务只能打电话，"他说。"拨打'客房服务'订餐。'男仆'送洗衣物，其他事情则拨'接线生'。"

这听起来很有效率，但对我却造成大麻烦，因为我习惯于和服务员直接接触，那样我可以用语言或者手势来说明我要什么。然而通过电话我就很难说清楚，也难听得懂美式英语。

这个早晨还遇到一件不愉快的意外事情。我晚上把要擦的皮鞋放在门外——在欧洲通常都是这么做的——第二天鞋还放在那里原封未动。在此地，大家必须把鞋送到下面的理发店去，而且要等好几个小时才能送回来。当然，这不过是美国旅馆系统中的小缺点。

早餐很好吃，是我经过在电话里的奋斗才送来的。"报亭"也接到我要买晨报的电话。我很想了解报纸是否提到我。还真有！我找到了：我在港口码头的一幅大照片，报纸头版有个大标题："鲁宾斯坦，波兰年轻钢琴家，被'图赖纳号'上的旅客们拥戴成英雄"，下面的消息说，我被用链条固定在钢琴上，弹了一整夜的琴，以安慰被损坏的法国班轮上惊恐万状的旅客们。另一家报纸也在头版登了一条消息，说的是我们那无辜的扑克牌局，但其内容却完全失实，令我大吃一惊。"年轻的钢琴家成为骗子们的牺牲品。法国赌棍在马拉松式的扑克牌局中赢干了他的钱！"我记得住的大意就是如此。我真的被美国报纸这种追求耸人听闻消息的做法惊呆了。阿尔芒伯爵给我打来电话。他身为参与者，也被吓坏了。我答应一定请乌尔里希去提抗议。

当天上午还有一件事让我感到震惊，那就是和克纳伯牌钢琴的接触。在卡内基音乐厅里放着三架演奏琴由我挑，但三架都不能令人满意。声音发闷，机械装置太硬，低音又弱。虽然我感到失望，但必须装出满意的样子。我无可奈何，挑了音色略好的一架，求调律师把机械装置放松一些，尽量使声音明亮些。琴要在排练前调好，第二天就是音乐会啦！

回到旅馆我有些郁闷，但注意到放在我房间里面的那架克纳伯练习琴听起来要比那些演奏琴好些。所以我把希望寄托于调琴师的双手了。

阿尔芒伯爵来带我去吃午饭。电话铃突然响起来。

"有三位先生找你。"接线员说。我问都是谁，他答道，"他们是在船上认识你的，坚持要和你谈话。"

我心中害怕，想拒绝见他们。但伯爵说：

"让他们上来。我来应付他们。"

法国牌友们走进房间，个个脸上杀气腾腾。

"你真会胡扯蛋！"最年轻的一位叫喊起来，"你让大家把我们当无赖了！但我总共才赢了你可怜的 10 个法郎。我的朋友们赢的也不会多多少。我们要控告你损害我们的名誉！"

我很害怕，不知回答什么好。阿尔芒伯爵又一次救了我。

"先生们，别忘了我也是这次诽谤的牺牲品，但事情是这样的：当我们的年轻朋友因为输光了，向自己的经纪人要钱时，我也在场。经纪人以为这对报刊可能是个好题材，但忘记寻问我们赌注多高，所有的误会就是这样产生的。明天报纸将发表一则启事表示道歉，所以不要担忧！先生们，请坐，和我们一起喝一杯吧！"

客人们立即心平气和，大家一起愉快地喝了开胃酒。

午饭后，整个下午我都在练习协奏曲；在克纳伯琴上我感到没有把握，需要努力克服。傍晚，一个奇怪的客人打断了我练琴。这是我的表兄阿道夫·奈乌马克，从我在罗兹的童年起，就清楚地记得他。他被俄国学校开除，于是他父亲就决定把他送到新大陆，让他自己开辟道路。从那时起我们就没有过他的任何消息。如今在纽约，家又那么远，我迎接他时激动不已。报纸上的消息使他非常兴奋，但很难过我把那么多的钱输给了"那些危险的骗子"。不过在我把事情真相告诉他之后，两人就开怀大笑。

接着发生了一件有趣的事。当我请他去饭店烤肉馆吃晚饭时，他心神不安地问：

"我们是否可以到别的地方去吃？"

"不，"我回答，"今晚我不想上街，因为明天又要排练，又有音乐会。再说，这里的饭菜我很爱吃。"

"可是我不能跟你去！"他推脱着。

"为什么？你该着他们钱吗？"

"不，"他红着脸，"你看，不久前我还在这里当服务员呢！"

这对我是件新鲜事——这是我首次见识真正的民主！我感到很快乐！在我心灵深处从来没有认为任何人的地位或者职业比我的低下，也从来没有觉得要恩赐任何人、甚至恩赐没有才华的钢琴家。我拥着我的表兄奈乌马克，骄傲地走进"烤肉馆"。他原来的那些同事不带丝毫诧异地为他服务。我在纽约的第一天结束得非常舒心。

33

因为急于看到调律师把我的琴调整得怎样，我在排练开始前半小时就来到卡内基大厅。然而我发现，乐队的许多成员已在舞台上，正在摆弄各自的乐器，调弦对音，享受那响成一片的熟悉的不协和音。10 点整，指挥弗里茨·谢尔先生准时出现。他没有浪费一点时间就开始韦伯的一首序曲的排练，这首曲子将在我的协奏曲之前演奏。

谢尔是个典型的德国音乐家——经过严格的训练，功夫扎实，但表情冷峻。乐队演奏得很棒，我想，要是能听到这乐队在尼基什的指挥下演奏，那该像梦幻般美丽了吧！轮到我时，谢尔直截了当地问我说：

"你是'伟大的鲁宾斯坦'的亲戚吗？"

我以前经常碰到这样的问题，但此次这个问题比任何时候都使我生气。令我大为宽慰的是，钢琴听起来已经好多了；调律师信守诺言，多亏他，协奏曲前面的一长段独奏引子比我预想的要强。几分钟之后，我已和乐队取得了默契。排练进行得很顺利。谢尔先生指挥技巧娴熟，然而态度漠然，虽然最后一个乐章我的富有动感的速度对他也有所触动。回旅馆时我心情不错，剩下的时间都是在等待中度过的。傍晚，比音乐会的时间还早很多，乌尔里希就来接我去参加音乐会。

"大厅里人都坐满了。"他满意地说，"威廉·克纳伯和他的弟弟欧内斯特先生都带着夫人从巴尔的摩赶了过来，请你音乐会后一同吃晚饭。"

序曲很短，我在化妆间只坐了 20 分钟，便被招呼出场。大厅里灯光通明，坐满了听众，我觉得好像比我早上看到的大了一倍。人们以热情的掌声欢迎我出场。我在向听众鞠躬致意时意识到我的一个天性：音乐厅越大、听众越多，我就越自信，越能自我控制。这个天性在我整个演奏生涯里始终都忠实地为我服务。我从来没有感觉到那种能使人瘫痪的怯场，很多优秀的音乐演奏家都被这种怯场所折磨。

我怀着很大的冲动和激情，开始攻克我的协奏曲。听众对每个乐章都报以掌声。华丽的终曲之后，听众爆发出震耳的欢呼声。我两次拉着指挥返场对掌声表示感谢，并和第一小提琴师握手，但听众就是不依不饶，高喊着"好！""再来一个！"又把我喊出去三四次，最后迫使我加演一曲。我骄傲地弹奏了肖邦的《降 A 大调波洛奈兹舞曲》。人们的欢呼声更加响亮有力。我只得又弹了一首曲子，听众才安静下来。当我回到休息室时，一件令人扫兴的事情正等着我。

"你怎么敢加演的呢？"弗里茨·谢尔朝我高声尖叫，口沫飞溅，"你破坏了我的音乐会。我不许你再同我的乐队一起演出了！"他走出房间，"砰"的一声带上门。

我惊呆了。我对交响音乐会上禁止加演的规矩一无所知；在欧洲通常都是允许的。谢尔的威胁是一记闷棍，扼杀了成功给我带来的快乐。突然，房门被打开，涌进来一大群人。乌尔里希先生满脸放光，像用水泵压水一样紧紧抓着我的手摇动，并拍着我的背说：

"太棒了，你太棒了，你成功了！"然后他把我介绍给克纳伯兄弟，两人非常可亲，然后又把我介绍给他们的夫人。两兄弟紧紧拥抱我，两位夫人都吻了我的脸颊。

哥哥威廉快活地说："不要急！你先休息一会儿，然后我们带你去吃一顿丰盛的晚餐。"

这时阿尔芒出现了，后面跟着几个他曾经向我介绍过的朋友。我也把他介绍给克纳伯一家。他的贵族称号像通常一样，产生了魔法般的作用，他们开始不断地重复着说：

"伯爵先生是否可以赏光，陪我们一起用晚餐呢？""伯爵先生，这对我们真是荣幸。"

"伯爵先生"这个字眼出现的次数之多，简直可以认为大家在练习它的发音。阿尔芒总是那么礼貌周到，他吻了两位太太的纤手，接受了邀请。他早就决心要和我一起度过这个夜晚了。

我对克纳伯兄弟和乌尔里希先生讲起谢尔先生的发作，他们十分愤怒。

"可他有责任继续同你举行音乐会，"克纳伯先生声明，"我们为此付给他钱的。"

大感宽心之后，我就高兴地为等着我的一群人签名，我的伙伴们则耐心地等待着。终于我们可以离开了。三辆英式双轮小马车把我们送到"德尔莫尼科"，那是当时纽约两家最时髦的餐厅之一（第二家是"雪利酒店"）。里面已经满座，不过克纳伯早已预定好一张桌子。两兄弟刚过 30 岁，个子魁梧，相貌英俊，他们的夫人们年轻漂亮。四人个个满面春风！他们一次次为我的成功举杯，但是大家感兴趣的焦点是"伯爵先生"。他们邀请他去他们的家乡巴尔的摩，我的下一场音乐会将在那里举行。阿尔芒伯爵答应会去。

我对旅美首演感到满意。第二天上午，评论家们对我的演出发表了分歧不小的看法。有两则评论很热情：一则论证了我有远大前程；另一则赞扬了我的技术和才智，但对我的音乐素养的赞扬要少些。还有一个叫什么克雷赫别尔的评论家根本不喜欢我的演出。总起来说，结果对我有利。

这样，我吃过一顿丰盛的早饭后，就决定上街好好看看市容。说实话，当时的纽约是座难看的城市。一个长而窄的岛屿被两条大河夹在中间，被纵向的"大道"和横向的"街"分割着；让我奇怪的是，这些大道和街均无名称，而以数字命名。都说这样的几何设计很方便实用，但我觉得很是单调乏味。当时摩天大楼还没有建造起来。大名鼎鼎的"弗拉蒂龙大厦"唯一吸引人的就在于，如其名字所示，形状像熨斗。最大的交通要道是百老汇大街和第5大道。百老汇是纽约的中心，相当于巴黎的林荫大道。第5大道则由于财主大亨们的大量宫殿式府邸，特别是朝向中央公园的那部分，具有一种"尊贵威严的气派"。范德比尔特、摩根、弗里克、阿斯托尔以及其他一些家族的宅第在建筑上很有些美感。城中"富人区"的街道模仿着伦敦的一些中心区，盖了小巧、整洁、狭长的私人住房，一排排整整齐齐。城市其他地方给人的印象是无人关心、贫穷潦倒。街道又脏又臭，挤满了衣着破旧、情绪忧郁的人群，他们总是行色匆匆。最最令我感到刺目的是，大部分房子正面从一个阳台到另一个阳台中间悬挂着的"梯子"。后来，我多次造访纽约，有一次我被带领着参观了城中一些较有趣的地方，例如华尔街及其周围有名称的、古老而奇怪的街道，异国风情的"唐人街"与"滨河车道"。

那天晚上，我观光之后很疲倦地回到旅馆时，收到几条消息，以及克纳伯兄弟留下的一封信，信中邀请我和"伯爵先生"到"大都会歌剧院"他们的包厢里看歌剧。当晚卡鲁索要在《阿伊达》中出场。那真是令人兴奋！我打电话给阿尔芒伯爵，好把这个消息告诉他，但他早已知道，反要我赶紧换衣服，要穿燕尾服，打白领结，戴缎面大礼帽。他会在大堂等我。

从外表看，大名鼎鼎的歌剧院说什么都不像歌剧院。你可以与它擦肩而过，却不会注意它。但里面看去却是那么令人印象深刻，一律的红色和金色，极为大方气派。我们坐在二楼著名的、号称"钻石马蹄铁"的那层包厢里，这个称呼既是因为形状相像，也是因为包厢拥有者们一身的珠光宝气。

我一向喜欢《阿伊达》，不过当我听到卡鲁索的演唱后就更加喜爱它了。卡鲁索拥有我一生所听到过的最非凡的男高音歌喉——异常有力而又柔和。他对呼吸的完美控制和出色的分句，表明他不仅仅是位男高音演员，更是位音乐家。当他演唱一段温柔的咏叹调时，那歌喉的纯净音色本身就激动得我眼泪盈眶。只有巴蒂斯蒂尼的男中音、夏里亚宾的男低音和后来的埃米·黛斯廷的女高音引起过我类似的感觉。

幕间休息时，我被带到后台，去认识卡鲁索和歌剧院的院长孔里德先生。歌唱家是位感情丰富而真诚的那不勒斯人。

"啊，好极了，我听说过你的巨大成功！"他拥抱着我说（大概他根本没有听说，但他这么说还是很让我舒服）。在后来的年代里，感谢上帝，我曾有机会更经常地聆听他的演唱，甚至还几次和他在音乐会上同台演出。

海因里希·孔里德是德国人，他客气地在办公室接待了我们。他很骄傲，深感自己的重要。

"也许你最近在欧洲听到过什么优秀的歌唱家吧？"因为我对卡鲁索表现出高度的热情，他很高兴，便这样问我。

"我只知道一个，"我回答，"那是天才，是俄国的男低音费奥多尔·夏里亚宾。"

院长带点讥讽地笑起来："我的年轻朋友，"他用德语说，"我知道他不错，但在爱德华·雷什科之后，哪个男低音也不能指望在纽约取得成功！"

我没有坚持。的确，夏里亚宾不得不用了好多年才征服了美国！

第二天一早，克纳伯一家、阿尔芒伯爵和我就坐火车前往巴尔的摩。在离开前，我干了件傻事。我有三天不在，却一直保留着昂贵的套间，仅仅因为我太懒，不想收拾东西，也不愿让人搬走钢琴。我的这种轻率的毛病后来给我增加了无穷的麻烦。

1906年时，从纽约南行还是件复杂的事。要先坐马车到第23街，再从那里乘渡船慢吞吞地过河到泽西城，在那里搭乘开往费城、巴尔的摩和华盛顿以及更远的南方去的火车。

我们坐进普尔门式车厢，这种车厢对我是新鲜事物，欧洲还没有。我很喜欢那舒适的转椅和给我擦皮鞋、刷大衣和礼帽的黑人服务员。

在上述三个城市连续三天举行的三场音乐会都很顺利，情况大致和在纽约差不多。自然，不同的只是我没有加演节目。我和谢尔先生即使算不上朋友，关系也恢复正常了。克纳伯兄弟在故乡巴尔的摩市举行了一个大型聚会，因为他们想把"伯爵先生"介绍给诸多朋友。看来他们对我的成功是满意的。我在出色的调律师乔治·霍克曼——一个殷勤又快活的旅途伙伴——陪同下继续巡演。

当我回到纽约举行第一场独奏音乐会时，接到阿尔芒伯爵的好朋友梅尔希奥尔·德波里尼亚克侯爵的一封信。这位侯爵是有名的"波美雷和格雷诺"香槟酒厂的老板，是为生意来纽约的。他的信写得非常有趣，作为普通的午餐邀请函，他却用诗体写了一封长信，信中提及维纳斯、卢卡拉斯和缪司①等神灵将为我们的聚会助兴。我不懂诗，以我的理解，加进这些神话角色和古代人物就意味着菜肴将是最高级的，他会让我弹些曲子，可以指望会有举止开放的女人作陪。我把这信给阿尔芒看，他同意我的看法，并告诉我说："波里尼亚克是个热情似火的音乐爱好者、一个美食家，还是个不可救药的好色之徒。"

午餐是在"圣雷吉斯饭店"的包间吃的，客人除了阿尔芒和我之外，还有三位女士，虽不太年轻，但极具吸引力，确实和我预料的一样。其中一个高挑、金发、苗条，胸部丰满，圆圆的臀部，一眼就被我相中。结果表明，侯爵是个极好的主人，饭菜之好超过了我的最高期望。上了原包装鱼子②和带血鸭。沙拉、奶酪以及甜点都是仔细搭配的。我们一直喝着最好年份的"波美雷"香槟酒。这种盛宴永远不会达不到预期的效果的。酒精解放出舌头，我们抢着高声说话，随便为了点什么就哄堂大笑，并和女人调情。

至于我嘛，只要有可能，就一直摸着坐在我右边的女士的大腿，力图搞清她的腿长的什么样（当时女人的腿部都是用长裙遮盖着的）。那位女士对我的挑逗没有假装害羞。咖啡摆在另一间屋子里，屋里还架好一张准备打扑克的桌子。我和多罗茜（她叫这个名字）在饭桌上多逗留了一会儿，我兴奋地对她悄声说：

"什么时间、什么地方我可以和你见面？我喜欢你，我要你！"

"这是我的地址。请在星期四下午5点来。"她偷偷地吻了我

---

① 卢卡拉斯（Lucullus，约公元前117－约公元前57年）：古罗马领袖和政治家，以富有和奢华著称，尤喜美食，故有"卢卡拉斯的宴会"之说。维纳斯和缪司是《希腊神话》中的美神和艺术神。

② 原包装鱼子：鱼子在零下32度可保存两周。上等鱼子食用时需在盘子上用冰块将原包装容器垫上并围起来以保温保鲜。

一下。

我随便找了一个理由推掉了牌局，我的财务情况一时不允许我赌博，特别是旅馆费用已开始成为我的负担。更糟的是，阿尔芒喜欢把自己富有的朋友引到我的房间来，而我就要用饮料招待，还为他们弹琴。像我这样一个一文不名的年轻钢琴家，竟然请客招待贝尔蒙特、古尔德和阿斯托尔这样的百万富翁，这情景使我感到非常滑稽可笑。

在星期四，约好幽会的日子，下午5点差几分，我来到第39东街多罗茜的家门口（她的地址迄今我还记得）。我的心激动得怦怦乱跳。我按响门铃，管家打开门，接了我的大衣和帽子，请我上二楼。我跑上去，满怀希望能碰到多罗茜身穿长睡衣躺在沙发上，或者躺在床上就更好了。所以请想象一下我木然地大张着嘴的样子吧——我走进房间，里面挤满了人，其中我还认出来纽约上流社会几个知名女士。过了好一阵，我才控制住自己，举止自然地吻了女主人的手。她落落大方地把我逐一介绍给每个人。受了她这一教训的羞辱，我努力和大家进行着礼貌的交谈，喝了一杯茶，就准备离开。她在门口把我挡住道：

"你不会走，对吗？你必须留下吃晚饭！"她决定了，根本不等我的回答。

我痛苦地预感到，这将是个漫长乏味的夜晚。然而等待我的却是又一个意外……客人们慢慢地散去，我成了唯一留下来的人。维纳斯和卢卡拉斯再次显灵！多罗茜和我在楼下愉快地用了晚餐！

在客厅喝过咖啡和果子酒，多罗茜便打发仆人们去休息，当一切都平静下来后，我们就上楼，到她的卧室里去。

我们的"关系"很短暂，因为我到纽约来得太少，但是这一关系却作为这次逗留中最大的亮点留在我的脑海中。当达到高潮时，她大睁着的浅蓝色眼睛会斜视起来，我最喜欢她的这个样子。神话中传说维纳斯也有这个特殊表情。

34

到此刻为止，一切都进行得很顺利，很惬意。第一周在纽约及其周围地区的演出，无论从艺术角度还是从个人角度看，前景都看好。现在，我才开始真正的巡回演出，才可以说是某种意义上的壮举，因为合同要求在不足三个月内举行 40 场音乐会，即每两天一场。经纪人乌尔里希先生带给我的消息不佳：纽约的两场在舒贝特兄弟剧院里举行，安排在下午；晚上那里要安排音乐喜剧，主角是著名的笑星埃迪·福伊（Eddie Foy）。乌尔里希承认，我是第一个在这种条件下演出的艺术家。

"为什么我该当这个牺牲品呢？"我问。对此，乌尔里希给我上了一堂关于美国音乐生活的课作为回答。

他解释说："这个国家对音乐的兴趣，主要集中在纽约，特别是集中在大都会歌剧院及其要价高昂的歌手和指挥身上。其他城市，除了波士顿，所有的艺术活动都一窝风地跟着纽约转。在我们的音乐生活里，广告是主导因素，但可惜，这只会产生轰动效应，而培养不出对音乐的真正爱好。以你自身为例，钢琴家被钢琴厂请到这个国家来，只是想要扩大他们乐器的影响，以增加其销售量。这就可以解释清楚我们和舒贝特兄弟剧院的合同了。你知道，在我们的城市组织音乐会是很花钱的。舒贝特兄弟在全国都有剧院，并以利润分成为前提，才同意让你在他们的剧院圈中演奏，并负责对这次巡演进行广告宣传。"

不用多说，美国音乐生活的这种情景和对我的巡演"圈子"的展望使我闷闷不乐。乌尔里希注意到这一点，就努力来安慰我。

"别难过，"他说，"事情看起来还没有想象的那么糟。我们安排了你与芝加哥、辛辛那提、明尼阿波利斯等地的一些优秀乐队进行合作，在波士顿的独奏音乐会将在真正的音乐厅举办。"

在纽约舒贝特剧院举行的首场独奏音乐会，确立了此后所有音乐会的模式。中午试琴时，光着一半身子的女歌舞演员围着我，形成我正在练习的巴赫的托卡塔的特别背景。她们不习惯听古典音乐，就一次又一次地打断我，要求我弹流行曲子。有几个姑娘相当可爱，这额外地分散了我的注意力。

我的担心被证实了：剧院不适合钢琴独奏音乐会，听众也不懂音乐。他们在不该鼓掌的地方鼓掌，听奏较长的作品就觉得枯燥乏味，最对他们胃口的是简短、效果明显的加演节目。这一次评论家们显得更加严厉。我的忠实的支持者们继续赞扬我的才华，但也怪我有些地方做得不好，并把这些缺点都归咎于我"明显的紧张"。克雷赫别尔先生无情地讥讽了我的表演，显然有成见。在此后的岁月中他将成为我的死敌。

霍克曼和我是坐火车去芝加哥的。那是我第一次见到美国的卧铺车——全新的体验！椅子摊开就变成了床，两把椅子组成一个包厢，分上铺和下铺。车箱两端设有男女合用的盥洗室。我占的是上铺，睡觉时极不方便。只有穿着衣服借助梯子爬上去，之后拉上厚厚的墨绿色的帘子，蜷缩着身子坐着脱衣服，简直是极限杂技。如果半醒半睡中抬一抬头，就会把头重重地撞到天花板上。包厢为男女混用，因此，观看女士们从梯子爬向自己铺位的一幕就十分开胃。

我们在排练开始前不久才赶到芝加哥。霍克曼把我扔在排练厅，自己带着行李上旅馆了。

"快些，大家都在等你了。"一名剧场员工叫道，并给我指了指路。

我把大衣和帽子往地板上一扔，没耽误一点时间，就弹响了圣－桑的协奏曲的第一个八度。不足半小时，我们就演奏完全曲，中间没有重复、没有停顿。年轻的指挥弗雷德里克·斯托克（Frederick Stock）先生从指挥台上跳下来吻着我，而乐队则喊叫着"真棒！"这种礼遇在排练中是少见的。我在旅途劳顿之后还这么精力充沛，最使他们感到惊异。对我，再没有什么比音乐同行们的认可、赞许更感宽慰的了，因此，这次也让我士气大振。

芝加哥是出名的"风之城"，这一天天气严寒，路面上有积雪，很滑，行走起来危险重重，那刺骨的冷风似乎要把我的头刮走。我只好放弃步行参观市容的打算。遗憾的是，在整个巡演期间，我很难有机会看到什么东西。我们飞快地从一个城市旅行到另一个城市，所以除去几次特殊情况外，我只记得车站、旅馆和我演出过的音乐厅。

然而，在芝加哥的这个晚上我没有放弃。我决定利用当晚的空闲和好心情。

"我们找一辆马车去滑稽剧剧院吧，这是典型的美国东西，你也许会喜欢的。"霍克曼提议说。

我极为高兴。当年的滑稽剧演出与今天相比完全不同。演出包括滑稽歌舞剧、喜剧和小歌剧，而且大都是简练的小品，由喜剧演员演出。他们通常都比较粗俗，却始终令人捧腹。

从那个晚上起，只要有机会，我决不放弃看滑稽剧的演出。我喜爱的喜剧演员是韦伯（Weber）和菲尔兹（Fields）。他们的逗乐和妙语连珠的美国俚语，总使我笑得前仰后合。

在我所了解的1906年的芝加哥，还有一处独有的吸引人的地方，即占据南密歇根大道整条街的所谓"红灯区"，它向游客大开绿灯。这个地方的特殊之处在于，每个妓院都突出不同种族的女人。你可以挑只有黑人姑娘、日本姑娘或中国姑娘的妓院，或者挑选更贵的、从欧洲各国进口的。这对人类学学生可能是个长知识的地方，但我和霍克曼很快就感到厌烦。每家妓院门口，都会有一个胖胖的黑女人邀请客人入内，房间里面总有一个老头在立式钢琴上弹着一些曲调。片刻间，就有两三个睡眼惺忪的半裸的姑娘走出来，盯着我们看，等着你给她们点些喝的。我们在这些地方就像参观博物馆：光是四下参观，不碰展品。

总起来说，我很感谢芝加哥。一个在美国功成名就的瑞士裔美国人鲁道夫·甘茨（Rudolf Ganz）真诚地赞扬了我，并从此和我成为莫逆之交。和西奥多·托马斯管弦乐队一起，在斯托克的指挥下举行的音乐会，给我带来了巨大、稳固的成功，包括听众和新闻界两方面。迄今，"风之城"一直是我忠实的朋友。

巡演虽然紧张而且匆忙，但我越来越喜欢它了。在一些城市，舒贝特剧院恰巧没有其他演出，就完全由我使用。在这些城市组织音乐会常常比纽约来得容易，听众对音乐的评价也更高些。

一些可笑的或不太可笑的意外不时会打破巡演的单调。在俄亥俄州哥伦布城的音乐会上，我刚开始演奏贝多芬的一首奏鸣曲的第一乐章，就把拇指指甲别进两个白键中间，撕开了。鲜血涌流出来，染红了整个键盘。但我全身心地投入音乐，继续演奏，没有顾到疼痛。直到第一乐章结束，我才感到受不了，不得不下去包扎。等我再次回到舞台，要在刚擦干净的键盘上弹完奏鸣曲时，全场听众发出欢呼声。原来他们看见血迹时，都怀疑我能否弹完音乐会曲目。第二天报纸上对我这个"斯巴达式的勇敢行动"比对我的演出本身花了更多的篇幅。

还有一件事，这次是喜剧，发生在圣路易斯，即我这次巡演路线上最"西部"的城市。音乐会后的第二天早上,我正在床上用早餐,突然听到敲门声,我满以为是服务员,就叫了一声"请进!"但进来的是个身穿浅灰色格子西装、相貌古怪的人。他没刮脸,留着长长的黑色鬓须,头戴一顶肮脏的棕色圆顶礼帽,也不脱下来,活像情节剧中不折不扣的反派角色。他也不说明来意,就一屁股坐到床上,开始用带浓重鼻音的"中西部"方言,迅速而激动地讲起来。我的注意力没有放在听他说什么上,而是集中于我放在桌子上的一只金表和现钱上,可是我的手又够不着那桌子。

这个人看见我没有反应,就不耐烦起来,并做出奇怪的手势,先是把一只手,接着把另一只手,最后把双手都塞进嘴里。我惊恐起来,深信不疑他是个疯子!我相当慌乱,却不敢喊人或者打电话。他突然站起来,似乎准备要走,却从口袋里拉出长长的一张纸,扔给我。我拿起来一看,那是一张俚语滑稽歌舞剧演出的节目单。他指了指其中的一个节目,这时我才明白原委。原来他的特长是模仿各种乐器,特别是小提琴、大提琴和小号。他的绝技就是只用嘴和手演奏。但他需要一个钢琴家。在报上读到关于我的文章后,他决定和我一起成立滑稽歌舞剧团。我怯生生地试探着跟他解释,说这不可能,他就大为生气,叫喊起来,用一双鼓鼓的眼睛可怕地看着我。我在床上,一筹莫展,心情紧张,而且始终担心着我那笔放在桌子上的财产!我最后点点头,表示同意,答应明天上午签合同。听到他走出去,关上房门时,我长嘘一口气。我一把抓起电话机,叫通乔治·霍克曼,请他上我的房间来。我把一切告诉他后,他也害怕了,于是我们决定坐第一趟火车,立即离开这个城市。

要一个城市接一个城市、一场音乐会接一场音乐会地详详细细地描述我的巡演,那会费力不讨好的。巡演拖得越长,就越变成一种老套——只有特别成功或者特别糟糕的演出才偶尔把它打乱。有时，我也能得到结识一些有趣人物的机会。

在回纽约举行第二场独奏音乐会的路上，霍克曼不断地给我讲旧金山，只讲旧金山，他对这座城市热情十足。

"我们不去那边，太可惜了！"他重复着，"那是世界上最美丽、最快乐的城市，是蛮荒的西部唯一保留下来的地方，包括它的酒馆、赌场、女人、演出以及你想得出来的一切。它好像是为你创造的！"

这样的故事让我垂涎三尺。所以回到纽约，乌尔里希先生通知我在巡演末尾要去那座令人难以置信的城市举行两场音乐会时，大家可以想象我有多高兴。

这一次，纽约在我面前呈现的完全是另外一个样子。我的朋友阿尔芒已经返回巴黎，少了他，我感到若有所失，尽管富人们（当地人称其为"上层四百家"）继续给我送来邀请。

我在舒贝特剧院的第二场独奏音乐会比第一场要好得多，但这一次音评家们都没有来（他们通常只对首演做出评论）。然而，报刊却大肆报道尤瑟夫·霍夫曼的绯闻。一位南卡罗来纳州体面家庭中的有夫之妇，和这位著名钢琴家私奔了，并且带着孩子们，去向不明。愤怒的丈夫发誓要把他们追回来。自然，这件丑闻成了人们津津乐道的话题。

继续说我的巡演吧。我总会愉快地回忆起在波士顿市乔丹大厅举行的音乐会。那天天气特别冷，但几乎是满座，而且波士顿比美国任何城市都感觉更像欧洲。我只是未能见到我柏林时期的朋友德鲁小姐，我很希望能在她的故乡与她重逢。

我的音乐会快结束了。除掉原先确定的演出日程外，我又被邀请到巴尔的摩、华盛顿、普罗维登斯、辛辛那提等地再次举行独奏音乐会，这很是让我欣喜，这是我的巡演取得成功的一个证明。可惜，全美国的公众舆论都跟着纽约转。所以，克雷赫别尔先生对我的不利评论给我造成不小的损害。顺便说一句，我要谴责美国广告的某些扭曲的做法:在克雷赫别尔先生对我第一场音乐会的严厉批评中,他大意是说:"他没有理解作品的意思;尽管他手指灵活超群。"乌尔里希先生立即把最后几个字从整句中摘了出来,使用在所有的巡演广告中!

从巴尔的摩来了封信,它给可怜的霍克曼一记沉重的打击,也令我非常失望。克纳伯兄弟在信中写道,不去旧金山演出了,而代之以去芝加哥再演一场。这一变化的原因很容易猜到:把我们送到"风之城"要比送到遥远的加利福尼亚的大都会便宜得多。芝加哥的音乐会将是最后一场。那天我情绪极好,观众也与我热情地告别。令我既惊且喜的是,我的老朋友德鲁小姐在幕间休息时出现了。她说,她的丈夫是城郊一座教堂的牧师,他们结婚后就一直居住在那里。第二天我应邀去她家吃了午饭,她的家简朴而可爱。我有声有色、但小心翼翼地讲述了她走后我在柏林的生活。

当晚,我和霍克曼正要去看滑稽歌舞剧时,一个饭店职员在门口拦住我们,说是旧金山发生了可怕的地震,全城陷进一片火海之中。他塞给我们一份号外,上面有那场灾难的详细描写。灾难发生在深夜,整个城市毫无准备,人们都跑到空地上躲避;死伤无数,房倒屋塌,还有其他很多恐怖的细节。我们深感心悸。

"我们本来正好会在那里啊,"霍克曼叫道,"你的首场音乐会就是定在昨天的!"惊愕中他双手绞在一起,"我真是个笨蛋,还骂人家克纳伯兄弟,说他们不让我们去那边演出呢,但恰恰是他们救了我们的命!"

我也为我们奇迹般地脱逃灾难大为庆幸。

我的财政开始吃紧。按合同挣的钱已经花光。"沃尔多夫·阿斯托里亚饭店",在我的套间里举行的小型招待会,在阿尔芒陪同下度过的费用很大的日子,这一切加起来毁了我。但是在某种意义上说,我的铺张浪费是可以辩解的。我生平第一次拥有这么一大笔钱，而又没有学会如何使用。钱对我来说，除了可以花之外，没有任何意义。简而言之，我完全没有节约的观念，这一缺陷在我一生大部分时间里都是致命的。

我给阿斯特吕克先生写信、发电报求助，因为按合同在他那里还有我一小部分钱。威廉·克纳伯慷慨大方地吩咐乌尔里希替我付清我在"沃尔多夫·阿斯托里亚饭店"的最后一笔帐。就这样我在4月底的一天，收拾好行李，作好了回巴黎的准备。我还是乘坐"图赖纳号"，那艘让我有过许多可怕回忆的轮船。我极其担心，但是霍克曼向我保证，没有比4月乘船旅行更愉快的事了。克纳伯、乌尔里希和霍克曼诸先生把我送到码头，之后，在客舱里我还发现一些新朋友送的漂亮的鲜花、一篮水果和一瓶香槟酒，还有多罗西的一封甜蜜的信和一盒很好的手绢。

当一个记者问我旅美印象时，我说了几句套话，诸如"伟大的国家，正在全面发展，完善的饭店，良好的乐队"等等。但是我要多花些时间考虑我真正的感受到底是什么。

在1906年，大部分我看到的美国都是丑陋的。除开几座大城市外，这个国家给我的印象是单调的。大多数城镇规划和修建得都很仓促，而且千篇一律。诸如摆放着长凳、栽种着树木、带喷泉的街心花园或者公园，在这里尚闻所未闻……从我在普尔门式车箱里所能观察到的旷野看去，荒无人烟，令人毫无兴趣。我为大片闲置的土地、不令人向往的森林以及在铁路沿线小镇郊区的成堆的垃圾感到惊讶！我的美国朋友对尼亚加拉大瀑布、落基山、大峡谷和佛罗里达大唱赞歌。可我很遗憾没有见着，而且那些都是大自然的而不是人类的创作。另一方面，我对美国人很有好感。不久前从欧洲大规模涌来的各色移民，尽管差异明显，仍能形成一个和谐的整体。观察他们要在新环境中获得成功的坚定意志令人心潮起伏、血液沸腾！美国被称作"机会无限的国家"，说得对！我还那样地喜欢他们机智、尖刻、一言中的的俚语。听够了英国人传统、礼貌、重复地使用他们的语言之后，美国俚语让人倍感清新。

说到我个人与人们的接触，那么所得到的印象则是复杂的。音乐会的听众主要还受那粗俗的、锣鼓喧天的巴纳姆①式广告的控制。举例说吧：珍妮·林德②的"瑞典夜鹰"的绰号比她的歌唱本身更加使她出名；帕德雷夫斯基狮子般的面孔，满头金发，以及他的私人专列成为人们崇拜的象征——人们可以整夜地守候在铁路旁，等着看他的专列开过，却不肯稍作争取去听这位钢琴家的演奏；对我来说，"伟大的"安东·鲁宾斯坦的姓氏依然有着魔力，通常，当我被问及是否是他儿子而我否认时，人们根本难以置信。

令我惊奇的是，在我的巡演中除去讨人喜欢的鲁道夫·甘茨以及几位和我合作演出的指挥之外，我没有能认识一位美国音乐家。钢琴家同行大概对我和我的音乐会"罢听"了，我百思不得其解。直到后来，在轮船上，我才了解到原因。

我似乎被归纳为"具有伟大的天分，丰富的激情，前途辉煌，但还不成熟……他应当继续多多学习。"其实，我自己也这么看。

---

① 巴纳姆（Barnum）：美国游艺节目演出经纪人，1850 年与欧洲歌剧明星"瑞典夜鹰"珍妮·林德签订了 95 场音乐会的合同，1871 年成立了"世界第一马戏团"。

② 珍妮·林德（Jenny Lind，1820－1887）：瑞典女高音歌唱家。音域极广，音色纯净，富有弹性，因而得到"瑞典夜莺"的称号。1838 年首次亮相于斯德哥尔摩，9 年后，移居伦敦，到各地巡演。访问美国时深受欢迎。

35

　　海上旅行的头一天吃午饭时，我发现餐厅里有两位著名钢琴家：一是法国人拉乌尔·普尼奥[①]；一是年轻的俄国人约瑟夫·列维涅（Jozef Lhevinne）。列维涅在纽约的首演相当轰动。后来在休息室，两人很客气，主动走到我身边和我说话，还邀请我以后到他们桌上用餐。我一生中最愉快的一次横渡大西洋的旅行就这样开始了。普尼奥先生已是五十出头，身材短粗发胖，活脱的法国乐天派形象。列维涅大约三十岁，有一副刮得干干净净的、敏感的犹太人面孔，稍微凸出的眼睛略带忧伤，为掩盖自己过早的谢顶而戴着做得很艺术的卷毛假发。当他说话或者笑的时候，尖声细语像个孩子。而且他也确实有点孩子气。列维涅作为人和艺术家都让我喜欢和尊敬。

　　横渡的第二天上午，为了克服任何潜在的不舒适感，我决定到上甲板去散步。在那里我看到一个身穿短斗篷、头戴贝蕾帽的男人也在散步。我们相向而行，突然他叫住我：

　　"你不是钢琴家鲁宾斯坦吗？"

　　"是啊。"我回答说，但没停止散步，我担心着大海会起风

　　　　①　拉乌尔·普尼奥（Raoul Pugno, 1852－1914）：法国钢琴家。曾任巴黎圣欧仁教堂管风琴师，在巴黎音乐学院任和声教授、钢琴教授，开过不少独奏音乐会。还和小提琴大师伊萨依合作演奏过。

浪。

但是那人没有放过我。

"你怎么看待普尼奥?"他问。

"很出色。"

"那么列维涅如何?"

"很杰出。"

"那,帕德雷夫斯基呢?"

"很辉煌,很伟大,很了不起。"我不悦地说,觉得有些不舒服。

"你对约瑟夫·霍夫曼又怎么看呢?"那人一个劲地穷追。

这真过分。我已经快要晕船了,所以失去了耐心。

"霍夫曼!"我发作道,"霍夫曼想必是个疯子,否则怎么会和一个带着一堆孩子的丑老太婆私奔呢?"

陌生的男人平静地答道:"你说得很对。你看,我就是那个女人的丈夫。"

可以想象我脸上是什么表情!

那个倒霉的丈夫名叫乔治·尤斯蒂斯,是位百里挑一的绅士;他和他的朋友鲍勃·钱勒(Bob Chanler)在船上就加入了我们一伙。我应愉快地补充一句,除去那天早上大海显得很可怕外,整个旅途都很平稳。

一天,吃晚饭时,我向两位前辈诉苦,说我成为"罢听"行为的牺牲品。两人听完大笑起来。

"大家的遭遇都一样。"普尼奥说,"美国钢琴厂家雇佣我们去演奏为的是做广告,而且,因为我们每个人演奏用的都是不同的琴,他们努力要把我们孤立起来。眼前就有最好的证据:我弹的是鲍德温牌钢琴,列维涅用的是斯坦威琴,而你的是克纳伯牌琴。所以我们虽然同时在一个国家巡演,却直到现在才得以见面!"

列维涅补充道："他们之间的竞争十分激烈，所以把我们当做拳击冠军似地为他们打比赛。"他说罢一阵大笑。

晚上我们打扑克，赌注很低，但是声势很大。钱勒是这种喧闹游戏的发起人，他是个有名的画家，是富有的阿斯托尔家族的一员，也是个大怪人。顺便说一句，后来他是靠报上的征婚启事，和丽娜·卡瓦里埃利结的婚。他在许多方面和雅罗申斯基相像——身材魁梧、声音洪亮、不受拘束。钱勒酷爱开玩笑；他喜欢收集吃剩的腌肉、鱼骨或者味道很浓的奶酪，塞到别人晚上放在门口要擦的皮鞋里。有一次打扑克，当列维涅突然摊出一副葫芦①时，钱勒嬉闹着打列维涅的头，把他的假发都弄乱了。

按照惯例，在旅行结束的前夕，船上的事务长要组织一场慈善音乐会，为海员的遗孤募捐。这一次，钢琴家太多反而使他为难。选谁来演奏呢？于是我们决定帮他解决，商定出一台新颖而有趣的节目。我们每个人都按次序演奏一首圆舞曲，然后为同时在船上的两名歌手伴奏，这对夫妇是"大都会歌剧院"的歌唱家——男中音吉利贝特和他的妻子，一位女高音。

音乐会开始前是按传统由船长招待用餐。音乐会由普尼奥先生演奏圣-桑的圆舞曲开始，他的阐释很优美；接着是吉利贝特先生演唱《浮士德》中的咏叹调；再接下来，按长幼顺序，是列维涅，他技艺精湛地弹奏了舒尔兹-埃夫勒（Schulz-Evler）的《圆舞曲》，该曲是根据施特劳斯的《蓝色多瑙河》改编的圆舞曲，很难弹。列维涅又加演一首斯克里亚宾专为左手写的《夜曲》，他的左手功夫极好，令所有的钢琴家羡慕不已。

在吉利贝特太太唱完《卡门》中米卡埃拉的咏叹调后，我弹的是李斯特的《梅菲斯托圆舞曲》。最后，吉利贝特夫妇在我伴

① 葫芦：打索哈时，五张牌中三张同点，另两张也同点的一副大牌就叫"葫芦"。

奏下演唱了梅萨热（Messager）的轻歌剧里的一段二重唱，音乐会就此结束。

每个人都对音乐会感到满意，可怜的孤儿们得到一笔可观的款项，而船长则招待了我们一顿丰盛的晚餐。这一次，"图赖纳号"竭尽全力，让我忘掉第一次横渡大西洋的噩梦。

在勒阿弗尔靠岸时场面极为混乱。旅客们上上下下来回奔跑，一边记挂着行李，一边要和亲戚朋友们打招呼。周围这一阵混乱使我平添几分忧伤。我十分珍爱和那些有才华、有生气并有智慧的人物一起无忧无虑度过的这八天。

我回巴黎后的日子成了大问题。没有任何举行音乐会的安排，我剩下的钱已经很少，而且还欠着高多维努斯先生和裁缝的账。在最近的将来，我能看到的是黑暗中最黑暗的前景！

36

"你签好下个季节的合同了吗？"我一走进阿斯特吕克先生的办公室，他就问。

"没有。"我回答，"他们邀请了布索尼。"

我试着跟他解释，克纳伯公司很难连续两年邀请同一个钢琴家来为自己的钢琴做广告。

"你看，"我补上一句，"我的巡演具有一种试验性质，现在他们要有国际声誉的钢琴家。"

阿斯特吕克先生感觉失望而且悲观，我也一样！

　　我再次回到高多维努斯先生的膳宿公寓并未给他什么安慰。那可怜人幻想着艺术家在美国可以一夜致富，所以当他看见我和已往一样贫穷时，就不再幻想，也不再希望我能立即结清所欠的三个月的房钱了。不过他是个心肠极好的人。

　　"努力给我分期归还吧。"他建议。我理解他目前还愿意让我留住在公寓中。

　　我没精打采，失去信心，回巴黎后的整整一个星期没有和任何人见面。但一天上午，我决定打听一下阿尔芒在不在城里。我打了电话，是他自己接的。

　　"我亲爱的，这是多么令人愉快的喜讯啊！"他说，"我找你好几天了，可是谁也说不上你在哪里。"

　　亲爱的阿尔芒，只有他一个人对美国和我巡演的结果不抱任何幻想，也只有他十分清楚我的处境。

　　"如果你没有什么重要事情，就和我到香榭丽舍大街小小的'富凯酒吧'去吃午饭。"

　　这下我相信了：知己朋友的声音是"疗伤良药"。

　　"富凯酒吧"，如今是乔治五世大街拐角上很有名的去处，当时只是一小间长方形的房间，里面有一个突出的吧台，摆着四张或者六张小桌子，为人提供午饭和晚饭。一到喝开胃酒的时间，这酒吧就变成年轻的贵族和富豪之流，也即是"纨绔子弟"相聚的地方，这些人的生活完全围绕赛马、运动和美女转悠。阿尔芒是这伙人中的积极分子，不过他受过良好教育并且喜爱音乐。

　　"现在你住在哪里？"我们刚坐下他就问。

　　我描述了自己的膳宿公寓，他叫道：

　　"我觉得那是个叫人恶心的地方！我有个好计划，和我一起住吧。我哥哥结婚后，原来合住的套间里他的那间屋还一直空着。在我的客厅里有一架满不错的普莱耶尔钢琴，你可以不受打搅地工作。"

我知道这个提议过于慷慨，我不应该接受，但又没有勇气拒绝。我正处在低谷，突然出现了救星。

"谢谢你，我亲爱的！"我深受感动地说道，"我真心诚意地接受，但我不想当厚脸皮。至少你得同意让我支付饭钱和洗衣费。"

"胡扯！"他回答说，"早上我的管家会准备一顿清淡的早餐，午饭和晚饭我都在街上吃。有个女工负责洗衣服，每周来两次。所以没有要你操心的事情。"

我像一只云雀那样快活，翻翻衣兜，总算凑够了一个月的房租交给高多维努斯，其余的我答应尽快付清。我的行李袋装不下所有积累起来的书籍和乐谱，只好舍弃很多。当天傍晚，我就搬到克莱贝尔大街上阿尔芒漂亮的套间里。我觉得，我所"继承"的他哥哥的那个房间就像天堂一样：一张柔软舒适的大床，路易十五风格的家具，令人悦目的浅色墙纸，还有——哈哈，真开心——自来水。一个精致的客厅和小餐厅把我和我的朋友的房间隔开。走廊通向大浴室、厨房和仆人用房。既当男仆又当管家的费迪南立即上前接过我的行李袋，一眨眼的功夫就收拾妥帖，拿着该擦、该熨和该洗的衣物消失了。

从这天起，我的生活开始了一个新阶段，实际上这对我的艺术和道德修养的发展是不利的，但对一个 19 岁的年轻人却特别令其兴奋并具有吸引力。回首往事，只能说，我明白了什么叫放荡懒散的生活。

阿尔芒是花花公子们的宠儿。他把我介绍给自己的朋友们，不惜溢美之词：说我是最杰出的音乐家，最聪明的人，通晓多种语言，"还会说笑话，让人笑死"。这样介绍是不会不成功的，他们立刻接受了我，把我当做略带异国情调的老伙伴。通过奇特的联想，我发现这里和我在柏林的"读书小组"有些类似。

每天的生活开始得很迟。早餐有咖啡、牛角面包和蜂蜜，我

我的青年时代

一般都在床上吃，一边吃，一边读着《高卢人报》。这是一份最反动、最保皇的晨报，由阿瑟·迈耶尔先生创办并负责编辑。他是犹太人，但皈依了天主教，并与一位法国女公爵结了婚。这真是令人啼笑皆非的怪事！那个使法国家庭不和、国家分裂成对立阵营的悲剧"德雷福斯案件"① 才过去几年而已！

阿尔芒只订了《高卢人报》和一份体育刊物。

中午，我穿着睡袍，刚刚挤出一点时间在普莱耶尔琴上弹过几个乐段，就又要更衣去吃午饭了。年轻人都在"富凯"的吧台前碰面，喝杯开胃酒，商定当天的计划。一般午饭就在那里吃，除非想换口味，才到正宗的饭店去。下午如果有赛马，他们就在赛马场上度过，或者在某个俱乐部赌博，要么单独开扑克赌局——这是我一天中唯一可以单独练练琴或读读书的时间。太阳下山时，大家又在酒吧聚齐，来确定晚上剩下的时间的活动，特别是夜间的活动。我们对去音乐厅，即上法国咖啡馆音乐会情有独钟，这些活动大都在位于香榭丽舍大街的南半条街上，诸如"大使咖啡馆"或"夏季的摩尔宫"露天举行。我们喜欢为当时的流行歌手们捧场，如不能自拔的同性恋者马约尔，哀怨动人的小丑德拉南，演唱伤感歌曲的弗拉松，当然，还有著名的红头发、黑手套的单口说唱艺人伊韦特·吉尔贝。一般听完演唱就去"马克西姆饭店"用晚餐。我们在那里预订着位置最好的靠墙角的桌子。夜间活动通常是在蒙马特尔的某个杂耍场，特别是在欣赏十分流行的节目中结束。我们整个晚上都只喝香槟酒。我很少在清晨4点以前上床！

我钱那么少，怎么能过那样阔绰的生活呢？这说起来真有点叫人吃惊：和阿尔芒及其朋友们在一起，他们从来没有让我花过

----
① 德雷福斯，法国陆军军官，犹太人，1894年因捏造的证据被判叛国罪，后获平反。

什么钱。我"年龄比他们小 10 岁",又是外国人和艺术家,这样的地位就把我排除在结账买单者之列。于是,从阿斯特吕克支付给我的 500 法郎中,我实际上还能比住在高多维努斯的膳宿公寓里省下更多的钱呢。

在两个月的这种温暖的生活期间,我几乎没有和外界联系过。弗雷德里克和他的母亲回了我从美国写的两封信,也只有他们知道我改变了地址。巴霞已回华沙。我不在音乐舞台上出现,就把我同音乐界的一切联系切断了。花天酒地的夜生活完全熄灭了我对戏剧和音乐会的热情。

总之,这种状况很可悲,但是也有其好的一面。阿尔芒以及他的几个亲密的朋友:加内伯爵、在纽约就认识的波里尼亚克侯爵、雷科佩伯爵、一半西班牙血统的乔治·布罗歇通、结实高大而颇具魅力的格兰姆阿松男爵,他们都喜欢听我的演奏。由于他们的宣传,很快我就开始受邀去他们家里吃午饭和晚餐。阿尔芒本人展开了一场真正支持我的运动。他从自己的家庭开始。一天他告诉我说,他父亲和妹妹等我去吃午饭。安托万·德·贡托 - 比隆伯爵十分热情地接待了我,他年近六十,是位很有教养的绅士。

"我感谢你的音乐和你的理想对我儿子产生的良好影响。我希望你能使他摆脱现在空虚的生活方式。"

"哼,事实上情况正好相反。"我想。

另一个我们经常拜访的家庭是莱什曼一家,就是阿尔芒的哥哥路易的岳父一家。莱什曼先生是有钱的美国人,后来他被任命为美国驻罗马的大使。

由于同这些人的关系,我得到了上流社会最重要的一部分人的认可,但开始时我对此一无所知。巴黎的圣日尔曼区当时是古老的王室贵族的聚居地,这些贵族同拿破仑所培植的帝国贵族相对立。该区的一家家贵族对外人都是大门紧闭,除非人们能证明自己有真正的贵族血统，这些贵族更不会与外国人通婚。他们就生活在自己的世界里。

在那个时代，在欧洲所有国家的首都，贵族还是艺术的主要资助人。他们按照老传统，为客人在自己的宫殿组织私人音乐会。多亏阿尔芒和他的朋友们为我作的宣传，我参与过几场这样的"音乐晚会"。阿斯特吕克先生负责财务事宜，每次出场能得到1000法郎，令他开心之极。

我特别清楚地记得由加内伯爵夫妇组织的第一场"音乐晚会"。将近一百名盛装的客人满满地挤在浅黄色和金色的客厅里，坐在精致的镀金椅子上，等待着音乐开始。像公开的音乐会一样，我从侧门出场，对他们礼貌的掌声躬身致谢，接着根据预先印好的节目单开始演奏乐曲。我的高贵的听众们立即就开始活跃地交谈，不时地中断自己的谈话，喊声"好！"，那大都是在一个较响亮的片段之后。随着最后一个和弦响过，演出完毕，通往宽敞的餐厅的门开启，餐桌上摆着自助餐。一眨眼功夫，堆满食物和酒水的桌子周围已聚拢起客人，看着像是我的音乐会诱发了他们抑制不住的食欲。

其他"音乐晚会"也十分相似，只有在让·卡斯特朗伯爵家的是个例外。在那里，我有幸把加布里埃尔·福雷当做我的听众。后来人家告诉我，当时在场的还有马塞尔·普鲁斯特[①]——他当时还不出名，以及著名女诗人安娜·德·诺阿耶。

一天下午，在"和平饭店"里，一位上了年纪、满脸胡子的高个子先生主动和我攀谈起来。

"我是杨·萨莫伊斯基伯爵。"他用波兰语说，"在华沙我听过你的音乐会，过来和我坐在一起。"

---

① 马塞尔·普鲁斯特（Macel Proust，1871－1922）：法国小说家，代表作为7卷巨著《追忆似水年华》，对现代欧美文学影响很大。

我听人说起过他，他是著名的音乐资助人，曾送给勃罗尼斯瓦夫·胡贝尔曼一把无价的斯特拉迪瓦里小提琴。我们谈到了肖邦。

"公爵夫人马尔采里娜·查尔托雷斯卡、肖邦的得意门生，是我的姑妈。"他告诉我，"她教会了我弹肖邦的玛祖卡舞曲。"为证明这一点，他开始用因患气管炎而沙哑的嗓子哼出几首。我对他充满尊敬的态度使他很满意，就邀请我到他外甥女家吃晚饭，参加"家庭便宴"。第二天是星期天，就是隆尚赛马场上进行"巴黎大奖赛"的日子，而且阿尔芒和我已经接受了德·拉博德侯爵夫人的共进晚餐的邀请。我向伯爵解释。

"那就晚饭之后来。"他坚持，"我想让我的外甥女听听你的演奏。"

我同意 10 点钟去，在分手前，他把地址给我，就在"星形广场"附近。

"大奖赛"我没有去，而是留在家里。赛马不合我的口味，我不爱那些兴奋异常、熙熙攘攘的人群和比赛之间漫长的等待，而且我没钱下注，哪一匹马会取胜对我都无所谓。我为能一个人留下而感到很高兴，几个星期来第一次坐在普莱耶尔钢琴旁开始工作。阿尔芒一回来，我们就穿上燕尾服，戴上缎面高顶礼帽，坐上雇来的马车出发去圣路易岛。8 点整，我们拉响了侯爵夫人德·拉博德家的门铃。侯爵夫人由两个女儿陪同，在一间非常雅致的路易十五风格的客厅里迎接了我们。我俩是唯一的客人。女主人是个举止无可挑剔的贵妇人，有点高傲，但魅力十足。两个女儿长得很好看，都才十几岁。大的叫莉莉，一个俊美的黑发姑娘，阿尔芒说她疯狂地爱着他哥哥路易；小的叫弗朗索瓦兹，一个高挑的金发佳人。在法国，20 世纪头十年时传统家庭的年轻姑娘很难得出来和大家一起玩。她们大都在修道院接受教育，只是偶尔在狂欢节的"少女舞会"上公开露面。所以我自然要乘这难得的机会乐一乐。侯爵夫人挽着我的手臂进入餐厅。当我们在圆桌边就座后，就不再拘泥于形式。我们享用了极为精致的法国晚餐。两个年轻女士的谈话十分机智、有趣。我讲了几个笑话，引来侯爵夫人的阵阵笑声，而阿尔芒看来是我们之中最快乐的人。

在客厅里喝完咖啡后，女主人就退入隔壁的房间里，但是把房门敞开着，而我们四人则留在客厅里。这时真正的晚会才开始。莉莉因为自己心上人的弟弟在场而感到十分开心，她的活泼可爱吸引着我们。弗朗索瓦兹把我带到钢琴边，我弹奏了全部维也纳圆舞曲的保留曲目，她则坐在钢琴凳上，靠我很近。阿尔芒和莉莉开始跳舞，突然间，我瞄了一下手表，已是 10 点 30 分！我答应 10 点到萨莫伊斯基伯爵外甥女家的。

"怎么办？"我慌张地问阿尔芒。

"赶快走，我的马车送你过去，招待会肯定还继续着呢！"

我为这么美妙的夜晚对两位小姐表示了感谢，就冲出门去。路上耗去半小时，下车之后，我抬眼一看，灯还亮着呢。"谢天谢地！"我松了口气，但就在我拉响门铃的同时，灯光熄灭了。大门打开，露出黑漆漆的楼梯间。头顶一个声音问道：

"谁啊？"

"鲁宾斯坦……"我胆怯地回答，"萨莫伊斯基伯爵邀请我来，但我迟到了。"

突然，楼梯间和部分房子里的灯重新点亮。我看到楼梯顶端站着一位先生和一位女士，显然是男女主人，还都穿着晚礼服。

"唉，我真遗憾，"女士用波兰语说道，"舅父身体不适，没能来和我们一起吃晚饭；其他客人也都已告辞。不过请上来一起喝杯香槟吧。"

我们走进女主人的椭圆形起居室，我从没见过这么考究的房间：墙上贴着淡蓝色的丝绸；一张双人沙发、两张扶手椅、还有一张小圆桌，都是精雕细刻的路易十六风格，墙角有一架褐色埃拉德钢琴——这就是全部摆设。两张粉色的绘画，大概是布歇所作，镶在圆形画框里，完成了这 18 世纪田园诗般回忆的最后一笔。

伯爵看上去五十岁左右，已完全谢顶，一捧乌黑、翘起的络腮胡子，脸颊红润丰腴。女主人——萨莫伊斯基伯爵的外甥女，肯定不超过 30 岁，是个真正的美人。她穿一件露肩的黑天鹅绒长裙，这把她的肌肤衬得分外雪白光洁。骄傲地仰起的脖子上是她不大不小的头颅，长长的黑发梳理得极具女性的魅力。一双碧绿的眼睛为我所仅见。她小巧的鼻子多么精神！她的红唇多么敏感！我惊叹得说不出话来。

"你去看赛马了吗？"男主人问道，不待我回答他又接着说，"那匹叫'留兰香'的马，出人意料吧！没谁信任它，但是我知道它能行！那个骑手，巴托洛缪，才是大师呢，不是吗？我总把赌注押在他身上。"当伯爵夫人和我啜着香槟酒时，伯爵一直这样自言自语。

"你不想给我弹些什么曲子吗？"她温柔地悄声问。

"乐意效劳。"我回答，我们走到钢琴边。

她丈夫不说话了，在沙发上舒舒服服地坐好，她则将一把椅子推到钢琴边。

"你想弹什么？"她一面问，一面把一瓶暗红色的玫瑰摆在谱架的一边。

"弹些肖邦的曲子吧！"受她美貌的诱惑，我开始恍恍惚惚地弹奏长长的《降 D 大调夜曲》。伯爵闭上眼睛，一会儿下巴就松弛下来，勉强能听到的轻微的呼噜声宣告他睡着了。当我弹到很弱音下行的叹息尾声时，伯爵夫人突然朝我俯过身来，借着打开的琴盖和玫瑰花的遮掩，以野性的激情亲吻着我的嘴。我弹错了一个音，弹得很重——结果伯爵醒了，那"迷魂阵"被破除了。喝完香槟酒，我带着热情，多次亲吻伯爵夫人的手。伯爵把我送到门口，我走出那幢房子，之后再也没有见过他们。

读者也许会奇怪，为什么我如此详细地描述这件小事。但我却会永远记得这个夜晚，它把我完完全全地带到了肖邦和李斯特的浪漫主义时代。

37

"阿图尔，过两天我就要去纽约了。"阿尔芒在罗曼娜·布鲁克斯家吃罢午饭后说道，后者是加布里埃尔·邓南遮①最新的情妇。我很喜欢那顿午宴。布鲁克斯太太是位美国人，一个有才华的画家，对内装饰有着脱俗的品味。她那大沙发包的是白缎面，上面铺着黑天鹅绒垫子，给我留下了很深的印象。除了我们两人之外，被邀请的客人还有两位智利女士：埃拉苏里斯夫人已接近五十，但依旧漂亮，她在巴黎以"美丽的埃拉苏里斯夫人"闻名；另一位是她的女儿。午饭后，为让这位埃拉苏里斯夫人高兴，我弹了《特里斯坦》中的一段，和德彪西的《牧神午后前奏曲》的全部。看来她很入迷。当时我无法设想，她会在我今后的生活中扮演多么重要的角色。

接着，一到街上，我就马上想起阿尔芒突如其来要离开的预

① 加布里埃尔·邓南遮（Gabriele d'Annunzio, 1863 – 1938）：意大利作家。作品有：《火》、《有女名叫朱丽叶》；喜好追逐各种文学潮流；乐意为意大利帝国唱赞歌。其非凡之举是竟于 1918 年自行组织对阜姆（南斯拉夫）的占领。

告。"我会怎么样?"——这是我的第一个想法。看到我脸上忐忑的表情,可爱的阿尔芒就安慰我说:

"你可以在我的房子里住下去,要住多久就多久。"他微笑着鼓励我,"我带费迪南走,但我会吩咐女工,让她每天给你准备早餐和打扫房间。"

我用双眼对他表示感激,因为我无力用语言表达。

在一个艳阳高照的大热天,我把他送到圣拉扎尔车站,火车刚一开动我便哭出声来。我青春中特别美丽和快乐的短暂时期结束了。

马上一切就都改变了。从此,我只有依靠自己。我挣到的钱大部分都愚蠢地花在那些奢华的用品上。我总想和阿尔芒攀比,订购昂贵的、与燕尾服配套的上等麻纱礼服衬衫,带有窄窄的套袖,前襟打了褶,镶着花边,并且,每件衬衫都绣上我名字的缩写。我的长睡衫盖到脚踝,也是用同样的材料、按同样的缝工做的(当时巴黎还不时兴睡衣睡裤)。黑色长统丝袜和浅口漆皮鞋则一并配成整套华服。是的,那个春天,我无疑变成一名真正的纨绔子弟了。

现在我为自己的奢华作风遭受惩罚。门房、饮食、洗衣、报纸、马车,这一切都必须花钱。我还不能马上就适应这种变化。我不由自主地向着"富凯酒吧"走去。老伙伴们像从前一样殷勤地招待我,但是因为阿尔芒不在,我十分羞怯,无法接受这种邀请。生活再度艰难起来。演出季已过,上流社会都离开炎热的城市去消夏。巴黎在休息。门房抱怨购买早餐面包都有困难,而我弄到面包钱就更困难了。

阿斯特吕克发了话,让分期支付我的月薪。他知道我欠着债,不赞成我的做法。这样我就常常饿着肚子睡觉。除开早餐以外,一整天我只能在一个便宜的咖啡馆随便吃个三明治再喝杯咖啡,或者用在街上买的水果充饥。尽管如此,我还经常在喝开胃酒的时候准时去"富凯酒吧",虽然我什么也不喝,只是为了找人聊聊天。

一天晚上,两个花花公子:乔治·布罗歇通和亨利·德·格兰姆阿松邀请我到"巴黎咖啡店"吃晚饭,这次我接受了,因为我快要饿死了。

"巴黎饭店",一个多么好的地方!它地处歌剧院大街和多努路交汇处的拐角。两条长廊构成 V 字型。右边一条里的桌子总是预留给"有身份"的客人,而把路过的游客之类"放逐"到左边。我赞叹他们手段高超,可以如此巧妙地媚上蔑下。但这里的烹饪是只应天上才有的!

促使这个饭店名声在外的还有一个乐队,它在午饭和晚饭时演奏。乐队的头儿是个脸色苍白得活像痨病鬼的丹麦人。他用最感伤的风格在小提琴上拉出最伤感的曲调。

我的朋友们和我在"有身份"的客人的位子上落座,开始吃牛排——这是我一周以来吃到的第一块肉。这时,坐在对面桌边的一个漂亮的黑发女子放开女中音的歌喉,唱起格里格的歌曲《我爱你》来。莫莱尔先生,就是那个丹麦人,以及整个乐队谨慎地给她伴奏。她唱完后,大家齐声鼓掌。她回报以优雅的微笑。当她看到我时,突然叫起来:

"鲁宾斯坦,这是鲁宾斯坦!我在纽约听过他演奏,我要和他会面!"

我的朋友们认识她的伙伴——德国人,阿历克·冯·霍赫瓦赫特尔男爵,因此一切都进展得很顺利。喝咖啡时我们已经坐在了一起。我们的女歌唱家叫奥莉弗·怀特,曾是歌舞团成员,后嫁给一个纽约富商。丈夫忙于生意,送她踏上生平第一次的欧洲之旅,由一个女伴作陪。

"小伙子们,我们还等什么呢?上我的住处去喝一杯睡前酒吧!"她用美国人典型的亲热劲对我们说。

我的朋友们客气地表示谢绝，但我接受了邀请。我抵制不住漂亮女人的召唤。我们——她、德国男爵和我，一起坐车去到布洛涅树林大街 80 号，她在那里租了一套房子，阳台面对漂亮的大道。她的女友，一个可爱的、三十多岁的胖胖的金发女人，给我们拿了酒。

"鲁比①，请给我们弹点什么吧！"奥莉弗说。

于是我虽然担心会打搅邻居，但还是开始轻轻地弹奏一些在美国听到的音乐。她唱了其中的几首，然后就开始跳舞，像歌舞团员那样把腿踢得高高的。这样一直玩到深夜。当我们准备离开时，她用双手搂住我。

"鲁比，"她叫道，"你明天必须来吃午饭，而且要在这边呆一整天。如果你愿意，可以在此练琴。阿历克用我的马车接你来。"

我答应之后，便和男爵一起离开。走在大街上，阿历克，那个德国男爵，一直在痴痴地谈论着奥莉弗的美貌、魅力和财富。我弄不明白，他是她的情人呢，或者只是个忠实的朋友。但我确信他并不富有！

于是我又在疯狂的"旋转木马"上玩了整整三周，在布洛涅树林、"巴黎饭店"、蒙马特尔杂耍舞台等几个地方轮流吃午饭、用晚餐。始终是我们四个人在一起。奥莉弗唱《我爱你》，阿历克用奥莉弗的钱付账。我看得出来，男爵深深地爱着奥莉弗，心里希望她会离婚，然后嫁给他，而奥莉弗也任由他这么想。奥莉弗是个可爱的小东西，她娇小、一双黑眼睛、一头乌发，妆化得太浓，唇膏的颜色也不合适，不过她善良而天性快乐。她热爱音乐，还会时常给阿历克和我一个热吻，而又不赋予多少含义。她的女友总是笑哈哈的，很乐意让我们摸她，用手碰她的乳房

---

① 鲁比：是美国人对鲁宾斯坦的昵称。

或臀部。

朱庇特作证，我们玩得真痛快！这狂欢只有一次被一宗不愉快的事件所打断，都怪奥莉弗。

巴利亚廷斯基公爵，丽娜·卡瓦里埃利的认真追求者，以他岳母的名义邀请我参加一次正式的晚宴，地点是他岳母在纳伊的别墅。我知道，他和女公爵尤里耶夫斯卡娅的女儿结了婚，女公爵是已故沙皇亚历山大二世的非皇族出身的妻子。很显然，他们要我在宴会上演奏。我明白这是件重要的事，所以应承下来。

奥莉弗在手指还是脚趾上（我已记不清）长出个不断肿大的包，恰好要在宴会当天下午动手术切除。

"鲁比，鲁比，"她叫道，"如果手术时你不给我弹琴，我就不让他们动手术。"

我长话短说。外科医生迟到了，我焦躁地弹着琴。奥莉弗痛得大叫。后来我急匆匆地换上衣服。唉，等我奔命似的赶到那里，已经晚了40分钟！

我走进大厅时，年迈的女公爵站起身来，看也不看我一眼，挽着一名矮胖男士的手臂，就像在王宫里一样，带着20位客人缓缓地步入餐厅。谁也没有理会我，只是巴利亚廷斯基走过我身边时，咕噜了一句：

"朋友，你可真过分！"

我感到自己像个罪人，怯生生地在两位女士之间找到自己的座位，甚至都没人把我给她们介绍一下。我力图向她们解释我的困境，但她们都不愿相信。女公爵不时充满责怪地瞥我一眼，使我完全没了胃口。我感觉糟糕透顶。

当我们用毕晚饭回到大厅后，我求巴利亚廷斯基公爵问问他岳母，是否允许我为她的客人演奏。回答是肯定的。我生平从来没有那样要让听众喜欢我。演奏良久，直到我十分出色地弹完大波洛奈兹舞曲之后，大家才鼓掌并喝彩。而女公爵虽然眼睛里依然带着严厉的表情，但也用十分深沉的、几乎男性化的嗓音说了一句：

"你是个天使！"

那个晚上过后不久，奥莉弗接到她丈夫的电报，要她立即回家，并已为她和她的女友预定了两天后从瑟堡起程的船票。

"想必他听到了有关我们的可怕的传闻。"奥莉弗抱怨说，"我多么想把你带到特鲁维尔过一星期啊！"

但她毫无办法，只能上路回国。我们决定，她离开前的最后一晚要好好地庆祝一番，来一个欢乐的结尾。我们都穿上晚礼服，从在"巴黎饭店"的纪念晚餐开始，奥莉弗嗓音发抖地唱了那首格里格的歌曲，接着去皮加尔大街上的一个小酒馆又喝了一瓶，最后才回到奥莉弗的住处喝最后一杯"睡前酒"。从这一刻开始，怪事接连发生。雪莉——奥莉弗的女伴，突然声称她不打算回美国了。对此，醉醺醺的男爵跳了起来，大叫道：

"那我们现在就开车去瑟堡，和奥莉弗一起度过最后一天！"

最近，我们一直租着辆汽车到处玩，那车还等着要把阿历克和我分头送回家去。当我们坚决反对，说要这么走，身上穿的衣服也不合适时，他歇斯底里地嚷起来：

"如果我们要对奥莉弗表示爱和尊重，我们就得像模像样！"

当时我们谁也不清醒，所以受到他的热情的感染，没有多加思索就同意了。

我永远不会忘记那次可怕的夜行，而且是乘坐敞篷汽车！又是风，又是土路上的灰尘，途中因轮胎漏气或其他原因而多次停车，以及路边客栈的劣质咖啡等等，这一切简直是噩梦，长达14小时的噩梦！我们最后到达瑟堡时又累又脏，而离开船只差三小时。我们找了家旅店去漱洗和吃点东西，霍赫瓦赫特尔男爵把我叫到另一个房间，交给我一个信封。

"请收下这两千法郎，"他说，"我知道你手头紧，你什么时候宽裕了，再还给我！"

我满脸通红，心知这是奥莉弗婉转地送给我的钱，尽管如此，我还是感谢了他。

我们把奥莉弗送进她的舱位，雪莉忙于寻找自己的行李，因为她们全部的行李都是由火车托运过来的。突然，当要求送客的亲友们下船的汽笛声响起时，阿列克忽然用激动的声音坚定不移地宣布：

"我要留在船上！我不能让她一个人走！"

"这怎么行呢？"我叫起来，十分惊愕，"就这样，没票，没行李，穿着晚礼服上路吗？"

"需要的东西在船上都可以弄到。"他回答说，"再说，我们有雪莉的舱位啊！"

奥莉弗吃了一惊，但这也使她很受用。

"阿列克，你是个疯子！"她就说了这么一句。

"那雪莉和我怎么办？"我问，"我们如何回巴黎呢？"

"汽车会把你们送回家。你们只要支付汽油费，司机的工钱和租车费都已付清。请把雪莉送到布洛涅树林大街80号。"

时间已经很紧。我们只来得及和奥莉弗吻别，就沿着舷梯匆匆跑下船来。

回程又是一场噩梦，不过只是对我。我们胖胖的雪莉原来还很浪漫，这一倾向此时才显露出来。她从自己的旅行指南中找出一些奇特的大教堂去参观，还去远离大路的有特色的饭店就餐。她不时地让汽车停下，好去采摘野花或者欣赏布列塔尼地区妇女们古怪的头饰。而我们还依然穿着晚礼服！所幸，雪莉不会再占用我的时间，她第二天就会前往瑞士。但最糟的事还在后头。在最后一站，克莱贝尔大街，我本来要给司机一笔像样的小费的，可他拿出一张长长的发票：

"先生，"他说，"男爵还欠我一些汽油费，他只支付了到瑟堡的车费，而且夜间行车费用要加倍。"

全部车费超过 700 法郎。我本来口袋里装着 2000 法郎，感觉富得很，可以还清自己的债务了。不管怎么说，我支付了司机的账单，不过小费就比原来打算的少了。

至于霍赫瓦赫特尔男爵，他在第一次世界大战结束后，于1920 年来到伦敦，他说是来要我欠他的钱的。我按照战前的牌价如数还给了他。

38

我收到弗雷德里克从波兰某地寄来的一封信，他写道："全家都去马里安巴德进行温泉疗养了，我则在离华沙不远的农村，在朋友巴雷尔斯基夫妇家。他们有四个可爱、快乐和聪明的儿子。他们的父母都曾听过你的演奏，渴望你能来和我们相聚。来吧！你可以骑马、读书或者休息，如果愿意还可以工作。食物简单而有益于健康：新鲜的牛奶和水果和自己园地里种的蔬菜。我相信，这对你会大有好处。"

这听起来颇有吸引力，虽然说起男孩们，联系到弗雷德里克，我有点不安。同时我依然处于懒散的习惯中，早上起得很迟，弹几首练习曲，然后就去"富凯酒吧"，去香榭丽舍大街的露天剧场，晚上则去马克西姆饭店。我消瘦了，人苍白了，脸腮也瘦了下去，眼框发黑。

一天下午，杜卡看到我坐在"韦伯咖啡馆"外面的露台上喝咖啡，吃发面糕点，实际上那是我的早点。

"你在巴黎干什么？我以为你早离开了呢！"他说。

"嗯，"我吹牛道，"我在玩，从来没有玩得这么好过。每晚都有聚会，然后，你知道，去马克西姆饭店，那里有，咳，漂亮姑娘，极美丽的姑娘！怎么能离开这样的城市呢?"

他宽容大度地微微一笑。

"如果你没有什么事，那就上我的住所去吧！我要给你看些东西。"

我跟着他去了位于华盛顿路上的公寓。他的房子在五楼，没有电梯。

"对不起，我离开一下，在厨房里我有点小事要做。趁此机会你可看看这些照片，你会喜欢的！"

他从抽屉里拿出一个硬纸盒子，交给我，就出去了。

我原以为能看到他旅途上的一些有趣的照片的，我随意地打开盒子：里面装满了彩色的色情图片。眼泪一下涌到我的眼眶。我受到刺激，感到害臊。我觉得，现在我让这个我尊敬和赞赏的人、我把他当做朋友的人，感到失望了。他的这个举动，这些龌龊的照片就是对我的胡扯的回答。

门开了，杜卡先生手里端着个大盘子进来，把盘子放到桌子上。

"你和我一起吃点什么吧！"他友好地说，看到我很伤心，又温和地补充道："我没有想让你生气，不过你给我说说自己的情况吧！"

我们坐下来吃东西，有熟肉、奶酪、面包和热茶。我在他面前敞开了心扉。

"我的艺术生涯完蛋了！"在真情流露中，我叫道，"我什么也不是，只是个平平常常、头脑空空、花天酒地的人。"

"我的朋友，你瞎扯！你这么年轻，什么也没有失去。但是你应该更加关心自己的健康。我真诚地劝你去乡下好好休息一番，努力恢复一下体力，工作热情自会回来的。"

我突然记起弗雷德里克的信，心想："这多巧啊！他的建议完全和大师的劝告不谋而合！"于是我决定尽快回华沙。我的决定使杜卡十分高兴。

"你动身之前我想让你看看我的歌剧《阿丽安娜与蓝胡子（Ariane et Barbe-Bleue）》，我正在写呢！你明天早上来吧。我们可以四手联弹一些段落。"

我从心灵深处感激他做的一切。是他促使我清醒过来，让我回心转意。我跑到邮局去给弗雷德里克打电报，告诉他我的决定。回到克莱贝大街后，我收到阿尔芒的一封信，他预告一周内回国。信中还有段非常风趣的描述，是关于由奥莉弗和德国男爵霍赫瓦赫特尔同船抵达而引发的丑闻。阿尔芒写道："怀特先生，就是奥莉弗的丈夫，因为耳闻一些小报发表讽刺文章和刊登照片而大为生气。当他得知奥莉弗和男爵在同一条船上，就带了一个朋友一起来到码头，男爵一出现，他们俩就结结实实地给他一顿好揍。奥莉弗大叫救命，最后大家都进了警察局。报刊对此大事宣扬。男爵身体状况很糟，将乘下一班轮船回欧洲。"

我与杜卡为伴度过了在巴黎的最后几天，和他弹奏美丽的《阿丽安娜与蓝胡子》。为和朋友们告别，我最后一次去了"富凯酒吧"。之后我收拾好简单的行李，在桌子上给阿尔芒留下一封长信。

到华沙的长途旅行使我感到比前几次要累，叫人疲惫万分。弗雷德里克在车站等我，他的真诚欢迎让我提起点精神。他要了辆马车，送我们到维斯瓦河东岸隶属于圣彼得堡铁路公司的车站。从那里我们坐上火车，一小时后就抵达一个小站，两个帅气的小伙子早已在等候我们。

"这是卡齐密什，而这是泽格蒙德。"弗雷德里克给我介绍说，"他们俩都爱好音乐。"

一辆舒适的马车把我们送到大约三公里外的一个庄园。马车在一座很宽敞的房子前面停下。这是栋单层的建筑，大概是家庭成员不断增加的缘故，后来又增建了长长的侧翼，因而比例不协调。房主人巴雷尔斯基先生属于波兰富有的中产阶级的上层。他在俄国保险公司的重要位置使他获得了财富和影响。

他五十刚出头，但头发已经灰白，是个知识分子，具有广泛的兴趣，特别爱好音乐。巴雷尔斯卡夫人，虽然比他小不了多少，但还保持着年轻的外表——很尊严、平和、精力充沛、充满活力，积极参与着她周围发生的一切事情。她拥有我以为真正的波兰主妇都应具备的特点。

小伙子们很英俊，一个赛过一个，他们还在过暑假，正在兴头上呢。他们喜爱骑马、钓鱼、打网球以及一切户外运动，晚上便读有价值的书籍，下国际象棋或者进行长时间的政治讨论，谈的大都是波兰问题。

这座庄园其实是个饲养场，养着马和牛。而住宅加上花园和菜园就是庄园中的宅邸，波兰文里称做"德夫尔"。

这家人的生活方式很理想。早饭后，我和小伙子们一起骑马，然后当他们打网球时，我就弹一两小时的钢琴。午饭都在凉台上吃，通常有酸奶、煮土豆、熟肉以及野草莓和醋栗加奶油。下午弗雷德里克搞创作，我们其他所有人去附近森林里采蘑菇，这是我们非常喜欢的活动。路走多了疲倦之后，我们就很开心地坐下吃波兰传统的下午茶——各种各样的面包、果酱、蜂蜜、奶酪、熏肉、冷柠檬水和水果。这是一天里我们最喜欢吃的一餐饭。晚上我们吃得很少，不过我要喝两大杯牛奶。由于这样的营养，我的体重很快增加，体力也恢复了。

有时，如果我们高兴，弗雷德里克和我就弹奏肖邦，不过谁也不强迫我们这样做。巴雷尔斯卡夫人喜欢拉我玩叫做"辟开"的纸牌游戏。晚上我们有时是在剥生花生吃的过程中度过的。我对弗雷德里克和小伙子们关系的怀疑是没有根据的。四个男孩都绝对正常，各方面都很健康。

夏天过去，该回城了。我们的告别极为真诚。分别时女主人为我们画十字、吻前额表示祝福。全家人要我们答应到华沙一定要去看望他们。我非常感动，内心充满了感激之情，感谢他们为改善我的精神面貌和健康所做的一切。

39

秋天是我最喜欢的季节。我爱那清新的微风拂动着金黄色的树叶，那飘动得更快的云彩，渐短的白天以及更加流畅的血液循环。华沙又慢慢地熙来攘往了。看到充满精力回来工作的人群真叫人愉快。他们被太阳晒黑了，经过长时间的休息后精神抖擞。而女人们则比任何时候都更加可爱，她们的存在本身就让人兴奋。

哈尔曼一家也从国外返回。玛格达莱娜夫人，像她通常一样，感情丰富地欢迎我，但是我感到个中稍有疏远，这也许是长久不见的缘故。而她丈夫则极为真诚。我的美国巡演使他很是高兴。很快我就发觉，这种感情全波兰都有！一部分波兰报刊对我在法国和美国的"成功"演出作了有利的报导，因此这时我已是"著名的波兰钢琴家"了。这些优势没多久就带来了具体成果。

埃米尔·姆威纳尔斯基，华沙爱乐乐团的团长兼首席指挥，立即向我提出建议，以客座艺术家的身份进行三场演出，报酬从优。罗兹音乐会的新经纪人建议在我家乡组织两场独奏音乐会。我以重新焕发的热情投入曲目的准备。

尤瑟夫·雅罗申斯基来到华沙，他想一直呆到我演出为止。他还从未和哈尔曼一家接触过，但我对带他到这个家庭有顾虑，原因很简单，他们相互不合适。结果倒是雅罗申斯基把我介绍给了他的朋友——没有孩子的热乌斯基夫妇。热乌斯基家有一套漂亮的公寓，家里摆着一架极好的斯坦威钢琴。他们是热烈的音乐爱好者。斯塔尼斯瓦夫·热乌斯基在一次决斗中丢了一条腿，常感觉疼痛，所以靠麻醉剂生活着。他每天唯一的事情就是在全城最高级的俱乐部里打桥牌，赌注很高。他向我透露说：

"我比其他所有人高明百分之十，这就保证了我每年约有3万卢布的收入。"

他的妻子曾是美女，现在还很有吸引力，并且充溢着活力。她和法国大作家巴尔扎克的夫人汉斯卡和李斯特的情妇魏特根斯坦公主一样，出生在乌克兰。热乌斯基夫妇崇拜瓦格纳，从未错过去拜罗伊特，以便朝拜一年一度的瓦格纳音乐节。热乌斯基夫人爱把自己当成布隆希尔达①。我很快就成为这座房子里的常客，连续数小时给他们弹奏《女武神》和《众神的黄昏》。热乌斯基夫妇则把我介绍给华沙最重要的人物。结果，华沙的无冕女王、封疆诸侯夫人维洛波尔斯卡，以及富有的、和巴黎的罗思柴尔德家族是近亲的爱泼斯坦一家也开始把我当做名流。我的音乐会带来了真正的成功。姆威纳尔斯基先生不仅是位优秀的指挥家，而且还是位杰出的教师。就他指挥我演奏的几首协奏曲来说，他都给了我宝贵的指点。哈尔曼一家为我感到骄傲。玛格达莱娜夫人

---

① 布隆希尔达：瓦格纳的《女武神》中诸神之王沃旦之女。

在我的第一场音乐会后举行了一次大型晚宴，甚至她丈夫都出席了。

借此机会，我大姐雅佳从罗兹来到华沙，带着关于我的小哥哥伊格纳齐面临危险的警讯：他在西伯利亚的流放已结束，但回来后又一次卷入革命活动。如果现在再次被捕，就会被判重刑，甚至死刑。

"他必须立即出国，"大姐说，"最好去巴黎，他想去那边学习小提琴。我们想办法每月给他寄去生活费，对他还有个好处就是靠你近。"

她从我这里拿走了200卢布做车票和他开头的费用，还责成我找到把他弄出国的渠道。"靠你拥有的关系，这不难。"她说。

我很走运，通过一些秘密的谋划，我搞到一份可以使他越过可怕的俄国边境的证件。在那开心的时代，除掉俄国和土耳其之外，任何地方都不要求护照。不管怎么说，伊格纳齐安全抵达巴黎。不过大姐还狠狠地敲了我一笔：她要求我为她支付一件什么衣服的帐单，数目高达300卢布。

"我害怕把帐单给丈夫看，"她解释说，"我花费太大时，他会大发雷霆的。"

这样一下子我就失去了500卢布，比一场音乐会的收入还多。尽管如此，我不能全怪她。当时普遍认为，我在美国挣了大钱。而我身上穿的高级服装也不利于改变这种看法。我对大姐说，最近几个月在巴黎的阔绰生活已经花掉了大部分钱，但说也白说。所以毫不奇怪，这次回到罗兹人们已经不把我当做浪子，而是当做美国的征服者来迎接的。因而，我在道义上感到有责任把收入的一半交给父母。带一笔可观的数目返回巴黎的前景很是不妙。剩下的钱只够我在那里生活一两个月。

返回华沙，卡罗尔·希曼诺夫斯基的到来使我精神一振。我们欣然重温了早年结下的友谊。他带着几首新出版的作品，包括题献给我的《变奏曲》作品第三号。我立即着手研究这首曲子以及其他的练习曲和前奏曲。希曼诺夫斯基的朋友，作曲家兼指挥格热戈什·费特贝格①，有时也加入到我们中间来。他比希曼诺夫斯基只大几岁，却显得盛气凌人。他虽然中等身材，可是肩膀宽阔、身体结实，长着一头又浓又黑的卷发，一张刮得干干净净的圆脸，镜片透出他严峻的神情。说实在的，他可以算得上英俊，外表使人想起照片上年轻的安东·鲁宾斯坦。我本能地不喜欢他。不过，由于他的努力和充沛的精力，年轻的波兰作曲家们才得以出版并上演自己的作品。

富有的地主、波兰最古老的一个家族的后裔，符瓦迪斯瓦夫·路鲍米尔斯基公爵热烈地爱好音乐，这在波兰贵族中不多见。多年来一直受到他庇护的费特贝格向公爵提出建议，也在波兰成立像俄国著名的"（五人）强力集团"那样的小组，并与之竞争。公爵欣赏这个主意，就拿出可观的一笔款项，设立了一个"波兰青年作曲家社团"，并亲自领导。首批成员包括费特贝格、希曼诺夫斯基、路道米尔·鲁日茨基（曾侮辱过我）和阿波里纳雷·舍路托。在最后一场音乐会上，我演奏了希曼诺夫斯基的一首练习曲。音乐会后，公爵来到后台对我表示钦佩，我则对他为波兰音乐生活作出的宝贵贡献表示了感谢。

哈尔曼一家的生活依旧按照老规矩进行着。男主人继续着与女芭蕾演员的关系，主妇则继续为关系很深的老朋友们提供茶会和晚宴。弗雷德里克呢，还在为自己的协奏曲谱写管弦乐部分。他打算把自己的作品拿到巴黎去，要在法国首都试试自己的运气。巴霞下午大都在外度过，很可能与已从巴黎回来的情人呆在

---

① 格热戈什·费特贝格（Grzegorz Fiteberg，1879－1953）：波兰作曲家、指挥。从1907年起，先后在华沙爱乐团、维也纳歌剧院乐团、彼得堡和莫斯科担任指挥，并致力于波兰民族音乐的发展。作有交响曲两部、管弦乐曲《波兰狂想曲》和其他作品。

一起。另一个女儿波拉每天在吃下午茶时回来看妈妈。从扎科帕内之行以后她就变了，现在对我很客气。如我曾经提到过的那样，我和玛格达莱娜夫人的亲近关系逐渐冷淡，部分由于房子的安排不方便，但主要是因为我现在完全在另外的圈子里活动，而不是和她一起。因为在他们家的地位不明不白，我曾提出搬到旅馆去住，但是他们全家都坚持要我留下。

这时，毫无预兆，发生了一件不可思议、极为意外的事。一天黄昏，波拉和我还坐在吃下午茶的桌边聊天，就我们两个人，家里人都离开了饭厅。忽然，不约而同地，我们两人都默不作声了。我的心跳加快起来，我质疑地、急切地在她的眼睛中寻求着，而她的目光并未躲避。于是我们两人都明白了——我们相爱着，深深地、热烈地相爱着。我握住她的手，她也握住了我的，我们的手指紧紧地交叉着，我们就那样默默地坐着，充满幸福。有人来了，我们才清醒过来，像是从深深的睡梦中苏醒。波拉留下来吃晚饭，但整个晚饭期间我们没敢互相说话。她母亲以为我们吵嘴了。我安慰她说没有的事，于是她要我送波拉回家。

"我不喜欢这么晚让她一个人走路。"她说，"而她的住处只有五条街的距离。"

这真是上苍的赐予！我们手牵手地走着，不敢互相说话。只是到了她的家门口，在她拉门铃前，我把她拥进怀里，紧紧地搂着，两人开始接吻……那是个长长的、充满激情的、渴望已久的亲吻。她眼泪汪汪地悄声说：

"明天上午 11 点在咖啡店见。"门开了，她走进房子里。

我迷迷糊糊地回到住处。弗雷德里克没有睡，还在等我。我把发生的事情告诉了他，我无力对他隐瞒。

"我早料到这事会发生的。"他平静地说，"你注定要走完这全过程，这是不可避免的。"

他说得对——这是某种无法抵御的命运之力。从认识弗雷德里克和他的家人起，我一直在他们魔法的影响下，无力摆脱——不管离他们是近还是远。现在我明白自己无可避免地陷入了他们的罗网。

第二天我看到她坐在咖啡店一角的一张桌旁喝茶，神情十分紧张。

"我们不能呆在这里。"她很快地说，一双眼睛盯着大门。"我的一些熟人常来这里。我们必须马上离开，而且要分开走。一定要找个更好的地方见面。"说完，她握了握我的手，就跑到街上去。

她当然是对的。除了在她父母的家里之外，我们一起出现在大庭广众之中是没有任何合乎逻辑的理由的。在试过无数的、但不实际的办法之后，波拉终于建议在一个年轻小姐的住处见面，那姑娘深爱着她哥哥弗雷德里克，显然高兴终于可以为他的妹妹做点好事，我立即同意了这个主意。我愿意走到天涯海角，只要能单独和波拉一起呆一会儿。我们的救命恩人、索菲亚·科恩是一位著名律师的女儿，活泼、可爱、身材匀称、风度优雅。很遗憾，她那难看的、始终红红的长鼻子（鼻尖几乎可以够到嘴巴）使她那还算可以的脸蛋变丑了。她在卧室接待了我们，我们当然是分头去的，那卧室里摆放着一张好像修女用的床（用白色带穗的床罩罩着），对面是一架很大的贝希斯坦演奏琴，一把小沙发，两只带垫子的椅子，一张小桌子放在房间的另一头。最近数周之内，这间卧室就是我们爱情的避风港。索菲亚处事总很周到，常以有事要办为由，把我们留在屋里。尽管如此，我们唯一敢做的事情就是静静地坐着，手拉着手，重复那些说过多少遍的话，但一个人只要在恋爱，这些话听起来就神奇地新鲜。很自然，我们被不熟悉的环境弄得相当拘束，此外，生活中所发生的这种突然的、戏剧性的转折也使我们不知所措。

弗雷德里克去了巴黎，他写信告诉我，他在一个英国老太婆的住宅里找到了一个很好的下榻之处，还说如果我决定去，也可以为我在那里找到一间房子。他的父母带着巴霞去了德国，要在亲戚家过圣诞节。我自然也觉得应该走了，但我做不到这样快就和波拉分开。希曼诺夫斯基和费特贝格帮了我的忙，他们借口说，他们需要我参与一个重大的音乐计划。多亏他们，我能在华沙再呆上两个星期。

"你可以住在我们家。"玛格达莱娜夫人说，"有现成的仆人，波拉不时地过来照顾一下就行。"

美妙的两星期像一天那样一晃而过。波拉常常回家，我终于可以不时地拥抱她了，虽然总是那么胆战心惊，生怕有人突然闯进来，弄得我们措手不及。每次见面我们都是山盟海誓，要永远相爱。她答应给我写信，而求我不要回信。"那样太危险了。"她说。

在圣诞节前一天的中午，波拉请了一次客。她丈夫的两个兄弟和妻子都应邀前来，她坚持要我也来。

"如果我不请你，特别是现在，你一个人住在我父母家，会叫人疑心的！"

这个主意不成功。我感到很陌生。三位先生对我都不友好，几乎不讲礼貌。而两个女人则用典型的反犹言论含沙影射地指责我。波拉神情紧张，不自然。我们刚刚吃完离席，我说了声对不起，便告辞了。我的在场破坏了聚会，虽然我弄不清为什么。也许他们已知道或者听到关于我们的什么事了？抑或是关于我的？

第二天在索菲亚的住处波拉向我解释，说他们把我当做他们家庭聚会中的外人。这没有完全说服我，没有能让我完全安下心来。

我们的告别是在两天之后，还是在索菲亚的卧室。波拉哭着，我也心绪不好，很不开心。她走了之后，索菲亚让我留下一个小时。她拿来咖啡，努力使我高兴。最后强迫我坐到钢琴旁，

要我把心里的感受都弹出来。这很起作用！今天我可以说，音乐
又一次使我情绪舒缓，让我得到了慰藉。

　　我在巴黎的新住址是劳里斯顿路 25 号。女房东科尔太太是
个六十开外的英国老太，娇小而机敏，总是那么整洁，衣裙无一
例外都是用印花衣料做的英国款式。黑发染成了色泽不佳的黄
色，戴一串由琥珀、水晶和金属混合穿成的奇怪的项链，而手上
戴的则是类似的、丁当作响的手镯，这响声宣布着她就要到来。
科尔太太是个最可爱的人，她没有受过太多的教育，但很好学。
她一心喜欢弗雷德里克，为让他高兴，也同样伸开双臂欢迎了
我。我们是她唯一的房客。因为我们都要使用钢琴，我俩的房间
就由一个小客厅和饭厅隔开。

　　1907 年我回巴黎后，第一件事还是找阿斯特吕克。近来我们
两人的相互关系不是太好。原因好像是他对我的事业进展缓慢明
显感到失望，去年夏天我放荡的生活方式他更不喜欢。但当我走
进他的办公室，他的微笑让我放心不少：阿斯特吕克还是支持我
的，并没有把我完全当成废物抛到一角。

　　“阿图尔，你这小伙子，”他友好地拍着我的肩膀说，“我们
下一步干什么呢？暂时我能给你的只有在‘爱乐协会’的一场音
乐会，其它的以后再说。”这实际上是在不大的农民大厅举办的
独奏音乐会，在“爱乐协会”这个大名之下只代表不多不少的一

群拥有长票的观众，用这种长票可以听几场室内乐或独奏音乐会。

"而且我还有个好主意，"阿斯特吕克先生继续说，"我们正组织庞大的午场慈善音乐会。所有著名人物都表示会出力。86 岁的法国大钢琴家弗朗西斯·普朗泰（Francis Plante），专门从他的住处塔布赶来，与'共和国卫队'乐队演奏戈特沙尔克①的一首塔兰泰拉舞曲和一首独奏曲。由于他是最后一个出场，而整个演出至少要三个小时，你可以在开场后演奏两首短小的曲子。如果你的名字出现在节目单上，会对你大有好处的。"

这个主意我不太喜欢。但是我感到现在不能拒绝任何演出机会，所以就答应了，并提出"两首肖邦的作品"作为我的节目。

"别迟到啊！"他提醒我道，"音乐会从 3 点开始，在节目单上你大概是第三个或者第四个。"

表演者的名单令人生畏：萨拉·贝尔纳尔要演出《阿德里安娜·勒库弗勒（Adrienne Lecouvreur)》中一整幕；吕西安·吉特里将演出最近获得成功的剧作中的一场；而穆内－絮利②、科克兰（Coquelin）（兄）、勒巴尔齐（Le Bargy）、德费罗迪（de Feraudy）将表演独白和朗诵；伟大的女高音歌唱家费利娅·里特维纳（Felia Litvinne）以及吕西安娜·布雷瓦勒（Lucienne Breval）、瓦兰德里（Vallandri）和歌剧院的男高音阿尔瓦雷斯（Alvarez）都要演唱；最后压轴的是伟大的弗朗西斯·普朗泰，他在离开十年后将第一次出现在巴黎。

所以在海报上看到自己的名字出现在这些伟人中间，我感到

---

① 戈特沙尔克（Louis Moreau Gottschalk, 1829 - 1869）：美国作曲家、钢琴家。15 岁开始在巴黎公开演出。后以大师身分周游世界。钢琴作品有：《鸣风琴》、《垂死的诗人》等。

② 穆内－絮利（Mounet - Sully, 1841 - 1916）：享誉世界的法国喜剧演员，在古典和自然主义喜剧作品中扮演过许多角色。

非常骄傲就不足为奇了!

　　我准时到达萨拉·贝尔纳尔剧院。虽然票价很贵,但门票还是销售一空。巴黎人喜欢这样的演出,他们感觉这样花钱值得。我到达时,后台乱哄哄的,毫无秩序。男男女女,不论上了装的还是穿着便装的,都在来回奔跑,大家都在相互交谈、打着手势。我找节目单,还未找到,竟然被人抓住胳膊,一掌便把我推向舞台。

　　"谢天谢地你来了。"那人焦急地说,"瓦兰德里失约了,你现在就上场。"我发现自己突然站在听众面前。我鞠了一躬,坐到钢琴边,这才恢复了神志。肖邦的夜曲和练习曲实际上被听众席上的高声交谈掩盖掉了,这使我大为不快。为了回答那温吞的、礼貌性的掌声,我演奏了我的拿手好戏——肖邦最著名的《降 A 大调波洛奈兹舞曲》。这次他们非听不可了,听众让我返场三次。我对自己很满意,准备走下舞台到听众席去看后面的演出。这时那个把我推上场的舞台监督再次拉住我。

　　"太棒了,太棒了!"他拍着我的肩膀说,"你一定会很高兴的,普朗泰大师想认识你! 跟我来!"

　　我们敲了大钢琴家休息室的门。看到一幅多么奇特的情景:普朗泰个子很矮,已经秃顶,一副红润的、没有皱纹的脸,下巴上留着短短的、剪成圆形的灰白胡须。他坐在那里,穿好了出场的衣服,脱了鞋,穿着白袜子的双脚搁在一个小电暖炉上烤。一看见我,他就叫起来:"哎哟,多可爱的年轻人啊! 我看得出来很有才华。难道他不迷人吗?"他就像我不在场似的对着那个舞台监督说。

　　"真遗憾,我没有能听到你的演奏。但我听说你大获成功。"他继续说,"我的年轻朋友,你弹的什么曲子啊?"

　　我告诉他弹了什么。当我提到《降 A 大调波洛奈兹舞曲》时,他立即火冒三丈,把暖炉踢翻了,站起来尖叫道:"他偷了我的曲子！这个坏蛋偷了我的曲子！我马上就离开！这是我准备的唯一一首曲子，可被他偷了！"

我跑出门去，害怕得要死，躲进包厢后面的听众中，和那些买站票的人一起观看舞台上的进展。足足两小时后，大钢琴家才在雷鸣般的欢呼声中出场。使我心里感到宽慰的是，他用年轻人的那种饱满精神演奏了《塔兰泰拉舞曲》，手指控制得很理想，似乎要向人们证明，他根本没有那么大的年纪。在当之无愧的欢呼停下后，他抬起一只手，面向听众说："我原打算演奏的曲子被我年轻的同行无意地抢了先，他已向大家完美地演奏了它，而我又没有准备别的曲子。"说完他就走下舞台，面带优雅的微笑。

尽管发生了这个戏剧性的插曲，这场音乐会给我带来了意外的好结果。大名鼎鼎的演员科克兰（兄）对我所取得的成功印象深刻，请我参加一场纪念音乐会，那是他正在为"老演员之家"组织的义演。因为卡鲁索①和杰拉尔丁·法勒②已答应参加，他就很客气地把我们三人作为外国大明星进行宣传。这使阿斯特吕克和我大为高兴。音乐会在陈旧的"特罗卡德罗剧院"糟糕的大厅里举行，不过有三千个座位。在卡鲁索和法勒十分辉煌地演唱了歌剧咏叹调之后，我想出个好主意，把李斯特改编的《特里斯坦与伊索尔德》中的《爱之死》作为我演奏的最后一曲。热烈的掌声几乎把房子都震塌了。圣－桑也出席了音乐会，他非常热情地

---

① 卡鲁索（Enrico Caruso，1873－1921）：意大利男高音歌唱家。1894年开始舞台生涯，1896年在米兰扮演《菲杜拉》剧中罗列斯·伊巴诺夫伯爵，获得成功而名声日盛。他嗓音既刚劲洪亮又柔润甜美，呼吸控制技术及分句法十分完美。以善演威尔第、普契尼、梅耶贝尔等人的歌剧作品著称。公认为"有史以来最伟大的男高音"。录制唱片的第一人。著有《歌唱法》一书。

② 杰拉尔丁·法勒（Geraldine Farrar，1882－1967）：美国女高音歌唱家。先后师从格拉齐亚尼（柏林）和莉莉·勒曼。第一次公开亮相于《浮士德》，饰玛格丽特；曾和卡鲁索数次同台演出；作为纽约大都会歌剧院成员直到1922年，演过近五百场次，扮演了许多角色，也拍摄过多部电影。

向我表示祝贺。

"这曲子用钢琴弹奏比用声乐演唱要好！"他评论道。于是在以后的音乐会上我就经常演奏这部作品。

藉着那两次成功的登台给我带来的声望，我又一次引起上流社会的关注，接连三次被邀请参加了并不"音乐"的"音乐晚会"。但其中一次是例外。德贝阿恩（de Bearn）女伯爵是真正的音乐迷，在她组织的招待会上，她邀请了著名的女高音歌唱家费利娅·里特维纳演唱舒曼根据海涅的诗歌谱写的组歌《诗人之恋》，女歌唱家表示希望我能为其伴奏。直到今天，我一直把这场音乐会作为一次最为感人的音乐经历来回忆。之后，费利娅和我成了好友，我常去她家拜访。

我的哥哥伊格纳齐在圣乐学校学习。我觉得他是在浪费时间，他并无真正拉小提琴的才华，学小提琴的主意是来自他要和我竞争的欲望。看起来他已经完全忘记社会革命了。我很少和他见面，我们的共同点太少。

"富凯酒吧"方面的老朋友对我说，阿尔芒又去了纽约，并暗讽这次他真心要追求一个富有的女遗产继承人了。

这些老朋友为了弥补他的缺席，对我比平时更为亲切。其中的一个，年轻的雷科贝向我转达了米科瓦伊·波托茨基伯爵的午餐邀请。

"他是来自波兰的真正的波托茨基，一位非常富有的绅士。"他介绍道，"虽然他不会讲波兰语，但对祖国和同胞的事非常热心。当我提起你是波兰人时，他要我务必邀请你。"

现在弗雷德兰德大街上的商会所在地当时就是伯爵的府邸。这座建筑很宏大，还附有一个大花园、一个车库和马厩，由他独自居住。

当我们走进宽敞的宴会大厅时，一位个子相当高、年近五十的先生迎接了我们。他已经谢顶，留着一副淡黄色的小胡子，一双极为温和的蓝眼睛，一张英俊的圆脸。因为一只脚有些跛，他向我们走来时拄着一根拐杖。

"我很遗憾，不能用波兰语欢迎你。"他说，"我从来没有机会学会这种语言。我出生在西伯利亚，我的父母在1863年起义失败后被流放到那边。他们去世后，我就来巴黎定居了。"

客厅里渐渐聚集了形形色色、年轻年老的客人。有些举止十分礼貌；有些感觉就像在自己家里一样；而大部分人则像进饭店用餐。雷科贝给我解释了原委。波托茨基伯爵保留了所谓的"开放餐桌"，这是波兰优美的古老传统的遗风。就是说，他给一些人发出了长期有效的午餐邀请，这些人要么是他愿意见的，要么是他想多接触的。只要他们有空，就总是受到欢迎。每天为24个人准备着饭菜。据我记得，当天到的有两位大使，一个俄国将军，几个波兰人，当时著名的肖像画家博纳，同样有名的讽刺画家塞姆，演员勒巴尔齐以及几位政府官员。上桌的大概16人，其他的位置都空着。饭菜很精致，谈话是在很高的知识水平上进行的。

我成为弗雷德兰德大街上那幢房子的常客了。从第一天起，伯爵和我相互间就很有好感，伯爵赢得了我的心，因为我觉得他很孤单，此外，这与他对波兰的热爱相关，我能感觉到那热爱；而我自己旺盛的精力和广泛的兴趣似乎激发了他对生活的欲望，并且他很崇拜音乐。饭后，当所有人都告别后，我常常就为他一个人弹奏。

当时我在巴黎的生活极富艺术感受，那对我是新的、不可估量的动力，推动着我去工作。由于波拉的充满甜蜜和温情的书信以及弗雷德里克的智慧的支持，我始终情绪极好。

阿斯特吕克对这一演出季的计划很大。在很大程度上由于我不懈地努力劝说，他决定在巴黎上演里夏德·施特劳斯的新歌剧

《莎乐美》，而且是原班人马。为此要冒不小的政治风险，因为这是自普法战争后在巴黎的公众场合中第一次讲德语。奥斯卡·王尔德的刺激性的台词则额外增加了麻烦：莎乐美对先知施洗约翰的罪恶爱情和她对他被砍下后放置在盘中的头颅的那长长的一吻，在天主教盛行的法国可能引起巨大的愤怒。但阿斯特吕克不管这一切，而是靠他一贯的才干，又一次获得了格雷弗勒伯爵夫人及其"法兰西宏艺协会"的支持，更重要的是法兰西共和国总统阿尔芒·法利埃允诺将出席首演。

预告要在"城堡剧院"演出六场。由里·施特劳斯亲自指挥。参加演出的明星是埃米·黛斯廷（Emmy Destinn）——我认为她是当时最伟大的戏剧女高音歌唱家。早年在柏林时，我甚至曾为她神魂颠倒，当时她和音乐学院的几个年轻学生的风流轶事曾闹得沸沸扬扬。

开始筹备这一活动后，我便积极参与其中，和若干独唱演员进行排练。黛斯廷本人请我和她一起排练全歌剧最困难、最复杂的部分——最后一幕。我很快不知不觉地记住了整个总谱。

六场演唱的入场券全部按100法郎一张的票价售空。这对阿斯特吕克先生自然是一笔绝好的生意。这一来，里·施特劳斯和他的夫人也十分满意了，而开头时，他夫人的言谈曾相当粗鲁。在一次排练中，施特劳斯夫人，一个平庸的德国女歌手，在楼厅操着巴伐利亚口音对在乐池里的丈夫叫道：

"唉，多可怕啊！这是多么糟糕的剧院，多差的乐队！我跟你说过，法国人是什么也干不成的！"类似的话还说了不少。

在首演开场前，格雷弗勒伯爵夫人把我叫到包厢里。

"你个人和黛斯廷女士认识吗？"她问道。当我作了肯定的回答后，她说："请你以我的名义求她吻先知施洗约翰的头颅时尽可能地轻些。如果能根本不吻头颅，那就最好了。"

我走出包厢时，为这种担心感到好笑。须知，那一吻可是全剧的高潮啊!

此外,还有一件可笑的事。为了取乐,萨夏·吉特里有时喜欢带我去高级奢华的青楼,那是个以昂贵的价格享受漂亮"姑娘"服务的地方。这个妓院的"夫人"是一个高官的遗孀,她为自己拥有的顾客感到骄傲,这些顾客影响力很大而又很富有。她对萨夏和他的机智十分欣赏。但是我们去那里的拜访纯粹是柏拉图式的,我们两人谁都没钱享受她部下的美丽。不过她总喜欢炫耀她们。

"小东西,过来,"她通常都是叫出雕塑一般的黑发姑娘,"你让先生们看看你美丽的臀部。"我们对这件优美展品的赞赏令她开心,作为加演,她又允许我们欣赏一位美丽的金发女郎的坚挺的乳房。

一天下午,就在演出《莎乐美》期间,我在街上碰到了萨沙·吉特利。

"我们去拜访一下'老太婆'吧!"他建议说,于是我就跟着去了。

"夫人"请我们品尝雪利酒和饼干,我讲了有关施特劳斯和《莎乐美》的几个笑话,于是作为回报,她让我们更多地赏析了黑发姑娘。

两天后,在汉诺威大楼有人交给我一封信,寄信人便是"夫人",信的内容大致如下:"我有一位最重要的顾客,他收集名人签名,渴望得到大师施特劳斯的签名。你能帮我这个忙吗?我不敢提出用金钱感谢你的帮助,不过我有更好的建议:你可以免费和美丽的黑发姑娘睡觉。"

当我把这信读给里·施特劳斯、阿斯特吕克以及乐队的其他登台的演员们听时,引发了一阵名副其实的疯狂,大家笑得前仰后合。当然,可怜的"夫人"从未收到我的回答。

几周后我和萨夏又去小楼拜访时,我下定决心以从未收到那信为借口抵挡所有的非难。我们走进小客厅，"夫人"紧紧拥抱了我。

"你真是个天使！"她叫道，"为了那漂亮的签名，我不知该怎样感谢你！我的顾客赞不绝口。"

我想必是一脸的蠢相，简直被搞糊涂了。原来，里夏德·施特劳斯的来自柏林的大胡子老舞台总监在听我读那封出名的信件时，准确地记住了青楼的地址，他用施特劳斯给他写的一封信交换到了与令人愉快的黑发女郎度过的几个小时，在那封信里，施特劳斯感谢了他"为歌剧的成功作出的宝贵贡献"。

在"城堡剧院"最后一场夜场演出结束后的当晚，埃米·黛斯廷邀请我到她在"雷吉娜饭店"的套间用晚餐。她和她的妹妹一起住在那里。两位女士换了晨衣，一会儿之后，我们三人便就座于摆放着冷盘肉和香槟酒的小桌边。我对伟大的女歌唱家的演技表示赞赏，并举出她在《阿伊达》、《卡门》以及现在的《莎乐美》中表演的几个特别动人的片断作例证。

"你的演唱方式对我是重要的一课，"我说道，"你教会了我如何审慎地运用自由速度，这经常被人们误解为自由地表达旋律。我正努力把你对呼吸的完美控制，搬到我钢琴的分句上来；我相信，肖邦在自己作品中要求使用自由速度时，考虑的正是这一点。"

埃米·黛斯廷蹙着眉，精神集中地听着我大段的谈话，但突然间她拿起装满香槟酒的杯子，把它摔在壁炉上砸得粉碎。

"行了，行了！"她恼怒地叫道，"我知道我是个好歌唱家，不过我也是个女人呐！"

我傻了眼。她妹妹平静地站起身来，离开房间。黛斯廷期待着我——全身心交给了波拉的我——证明自己也是个男人！她是个奇怪的女人。当我看见她大腿上的蛇头时，我真的吓了一跳。她腿上以鲜艳的色彩纹着一条蟒蛇，从踝骨起向上盘绕到大腿根。花了好一阵子，我才从惊愕中恢复过来。我恐怕那个晚上自己的状况不是最佳，但看来她对此没有太在意，稍后，她平和下来，显出母性。

不管怎么说，她第二天必须回伦敦去参加"科文特花园皇家歌剧院"的旺季演出了。接着这位伟大的女歌唱家又显示了一个令人不解的特点——她一连几星期给我写信，用的是诗歌体裁，花体字，使用的是特制的华丽纸张。真像个十几岁的浪漫女孩。

同时，我那凭借记忆演奏《莎乐美》全剧总谱的绝技却成了丰厚收入的源泉。这一歌剧，自从取得轰动的成功后，在较长时间里一直是巴黎音乐精英们的话题。许多想更多地了解这部现代作品的业余爱好者，会请我单独为他们"专业"地演奏一番。这些建议，作为新的赚钱的方式，使我极为开心。我确定了统一的演出价格：500法郎，同时，我也因为听众对我的好记性印象深刻而自鸣得意。在这种场合，气氛和通常的"音乐晚会"是完全不一样的，这里的听众仅仅是几个里夏德·施特劳斯的忠实爱好者，而且，他们一边认真地看着总谱和对白，一边专注地听着音乐。

关于春季演出，阿斯特吕克先生口袋里还装着一个令人惊喜的计划：重要的俄罗斯音乐节，由在巴黎歌剧院举行的四场演出组成。其节目可谓真正的轰动。音乐会的音乐总监是阿图尔·尼基什，几位作曲家则亲自指挥自己的作品，其中包括里姆斯基-科萨科夫、格拉祖诺夫、拉赫玛尼诺夫和斯克里亚宾。夏里亚宾演唱穆索尔斯基的《鲍里斯·戈杜诺夫》以及鲍罗廷的《伊戈尔王》中长长的选段，这才是他在巴黎的真正首演。所有交响曲和不同歌剧中宏大场面的演出均由阿图尔·尼基什执棒指挥。

我的青年时代

　　这个雄心勃勃活动的发起人是俄国贵族谢尔盖·佳吉列夫①，而得以兑现则多亏加布里埃尔·阿斯特吕克。年轻俄国人的靠山是符拉季米尔大公，特别是他的妻子玛利亚·帕夫洛夫娜大公夫人。不过启动这个庞大音乐节机器所必须的绝大部分款项不得不由足智多谋的阿斯特吕克先生去张罗。所幸，他有能力完成这一任务，于是合同便签订了。

　　不用说，弗雷德里克和我属于音乐节最积极、最热心的听众。我们还高兴地目睹了部分音乐对通常既挑剔又多疑的巴黎听众产生的巨大冲击。夏里亚宾在演唱《伊戈尔王》中符拉季米尔·加里茨基大公的唱段以及在《鲍里斯·戈杜诺夫》的一幕中获得了巨大的胜利，不过，这次他要与穆索尔斯基和鲍罗廷分享这个胜利，因为两位作曲家的音乐令人们印象深刻。拉赫玛尼诺夫优美地演奏了他自己的《第二钢琴协奏曲》，引起的掌声和欢呼几乎震倒了剧院，当时这首曲子是在俄国之外的首演。第一场音乐会之后，夏里亚宾在休息室紧紧地握住我的手，拥抱并亲吻了我。

　　"阿图沙，看到你真喜出望外！和我们一起到"巴黎饭店"吃晚饭去。"

　　进饭店时，我本以为会看见夏里亚宾由几名他刚刚征服的女性所陪伴，但令我惊讶的是，我看到坐在桌旁的是两位高贵、文雅的女士。

　　"这是我的妻子，玛莎，这是她的妹妹。"他一本正经地给我介绍。

　　他严肃的样子令我想起一年前他在奥朗日唐璜式的风流放荡生活，相比起来倒真有趣！

---

　　① 谢尔盖·佳吉列夫（Serge Diaghilev, 1872－1929）：享有世界声誉的"俄罗斯芭蕾舞团"的创建人，对世界现代芭蕾艺术产生过巨大影响。

俄罗斯音乐节带来意想不到的效果——为佳吉列夫神奇的
"俄罗斯芭蕾舞团"演出季的形成开辟了道路。这一连串的事件
以空前的艺术爆炸而告终，我愿就此作如下概述：

由夏里亚宾演唱的《鲍里斯·戈杜诺夫》和《伊戈尔王》的
选段所展现的优美和创新，引发了巴黎报刊呼吁完整地上演这两
部歌剧的要求。阿斯特吕克也好，佳吉列夫也好，两人都以立即
着手工作回答了这个要求。佳吉列夫一得到阿斯特吕克慷慨的经
费支持的保证之后，就回到俄国去召募举办这一冒险活动所必需
的艺术大军，通过这个机会，他显露出为其演出寻找恰当人选的
才能。他没有采纳传统古板的舞台布景，而是聘请几个现代派画
家；他长期以来一直资助那些人，要求他们提出新点子。他找到
一位聪明的年轻舞蹈家福京，此人渴望在《伊戈尔王》的舞蹈中
创造出一些新东西来。当然，他也选择了以夏里亚宾为首的最好
的歌唱家。他的芭蕾舞演员则是从彼得堡和华沙的歌剧院中精挑
细选出来的。这样的阵容"战无不胜"。那个季节中歌剧注定是
当年的轰动事件。但是最让巴黎兴奋的是《伊戈尔王》中的舞
蹈。这里还从来没人见过类似的东西——那音乐，那布景的大胆
色彩，以及舞蹈所表达的强烈情感，所有这一切都使观众无法抗
拒，很快就成为全巴黎的话题。

"明年春天把你这样的芭蕾舞剧在巴黎演上一整季会怎么
样？"阿斯特吕克问佳吉列夫。

但在这个问题提出之前，俄国人已经开始构思各种异想天开
的计划了。结果巴黎经历了20世纪最为辉煌的戏剧大事件。无

论此前还是此后，都没有见过可与芭蕾舞剧《舍赫拉查德》①的成就相比拟的东西。佳吉列夫采用了里姆斯基－科萨科夫的交响诗，巴克斯特（Bakst）眩目的绿、蓝两色布景和梦幻般的东方服装。尼任斯基（Nizynski）首次登场扮演了堕入情网的奴隶一角，美丽的卡尔萨维娜（Karsawina）扮演后宫妃子。这一对舞蹈演员也在由韦伯谱曲的芭蕾舞剧《玫瑰魂（Le Spectre de la Rose）》中担任角色。尼任斯基简直轰动一时，他跳过窗户是那么轻盈，就像在空中飞舞一般。

不过，该季节最大的发现是安娜·巴甫洛娃，她立即被认为是那个时代最杰出的古典舞舞蹈家，她一出现就激发起诗人们的灵感，为她写赞歌。在舞台上她像精灵、像仙女，而卡尔萨维娜跳起舞来则像有血有肉的、性感的女人。从这一难以忘怀的季节开始，全世界就一直焦急地等待着"俄罗斯芭蕾舞团"的下次来访了。阿斯特吕克先生是该组织的大脑，而佳吉列夫则是其艺术灵魂。就是这个佳吉列夫，一次听到里姆斯基－科萨科夫的一个年轻学生的一首与乐队合奏的短小的作品，就向他预订了第一部原创芭蕾舞剧总谱。那个年轻人就是伊戈尔·斯特拉文斯基（Igor Stravinsky），那部芭蕾作品即《火鸟（The Firebird）》，并大获成功。之后的几个演出季，直到第一次世界大战为止，他又推出了《彼得鲁什卡》和《春之祭》，后者引发了著名的丑闻。拉威尔的《达夫尼与克洛埃（Daphnis et Chloé）》和德彪西的《游戏》②也是成绩斐然。此外，佳吉列夫的芭蕾舞团还取得了其他许多大大小小的成就。布景和服装是由我们时代最伟大的画家们设计的，这些画家包括：毕加索、马蒂斯、布拉克（Braque）、

---

① 《舍赫拉查德（Scheherazade）》是里姆斯基－科萨科夫于1888年创作的交响组曲，取材于《天方夜谭》中的故事。福金根据该组曲的音乐改编成芭蕾舞剧，在巴黎首演。

② 《游戏》，Jeux，一译《比赛》。

鲁奥（Rouault）、夏加尔（Chagall）、德兰（Derain）、迪菲（Du-
fy）和玛丽·洛朗森（Marie Laurencin）。佳吉列夫彻底改变了整
个艺术世界，不仅仅是美术，时装、室内装饰以及物品的色彩都
深受他成就的影响。是的，可以大胆地说，第一次世界大战之前
的岁月是"俄罗斯芭蕾舞团"的时代。佳吉列夫去世后，出现了
许多芭蕾舞团。多亏伟大的美国经纪人索尔·胡罗克①，芭蕾进
入了自己的黄金时代。

41

　　一天上午，弗雷德里克走进我的房间，让我读一封巴霞的
信。我从他的表情看出，这信对我是坏消息。巴霞以固有的简明
风格要他哥哥逼我立即退还波拉的信，没有进一步的说明。我深
受伤害，但一言未发，就把那些珍贵的信交给弗雷德里克。但从
此，生活对我失去了魅力。最后，经过几个不眠之夜，我得出结
论，波拉是被迫做出迅速断绝关系的决定的。于是，我的生活目
标就是：再见到她，弄清事情真相。

　　这时，一个意外的惊喜使我的注意力离开了这个噩梦。由于
具有能背奏《莎乐美》全剧的雕虫小技，我得到一个来自伦敦的
有趣的邀请。有个叫波特·帕尔默的美国阔太太，打算自己招待

――――――――――

　　① 　索尔·胡罗克（Sol Hurok，1888－1974）：出生于俄国的美国经纪人，在纽约
多次组织系列音乐会，获得成功。原名所罗门，索尔是昵称。

伦敦上流社会的精英，整个演出季租下了苏瑟兰公爵的府邸。她听说因为歌剧《莎乐美》里面对宗教有所影射，已在英国被禁演，而国王爱德华七世却表示愿意一睹此剧，于是她决定为英王组织一次演出。因为没有能容纳得下整个乐队的大厅，她便想到由我用钢琴来演奏这部歌剧。她自己曾在巴黎的音乐晚会上听过一次我的演出。

高达100畿尼①的王室酬金、同埃米·黛斯廷（她是科文特花园剧院这个季节的明星）重逢的机会以及为英国国王演奏的荣幸，等等，使得这个邀请很有吸引力。我怀着很大的期望来到伦敦。在第一次见面时，波特·帕尔默太太担心演出全剧可能太长。

"你能否只弹几个片断呢?"她问。

"当然可以。"我回答，"但是这可能给人的印象太凌乱。不过，"我补充道，"我可以自己演奏《七重天舞曲》，而如果你能邀请埃米·黛斯廷来演唱《莎乐美》的辉煌的结尾部分，我来伴奏，那将会是一台非常出色的节目。"

"好哇! 好哇!"她叫道，"这主意真妙! 我现在就安排!"她立即跑出房间，吩咐秘书立即着手。

不过，令我失望的是，出于爱国主义，她突然心血来潮邀请了美国女高音歌唱家奥莉弗·弗莱姆斯塔德（Olive Fremstad）来演最后一幕。

埃米·黛斯廷很高兴地接待了我并留我吃晚饭，但看来对我同奥莉弗·弗莱姆斯塔德合作有点生气。尽管如此，她还是邀请我到科文特花园剧院听卡鲁索和她在《阿伊达》中的演唱。

我那音乐会加招待会在下午3点开始。应邀出席的不超过30人，国王最后一个到达。有人指给我看，到场夫人们中有四位是

①　畿尼（guineas）：英国1663－1813年间发行的金币，币值为1镑1先令。

国王陛下以前的情妇。我要承认，国王品味很高，四位女士都很标致。帕尔默太太吩咐在大厅的一端搭起一个小舞台，台上摆着一架专门为我租来的贝希斯坦大钢琴。国王坐在第一排，离舞台很近，其余人分坐在他的周围。

我演奏的《七重天舞曲》被大家认可，他们至少安安静静地听着这曲现代音乐——在音乐会上英国人的风度比法国人的要好。奥莉弗·弗莱姆斯塔德是个杰出的女高音歌唱家，她用完美的发声和宏大的气度演唱了《莎乐美》中的长篇挽歌（我仍然思念黛斯廷嗓音中那种紧张、令人心碎的气质）。她取得了应有的成功，并非常宽厚地让我一同分享，我们不得不向鼓掌的人们多次鞠躬。

如果我说她的成功是"应有的"，那么从另一个角度看，我要说她"更加应有"：当她演唱时，国王一直在抽粗粗的雪茄烟，并把烟雾直接吐向她脸上。她能克服这种困难，简直是个奇迹。

音乐会后上了茶。弗莱姆斯塔德女士和我被引见给国王陛下。最使我吃惊的是他的优雅以及掩盖自己肥胖的高超技巧。"世界上最会穿着的男子"——这名声他真是当之无愧。那天他穿着一件长长的、深色的、单排钮扣、带缎子大翻领的礼服大衣（这种正式礼服现已让位于下摆裁剪成圆角的上装），衣服上不采用通常的钮扣，而是用两头是蓝宝石的细细的金链子穿过相应的扣眼，相互连接，使大衣潇洒地垂着。

国王有一副很洪亮的低音，说起话来略带德国腔。他对奥莉弗·弗莱姆斯塔德女士热情地赞美几句之后，就转向我，讨论起里夏德·施特劳斯歌剧的是非曲直了。

"我所听到的演出里没有任何令人震惊的东西嘛，我不明白为什么我们的检查官员反对它。"他说。显然，他本期望听这部歌剧会感到有什么不舒服的，现在则暗自失望。

当晚我听了黛斯廷和卡鲁索唱的《阿伊达》，这是我一生中不能忘怀的大事。这次演出中，黛斯廷比她的伙伴获得了更多的掌声，但是我认为，这是因为威尔第给阿伊达谱写的音乐比给拉达梅斯的好听。

我在伦敦多留了几天，每天都在塔维斯托克广场的一栋漂亮房子里度过，那是黛斯廷和她妹妹租下在演出季居住的。我们一起弹唱了许多，享受了佳肴，或者到歌剧院听杰出的演唱。我愉快地回忆起我俩短暂的爱情，虽然很浪漫，但谁也没有太认真。

返回巴黎又使我回到现实中。旺季就要结束，随之各种招待会、舞会、赛马、音乐会或者戏剧首演也就一一结束了，而我还没为夏天制定计划。

弗雷德里克签订了一个合同，充当赴美巡演的独唱歌唱家的伴奏。他不在，我和可爱的巴雷尔斯基一家就没有了任何来往，而我一点也不想去华沙或罗兹。怀特夫妇（奥莉弗）去了多维尔。阿尔芒还一直在纽约。但是幸运女神再次向我微笑：古斯塔夫·德·罗思柴尔德男爵夫人邀请我参加标志季节结束的"音乐晚会"的演出。这被认为是一年中最重要的社交大事。当我为讨论曲目而出现在男爵夫人位于马里尼大街的府邸时，这位上了年纪的女士表现出活跃的生命力，显得比实际年龄要小一半。

"我要你独奏一支简短的曲子，"她声明，"幕间休息后，你给黛斯廷小姐（终于是和她了！）伴奏《卡门》中两个咏叹调和《莎乐美》的最后一场。你的酬金是 1000 法郎。"

她说话的口气不容反对。在搭舞台和摆放钢琴、椅子和鲜花以及有关招待会的一切细节上，她都以同样的口气吩咐她的秘书、管家、园丁、木匠和其他仆役。她行动起来像将军一般。

招待会结果办成了最辉煌的"音乐晚会"，而我有幸参与其中。全巴黎的头面人物都到齐。旧贵族（虽然可怕的德雷福斯案件才过去几年）、法国科学院、大学、艺术家、作家、音乐家，在这里都有各自体面的代表。装饰着白色和金色墙裙的大厅及陈列其中的无价的油画，和谐地摆放着的鲜花，以及客人们的高雅，令人目不暇接。

音乐会给埃米·黛斯廷带来胜利，也给我带来了不小的成功。掌声一停，我们就被邀请加入到围着餐桌的客人们中间，那自助餐桌总有一公里长，提供了各式各样的食品。桌上摆满了配有蛋黄酱和绿菜汁的冷盘龙虾和鱼，冷盘鸭子和子鸡，咖喱热菜，特制的冰淇淋，堆成金字塔般的樱桃和草莓，还有精致的糕点。酒呢，统统上的是香槟。

我送黛斯廷回到旅馆时已经很晚，不过她没有让我留下过夜，她次日一早就必须返回伦敦。

这个特殊的夜晚不仅留下了鲜活的回忆，而且还有令人十分愉快的延续。第一次世界大战结束时，起初是我，后来是我夫人，同罗贝尔·德·罗斯柴尔德和奈丽·德·罗斯柴尔德成为亲近的朋友，他们是不屈不挠的古斯塔夫男爵夫人的继承人。而当第二次世界大战结束后我们回到巴黎时，我们同这个望族的下一代之间的友谊则更加紧密了，这友谊一直延续到今天。

"为什么你这么久不来我家吃午饭呢？"当我又出现在波托茨基伯爵"开放的"家里时，他问我。

我详细地描述在伦敦的见闻，模仿着英国国王和其他贵客，逗得他大笑。当我提到在罗斯柴尔德家举行的招待会时，波托茨基伯爵宣布：

"那我们也在这里组织个音乐招待会嘛！"

他当天就定下日期并发出请柬。我在他的宅邸中举行的音乐会与所有其他的都不同。客人是从"风流社会"①精英中挑选的，并有少量的著名女演员。我记得巴泰特、塞希莉·索尔和爱娃·拉瓦勒尔都到了场。男宾都很富有，其中有政府高官和"赛马总会"的会员，他们大都是"风流社会"的女士们的情人。其余就是在伯爵家吃午饭的客人。这么一群人，历来几乎不去听音乐会，自然不太懂得古典乐曲。因此，在我弹奏肖邦作品时，他们之间的闲聊不仅没有停止，声音反而越来越响。不过，我弹完之后，大家都起立并热烈鼓掌！大家围在小餐桌边用晚餐时，晚会达到了高潮。主人为波兰人的好客给我们做出了好榜样。与我同桌的是个漂亮的意大利女士，名叫马里埃拉，她很聪明，不受任何拘束。她是独自一人来参加音乐会的，没有男伴。

"我非常喜欢你的音乐会，"她说，"但我的偶像是普契尼。"之后，在香槟酒的作用下，她把自己的一切都告诉了我。

"我有一个认真和我过日子的朋友，"她说道，"就是科隆的银行家奥彭海默。我叫他'科隆的奥'。哈哈！他把我安置在一套舒适的公寓里，每个月到我这里来几天。而其余的时间我就很自由。明天有几个可爱的朋友来我家吃饭。你来吗？"

我很高兴地表示同意。她的客人是两个和她背景相同的年轻女子以及银行家爱德华·魏斯韦勒，一个不错的音乐人和业余钢琴手。马里埃拉喜欢在自己温馨的房间里招待客人。她自己做意大利面条，有佳酿美酒，此外她很会用她那带着意大利腔的低音讲笑话。作为回报，我弹了所有想得起来的普契尼的作品。我得到了报赏：拥抱和亲吻。

---

① "风流社会"，指由交际花之类构成的群体。

在回家的路上，魏斯韦勒问我，是否可以给他上几节钢琴课。我认为他有些才华，当下就同意了，再说，我指望能得到很高的酬金。像通常一样，我的钱都从手指间流失，而我的债务却一天天增加。我欠着裁缝钱，分别欠着高多维努斯和亲爱的科尔太太各一个月的房租。而阿斯特吕克给我发的津贴已经预支了很多。真是见鬼！

一天，波托茨基伯爵的波兰秘书别尔纳茨基先生给我带来了伯爵的礼物：一副铂金袖扣，上面镶嵌着四个抛光的半球形蓝宝石；还有一封邀请我到他在朗布依埃附近的庄园去过周末的信。他将用自己的汽车把我接去。邀请使我感到愉快，但礼物让我失望。我本指望上次的演出能使我得到一笔数目可观的现金的。那位秘书还告诉我说，蓝宝石卖不出价钱，因为十分容易仿制。

伯爵称自己的庄园为"猎人小屋"，实际上是个大别墅，能住十几个人。这次他只邀请了我。整个夏天和 9 月份的狩猎季节，主人都要和自己的情妇、马蒂尔德·达维尼翁女士一起在这边度过。他的庄园和法国总统的夏宫紧挨着。我得到了一套白色和粉红色相间的漂亮居室，外带一间小客厅。小客厅的桌子上摆着鲜花和水果，书架上有几本好书。走进浴室令人愉快。从我的窗子往外看是漂亮的草坪和美丽的花丛。

别尔纳茨基告诉我伯爵对马的热情。

"因为腿瘸，他已不再能骑马。"他说，"但作为'马刺'俱乐部的主席，他十分活跃，一年一度的巴黎赛马会就由这个俱乐部组织。"

星期天早上，伯爵潇洒自如地控制着四匹马的缰绳，用二轮轻便马车带我去他的马厩。他骄傲地指给我看了几匹优秀的纯种马，然后把我带到专门为学习骑术而设立的马术练习场。我们坐进一个席位，类似剧院里的包厢，通常他就在这个位置指挥一切。见我对马很感兴趣，他十分满意。

"今年夏天你务必要来，我要教会你像一个绅士那样骑马。"
他说。

"我很愿意学。"我礼貌地回答，但快活得几乎要跳起来。我
非常高兴能找到一个地方度过这该死的夏天！

马蒂尔德·达维尼翁（这是她的又一个化名而已）是个四十
开外的女人，相貌普通，但身材不错。她努力模仿她的女演员朋
友们的举止，以使自己显得出众，但一切都是白费。此外，可怜
的她还有点耳聋。

回到巴黎后，我就开始教魏斯韦勒弹钢琴。作为一个银行家
他弹得相当好，并且打算有所提高，但是他在技术上碰到了麻
烦，练琴的时间又太少。授课的酬金是一节课一个金路易，我认
为太少。不过，马里埃拉事先警告过我："他很吝啬。"她根据自
己的经验这样说。我每天给他上一小时的课，于是扯平了。

一天早上，弗雷德里克对我说："明天我去布列塔尼，因为
我的歌唱家练唱需要我。"他看见我有点不安，又补了一句："阿
图尔，我不在你不会感到孤单的，因为最近一个时期以来，我们
相互都很难见到对方。如果要我说实话，那么我觉得，我在与不
在，对你都没有什么差别。"

他说得很重，但很对。开初，我确实想让他认识一下我的朋
友的，但他始终拒绝，声称那不是他的世界。另一方面，他对我
的生活方式、对我为在沙龙演奏而忽略了严肃的工作感到不安。
对波拉的事，他绝口不提。

尽管如此，我们还是怀着真情依依惜别。科尔太太崇拜弗雷
德里克，他走后她感到孤独，就决定关门，到英国去过夏天。这
样我又陷入了困境。我欠她很多钱，无力归还。但是她善良而大
方，当我拿出我能凑出的少许的钱，准备求她延缓我的债务时，
她没有接钱。

"亲爱的，等你能还得起时再还吧！先留着这点钱，这个漫

长的夏天你需要用的。"

我带着至深的感激拥抱了这个高尚的人。

卡诺大街上的旅馆一点也不叫人喜欢，唯一的优点就是价格低。我落脚的最高一层的那个房间非常小，别说大钢琴，甚至连立式琴也难放进去。我几乎无法忍受没有乐器的生活。然而，我曾经是，现在也还是一个宿命论者，我接受了这些，当做对我在劳里斯顿路居住时荒废练琴的一种惩罚。

7月下旬，回忆起来主要就是在为生存而进行的令人心酸的斗争。我的钱根本不够支付房租和饭费。所以，我是羞耻地依赖朋友们请我吃饭的。在马里埃拉处吃晚饭，特别是有两次由随和的"科隆的奥"请大家在"邻人饭店"大吃一顿，让我第二天一整天都不用吃饭，而在弗雷德兰德大街的丰盛的午餐则足以满足我一天的胃口。由于已经从阿斯特吕克那里预支了钱，我唯一的收入就是给魏斯韦勒上的钢琴课了，可他偏偏又减为一周三次。"天太热！"他说。

波托茨基伯爵提醒我（好像我需要提醒似的），说我答应到他在朗布依埃的"猎人小屋"消夏的，我大大地松了口气。

"你8月1日来，愿意住多久就住多久。我已特地叫人送来一架好钢琴。"

我的精神为之一振，又立即恢复了生活的快乐，然而很遗憾，也立即恢复了我大手大脚花钱的毛病。结果一个晚上，我经历了很难忘的一件事。我去马克西姆饭店纵情享受过鱼子三明治和咖啡之后，很迟才回到旅店，我让值夜的服务员给我钥匙。

"你不付钱，我就不给你钥匙。"他声称。

"胡扯！"我回答，"我才欠几天的房钱。明天我来结清。"

"我接到死命令，收不到钱就不给钥匙。"他坚持。

我火冒三丈。"我身上没有钱，深更半夜的也弄不到钱。难道你不明白吗？我向你保证，明天支付，现在你必须让我进屋！"

他不回答，拿起一份报纸。我一拳打在桌子上，气昏了头。

"你没有权利这么做！我叫警察去。"我大叫道，但他只是耸耸肩膀。

这太离谱了。我跑到街上，试图想出点什么办法来，但终究无法可想。最后在"星形广场"的一张长凳上坐下，累得睡着了。一缕晨曦唤醒了我，我开始在瓦格拉姆大街附近散步，等待咖啡馆开门。后来我为了暖和身子，一连喝下三四杯咖啡，吃了几个牛角面包，开始认真考虑怎么办。9点钟时，我决定打电话求魏斯韦勒帮忙。我想用上钢琴课来抵消借款。马里埃拉称之谓"吝啬鬼"的人不到半小时就来到咖啡馆，他和我一起赶到旅店，要求见老板，原来老板是个高个子、薄嘴唇的女人。她冷冰冰地问我：

"你带钱了吗？"

于是，我的朋友一把拿过帐单，仔细看过之后，数好钱扔到桌子上，然后数落了她一顿：

"太太，你对顾客太野蛮，"他叫道，"这个年轻人是杰出的艺术家，你害他在露天冻了一夜（实际上夜间很热），可能会永远毁了他的身体，我真应该去控告你！"

她一声不吭。

"你去收拾东西，"他对我说，"我把你从这个鬼地方带走。"

当我把东西拿下来后，他叫了一辆马车。但在离开前，他还狠狠地挖苦了那女人一句：

"太太，小费你自己给你的雇员吧，你把他教得像你一样坏！"

他把地址告诉了出租马车车夫，在路上对我谈到他目前为我做的打算。他的建议带着风趣的、明显的巴黎味。

"我为一个迷人的小女友租了一个房间落脚，屋子里放着她的一些家具。"他说，"但是她和另一个情夫去露营了。"他接着苦笑道："现在她已经离我而去，可房子我租了一整年。你要是愿意，可以马上搬进去。我不提任何条件。我预支你一笔钱，算在我们今后要上的钢琴课的账上。你总要些生活费吧！"说完他塞到我手里一张 500 法郎的纸币。

这个魏斯韦勒是个多好的家伙啊！此刻，我又一次碰到了我早已熟悉的救星。

真巧，他说的那套小公寓就在卡尔迪内路上。那一条路的另一头就是高多维努斯的膳宿公寓。房子有一间起居室、一间卧室、一个盥洗室和一个小厨房。里面暗得像地下室，因为在那条窄窄的街上，底层是进不来阳光的。那家具才叫差劲！小厅里有一张方桌和四把椅子，是用廉价的木料做的，另外一张桌子替代了碗柜。最糟糕的是卧室，那张床大概是妓院减价时买来的，柳条编制的床头漆成金色，床单、床罩、还有墙壁都是粉红的。盥洗室里除了一个洗脸池和小小的脚凳，主要设备就是个大号坐式浴盆。

我突然意识到，如果那姑娘真的比较挑剔的话，她是不能忍受在这里居住的。但是我还是决定暂时留下来。因为旅馆价钱贵得吓人，而我总要有个安身之所吧。魏斯韦勒安排门房每天早上给我准备早点，他还提出弄一架钢琴来，但我没有答应他。不管怎么说，我很快就要去乡下。实际上我只住了三天。在动身的前夕，我们一起在一个啤酒屋吃的晚饭。我忍不住对他直言：

"为什么会有人说你小气呢？从你对我做的一切，我得迫使那些人收回这种话！"

"我知道这谣言是从哪里来的。"他一笑置之，然后，比较严肃地继续说道："我们的'风流社会'中的漂亮女士们对于金钱、宝石、皮货、以及其他各种奢侈品总是那么欲壑难填。我认识许多被他们弄得彻底破了产的已婚男人。我还是个单身汉，但是我不想按那种愚蠢的办法花钱，也不愿意像我那科隆的朋友奥彭海默那样生活。但是如果我能对我崇拜的艺术界、特别是音乐界的什么人有好处，我甚至会忘了钱是什么东西的。"

这真是个心思用在正处的男子！

43

与在巴黎最近一周的生活相比，波托茨基的别墅就像是天堂。时值盛暑，夏天正把自己的魔力渗透到所有的植物里。品种各异、色彩斑斓、大小不同的花朵开满园子的各个角落，而且一直蔓延到公园里。在我的窗下开放的茉莉花让我的房间里充满特别的幽香。两棵大橡树的枝干被厚实的树叶压得沉甸甸的，在风中静静地、庄严地摇曳着。

我还是住在上次住过的、我极为喜欢的小套间。不过这次其它房间不再空着了。两位高贵的先生、伯爵的亲密朋友来此避暑。其中之一是俄国的斯特罗戈诺夫伯爵，他大约六十岁，但他走起路来小心翼翼，令他看上去更显老态。另一位是主人的表弟，他是我平生认识的最有趣、最机智的人之一。他叫斯塔尼斯瓦夫·伦别林斯基，是波兰贵族之后，年龄在五十岁出头。他身材瘦高，有一张苍白、狭长而敏感的脸，一双圆圆的、敏锐的黑眼睛，两道浓眉，一个瘦削的、鼻梁很高的鹰钩鼻，头发浓密。他还蓄着瓦形的黑色连鬓胡和精致的小胡子。

一架普莱耶尔演奏钢琴摆在一间非常宽敞的英式大厅里。大厅里有一个火炉，两张长桌子上堆放着报刊杂志，还有几把舒适的沙发和扶手椅。周围的墙上挂着展示狩猎场面的彩色版画。大厅是整栋住宅里最吸引人的地方。我思量，想要练琴时无人在场，这种机会恐怕很少。

我们吃完饭回到大厅，波托茨基伯爵让我试试钢琴。我先已试过，现在真想弹奏一番。我很高兴地发现，三位先生都被音乐深深打动了！我对不能在大厅弹琴的担心已经不复存在。从那一刻起，这地方归了我。伯爵把我叫到屋角。

"年轻人，"他说，"明天一早我们开始认真工作。请在8点钟准备好。我的管家会给你送来一条马裤，我希望能合你的身。在马术练习场还给你准备了护腿。"

当他说要认真工作时，他无疑是要这么做的。第二天8点整，他的四驾马车就拉着我们一溜小跑去了马术场。在这开头第一天，我们舒舒服服地坐在他的指挥席上，他便开始认真地讲授骑术的奥秘了。

"把那匹母马牵过来。"他对马夫说，"它很老实，可以不用马鞍！"

我自豪地穿着非常合身的马裤和皮护腿，在马夫的帮助下跨上马背。

"慢慢来，不要慌，让它自己走，用一只手挽住缰绳。"命令声从指挥席上传来。这种慢走占了整整一小时。第二天就允许我骑马碎步跑了，但只有十分钟。伯爵叫道：

"保持脚向里。坐直！让你的身体适应碎步跑的节奏！"

我很努力，但要在光滑的马背上做到跟随马跑的节奏颠簸是颇难的。当我达到可以骑马奔驰的水平时，我的老师非常兴奋。

"坐稳，两膝夹紧。不要拉缰绳。"他一边通过望远镜观察着我的进步，一边大声叫道。

他让我不时地在包厢前停下来，从口袋里摸出根胡萝卜或者一块糖，喂给汗津津的母马。

骑无数马跳越篱笆是真正的磨难。他提示我要"稍稍前倾，轻盈地骑在马身上，在马跳跃时让身体流畅地跟随马的动作"，但是没起什么作用。我非常不轻盈地从马背上跌下来几回。所幸，马术场的地面好像铺着一层类似软木的材料，我没有摔伤。这样经过一个月紧张的准备之后，伯爵才让我骑上佩了鞍的马。

别墅里的生活有趣而愉快。在吃饭的时候我们都着迷于伦别林斯基的聪明、机智和他讲故事的技巧。他对他表兄说话时有种难以察觉的优越感，对可怜的达维尼翁夫人就竭尽讽刺挖苦之能事。

"阿图尔，我们去散会儿步。"太阳下山时他常这样招呼我。这些在公园里的长时间的漫步，是我年轻岁月中最美好的回忆。我们无话不谈，从宗教到哲学，从音乐到建筑，从政治到经济——他的知识似乎无所不包，而我最喜欢的是他的言谈那么风趣生动。我越来越欣赏这个人了，而我感到，他也体贴入微地、含蓄地把我当做了朋友。

波托茨基伯爵的波兰秘书别尔纳茨基先生则给我讲述了伦别林斯基往日的奇特而浪漫的故事。

"有一段时间他曾是他同龄人中最大的唐璜，"他说道，"年轻时跑遍了世界。埃及总督①对他印象极为深刻，以至提议让他担任财政主管以及各个博物馆的总馆长并兼管考古研究。据说，只要他改奉伊斯兰教，总督就愿意把女儿嫁给他为妻。但他谢绝了所有这些建议。"

"为什么？"被勾起了好奇心的我开口问，"他自己告诉我他很穷，在巴黎只有一套普通的公寓房，到朗布依埃来也主要出于节省的考虑。"

---

① 埃及总督：1867－1914年，土耳其在埃及的最高文职行政长官。

"如果你能保守秘密，我就再给你说些事。"那个话多的波兰人回答说。当我作出保证之后，他便继续他的故事了。

"钱吸引不了他。他得到的大笔遗产都花在旅行和女人身上了。你一定知道，波托茨基伯爵曾经和一位极美的意大利公主结婚，你在伯爵的书房里曾见过由博纳画的一张她的肖像。你看，结婚才几年，公主便离开了他。你猜她跟谁了，跟伦别林斯基！她爱他爱得发疯啦。"

"这怎么可能呢？"我叫道，"他们不是好朋友吗？"

"这才是魅力之所在！"别尔纳茨基微笑着说，"这一对情人差不多好了一年吧，就分手了。女的要占有一切，而男的太好独立。就这样，过了一段时间事情平息下来，伦别林斯基又回到了心碎的表兄身边，并详细地把一切告诉了他：伯爵夫人如何强迫他跟她私奔，她如何好控制人，怎样无情；还有他得知这给亲爱的表兄带来那么多痛苦因而自己大受折磨，等等。"他又冷笑着补充道，"整个事件使他们更加亲近了，两人都感觉到他们成为同一个女人的牺牲品。"说罢放声大笑。

哪怕只有一半是真的，这也是个精彩的故事！

一天，阿斯特吕克先生打电话，请我安排他与波托茨基伯爵见面，他说是有一件重要的事。我了解，当他需要别人支持自己的计划时，他很善于做说服工作。我明显感到，他是想要利用伯爵对我友好的态度，求其为我的艺术事业给予财务支持。尽管我厌恶这种事，但现实地想想我前景的渺茫，我认为理应合作。伯爵立即同意见面。

"如果这人确实如你所说，是个杰出人物，那我很乐意听听他想在什么问题上征求我的意见。如果涉及到你，那我一点也不会奇怪。"

波托茨基伯爵在他用于办公的房间里接见了他，两人进行了长谈。我满怀希望地在大厅里等待着。阿斯特吕克最终出来了，看上去非常开心和兴奋。他又是拥抱我，又是与我握手。然而当我把他送到汽车前时，他只说了一句话：

"一位多了不起的人物啊！"

同一天，波托茨基伯爵脸上带着信任的微笑对我说："你是对的，这个人给我留下了很深的印象。我希望，你对我们谈话的结果会感到满意。"

我还是不知道这结果指的是什么，而我又没有勇气问，于是决定回巴黎去了解清楚。等我终于得知真相时，我的失望和吃惊真是难以形容。

自打认识阿斯特吕克，我就知道他有一个梦想：建造一座大型现代化剧院。因为城堡剧院形象不佳，而他又无法使用巴黎歌剧院，于是他决定给巴黎奉献一座最漂亮的剧院。主厅用于上演大型歌剧和芭蕾舞剧，同时要拥有可以使之变为音乐演奏厅的设备。中厅用于上演戏剧和喜剧。小厅用于实验作品的排练和演出。他已得到最杰出的建筑师们进行合作的承诺，雕塑家布代尔（Bourdelle）将负责建筑物正面的装饰。画家例如维亚尔（Vuillard）等及其他一些人将负责走廊和天花板的装饰。

当然，这样庞大的计划要有巨额资金。为了获得这些资金，阿斯特吕克像早先的佳吉列夫一样，开始主要在国际人物中寻找财政支持。为使这个计划看上去更加正规，他成立了"法国之友协会"，其成员主要是生活在巴黎的外国富翁。他很会奉承这些人，会对他们说："您多像巴黎人啊！"还是回到我的故事上来。波托茨基伯爵被阿斯特吕克的热情深深打动，以至他保证给予剧院一笔十万法郎的款项，并暗示他这么做是出于对我的友谊！而我自己却完全被排除在外。不过从此，每当我见到这座漂亮的香榭丽舍剧院，我总要想，这个剧院的存在多少该感谢我！

8月像梦一样在别墅田园诗般的气氛中逝去了，然而我还牢记着几个特殊事件。其中之一让人十分哀伤。我从巴黎返回时天色已晚。当时我被那桩把我晾在一边的交易的消息弄得很沮丧。走进大厅时，我发现大家都已回房，于是打开琴盖，开始弹奏肖邦的包含《葬礼进行曲》的那首奏鸣曲（大厅通往所有卧室都有相当距离，琴声传不到那么远）。在我弹到进行曲的中部（trio）时，我吃惊地听到从火炉那边传来很大的抽泣声。我发现不幸的斯特罗戈诺夫伯爵正坐在一张背对着房间的高大的扶手椅上，忧郁地哭泣着。

"完了，全完了。"他断断续续地说，一面抽泣着，"这首进行曲预示着我的一切都完结了。"

我把他送回房间，帮他躺下。我离开时，他还在哭。几星期后他就在巴黎去世了。从此，我变得迷信，拒绝在私宅里弹奏《葬礼进行曲》。

另一件事很有趣。当时的法国总统法利埃先生在他的夏日官邸中设宴待客，宴会后要放焰火，以示对柬埔寨国王的敬意。波托茨基伯爵及其客人也受到邀请，但不是赴宴，而只是看焰火。我们的主人显然很生气。其他人都拒绝参加，但我极想去见见世面。因不想让我失望，这位百分之百的绅士答应带我去出席招待会。我们身穿燕尾服，系着白领结，戴着白手套和大礼帽（他们帮我找了一顶）。一辆气派的朗道马车，由两匹一模一样的黑马拉着来到城堡。在门厅，服务员想给我们收起礼帽，可伯爵厉声对我说："别摘帽子！"

于是我们就戴着礼帽步入大厅，从那里上了宽大的凉台。总统和他的外国贵宾们都在凉台上，周围尽是达官显贵，大家都在等着观看焰火。

"照我的样子做！"当我们朝总统走去时，伯爵悄声说。

法利埃先生又高又胖，看去像个善良的农夫。他的卷发和络腮胡都已灰白，一身随便的衣着，给人不修边幅的印象。他非常礼貌地起身欢迎我们。伯爵正经八百地抬起礼帽，我也一样，但他几乎立即又戴上了，就像在街上遇见熟人那样，我一丝不差地仿效着。我们在柬埔寨国王面前也重复了同样的动作，而对其他上前致敬的人，伯爵则根据英国习惯，只是用一个指头碰碰礼帽。自然我也照样做了。

"你必须教育这些'资产阶级分子'，让他们懂得礼仪。"稍后，只有我们两个人时，他这样说。"他们竟敢不邀请绅士吃晚餐！"

这下我才明白，这件与帽子有关的游戏到底为了什么。

尽管如此，我们还是欣赏了缤纷灿烂的焰火，并有幸意外地观赏了柬埔寨国王后宫佳丽们简短优美的舞蹈。她们头部、躯干和四肢缓慢而夸张的动作看得人如痴如醉。这些舞蹈把著名的雕塑家罗丹①迷住了，他就一路陪同她们返回柬埔寨，画了那批有名的素描。

9月给别墅的生活方式带来了巨大变化。随着狩猎季节开始，这房子就恢复了原本的功用。伯爵和别尔纳茨基忙于确定客人名单，在总统的城堡和伯爵的别墅之间存在着竞争最佳射手的情况下，这是极为微妙的问题。我的骑术课程已经结束。伦别林斯基返回巴黎一周。大厅突然间变成旅馆登记处，人们匆忙地进进出出，那架钢琴只有在深夜才能归我使用。还有一个不愉快的小意外让我大为烦乱。一个不足二十岁的姑娘，伯爵的教女、达维尼翁夫人的被保护人，来这里小住几周。她金发碧眼，身材匀称，还有一个好听的名字叫埃玛努埃拉，相当具有吸引力。然而我最喜欢她对音乐的激情，她恳求我无论何时弹奏都允许她听，我很少见过谁对音乐这样着迷。所以，一天晚上，当我弹完我喜爱的

---

① 罗丹（Rodin，1840－1917）：法国雕塑家。善用多样绘画性手法塑造生动的艺术形象。主要作品有《青铜时代》、《加来义民》、《思想者》、《雨果》等，著有《艺术论》。

肖邦的《船歌》，看到她眼泪汪汪的样子，我彷佛着了魔，不禁给她一个长长的热吻，她也回应着。突然一把椅子"哐当"一声倒下，魔力消失了。别尔纳茨基从椅子后面冒了出来，气得脸色惨白。

"可耻！这是暴行！你这是在欺负小姑娘！"他用波兰语对我吼叫，而埃玛努埃拉就跑出去了。

"你怎敢对我吼叫！"我回敬他，"你所看到的事与你无关！"

"啊，好，你这样认为吗？"他恶魔般地狞笑着说，"但是把这一切报告她的教父和马蒂尔德夫人却是我的事！"

"随你的便！"说完我就离开了。

他果然把我"施暴"的事报告给他们两位，并且竭力抹黑。我把事情的真相告诉伯爵，他大笑，而达维尼翁夫人甚至对我挤挤眼睛表示赞同。埃玛努埃拉向我解释清楚了原委。

"他两年来一直向我求爱，甚至向我求婚。"她愤慨地说，"想想看，以他这样的年纪，都五十多岁了！"

稍顿，她又补充道，"他还希望教父会给我一大笔嫁妆！我就是受不了他，并拒绝了他所有的要求。"

可怜的埃玛努埃拉满面通红，怒火中烧。别尔纳茨基确实变成了雅戈①，誓言要对我报复，一双眼睛则盯着姑娘不放。

与此同时，规模宏大的狩猎正在继续。客人们无一例外都是好射手，他们来来往往，大门口摆着几百只射杀的鹧鸪、雉鸡、野鸭、野兔等。正餐只上用各种奇特方式烹制的鲜嫩的猎物，成了连续的盛宴。狩猎季节行将结束时，伯爵就适时地从狩猎转向钓鱼，钓鱼也是他的嗜好。

"阿图尔，你喜欢钓鱼吗？"他问我。

---

① 雅戈（Jago）：莎士比亚戏剧《奥赛罗》中的反面人物，他以阴谋破坏奥赛罗夫妻之间的关系，引起奥赛罗的误会和嫉妒，从而害死了德斯苔蒙娜。

"喜欢!"我回答,"真难为情,虽然我对射杀美丽的鸟雀感到厌恶,但我对垂钓冷血的鱼倒是够残忍的。"

听了我的俏皮话,他咯咯地笑起来,之后我们就决定开始私人钓鱼季。像其它事情一样,这件事也是细致入微地安排妥帖的。两个工人把鱼线、渔具、渔网、鱼篓和舒适的折叠椅等等送到附近的河边(我记得叫厄尔河),又寻找最好的垂钓处。那是我一生中最奢华的钓鱼活动!

不过,我也付出了高昂的代价:一天,当我把鱼从鱼钩上摘下来时,我右手食指的指尖被扎破了。我感到相当痛,但没有管它,因为我一门心思放在这项运动上。结果半夜里,手指一阵抽痛把我弄醒了。我怕手会出问题,无法再合上眼。清晨我按铃叫男仆,让他去找伯爵要点药。为此波托茨基伯爵警觉起来,亲自跑到我的房间,随身带着各种小药瓶和软膏。他用消过毒的水给我清洗了手指,在痛处滴上几滴碘酒,涂好镇痛软膏,然后给我熟练地包扎起来。医院的护士处理伤口也不见得比他更好!但是为了忍受住疼痛,我不得不手指朝上僵硬地一直举着。翌日一早,伯爵打开绷带一看,就说是瘭疽,一种指甲盖下危险的炎症。他认为必须立即去巴黎找专科医生。一小时后,我已坐着他的汽车上路了,他先用电话通知医生我要来。医生一看被扎的手指,就确认了伯爵的诊断。

"如果你不想这节手指半残疾,那只好经受非常痛苦的手术。"他说,"为了恢复血液畅流无阻,我必须切除你被感染的地方。"

"大夫,我求你,大夫!"我被吓得惊恐万状,"你一定要挽救我的手指,我的生活就靠它啊!只要有助于健康,我发誓,任何痛苦我都能忍受!"

多谢上帝,医生将噩梦般的瘭疽治愈了,手指关节恢复得能活动自如。但是我一想到当时不得不忍受的那种痛楚,还会打冷战。没有上任何麻药,医生用一把薄薄的银质小刀切开了被感染的手指,在我的指尖上挑挖了整整一两分钟,而我坐在椅子上疼得不停地扭动,尖声喊叫!那痛苦是难以描述的!

"只有这样才能完全清除化脓部分。"当我从短暂的昏厥中苏醒后,医生说。

在苦难结束之前,他还这样折磨了我三次。由于医生从没向我要治疗费,我想他是把帐单寄给伯爵了。

在朗布依埃度过那些美好日子之后,巴黎使我觉得郁闷。卡尔迪内路上那简陋、阴暗的公寓让我精神不振。我只在晚上才回去。

在大街上游逛也不能使我轻松。马匹的恶臭,城里难闻的气味在闷热的空气中更加刺鼻,这些臭味在夏末更为明显。但最让我精神沮丧的是我没钱了。因为无论阿斯特吕克还是魏斯韦勒,都不在城里。我真是求助无门。在市立当铺用一套西服和一件大衣换得的少许现钱只够用一星期,而且每天只有一顿简单的饭。第一次去当铺的经历真让人气馁!我乘地铁抵达时,当铺已经关门,我只好走路回家,又怕被人看见我手里拿着两件厚重的衣服走在街上。那天我唯一能买的就是一杯咖啡和一个面包圈。第二天我只得又一次去受这种罪,这一回那肮脏的当铺倒是开着门。

有件感人的小事是我当时窘况的写照。自从来到巴黎,我通常都在"和平饭店"露台前的报亭买报纸。我和那个卖报女关系不错,我们常嘲笑各种事情。就在那个令我永志不忘的下午,刚喝了一杯咖啡、吃了个面包圈作为当天的饮食之后,我走到报亭前看看报纸的大标题,完全没有想买报纸。

"你好,小伙子,不来份报纸吗?"卖报女问。

"不用,谢谢,今天不要。"我回答。

她仔细看看我,我势必满脸菜色。

"无论如何拿着吧。"她把一份报纸塞给我，同时在我手里放了一枚五法郎的硬币。

"年轻人，拿着这点钱，去吃些东西吧。你方便时再还我。"

我满脸通红，不过钱我还是收下了——她的行动就像母亲一样。

这几个法郎也花光了，我便决定去汉诺威大楼，从出纳那里弄几个钱出来，他曾对我的经济拮据表示过同情。

"啊呀，你来得正好！"他叫道，"有你一封信，我却不知道你的地址。"

信是从华沙来的，邀请我，和其他两个演员一起，参加一次大型慈善音乐会的演出。酬金是 400 卢布。给我选的曲目是肖邦的《f 小调钢琴协奏曲》，巴维尔·科汉斯基将演奏柴科夫斯基的小提琴协奏曲，第三个表演者原来是巴霞。

我读信时心就跳得更加急促。我等的就是这个呀！现在我终于可以了解波拉的情况了：她是还爱着我，或是再也不想见到我了呢？我相信，音乐会上一定能见到她，她不会错过巴霞的首演的！

但是我很快又回到现实中来：音乐会一周后举行，我还能赶得上。但问题是，上什么地方弄钱买火车票，还有音乐会之前的其他开销呢？友好的出纳愿意自掏腰包借给我 20 法郎。

"我只能帮这么点忙了。"他说。

我感激地拿了那枚金路易便离开了。在街上我做出决定，这可是个困难的决定。波托茨基伯爵——我去找波托茨基伯爵借钱！诚然，在我刚认识别尔纳茨基的时候，他就告诉过我伯爵反感别人向他开口借钱。但是另一方面，我又想到，阿斯特吕克多么容易就得到了伯爵对建造剧院的巨额捐助啊。至于我，我知道这位波兰贵族确信我被细心地呵护着，而且我的事业也正蓬勃发展。所幸，他还不知道我早已把他送给我的蓝宝石袖扣卖掉了。

所以，我心情沉重地给他在朗布依埃的别墅打电话，让管家去向主人通报。

"亲爱的伯爵，"我说，努力让自己的声调听起来很愉快，"几天后我就回波兰去，如果不打扰的话，我想来告别一下，也给你看看，全靠你，我的手指治好了！"

我在电话里听到他喜悦的笑声：

"很好！明天是星期六，你来吃晚饭，星期天也留在这里。也许可以去马术场复习一下，嗯？"

当我抵达他的别墅时，金路易已经用掉一半，正好赶上晚饭。波托茨基伯爵来到大厅欢迎我，仔细检查了我手指关节的自如活动，为此表现得高兴而骄傲。然后他领我上餐厅，我碰到了达维尼翁夫人、埃玛努埃拉、回来再过一周的伦别林斯基和一个我不认识的律师，还有总是阴沉着脸的别尔纳茨基。晚餐很精致，但是我虽然经常挨饿，却没有胃口。我一直非常专心地掂量着我的抉择：是今天晚上就提出呢，还是明天早上在凉台上他情绪更好时再提出？那是个柔美的夜晚，空气中弥漫着芳香，鸟儿在周围啾鸣，一只蟋蟀在为我们开音乐会。

"阿图尔，我们走走去。"伦别林斯基突然提出，"伯爵不会生气的。"

伯爵由于腿疾不愿散步。我们走进公园，来到一个谁也听不到我们谈话的地方，我的同伴停了下来。

"你要多少？"他唐突地问我。

"你指什么？"我说，吃惊不小。

"阿图尔，别装了。"他温和地继续说道，"晚餐时我一直在仔细观察你，你脸上都写着呢。你需要钱，打算向伯爵借。但是，亲爱的，你别干这事！别干！他或许将不再钟爱你，而且他肯定将不再信赖你了。如果你需要的数目在我力所能及，我乐意助你一臂之力。"

"不，不！"我几乎要哭出来。"我不能让你干这事。这是相当大一笔款子，我要 300 法郎。对像伯爵这样富有的人，那是小事一桩。而你自己对我说过，你靠很少一点养老金过活哪！"

伦别林斯基微微一笑。"我们坐下来……你听我说。"他说着，走向一张长凳，在我们坐定后，他就像一位良师那样继续说道。

"听我的劝告！我通过多年的经验学会了待人接物。我简明扼要地给你解释：如果你有麻烦，那你就到另一个也有麻烦的人那里去寻找帮助和理解！如果你失去了亲人，如果你得了不治之症，或者只是患了普通的牙疼，那么真正的同情和理解只能在那些自己也遇到类似痛苦和不幸的人那里找到。在这些情况下，你最最要好的朋友们通常只能作一般的表示——他们给你发一封唁电，带一束花到医院看望你，给你推荐一个最好的牙医，但是不会贴心地疼你……他们生活在另一个世界上，那里的人们未曾失去亲人、没有生病、牙也不疼！"

他停了一会儿，然后又补充说：

"波托茨基心好。他会毫不犹豫地替'赛马总会'里欠了赌债的朋友还钱，不论数额多少。他了解赌债的含义，他将债务视做名誉。但是你这种情况，他就不能理解，为什么你，一个有才华、举止得体、已经被上流社会接受了的年轻人，会向他要那么一小笔钱，而不直接去你的银行，或去找阿斯特吕克先生，或者找家里人要。"他笑起来。

"亲爱的阿图尔，请原谅我说这么一段有关人们行为、道德的题外话。告诉你，这 300 法郎不会毁了我的。明天晚上我们一起回巴黎，而星期一早上你就可以拿到钱。"

他拍拍我的肩膀，用一个优雅的手势，制止我说任何感谢的话。

踏踏实实地睡了一觉之后，我第二天上午在马术练习场上表现得很出色，伯爵大为满意。

"现在你几乎能骑任何一匹马了。"他怀着教师的成就感说。

不必向他借钱我十分高兴！

晚上，我们出发时，伯爵和其他人都亲切地和我告别，只有阴险的别尔纳茨基例外。

星期一一早，我拉响了"伏尔泰码头"边伦别林斯基公寓的门铃。他的住所有两个宽敞、明亮的房间，四周墙壁被从地板堆到顶棚的书籍掩盖住了。伦别林斯基先生用开心的微笑迎接了我。"这是我的王国。我和自己的书呆在一起时非常自在！"他给我看了几本很有价值的旧版书，还有几本附有当代著名作家题着赞语的书籍。最后他把钱交给我。

"你还要上路，我就不耽搁你了。"他把我送到门口说，"亲爱的阿图尔，祝你成功！"

我们相互拥抱。那是我最后一次见到他。不久，他就在瑞士因患肺结核不治而去世了。

这一次，华沙对我好像变了样。我在一个普通旅馆订了一间房，感觉有点像一个被逐出家门的流放者。这些年来，除那几封情书以及若干紧急的、不得不发的短信之外，我对谁也没写过一个字。我对写信的反感几乎近于病态。

所以毫不奇怪，我已经和弗雷德里克及其一家完全失去了联系。在波拉的书信事件之后，我也无从知道他们怎样看我。我只能等到音乐会那一刻了，我希望，巴霞的态度可以为我提供解开这个谜的线索。

与此同时，再次见到卡罗尔·希曼诺夫斯基让我感到高兴，尤其是得知他和巴维尔·科汉斯基，还有指挥费特贝格都住在我落脚的"维多利亚旅馆"之后。这所旅馆距离交响乐厅所在街道很近，对我们大家都很方便。

慈善音乐会的门票销售一空。音乐厅里满是高雅的听众，还有组委会的年轻姑娘在卖节目单。我将第一个演出，巴霞是最后一个。幕间休息之前她不会来，这让我得以相当好地演奏了我的肖邦。掌声热烈并加演了一次。巴维尔非常精彩地演奏了柴科夫斯基的协奏曲，在这部作品上无人可以与他匹敌。然后是幕间休息。巴霞一个人来到化妆间，显然很紧张，她很客气地和大家打招呼，却想避开我。但我坚持不断地设法引起她的注意，她向我冷淡地点点头，板着脸握了一下我的手。我问她家人的情况。

"我父母和弗雷德里克在大厅里，波拉没来。"她答道，不待我继续提问。

幕间休息后轮到她上场，她将在乐队伴奏下演唱马勒和施特劳斯的几首歌曲，费特贝格指挥。我坐到听众席上听她演唱，因为心中恼火，希望她的首演最好砸锅。第一首曲子她唱得非常好，声音饱满、音准甚佳、表达准确。但在乐队为她的第二首歌曲演奏过门时，我们两人的视线刹那间相遇了，致使她错过了起唱。费特贝格停下乐队，大家唯有重新来过，这次没有任何障碍，但是我对自己小小的"催眠术"非常得意。

音乐会一结束，以弗雷德里克和他的父母为首的一群朋友涌进了化妆间，拥抱巴霞，祝贺她首演圆满成功。然后他们转向我，热情地赞扬我的演奏。玛格达莱娜夫人邀请希曼诺夫斯基、巴维尔和我去吃晚饭。我的朋友们借口还有别的事，纷纷谢绝，而我则理所当然地接受了。使我失望的是，那里也没有波拉的踪迹，甚至谁也不提她的名字。聚会像通常一样，十分美妙：食物、美酒、欢笑，还有丰富的话题。弗雷德里克非常有趣地给我们描述他在美国的巡演，那巡演刚进行一个月就中断了：错过了演出季节、听众太少，但他本人到处都被当做明星。他带回来一些优美的美国新曲子，并以他特有的魅力为我们弹唱。轮到我讲巴黎生活时，我有声有色地讲述了在罗思柴尔德家的聚会，法国总统的招待会，在朗布依埃的狩猎季节，波托茨基伯爵家提供的午餐——连详细的菜单都没有放过。我也成功地模仿了英王爱德华，但我始终小心谨慎，不讲任何反面的事情。我的介绍对男主人起到了预期的效果，因此他这次也像以前一样邀请我到他家来住。但我委婉地谢绝，说什么我要同希曼诺夫斯基和巴维尔合作练习，而且必须要离交响乐厅近些。不过我答应，只要有时间我就会来拜访他们。在门口玛格达莱娜夫人含情脉脉地看了我一眼，我回之以感谢的微笑。我出来后，对自己感到厌恶。

　　一天早上，索霞·科恩①打来电话，热情地打了一通招呼之后，她说："告诉你一个重要的消息。今天中午波拉要来我家小聚，我觉得你也许想见见她。"

　　"哦，多谢，"我叫道，丢下话筒就跑回房间做准备。

　　这是一次奇特的见面。波拉穿着深蓝色衣服，看起来比以前更动人。她很客气地站起来欢迎我，就像对待一个只有点头之交的人一般。

　　"你好吗？"

　　"很好，谢谢！"

　　"巴黎热吗？"

---

　　① 索霞·科恩，即索菲亚·科恩。"索霞"为"索菲亚"的爱称。

"不热，完全可以忍受。"

"我们这边的夏天很舒适。"

"你的孩子们怎样？"

"很好，谢谢！"

当索霞起身要出去时，波拉就慌张起来，说：

"我必须走了，太迟了！我要走了。"于是匆忙离开。

"别难过，我肯定她还会来的。你一定要给她时间，让她明白，她生活在怎样的世界上。"索霞微笑着安慰我说，并且她坚决要留我吃午饭。

科恩家的好客非常独特，他们的餐厅每时每刻都不空闲。他们的朋友兼保姆和女管家茹霞已届中年，任何时候一旦需要，就能为家人或者突如其来的客人提供早餐、午饭、下午茶或晚饭。这样的殷勤实在诱人，我无法抗拒。何况，索霞卧室里的那架上等的贝希斯坦钢琴也是一块"磁铁"。因此，从那天起，我就成为他们家餐厅里和钢琴边的常客了。

波拉又来了，看到我时装出吃惊的样子，而且总是那么匆忙。她一直很不自然，我试着碰她时，她都会惊惶起来。每次我们在索霞家见面，她总是上演同一的喜剧。我问弗雷德里克，但他给我的回答老是含糊其辞。家里其他人则从不提起她，似乎她根本不存在！这一切对我都是谜。

同时，我的演奏事业有了进展。在华沙的两场独奏音乐会带来了很好的经济效益，其它波兰城市也向我提出了优厚的报酬，而罗兹一位胆大的经纪人甚至开出 1000 卢布的酬金聘请我去演出。和往常一样，我回出生地总是庆祝的机会。全家都会出席音乐会，还有音乐会之后的晚餐。我把一半的演出收入交给父亲去支付宴会的费用。

还有一件大喜事在等我：我的大姐夫毛里斯·朗道（他在德累斯顿的那件事还令人记忆犹新）做羊毛生意发了财，经常去俄国出差。他最近一次去圣彼得堡时，和亚历山大·格拉祖诺夫（Aleksandr Glazunov）谈起我，后者是位作曲家和由安东·鲁宾斯坦创办的著名音乐学院的院长。

我姐夫告诉我说，格拉祖诺夫对我颇感兴趣，并愿意在一场音乐会上将我介绍给音乐学院的学生和教授。"他建议的日期是一周后的今天。"不等我对这个计划做出反应，他便说，"我亲自送你去圣彼得堡。"

"这怎么可能呢？"我惊奇地问，"据我所知，犹太人是不准在俄国大城市居住的，只能住在周边地区。"

"你可以在那里停留 24 小时，这对你已经足够了。"他回答道，一脸认命的样子。"像我这样的'头等商人'——他们这么称呼我——可以想呆多久就多久，不过要交一种特别税。唯一有权在俄国任何城市居住的犹太人，是大学或者音乐学院的毕业生。"

对这种臭名昭著的歧视，我感到一阵厌恶，但一想到可以在安东·鲁宾斯坦建造的大厅里为同行们演奏，我还是无法抗拒。我感谢了姐夫的这个动议，决定去走一遭。

我们在清早抵达圣彼得堡。一个俄国胖车夫把我们送到"欧罗巴旅馆"，毛里斯说那是全城最好的旅馆。在登记处，一个办事员拿走了我的护照。

"你明天早上离开之前来取回护照。"

我们洗漱完毕并用过早餐，就去音乐学院，格拉祖诺夫以最谦和的态度接待了我们。他直接把我们领到音乐厅。

"我们就是在这个地方赞赏安东·格里戈里耶维奇①及其伟大的艺术的！"他说。

---

① 安东·格里戈里耶维奇，指安东·鲁宾斯坦，俄国人用本人名加父名的称呼表示对人尊敬。

墙上挂着的一幅画给我留下深刻的印象，画面表现的就是鲁宾斯坦在这个大厅内为崇拜他的听众弹琴。

"我猜，你多少想练练琴吧。"作曲家说，"音乐会下午3点举行，所以你还有不少时间可以来试琴、吃东西和换衣服的。"

他们离开后，我便开始练琴。钢琴是俄国产品，如果我没有记错，是贝克尔牌（becker），虽不太对我的口味，但用于演奏完全胜任。在重复练习一个较难的段落时，我被一位在柏林认识的年轻小提琴手打断了：

"嘿，嘿！我看见你们相处得满融洽呀。"他说，"格拉祖诺夫一般不这么客气的。"然后他不怀好意地说，"全校师生都认为'鲁宾斯坦'不是你真实的姓，你只是为给他留下印象才借用了这个姓氏的……哈哈。"

我作出了极大的努力才控制住自己的情绪，才做到"毫不屈服"！午饭时我什么都吃不下，不过音乐会开始前，我已完全能自我控制了。大厅座无虚席，大概不论男女，所有的学生都来了。格拉祖诺夫、我姐夫和音乐学院的教授们坐在第一排，甚至舞台上都坐满了年轻人。我走向钢琴时，曾担心会有些不友好的举动，但事实上，大家以响亮的掌声来欢迎我。在一小时的节目中，我的第一首曲子获得了预想之外的成功，那是巴赫的一首较慢的前奏曲和赋格。他们高呼着"太棒了，太棒了！"，并长时间地鼓掌。之后的奏鸣曲在听众中引起了难以遏制的热情，而在音乐会结束时爆发出欢闹声：全体听众都站起来，有的喊叫，有的跺脚，有的鼓掌。在舞台上的男孩、女孩把我团团围住，一些姑娘还亲了我，不少小伙子试图把我抬起来抛向空中。加演的曲子是伴随着愉快的尖叫进行的。当我最终得以躲到化妆间时，我激动得不能自已。我做梦也没有想到会获得这样的成功！

格拉祖诺夫和毛里斯走进来。我的姐夫被征服了。

"我一定要马上把这一切打电报告诉家里！"他叫道。

格拉祖诺夫亲吻了我的双颊，就我的演奏咕噜了几句赞美之词。而当毛里斯晃着他的手大喊："这是多大的成功，多大的胜利！"时，作曲家平静地回答说：

"圣彼得堡的听众无论对谁都是很讲礼貌的！"

我霎时间冷静下来。这对今后是个教训：要永远在事先弄清楚，听众在其他艺术家的音乐会上是如何反应的！

第二天一早我即返回华沙，完全没有看到俄国首都的任何景致。最近我的经济情况有所好转，就决定从"维多利亚旅馆"搬到"布里斯托尔旅馆"，这是城里最好的两家旅馆之一。希曼诺夫斯基为了给新的交响曲完成配器，已返回乡间。巴维尔还留在城里，天天与我为伴。我们的友谊与日俱增。我们发现有许多共同的爱好，生活经历和艺术道路也十分相似。我十分赞赏他的才华，他也非常尊重我的才能。此外，他颇富幽默感，而且我们还有一个共同点：都善于模仿。我们酷爱打台球，因此每天下午4点都准时在有名的"鲁尔斯茶室"碰头。水平虽属中等，但玩的劲头十足，以至球桌边聚集了一群友好地乱出主意的观众，他们还打赌，看谁赢谁输，用或褒或贬的评论来刺激我们。

顺便说说，这些碰面让我想起一件有趣的事情。一天晚上，一名有影响的音乐评论家坚持带我去他的俱乐部打扑克。我们和三个不太可爱的先生坐在一张桌子上。头四五个小时我是赢家，之后我就打算离开。但他们根本不理，行为举止也极不客气。因此牌局就一直持续到第二天下午4点！那时我当然是输了。当我终于走到阳光明媚的街道上时，我又累又困，都快站不住了，但我想坚持到正常睡觉时再去好好休息。突然我想起巴维尔在"鲁尔斯茶室"等我。我们的那些支持者们鼓噪着欢迎我。刚一开球，他们也就立刻打起赌来。那天巴维尔状态极好，而我就不必提了。他少有地接连打了一串好球，而我则挂着球杆，一动不动地站着。轮到我打时，我还是用那个姿势站着，但已经深深地进入梦乡！任凭怎么推搡喊叫，就是弄不醒我。他们只好帮着把我弄上马车，再把我弄上床。

巴维尔和我决定组织一场音乐会，曲目是三首小提琴和钢琴奏鸣曲。当时我们两人在华沙受欢迎的程度相同。我们希望能吸引到许多听众。埃米尔·姆威纳尔斯基，对巴维尔来说关系就像养父，要求我们给他演奏一遍全部曲目。他关于两种乐器之间的平衡、分句和速度等方面的意见永远深深地刻在我的脑海中。

"要自由自在地演奏，但要注意分句，不要为效果而演奏——须知音乐应让它自然流露——而且记住，一个缓慢的乐章演奏得略快一些会增色，反之，急板演奏得稍慢一些也一样……还有就是排练，排练，再排练！"

但有一个问题：我们没有排练场所。"布里斯托尔旅馆"没有钢琴，我只好满足于每天利用索霞的贝希斯坦牌钢琴练一两个小时。唯一的出路就是把巴维尔介绍给科恩一家。一天傍晚，打完台球之后，我带着他去科恩家。我们一进门，科恩夫人就叫道："茹霞，晚饭！"10 分钟后，饭菜已经上桌。全家立即接受了巴维尔。索霞的父亲，一位著名的律师，他因为生意关系跑遍了欧洲，被巴维尔的人格所吸引，便一直都紧挨着他。等我们躲到索霞的卧室里练琴时，我们感到这简直是在天堂里工作！

那场音乐会取得了实实在在的成功。评论家们注意到我们理想的配合和风格，特别是在贝多芬的《克鲁采奏鸣曲》①的演奏中。这场音乐会后，我们更受人欢迎了，常常接到去热乌斯基家、爱泼斯坦家以及巴维尔的朋友斯蒂琴斯基家演出的邀请。

我想起一桩差不多就发生在那段时间里的趣事。一位年轻英

---

① 《克鲁采奏鸣曲（Kreutzer Sonata）》，即贝多芬的《A 大调小提琴－钢琴奏鸣曲》。1805 年出版时题献给法国小提琴家、作曲家罗多尔夫·克鲁采，因而得名。

俊的波斯亲王流亡到华沙，下榻在"布里斯托尔旅馆"，住在和我同一层的一个套间里。华沙的上流社会雪片似地向他发出邀请，报刊则爱刊登有关他的社交生活以及无穷财富的新闻。我们这一层的另一个房客是个高级妓女，一名妖艳的金发女郎。

一天晚上，我正要走进自己的房间，她拦住我。

"你一定要帮帮我。"她用恳求的语气说，"我渴望认识波斯亲王。我见过你和他说话，我知道你能帮忙联系的。求你，求求你！"

我笑了起来。

"我亲爱的女士，我不是皮条客，我也不想帮你。但等他从晚会上回来时，你为何不自己试试截住他呢？祝你好运！"

我进了房间就躺下睡觉了。两三个小时后，一声可怕的尖叫将我从床上惊起。我跑到门口，看到一个多么令人惊奇的场面：那金发美女从亲王的套间里跑出来，一丝不挂，声嘶力竭地大喊：

"救命啊，救命啊！他要杀我啦！"

这时多数旅馆房客都来到走廊里，几个人抓住这个歇斯底里的女人，把她拉进她自己的房间内，回到房间她还抽泣不止。

"他打算杀死我呀！"

我因为在社交场合认识了波斯亲王，就大着胆子走进仍然开着的房门来到他的套间里。我看到他穿着睡袍，十分平静。他请我坐下，尽最大努力，用法语给我解释了所发生的事情。

"我深夜回家，正在开门，这个姑娘不知从哪里钻了出来。她用波兰话说了些什么，我不懂。她接着就吻了我，跟着我走进房间。说真的，我觉得她很迷人。我没有那么强的意志力把她赶出门去。"

他停顿下来，然后略带迟疑地说："她脱光了衣服，就舒舒服服地坐在这张沙发上，然后示意让我和她坐在一起。"他信任地继续说道。"我讲到这里就要涉及到一个微妙的问题。我们穆斯林不能和小肚子上留着毛发的女人发生关系。我试着跟她解释，但她一直不明白是怎么回事。于是我到浴室去拿出刮胡刀来，好刮掉她那冒犯教规的毛发。当姑娘看见我举起手中的刀时，便尖叫了一声，其余的你都知道了。"

我去哈尔曼家越来越少了，并非是我粗心大意，也不是由于我们之间关系有变化。这有两个原因：第一，无论巴维尔还是希曼诺夫斯基都没有任何愿望被拉进他们家的圈子；第二，玛格达莱娜夫人依旧相信我们还能继续早就枯萎的爱情。尽管如此，我还是很高兴在演出后去他家吃晚餐，还帮弗雷德里克谱写他的协奏曲的华彩段。只有一次在他们家门口我面对面地碰上波拉，但她绕过了我，甚至没停一下。

一天清早，旅馆的伙计敲我的门，送来一封信。他说是重要的私人信件。我小心翼翼地打开信封。信的原文我还记得很清楚，是这样写的："我强烈建议你立即离开这座城市。如果你坚持留在这里，那我一看到你就要好好修理你一番。"签名的是波拉的丈夫。

突然，一切都变得很清楚。一定是波拉给我写信时被他抓住了，他就逼着她要回给我写的信，很可能还得到了她永远不再和我见面的保证。十之八九，他已经怀疑到我们在索霞家里的会面，于是促使他写了这封粗鲁的信。

必须对他粗鄙的威胁回敬以颜色。但我完全没有应付这种事态的经验，迄今没有任何人威胁过我。我想不出比斯塔尼斯瓦夫·热乌斯基更合适的人可以请教了，他是无可争议的名誉问题的仲裁人。我前去拜访，他立即接待了我。他眉头紧皱，认真读了那封侮辱性的信件。

"这是决斗的挑战！"他研究了信的内容后，如此判断。"你必须做出反应，而且刻不容缓。派一个你信得过的人去找 K 先生（波拉的丈夫），对他作如下声明：

'我的朋友 R（鲁宾斯坦）先生派我来就你无礼的信件索取一份书面道歉。如果你不答应这个要求，他向你提出决斗的挑战。双方的副手可于明天见面以商定细节。'热乌斯基先生微微一笑，他现在是英雄有用武之地了！"这对他是个很好的教训。"他说道，"我等着你，看他有什么话说。"

为完成这个不愉快的使命，我选择了费特贝格。他毫无二话地同意帮忙。不到一小时他就回来报告情况了。

"这真好玩。"他说，"当他听到我以你的名义前来时，他确信我带去了你的承诺——如果他让你留在华沙且不受伤害，你就再也不会打搅波拉了——这点我从他的面部表情可以看出。可等我宣布你要同他决斗时，他就傻眼啦，我还从未见过会有人呆到那种地步的。一时间他连话也说不出来。从震惊之中恢复过来后，他说他今天下午确定副手。"

我感谢费特贝格出色地完成了这一使命，就跑到热乌斯基家去告诉他结果。热乌斯基很开心。

"作用显著。"他说，"当然，我愿意当你的副手，不过我们还要再找一个。"

考虑了几个候选人都不太合适之后，选择落在雅罗申斯基头上。

"可他在基辅呢！"我反对道。

"没关系，"热乌斯基回答说，"我来给他发电报，我相信他一定会来的。"

他说得对。雅罗申斯基第二天上午就到了，开始还有点搞不清楚是怎么回事，但很快就进入了角色。两位先生在"布里斯托尔旅馆"订好一个房间，作为双方代表会面的地方。我的副手们优越的社会地位给了 K 先生难以形容的冲击。他没有能找到更好的人当副手，只好找了同母异父的弟弟和一个驯马师。四个人一连两天讨论了决斗的时间、地点和武器。我们的对手提议使用传统的重剑。但热乌斯基坚持用手枪，在适中的距离内互射一枪。他指出，作为被侮辱的一方，我有权选择武器。

决斗前夕，热乌斯基给了我宝贵的指点。

"不要瞄准他，"他说，"因为在决定性的一刹那，你的手可能发抖。你把整个手臂抬起来，手指始终放在扳机上，信号一发，手臂下压到位就射击。如果你照我说的去做，肯定不会打偏。"

为让热乌斯基满意，我试了几次。他教的射击课使我恐惧，我决心要打偏，而不想杀死那个可怜人。见我一脸沮丧，热乌斯基和雅罗申斯基都来宽慰我，说在开枪前肯定会得到对手签名的道歉的。他们还开导我，说什么为决斗做好充分准备是面对荣誉问题时的例行公事。虽然他们信誓旦旦，一再保证，但我还是被死亡、流血的可怕情景折腾得一夜未能合眼。

在那个天气阴森的早晨，7点钟，热乌斯基、雅罗申斯基、一名医生和我坐上一辆带篷的马车来到澡堂子公园后面精心选定的地方。对方已经到了。我们双方相互礼节性地鞠了躬，副手们则开始丈量预先商定的决斗者之间的距离，然后仔细检查了手枪，分别交给 K 先生和我。而医生也忙着整理急救所需的用品。我全身颤抖，双手冰凉，却不断地出汗。在我们各就各位，手持武器，等待射击信号时，副手们就按照惯例，给肇事者最后一次机会，征询他是否同意撤回所写信件及其中包含的威胁。K 先生表示同意，大家都松了一口气，决斗因而中止。当场做好一份记录，上有 K 先生的签字和四个副手的副署担保。内容大致是："我撤回于某日寄给阿·鲁先生的信中所写的每个字。我这么做是为了保护某个人。"（原文如此）

我们回到城里，我感到自己像个获得赦免的死囚。华沙可不是会放过这样的珍闻的地方。人们一传十、十传百地讲起这个离奇的故事，杜撰出导致这次决斗的各种各样不可思议的原因。所幸一次也没有提到波拉的名字，因为谁也没有看见过我们两人在一起。无论如何，我有了个会维护自己名誉的年轻人的新形象，这大大提高了我的社会地位。最为这事感到高兴的是哈尔曼先生，弗雷德里克的父亲。他当然了解真相，但是就像家里其他人一样，从未想到我会这样行动。

老哈尔曼和女婿的关系不太好，他责怪女婿工作不称职，不满他不能养活老婆孩子。所以他为我给 K 的这个教训而暗自高兴。结果，在老哈尔曼眼里我成了英雄，波拉又可以在我在场的情况下出现在家中了，好像什么事也没有发生过一样。弗雷德里克和巴霞仍然不置一词，但是玛格达莱娜夫人则把我叫到她的房间进行了一次艰难的谈话。

"你和波拉之间发生了什么事？"她愤怒地问。

"什么也没有，我保证。去年我们相互了解之后，成了好朋友。"我非常平静地回答。

"说真话，阿图尔，你必须说真话！"她坚持，"我听说她给你写过不少信，你们在一个秘密地方见面。"

"真是胡说八道。"我回答，"她给我写过几封得体的信，难道不可以？至于说那个'秘密地方'，就是她的女朋友索霞·科恩的寓所，巴维尔和我在那里排演我们的音乐会。"然后我轻蔑地补充了一句，"K 真蠢，竟然轻信这类谣传。"

她似乎相信了我的话。至少，她平静下来。但是，突然之间，她悄声问我："你爱她吗？"

我吃了一惊，沉默了片刻。

"爱又不爱。"我小心翼翼地回答，"去年秋天我的确爱上了她，但是你很清楚，这种事以前跟巴霞也发生过的。这个家的所有女士都会引起我的性兴奋。"我努力把这事说得滑稽些，但她不觉得有趣。

"实际上，"我说，"这事早就被遗忘了。我不能单相思地爱一个人。你自己也看得见，波拉对待我是完全无所谓的。"这回，我想，我消除了她的怀疑。

1907 年在华沙的最后两个月，是在由音乐、社交和其他小活动组成的"旋转木马"上度过的。上午我通常在索霞房里练琴，一个人，或者和巴维尔一起，我们还经常留下来吃午饭。一天我出了个笨主意，把雅罗申斯基介绍到科恩家和他们家著名的餐桌旁。从此，他也养成了在各种奇特的时刻找茹霞吃饭的习惯。下午 4 点的台球赛依然是我们每天从不错过的活动。富有魅力的华沙女士们举行的愉快的招待会填满了我们下午的剩余时间。热乌斯基不时邀请雅罗申斯基和我参加盛宴，之后总是大段的瓦格纳的歌剧，由雅罗申斯基吵闹地伴奏。对我最具吸引力的还是剧院，而音乐会只在有重大音乐事件的时候才去听。然而我从未放弃过玛格达莱娜夫人家的美味晚餐。波拉很少来母亲家，更不去索霞家。决斗事件之后，她的地位有些模棱两可。虽然我们的机会很小，但本能告诉我，我们爱情的那股暗流还在涌动。

在卡利什、彼得库夫、琴斯托霍瓦和卢布林举行的四场成功的音乐会既给我带来了在华沙喧闹的生活之后急需的喘息，又带来了一笔可观的收入。

回到首都后，弗雷德里克又耍了老花招：在他跟女人的关系中利用我替代他。或许他计划以此转移我对他妹妹的注意？这我就永远不得而知了。这次他选择了一位个子高高、轮廓像雕像般分明的女人，她具有令人惊叹的、滚圆美妙的身材。他为我们三个准备了简单的晚餐，饭后女方邀请我们到她自己在"布里斯托尔旅馆"的套间去喝杯睡前酒。她是某个波兰老伯爵的情妇，老伯爵就把她养在这个奢华的旅馆中。这个叫盖尼娅·赫密尔尼克的女人，可真是个人物！她最喜欢的动作就是提起裙子，露出圆实的大腿，用手拍打着叫唤道：

"我就是婊子！那又怎么样?!"

何况，她的行为也没有推翻她这一说法。该告别时，她对弗雷德里克说：

"我亲爱的，我真想跟你睡一次，但我知道你对我没有用处，那我就试试这个男孩!"意思是指我。

出门时，弗雷德里克对我说："我把你交到行家手里啦!"完全像个第一次把孩子留在学校的母亲那样。

"去浴室，洗个热水澡!"盖尼娅下令道，"干透了之后，就来我的卧室!"

我没有勇气反抗她。我完全按照她的吩咐行事，看见她已赤身躺在床上等我。她整晚都把我留在那里，等到我们早上起床用早餐时，我感觉自己已经是"做爱艺术大学"的毕业生了。

这次新的奇遇，其后果有时相当令人兴奋，但更经常的是叫人不快。盖尼娅养成了一个可怕的习惯，当她自信一定能在我的某些朋友家找到我时，就一个个地给他们打电话，而且不分场合，不管我是出席某个社交活动，还是在索霞家里练琴。她总是通报自己姓甚名谁，还谎称是我让她打电话的。我的强烈抗议反而把事情弄得更糟。一天下午，我和弗雷德里克的母亲、波拉和巴霞一起喝茶，她又打电话来了。女仆得到吩咐说，R 先生已经告辞。盖尼娅粗鲁地回答道："你撒谎！到太太的卧室去找吧!"

我不必描述玛格达莱娜夫人有多恼怒。但我并未因此不快，因为在波拉的反应中我发现了一丝嫉妒。

和巴维尔在华沙交响乐厅又举行了一场音乐会，旋即在罗兹开了一场听众踊跃的音乐会之后，我在波兰的演出季节就结束了。我在华沙已逗留得太久，再也找不到任何合理的借口来延长了。关于我在法国首都的社交成功的描述是绘声绘色的，甚至常常是吹牛，这给大家一个印象，我在巴黎的事业正如日中天。

你什么时候走？你在巴黎的下一场音乐会什么时候举行？罗思柴尔德家是否又将举行招待会？这类问题目前常被人问起，而我则难以回答。我的朋友们比较谨慎，但我很清楚，他们因我长时间不在巴黎而为我担心。我突然感到别无选择：我必须离开。

在和朋友们一起欢度了热闹的新年晚会之后，我宣布我在1月份的头一个星期就上路。大家隆重地为我送行，送给我许多书籍、糖果和我喜欢的华沙维德尔糖果厂生产的蛋糕。

"阿图尔多走运，他住在巴黎！要是能和他一起走，我愿付出一切！"在车站我听到许多这样的言语。巴黎过去是、现在依旧是每个波兰人的麦加！

具有讽刺意味的是，我自己根本没有打算回巴黎。我决定在柏林逗留！

我为什么恰恰选了柏林呢？我寻找过对这个问题的合乎逻辑的答案，但也枉然。从某种意义上说我是迫于道义压力才离开华沙的，这使我置身于完全无事可做的状况中。有一点我很清楚：我不可能回巴黎。阿斯特吕克先生对我没有任何计划，也不能为我安排音乐会。他对我明显丧失了信心，还为我——用他的话说——"缺少认真精神"和对自己事业的漫不经心而感到无奈。我在波兰的成功既没有传到他耳里，也没有反映在巴黎的报刊上。

另一方面，回巴黎住在魏斯韦勒那恶心又狭小的房子里、靠给他上课过日子，可是个很可怜的选择，更不要说我还欠着债了。至于去年春天那种非常有利可图的"音乐晚会"，我很清楚自己的《莎乐美》表演已经过时，该是我在大型公开场合证明自己的时候了。

直到我在一个刮着大风、透着寒气的早晨，抵达陈旧的、熟悉的柏林腓德烈车站的那一刻，我才意识到，自己在柏林逗留的决定只不过是一种懦弱的妥协而已。在波兰挣的钱的剩余部分够我用两三个月，这要看我怎样过了。我在市中心波茨坦广场附近的"美景旅馆"，按月租租下一间上好的带浴室的房间。那家旅馆不太贵但相当有特色。老板兼经理梅茨格先生喜爱音乐，不反对在我的房间里摆一架钢琴。贝希斯坦钢琴厂免费给我提供了一架小三角琴。

我决心隐姓埋名，避免与老朋友会面。我在1904年突然抛弃了他们，特别是那些我最要好的朋友们。我很难解释为什么会有这样的感觉。如果我记得不错，我当时正在经历着一次危机，一种由羞愧和野心混杂而成的自卑感。眼下，我的事业似乎走进了死胡同，更何况，我根本没有来柏林的令人信服的理由。

我只想见见埃米·黛斯廷。她不会问我来柏林做什么，只会认为这理所当然。我给她打了电话，当听到她那为我熟悉的、柔和的声音时，我十分激动。

"你在城里，真让人高兴！你马上来吃晚饭。我想让你认识我的一个朋友，还有你明天一定要来看我的《卡门》。这是歌剧院的特别节目，威廉皇帝将光临。我给你弄一张票。"

能再见到她并听她演唱是治疗我的忧郁状态的良药。我一进起居室，她就伸出双手搂住我的脖子，吻了我的双颊，并把我介绍给她的另一位客人：

"阿图尔，这是我的未婚夫。"她声明，"他是舞蹈演员，是剧院芭蕾舞团的。"她一口气地接着问，"他像拿破仑么？"脸上充满骄傲。

是的，他的确像拿破仑，像画上见过的。同样结实的身躯、头形、短脖子、下巴、鼻子，甚至发型都像。但他的眼睛里没有一点拿破仑的神采，暴露出他是个缺少智慧和活力的人。埃米·黛斯廷挎着我的手臂，庄严地把我领到隔壁房间，我吃惊地见到一个完整的拿破仑时代的博物馆。全部家具都是带有帝国风格的真品。武器、服装、皇帝亲笔签署的文件，以及其他纪念品，摆放得颇为协调。

"拿破仑是我的偶像。"她说，"从孩提时代起我就崇拜他。"

那个矮个子男人宽厚地微笑着，就像伟大人物所应做的那样接受了这份敬意。我想到一幅可怕的情景：这两个人在做爱，达到高潮时，埃米引吭高歌："皇帝万岁，法兰西万岁！"

第二天晚上，我有机会在很近的距离内观察一位活生生的皇帝——臭名昭著的威廉二世。这场特别节目，或者按他们的说法叫"奉命演出"，确实是个壮观的活动。所有观众都是受邀前来的，没有一张票公开出售。必须要穿晚礼服，打白领结，或者穿制服，佩勋章。听众主要是德意志帝国的特权阶层——军人。皇帝在皇后和两个皇太子的陪同下坐在离舞台很近的包厢里。我平生再没听到过比那个晚上唱得更好的卡门了。黛斯廷超越了自己。在挤满观众的剧院里，没人敢在皇帝发出信号之前鼓掌叫好。而那个皇帝却对音乐一窍不通，他也不太注意剧情和音乐的进展。对了，有一次他竟大笑起来，那是何塞的上级军官祖尼加一边手捻着胡子、咂吧着嘴唇，一边眼睛盯着卡门说"糟糕，真见鬼！！"的时候。

在回家的路上，黛斯廷由于皇帝的举止而非常恼怒。

"你们想想，他是怎样对待我的！"她抱怨说，"当我被按照常规引到皇家的包厢接受祝贺时，他把我拉到一边，粗俗地眨着眼睛问:'小法勒①*好么?'好像他在向一个老鸨询问她妓院里的一个妓女一样!"

我提这件事是因为它揭示了这个人的又一个侧面,就是他的野心和嫉妒导致了灾难性的世界大战,给现代世界造成那么多苦难!

除埃米·黛斯廷外,我还拜访了迈耶尔姨母和姨父,他们俩住得离我的那些老熟人相当远,也从未和他们有过联系。我喜欢参观博物馆,逛书店,上咖啡厅。剧院依旧吸引着我,我也尽量不错过一场好音乐会,虽然我担心可能碰上我不想见的人。

这期间我只想逃避,似乎在等待着什么事情发生,以便让我从蛰伏状态中苏醒过来。我每日的常规生活很简单:早饭后练练指法、弹弹曲子;一日三餐都在旅馆极好的餐厅里吃;然后毫无目的地在街上闲逛。如果剧院中没有什么新节目,我就拿本书早早上床,一直读到深夜。

一天,我大姐雅佳出现了,从而打破了这种平静的生活方式。萨洛梅姨妈写信告诉她我在柏林,还说我最近一段时间没有什么计划。没有什么比这更能使雅佳高兴的了,于是她抓住这个能和我呆在一起的机会。她认为我名利双收,过着上流社会的生活。她打算和我分享这种生活,至少分享几个星期。我家里依然确信,我在美国的巡演能一劳永逸地保证我的成功。

很遗憾,现在事情好像更糟了。我没有任何东西可以夸耀,我的艺术生涯止步不前。

我也没有任何站得住脚的理由可以回避她,于是决定至少当她的好伙伴。一开始经济方面没有任何困难,大姐住在迈耶尔姨妈家,她有足够的钱用来看戏、听音乐、上夜总会以及到其它要我陪她一起玩的场所。我杜撰出一些我必须长时间在柏林逗留的

---

① * 杰拉尔丁·法勒,美国女高音歌唱家,当时的流言将她的名字和皇太子联系在一起(参看第40小节注④。)

可信的原因，并且明确告诉她我目前手头不宽裕。既然这事说清楚了，我们就走马灯似地看演出、逛商店和参观博物馆，都是雅佳买门票。但是，很不幸，她喜欢上了我住的旅馆的餐厅的菜肴，我只好常常不情愿地做东。此外，交通费和小费都由我承担。对于这种生活方式，大姐是乐此不疲的。

这样人为的兴奋不可能持久。一天，大姐宣布，她的钱快用完了，不得不回家去。我的余款也敲响了警钟——我已开始拖欠旅馆的费用，而自己只剩一小笔钱了。唯有雅罗申斯基能理解和意识到我错综复杂的生活。他了解有关波拉、巴黎和所有其他事情的真相。我给他写了一封长信，诉说我的处境，求他给我寄5000马克。这是一笔相当可观的款项（合1250美元），可以帮我回巴黎，甚至可能自费组织一场音乐会。我写道，没有他的帮助，一切都将完蛋，我已站在深渊边上。我把信丢进邮筒，心脏狂跳不止，觉得我把近期的命运都交在他手里了。

"你知道我做了什么吗？"雅佳在启程前夕对我说，"我当掉了从来不戴的一只手镯和一枚胸针，我肯定毛里斯不会发现的。你拿着这300马克，我知道你缺钱，不过请把当票留好，一旦你赚到钱，就去赎回来。"

雅佳走后一切都显得空荡荡的。我突然感到非常孤寂。她的活力和对我的关爱能排解我常常忧郁的心情。我不想见任何人，甚至埃米·黛斯廷或者姨母姨父。我的脑子里只有一件事——雅罗申斯基的回信。尽管如此，我还听了几场音乐会，不过只是在能得到免票的时候。

一次，在大街上碰到奥西普·加布里洛维奇，他不仅是个杰出的钢琴家，而且人也很可爱。他几乎强拉着我去见约瑟夫·列维涅。列维涅现在结婚了，住在柏林。他的妻子罗希娜是位出色的钢琴家，直到今天（1972年），她依然是最杰出的钢琴教育家之一。

列维涅夫妇看见我们十分高兴，留我们吃了晚饭。饭后，我们四人便愉快地投入热烈的音乐演奏。先是由列维涅和加布里洛维奇弹奏一首双钢琴协奏曲，然后是加布里洛维奇和我四手联弹舒伯特的几首作品，接着是列维涅夫妇快活地演奏拉赫玛尼诺夫的一套组曲，凌晨2点我们才结束。这个夜晚我忘了忧虑，呼吸到生活的气息！

两天后，我去贝多芬大厅欣赏加布里洛维奇的独奏音乐会，并为他演奏的舒曼和肖邦所陶醉，他弹得完美而感人。为感谢他的优美演出，音乐会后我去到后台。休息室里挤满了热情的听众，其中还有不少钢琴家。加布里洛维奇为他的同行所喜爱和赞赏。

"噢，鲁宾斯坦！"他叫道，"你能来真是太好了！你一定要和我们一起去吃晚饭。大家都去'奥斯特恩地窖酒馆'！"

我高兴地接受了邀请。于是我们成群地前往那个餐馆。在包间里摆着一张大桌子，至少可以坐下20人。我被安排在年轻的匈牙利女钢琴家姚朗塔·梅罗旁边，她刚获得首演的成功。她看着菜单，脸上露出惊讶的表情。

"这里所有的菜都那么贵。"她说，"我几乎都不敢点了。"

"别操心啦。我肯定加布里洛维奇是付得起的。"我微微一笑。

"你可错啰，"她回答说，"今晚各人自付。"

这吓我一跳，必须赶快行动。所以我对梅罗说："请你告诉他们，我有急事要出去打个电话，马上就回来。"

我沿着楼梯跑下去，拿起话筒，假装跟人谈话，而后我让跑堂给加布里洛维奇带去一个口信："鲁宾斯坦先生十分抱歉，但他不得不赶去探望一个生病的朋友。"

在大街上，我一个人，又冷又饿，感到异常悲惨。

饭店老板梅茨格先生就我所欠款项写了一封语气强硬的信。

他写道，已取消我在餐厅记帐用餐的权利，送任何食物到我的房间也都必须用现金结算。而雅罗申斯基那边依旧没有任何消息。我又写了一封信，这次是挂号，寄到他在基辅附近的庄园。我没有再提巴黎的计划，时机已经错过。现在问题只是如何生存。"你把我从这个可怕的旅馆拉出去吧！"我写道，"此外，我还要一点钱来买食品以及返回华沙，我希望在华沙能签订一些合同。你是始终对我的才华和前途充满信心的，现在你没有权利让我失望。"写这封信时，我感到自己快要淹死了，正在拼命呼救。

这一回等待回信比上次更加痛苦。我不得不装出信心十足的样子，并向经理保证，我所期待的钱随时都可能寄到。

现在我每天的伙食是：不吃早饭，午饭只是在"阿辛格自动售货机"中买一根小香肠、一个小圆面包，花十芬尼（合两个半美分）；晚餐的食谱也一样。一天的其余时间干什么呢？就是失神地在钢琴上摸索几个正确的音符，在街上瞎逛和久久地失望。

就在那段时间，我身上出现一个奇怪的现象：晚上我一睡着，就会梦见最为离奇古怪的情景，我总扮演着强大而幸运的角色。我常常是著名的作曲家，指挥着自己新写的交响曲，受到无尽的欢呼；或者我演奏了自己的钢琴协奏曲，一部最有创意的作品。所有的美女都拜倒在我脚下。在其它梦中，我为波兰进行胜利的战斗，挽救了犹太人，使之免受迫害；抑或我非常富有，是全人类的赞助者。一旦醒来，又总是令人痛苦的反差对比：经理又从门缝里塞进一封令人不快的信，无望的现状和我空空如也的钱包。

在失望中，我决定把梦境当做现实，把白天当作噩梦。我努力睡得越久越好。

又过了两星期，还是没有任何消息，我不抱任何希望了。我到了最低点。自杀的念头对我不新鲜，我以前就有过，但从此刻起，我已经不能再思考其它问题——它占据了我的全部思维。我一无所有，生活将我逼上了绝路。我渴望死，已经准备去死。但就是这个最终决定也有诸多困难。怎么个死法呢？武器和毒药我都没有，而越窗跳楼的想法让我反感——我可能摔得手足残废地活下去。唯一的办法就是上吊。于是，在那个凄凉的下午，我是那么的孤独无助，都不知该给谁写封信，我便准备自尽了。

我把破旧的睡袍的腰带抽出来，打了个结。浴室里有一个挂衣钩，位置足够高。我搬过一把椅子，把腰带固定在钩子上，然后套在我的脖子上。当我用脚把椅子踢开时，腰带断了，"咕咚"一声，我摔倒在地。

如果今天我在电视上看到类似的镜头，那我一定高声大笑。但是作为这出悲喜剧的活着的主人公，我的第一个反应是受到了一次巨大的精神震撼；我就躺在摔下去的地方，辛酸而忧伤地哭了很长时间，浑身无力。后来我迷迷糊糊、摇摇晃晃地走到钢琴边，借助音乐哭诉自己的悲痛。

音乐，我心爱的音乐啊，你是我所有情感的忠实伴侣，你能激励我们去战斗，你能点燃我们心中的爱情和冲动，你也能安抚我们的痛苦，给我们的心灵带来平静。就是你，在那个可耻的日子里使我恢复了生命。

当人停止哭泣时，痛苦也就消退了；同样，当我们不再大笑时，乐趣也就消失了。于是，一切恢复自然，我开始感觉饥饿了。"这次我要吃两根香肠。"我这么想着。

然而，走在大街上时，一种突然的脉动令我驻足。我被一些奇特的事物支配了，可以称之为"新发现"或"幻视"。

我用全新的眼光打量着周围的一切，好像从来没有看见过似的。街道、树木、房屋、互相追逐的狗儿、男男女女，一切都显得不同，还有那大城市的喧嚣声也不一样。我对这一切着了迷，生活似乎是那么美丽而有价值。如果怀有这样的想法，那么即使在监狱或医院里也一样。

这样的"新发现"很容易解释：在我力图自杀时，我对我即将离开的这个世界已毫不留恋，所以经历这场未遂自杀之后，我感到重获新生就不足为奇了。我的"重生"还带来另外一件惊喜：我的整个心理系统爆发了一场革命。我突然开始思考了。迄今，我的生活是由一系列并不由我负责的事件组成的。我完全靠直觉来行动，盲目地沿着周围环境决定的方向前进。我从来没有试着分析过任何问题。

于是那个晚上，在去"阿辛格自动售货机"吃我"豪华晚餐"的半路上，我的脑子里充满了哲学思想，并产生了只由我个人使用的新的生活概念和价值标准。那个永恒的、尚未解答的问题——谁创造了宇宙？其存在的意义何在？——需要长篇大论。我只想说，在这混沌的思绪中，我发现了幸福的秘密，至今我都很珍惜它：要热爱生活，好也罢，歹也罢，不提任何条件！

46

当天晚上，从"阿辛格自动售货机"回来后，我就给大哥斯塔尼斯瓦夫写了一封信，把自己的真实处境都告诉他，求他无论如何弄1000马克寄来，助我摆脱困境。斯塔希，我们都这么称呼他，有颗金子般的心。他替我在父母面前保了密，从雅佳的丈夫毛里斯处弄到了大部分钱，他自己也尽力凑出300马克。我由电汇收到钱，付给旅馆一半欠债，他们很勉强地同意其余款项以后再还，我这才带着一生中最轻松的感觉，幸运地回到华沙。

我还不得不为突然返回找个借口，好让朋友们接受。之所以要找这样的借口，是出于我根深蒂固的虚荣和骄傲，也因为缺乏谦让精神。我不愿让人看到我的脆弱和低下；我已经取得的成功的门面还要撑下去，即使我处在最低谷！是啊，这是我的性格中非常惹人讨厌的一点。

这次我又找到了一个理想的托词：我将满 21 岁。我有服兵役的义务，因此急需找出个办法来避开此事。

回到"维多利亚旅馆"，碰到的第一个人就是巴维尔·科汉斯基。我们很高兴能够重逢，就到楼上我的房间聊天。我告诉他为什么我又回到华沙时，他两手一拍，叫道："太好了！我们身处同样的困境。我也 21 了。"有关我们的"防御作战"，他早有了计划。"我把你介绍给斯特列姆霍夫上校。他热爱音乐，可以给我们许多帮助。而且我们时间充裕。"他补了一句，"据我所知，招募新兵要在 11 月才进行。"

"好消息。"我说，于是转换话题问道，"那现在尤瑟夫·雅罗申斯基在哪里？"

"他一直在华沙的。"巴维尔说，"他刚刚返回基辅，大概过几天就回来。你等等，"他继续道，"我也给你讲一个有关他的精彩故事。你知道，我的家人离开俄国，移居莱比锡了，我的两个哥哥在那边学音乐，而姐姐们在那里找到了工作。是我帮他们搬的家，现在我还要赡养父母。这样，今年春天，在演出季结束后我一文不名了……钱呢，只勉强够我的生活，可我还必须为他们找钱付房租啊！我请雅罗申斯基借一点钱给我，到秋天再还他。你知道他做了什么吗？他干脆送给我 4000 卢布！这够父母和我一年用的了。这是不是很妙？"

不难想象，这个"精彩故事"对我产生了怎样的效果，引起我多少矛盾的感情。一方面，我为巴维尔高兴，我真心地祝愿他，但是我不能不将雅罗申斯基慷慨的行为理解为对我的一种背叛。我很清楚他着迷于巴维尔的演奏及其不可抗拒的魅力，但同时我一直把雅罗申斯基当做我亲近和忠实的朋友，我们之间从未有过任何芥蒂，所以无论如何不能理解他冷漠残酷的行为。除非这就是法国人通常所说的："不在场的人总是错的"。

"巴维尔，我祝贺你！"我说，"你交了好运，这是显而易见的。不过现在我来说说我自己的'精彩故事'吧。但是你必须发誓保密。"

他发了誓，带着复杂的心情听着我在柏林的噩梦。我说完后，他脸色煞白。

"他怎么能干出这种事来呢！"他愤慨地叫道，"我觉得好像我偷了你的那些钱！"

"别太生气了。"我说，"虽然不太可能，但不排除他没有收到我的信，或者，他也许有什么秘密理由才这么做的。"

"不管怎样，我们等到他回来。到那时我们会弄清一切情况的。"

我原来担心朋友们会露出惊讶的脸色，提出难堪的问题，结果这种担心十分多余。看到我又出现在华沙，大家似乎都很高兴而别无它意。卡罗尔·希曼诺夫斯基和费特贝格也住在"维多利亚旅馆"，所以我们就在"巴呼斯餐馆"以鲱鱼和伏特加庆祝重逢。

"科恩之家"——包括索霞、茹霞、贝希斯坦钢琴和其他一切又对我敞开了大门。弗雷德里克很自豪地给我看了他已完成的协奏曲总谱。玛格达莱娜夫人像往常一样留我吃晚饭。波拉仍无踪影。这些动人的情景使我重获信心。

但是最终唤起我愉快的心情、让我快乐得好像周身过电一样的，还是华沙春天的魔力。那醉人的空气，那时节万物复苏、欣欣向荣，那时日漫步街头也好像长了翅膀。

一天早上，巴维尔接到雅罗申斯基从"布里斯托尔旅馆"打

来的电话,他刚刚抵达,提议一起吃午餐。巴维尔说我回华沙
了,他便请我同去午餐。巴维尔本以为他的声音会非常不自然,
但是却惊奇地发现雅罗申斯基听到这个消息高兴极了。不用说,
巴维尔和我完全傻了眼。

当我们走进餐厅,雅罗申斯基就马上站起来,和我拥抱,大
声说:"阿图尔,你平平安安地回来,我真高兴。我都开始为你
担心了。但是我相信你会从那种愚蠢的情况下摆脱出来的!"

"你收到我的两封信了吗?"我怯生生地问。

"当然收到了。"他哈哈大笑。"两封信都那么悲观,但我了
解你,我想象得出你在柏林玩得很开心。"

我突然明白了,整件事都能解释清楚了。我记起小时候读过
的那篇童话,说一个小男孩动不动就叫喊"狼来了!"。情况与此
完全一样!我曾夸大其词地用紧急和可怜的语气给雅罗申斯基写
信要过钱,他也立即大方地给我帮助。最近这次我拼命的呼救势
必引起他对我处境的严重程度产生怀疑,所以他才无动于衷。而
且他刚刚送给巴维尔一大笔款子,因此在他内心里觉得自己已经
对艺术和艺术家尽了全力。

所有这些推测都在我脑子里过了一遍,不管对还是不对,却
让我获得了心理平衡,使我在他陪同下吃饭谈话时,就像以前一
样自在。

稍后巴维尔把我在柏林的悲剧的全部细节都告诉了他。自杀
未遂的故事使他受到极大的震撼。他眼含泪水地跑到我的房间来
看我,我们促膝长谈。他承认他当时不相信我对自己的不幸所作
的活灵活现的描绘。

"我以为,你要钱就是为了满足自己快活的愿望。"他说,
"我以为,柏林的生活确实非常令人兴奋呢。"

结果完全同我想象的一样。事情到此结束,我没有记恨他。

我们大体上又回到了从前的生活方式。弹奏许多音乐作品,

常在科恩家吃饭，和巴维尔打台球，还有一般的社会活动。新内容就是通过巴维尔结识的斯特列姆霍夫上校，他是个大音乐迷。他会请我们去他家吃晚饭，并非正式晚餐，而是简单的冷餐，之后他能不挪窝地听六七首小提琴和钢琴奏鸣曲。作为一个人，他乏味透顶，但在服兵役的问题上帮了我们的大忙。

雅罗申斯基不得不回他在扎鲁齐的乡间别墅去，他建议我一道去。

"到农村呆几天对你有好处。"他说。

我当然愿意。我的确需要休息。第二天晚上我们坐火车出发，次日上午就到了基辅，马匹已经备好，以便把我们送到扎鲁齐。乌克兰拥有整个俄国最富庶、最肥沃的土地，而雅罗申斯基的庄园就在其中心。他对土地的确有热情，只要有人卖，他都会买下来。他当时就被认为是周围地区最大的地主之一。他为数不少的庄园和农场、糖厂以及其他加工厂带来很高的收入。他的总部设在扎鲁齐。那地方看起来很不起眼，建造的时候没有考虑外观，但却宽敞舒适。在一条大游廊上可眺望那一望无际的草原，直到地平线。内部装饰毫无情趣：几间大卧室，没有浴缸的浴室和修得不好的下水道。饭厅里是便宜的家具。我高兴地发现客厅里有一架上好的贝希斯坦大钢琴，但其他的陈设就很原始。这个雅罗申斯基是个怪人，我越来越了解他了。

我们非常悠闲地地度过一周。我睡觉不再做梦，一天大部分时间都在弹琴，通常由他欢畅的叫喊声伴奏着，吃的很简单，但很新鲜，都是庄园自产的。回到基辅，我们要在城里花几小时等火车。他把我带到一座大房子——自己在城里的住宅，他家的大宅子，他的屋子占据了房子的整个第三层。在他学生时代住的这套房子里，样样东西都很有品味。

"我出去一小时。"雅罗申斯基说，"回来我就带你去'洲际饭店'吃午饭。"

"我不能和你一起去吗？"我问。

"不用，你就留在这里吧。我先去办点事。"

不到一小时他便回来了，气喘吁吁，满脸通红，有点不好意思的样子。

"阿图尔，我有一个惊喜给你！"说着他从口袋里掏出一个鼓鼓的大信封，塞到我手里。信封里装的是40张面值100卢布的钞票，共4000卢布。这的确是个很大的惊喜！

"我去银行转一些帐，"他说道，"处理钱的时候，我想起对你造成的不公平。喏，这是我欠你的钱。我只希望你仍然能回到巴黎继续你的事业。"

"谢谢你，雅罗申斯基，谢谢你！你是世界上最慷慨的朋友。"我大声说道，亲了他的双颊，"现在不能考虑去巴黎，演出季已经结束了。在法国过一个夏天会毁了我的。再说，你也知道，我和巴维尔还要应付秋天服兵役的事。"

他的礼物和口袋里有钱的感觉让我活跃起来，我突然变得精力旺盛而且想花钱。

"雅罗申斯基，"我喊起来，"我有个很宏大的好主意。你曾怀疑我用你的钱只是为了快活——那么好，我们何不就来它一次，不过是大家一起来，你、巴维尔和我。我们搞一次首都大周游，柏林、巴黎和伦敦，享受其中的每时每刻。如果不是为了生活，那钱，见他的鬼，有什么用？我认为这才是真正的生活，其他的一切都是为这种生活作的准备而已！的确，柏林会很刺激；巴黎也一样，只要你有钱，就全属于你；而在伦敦，旺季才开始！我知道，这有点疯狂，但也可以是神奇啊！你觉得怎么样？"雅罗申斯基一脸茫然、迷惑地听着，我的活力和激情一直对他有催眠作用。

"这听起来真不错！不过……"他说，顿了一下，好像是在寻找反驳的论据，然后胆怯地加了一句，"8月我打算到卡尔斯巴德①去疗养的。"

"为什么不去呢？"我立刻回答，"我们和你一起去，不疗养我们也可以玩得很好嘛！"

我赢了。开始是微笑，接着，突然，他一下子精神抖擞，显出英雄本色，蹦跳起来，手舞足蹈了一番，放开嗓子大笑大叫道：

"你这家伙，你，又让你逍遥法外啦！"

稍稍安静下来后，他问道："你觉得巴维尔会喜欢这个主意吗？"

回到华沙后，我发觉，说服巴维尔加入我们的"完全为了快活的独一无二的欧洲主要首都大周游"，是世界上最容易不过的事。我还没有来得及说完大概的计划，他就打断了我的话，热烈地表示同意。

"我把小提琴带到伦敦的希尔店……该修理了……也许在巴黎还能找到一把图尔泰做的好琴弓。"他贪婪地笑道。

在愉快的期待中我们和雅罗申斯基一起吃完午饭，确定了出发日期。

又一次在听不够音乐的俄国上校那里演奏了许多首奏鸣曲，在热乌斯基家吃了丰盛的大餐，与玛格达莱娜夫人、巴霞和弗雷德里克告了别，最后是全天在科恩家演奏和吃饭——在我心爱的、维斯瓦河畔的城市的逗留就这样满意地结束了。我们怀着轻松的心情离开华沙。

---

① 卡尔斯巴德：今捷克的卡罗维发利，欧洲著名的温泉疗养地。现在这里以举办国际电影节闻名。

47

1908 年，柏林对我只是个有所耳闻的城市。当我十几岁住在柏林时，我的生活和城里其他小孩一样：我是他们中的一个。我不久前在这座城池中的不愉快的逗留就像长时间在地狱中煎熬：我对城市漠不关心，我是个流亡者，我和它失去了联系，甚至在大姐陪同下的"消遣"也没能让我振作起精神。

然而，在那个可爱的春日，我们三人是以征服者的身份抵达的。我骄傲地充当起导游和翻译，负责安排一切。

我们下榻在全城最好最贵的一家饭店——"帝国饭店"。

"我还是个小孩时，就一直想看看这里的内部，"我说道，"我总是眼馋地看着它的门面。"

我们窗外，高贵的、"排场的"（我讨厌这个词）威廉大街的景色一览无余。大部分的政府部门和外国使馆都在这条街上。街道正对过就是后来希特勒的地下指挥所和他遭到可耻下场的地方。

我首先跑到当铺把雅佳的首饰赎了回来。我把它们安全地藏到行李箱的底层才大大地松了口气。我回来后，好好休息了一下，然后大家就按照德语贝德克旅游指南的经典线路进行游览。第一站是腓德烈大帝博物馆，画廊里众多的作品中，包括下述独有藏品：丢勒①、克拉纳赫②和霍尔拜因③的作品，以及伦勃朗④作品中最棒的几幅。一看到我最喜爱的伦勃朗的《头戴金盔的战士》，雅罗申斯基就手舞足蹈地叫喊起来，把其他参观者都吓走了。

下一站是军事博物馆。普鲁士人的陈列品中，包括 1870 年对法战争缴获的武器和战利品；还有皇宫，即皇室的居所。在进入辉煌的皇家居室之前，我们必须套上一种柔软的毡制拖鞋，这样我们滑行在闪亮的镶木地板上，就像在溜冰场上那样。我们三人顺从地跟着身穿制服的讲解员，他单调地、毫无个性地背诵着那已经重复了千百次的解说词，使我们的耐性受到严峻的考验。摆脱了毡鞋和宫殿，重新回到新鲜空气之中后，我们顿感轻松。

"如果你想再安排我们看这类地方，那我就搭第一趟火车去巴黎！"巴维尔说。雅罗申斯基没有说话，只是低声咆哮。

享用了一顿美食之后，我们在菩提树大街散了散步，便回到旅馆。大堂里一个女人的声音叫了巴维尔和我的名字。原来是华沙的一个熟人，一位银行家的妻子。她个子不高，有些胖，尽管已上了点年纪，大概五十好几了，但这位半老佳人依然行动敏

---

① 丢勒（Albrecht Durer, 1471－1528）：德国油画家、版画家、雕塑家。作品反映德国人民反对罗马天主教会的精神，把意大利文艺复兴的艺术理论和北方哥特式的技法结合得较为成功。代表作有木刻组画《启示录》、油画《四圣图》以及早期所画包括自画像的多幅肖像画。

② 克拉纳赫（Lucas Cranach, 1472－1553）：德国画家。早期作品表现出人文主义的倾向，晚期则有娇柔、虚饰的缺点。兼长木刻画。作品有《马丁路德肖像》、《维纳斯与小爱神》、《逃亡埃及途中的休息》等。

③ 霍尔拜因（Hans Holbein, 1465－1524）：德国画家。其素描严谨、构图均衡、色彩丰富。曾为天主教托钵修会主要派别"多明我会"的隐修院作高祭坛画，后期兼有晚期哥特式及文艺复兴风格。

④ 伦勃朗（Harmensz Rembrandt, 1606－1669）：荷兰画家。17 世纪初荷兰定加尔文教为国教后，曾画过一些以《圣经》和希腊神话为题材而加以世俗化的油画和腐蚀版画。代表作有：《夜巡》、《磨坊》、《戴金盔的人》、《浪子回家》、《杨·西克斯像》、《三棵树》等。

捷，还有点吸引力。

"你们在柏林干什么？"她问。

"我们去巴黎路过这里。"我谨慎地回答，"这是我们的朋友雅罗申斯基。"

"今晚我请你们三位共进晚餐。我保证饭菜精美——我们旅馆里的饭店仍旧是最好的。晚饭后我们去'冬日花园剧场'。我会订一个包厢。"

她的活跃很有感染力，我们就同意了。晚饭很好，有荷兰杜松子酒、鱼子和其他考究的食品。一瓶无糖法国香槟酒更使大家来了情绪。巴维尔真棒！他无人可比地讲了几个犹太笑话——银行家的夫人也是犹太人——令我们人人捧腹不止！我则模仿了几个大家都认识的人来助兴。在去"冬日花园剧场"的路上，我们则高声歌唱。

演出很是精彩。节目有杂技、魔术、小丑表演、走钢丝等等。回家的路上，我们很感激她安排的这次活动，决定回请一次。

"亲爱的夫人，你明天是否愿意和我们一起吃晚饭呢？还是同一个地方、同一时间、同一张桌子。"

显然她很感动。

"小伙子们，你们愿意和一个老太婆一起度过这么多时间，真是太客气了。"

"可不能这样说，"我们假装愤怒地反驳道，"你这样有魅力，这样充满欢乐，这都使你变得年轻了！"

我们相互致谢，互道晚安之后，就各自回屋了。

我睡到中午才起床，我的同伴们则更长。得到了很好的休息后，我们免掉了早餐，只吃了简单的午饭。喝完咖啡，我就和饭店的司厨长商定晚餐的菜谱，并请服务生在有卡巴莱表演的餐厅替我们预订一张最好的桌子，我和我大姐雅佳曾经看过这种表演。下午我们就在菩提树大街购物。

那个晚上的晚餐由我负责,这是显示我在巴黎获得的对法式大餐的优雅品味的好机会。我们还是吃鱼子,不过上了伏特加酒,而不是荷兰杜松子酒,双份的清炖肉汤,然后是司厨长特别推荐的橘汁鸭子,而最后一道是巧克力木司。我还很认真地选配了葡萄酒。

卡巴莱表演的地方人很多,不过服务生为我们订到一张最好的桌子。我们要了香槟酒。灯光熄灭,演出开始了。大厅里很拥挤,我们相互紧挨着坐着,手和脚都很难动弹。突然,我感到一只柔软温暖的手碰了一下我的大腿,接着是轻轻地一捏。我们的这位女朋友没有就此打住。渐渐地,她的摸捏变成一系列在桌子底下的挑逗动作。她伸出肥肥的短腿,在一段精彩的演出进行中一直紧紧地缠着我的腿。甚至天才的犹太丑角弗里茨·格隆鲍姆(Fritz Grunbaum)引起哄堂大笑的表演,都没有妨碍她的性挑逗。我被刺激得难以克制,也开始作出回应。我们两人兴奋的行为一直进行到演出结束。当最后一次谢幕后,在出口处的混乱中,她跟我轻声说:

"过一会儿到我房间来,4层,39号。"

回到旅馆大堂,热情洋溢的感谢、吻别和互道晚安还持续了不少时间。最后我们上了电梯,分别回自己的楼层。终于只剩下我一个人了,我等到所有的吵闹声都沉寂之后,便小心翼翼地溜出自己的房间,从楼梯爬上4层,走进她半掩着的门。她已经换成睡衣,坐在沙发上等我。我所喝的大量香槟酒和她的挑逗技术产生了复合作用。我们马上就开始做爱,没浪费一点时间。她开始呻吟,不停地说话,尽是些奇特的词汇:

"你干得真好,干得太妙了!噢,你干得多棒啊!这才叫出色的活儿呢!"

她用渐强的方式,越说越来劲!

当我起身，准备离开时，她吻了吻我，说道：

"心爱的，谢谢你，谢谢！你别担心后果。我保证没有什么可害怕的！"

可怜的女人，这真可悲！

第二天醒来时我还有点宿醉。早饭是在床上吃的，我本想再睡一个回笼觉，却有人敲门了。进来的是巴维尔。

"你怎么啦，病了？"他问。

"没有。昨天晚上我很累。"我回答。

"就这个？"他穷追不舍。

"你是什么意思？"我有点不安地问。

他用乌黑的、天鹅绒般柔和的眼睛看了我好一会儿，突然像恶魔般微微一笑，开始道：

"噢，你干得真好！哎唷，干得太漂亮啦！哎呀，这才叫出色的活儿呢！"

他没完没了，用的全是她标准的声音和语调。

我张大嘴坐了起来。尔后两人对视了好一阵子，突然爆发出不可遏制的大笑。

"巴维尔，你这坏蛋，你是什么时候碰上的？"当我们平静一些能说话时，我问道。

"在'冬日花园'演出后，你不记得啦？那晚是我坐在她旁边。"

当天晚上我们情欲旺盛的女友回华沙了。我们带着鲜花给她送别。巴维尔到莱比锡他父母处呆了一天，第二天上午返回。

在柏林的最后几天，我们每人大都在处理自己的事，但我们在"德雷塞尔饭店"一起吃午饭。雅罗申斯基去参观了农业展，并想以他惯有的热情跟我们讲解如何使用现代拖拉机。巴维尔整个上午都在房间里练琴。我学他的做法，到贝希斯坦钢琴厂琴行练琴，很高兴又摸到了钢琴。下午我们就过得丰富多彩了。雅罗

我的青年时代

申斯基那好动的天性逼使他在吃过丰盛的饭菜后要长时间午休，以恢复体力。巴维尔爱买东西，他热衷于收藏各种新奇玩意，尤其是德国造的。我的喜好是逛书店和唱片店，寻找新的出版物。一天早晨，我鼓起一阵勇气，给我以前的几个资助人和朋友打了电话。他们大部分都已出城度暑假，不过还在城里的马丁·莱维仍旧极为客气地接待了我。我添油加醋地给他讲了我在巴黎、美国和波兰取得的成功。我高兴地发现，这使他大为感动。

又看了几场演出——其中包括莱奥·法尔①极有味的轻歌剧作品《金元公主》以及阿瑟·施尼茨勒（Arthur Schnitzler）的一部喜剧——后，我们光彩的柏林之旅就告结束了。我的同伴们认为这是一次很大的成功。对我而言，则意味着更多——这是我个人对在这座城市遭受到的折磨的报复。

在一个灰蒙蒙的早晨，我们抵达了巴黎。北站显得比平时还要破旧和肮脏（对这个美丽的城市投去的第一眼总是不令人鼓舞）。我们又累又饿，办入关手续和找马车耗费了许多时间，但是最后，当一匹马拉着我们碎步跑向香榭丽舍大街时，天放晴了，"光明之城"又一次对我们微笑。

① 莱奥·法尔（Leo Fall, 1873－1925）：奥地利指挥家、作曲家。作品有轻歌剧《金元公主》，歌唱剧《纯挚的兄弟之情》和歌剧等。

尤瑟夫·雅罗申斯基把我们带到"香榭丽舍宫饭店",那是他上次下榻的地方,是个新旅馆,就在同名的大街上,离星形广场不远。此处的气氛有些装腔作势,华丽的大堂漆成白、金两色,服务生穿着鲜亮的制服,但与狭小、不舒适的客房以及糟糕的客房服务形成了鲜明的对照。按铃之后要等几小时男仆或女仆才作出反应。我们无奈地叹息着,自己设法打开旅行箱,把西服套装挂好,洗了个热水澡,换上笔挺的衣服。之后我们清清爽爽、容光焕发地前往位于布洛涅树林之中的"皇家饭店"吃午饭。这个地方给雅罗申斯基和我留下了美好的回忆,因为我们在结下友谊的最初日子里经常上这里来。

当天下午,雅罗申斯基和巴维尔出去散步时,我给自己的几个朋友——波托茨基伯爵、伦别林斯基和阿尔芒打了电话。我想为自己的疏懒未通音信向他们表示道歉,并告诉他们我是多么地感激他们为我所做的一切。但电话的另一端每次的回答都是:先生不在城里,在度假,在疗养或者去了美国。最后我失望地丢下可怜的电话筒,我是多么希望能对这些好人有所补偿啊!晚上巴维尔和雅罗申斯基回来时好像也没有情绪,因为"巴黎饭店"里是成群结队的外国人,想听一句法文都难。晚上在"马克西姆饭店",虽然那个老警卫仍然当班,也没有能使我们的情绪好起来。第二天巴维尔在小提琴制作室吃了个闭门羹,这最后一击超出了我们的忍耐度。在仔细参观过卢浮宫、荣军院,又在法兰西喜剧院度过了一个难忘的夜晚之后,我们次日就出发前往伦敦。

这种乘火车、坐轮船、又乘火车的旅行,往往是最复杂和最不舒服的旅行方式,而且还经常会被英吉利海峡的大浪搞得很惨。尽管如此,我们在傍晚到达维多利亚车站时仍然满怀期望,而不是疲惫不堪。在火车上我们花了很长时间讨论如何支付费用。雅罗申斯基慷慨地支付了"帝国饭店"的高额账单,酬谢华沙银行家太太的晚餐除外。巴维尔和我则轮流负责其他费用。在巴黎我们援例也采纳了这个做法。然而，我们决定反过来安排伦敦的费用，由我们支付房费，而由雅罗申斯基掏饭钱。小额开销——马车、门票、小费等等则随意。我们讨厌斤斤计较。

受到当时普遍崇尚英国和英国货风气的影响，我们决定在"有身份的人"住的"卡尔顿酒店"下榻。但那里已没有空房，我们只好在"维多利亚饭店"订了房间，这还是"卡尔顿酒店"那个好心的接待员帮我们找到的。

古老的"维多利亚饭店"是英国大多数省城旅馆的原型。我们的房间根本不算好，我和巴维尔合住的那间有两张加长的床，是为高个子的英国人预备的，一个洗脸池，一个带穿衣镜的梳妆台，两把椅子，一个装潢精美的老式壁橱，橱门还吱吱作响。雅罗申斯基的房间略小，但布置差不多。两个房间都没有浴室。我们决定不要破坏好心情，甚至没有去打开行李箱，没有换衣服，就匆匆地离开旅店，步行回到"卡尔顿酒店"。

我们运气很好，在以法国烹饪著称的"卡尔顿烧烤餐厅"找到一张空桌子。置身于此，哈哈！我们又觉得是"有身份的人"了。慢慢享用了美味晚餐后，我们还看了帝国音乐厅里的杂拌表演的最后一部分。我们被这节目迷住，发誓第二天再来把落掉的那部分补上。杂拌表演以及滑稽小品节目是当时英国舞台上的典型东西。

出租马车拉着我们回旅馆。一想到要回没有吸引力的住处就犯愁。不过，第二天早上醒来时，阳光明媚。伦敦是以坏天气著称的，但是如果碰上一个理想的夏日，那它还是世界上最美丽的城市。送到房间里的早点非常可口，更让我们喜出望外。

收拾停当来到街上，巴维尔要我陪他去"希尔店"，那是最著名的一家销售古小提琴的琴行。雅罗申斯基宁愿参观国家画廊，我们答应与他在那里会合。我们步行到"老邦德街"，一路享受着阳光和柔和的空气。在"希尔店"我目睹了动人的一幕。

这里巴维尔才显出英雄本色。在指出小提琴何处需要修理、并把自己的乐器留在行家手里之后，他就带着贪婪的心情开始观察那些无价的斯特拉迪瓦里琴和瓜尔乃利琴①，瓜尔乃利琴里面刻有一个十字标记。他轻轻地拿起琴抚摸着，放到腮下试试感觉，然后演奏起来，发出的声音犹如来自天上。我被这一幕深深打动。我心中暗想，如果自己是个百万富翁，就会为他买下所有的琴。

在和雅罗申斯基会合前，我们经不起各自内心隐秘的诱惑：巴维尔爱买新奇的小玩意和旅行包，我则喜欢买衣服和新领带。他跑到他最喜欢的阿斯普雷（Asprey）商店，而我则到一家驰名的裁缝铺定做了一整套晚礼服，店里答应一周内完工。我们俩到画廊时都迟到了好一会，在一个偏僻的展厅看见雅罗申斯基坐在长凳上，又累又火。

"怎么这么久才来？这么长时间你们都干什么啦？"然后，他冲着巴维尔喊，"你一定在'希尔店'表演了一整套保留曲目吧？"

"我们沿邦德街和'波林顿连拱廊'走了一个来回，逛商店。"我们撒着谎，用微笑掩盖我们的内疚。我们不想让他知道我们拿他的钱干什么用了。在皮卡迪里广场的"斯科特饭店"吃完午饭后，他的情绪才好起来。饭店的特色菜是大龙虾，那虾鳌比巴黎的"瑟堡女郎"（指由布列塔尼出产的鲜嫩母龙虾）都大。

我们在英国首都玩得很开心。上午我们用来参观大英博物馆、伦敦塔和华莱士②的收藏品展，还游览了温莎宫。其间，我还鬼鬼祟祟地跑到裁缝那里去试衣服。我们大都在"卡尔顿酒店"或者在"萨沃依烧烤馆"吃饭，也去"斯科特饭店"吃了

① 斯特拉迪瓦里琴和瓜尔乃利琴，系意大利最著名的两种古小提琴，均得名于制作者。
② 华莱士（Wallace, 1823－1913）：英国博物学家，1858 年独立提出自然选择学说。

几次。

说到餐厅，我想起一件有趣的事来。在伦敦，巴维尔和我无意中占了雅罗申斯基的便宜。我们住的旅馆当然比豪华的"卡尔顿酒店"便宜，但是我们通常用餐的饭馆可比巴黎和柏林的还要贵。雅罗申斯基固然非常慷慨大方，但仍有一丝吝啬——这是有钱人的通病——尤其是他极其坦诚，根本不会掩饰。在吃饭时常能听到他特有的大声叹气，并抱怨道：

"唉呀呀，大家总是饿慌慌的，总要点龙虾吗？总要吃牛排吗？总要喝香槟吗？"虽然他自己吃起这些东西来胃口极好。

我们恼火不已，感觉应该给他一个小小的教训。一天晚上，我们准备去科文特花园歌剧院听卡鲁索演唱莱翁卡瓦洛①的《丑角（Pagliacci）》，我们在换衣服时故意拖拖拉拉。

"快点，赶快！"雅罗申斯基从自己的房间大叫，"晚饭要迟了！"

"今天我们不想吃晚饭，中午吃得太饱了。"我们答。

听到的回答是一声深深的叹息，他不好坚持。大家腹中空空地前往剧院。

在剧院里，在《丑角》之前先演的是马斯卡尼的《乡村骑士》，幕间休息时我们没有动窝。剧院里是一派令人心动的情景。所有的包厢都被英国贵族之花所占据。盛装的太太们满身珠光耀眼。

卡鲁索唱的《丑角》是无可超越的。他的咏叹调《小丑，笑吧！》使我们大家感动得流下眼泪。演出结束后，观众都站起来向他欢呼。到了街上找马车时，雅罗申斯基提出吃晚饭的事。

"不，亲爱的雅罗申斯基，我和巴维尔又累又困，你要吃就

---

① 莱翁卡瓦洛（Leoncavallo，1857－1919）：意大利作曲家。他最成功的歌剧就是《丑角》，是意大利真实主义风格的典范之作。

一个人去吧。"我带着马基亚维利式的残酷回答。

可怜的雅罗申斯基被耍弄了，如果他一个人去吃饭，就等于公开承认他才老是饥肠辘辘，总是想吃，而我们则简单地证明了自己对食物无所谓。于是他顺从地跟我们回到旅馆。不用说，我和巴维尔是饿得要死的。不过，我们决定撑到底。

我们上了床，但是睡不着，部分原因是肚子饿，但主要是因为隔壁房间里传来的高声的呻吟和叹息。早上 7 点我们就听到雅罗申斯基按铃要早餐。我们也要了，并请他和我们一起吃这顿美餐。我们一边狼吞虎咽地吃着熏肉、鸡蛋、牛角面包、抹了果酱的烤面包，喝着咖啡，一边向我们亲爱的朋友坦白了自己的恶作剧，而他却表现出他是多么好的伙伴。他不仅没有因我们的所作所为而心存芥蒂，而且从此每顿饭都坚持要我们点龙虾、鱼子等菜肴。

在伦敦的逗留越来越使我们开心，这时雅罗申斯基突然宣布，他该去卡尔斯巴德了，他在那边预订旅馆是确定了日期的。

"你们真的想和我一起去吗？"他问。

这让我们感到突然，因为我的衣服一两天后才能做好，而且，我另外还订了一套，裁缝答应和第一套一起交货。幸好我想到了巴维尔的小提琴。

"我们当然打算去卡尔斯巴德啦，只是还不能立即离开伦敦，修理店在继续修整巴维尔的小提琴，不过不会超过两天。我和巴维尔留下，我们在卡尔斯巴德与你会合。"

第二天一早雅罗申斯基离开了。我们到维多利亚车站为他送行，然后就像不听话的小孩摆脱了家庭教师那样，坐着公共马车来到谢泼兹布什的白城，即真正疯狂的游乐园，在那里释放出全部男孩子的精力。我们玩了所有的项目：观光小火车、普鲁士山、瀑布、迷宫、射击以及其他魔鬼般的装置。一切都让我们非常开心。我们回来时已经累得要死，但仍有精力上皇后厅去听克莱斯勒的音乐会。

两天后我们准备离开：两套服装和小提琴都已到手。在装行李时，我看到巴维尔从床底下拉出两个崭新的皮制旅行包。

"这些包可以用一百年。"他骄傲地说。不过我知道，很快他就会购买新包的。

到卡尔斯巴德的旅途又长又乏味。我们在第二天的傍晚抵达。在雅罗申斯基下榻的"普浦旅店"，我们收到一张便条，说城里所有的旅馆都已客满，不过他在附近的一所私宅给我们俩找到了房间。行李员拿着我们的行李，陪着我们步行过去。旅店门前熙熙攘攘。天空被落日的余辉照得火红，穿着欢快夏装的老老少少一边在空坪上来回踱步，一边聆听乐队演奏的维也纳风格的华尔兹。我们一下就在路人中发现了几个特别好看的女人。因为渴望尽快加入这个活跃的人群，我们便匆匆前去把住处安顿下来。原来，我们的住房是个单调的阁楼间，房主是个捷克胖女人，她让我们自己收拾。等一切安顿就绪，我们已经饿得要命。

"我们快去'普浦旅店'，"巴维尔说，"我们可在露台上边吃饭，边看人群。"

真是好主意，我想。不过当我们回到广场时，那里已经空空荡荡、一片死寂，似乎发生了瘟疫，把居民都赶跑了。一个人影都不见，乐队也消失了，街上黑乎乎的。旅店的大门紧闭，露台上的椅子也被倒扣在桌子上。我们愣住了，一时间哑口无言。只是饥饿才使我们回过神来。

"一定有什么地方可以吃东西的。"我说，"还不晚呀，才8点半！"

我们四处徘徊，希望能找到一个还在营业的咖啡馆或者小酒馆。终于，在一条狭窄的巷子里，我们路过一间似乎是店铺的房子，橱窗里的一瓶葡萄酒和两个苹果吸引了我的目光，于是我们总算吃到一点东西。

我们好好睡了一夜，9 点才起床，穿好衣服就去"普浦旅店"吃早餐。雅罗申斯基下来和我们坐在一起。

"我早上 7 点就吃过早餐了，在热泉边喝了第一杯水以后。"他告诉我们。

当我们把昨天到达这里的故事讲给他之后，他放声大笑，然后就卡尔斯巴德为题给我们上了一课。他说，这个小镇的生活完全围绕着矿泉进行。每年有数千人来这里，希望喝了这宝贝泉水能调养他们受损的肝脏和脾胃。

"但是我们必须服从非常严格的纪律。"他继续说，"治疗每天从清晨 6 点开始，先喝一杯热泉水，然后是淋浴、按摩和热水澡。7 点我们吃早餐，之后上床休息一下。午饭前再喝一杯，午餐当然有特定的食谱。下午是长时间的散步，这个我最受不了。最后一杯在 6 点，晚饭之前。晚饭后可以在所谓的'老草地'的空坪上听音乐，你们昨天来时正好遇上。"他微笑着，接着补充道，"所以大家 8 点上床，9 点很快入睡便毫不奇怪了。"

"这种安排不适合我们。"巴维尔说，"阿图尔，我们只好在这种限制和约束中安排自己的生活，而且要马上就开始。"

我们留下雅罗申斯基在这里进行他的肝脏治疗，自己开始对全城进行彻底的搜索。旅店的服务生领班得了丰厚的小费后，给我们提供了一些有价值的信息。根据他的指点，我们没走多远，就找到一个小广场，广场中间有个被花圃环绕着的喷泉。两家小咖啡馆兼小饭店都有大露台，给这里增添了愉快的气氛。一个侍者告诉我们，咖啡馆的服务一直延续到半夜两点。这可真是个好消息！

在卡尔斯巴德逗留期间，这个广场一直被我们当做总部。对我而言，最紧迫的问题是找到一架钢琴。从离开柏林至今，我还没有摸过琴键。我已非常担心手指的状况。当天下午问题就解决了，我算大大松了口气。原来，在城里有一个"温泉厅"，好像每个疗养地都必须有这么一个。只是"我们的"温泉厅内有个大厅，可用于舞会、戏剧演出或是音乐会。那里面就有一架状态不错的演奏琴。

我向房屋管理员提出请求，希望能让我弹上个把小时，结果发现他是个音乐爱好者。

"你哪怕在这里弹一整天都可以，谁也不会妨碍你，反正这'温泉厅'整天都空着，人们太专心于治疗了。不过我希望你能让我不时地过来听听。"

我感谢了他，我喜欢这个人。

从这天起，我和巴维尔安排了"反疗养主义"的生活，让自己十分满意。早晨7点，我们两个轮流下去购买好吃的维也纳式牛角面包和小圆面包，然后再回来躺下睡觉，因为我们有了个教训：一次我们照着自己正常的早餐时间——九十点钟——下楼，已经只剩下又硬又干的烤面包了。上午的其余时间我们就花在练琴上，巴维尔在自己的房间里，我则到"温泉厅"。一天，在称做"老草地"的空坪上，一个非常年轻、容貌出众的金发姑娘，高傲地、不容分辩地对我说：

"我叫皮埃迪塔·伊多尔贝，我是莱舍蒂茨基的学生。我听说，你是个很有才华的钢琴家。"然后她继续散步。

好多年后，我在马德里又碰到她，那时她已是霍恩洛厄公爵的妻子。我们结下了友谊，并一直延续至今。

在小广场上我们常去吃饭的一个小餐馆里，我们认识了几个有趣的年轻人，他们是跟着父母一起来的，也是"反疗养主义者"。晚上，当镇上其他的人都已安全地躺在睡梦之神莫耳甫斯的怀抱里之时，我们就在充满生气的集合点聚会，打打台球，或者在露台上一边喝着冷饮，一边聊天。

我们只在雅罗申斯基每天喝矿泉水的间隔中与他见面。在我们的许多波兰朋友和熟人，包括热乌斯基夫妇到来之后，这些疗养才对他更适宜，在一定程度上也对我们更适宜。

一天，我们诚实的老友雅罗申斯基反抗起单调的清规戒律来了。他抛弃一切，加入了我们革命性的反疗养阵营。起初我们的新朋友们感到他有些怪，但很快就学会欣赏他那多彩的个性了。

一个下午，我正和一群波兰人坐在普浦旅店里，雅罗申斯基出现了，他红光满面，舞动着手中的信封。

"你猜，我手里是什么？"他对着我叫道，不等我回答，就胜利地宣布："一张明天在拜罗伊特看《帕西发尔（Parsifal)》的票！"

我当场就惊呆了。我早就梦想能去拜罗伊特参加瓦格纳音乐节，特别是想看《帕西发尔》。当时这部歌剧只在这个瓦格纳崇拜者的麦加演出。

"这张票是给我的吗？"我问道，心脏兴奋得砰砰直跳。

"不。"他回答，"银行里就只有这一张票出售。我不得不支付125克郎！约合25美元，是原价的五倍。也许你可以搞到下一场的票。"

"你有勇气一个人去那里，而让我悲痛欲绝地留下吗？"我叫道，"你很清楚，所有的票1月份就都卖完了。你只想给我留个虚幻的希望，但我非要跟你一起去，看看能搞到什么。而且如果不成功，那你就必须和我分享这张不幸的票！"我变得十分歇斯底里。

但是这回雅罗申斯基不为所动。

"如果你愿意，可以和我一起去。"他说得简明扼要，"但是别想碰我的票！"

从卡尔斯巴德到拜罗伊特坐火车要两个多小时。中午时分我们抵达了。这个友善的巴伐利亚小镇，瓦格纳的圣地，已经充满了节日气氛。一扇扇窗户外都挂着旗子和横幅。人群沿着主要街道来回涌动，寻找纪念品，其中大都手握入场券。我们来到一家小旅馆，虽然机会很少，雅罗申斯基还是给我弄到一个房间。我跑到接待处去打听如何才能买到音乐节的入场券。那个职员极度悲观。

"只有一种可能，"他说，"你到票房门口去等，也许有人会退票。"

我一刻也没有迟疑，带上两份火腿三明治就直奔他所指的地点，已经有五个人为着相同目的在那里排队了。当时才 1 点，《帕西发尔》4 点开演。这三小时的等待是我一生中极大的考验之一。最终，人们开始入场时，那不祥的一刻逐渐逼近，票房的小窗口打开了。排在我前面的五个人都一个接一个地两手空空地离开。轮到我时，我绝望到连张嘴说话的力气都没有了，只悲伤地打了个询问的手势。负责人双手向外一摊，耸耸肩膀，表示他爱莫能助。

那时全体观众都已进入剧院，入口的大门已经关闭。在拜罗伊特，一旦演出开始，哪怕巴伐利亚国王也不许进入剧院。

我垂头丧气，正要离开，这时，一名警察对我发话了，他已经注视了我一阵，发现我很失望：

"年轻人，看起来你很烦恼，我能帮你什么吗？"

我叨咕着门票的事。

"我也想到是这事。你有 20 马克吗？"他问。

我点点头表示肯定。

"那我就有一张，而且是很好的一张。"他说，"我们逮着一个偷了票、想卖高价的家伙。现在票在警察局，你可以去按原价购买。"

我简直不敢相信自己的耳朵。我使劲地握他的手，几乎握断。我们一起去警察局，就在拐角处。不到十分钟，那张宝贵的小纸片已经归我了。我跑回剧院大门。看门人一副凶相。我一声没吭，只是用哀求的目光看着他。他想必像前面的警察一样，也注意到我的痛苦，因为，过了一会儿，他用犀利的目光看了看我，开口问道：

"你能不能发誓，在第一幕结束前，你要一直坐在靠这扇门最近的台阶上不动？"

我发了誓……我愿意发任何誓。他把门打开一条缝，刚刚够我挤进去。我真走运，只落掉了《帕西发尔》的管弦乐序曲。从一开始，第一幕就对我产生了压倒一切的印象。从柏林时期起，我就是瓦格纳的发烧友，因为我看过《特里斯坦与伊索尔德》、《纽伦堡名歌手》和组成《尼伯龙根的指环》的全套四部歌剧的精彩演出。

那天在拜罗伊特，我身上发生了点怪事。像中了奇怪的魔法，在部分演出中我哭起来。现在，经过这么久的岁月，这已很容易解释：我意识到全城把注意力都集中于瓦格纳一人和他的"音乐戏剧"上了。他的支持者们像渴望得到拯救的朝圣者们一样步入这座"音乐节剧院"，年复一年地到他的圣殿里来聚会。置身于黑暗的观众席中，我感到音乐直接来自上苍。精心挑选的歌唱家、乐队美妙的声音、好几个月的准备以及对演出负全责的伟大指挥家卡尔·穆克①，构成了整个这场动人的音乐会，其效果是不可抗拒的。我深知，我年轻时是如何受瓦格纳才华的魔力所左右的。这像是一种疾病，我便将其称之谓"瓦格纳病"。

幕间休息时，在紧邻剧院的公园里有晚餐供应。雅罗申斯基看到我后，因为让我失望而面带愧疚。大家可以想象，当我把自己的小故事告诉他时，他的表情会如何变化。他大声喊叫，又开

---

① 卡尔·穆克（Karl Muck, 1859—1940）：德国指挥家、钢琴家。曾指挥瓦格纳《尼伯龙根的指环》在莫斯科和圣彼得堡的首演。担任柏林歌剧院指挥、首席指挥，指挥了103部不同的歌剧，其中35部是新上演的。曾任伦敦科文特花园歌剧院、拜罗伊特音乐节指挥，维也纳交响乐团、波士顿交响乐团、汉堡交响乐团的指挥。

始手舞足蹈。我们热情沸腾、极其兴奋地坐到一张桌旁。号声把我们召回剧院。这个难忘的夜晚结束后，我们因为激动过度而筋疲力尽，就立即上床入睡了。

第二天一早，返回卡尔斯巴德之前，雅罗申斯基上街去搜寻下一场《帕西发尔》演出的门票。这次他一共搞到三张好票。

"我们必须让巴维尔和我们一起来。"他说道。

回到疗养地，我们对自己的经历讲个没完。这产生了很大的感染力，以至所有的人都幻想着能去拜罗伊特。甚至对瓦格纳相当冷淡的巴维尔也感起兴趣来。我们碰上美事的消息传到了邻近的温泉玛丽巴德，玛格达莱娜夫人正由巴霞陪伴着在那里疗养。两位女士一起来到卡尔斯巴德。我和她们一起去普浦饭店喝茶。谈话自然是围绕着拜罗伊特和《帕西发尔》进行的。

"妈妈有一张票，"巴霞说，"是从一个突然不想中断疗养的先生那里买来的。可我怎么办呢?"她问道，运用着自己的魅力。

"这就没法子了，你是绝对不会有办法的。"我不为所动地回答。

"可你有票啊!"她坚持着说。

我一点也不想放弃自己的票。

"你和我们一起去拜罗伊特吧，我会尽量想办法。"我说。极而言之——我想——我只好为她牺牲一幕。

抵达拜罗伊特的那天，巴维尔说服我们在城里转转，于是我们到"市政厅地窖饭店"雅致的啤酒屋吃午饭。女招待都穿着巴伐利亚束腰百摺花裙，饭菜和气氛都很合我们的口味，以至我们完全忘了看表。3点钟时，我突然想起还没有为巴霞的票做任何事，因而良心受到一阵谴责，再说我也不愿为她而少看一幕演出。但是时间已经不早，我唯一能做的就是去票房前等退票。希望很渺茫，不过当我想到口袋里有一张票。就多少有了点安慰。等我排上队时，前面已有不下 12 名男女。我等着，不急，也不抱任何希望。这时一个看上去很体面的男人走到我身边，把脸凑到我耳朵旁悄悄说：

"向柜台要奥托·舒尔茨的票。"然后他就走开了。

我有些难为情，也不知该怎样处理这件事。这可能是个圈套，我想，记起上次来这里时偷票的故事。然而，这个建议太有诱惑力了。于是我决定照那个男人说的去做。

上周的情景再现：我前面的人群又一次缓缓地移动着，又一次得到那个同样的、致命的回答："今天根本没有退票。"

我紧张起来，甚至想逃走，但是要逃也来不及了，我已经来到柜台前面。柜台后面三个身着黑衣的男人，像法官那样坐着。我结结巴巴地小声说：

"请、请给奥托、奥托·舒、舒尔茨的票。"其中一人二话不说就把一个信封交给了我。

"多少钱？"我颤声问道，但听到的回答是："免费。"

我离开时完全傻了眼。信封里有一张贵宾包厢中的票，位置就紧挨在科西玛·瓦格纳①身旁。

我把自己的票给了喜出望外的巴霞，而把这张票留给自己，以免一旦有什么麻烦会把她牵连进去。

剧院里安静下来，灯光熄灭，从乐池里响起序曲的第一串庄严的音符。那强有力的声音又一次使我浑身充满不可言状的激情。我永远忘不了卡尔·穆克指挥这部作品时表达出的美。第一幕比上一次唱得还要好，但是我的注意力被这张神秘的门票和那个陌生人所分散。观众席中发生的一个喜剧性事件也引起了一场骚动。在后排就座的一位夫人戴着一顶巨大的、顶端饰有鸵鸟羽毛的阔边花帽。帽子挡住了她身后观众的视线。

---

① 科西玛·瓦格纳（Cosima Wagner）：瓦格纳之妻，李斯特之女。原为汉斯·冯·彪洛之妻。

他们先是悄声抗议:"脱掉帽子。"然后稍微提高声音:"脱掉帽子!"最后几乎喊叫起来:"脱掉帽子!脱掉帽子!!"

那位太太开始装作没听见,虽然她十分清楚人们要求她做什么。但很快事情就非常明显了,怎么喊叫也没有用,她是宁死也不会摘掉帽子的。突然间,她再也无法忍受。

面孔气得变了形,她歇斯底里地哭喊着:"这帮蛮不讲理的人!这帮蛮不讲理的人!"跑出了剧院。

后来我听巴霞解释说,那个不幸的法国女人做了一个复杂的发型,帽子和头发是固定在一起的,所以不彻底弄坏发型就没法脱下帽子。

幕间休息时,我没有和其他人一起用晚餐,而是满园子溜达,寻找那个神秘的人。看到他正站在票房旁边与给我门票的那个管理员谈话时,我很高兴。显然,他没什么好害怕的。我走上前去,他向我打了招呼:

"年轻人,你喜欢这场演出吗?你是音乐家,对吧?"

"对,我是。为了这么好的座位,我不知道该感谢谁。"我说,"但是我很想知道奥托·舒尔茨先生怎么啦?"

两个人都哈哈大笑起来。

"别担心。"陌生人回答说,"奥托·舒尔茨并不存在。我们在票房里总要留一两张票以备急需,或者为了瓦格纳夫人的亲朋好友。我们只是不想看到你和上周一样失望罢了。"

我为自己竟然让人这样怜悯而脸红,但我对他们的敏感和那样为人着想而深为感激。在得知自己确实为一个真正热爱瓦格纳的音乐家解了燃眉之急以后,他们都很高兴。我曾犹豫是否要对我的朋友们讲述那张票的真实来历,因为担心他们会笑话我。事实也果然如此!

"你和你的那副表情啊,"巴维尔咯咯笑着说,"就是魔鬼看见了,也会把你从地狱里放出来的!"

我们大家情绪高昂地回到卡尔斯巴德。在我和巴维尔回到自己的亭子间后,我们谈了整整一夜。话题全是围绕着《帕西发尔》。

"我被瓦格纳这个天才彻底震惊了,"巴维尔说,经过一番奇特的联想,他又补充了一句, "我和你永远干不成任何事情…… 我们太懒了,我们还差得远。"

"我完全同意你的看法。"受了他悲观情绪的影响,我说道。

一天上午,巴维尔和我在"温泉厅"排练一首小提琴和钢琴奏鸣曲,来听我们弹奏的管理员打断了我们,说道:

"先生们不能在我的大厅开音乐会,真可惜!"

"为什么不能?"我问,"难道这个城市禁止举行音乐会吗?"

"不,当然不是!"他回答, "去年我们举行过一场音乐会,但以失败告终。我们没有能吸引到超过 20 个听众。疗养的客人们很早就回去睡觉了,当地居民们又不愿为昂贵的音乐会花钱。"

"让我想想,也许能想出个主意来。"我说。

我突然感到自己非常渴望举行一场音乐会。我已经很久没有公开演出了。我把雅罗申斯基和巴维尔找来一起商量,巴维尔很快想出一条妙计:头五排的票价定为 20 克郎(约合 5 美元)。

"我们的朋友们和他们的熟人大多数都很有钱。"他说,"他们一定会来,而且出于面子不会买便宜票。其余的票卖最便宜的价钱。这样也许能把当地的一些人吸引来,他们只是出于好奇。"

我们立即采纳了这个建议,而管理员也同意,他把大厅免费交给我们使用。广告费用则包含在"温泉厅"和当地报纸以及大街上的广告栏所签订的年度合同里。我们只要负责印制节目单,但我们有权销售节目单。确定一场好曲目在我们轻而易举。巴维尔和我合演一首贝多芬的小提琴和钢琴奏鸣曲,我俩轮流上场演奏四组独奏曲。雅罗申斯基自豪地同意为巴维尔伴奏,何况他经常为他伴奏，而且配合得很好。

我们的音乐会从晚上 7 点钟开始，取得了全面的成功。巴维尔是对的。头五排的票一个上午的工夫就卖完了；后面有六七排几乎都空着；而票价低廉的其他座位则由熙熙攘攘、满怀热情的人群填满了。我们净赚超过 3000 克郎，这在当时是很大的一个数目。

管理员兴高采烈地感谢我们。"你们挽救了我们'温泉厅'的名声。"他带着感情说道，"现在我们有转机了。"

该离开这个古怪的疗养地了。大部分朋友都已经结束疗养回家。雅罗申斯基比原计划多逗留了一段时间，也已被叫回去处理他大量的生意了。他答应稍后在华沙与我们会合。巴维尔回波兰前将再去莱比锡看望一次父母。我则业已成为不可救药的瓦格纳迷，就决定去慕尼黑的"摄政王剧院"（一座专门为演出瓦格纳"音乐戏剧"而修建的剧院）参加瓦格纳音乐节的开幕式，我想一听伟大的费利克斯·莫特尔①指挥的《尼伯龙根的指环》，此外，再看一次《特里斯坦与伊索尔德》。

---

① 费利克斯·莫特尔（Felix Mottl, 1856 - 1911）：奥地利指挥家、作曲家。曾任宫廷歌剧院和卡尔斯鲁厄爱乐乐协会指挥，演出过当代许多重要作品，包括柏辽兹和瓦格纳的全部歌剧。担任过拜罗伊特首席指挥、慕尼黑歌剧院院长、柏林皇家音乐学院副院长和宫廷歌剧院院长。作有三部歌剧等。

49

慕尼黑，巴伐利亚王国的首都，在 1908 年时，与我们后来熟知的希特勒攫取政权的摇篮以及签订可耻的《慕尼黑协定》的城市截然不同。

我对这座城市的第一印象是再好不过了。在车站我遇到一个好心、话多的车夫，他把我送到"世纪酒店"。一路上他给了我许多有用的指点，对我的逗留很有帮助。多亏他，我得以没有花冤枉钱而得到了各种演出的门票，还找到一间不贵的地窖餐厅，那里的饭菜虽然简单，却十分可口。带着对游览的不尽热情，我一天之中就把整个城市转了一遍。我还花了很多时间参观美术馆，看了三座精致的教堂以及华丽的、巴洛克式的"京都剧院"的内部，在此曾上演过莫扎特的歌剧。然而，我的脑海中不停地想象着这座城市中与瓦格纳密切相关的浪漫往事：年轻英俊的国王路德维希二世，他对这位大师的热情崇拜把国家领到崩溃的边缘，差一点导致革命；西班牙女舞蹈家劳拉·蒙代斯，国王路德维希一世的情妇，后来跟李斯特出走了；最令人感叹的是汉斯·冯·彪洛的婚姻悲剧。这位杰出的音乐家、瓦格纳的盲目崇拜者，他勇敢地挑起了指挥《特里斯坦与伊索尔德》在慕尼黑举行世界首演的重任。当他全身心地投入这一艰难工作、接连数月地排练不休时，他的妻子科西玛，李斯特的女儿，却和瓦格纳私奔到卢塞恩去了。这引起人们极大的厌恶。报刊嘲笑不幸的冯·彪洛，同时猛烈地抨击那对幸福的恋人。

但我来慕尼黑访问时，这一切都已属于久远的过去。1908年，整个城市都沐浴于《特里斯坦》的曲作者的荣耀之中。造价昂贵的慕尼黑"摄政王剧院"要与拜罗伊特的"音乐节剧院"竞争，而且它在许多方面都领先：音响效果更好，座椅更舒适，建筑更堂皇。

《莱茵的黄金（Rheingold）》对我是个新发现。以前我曾经看过，但从未意识到该剧可以如此动听。一切都很完美，而费利克斯·莫特尔简直妙不可言。

在接下去的日子里我如此专注，以至除了瓦格纳便不想任何事情。我不再练琴，而是弹奏《齐格弗里德》和《特里斯坦》的总谱，以及我能搞到的一切瓦格纳的作品。第一天晚上我就偶然地碰上了在巴黎与我合作演出过《莎乐美》的两个歌唱演员。他们被我的热情所感动，设法让我进入了音乐节的排练厅。我有幸两次聆听莫特尔指挥的《特里斯坦》的完整排练，这真是难以忘怀的经历。那两个歌唱演员都是巴伐利亚人，他们不知疲倦地带我参观家乡城市的各处名胜。看完《尼伯龙根的指环》和《特里斯坦》宏伟的演出之后，我们通常一边吃着香肠，喝着我唯一喜欢的"吕文布劳黑啤酒"，一边交换感受直到深夜。作为回请，我也把他们约到我居住的旅馆吃午饭。

一天晚上没有安排，那天他们俩都有事，我打算了解一下城里的上层生活。旅馆的职员给我推荐了一家餐厅，据说是全城最好的，慕尼黑上层人士常在那里用餐。

"吃饭时有匈牙利茨冈乐队演出。"他说道。

我穿上最好的衣服就出发前往，指望能吃上比日常的浓汤、小肉丸子和香肠更精美的菜肴。餐厅没有辜负我的期望。服务员身穿燕尾服、打着白领结，客人们都挺高雅，菜肴看起来令人胃

口大开。茨冈人，身着绣了金线的红外套，在舞台上演奏着匈牙
利乐曲。

在餐厅领班把我带到乐队前的一张小桌边就座后，乐队的钢
琴手便突然停止弹奏，起身从旁门迅速离开。乐队的其他成员看
来都莫名其妙。其中一人跑去询问发生了什么事。他回来后，就
走到我的桌子前。

"只要你在餐厅，我们的同事就拒绝回来演奏。"他说。

我的血一下冲到脑门。一个反犹分子，我想。

"这太荒谬了。"我愤怒地回答，"任何人都无权让我离开这
里。"

"我的先生，你误会了。"他解释说，"他不过是怕你。"

我很惊奇。我的天，谁会怕我呀？而且为什么？

"让我和你们的钢琴手谈谈吧。"我说，"我必须搞清楚这到
底是怎么回事。"

他把我带到一个小房间，那是演员们的服装间。当那位钢琴
手从椅子上站起来时，我仔细地端详着他。

"弗里兹，弗里兹·缪勒！"我叫起来。

是的，就是弗里兹，我当年在柏林时的朋友和竞争对手，一
个有希望的作曲家，约阿希姆的被保护人。

"我的老天爷，你干吗怕我？"我问。

"我不是怕，而是害臊。"他说完就大哭起来。

我受不了这个，自己也差点哭了。

"如果我在场会使你难堪，那我马上就走。但你要答应明天
上午一定到旅馆和我见面。"

他答应了。我就回到我的地窖餐厅，去吃火腿、卷心菜配小
肉丸子。

第二天弗里兹来得早了些，于是我们就一起吃早餐。他穿着
日常的衣服，和从前完全一样，甚至个子都没有长多少。我没有

问他为什么在茨冈乐队演出。我认为这完全是正常的事，因为他需要挣钱才不至于饿着肚子作曲。

"弗里兹，最近创作了不少吧？"我问。

"没有。"他回答，"我在柏林没有钱了，就跑到汉堡，接受了在咖啡馆演奏的工作。大家喜欢我，这为我开辟了新的事业。我逐渐喜欢上演奏轻音乐。目前在慕尼黑这个乐队的工作不错，赚的钱相当多。"

我很受震惊。

"不过，弗里兹，"我坚持道，"你不能放弃你了不起的才华，放弃当音乐会钢琴家和作曲家的大好前程啊！"

"严肃音乐已经不吸引我了，"他说，"我已感到厌烦。昨晚我歇斯底里的行为是因为你是世界上唯一会让我为自己的着装和所演奏的音乐感到羞愧的人。"

我提议给他帮助，想让他和我一起去华沙，但是没有用。我只有祝福他在新的道路上取得成功。

《特里斯坦与伊索尔德》是音乐节的最后一场演出，这也是我在慕尼黑的最后一天。乐队和莫特尔精彩之极，使得歌唱家们都黯然失色，我连他们的名字都忘记了。只是在好多年之后，当我听到丹麦的男高音劳里兹·梅尔基奥尔①和挪威女高音希尔斯腾·弗拉格斯塔德②的演唱，我才能说，那是我一生听到过的唱得最好的特里斯坦和伊索尔德。

---

① 劳里兹·梅尔基奥尔（Lauritz Melchior，1890－1973）：丹麦著名男高音歌唱家，1947 年成为美国公民。善演瓦格纳歌剧中的男高音角色，后在纽约大都会歌剧院演唱，为当时著名的英雄男高音。

② 希尔斯滕·弗拉格斯塔德（Kirsten Flagstad，1895－1962）：挪威著名女高音歌唱家。因嗓音纯澈有力而成为当时最杰出的歌唱家之一。擅长歌剧，尤以演唱瓦格纳的作品为最。

第二天我启程前往华沙，我的"瓦格纳病"就此告一段落。

陈旧、发臭、失修的"维多利亚旅馆"似乎已经成为音乐人之家了。费特贝格、卡罗尔·希曼诺夫斯基和巴维尔·科汉斯基还住在这里，而最新加入的是巴维尔的弟弟埃里——天才的大提琴家。大家以响亮的欢呼声欢迎我的归来，并立即告诉我华沙爱乐乐团的结构发生了革命性的变化。在过去一两年间，自从埃米尔·姆威纳尔斯基不当团长和指挥以来，音乐厅上座率大大下降。由于二流客座指挥的执棒和随意挑选曲目，乐队水平明显降低。整个机构已濒临破产。

一位伟大的艺术赞助家——符瓦迪斯瓦夫·路鲍米尔斯基公爵的慷慨挽救了局势。他答应给乐团为期八个月的演出季节提供资助，并承担可能出现的亏空。但他提出两个条件：由受他庇护的费特贝格出任乐团总监和指挥；乐团更名为"符瓦迪斯瓦夫·路鲍米尔斯基公爵乐团"，而不再叫"爱乐乐团"。委员会既接受了他的建议，又同意了其相关条件。我回来时的情况就是这样。

无疑，费特贝格是个优秀的音乐家和有才华的指挥，但他是个不择手段的人。对他来说，不存在任何神圣的东西。他可以踩着尸体去达到目的。从业务角度看，他是里·施特劳斯、古·马勒和马克斯·里格①等人作品的优秀诠释者。他对希曼诺夫斯基在个人和音乐方面都有强大的影响，他俩的亲密友谊是建立在他对希曼诺夫斯基的天才的坚实信赖之上的，同时也是基于他被当做这位波兰作曲家最权威的阐释者。希曼诺夫斯基天性脆弱、敏感，情绪复杂，很容易被这位个性强悍的人所控制。

我还没有来得及洗漱和打开行李，费特贝格就来敲我的房门了。

"阿图尔，"他谄媚地笑着说，"我给你带来一个好消息。我

---

① 马克斯·里格（Max Reger，1873—1916）：德国作曲家，钢琴家。

已经选定你和巴维尔作为我第一场音乐会的独奏演员。你可以演奏你的圣－桑，巴维尔可以演奏柴科夫斯基。"

"谢谢你，费乔（费特贝格的爱称）。"我说，"这一定会是这个季节的良好开端。我也乐意演奏圣－桑的协奏曲，这曲子在我早已'百炼成钢'了。"

他哈哈大笑，准备离开。我叫住了他。

"等一下，你还没有谈我的报酬呢。"

他不以为然地看着我。

"阿图尔，我没有想到你会提出这样的问题。"他说，"如果与我们乐团演出还要拿钱，就是对路鲍米尔斯基公爵忘恩负义了。巴维尔已经同意了，这事他连提都没提。"

我没办法，只好同意，虽然这使我非常烦恼。我始终有个坚定的信念：所有职业劳动都应该有报酬，除非是为慈善目的。巴维尔也持同样观点。在其他省会的三场音乐会的合同多少让我高兴些。酬金虽很少，但起码给我付了钱。

弗雷德里克打电话给我，说他母亲邀请我吃晚饭。我接受了，激动得心跳加快。我还被他们的魔力控制着，大概永远都摆脱不掉，我想。

使我惊奇和高兴的是，我见到了波拉。一看见她，我就几乎无法掩饰自己的情感。我的爱情从未熄灭。我心里明白，在过去几个月的风风雨雨中，它一直压在我内心深处，现在一瞬间就燃起了火苗。

晚餐和往常一样活跃。有两位风趣的客人，而我讲述在拜罗伊特的奇遇更是大受欢迎。晚饭后我们走进客厅时，波拉在门口叫住了我，她紧张地耳语道："明天11点，在邮政总局。"

我提前一刻钟就到了。邮局总是挤满了进进出出的人，所以我担心可能错过她。突然我感到有一只手碰了我的手。是波拉，她来得比我还早！我们在角落里书写电报的桌子边相对而坐。

"我爱你。"我说。

"我爱你。"她回答。

好长一刻我们一句话都说不出。泪水涌到她眼中。

"阿图尔,"她悄声说,"我不能再这样生活下去了。我想和你在一起。你能不能想个办法让我去你的房间,又不被别人看见?"

我发誓一定想出个办法来。

她含着眼泪微微一笑,"明天,老时间,老地点。你告诉我如何进行。"她捏捏我的手,就跑掉了。

回到旅馆,我就努力想办法解决这个难题。她不能走正门。旅馆没有电梯,最大的威胁在于楼梯。只有一个解决办法,还相当困难。旅馆有个很大的侧门,是马车进院子卸货用的,也许还用作工作通道。但很不方便的是那门始终锁着,要按铃让门卫来开。所以我只好去和那个门卫打交道,换句话说,就是买通他。我正是这么干的。

次日上午我们俩又准时来到邮局。我把行动方案小声地告诉了她。

"心爱的,你唯一要做的就是轻轻推开那扇大门,溜进院子。那门4点到5点开着,你不用按铃。院子里有服务楼梯,但只是早、晚有人使用。第二层,横穿过走廊就是我的房间。"

她脸一红,轻轻地说:"我4点来。我已经等不及了。"

那一天一直深深地留在我的回忆中。那是我们美丽的爱情故事的开始。一周两次、有时是三次,我会在房间里等着,竖着耳朵倾听侧门轻轻的响声。开门声传来不久后,波拉就已在我的怀抱里了。我们做爱,长谈,然后又是做爱。真像是在天堂里。

对所有相关人员来说,由费特贝格指挥的"符·路鲍米尔斯基公爵乐团"的首场音乐会是场胜利,甚至可以说是完全像过节！剧场里挤满了人。往常音乐会上少见的波兰贵族，这次也大批出现。乐团的新名称吸引了他们。其他听众，真正的音乐爱好者则为一次能听到两个独奏，而不是一个，感到十分喜悦，更不用说新指挥引起的好奇了。来自听众和报刊的赞扬都是一致的。这个演出季节一开始就吉星高照。路鲍米尔斯基公爵似乎特别满意我的演奏。他跟我进行了一次长谈，主要话题是瓦格纳。他也害着"瓦格纳病"。他以不幸的巴伐利亚国王路德维希二世为榜样，要求费特贝格在那天上午指挥了几段《帕西发尔》，整个大厅里就坐着他一人。

受着爱情的激励，我开始了一段紧张的音乐生活。巴维尔、他弟弟和我组成一个不错的三重奏小组。我们练习所有能弄到的贝多芬、舒伯特、舒曼和勃拉姆斯等人的作品，很快我们就可以举行音乐会了。我们最喜欢在索霞·科恩的房间排练，有时候排练持续到午夜之后，排练完还有茹霞做的夜宵。在较小城市中的演出，是丰富我个人演出曲目的极好机会，这对我经常在华沙演出非常必要。在那个演出季期间，我在华沙一地就举行了 21 场或者 23 场音乐会。而且我仍然保持着一年之内在同一城市举行音乐会次数最多的空前纪录。

一天上午，我的大姐夫毛里斯·朗道满脸怒气地闯进我的房间。他没脱帽子，就在门口冲我叫嚷起来：

"我妻子应该为她的小弟弟感到骄傲，对吗？你逼着她去当首饰，真是丑闻！你要钱干什么？去夜总会，长年累月地在柏林闲逛！你姐真好心，还想瞒着我，但我还是知道了。你最好立即把那些当票还给我。我只希望你没有弄丢，或者扔了。"

我很伤心，又很气愤。这个家伙其实心肠很好，而且有时也十分慷慨，但他天生的粗鲁把一切都毁了。我没有回答，打开行囊，找出那珍贵的首饰，交给他。

"我本来想亲手交给雅佳的。"我说，"但是你剥夺了我这个愉快。现在请你走开。我很忙。"

他不知说什么好,把首饰放进口袋就走了。

这个故事结束得很漂亮:完成这次可爱的拜访之后,我的姐夫就去一个酒吧要了快餐和伏特加,结果回到旅馆时,他发现口袋里空空如也,首饰不见了。我应内疚地承认,当时我曾认为他活该!

费特贝格又邀我参加了三场他的联票音乐会,用的还是第一场音乐会那个狡诈的手段,即从不给独奏演员支付酬劳。然而,我还是有所收获,得到了更多与乐队合作的经验,并尝试公演了新的、不熟练的协奏曲。

巴维尔和我要认真考虑服兵役的问题了,这事在任何一天都可能降临。斯特列姆霍夫上校答应帮忙,但是我们不得不预付报酬——没完没了地为他演奏奏鸣曲。一名身为军队医疗委员会成员的犹太医生帮我们搞到缓役一年的许可,全靠我们乏味的上校朋友,我们才不必去征兵委员会报到。然而,我们已不能出国,护照也被作废。不言自明,因为帮我们这个忙,医生得到很大一笔钱。

大致就在这期间,我受邀去克拉科夫开一场音乐会,另有一场在利沃夫,即在华沙和罗兹之外波兰最重要的两个城市。我渴望接受这个邀请,但荒谬的是,两个城市都归属奥地利①,就是说,没有护照我去不了。然而,上面提到过的医生又帮我走出了困境。

"中午去'布里斯托尔旅馆'的咖啡厅。在第一个窗口旁有一个打红领带、完全谢顶的小个男子。他会帮你的!"

我照他的话行事,认出了他描述的那个男人。

①　1795 年波兰被瓜分后,克拉科夫和利沃夫这两个城市都划在奥占区内。

"请坐，喝杯咖啡，"他说，"仔细听着。你不能乘通常的夜车去克拉科夫，因为在那里我们没有熟人。坐白天的火车到琴斯托霍瓦。傍晚到站时，会有个警官在那里等你，然后带你去一家旅馆。请他在你的房间一起吃晚饭，别舍不得伏特加酒。清早他会亲自把你带到德国境内，那边有一趟去克拉科夫的快车。总之，你比时刻表上安排的从华沙开出的火车只迟三小时。"

这些话听起来怪怪的，但是我没有别的选择。那人要了我 25 卢布，大概他会同医生平分。

一切都按计划进行。一名身穿制服的高个子警官正在车站等我，他立即把我领到街对面的旅馆。他很自然地接受了我的晚餐邀请，走进我的房间，叫来服务员。我们点了熏鲱鱼、洋葱和一瓶伏特加，难以置信的狂饮接踵而至。我的警官把 1.5 公升伏特加酒喝下肚去，而我在整整几个小时内仅把玩了三小杯。他的下酒菜就是鲱鱼和大量的洋葱。我呢，为保持清醒，要了一份煎鸡蛋和咖啡。一直到清晨 6 点狂饮才结束。他唱着茨冈情歌，管我叫"阿托尔"。我不得不昵称他"瓦夏"。令人吃惊的是，他居然没有醉。最后他看了看表，说：

"阿托尔，我们该走啦！"

我们下了楼，我结了帐，然后就前往德国边境。经过护照检查点时没人阻拦我们，于是我就进入了德国①。那时候我疲劳已极。白天在火车上很难睡着，每站都有乘客上上下下。五个小时后我终于到达了克拉科夫。我决定立即睡觉，一直休息到我必须起床为音乐会着装。

在去"大旅馆"的马车上，我注意到我的音乐会海报上都横贴着一张奇怪的红纸条，让我很纳闷。我叫车夫停下，看看究竟上面写的是什么。使我恐惧的是，上面竟写着："鉴于在俄国边

---

① 进入了德国，指德国占领区的波兰土地。

境上遇到的困难，鲁宾斯坦的音乐会推迟举行。"我直奔我经纪人的办公室去询问发生了什么事。他看到我时，简直不敢相信自己的眼睛。

"见鬼，你怎么来了？人家告诉我说，你在俄国边境上被捕啦！"

"是谁编出这种故事来的？"我愤慨地问。

"你的朋友希曼诺夫斯基！"他答道。

"什么？你说什么？卡罗尔·希曼诺夫斯基吗？他肯定不会干这种蠢事！"

我们双方冷静下来后，一切都清楚了。原来是另一个希曼诺夫斯基，他名叫亚历山大，和作曲家希曼诺夫斯基毫无关系。他是我热情的崇拜者，总是跟着我，简直成了讨厌鬼。他在华沙搭乘夜班火车，以便赶上我在克拉科夫的首场演出。因为他知道我的护照有麻烦，当他发现我没有抵达时，自然就吓慌了。他做的第一件事便是通知我的经纪人，说我已被逮捕。在他看来，我不在克拉科夫火车站，不可能有别的原因。

当晚的音乐会最终被取消了，所幸，第二天晚上音乐厅是空着的。然而，在利沃夫的演出就只能推迟到来年春天了。演出延误的唯一好处就是那晚我美美地睡了一觉。尽管如此，在音乐会前我还是感到很不安。克拉科夫听众的高品味和好挑剔是出了名的。此外，还有一个细节让我担忧：那将是我第一次演奏希曼诺夫斯基的《波兰主题变奏曲》，对这个作品我感到责任重大。我决心要尽最大努力来演奏好他的作品。

由于胆怯，音乐会开场时的贝多芬的奏鸣曲我弹得僵硬而紧张。听众的反映很冷淡，只有很少的掌声。当轮到弹《变奏曲》时，我身上发生了变化。那是来自灵感或者说是出于征服的愿望，不管是何原因，我这辈子再没有像那天晚上带着那么大的冲动和激情来弹奏这首曲子。成绩是立竿见影的。听众喊叫着"棒极了!"并迫使我鞠躬谢幕多次。在我回到化妆室后,亚历山大·希曼诺夫斯基打开门走了进来。形容枯槁,浑身颤抖,他一头扎进沙发,一阵又一阵地哭个没完。这个可怜人,由于惹了上述麻烦,经受着可怕的痛苦。我巨大的成功诱发了他交织着负罪感和快乐的歇斯底里。我们不得不请来医生,才使他平静下来。

这个难忘的音乐会成为我在波兰的"国外部分"的领土上深受欢迎的开端,从此大家对我的喜爱就没有停止过。我回华沙时身上带着由克拉科夫市长签署的通行证,用的是别人的名字。那时我了解到,在被三国瓜分的波兰存在着一个广泛的组织,它为那些需要证件通过俄国边境的人提供假证件。

在华沙,整个演出季节中生活进展得很顺利。由于曲目经常变化翻新,我们的音乐会仍旧富有吸引力。我们既和乐队一起演出,也作为三重奏组、二重奏组演出,当然也举办一些独奏音乐会。此外,罗兹和其他较小的城市都争着要我去演出。酬金虽然不多,但是假如我会省着花钱,那数目原本也足够我开支的。

我们住的旅馆很热闹——我们五个音乐家都住在里面。白天黑夜总有电话找我们中的一人,而整个旅馆只有一部电话机,安装在接待处旁的电话亭里。每当晚上有空,我们就一起或分头参加音乐会、上剧院、赴宴或者看酒吧的歌舞表演。我从来没有在清晨两三点前上床睡过觉。

一天晚上,10点左右,我累得精疲力竭,决定早早睡觉,哪怕好好休息一次吧。一进旅馆大门,就碰到了我的朋友巴维尔,他叫住我,严肃地说:

"阿图尔,如果我们不改变现在的生活方式,八成会落得个神经崩溃、住进医院的下场。这一切该立即结束了。我马上就做,并要求你也这么做。现在,因为还不迟,我们可以玩一小盘'辟开',玩到11点钟。"

我跟着到了他的房间,很高兴他和我感触相同。我们兴味十足地打起牌来，还有小赌注。但是我们的求胜欲却无法满足，两人都装成自己曾是这种古老复杂游戏的行家。第一轮巴维尔赢了。

"我们把赌注提高一倍吧。"我直截了当地说。

巴维尔表示同意，结果他又赢了。这我可不能忍受，就开始按照"要么全赢，要么全输"的办法来玩。这回我打败了他。于是又变成巴维尔要报复了。那时已是半夜，但我不能拒绝——否则不公平。我们继续玩。巴维尔在一张纸上累计输赢的数目，我们谁也不愿停止游戏。于是我们就这样玩啊玩，一直玩下去，忘记了时间。直到清晨 7 点，一缕阳光射进房间，我们饥肠辘辘想吃早点，才恢复了理智。

巴维尔输的钱是天文数字，1300 卢布（合 650 美元），当然是记帐，我们把那张纸撕成了碎片。我们谁也没打算偿还这种帐，衣兜里的钱只够吃早点。不过，我们俩谁也没有勇气再提起那改变生活方式的振振有辞的决心了。

一天早上，一个紧急电话叫醒了我，是波拉的女仆打来的。"太太眼下危险万分！老爷和太太的母亲威胁要杀了她，他们正在打她，她在呼救……"

我丢下电话筒，跑回楼上自己的房间，急忙穿好衣服，冲下楼去找马车。我抵达波拉的公寓时，女仆打开门。

"他们已经走了。"女仆说,"带走了孩子。太太在自己的卧室里。"

我看到亲爱的波拉正躺在床上抽泣。她给我看了浑身上下的伤痕,头也肿着。

"他们抢走了我的孩子!"她绝望地哭着,"要把我关进疯人院!阿图尔,你一定要救救我,一定啊!"

我必须立即行动。

"你只好马上出国,坐下一趟火车。"我说,"我的两个姐姐雅佳和海拉都在巴德赖内兹①,是德占波兰的一个疗养地,过了边境就是。我去发电报,请她们暂时照管你。你穿好衣服,让女仆给你收拾东西。一小时后我来接你。"

我温存地吻了她,就跑去给雅佳打加急电报,然后把整个事情都告诉索霞,求她帮助安排波拉出行。

想了一会儿,索霞建议由她亲自送波拉去车站。那个一向乐于助人的亚历山大·希曼诺夫斯基乘另一辆车带着行李跟在后面,这样好使整个行动不引人注意。我则在车厢里等候波拉。这个计划安排得极为周到。波拉带着护照、车票和一些钱,一切都井井有条。火车开始移动了。我们默默地坐着,忧郁地相互凝视着,直到边境前的最后一站我们必须分手。

悲伤地长吻之后,我只得下车。我孤独地站在月台上,心都碎了。虽然姐姐们打来电话要我不必担心,并答应会好好照顾波拉,我也相信这点,因为她们是好心的女人。但是我感到一种强烈的道义责任,毕竟是我引诱了她,致使她在连短期计划都没有的情况下,迈出这致命而又危险的一步。在回首都的路上,我的精神崩溃了,不得不跑到洗手间,连哭带吐了整整半小时。

---

① 巴德赖内兹,即今波兰杜什尼基温泉疗养地,肖邦曾在此疗养过。现在这里每年都举行肖邦音乐节。

回到华沙后，我作了巨大的努力使自己镇定下来，并决定去音乐会听由费特贝格指挥的里夏德·施特劳斯的交响诗《扎拉图斯特拉如是说》。但我没指望这首曲子能改善我的情绪或让我得到安慰，我只知道重要的是那晚我应该在公众场合出现。卡罗尔·希曼诺夫斯基和巴维尔·科汉斯基有间包厢，所以我就同他们会合到一起。看起来一切都很正常，似乎没人知道发生了什么事情。音乐会结束后，在衣帽间我看见哈尔曼夫妇站在出口处。哈尔曼一看见我，就对我挥舞着拐杖，骂起粗话侮辱我。被他的行为所激怒，我走上前去，一把夺过拐杖，折成两段，朝他的脚下一扔，然后一言不发地走出大厅。希曼诺夫斯基和巴维尔看着这一切，都完全惊呆了。当我把白天发生的事详细告诉他们后，他们都非常担忧。

"这可糟糕透顶啦！"巴维尔说，"你会很难摆脱的。你打算叫她离婚，并和你结婚吗？"

"当然不。"我回答，"根本谈不上。首先，她是天主教徒，所以她不能离婚；其次，在我目前的事业阶段，我无力供养妻子。何况，坦白地说，同一个年纪比我大、还带着他人孩子的女人结婚也不合我的脾性。"

"那么说，你并不真正爱她？"希曼诺夫斯基有点吃惊地说。

"你怎么能这样讲呢！"我义愤地叫起来，"我比任何时候都更爱她，我崇拜她！她有一颗高尚的心，她美丽、聪明、懂得音乐。正是由于她的爱，我才摆脱了她全家施加给我的魔法——她们的无法抗拒的魔力把我带到了道德败坏的边缘。现在我唯一关心的是波拉的安全。其他的事情以后再说！"

巴维尔说的"糟糕透顶"一点不错，第二天便开始了。突然间，好像所有的华沙人都知道了我的一切，以及我与那个家庭的冒险行为。报上的传闻栏目里出现了关于母亲、女儿、哥哥、妹妹的讽刺歌谣。有的报纸把我描绘成追逐阔小姐金钱的小面首，而那位父亲也常常成为挖苦的对象。

舆论分成两派。我的朋友们和我音乐会的追随者们，都站出来替我说话；以我的口味来说，保护的方式有时太富于攻击性了。但同时我也注意到反对的迹象，有来自所谓体面群体的严厉抨击。

波拉的消失自然成为各种猜测的主题，很多人装出知道她在何处的样子。但是秘密保守得很好，而我继续留在华沙则变成一个谜。

在那困难的时刻，弗雷德里克的反应最让我痛心。我并不太在乎这个家庭的其他成员说些什么。气昏了头的父亲声称我想讹诈他的钱，母亲说我是披着人皮的魔鬼。巴霞人在柏林，正准备自己的歌剧的首演。但是弗雷德里克呢？我曾对他吐露过有关波拉和我的情况，他还给了我们兄长般的祝福。现在呢？当然，他父亲威胁他，如果他再和我说一句话，就切断对他的一切经济支持。我也明白他没有胆量反对父亲，但至少可以捎个信给我吧，或者试着偷偷地和我见上一面，哪怕就为了关心一下自己的妹妹呢！

我只再见过他一次，那是多年之后，一战已经结束，是我在华沙举行的一次音乐会之后。他带着那种我非常熟悉的热情，冲进化妆室，并突如其来地要我和他出去，说要谈谈。若不是我不能推脱掉为我举行的晚宴，我会很乐意的。

三年后，坐在巴西伯南布哥的一个咖啡馆的露台上，我在一份当地报纸上读到一则消息，说弗雷德里克在华沙交响乐厅指挥《纽伦堡名歌手》的序曲时，因心脏病发作而去世了。

这给我的震动极大，好多天我不能思考任何别的事。可怜的弗雷德里克死得其所，那正是音乐的高潮。后来我得知，在他的心脏衰竭时，正好是他一向喜爱的序曲进入最激动人心的一刻。他的母亲正通过收音机聆听这场音乐会，也同时听到了这个悲剧。

51

波拉来了封信，满纸都是对我两个姐姐的赞扬，她们为她找到一间很好的房间，对她十分和蔼可亲，又不打破沙锅问到底，等等。信的其余部分就写得很悲伤，是关于孩子、我们的爱情以及在华沙的那个可怕的早晨的所有情况。她和巴霞进行了联系，巴霞强烈建议她去柏林，她会试着安排波拉和父亲见面。她征询我对这事的意见，她是否该见他？我的回答是："是的，当然该见。"尽管不太可能，我仍希望他也许会帮助女儿找回孩子，并尽量从好的角度看待我们的爱情。不管怎么说，她母亲盲目的、报复性的狂怒只是嫉妒心的粗野发作，她父亲肯定不会赞同这种感情的。

波拉去了柏林。我则牵肠挂肚地等待着这个决定性会面的结果。几天后，她给我寄来了全面的情况介绍：他与她心平气和地、几乎是慈祥地谈了话。答应帮助她找回孩子，每月提供津贴。但有一个条件：她无论如何应该去疗养院好好休息一阵，这样可以使她的神经安定下来，让她能更清楚地看待整件事。疗养院就在柏林郊区，她要在里面呆整整一个月，而且她要保证不同任何人来往，尤其是我。"这样，我的孩子，你才能清醒过来。"父亲分手时这样说。

这信不仅没有带来希望，反而使我异常不安。我承认自己天生就好怀疑。我觉得他的这种慈父式的态度与他的个性不符合，我担心是个骗局。但我来不及警告她，因为她接受了他的条件，人已在去疗养院的路上。

我的预感得到了证实。同一周我收到一封寄自德国的信，我的姓名和地址是陌生人的笔迹。信封中有一张波拉的便条，上面大致写着：周五晚上 11 点钟在疗养院大门附近坐在马车里等我（下面是疗养院的地址）。

时间紧迫。为防万一，巴维尔借给我 300 卢布。我从"布里斯托尔旅馆"的咖啡厅的那个人手里弄到一本有效护照，当晚就坐上了去柏林的火车。我在一条偏僻的街上找到一家不起眼的旅馆，以夫妻的名义办理了登记手续。"我的太太晚上到。"我对接待处的人说。10 点钟，我找了一辆由一匹良马拉着的马车，就前往疗养院，路上用了 20 分钟。街上一片漆黑。我让马车停在离疗养院大门不远的地方等着。大约 11 点过 1 刻，我听到大门"嘎"地响了一声，便看见波拉出了门，双手各提着一只箱子，向着马车跑过来。她跳上马车，扑进我的怀里。在返回旅馆的路上她激动得几乎一句话都说不出来，只是紧搂着我，一时哭，一时笑。我紧紧地抱着她，吻她的眼睛、嘴唇和双手，重逢让我们宛如置身天堂。后来她给我讲了所发生的事情。

"心爱的，那疗养院并不是什么别的东西，而是一所精神病院，货真价实的疯人院。父亲把我送到那里，和一个友善、面带笑容的医生谈了话。那医生保证我在里面会很愉快，并会得到很好的休息。父亲离开后，我就被领到自己的房间，这才发现窗户上有铁栏杆。后来在走廊里，我看见一些病友可怕苍白的面容，才突然明白那是什么地方。所幸，他们认为我的病情非常轻，允许我去院子里散步而不用人陪伴。看门的男人满脸仁慈。我本能地感到他想帮助我。就是他把我的纸条寄给你的，他还为我们两人冒着很大的风险准备了我的出逃。他甚至不肯要我的钱。"

我们作为夫妻住进施密特旅馆，那是我们共度的第一个夜晚，爱情帮助我们忘掉了一切烦恼。

回到华沙，波拉直接住进一所朴素但舒适的膳宿公寓，在那里她找到了一间挺好的房间。我自己则回到不错的老"维多利亚旅馆"。

波拉从"疗养院"逃跑的消息给哈尔曼先生很大的震动。他本来对自己能顺利地暂时摆脱波拉还是很满意的。

这样，她和家里就彻底决裂了。从此她不能回家或见孩子，不过，每月至少还能得到一笔不大的款项，那是她爷爷在遗嘱中给孙辈中每个人留的钱。

我在华沙的生活条件完全改变了。无忧无虑的日子，在饭馆和歌舞酒吧的夜生活，打到"维多利亚旅馆"的电话——这一切都一去不复返了。流言蜚语大获成功。丑闻不仅没有结束，反而进一步变成"桃色事件"。我也风闻哈尔曼先生含沙射影地说我和他女儿的私奔不过是为了敲诈。这叫人无法忍受。我写好一份材料，以我的名誉发誓，我永远不会碰波拉或她家里的一分钱。我在哈尔曼家认识的一个对我有好感的天主教牧师用联合署名的办法确认了我的声明，并允诺亲自把文件送交哈尔曼先生。从此，这种令人恶心的中伤才算停止。

所幸，我手头还有几场已经签约的音乐会。不过演出季节行将结束，我胆战心惊地感到，漫长的夏天的乌云又开始聚集到我的头顶上。但是真正使我不悦的，是这可怕的丑闻侮辱和玷污了我们的爱情。

我们甜蜜的私生活、暧昧的关系以及约会时的神秘感已踪影全无。我去波拉的住所看望她都不能超过几分钟，而她再不愿来我的旅馆，结果我们只有在索霞家见面，或者偷偷地在某个僻静的咖啡馆、酒吧或茶室碰头。

现在，为了对比，必须来一段"喜剧性调剂"，这是电影人一向非常爱用的手法。我也愿在此讲一个叫卡普尼克的家伙的故事。

演出季节刚开始，就在交响乐厅，一个温顺的年轻人在幕间休息时叫住了我。他个子不高，淡黄色的头发，面容苍白，一双大而忧郁的眼睛。

"斯特列姆霍夫上校让我来听听你的意见。"他对我说，几乎是耳语。

"你是钢琴家吗？"我问。

"不，我是歌手。"他回答。

"哈哈"，我大笑。"那你找错人了，我对唱歌一窍不通。"

"但是上校保证说，你是唯一可以给我出主意的人。"他坚持。

我知道，我不能违背上校的愿望。

"那好吧，"我说，"明天上午10点带上些乐谱到我旅馆来。"

第二天，我已完全忘记这事，还在床上睡觉呢，他就来敲我的房门了。我从床上爬起来，穿上晨衣，让他进了房间。

我一言不发地拿过他手里的乐谱，走到钢琴旁，把乐谱摆在谱架上，等着他开始唱歌。但是他默不作声。

"你还等什么呢？"我问，"我给你伴奏，你就唱吧！"

"我还没唱过，我不会任何歌曲，不过我有一副好嗓子。"他说。

"见鬼，那你干吗拿乐谱来呢？"

"是你让我带上的呀。"

"这简直是发疯！"我极为生气。"我又不是声乐方面的专家！……好吧，你试试看。"

他直着嗓子喊了一声，没有一点颤动，听起来像长号。这就够了。我走到桌子边，写好一封短信递给他。

"这是一封给伟大的男低音歌唱家爱德华·雷什科的推荐信，他住在华沙。他会告诉你，你的嗓音好还是不好。"我不再理会他，脱去晨衣，又躺到床上。这时门又打开，他又站在门口。

"我肠胃很难受，"他用泪汪汪的浅灰色眼睛看着我，"只有一种药有效，不过要花 5 个卢布，可我很穷。你能帮帮我吗?"

我一共只有 30 卢布，但我给了他 5 卢布，并非出于对他病痛的同情，完全不是。我只是想打发他走，同时也讨好上校。我当时并不知道那是个灾难性的表示。我落入了难逃的陷阱。那人是一条水蛭，一个吸血鬼，一个魔鬼的化身。他总不饶过我! 我一有钱他就会知道，然后就眼泪汪汪地出现在我身旁。如果我打算躲开他，他就会 4 个、6 个、甚至 8 个小时地坐在广场的长凳上，观察旅馆的大门，每次都能抓住我。这事持续了两三年，我成为朋友们的笑料。巴维尔挖苦我说，"你怎么不和他结婚?"或者"为什么不叫警察?"这都无济于事。我没有足够的力量抵御他，还继续给他钱。他从没有成为歌手，雷什科连信都懒得回，至于上校，我发现他根本没有让他来找过我。

这个故事还有一个可笑的尾声: 多年后在圣彼得堡（现今叫列宁格勒），我在贵族院大厅举办音乐会，大厅就位于我住的旅馆的正对过。在我到达演员入口时（当时气温是零下 24 度），一个年轻人挡住我的去路，问我要票。

"我没有票。天很冷，让我过去。"我生气地说。

"可你是我哥哥的好朋友呀!"他说。

"你哥哥叫什么?"

"卡普尼克。"

我惊恐地叫了一声，跑进门去，把门重重地关上。我的心怦怦乱跳，好像被毒蛇追咬了似的。

我不厌其烦地讲述这个故事，是要告诫我的读者朋友。世界上卡普尼克之流为数不少。犹太人把他们称为"韧皮蚂蟥"。我应该承认，我的卡普尼克堪称"韧皮蚂蟥之王"。

52

　　帕乌丽娜·纳尔布托娃是一个俄国退休将军的遗孀。他比她年长 30 岁，给她留下了大笔财产，外加带有一所大房子的庄园。她四十岁上下，有着高挑的迷人身材，一头金发配着高高的颧骨和一双淡蓝色的眼睛。她具有超凡的精力和智慧。这位出身神秘（她从未披露过她娘家的姓氏和出生地）的波兰犹太女人，已变成华沙知识界和艺术界的灵魂。我笨拙地试图描写她的个性是想对这位优秀的女性表达深深的谢忱。我年轻时期最幸福的时光之一有赖于她。她在我的事件中竭力反对哈尔曼一家，邀请波拉和我与她一起在乡间度过几星期。那真是上苍的垂顾！这不仅切实缓解了我在财政上的担忧，而且为一对情人提供了美好的蜜月。

　　帕乌丽娜夫人是个理想的女主人：人们从不会因她在场而感受到压力。午饭、晚饭我们可以迟到，可以不解释一句就出去一整天；我可以整夜弹奏钢琴——她不在意，从不干预。

　　我们的房间很大，阳光明媚，窗户对着花园。简朴、舒适的家具，雪白的墙壁，书架上摆着的有价值的书籍，每天更换的鲜花：这一切让我们只想在房间里面呆着。

　　除我们以外，女主人还有两位客人：诗人、剧作家塔代乌什·米钦斯基（Tadeusz Micinski）和传奇式的、无与伦比的弗朗茨·费舍尔（Franc Fiszer）。米钦斯基，一个神秘主义者，爱写极富哲理的戏剧和诗歌。波兰文学圈子对他的评价很高，不过他那艰深的文风使之很难为群众接受。回首看他的作品，我从中发觉他与法国诗人保罗·克洛岱尔①有些近似。

另一位，费舍尔，是我一生中遇到过的最为多姿多彩的一个人。他高大肥胖，头上的金发已经斑白，蓄着贵族式的胡须，就像委拉斯克斯画中的西班牙低级贵族。他有一双调皮、闪光的小眼睛，笔直的大鼻子，两只长耳朵。我与之相识时，他已五十多岁，但是我觉得他是个不会老的人。外表像法尔斯塔夫②，拥有伏尔泰的机智和聪明，按他的生活方式来判断，可以说他是一个前萨特③的存在主义者。

波拉与我都喜欢和这些人为伍。探讨和争论、叫喊和欢笑能让我们在桌旁一呆就是几个小时。费舍尔洪亮的嗓音和雄辩的语言无疑占了优势：谁也说不过他！

要能忠实地刻画出这么一个丰富多彩的人物，必须是伟大的作家。我只不过能就他的性格画几张速写而已。

费舍尔是波兰一个起义英雄的后代。他在华沙附近有一小块土地，但是他厌烦乡间生活。他广博的知识以及对文学和艺术的热爱最终驱使他来到华沙，与一群有才华的年轻作家和诗人聚集在一起。在一个很受欢迎的咖啡馆中，角落里的一张大桌子每晚都被他们预订。

费舍尔生性豪爽铺张。他总是用鱼子和香槟酒招待年轻的朋友们，请他们上昂贵的地方吃饭。凡有人开口要钱，他都有求必应。他们一伙接纳的唯一局外人是个胆子很小的银行职员，一个

---

① 克洛岱尔（Paul Claudel, 1868－1955）：法国外交官，诗人和剧作家。代表作有《给玛丽报信》、《缎子鞋》和《五大颂歌》。

② 法尔斯塔夫（Falstaf），莎士比亚的《亨利四世》和《温莎的风流娘们》中的喜剧人物，外形肥胖，说话风趣。

③ 萨特（Jean－Paul Sarte, 1905－1980）：法国作家和哲学家，存在主义的代表人物。1964年获得诺贝尔文学奖，但拒领。代表作有：哲学著作《存在与虚无》，小说《恶心》、《自由之路》，剧作《群蝇》、《魔鬼与上帝》等。

热爱诗歌的中年光棍。一天深夜，费舍尔问这人：

"你家里有没有沙发，能让我在上面睡觉呢？我已经身无分文，回乡下又太迟了。"

"当然有，非常欢迎你来。"他回答。

从此费舍尔就和他住在一起。为了还债，费舍尔只得变卖家产，并为最终摆脱了"肮脏的金钱"感到高兴。房主为能在家接待他而感到自豪。凡与费舍尔接触过的人都支援他——给他零花钱，请他吃喝。这位现代第欧根尼①是位特别合我心意的哲学家。他从未将自己卓越的思想用以著书、出版，因为，如他解释的那样，每天都有新的思想在改变着他对生活的看法。

一次早餐时费舍尔问我："阿图尔，你读过施本格勒②的东西吗？"

"没有。"我漫不经心地回答。

"哦，不过你应该读，应该马上读。我把他最近的几篇文章拿给你。他是个伟大的天才，当代最有头脑的人！"他热情地叫道。

波拉和我聚精会神地阅读、研究并讨论了这位施本格勒的著作。在他的文章中我发现许多极为新颖的思想，一些令人吃惊的论点，但他的理论并没有让我和波拉信服。

我把文章还给费舍尔，小心翼翼地指出：

"费舍尔，这的确是非常吸引人的作品，有很多新思想。"他不屑地把文章丢到桌子上。

"施本格勒是个语无伦次的白痴。应该烧掉这些废话！阿图尔，回过头去读尼采吧，他也疯癫，但至少是个诗人！"

---

① 第欧根尼（Diogenes，约前404－约前303）：生于锡诺帕，今属土耳其，古希腊犬儒学派哲学家。

② 施本格勒（Oswald Spengler，1880－1936）：德国哲学家，著有《西方的没落》、《世界历史的远景》。

我要说，从前跟阿特曼学习时，我已读过所有能够找到的哲学著作。我赞赏康德的逻辑，喜爱尼采高深的见解和柏格森①平静、鲜明的论述；但是叔本华关于女人的悲观说法使我不安。不过，他们都没在任何方面严重地影响过我。我坚定不移地以自己的眼睛看人生，并勇敢地面对它。

1909 年在帕乌丽娜家度过的夏天是令人难忘的一首牧歌。看着缓缓起伏的麦浪和池塘边轻轻拂岸的垂柳，我的心绪高昂。在这纯粹的波兰景色中，我们的爱情完全绽放了。

但到了 9 月，由于我的音乐会计划的缘故，我有些不安起来。我一直没有时间准备任何东西，因此必须回到华沙。波拉决定暂时留在乡下。

华沙还依然沉浸在夏天柔和的低声细语中。大部分朋友还在国外。巴维尔同姆威纳尔斯基一家呆在他们的立陶宛伊尔戈沃的庄园中休假；卡罗尔·希曼诺夫斯基回到乌克兰的家里。只有费特贝格一个人在城里。唉，不，不仅他一个人，我忘了，还有那讨厌的蚂蟥卡普尼克也在！

德罗皮奥夫斯基先生是个有办法的经纪人，他帮我在克拉科夫安排了一场音乐会，并为我在利沃夫推迟的首演找到一个特别的机会和合适的日期。其他的演出日期，包括华沙的，也都确认了。可是距演出季节开始还有很多日子，我已没有钱再坚持那么久了。吃饭的问题已很严重。所幸，"维多利亚旅馆"年轻的老板兼经理是个热烈的音乐爱好者，他对我越来越多的旅馆账单表现得非常体谅。每次我拿到演出费，都要支付部分欠款。但夏天我不敢退掉住房，因为我担心会流落街头。不过他那么好心，让

---

① 柏格森（Henri Bergson, 1859－1941）：法国哲学家，生命哲学和现代非理性主义的主要代表，获 1927 年诺贝尔文学奖。

我赊帐吃饭都感觉不自在。

于是我的珍珠领带夹和金表就进了当铺。甚至有一次，卡普尼克为从我身上榨出钱来，引诱我跟他一起去犹太区卖掉了最好的一套西服。

但是像爱尔兰人说的那样，光荣归于上帝：又及时出现了一个新的"意外的救星"，他就是符·路鲍米尔斯基公爵。我从报上得知，他要来华沙和他的银行家弟弟斯塔尼斯瓦夫会商问题。而我那可靠的直觉告诉我，对我来说最重要的就是见到他。午饭时分我走进"欧罗巴旅馆"的餐厅，摆出一副朋友们正在等我的架势。这时一个响亮的声音叫道：

"阿图尔，你在华沙干什么？"

这正好就是公爵，他和弟弟以及另一个男人一起坐在桌旁。我装出惊奇的样子，向他问好。

"我在等交响乐厅的演出季节开始。"我说。

"可你应该让柏林、维也纳、罗马和巴黎这样大城市的听众听你演奏。呆在华沙与你的非凡才华不相称呀。"

"我非常愿意听从您的建议，公爵，但这对我不可能。"我说，并告诉他，在那些城市为不出名的艺术家组织演出大概要花多大费用。"公爵，除非您愿意当我的经纪人。"我开玩笑地补了一句。

"为什么不可以呢？"他十分认真地回答。"我会在我弟弟的银行里存进1万卢布（5000美元），你可以凭借这笔钱支付与音乐会相关的费用。"他不浪费时间，立即把这协议写在纸上，签上名，交给坐在桌旁的第三人——路鲍米尔斯基银行的经理津托夫特先生。

"祝你成功！"他用杯子里的最后一口酒为我干杯祝福，不等我说感谢，他们便起身离去。

我高兴得像迈进了天堂。这是我一生中最重大的一刻！我再不用为任何事操心了！波拉该多高兴啊！我潜意识中早就知道，会有这么一天的，尽管这么说显得有点奇怪。自从公爵第一次听了我的演奏后，我就感到，我们之间存在着一条秘密的"连线"。

我把公爵为我做的事情告诉费特贝格时，他嫉妒得脸都变青了。

"他为什么要做这样的事？为什么把钱浪费在毫无意义的计划上呢？"他低声咕噜道。

希曼诺夫斯基得知这个好消息后，给我发来电报，说："祝贺你。如可能，到我这里来住一两周。"

我高兴地接受了邀请。津托夫特先生给了我 200 卢布先花着。我当天就动身前往蒂莫舒夫卡，并于第二天上午抵达。希曼诺夫斯基的哥哥费利克斯和小妹妹佐菲娅用一辆马车到卡缅卡车站来接我，车站距离他们家还有好几英里。我们驾车穿过富饶无垠的草原——俄罗斯的粮仓——向着希曼诺夫斯基家的庄园驰去。那是一所宽大而简朴的房子。希氏一家热忱地接待了我。他母亲是个高大出众的夫人，有一双淡蓝色的眼睛、一个高贵的鼻子和好看的双手。夫人的长女努拉是个神经质的不幸女子；长子费利克斯作为家长管理着庄园。希曼诺夫斯基家族是古老波兰拥有土地的贵族的典型代表，具有高度的文化素养，继承了国家最优秀的传统，与宁愿旅居国外、以自己的影响和财富让巴黎、维也纳或罗马来敬仰的波兰贵族截然不同。

希曼诺夫斯基和我一起住在专门接待客人的小楼中。早餐后我们喜欢在他的立式琴上进行四手联弹，主要是贝多芬的四重奏。希曼诺夫斯基也给我看了他自己新创作的奏鸣曲的片断，我很欣赏。小妹妹佐菲娅是个假小子，但很有诗才。她常常给两匹良驹上好马鞍，和我一起在田野上驰骋。午饭和晚饭很是有趣，一大家子一起吃，包括一个姑妈和一个表弟，总要有十个或者更多的人上桌。

我在蒂莫舒夫卡美美地住了十天，并深深地被希曼诺夫斯基对他家庭的热爱所感动，他对家庭的关爱至死方休。

我返回华沙，这段可爱的经历丰富了我的人生。

回到华沙的第二天，一个坏消息让我大吃一惊。津托夫特先生在一封很客气的信中通知我说，他暂时无权同意我从公爵的基金中支取任何款项。很快我就发现是谁在背后捣的鬼。

费特贝格趁我不在时使了一系列诡计，甚至连雅戈也想不出比这更恶毒的阴谋。

他对公爵说，他认为有义务警告公爵我太年轻，没有足够的经验来管理公爵为我设立的基金；而他，费特贝格，倒很乐意帮我在柏林组织音乐会，他甚至可以同意为我指挥乐队。多么可怕的伪君子啊！由他来指挥的建议只不过是他利用我的音乐会来推动他自己事业的一次尝试。

但是公爵相信了他，认为这只不过是对我的朋友般的关心（后来公爵在克拉科夫就是这样对我说的）。对这个恶劣的花招，除了赔笑脸，我别无他法。

音乐会季节马上就要开始了，但乐队内部发生了重大变化。路鲍米尔斯基公爵放弃了作为唯一的庇护者的角色，因为这种尝试证明即使对他也太昂贵了。经过多次协商，乐队成员决定作为独立团体继续工作。乐队确立了自己的管理机构并聘请了一名经理；经理有权邀请指挥和独奏演员，并负责制定演出季的节目表。我很高兴发生的这些变化，因为从现在开始正常支付演出费了，费特贝格的剥削办法自此成为过去。

我的音乐会一帆风顺地开始了。在华沙我演出了不多的几场：一场与乐队合作，一场独奏会，一场与巴维尔同台的奏鸣曲晚会，还有两场大型义演——在那"桃色事件"之后，这有利于重塑我的形象。

每次到其他城市演出，波拉都与我同行，这是我们能在一起的唯一机会。我甚至带她去了罗兹，见了我的父母。一次音乐会后，我父母给她准备了一顿可口的鲁宾斯坦家的晚餐：狗鱼、面条，等等。我开心地注意到，波拉很喜欢我的大家庭中的热诚气氛，那和她家迥然不同。

由于禁止我动用基金，我的手头又紧张起来，当然这主要怪我。每次得到一笔酬金，我都要支付旅馆的旧账并预付部分费用，还会买些衣服或一条新领带，或给波拉买点礼物和鲜花。在奢侈无度的时刻，我就请她去高级餐馆的单间里吃豪华的大餐，鱼子、伏特加、米饭配小龙虾、上等葡萄酒——对我来说，不存在什么太贵的东西！更不用说还有卡普尼克。

在奏鸣曲音乐会之后，我和巴维尔被一位犹太银行家及其夫人邀请去吃晚饭。我们连衣服都没换就去了，每人口袋里装着300卢布的演出费。享用着很精致的晚饭和伏特加，加上第三个客人讲了很多趣事，我们的情绪大为高涨。晚饭后，在主人的建议下，我们下了大赌注玩扑克。那是个不幸的、灾难性的主意！银行家和讲故事的客人是扑克高手。到清晨4点时，我和巴维尔输了个精光：那两个人毁了我们。在街上凄冷的夜色中，我们身上连租一辆马车的零钱都没有。于是，我们不得不依旧穿着演出服和浅帮漆皮鞋——我们两个可怜虫——在厚厚的积雪中，艰难地走完长长的回旅馆的路。这可不是光彩的回忆！

53

柏林的音乐会在年底得以举办。我不祥的预感完全应验了，但事实证明，我还是过于乐观了些。费特贝格租下城里最大的交响乐厅，又重金聘请了著名的柏林爱乐乐团。

他坚持要我弹奏贝多芬的《G 大调钢琴协奏曲》和勃拉姆斯的《降 B 大调钢琴协奏曲》，而拒绝我更喜爱的肖邦或圣－桑的作品。只要不是他选定的，他就拒绝指挥。我马上猜透了他这么坚持的原因。无论贝多芬还是勃拉姆斯的作品，交响性很强，主要是乐队演奏，没有给钢琴家留下太多炫技的余地，很难引起听众的热情反应，而这样的反应是所有的指挥都不情愿的。

我们的演出节目中也包括马勒的《第四交响曲》，当时是个新作品，费特贝格把它作为曲目中最吸引人的节目进行宣传。这个雄心勃勃的作品需要一个一流的女高音独唱演员。整个演出几乎花掉了一半的基金，并很难指望通过票房得到高额回报。这还不算，更糟的事接踵而至。我的排练原定于演出当天上午 10 点到下午 1 点。当我准时到达大厅时，费特贝格继续排练马勒，直到 11 点半幕间休息。

我坐在钢琴前等着。乐团重又坐好，我也准备开始演奏了，而他却突然决定继续排练马勒。这简直过分之极。我愤怒地叫道：

"你这是怎么回事？我的协奏曲怎么办？我们几乎过一遍的

时间都不够了，你还把这叫做排练？"

他回过头来，对我微微一笑，说：

"不要激动。交响曲是最重要的节目，而你的协奏曲我们曾演过，乐队都背熟了。"

我真想杀了他。

"你这该死的蠢猪！"我当着整个乐队的面用德文狂喊。

他装作不注意我，转身对乐手们说："贝多芬！"然后举起指挥棒，我们于是开始演奏。这是一次奇特的排练。我们相互之间不说话，每当我要更换速度或表情，就直接对乐队里的某个乐手表示一下。

在我的记忆中，这次柏林音乐会一直是对我的神经和耐性的最大考验之一。对必须和一个我所憎恨的人合作演奏这一美妙乐曲的清晰意识，把我逼到几乎要发疯的地步。如果不是一个真正的职业音乐家，我会取消这场音乐会的。尽管如此，考虑到当时的环境，音乐会应该说进行得非常不错。贝多芬的音乐一响起，我进入了迷幻状态：我闭着眼睛演奏，把整个心灵都投入其中。就是在这个大厅，我第一次听到这首乐曲，那是由欧仁·达尔贝神奇地演奏的。

交响乐厅有一半空着，并且到场的人大部分都是免费门票。免费票的拥有者一般都是严厉的评论家，人们只有在自己掏钱买票时才表现出热情。然而那天晚上，他们还是相当热忱地接受了我。我被单独请出来谢幕三次。我没有理睬费特贝格，但特地与首席小提琴和演奏勃拉姆斯协奏曲的大提琴独奏演员握了手。音乐会后我曾暗自希望能见到几个老朋友，但是谁也没出现。后来我了解到，是费特贝格吩咐不让任何人进入后台的。

不过巴尔特教授到场了。后来我收到他的一封信，是柏林爱乐乐团经理转到华沙的。他称呼我为"亲爱的鲁宾斯坦先生"。这封信在第一次世界大战期间丢失了，但其内容我还记得：他很喜欢贝多芬协奏曲的开头和第二乐章，然而其他部分，他认为都是"模糊不清"的；他对我在勃拉姆斯协奏曲中表现出的"力量"和"节奏力度"印象深刻，但"你应对细节给予更多的注意，并少用踏板"。他想必是付出了道义上的巨大努力才写出这封信的。这使我深受感动，于是我决定如果返回柏林就去拜访他。评论家们找到了更多的理由来赞扬我，而不是指责。总起来说，这算不上巨大的成功，但却是一次"体面的"成功。

圣诞夜我在帕乌丽娜家与波拉、费舍尔和女主人的其他几个朋友一起愉快地度过。新年夜是在通宵舞会上和巴维尔、雅罗申斯基、莫什科夫斯基两兄弟（我还会更多地谈到他们）及其未婚妻们情绪高昂地共同庆祝的。之后，我便着手准备克拉科夫和利沃夫的音乐会曲目。德罗皮奥夫斯基先生肯定地说，两个城市都为我的即将到来激动起来。利沃夫特别让我感兴趣。

1910 年是肖邦诞辰 100 周年。利沃夫计划在歌剧院举行隆重的肖邦专场音乐会，作为庆祝活动的揭幕式。将由两位钢琴家来分担曲目——波兰著名的钢琴巨匠伊格纳齐·弗里德曼①和我。第一部分由他演奏，曲目中包括《葬礼奏鸣曲》；我则演奏下半场，曲目是《b 小调奏鸣曲》。中间由我们两人联手合作，曲目是《双钢琴回旋曲》。安排是别出心裁的，虽然在我看来，有点像比赛。

克拉科夫音乐会的票几乎销售一空，令我惊奇，这在这个城

---

① 伊格纳齐·弗里德曼（Ignacy Friedman, 1882－1948）：波兰钢琴家。莱舍蒂茨基的学生。自 1905 年起，开始在欧洲、南美、澳大利亚各地巡演。1920 年到美国、日本、中国、澳大利亚巡演。先后共举办音乐会 2800 次。还与胡贝尔曼、卡萨尔斯组成三重奏，举行室内乐音乐会。1927 年为纪念贝多芬逝世 100 周年，他演奏了这位作曲大师的钢琴三重奏。他的演奏技术完美，尤其注重音色的控制。是肖邦作品的著名演奏家之一。

市是少有的。那是完完全全的胜利，听众不愿离开音乐厅，我不得不四次返场加演。特别令我满意的是，我得知符·路鲍米尔斯基公爵也出席了，尤其是这么精彩的一场！他来到后台，骄傲得容光焕发，着实被我的演奏所感动。

"阿图尔先生，真棒，太棒了！"他高声说道，"今天我能在克拉科夫真是走运。明天来吃午饭——我有好多事要和你商量呢。"

我做梦也想不到更好的事了。

公爵和全家都住在加里西亚的拉伊奇的巨大庄园里，但他大部分时间则在维也纳度过，在那里他的马匹要参加赛季的竞赛。路鲍米尔斯基一家到克拉科夫来是为了狂欢节，无怪乎他能出席我的音乐会。

午宴在他位于市中心的宽敞的公寓里举行。公爵夫人出生于维也纳的名门，是位个子高高、心地善良的女士。她把我介绍给她的四个孩子——两男两女都是十来岁，一组可爱、单纯、快活的"四重奏"。席间，公爵摆出职业经纪人的架势，饶有兴味地与我交谈。

"在柏林情况怎样？现在要去什么城市演出？你什么时候到维也纳举行音乐会？"

我闪烁其辞地应答着，不愿说得太多。我在等待合适的时机。

"顺便说说，"他继续说道，"贝特卡·波托茨基伯爵夫人给我打了电话：她想让你在你音乐会前夜去她利沃夫的府邸演奏一次。我答应今天下午给她回话。"

"请您替我决定吧，我照您的意思做。"我说道，用第三人称称呼他，所以我实际上是这么说的："如果公爵阁下能帮我决定，我将按照公爵的意愿行事"。

午饭后，他把我带到他的书房，拿起电话，接通利沃夫之后，就让伯爵夫人讲话。我还清楚地记得他在通话时的应答。

"喂，贝特卡，……是的，他在我这里，而且他同意去吃饭并为你的客人弹奏……不，他不要礼物，他需要钱……他的私人音乐会的演出费是3000克郎（600美元）。什么？太贵？你付得起这个价钱的十倍！……不，不，不！他可以来吃晚饭，但不演出。"然后他生气地摔了电话。"那个富婆！她拥有欧洲最棒的城堡，有50个身穿制服的仆役，在维也纳和罗马生活得像女王，但是一旦要给艺术家支付说得过去的报酬，她就极为吝啬！不过，我给了她一个小小的教训。不是吗？"他笑了起来，对自己很满意。

这正好是我等待的时机。我以沉着的、外交的语气将费特贝格的故事和盘托出。没有空洞的指责，完全是摆事实。公爵默默地听完了我的话，既没有表现出不安，也没有惊奇。

"我一向知道他是个非常自私的人，为了一己之利，他可以不顾一切。但这一次，我确曾相信他是出于真诚的动机。"

就在这时公爵向我引用了费特贝格在华沙说的一篇独白。公爵给我逐字逐句地追叙了费特贝格在华沙说的那番雅戈式的话。

"这样吧，"他总结说，"我会阻止他继续干预你，并亲自接管你的事务。首先，我要你在维也纳举办一次隆重的首演，要有乐队和维也纳的指挥。你是否知道这事怎样进行呢？"

这很容易。我的经纪人德罗皮奥夫斯基一直提议由他负责安排我在国外的音乐会，特别是在维也纳，在那里他有很好的关系。路鲍米尔斯基公爵便责成他进行安排，由自己负担费用；而德罗皮奥夫斯基幸运地预订到了维也纳最好的音乐厅"音乐家协会大厅"①，还有优秀的"音乐演奏家乐团"（Tonkunstler Orches-

---

① 音乐家协会大厅（Musikveseinsaal）：原意是音乐家协会音乐厅，在我国俗称"金色大厅"。

tra）及其指挥奥斯卡·奈德巴尔，日期在 2 月份。公爵很满意。

"我会到场的！"他说。

在我启程去利沃夫的前夕，路鲍米尔斯基全家举行了小型晚宴为我饯行。上桌的共有 10 人或 12 人。宾客中有一个特别漂亮的年轻人，属于"身材魁梧、面孔俊秀、深色头发"的那一类。他就是亚历山大·斯克申斯基（Aleksander Skszynski）伯爵，一个出生在加里西亚的波兰人，当时是奥地利驻梵蒂冈使馆的专员。他很富有（在布科维纳①拥有石油）、聪明、有音乐素养，是当时欧洲最抢手的单身汉之一（我能够知道这些细节要感谢公爵夫人）。

吃完考究的晚餐后，我打开钢琴盖，为让主人高兴而演奏了瓦格纳歌剧的几个片断，并演奏了肖邦的几首作品满足大家。我的演奏给英俊的斯克申斯基伯爵留下了特别深刻的印象。他以温柔、悦耳的嗓音，以他特有的迷人的方式发那个卷舌音"r"，说道：

"布哈沃！布哈沃！真了不起！你是个大艺术家！你一定要去活马！活马的听众会赞赏你的！"②

公爵接过他的话茬，说：

"亚历山大先生，如果你给鲁宾斯坦提供 5000 里拉的担保（1000 美元），他就来罗马。"他说道，快乐地继续扮演着我的经纪人的角色。

"我会乐于这么做的。"伯爵回答，"不过，我相信，他肯定能挣得更多。"

---

① 布科维纳，位于今乌克兰境内。
② 布哈沃，正确发音应为'布拉沃'，意为"好啊！真棒！"；活马，指'罗马'。

"这不重要。"公爵说，"我们只在乎你的担保。"

"我保证。"可怜人回答道，但他完全不懂得音乐会的生意。"最好的季节是3月。我一回活马就进行必要的联系。结果我将电告。"

公爵对达成的交易很感骄傲，而我则觉得有些不好意思。

我在利沃夫车站一下火车，就有一个表情忧郁的小个子男人抓住我的手臂。

"我叫图尔克，我负责你的音乐会，"他解释说，接着又面无笑容地补了一句："我们明天的票都已经卖光了！"

他把我送到"乔治旅馆"，一名行李员交给我一封信，信中是一份邀请我去罗曼·波托茨基伯爵的府邸吃晚饭的铅印请柬。那么，伯爵夫人依然决定邀请我了？或者，只是因为路鲍米尔斯基公爵说了不客气的话，而要给他一个教训呢？我决定接受邀请，去看看到底怎么回事。那个晚上值得一写。

伯爵夫人和她丈夫在大舞厅招待了客人。共有60人前来赴宴，饭后又来了100余人。满面春风的伯爵夫人祝贺我在克拉科夫的音乐会获得成功，又客气地补充说，"明天会全城出动去听你的音乐会的，我们大家都在期待着哪！"但她只字未提路鲍米尔斯基公爵以及他们之间的电话联系。

我们是在小桌子上吃的饭。我坐在两个勾人魂魄的年轻夫人之间：一个是拉季维尔公爵夫人，她是女主人的侄女；另一位是塔尔诺夫斯基伯爵夫人，她是亚历山大·斯克申斯基伯爵的姐姐。两人都以典型的波兰女人的魅力吸引着我，我愉快极了。她们对我专注的神情使我受宠若惊。她们因为我讲的趣事而笑声不断，我们玩得很开心。我每次想到这里还依旧疑惑，她们到底是真诚的呢？还是不过在演戏，是精心策划的计谋，就是为了让我演奏？我们到大厅同其余的客人们会合后，我那两个可爱的同伴就立即开始了：

"弹吧！求你给我们弹一曲，只为我们。我们想听你的演奏都想得要死了！"年轻的拉季维尔公爵夫人说，"还有，我请求你，不要对我姑妈说，要不，她会生我的气的！"

谁能抵御这么一对十分迷人的妖妇呢？

女主人优雅地点点头，表示知道了我要演奏的想法。她拍了拍手，等大家静下来之后，便宣布：

"鲁宾斯坦先生十分热情，愿意为我们演奏。请在钢琴周围就座。"

我弹了三四首短小的曲子，得到了应有的掌声和两位勾魂女士的亲吻。主人夫妇讲了几句赞赏的话。

"明天晚上8点钟，你能来参加我们在大型音乐会前举行的晚宴么？"伯爵夫人问，"幕间休息之后你才演奏，所以时间是足够的。"

我礼貌地回答说音乐会前我从来不吃东西。离开这所大宅子时，我感到良心上有点对不起路鲍米尔斯基公爵。

钢琴家伊格纳齐·弗里德曼生于克拉科夫，比我年长十岁。他属于著名的莱舍蒂茨基学派，这个学派产生过许多当时很受欢迎的才气横溢、举止风雅的名家。弗里德曼是个开朗、机智、乐观的同伴，一个好同行，打起扑克来还是个可怕的对手。由于注定要与这位利沃夫的宠儿进行对比，我有些担心会完全被他夺去光彩。

结果，命运和一些意外的情况完全改变了那个可怕夜晚的面貌。我和弗里德曼一起吃过午饭，下午换好服装就去歌剧院排练《双钢琴回旋曲》。音乐会原定在 8 点半开始，所以还有充足的时间喝杯咖啡并在各自的化妆间好好休息。当弗里德曼已经准备登台时，图尔克先生出现了，他那通常阴霾不散的脸上带着一副焦虑的样子。

"恐怕我们还要等几分钟。"他说，"我猜，一定是报纸刊登错了开演的时间。因为我们虽然卖光了票，但观众只来了一半。"

于是我们等了 5 分、10 分、15 分钟，观众才逐渐进入剧场，但还远未把剧院填满。在观众躁动起来并开始跺脚时，弗里德曼决定开始演出。我紧张得没听见他弹的曲目，但我听到了《葬礼奏鸣曲》结束后热烈的掌声。这是提醒我上场的信号，我要演奏幕间休息之前的最后一首曲子，《双钢琴回旋曲》。我们带着火一般的热情演奏这首曲子（这并非肖邦最好的作品），受到了热烈的欢迎。

经过长时间的幕间休息之后，等待我的是一个意外的惊喜。等我再次出现在舞台上时，我发现剧场已完全是另外一副样子了。大厅里座无虚席。而且新到的听众看上去不像是来听音乐会，倒像是出席歌剧隆重的首演式。利沃夫上流社会的精英坐满了包厢，中央端坐着波托茨基伯爵一家和他们的客人们。

随着灯光暗淡下来，整个大厅便鸦雀无声，我能感到自己在和听众进行微妙的交流，我演奏时，就从这交流中获得灵感。在我整个艺术生涯中，这个夜晚是我最重要的成功之一。从此，直到第一次世界大战，利沃夫是我每场音乐会的票都能指望全部售出的唯一一座城市。

对听众针对弗里德曼的不可原谅的怠慢行为，我感觉自己负有间接责任，但我能猜得到听众这么无礼的原因。弗里德曼已经是一名大家熟知的钢琴家了，常在利沃夫登台表演。而这一次，我被宣传成一个大有前途的新秀。报刊提到路鲍米尔斯基公爵的支持、我在克拉科夫的成功、来自华沙的流言蜚语以及波托茨基家的晚会，无怪乎人们想见识见识我。而他们为了从容地更换衣服、安静地吃顿饭、抽支烟，就决定在音乐会的下半场才到剧院。我应该说一说的是，弗里德曼的做法很漂亮，他以一个宽容的微笑就让事情过去了。

波托茨基伯爵夫人从未派人表示感谢，也没有提起钱或者礼物。后来在美国我也遇到过类似的经历。W.K.范德比尔特夫人（昵称波迪）经常邀请我去她家，一次她请我在一个大型宴会上进行"专业"演奏（她就用的这个词），但从未付过钱。她的亲戚科内留索娃·范德比尔特（格拉切）也一样，只是更粗俗。她问我演出费多少，我让她去找我的经纪人。同样，我演出了，但她既没有和我的经纪人联系，也没有给我寄钱来。据我观察，女人比男人更吝啬，特别是财富并非她们自己挣来的时候更是如此。

我们还是言归正传。在回华沙的途中，我在克拉科夫小停，以便过问一下我那即将举行的维也纳音乐会的最后准备情况。我的演出曲目可谓雄心勃勃：贝多芬的《第四协奏曲》、勃拉姆斯的《第二协奏曲》以及圣－桑的《g小调协奏曲》！

"最重要的是，"我对德罗皮奥夫斯基说，"要为我的音乐会准备一架上等的贝希斯坦钢琴。这是我唯一能用于演奏的琴。"

回到华沙后，我夸耀自己在克拉科夫和利沃夫的不凡经历，这使波拉激动起来，她声明：

"我必须和你一起去维也纳。我不管公爵看到我们在一起是否会吓一跳。"

我带她一起旅行可真不错！

星期六的清晨我们抵达奥匈帝国的首都。我能记得这个日期，是因为第二次排练以及音乐会安排在一个星期天，即次日（第一次排练是在星期六下午）。

那天早晨天气很好。微冷，有风，但是太阳还是透过灰蓝色的云彩露出了笑脸。空气清新宜人。库格尔先生在旅馆大厅等我们。他是音乐家协会大厅的经理德罗皮奥夫斯基先生的代表，一个温文尔雅的人，但面孔长得平淡无奇。他向我详细地汇报了音乐会准备的情况，间或自吹自擂一番。

"为了保证你有很好的听众，我可创造了奇迹啦！"他说，"星期天不利于举办音乐会，即使对评论家也是如此。但是我的广告宣传会迫使他们前来。第二次排练是明天上午9点，由助理指挥执棒，因为奈德巴先生在国外客座演出。"他看到这个消息使我失望，就赶快补上一句："别担心，我会把一切都安排得没有问题的。"

他告辞后，我就带着波拉去参观市容。

当时的维也纳还依旧是海顿、莫扎特、贝多芬和舒伯特以及比较现代的勃拉姆斯和布鲁克纳的维也纳。约翰·施特劳斯的圆舞曲依旧在空中回荡，而他的后继者莱哈尔和法尔则是全城推崇备至的人。年迈的皇帝弗兰西斯·约瑟夫依旧是庞大帝国的绝对统治者，他的臣民的偶像。城里随处可见一群群捷克人、波兰人、克罗地亚人和意大利人。波希米亚（现捷克斯洛伐克）、匈牙利和波兰的望族在城里都有豪华的府邸，它们有的甚至成为奥地利首都的可以炫耀的景点。

我们雇了辆小马车在城里游览。马车夫身穿别致的翻毛镶边短大衣，头戴圆顶硬礼帽，翻领上别着一朵石竹花。他热情地带我们观看最有趣的景致，并用柔和的维也纳口音为我们讲解，真是令人心醉。

我们买好花，到公墓去向伟大的音乐家们表示我们的敬意。一位向导把我们带到了那个有名的角落，我们心怀崇敬屏息肃立着，周围是海顿和贝多芬、舒伯特和勃拉姆斯以及胡果·沃尔夫（Hugo Wolf）和约翰·施特劳斯的坟墓。莫扎特的墓也在那里，但只是象征性的——忘恩负义的维也纳人竟然允许把他葬在集体坟场里。波拉和我一句话也说不出来，我们对这些不朽的天才满怀着感激和崇敬之情。

在回旅馆的路上，我发誓要竭尽所能，不让他们对我的音乐会失望。

当天下午，年轻的指挥（我忘记了他的名字）来到我的化妆间，把我引到舞台上，用几句亲切的话把我介绍给乐队。我感谢了他，并对乐手们说：能和他们一起在勃拉姆斯演奏和指挥过的音乐厅演奏，对我是很大的荣誉。乐手们用弓背敲击乐器，热忱地欢迎了我。我打开琴盖，不快地看到，这是维也纳产的波森多夫钢琴，而不是我期待的贝希斯坦钢琴。我提出抗议，经理说寻找贝希斯坦钢琴的努力没能奏效。我非常恼火。

"真荒唐！贝希斯坦公司一向给我提供他们的钢琴的。排练后我来处理这件事。"

但眼前我没有任何办法，只好在维也纳产的钢琴上弹奏。实际上，这架琴相当好。

排练进行得很顺利，乐队愉快地演奏着，而且指挥也配合得很好。不足三小时我们就排练完毕。

之后，我立即奔赴贝希斯坦钢琴厂的商店，希望能在关门之前赶到。所幸，商店还在营业。两名员工在店里忙碌着，我求见经理。很快出来一个魁梧的男人，看上去是个十足的普鲁士人：严肃的圆脸上有一道富有特点的伤疤，是在学生时期的一次决斗——一种野蛮的日尔曼习俗——中留下的。

"我能帮你什么忙？"他明显不耐烦地问道，因为已经很迟了。

我简短地向他说明来意。

"就这件事我没有接到柏林来的任何指令。"他冷漠地回答说,"你有贝希斯坦先生给我的信吗?"

"没有,我历来不需要。"我说,有点被激怒了。"贝希斯坦一家及其代表向来很乐意为我提供服务的。"

"也许是吧。"他答道,"不过我们这里需要柏林来的正式指示。"

我很是生气。

"柏林会得知这一点的。"我尖刻地回答道,"你的态度令人恼怒。在这么有分量的音乐会上,而且是在金色大厅举行,用你们的钢琴对你们是有利的。再说,老实讲,我用波森多夫钢琴演奏并未让我不快。那是很完美的乐器!"

我"砰"的一声用力把门带上就走了。

波拉在旅馆等我带她一起去吃晚餐。她嘲笑我与那个不友好的普鲁士人之间的争执。

"你可让他吃苦头了!"她说,"不过,现在这架钢琴真的令人满意吗?"

我向她保证说那琴真的很好。

"路鲍米尔斯基公爵有信来么?"我问她。

"还没有。"我暗暗地有些不安。在克拉科夫的时候,公爵答应要出席音乐会的,但之后我就再没有他的消息了。我曾打电话到"萨克尔饭店"(Sacher),饭店的服务生给了我一个模棱两可的回答"公爵不在",这可以是他不在旅馆或者不在城里。我没再打电话。我不愿意纠缠他人。星期日上午的排练令人满意,钢琴的声音极好。

在音乐会前发生了一个小小的意外。我在 7 点 40 分(维也纳的音乐会在 8 点开始)到达后台入口,以便还有时间暖暖手,化化妆,整理一下领带并梳梳头——这时,经理慌张地一把抓住我的手臂,脱掉我的大衣和帽子,把我往舞台上一推,嘴里叫着："快，快点！你迟到了，听众已经等了你 10 分钟！"

星期天的音乐会提早半小时开始，可这事就没有任何人想着要告诉我。

听众冷淡地欢迎了我。而乐队的乐手们则瞟着我，似乎在告诉我他们认为我一定是和某位女士玩得开心，忘记了音乐会。

不过因为贝多芬的《G 大调钢琴协奏曲》的开头演奏得很好，这一切便烟消云散了。这座大厅及其留下的许多非凡的回忆，还有我在公墓时的情感，都在激发我的表演灵感。指挥、乐队和我配合得天衣无缝。最后我获得了听众发自内心的掌声，丝毫不是出于礼貌。短暂休息之后，我们开始演奏勃拉姆斯的曲子。我真是如鱼得水。自从第一次听到这个作品，我就认为这是"我的"协奏曲。那个晚上，我感到勃拉姆斯似乎就坐在听众席上。我就是为他一个人演奏的。全场对我们热烈地欢呼。我和指挥、首席小提琴，还有第一大提琴手多次向听众鞠躬致意，那位大提琴手把长长的一段独奏拉得美极了。

幕间休息时，我在后台注意到一位老先生：他身穿柔软的皮外套，脖子上裹着一条围巾，还戴着礼帽。他略微驼背，缓慢地走到我身边并自我介绍：

"我叫路德维希·波森多夫（Ludwig Bosendorfer）。我 86 岁啦，现在晚上已不再出门。但我必须看看和听听不愿使用我的钢琴的年轻的鲁宾斯坦，而伟大的安东·鲁宾斯坦恰恰是把我的乐器放在别的品牌之上的。"

我因伤了这位善良的老先生的感情而羞得满脸通红，尤其正是他的钢琴帮助我取得了如此的成功。我正打算解释，他却轻轻拍拍我的肩膀，打断我：

"年轻人，别太把这事放在心上。"他说，"我非常清楚这里面隐藏着些什么。我很高兴你终于接触到了我的钢琴。明天中午来我的琴行，我有几个想法，可能会使你感到兴趣。"

我感谢了他，他慢慢地挪动着脚步走了出去。

圣－桑的协奏曲也做出了自己的贡献。听众的掌声夹着欢呼声震耳欲聋，我只得加演一曲。波拉含着泪水回来了。那是我们的非同寻常的好日子。唯一的不谐和音是路鲍米尔斯基公爵没有到场，也没稍信来，没有任何踪迹。难道又是费特贝格捣的蛋？或者我做了什么错事？波拉认定是她出现在维也纳才造成这一切的，但我肯定公爵不会在意——这不像他的为人嘛。然而波拉感到她成了我的绊脚石，便决定第二天就回华沙。

路德维希·波森多夫先生在位于"男人巷"的琴行里的私人办公室接待了我。

"靠近我坐下，我耳朵已不像从前那样灵了。"他说，"你看，工厂不再属于我了——我把它卖给了我的朋友胡特尔斯特拉塞尔，他比我年轻，很懂生意经。但我还拥有音乐厅，波森多夫厅。你能否在维也纳多呆一周呢？"

"我想我可以。"我回答。

"那好，年轻人，因为我想用我的方式把你介绍给维也纳的听众。我的演奏厅整个季节都已租出，但是我可把一个歌唱家的演出推迟到秋天，而把下周五，原来他的日子，让给你举行独奏。我希望这能成为一个特别的机会。我将向维也纳的艺术圈里所有有影响的人发出我的私人邀请，当然还有所有的音乐家。你以为如何?"

我被这位老先生的品格深深地打动,唯有点头作答。

他微笑着:"你看,我的孩子,我这么做原因很简单,你让我的钢琴发出那么优美的声音。"

我冲回旅馆去告诉波拉。旅馆接待处的人转给我一个电话留言:路鲍米尔斯基公爵今晚在"萨克尔饭店"请鲁宾斯坦先生吃晚饭。晚上 10 点,服装自便。

我松了口气。这回不是费特贝格的阴谋,不过公爵没有到音乐厅仍然是个谜。波拉在傍晚时分启程。我不想放她走,但觉得她是对的。

古老的"萨克尔饭店"是维也纳最时髦的饭店。我被领到一个包间,公爵和另外两位客人已坐在摆好餐具的桌边。

"阿图尔先生,我很高兴又见到你。"他欢快地说道,带着一丝不安。接着他把我介绍给自己的两个同伴:一个脸色红红的胖男人,"他有全奥地利最好的赛马";另一位是非常漂亮的年轻女人,"这是罗丝"。随后便摇铃叫来领班。

"可以上菜了。还有,把香槟放进冰块中。"突然他哈哈一笑说,"阿图尔先生,你都不会相信,我把你音乐会的票在口袋里放了两个星期,可是我像个傻瓜一样,竟忘了音乐会是昨天晚上,哈哈!"

我没有笑。

"您没有到场让我很伤心,"我说,"昨天的音乐会是我献给您的一件礼物,以感谢您为我所做的一切。"

他马上严肃起来。

"我知道,知道。我自己也很难过——而且我是那么想参加。你现在说说,音乐会进行得如何?"

我对音乐会和关于波森多夫的建议的叙述使他很感喜悦。

"我说过吧,维也纳对你是极合适的地方!"

　　这时服务员送来了鱼子和香槟。公爵举起酒杯："为你的世界性成功干杯！罗丝，吻吻他！"

　　罗丝照办了。

　　我在维也纳短暂的逗留过得很惬意。上午都用于为即将来临的音乐会练琴。波森多夫琴行给我准备了专用的房间。中午在"剧院地窖酒馆"吃一顿便餐，大都吃的是有名的维也纳芥末小香肠和凉拌土豆沙拉。尔后到一家咖啡老店喝上一杯咖啡，吃一块蛋糕，他们会指给你看那张舒伯特曾经坐在旁边"创作过几首歌曲"的桌子。下午我参观宏伟的帝国画廊，或者参观一个精彩的私人藏品展——这样的藏品展为数众多，比如列支敦士登、哈拉哈或切尔尼等人的。然后是看戏的时间。我有幸欣赏到伟大的喜剧演员马克斯·帕伦伯格（Max Pallenberg）的演出，莱哈尔的一部独幕小歌剧以及其他几场极棒的演出。每晚看完戏后，路鲍米尔斯基公爵都在我已熟悉的"萨克尔饭店"的包间里等我。罗丝总在场，有时还会有公爵的某一个赛马朋友。包间的墙上挂着许多第一流的赛马和打猎场景的版画。

　　公爵现在是为我忙个不停。他做东的晚餐是最高级的烹饪艺术品，总是以鱼子和香槟开始，然后是维也纳的各种特色菜肴，最后是必不可少的"萨克尔果仁奶油蛋糕"。著名的弗劳·萨克尔夫人以铁腕管理着旅馆和餐厅，经常要来询问是否一切正常。

　　"我已经在柏林给你安排好了一场音乐会。"公爵在一次晚餐上宣布说，"这次你一个人在贝多芬音乐厅演奏，我要你向柏林听众显示一下身手！"

　　他真的是亲自和赫尔曼·沃尔夫的办公室联系的，而且很高兴在我和费特贝格的痛苦经历之后，又为我成功地创造了这么一个机会。

　　一两天之后，他打电话到波森多夫琴行。

"你马上到'萨克尔饭店'来，我收到斯克申斯基的电报了。"

不到 10 分钟我已来到旅馆。

公爵穿着浴袍，在卧室接待我。

"说说你怎样看这事？"他把电报交给我。

今天我还大致记得电文："演出商拒绝邀请鲁宾斯坦，说他在意大利不为人知。如果他还打算来罗马，请告到达日期。我当然信守诺言。祝好。斯。"

我有点尴尬，说道：

"这一点也不叫我惊讶。在克拉科夫提出这个主意时，我就预料到的。自然不去罗马了。"

"胡扯！"公爵叫道，"你必须去，我要你去。你可以不要任何人的帮助放心大胆地在罗马举行音乐会。你不要担心斯克申斯基伯爵，他很富有，也会很乐意招待你。我会给你订下周的票，然后电告他你抵达的时间。"

他不等我表示同意，就打发我离开。

"现在我要穿衣服了，吃晚饭可别迟到。"

我有点不安地走出他的房间，但同时又为能看到罗马而兴奋。

在波森多夫厅的音乐会办得隆重体面。维也纳的精英都纷纷对波森多夫的邀请做出了积极反应，很多知名音乐家也到了场。莱舍蒂茨基教授带着他的波兰妻子——他的第五任——来了。在前排就座的有蜚声海外的钢琴家莫里斯·罗森塔尔①，与之齐名

---

① 莫里斯·罗森塔尔（Moriz Rosenthal, 1862—1946）：乌克兰钢琴家。曾师从肖邦的学生米库里、李斯特等。李斯特去世后，他停止演出六年以攻读哲学。重返舞台后，艺术和技巧都有长足进步。以演奏肖邦著称。后定居美国。

的埃米尔·索尔①，以自己名字命名四重奏团的小提琴家阿诺尔德·罗塞②，维也纳歌剧院的首席指挥弗朗茨·沙尔克③，以及最重要的评论家们。波兰侨民来得也很踊跃——其中还有两位部长。路鲍米尔斯基公爵是带着他的亲戚女公爵玛丽亚·路鲍米尔斯卡及其女儿们一起来的。

不难想象，面对这样令人敬畏的听众，我是多么紧张。然而，音乐厅理想的音响效果以及确实很好的钢琴给了我勇气。那么多音乐家在场也激励了我。只有莱舍蒂茨基教授让我烦恼：他拿着一副巨大的望远镜，在整个音乐会上一直盯着看我的指法！总起来说，我演奏得相当顺畅，得到了许多衷心的喝彩，加演时有人大呼小叫，这种反应通常不大会在应邀而来的贵宾中听到。许多人来到后台祝贺我，其中包括以风趣机智和语言尖刻著称的罗森塔尔。但出乎意外的是，他只说了几句友好鼓励的话。

音乐会上没见到亲爱的波森多夫老先生，因为音乐会的时间对他来说实在是太迟了。然而他寄来了热情的贺信！

路鲍米尔斯基公爵为我举行了晚宴。他请了女公爵玛丽亚和她的女儿们以及另外几位高贵的客人。罗丝没有被邀。

就这样，我在维也纳取得了立足点。评论家们对我称赞不已，大众也开始注意我了。而最重要的是，两位经纪人同我商讨

---

① 埃米尔·索尔（Emil Sauer, 1862 - 1942）：德国钢琴家。是安·鲁宾斯坦和李斯特的学生。多次在欧洲巡演。曾在美国举行演奏会。后在维也纳音乐学院担任高级教授。技巧完美无瑕，风格高贵优美。

② 阿诺尔德·罗塞（Arnold Rosé, 1863 - 1946）：奥地利小提琴家。出生于罗马尼亚的雅西。1879 年于莱比锡首次演出。任维也纳宫廷歌剧院乐队首席。后任维也纳爱乐乐团首席达 57 年。还在拜罗伊特音乐节乐队任首席。1883 年创立并领导"罗塞四重奏团"。是马勒的妹夫。1938 年逃往英国。

③ 弗朗茨·沙尔克（Franz Schalk, 1863—1931）：奥地利指挥家。师从布鲁克纳。先后在利贝雷茨、格拉茨、布拉格和柏林担任指挥。1900 年起在维也纳歌剧院担任指挥，并和里·施特劳斯共同担任该团领导。还在科文特花园剧院、纽约大都会剧院任指挥。是萨尔茨堡音乐节创办人之一。

了下个演出季举行音乐会的事，并向我开了价。在告别晚宴上，公爵递给我去罗马的往返车票，是带卧铺包厢的头等车票。

我给波拉写了封长信，讲了所有轰动的消息，并求她在 3 月底到柏林参加我的独奏音乐会。我们已分离了很长时间，我非常想念她。

56

第一次一人独占"豪华列车"卧铺包厢，真是一种享受奢华的经历。我感到极其舒服、极其兴奋，根本无法合眼，这多半是因为想到罗马而激动的缘故。那长长的旅途充满无穷的快乐，火车一站站停在威尼斯、博罗尼亚、佛罗伦萨，我的心跳都会加快。这些站名在我听来就像音乐。

到达罗马前我忧虑起来。斯克申斯基伯爵会怎样接待我呢？他是否会立即把钱给我，然后就让我打道回府，把我当包袱甩掉呢？（我对整件事从来就不太满意。我仍然觉得，是公爵利用了伯爵的天真，而我则不情愿地参与了这笔毫无把握的交易。）

当火车最终在目的地停下时，我振作起精神来面对任何情况。我走下火车，看见伯爵正笑容满面地在月台上等着我。

这里，我就不再用模仿伯爵对 R 字母的特别发音来烦读者诸君，而让他（在本书中）正常发出这个音吧。

"尽管那些蠢蛋不了解你是谁，你还是决定来了，这真不错！"他抓着我的臂膀说，"我在'精益酒店（Excelsior）'为你订好房间，我住的那个'大饭店'整个季节都客满了。"

在去旅馆的路上，他讲了他的打算。

"我已经在'大饭店'的舞厅为你安排了后天的音乐会。不用担心，那是个很好的地方，经常用来举办讲座和音乐会的。你将为精心挑选的观众演奏。我邀请了全罗马的上层人物。音乐会前我将设宴招待20人，其中有4对大使夫妇。你觉得如何？"

"你为我做了那么多事情，实在是为难你了！"我说道，但内心缺乏认同。整个的主意有点像波森多夫的做法，只是没邀请音乐家。在我问及此事时，斯克申斯基说：

"在意大利，音乐就是歌剧，正因为如此，我才没有能找到人为你组织公开音乐会。诚然有一个人，他是圣塞西莉亚学院的董事长圣马蒂诺（San Martino）伯爵，他组织了一个很好的交响乐队，并在古罗马皇帝奥古斯都的陵园的最高处修建了一座辉煌的音乐厅。我就是找的他，但他对我说，他的音乐厅已经排满，再说，他也不会同一个没听说过的艺术家签约。不过他明天听过你的演奏后就会了解你的。我邀请了他参加晚宴和音乐会。"

我们来到酒店。在大堂的接待处，他把我介绍给服务员，邀我共进晚餐，然后就走了。

我的房间很漂亮，带浴室。打开行李之后，我立即查看贝德克旅游指南中有关意大利的部分，仔细研究标注着四颗星的景点，那些是我在"永恒之城"打算首批游览的古迹。我像个德国学究那样一丝不苟地做了这件事。

第一天我都花在参观古罗马帝国的遗迹上。一辆出租马车把我送到"古罗马广场"，这地方唤醒了我对历史的强烈兴趣。我观看了一切，连一块石头都没放过，同时为能解读一些拉丁文碑

文而感到自豪。为纪念泰特斯①战胜希伯来人和摧毁第二神庙
(The Second Temple) 而建造起来的凯旋门使我顿感伤怀。在一
个小吃店随便吃些东西后，我就继续去膜拜罗马昔日的光荣了。
在庞大、令人望而生畏的科洛西姆圆形竞技场（Colosseum），我
似乎可以看到角斗士之间的残酷厮杀和被抛给猛狮的早期基督
徒。维斯太神庙（The Temple of Vesta）、古阿皮亚大道（Via Ap-
pia Antica）、埋葬着殉教者的地下陵寝，都使我回想起与阿特曼
博士一同上过的课，我突然感到很想念他。

我被这一切深深地迷住，差一点忘掉了晚餐的事。我迅速地
洗了把脸，换好衣服，准点来到"大饭店"。我打电话到斯克申
斯基的套间，他立即下楼来，把我引进餐厅。

我们两个人慢慢地享用晚餐时，伯爵给我看了音乐会宾客的
名单，我被那些从公爵到男爵的各种头衔弄得头都大了，这是一
般来讲"绝不参加音乐会"的一群人。同时伯爵还给我概要地介
绍了意大利的政治、社会和艺术形势。这是一个极富智慧的人所
做的概述②*。他以行家的高效为招待会和音乐会做好了准备。

"音响效果很完美。"他领着我参观舞厅时说，"给你布雷特
施奈德女士的地址，她是贝希斯坦钢琴厂驻罗马的代表，她负责
你的钢琴，听你的吩咐。"

步行返回位于威尼托路上的旅馆时，我的自我感觉好多了。
读者一定会奇怪，如今这条著名的威尼托路，从"精益酒店"到
平齐奥大门一溜满都是一家家相邻的露天咖啡店，是甜蜜幽会的
地方和电影界的地盘，而当时竟然是一条那么宁静、高雅的街
道，其中心则是马格丽塔宫——太后的住所。

---

① 泰特斯（Titus，公元39-81）：公元70年领兵毁灭了耶路撒冷，79年起为罗
马皇帝。
②* 第一次世界大战后，斯克申斯基伯爵担任自由波兰的外交部长。

我的青年时代

第二天一早我就按照地址找到孔道蒂街，去见贝希斯坦钢琴厂的代表，商量钢琴问题。布雷特施奈德女士，一位可爱的老妇人，给我看了一架状况很好的钢琴，又答应为我找全城最好的调律师。这与维也纳的那个普鲁士佬形成了多大的差别啊！

我在一家有四五个世纪历史的"希腊咖啡馆"——拜伦①和雪莱②、夏多布里昂③和斯汤达④、密茨凯维奇⑤和斯洛瓦茨基曾在这里有过自己的小桌——啜了一口咖啡，之后便直奔梵蒂冈。

我永远也忘不掉第一次见到西斯廷教堂的天顶壁画——米开朗琪罗（Michelangelo）的杰作时，我那深刻的感受。我长时间躺在地板上，出神地凝视着那件里程碑式作品的气势恢宏的构思和绘制。米开朗琪罗的天才，使得博蒂切利⑥、吉兰达约⑦和其他画家的挂在同一座教堂墙壁上的值得尊敬的作品都黯然失色。不过拉斐尔⑧——这位画家中的莫扎特——的壁画和教皇宫殿（Stenzas）中的作品却以其表达的朴素与柔和令我着迷。

下午，我还参观了泰尔梅博物馆中丰富的雕塑收藏。就在一

---

① 拜伦（Byron，1788－1824）：英国浪漫主义诗人，对欧洲诗歌产生过重要影响。代表作有：《恰尔德·哈罗尔德游记》、《唐璜》等。

② 雪莱（Shelley，1792－1822）：英国浪漫主义时期的重要诗人。主要作品有：长诗《伊斯兰的反叛》，诗剧《解放了的普罗米修斯》及抒情诗《西风颂》、《致云雀》等。

③ 夏多布里昂（Chateaubriand，1768－1848）：法国早期浪漫主义作家、外交家，主要作品有：《墓畔回忆录》、《阿塔拉》。

④ 斯汤达（Stendhal，1783－1842）：法国作家，作品有《红与黑》等。

⑤ 密茨凯维奇（1798－1855）：波兰最伟大的诗人和剧作家、政论家与政治活动家，代表作：史诗《塔图斯先生》、诗剧《先人祭》等。

⑥ 博蒂切利（Botticelli，1445－1510）：意大利文艺复兴时期的画家，作品有：《春》、《维纳斯的诞生》、《诽谤》及但丁的《神曲》插画等。

⑦ 吉兰达约（Ghirlandajo，1449－1494）文艺复兴初期佛罗伦萨的画家，擅长具有情节、人物众多的大型湿壁画，代表作：《老子和孙子》。

⑧ 拉斐尔（Raphael，1483—1520）：意大利文艺复兴盛期画家、建筑师。代表作：《圣礼的争辩》、《雅典学派》、《巴那斯山》、《法律》、《西斯廷圣母》等。

排单调的罗马皇帝的胸像已开始让我生厌之时，我在一个壁龛中看到《美臀维纳斯》，那是不久前在昔兰尼加发现的。她的臀部是如此完美，好像是有生命的，我不禁轻轻触摸了那大理石的臀部。

晚饭后，我去马格丽塔厅看综艺表演。很受欢迎的歌唱家帕斯瓜里洛（Pasquariello）演唱的那不勒斯歌曲十分吸引人。厅里座无虚席，但许多男人的举止令我吃惊。第一个节目演出时，他们戴着帽子坐在厅里，阅读着厚厚的一叠晚报，对舞台上的事情毫不注意。而帕斯瓜里洛一出现在舞台上，他们就都脱下帽子，折起报纸，同一群人摇身一变成为我平生所仅见的吵闹、热情的观众了。我自己属于那种最闹的观众。帕斯瓜里洛以他令人激动的嗓音和歌曲令我迷恋。至今我还记得其中两首，偶尔，当我独自一人时，还在钢琴上弹弹它们、怀怀旧。

57

音乐会，还是说晚会比较恰当，是斯克申斯基伯爵的一次胜利。由于他的干练，这成为人们长时间谈论的一个话题。据说，晚宴极好。我则因为演出前从不吃东西，放弃了。

后来，在客人们步入舞厅时，只听得他们看见这个普通的场所一下改观而发出"啊"、"哦"的惊叹声。鲜花的陈设与金色、红色座椅的巧妙配置将大厅变成很有品味的沙龙。听众不是像通常那样一排排整齐地坐着，而是一小群一小群地围着我而坐。我从未在比这更好的条件下演奏过。

到场的人中有意大利最显要的人物：科洛纳公爵、多里亚公爵、阿尔多布兰迪尼公爵、布翁孔帕尼公爵、罗斯皮廖西公爵等代表罗马；从威尼斯来的有美丽的阿尼娜·莫罗西尼伯爵夫人以及迷人的姐妹波坦齐阿尼公爵夫人和阿里瓦贝纳伯爵夫人；而特拉比亚的公爵夫妇则是西西里最尊贵的客人。

在意大利有爵位的上层依然是艺术家生活中的决定性因素，这比任何其他地方都更厉害。

我不间断地演奏了一个多小时。巴赫的《托卡塔》引起一阵放不开的掌声，而肖邦的作品给我带来了真正的成功。最后一首，李斯特根据《特里斯坦与伊索尔德》改编而成的《爱之死》受到了欢呼。斯克申斯基把我介绍给向我表示祝贺的许多客人，并且我接到了几个邀请。圣马蒂诺伯爵表示愿意邀请我作为独奏演员参加在奥古斯都音乐厅的交响音乐会的演奏。

"他终于认识你是谁了，对吗？"我把这件事告诉斯克申斯基时，他对我挤挤眼睛说。"明天我会提醒他，我不允许他从这一允诺中再缩回去。"

那个美好的夜晚还有另一个更直接的后果。鲁迪尼侯爵夫人，一个富有、漂亮的年轻女人，邀请我在她的乔迁聚会上演奏。她租了宏伟的巴贝利尼宫的一翼，包括一所又大又空的小教堂，她认为那是举办音乐会的理想场所。她就我的演出费用征询斯克申斯基的意见，伯爵毫不犹豫地要求支付两千里拉（1910 年时合 400 美元），她很乐意地接受了。

我在罗马一夜成名。在鲁迪尼侯爵家招待会之前，我天天都排满了社交活动：这里一顿午餐，那里一场晚宴，两餐之间还有一次下午茶——这就是我每天的日程。我自己都不知道是如何挤出时间来继续观光并练了些琴的。

斯克申斯基伯爵很满意地把我在奥古斯都音乐厅的首演日期

敲定在冬季。

"这些爱钱如命的家伙，"他说，"他们最多给 600 里拉，这勉强够你的旅费。尽管如此，鉴于这次演出的重要性，我还是建议你接受。唉，真可惜，路易莎不在罗马。"

"谁是路易莎?"我问。

"是卡萨蒂侯爵夫人。"他回答说，"她是全城最有趣、最富魅力的女人。我只希望她很快就能回来。"

美国大使馆发来请柬，大使就是我以前在巴黎认识的莱什曼先生。他和他的夫人都把我当做老朋友一样招待。他们的女儿，路易·贡道－比隆伯爵的夫人，告诉了我阿尔芒的消息，我已经很久没有看到他了。莱什曼夫人请我把大使馆当成自己的家。

鲁迪尼家庆祝乔迁之喜的宴会办得很风光，是那个季节里最精彩的活动。五六间庄严的房间，墙上和天花板上装饰着漂亮壁画，它们构成一条直通小教堂的走廊。小教堂被改装成音乐厅，有舞台和一排排座椅，唯一的装饰是些漂亮的壁毯。

贵客们慢慢走进教堂并入座。我一生都没有见过比这更优雅的听众。斯克申斯基上次请的客人们这回也都到了场，出席者有八十多人。

我演奏了整整一场独奏音乐会的曲目。按次序报一曲，弹一曲。这些"上层的"听众专注地聆听着，从心底应和着。他们，这些意大利人，显露出自己与生俱来的对音乐的热爱，我很高兴地了解到这一点。

贝多芬的奏鸣曲之后，大家为我欢呼。下面接着的肖邦、舒曼和李斯特的作品则引起了暴风雨般的掌声和越来越高涨的热情。

音乐会结束后，在三个房间内提供了自助晚餐。多拉·鲁迪尼，这位美丽的女主人衬着黑发的白皙面孔上闪耀着满意的光辉。她把我介绍给许多有趣的人物，其中有著名的钢琴家和作曲

家斯甘巴蒂（Sgambati），李斯特和瓦格纳都曾是他的朋友；以及
莫杰斯特·柴科夫斯基，他是俄国作曲家彼得·柴科夫斯基的弟
弟。这两人都使我着迷，而我也对他们的口味。我们呆到深夜才
散。莫杰斯特讲述了俄国音乐和他的哥哥，而斯甘巴蒂则谈了李
斯特和瓦格纳的许多趣闻。总起来说，那是我一生中十分重要并
值得回忆的一天。

　　清晨，邮差给我送来了鲁迪尼家的演出费。一收到钱，我马
上决定去那不勒斯。那本贝德克旅游指南在催人哪！俗话说：
"见到那不勒斯，立即死了也值！"而我的解读则是"不见那不勒
斯，活着有啥意思？"吃午饭时，我把这心事告诉斯克申斯基，
他笑道：

　　"干吗急得非要一次就把什么都看完呢？今后你还有许多机
会可以安安静静地参观意大利嘛！"

　　我着急得脸都胀红了。

　　"在生活中我不愿把任何事情向后推。如果你想要某种东西，
又有机会得到它，那就别拖，立即抓住它便是。这种幸运的时刻
是上苍馈赠的礼物，不是人们想要就会有的！"

　　他对我这个疯狂的年轻艺术家宽容地一笑。

　　"不管怎样，别在那里呆得太久，回来后就通知我。我的好
友路易莎·卡萨蒂很快就会回来。我希望你能认识她。"

当天晚上我就上路了。坐火车到那不勒斯只要六小时，但我不想把宝贵的白天浪费在路上。我在早上 7 点抵达那不勒斯。我的法文和英文在罗马足以应付，但在这里却毫无用处，我也难以听懂那不勒斯方言，只好用手势和表情来代替语言。我指挥着由一匹老马拉着的马车，找到一家不贵的旅馆（在我的旅游指南上是用一颗星标出的）。幸运的是，从我房间的窗户能看到美丽海湾的全景，左边是令人印象深刻的维苏威火山。我下楼吃早点，以便等 9 点钟国家博物馆开门。那里展出了从庞贝与赫库兰尼姆遗迹中发掘出来的上乘的青铜塑像和半身雕像。时间一到我就找了一辆马匹比较强壮的马车，对车夫说：

"国家博物馆，国家博物馆！"同时打着手势叫他出发。

车夫微微一笑，点点头。"是，先生"，马匹便轻快地小跑起来。那车夫好像挺喜欢我，因为他不断地给我讲解所有途经的景物和古迹，特别是那些我不感兴趣的东西。

"加里波第①！加里波第！"他扯着嗓门大喊，或者指着百货商店叫道："百货大楼！"

在一条狭窄的街上他突然停下来，兴奋地指着一栋房子，逼着我下车。我以为有什么伟人（对他而言！）在此出生或者谢世，于是跟着他走了进去。楼梯脚边站着一个不超过十岁的女孩，对着我微笑。"漂亮姑娘，漂亮姑娘！"车夫称赞道，眼珠兴奋地转动着。这时不知从什么地方冒出一个肥胖的女人，把孩子往我这边一推，一遍又一遍地重复道："我的女儿，我的女儿！"看见我无动于衷，就解开小姑娘的上衣，露出她小小的胸部，逼我去摸。她的胸部像石头一样硬。这一切都发生在上午 9 点！可爱的那不勒斯！在 1910 年，它是一座最具诱惑的不道德的城市！

---

① 加里波第（Garibaldi, 1807 - 1882）：意大利民族解放运动领袖，现代意大利的奠基人。

我跑回街上，生气地对车夫叫道："国家博物馆！"

他无可奈何地听从了我的吩咐。

我以为庞贝和赫库兰尼姆的青铜器是艺术极品。这些古代艺术家的技艺是无与伦比的。在欣赏一位罗马皇帝骑马的雕塑时，我突然感到：同音乐和绘画相比，自产生这些古代作品以来，现代雕塑进步甚小。

在二楼展出的是绘画和壁毯，房子一间挨着一间，都放着同类的展品，不过我只看中一幅画：提香①的《达那厄》②。其他的在我的记忆中已模糊不清。要是我拥有这幅画，我的生活就会富有百倍！

那天的其余时间都用来参观庞贝遗址了。我愉快地投身于昔日的辉煌之中，接连几个小时感觉自己就是那个时代的一名罗马贵族。赫库兰尼姆和庞贝城内出土的大量色情和淫秽的遗迹似乎证明，我当时所见到的那不勒斯部分地继承了先辈的风俗。晚上，这座大名远扬的城市就像一个大窑子：每个墙角都会有皮条客截住客人；马车夫提议送客人去最出名的妓院；在许多窗口都可以看到年轻女人打着手势要客人"快上楼吧"。多亏我忠实的贝德克旅行指南上所作的严父般的警告，我毫发未伤地避开了这些危险的陷阱。指南上建议我去爬维苏威火山，并且在没有参观卡普里岛前不要离开那不勒斯城。我放心地听信着这些明智的判断。

早上，一辆公共马车把我送到托雷－德尔格雷科的一个村

---

① 提香（Tiziano Vecellio，1490－1576）：意大利文艺复兴盛期威尼斯画派画家，在油画技法上对后期欧洲油画的发展有较大影响。

② 《达那厄（Danae）》：希腊神话中阿耳戈斯国王的女儿。因神曾预言她将生子弑其外祖父，被国王幽禁在铜塔里。主神宙斯化为金雨同她幽会，她因此怀孕，生子珀尔修斯。国王将母子装入一只大木箱投入大海。木箱漂至塞里弗斯岛。母子被该岛国王救起。岛国国王娶母亲为妻。后来达那厄随儿子回到故土。珀尔修斯在扔铁饼时无意中把外祖父打死。

子，攀登火山就从这里开始。第一眼看去，徒步登山似乎不可行。我正打算放弃，这时来了个人，他提出一个很有吸引力的建议：由他提供一匹坐骑，把我送到火山口。价格看来也不算太高，所以我就同意了。刚开始，因为我是个好骑手，还为又能骑上马而高兴呢，尽管我们前进得非常缓慢。我的坐骑性格温和，我不得不用随身携带的帕德雷夫斯基送给我的手杖轻轻策马向前。然而不久之后，马主人开始让我生气了：他不是走在前面，或者为我牵着缰绳，而是拉着马尾巴，要那可怜的动物在陡峭的山路上拉着他。当我制止他时，他生气地回答，并用手势表示只有我让他也弄一头坐骑，他才照我的意思办。我不情愿地表示同意。他跑回村子，让我等了半小时，然后他骑着一匹，不，是一头骡子回来了。"一个价儿。"他自嘲地说。

爬到半山腰时，他指了指一间屋子，让我下马，他也跳下骡子。"耶稣眼泪！"他庄重地说。进屋时，我以为那是座小教堂，结果却是个带有吧台的酒馆。那个酒保会法语，解释说，"耶稣眼泪"是当地的一种葡萄酒，按照习俗登火山时都要喝它。我的同伴点头称是。酒保开了瓶酒，为我们倒满了三大杯。酒很甜，劲很足。我要付钱时，酒保说：

"他会替你付的。"

向导把瓶中的酒喝完，我们继续登山。沿途又出现一所小屋，我们再次来了一瓶"耶稣眼泪"。

终于我们接近了顶峰，还剩短短的一段陡坡，需要步行上去。我才跨出第一步，就意识到此处的土地全都是一层深深的尘埃。人一挪步，就陷到膝盖。我尽力向前走，但都枉然。那个家伙却有能耐对付这火山灰，他很快就站在我的上方了，手里拿着根绳子以便拉我。

"20 里拉。"他说，不让我碰到绳子。

我火冒三丈。

"不，绝不！"我叫道，经受着坦塔罗斯的磨难①。最后，我筋疲力尽，认了输并抓住那该死的绳子。

"你这魔鬼，你会为此付出代价的。"我嘟囔着，但是我的咒骂对他不起作用，他反而笑起来。现在我小心翼翼地前进，一直走到火山口边缘，并低头往下看。突然，一阵震天的响声，大石块从火山深处喷出，巨大的火焰似乎会吞没我，我还感到脚下的土地在发颤。我大叫一声，帕德雷夫斯基送我的拐杖从我的手中滑脱，掉进了火焰中，而我则惊慌地在灰烬中往山下滑去。马匹和骡子都在原地安详地等候着，显然它们对这一切都习以为常了。那个折磨我的家伙依然镇定自若，这让我明白，维苏威火山一向都在活动，因此没有什么可害怕的。

我们默默地下了山。在托雷 - 德尔格雷科的小村，向导请我到他的办公室结账。他的办公室是个贼窝，里面有五六个男人坐在桌边喝酒，看上去像好莱坞西部片中杀人越货的匪帮。我感觉他们都是我的向导的好朋友，而且不喜欢我。等魔鬼向导把账单放到我的面前，我被那总额吓得呆住。每一项他都给我加了倍，那令人恶心的"耶稣眼泪"算成了四瓶。在我愤慨地提高嗓门时，他的朋友们可就不答应了。"最好马上付钱。"我心里想着，匆匆地照付了。

回到旅馆我轻蔑地看了一眼我那本贝德克旅游指南。但为游览卡普里岛我还是不能对它置之不理。在我下榻的"维苏威旅馆"（那是火山就在身边的预告吗？）里有个旅行社，组织经济游，其中就包括卡普里岛一日游，费用包括：往返船票，在卡普里港一家旅馆的餐厅用午餐，参观著名的蓝色洞穴、市容以及蒂

---

① 坦塔罗斯的磨难：故事源自希腊神话。吕狄亚王坦塔罗斯杀子喂神，触怒了主神宙斯，罚他永远站在水中。那水深至下巴，他渴得想喝水时，水就减退；他头上有棵果树，饿得想吃果子时，树枝就升高。

贝留斯皇帝别墅的遗迹。时间是上午9点出发，晚上7点返回。有那么多有价值的东西可看！我曾听说过这个天堂般的岛上的许多奇迹。

轮船是中等大小，就像在多佛和加来之间航行的船。早上阳光明媚，海面风平浪静，空气清新但并不冷。我在上甲板遇到一群快乐的旅游者。

一名个子高高、穿戴着海员的衣服和帽子、离大家远远地站着的男人，突然用英语对我说：

"你是第一次来卡普里岛玩吧？"

我点点头。

"你看起来像个艺术家。我没有说错吧？"

我告诉他我是音乐家时，他又道：

"真有趣。我一下就猜到你是音乐家。"

他看上去不超过45岁，对一个英国人来说，虽然显得过于热心和健谈了点，但无疑是位绅士。

"我家在英国。"他说，"我写书，但每年有两个月在卡普里岛上度过，好避开国内恶劣的天气。请说点你自己的事吧！"

我跟他详细讲了我登维苏威火山的不太光彩的故事。

"这些那不勒斯的骗子们！"他大笑道，"要小心他们哪！那可是危险的一伙。"

我们的谈话转移到我喜欢的话题——文学。他显露出对俄国和法国作家的广博知识，而我则对狄更斯①和王尔德表示了敬佩。谈话进行得很活跃。

我们抵达港口时，他悄声说："不要和这批人一起去看蓝色洞穴，会让你扫兴的。我愿用一只独木舟带你去，小船可以划进

---

① 狄更斯（Charles Dickens, 1812－1870）：英国作家。代表作有《匹克威克外传》、《奥利弗尔·退斯特》、《大卫·科波菲尔》、《双城记》等。

洞去。那些人只能在洞穴外边看一眼。"

我感激地同意了。时值中午。一名导游正在集合旅游者。

"最好这样办：他们走了以后，我们先去吃午饭，等他们回来我们再出发。"我的新朋友说。他那么自信，对岛屿又那么了解，使我毫无保留地相信了他。

参观那个洞穴真是太美了！我们的小船由一个有经验的船工驾驭着，通过一条狭窄的水道摇进洞里，然后就在蓝宝石般湛蓝的水中缓缓转悠。我们回来之后，我的志愿向导叫来一辆马车，让我去欣赏这个可爱小城的充满诗意的街巷、广场和喷泉。

我们在一家咖啡馆里要了冰激凌。我发现俄罗斯的伟大作家马克西姆·高尔基坐在一张桌边，一边用高玻璃杯品着柠檬茶，一边在聚精会神地阅读。出于好奇，我挺不得体地盯着他看，所幸没有影响他。我尚无勇气向他走去。

天色渐晚，已是6点1刻。我正想返回港口，但我的导游制止住我。

"你还没有看见太阳落山时的阿纳卡普里和像钻石一样闪光的那不勒斯与伊斯基亚，怎么能回去呢！光为乘车兜这一圈就值得来旅游！再说，你有足够的时间可以赶上轮船呢！"

我只得同意。于是我们乘上一辆敞篷马车，在紧临大海的高高的石崖上开凿出来的路上兜风。景色的确很壮观！

我们舒适、安静地驱车前行。突然我意识到，我的同伴正把他沉甸甸的身子压向我。我想挪开，可他靠得越来越近，其行为就像对待一个女人。

我极为厌恶和害怕，我说感觉不舒服，想要马上回去。他明白了，才放过我，并让车夫送我们去港口。

天黑下来了，我们的马车走得很慢。当我们到达时，等着我的，却是令我最不快的意外——船已开走！现在一切都清楚了。他是故意让我误船的。

"别生气。明天早上 9 点有一班船。旅馆全部客满，不过你可以在我的公寓过夜。我有两个房间。我们去洗手吃饭吧，我饿死了。"他看见我垂头丧气，于是补充说，"高兴点，明天中午以前你就可以回到那不勒斯。"

我一句话也没有说，但是很害怕。

一小段台阶就把我们引到了他的住处。我们走进了一个大房间，然后他打开通往一个小房间的门。

"这是你的房间。"他讨厌地笑着说。

我慌了神。除去通向他房间的门之外，我的房间没有别的门！也没有钥匙！不过我保持住表面的镇静。我们洗过手，就下去吃晚饭。我拿不准，他到底是个表里如一的绅士，只是误把我当做同性恋者，而现在已经明白了自己的错误呢？还是个会用刀子威胁我的性欲狂？

我决定逃跑。晚饭吃到一半，我装作突然头痛，就跑回自己的房间。他留下来，彬彬有礼、不动声色地继续吃饭。在楼上，我筹划着逃跑。首先我用一个很重的带抽屉的柜子顶住门，再摆上两把座椅以及房间里能找到的所有的东西。接着我观察了窗子，这是我能逃跑的唯一途径。房间在不高的二层楼上，跳下去并不算太高，然而还是有些冒险。窗子对面有个凉台。我的右手可以够得着栏杆，并在上面吊住。手脚灵便一点我就能成功。我躺下身，没有脱衣服。睡觉是谈不上了。一小时以后，我看到门把手上下摆动。然后是敲门声和推门声，时间很短。他感觉到门上的阻力后，必定明白再坚持下去一定会闹出丑闻。我既不敢动，也不敢睡。那是我一生中最漫长的一夜。

凌晨 5 点，我听到从港口方向传来的吵闹声。踮着脚尖走到窗口，便看见准备起航的两艘轮船，正发出四声短促的汽笛信号①。不能浪费时间。我从窗口尽量探出身子，一只手紧紧抓着身后的窗楞，另一只手尽力去够对面凉台的栏杆。当我抓紧后，在墙上找到一处勉强可以支撑一只脚的地方，身体在半空一荡，双手就抓住了栏杆。几秒钟后我已到了凉台上。伸手打开通向过道的门，跑向大堂。我叫醒了服务生，问他那些轮船开往哪里。

"那不勒斯，那不勒斯！"他回答。

万岁！

一艘渔船的船长同意收几个里拉接受我为乘客。四小时后我回到了那不勒斯。

在"维苏威旅馆"我得知去罗马的火车一小时后开。我坐上火车，再也不想看那本贝德克旅游指南了。我怕发现自己会漏掉若干个四星名胜。

59

回到罗马我就从"精益酒店"搬到位于乌贝尔托街1号的"贝托里尼豪华饭店"。这家旅馆要便宜得多，而且乌贝尔托街是全城最繁忙的街道。当我打电话给斯克申斯基伯爵，告诉他我已回到罗马并且改变了地址时，他很高兴。

"你回来得正是时候。"他说，"路易莎·卡萨蒂侯爵夫人已经在城里，正等我去喝下午茶。你得和我一起去。我对她讲了你

---

① 汽笛四个短声是轮船准备启航的信号。

的好多事，她很想认识你。"

我们驱车来到一个很大的现代化别墅，管家开了门。

"侯爵夫人正在房间里等你们。"他说道，并让我们进屋。

根据斯克申斯基谈及她的口气，我本指望遇见一个富有诱惑力的金发或者黑发美人。但当我们走进客厅时，我几乎失去控制惊叫起来。坐在沙发上的女士正是从前曾惊吓过我的同一个鬼魂，当时我正在慕尼黑"世纪酒店"昏暗的阅览室内，她突然出现在我书桌的对面，把我吓坏了。她还是那紫红色的头发，怪模怪样的眼影，长长的黄牙！

路易莎记忆力很好。她微微一笑说：

"别怕！我还记得你在慕尼黑的尖叫，我答应过不伤害你的。"

她说得那么亲切、诚恳，以至我立刻就被她迷住了。我告诉斯克申斯基她是如何像鬼魅般地出现在黑屋子里，让我饱受惊吓的。伯爵和我们一起开怀大笑。路易莎的个性令人难以忘怀（我可没有讽刺的意思），而且才智超群。

那天下午我们结下了延续多年的友谊。

她问我如果为我举办招待会，我是否愿意为她演奏？斯克申斯基在她耳边悄声说了点什么，于是她回应道，那当然了，他怎能怀疑此事？

随后在街上，伯爵说："你又铁定能有一份演出费了。"

他学得很快，而且具有一个好经纪人的天分。

在卡萨蒂侯爵夫人家举行宴会之后，我很快就要前往柏林，波拉也将到那里与我见面。我在意大利只剩五天了，一个更认真的钢琴家会针对即将到来的音乐会练琴，不过这不是我。柏林音乐会的曲目确实很难，但我经常演奏它们，也不愿意过多地练习。于是，我由着自己无忧无虑的天性，决定继续探索意大利。

我坐上一列开往佛罗伦萨的早班火车，在头等包间占了个靠窗的座位。我对面坐着一位高贵的法国老先生，他曾在鲁迪尼家听过我的演奏。他作了自我介绍，恭维了几句，就和我进入了友好的交谈。包间里进来一对波兰中年夫妇，坐在靠门的两个位子上。在最后一刻又上来一个气喘吁吁、满脸通红的德国人和他的妻子，他们在剩下的中间两个位子上入坐。

火车平稳地行驶着，这时发生了一件有趣的误会。法国人和我感情激动地争论起艺术来。为了说明我的论点，我挥起双手用法语大叫道：

"可是先生，米开朗琪罗是他们所有人中最伟大的！"

那位波兰女士不屑地看了我一眼。

"你看，这个厚颜无耻的小子，怎敢这么对老人说话啊！"她用波兰语对丈夫说，"这些法国孩子真没教养。他们根本不懂得尊敬人。如果我的儿子敢这样，我就会揍他的屁股教训教训他！"接着又说，"这家伙看起来好腥腥，天知道他父母是谁！"

我觉得很好玩，于是就绝对保持平静，继续听着而不动声色。但事情越来越有趣。我在罗马游玩时划破了手指，一直在用一小瓶酒精清洗消毒伤口。德国人的妻子见状便用德语问：

"你怎么啦？手指非常不舒服吗？"

我用德语告诉她是怎么回事。

"我丈夫是个药剂师，他可以帮助你。"

男人从箱子里拿出一个盒子，看了看我的手指，用一种东西给我抹了抹。我用德语客气地感谢了他。自从那两个德国人开始同我交谈起来之后，那位波兰女人就异常激动：

"我就知道，早就知道！"她挖苦地笑着说，"他只是个粗鲁的德国佬！我怎么会把他当做法国人的呢？只有德国人才会这样自大。"

我更开心了，只等待着合适的时机。从他们的谈话中我了解到这两个波兰人来自克拉科夫。法国人继续和我聊天，不时我也和邻座用德语说几句。快到佛罗伦萨时，我拿出一盒很好的巧克力请同路人品尝。法国人拿了一块，德国人也拿了，等我把盒子客气地递到波兰人面前时，那女人做出个鄙视的手势拒绝了。

"看起来很好吃，但是我决不会碰这小子的任何东西。"她用波语对丈夫说。

在火车停稳，大家都准备好下车时，我用最地道的波兰语向她问了一句：

"太太，克拉科夫的情况怎么样？"

她惊愕地盯着我，嘴里发出长长的一声"啊——！"她丈夫凶神恶煞地盯了她一眼，就迅速带她离开。我把这事告诉法国人，我们直笑出了眼泪。

佛罗伦萨使我着迷。在开始仔细参观四星奇迹之前，我先在街上漫步了几个小时，去看了鲁卡诺、君主广场和老桥，深深地呼吸着这座浪漫城市的醉人气息。

我赞叹博堤切利在乌菲齐画廊的柔和的绘画作品；多那泰罗[①]在巴尔泽洛博物馆的洗炼的雕塑；卢卡·德拉·罗比亚[②]精致的彩釉陶塑。本维努托·切里尼[③]的优雅的《珀耳修斯（Perseus)》感动了我，不由得使我想起他在《自传》中生动记载的这件雕塑作品充满激情的创作过程。但是，安吉利科[④]的壁画未能引起我的兴趣。我从来没有学会欣赏文艺复兴之前的艺术作

---

① 多那泰罗（Donatello, 1386－1466）：意大利文艺复兴时期的雕塑家，现实主义雕塑的奠基人。

② 卢卡·德拉·罗比亚（Luka della Robbia, 1399－1482）：意大利文艺复兴时期佛罗伦萨雕塑家。

③ 本维努托·切里尼（Benvenuto Cellini, 1500－1571）：意大利雕塑家。《珀耳修斯（Perseus)》是其著名作品，详见第58节注③。

④ 安吉利科（Fra Angelico, 1387－1455）：意大利文艺复兴早期僧侣画家。

品，他们当中只有乔托①使我感到伟大。不过，在这不平凡的一天里的所有感受中，在我脑海留下最深印象的，是米开朗琪罗的巨型雕塑《大卫》。

我对有幸见识所有这些无与伦比的奇迹并发现这座如同瑰宝的城市充满了感激。我继续上路前往威尼斯了。

我在包厢的角落里安静地坐着（这次是隐姓埋名），努力复习这座中世纪首领之城的历史。贝德克先生的旅游指南中对这座城市的长篇大论并未让我满意。这回，他应该能从我这里学到一些东西了。我高兴地发现自己的知识比他的深入得多。

威尼斯对我几乎像家一样。我像爱女人一样爱这座城市。我曾热情地研究过它的历史，所能知道的一切我都了解过。它伟大的画家们我都喜爱。有关它的古老的编年史、小说、新闻都是我一直关注的主题，甚至包括卡萨诺瓦②的长篇的回忆。

火车慢慢开进终点后，我就迅速下车来到"大运河"（the Grand Canal）边，跳进一条贡多拉游船。

"去'月亮旅馆'。"我用意大利语告诉船工。那时，我的意大利语已经有所提高。从一开始，我就不得不跟船工争论该走什么路线。他和往常一样打算通过狭窄的河道抄近路，而我则坚持要从唯一一条可以接受的路线——经过庄严的大运河，进入我的梦中之城，而不理会要费多少时间。我多加了几个里拉，说服了固执的船工，贡多拉轻快地穿过那著名的水道。

"你好，里阿尔托桥！"我脱帽向这座名桥致意。一路上我兴致极高，不断地呼叫着众多宫殿的名称，犹如遇到一个个老朋

---

① 乔托（Giotto，1267－1337）：意大利文艺复兴初期画家、雕塑家和建筑师。

② 卡萨诺瓦（Casanova，1725—1798）：意大利冒险家和作家、浪荡公子。当过间谍和外交官。主要著作为其自传《我的生平》，记述了他的冒险经历，反映出18世纪欧洲的社会面貌。

友。"范德拉明宫，这是瓦格纳去世的地方！"我用意大利语叫道，"漂亮的卡·多罗宫（处处金壁辉煌，美不胜收）！莫泽尼宫！帕帕多波里宫！德斯苔梦娜宫！达利亚宫！"等等，直到我抵达旅馆。我一霎眼工夫就办妥了入住手续，放下箱子，跑到圣马可方场——所有广场中最完美的一个。这广场和我在各种老图片中见到的一模一样，达到了我能想象出的最好的样子，我为此激动异常。于是我径直去到"弗罗里安咖啡馆"的露台，找了张桌子坐下，欣赏沐浴在落日余辉中的圣马可教堂闪耀着金光的圆顶。

我感受到了"永恒的一刻"，这个词组我只在时间已失去了意义的极少数场合使用。不管这一刻是一小时、一天，还是一年，一概不能增加或者减少这种美的完整的形式。

整整两天我沿着喜欢溜达的人（我讨厌"行人"一词）经常散步的狭窄街巷和桥梁漫步、游逛、穿行。有时我迷路了，被问及的路人总会回答："一直走，过了桥再打听！"

我照着他们说的做，结果是完全迷了路。然而，我总能摸回圣马可方场。

真快啊，要回罗马参加卡萨蒂侯爵夫人的招待会了，也该为柏林的音乐会做些准备了。我给波拉写了封长信，谈起威尼斯之行以及在这个爱情之城我多么想念她，再次要求她来柏林和我相会。

离开威尼斯如同与好朋友告别。世界上没有任何别的地方我能更愉快地游玩、更感到自由自在了。

回到罗马后，时间已经很紧迫。我在布雷特施奈德夫人那里紧张地练了几小时琴。几天不练琴，都找不到感觉了。

路易莎·卡萨蒂家的招待会在某些方面较之前面的宴会来得更加有趣。除少数几个大人物以外，她还召集了真正的有识之士，真正的音乐爱好者——他们通常都是音乐会的听众。所以我是把这个招待会当做柏林音乐会的彩排来演奏的。在我离开的那一天，斯克申斯基伯爵请我在"大饭店"吃午饭，交给我音乐会演出费2000里拉和他剩余的1000里拉保证金，还送给我一个漂亮的银质香烟盒，上面用纯金镶嵌着我名字的缩写。

"我给路鲍米尔斯基公爵去信讲了你在罗马取得的成功，里边也自我吹嘘了一下。我认为这是应该告诉他的，因为他曾那么不拘礼节地对待我。顺便说说，"他继续说道，"很可惜你现在就要走。演出季还正热闹呢，你肯定能够更加频繁地在上流社会中演出的。"

他和我亲切地告别，我则衷心地感谢了他。

在演出的那天早晨，一列夜车把我送到柏林。波拉比我早到一小时，已在我们下榻的旅馆的房间里等我。我们长时间地紧紧拥抱并亲吻。自从两人一起在维也纳逗留，已经过去了很久，而且我们相互有很多事情要说，最后她只好提醒我说还要演出。我们匆忙地吃完早餐，她就打发我去看看演出厅和钢琴。

"我将给巴尔特教授打个电话，问问他今天下午可否见你。你曾允诺要拜访他的，还记得吗？"

她简直是天使，而且很聪明！

赫尔曼·沃尔夫演出公司新任经理费诺先生早已在音乐厅等我。他是个身体结实的大个子，留着短连鬓胡子，脖子上有两道肥皱褶。

"你的音乐会碰上麻烦了。"他表情严肃地说，"'美景旅馆'老板对你提出支付欠款的要求。他威胁要封存票房收入。你打算怎么办？"

我的心都不跳了，但仍微笑着。"小事一桩，我马上解决。"我快活地说，"给我六张今天音乐会的位置好些的票。他和他全家都是大音乐迷。"

试琴和调整琴凳花了我不到半小时。在去"美景旅馆"的路上我精神沮丧。难道噩梦又开始了么?

梅茨格先生在自己的办公室接待了我。他坚持要我偿还所欠款项。他从我能在贝多芬音乐厅举行音乐会得出结论,我已富得流油了。我费尽口舌解释音乐会是由路鲍米尔斯基公爵担保的,全部票房收入都要用来填补亏空。梅茨格打电话问了费诺,以证实我说的话。最终他同意接受那六张票和一小笔钱作为预付款项。回到波拉身边吃午饭时,我觉得自己老了 20 岁。

巴尔特教授下午早早地就等着我了。这是一次很尴尬的会面。老实说,我很怕再次面对他。他搬了家,这还好些,因为要在原来的同一场合和他见面我可受不了。女仆把我引进他的小客厅,他坐在一张转椅上。

"鲁宾斯坦先生,你怎么样?"他用德语客气地问我,好像他刚认识我。

我结结巴巴地说了几个听不清的词。

"今晚我会去听你演奏。你准备弹什么?"他说。

"贝多芬的第 53 号作品。"我开始道,他赞同地点点头。"舒曼的交响练习曲。"他又点点头。"肖邦的一首叙事曲和两首练习曲。"他继续点头。"最后是两首德彪西的作品。"

他一听到这话,就两个拳头往桌子上猛地一击。"这是下流音乐!你怎么能演奏这样下流的音乐!"他叫喊道,并对我怎么会弹奏这样"下流的音乐"不断表示惊讶。

我的老巴尔特教授又故态复萌了!我对他说,最后他或许会喜欢上这些独特的作品的。但他根本听不进去,完全像以前一个样子。当我告辞时,他稍稍温和了些,还祝我成功。

我脸色苍白,身心疲惫,可怜的波拉见了很是担心。

"经过这番紧张劳顿,你还能演出吗?"

我努力让她放心,但自己忧心忡忡。我们乘车去音乐厅的时候，就像是去参加葬礼。费诺说该开始了，我惊恐起来。但我在走上舞台向听众鞠躬之后，便又恢复了自信。听众席上许多友好的面孔给了我很大的帮助。梅格先生和一家人坐在第一排。真高兴我能向他证明我也会演奏，而不仅仅是只会欠他钱。不管怎么说，我演奏得比上次和费特贝格一起时要好得多。我的成功是真正的成功，应得的成功。特别使我满意的是，德彪西的作品也得到了掌声。爱玛·恩格尔曼夫人带着她的儿子汉斯到后台来看了我，马克斯·弗里德朗德尔教授和夫人以及另外几个老朋友也同样到了后台。他们都像历来那样真诚、友善，就像我从未离开过柏林。我把波拉作为"来自华沙、要去巴黎而路过这里的老朋友"正式介绍给大家。

在街上的后台入口附近，我看见海妮正在等我。她看见我和波拉在一起有点胆怯，但还是拉着我的手，对我的演奏赞美了几句，又说我长大了（！），然后就跑掉了。我猜想，她是偷着来听音乐会的。巴尔特教授这次没有写信，但是后来我从他的一个学生处得知，他对音乐会印象深刻，并称："这个家伙，想必是练了练的。"

我带着波拉去"德雷塞尔饭店"吃晚饭，庆祝我俩的重聚和音乐会的成功。她谈及有希望要回孩子的事。

"亲爱的，我们必须比以前更加小心，"她说，"在华沙最好不要让人看见我们呆在一起！"

我不想那么快就放她回去，于是就提出我一直在盘算的一个计划。

"和我一起去罗马吧？"我说，并解释了我在那里有举办私人音乐会的前景，依然能挣到钱，我们就可以在那座圣城里双飞双宿了。

波拉又担心她是否会成为我的障碍，我安慰了她。柏林除了不愉快的回忆外，没有什么可提供给我们。

　　早上，吃早点时，我们翻了翻报纸。大部分都赞扬了我的才华，大家最喜欢我演奏的肖邦和德彪西。一个评论家认为，我的贝多芬奏鸣曲不够"深刻"——"深刻"这个词被德国人用滥了，但我却不理解其含义。如果他是指"带着深刻的感情"还说得通，但那与我不相干，因为尽管我的演奏有各种技术上的不足和其他缺点，"深刻的感情"却正是我才华的本质。

　　梅茨格先生给我寄来一封感谢和祝贺信。我本希望能在信封中找到一张清欠收据，但我的希望落了空。这位德国旅店老板完全不懂得做一点漂亮的姿态。

　　我无论如何还是忠实于自己的座右铭："我不投降！"

60

　　这次在罗马，我在"贝托里尼豪华饭店"订了两个房间，波拉是以她做姑娘时的名字登记的。虽然她不得不隐姓埋名，但这些细小的不便并没有减少由于我们能在一起而得到的欢乐。

　　首先我给斯克申斯基打了电话，可是得知他去维也纳了。这个消息令我大失所望。我本指望能依靠他的天赋，得到私人音乐会合同的。而现在，一切都出乎意料地只能靠自己了。我唯一的办法就是给我曾经见过的一些大人物的府邸送上拜贴，这是当年通行的做法。

　　作为回答，路易莎·卡萨蒂和多拉·鲁迪尼邀请我去吃午饭，我不得不接受，不情愿地留下波拉独自吃饭。但是我没有接受阿里瓦贝娜伯爵夫人的舞会邀请。莱什曼夫妇十分客气，邀请我们两人去吃下午茶；我介绍波拉时说，她是家乡来的老朋友。可是任何合同都没有能兑现，同时，任何合同也都没能够签署。我还有点钱，但也快花光了——我忽视了这个实际问题，一如既往地不注意节约。

我和波拉享受了一星期的幸福。我们俩手拉着手，孩子般地张着嘴，惊叹于罗马城的全部瑰宝。我们品尝意大利的美味佳肴，甚至向"许愿喷泉"迷信地扔下几枚硬币，以保证能再回罗马。我们去听了帕斯瓜利洛的演唱，波拉被他感动得流了泪。我们最喜欢的是在街巷中漫步，在"格雷科咖啡馆"喝咖啡，逛商店。在"西班牙广场"我发现她对一件衣服看了两次，便给她买了下来。

但是那天晚饭后，我不得不对她实说了。

"亲爱的，恐怕你必须回华沙了。我剩下的钱已不多，又几乎没有签订合同的任何希望。演出季节快要结束了。"

波拉默默地听我说完，然后就着急起来。

"阿图尔，"她责备我说，"可是在柏林你为何什么也不对我说呢？我那时就想回去的呀！"

"不，不，亲爱的，"我打断了她，"在这美妙的一星期中，我不愿和你少聚一个小时，哪怕我要为此坐牢。我们生活的每一分钟都是唯一的、不可再得的，但钱却可以挣、可以赢、可以继承来，能找到，甚至能偷来！"

她顺从而悲伤地点点头，但是为我感到焦虑。

"亲爱的，别担心，"我说，"我已写信给图尔克先生，让他在利沃夫预报一场音乐会，肯定会满座的。"

第二天傍晚，我把她送走，才松了口气。我不忍心看着她因为我大手大脚而跟着受罪。

我早已习惯于经济拮据，准备独自一人来面对。在给图尔克先生的信中我要求给我寄来几百里拉，算是尔后票房收入的预支款。图尔克用电报回答我说："音乐会暂不可取，最好等到冬天。帕德雷夫斯基刚以高价演出两场，掏空了人们的钱包。"

这是让人失望的消息，但我无论如何必须离开罗马，甚至只有一半听众的一场音乐会也能助我一臂之力。于是我回电说："立即预告一场音乐会。费用由我承担。请告演出日期并寄钱来。"

我在期望中等待。我每天的饮食就是通心粉、水果和咖啡。

莱什曼太太写信来请我去吃晚饭，并提到："你说不定会感兴趣，我们的贵宾是大银行家约翰·皮尔庞特·摩根①。我们希望，晚餐后你将会愿意为我们弹奏些曲子。"

我当然知道我必须演奏，而且不是为钱——因为他们是我真诚的朋友——但是为什么和摩根先生见面会让我感兴趣呢？我冥思苦想。他肯定不会说，"阿图尔，我喜欢你的演奏。这是一百万里拉，你去好好玩玩，请吧！"我又反复思索，"我，一个穷钢琴家，将通过演奏把我最好的东西全给他；而他，世界上最富有的人，将无偿地得到这些东西。"

我去吃那顿晚饭时，十分恼火地对这位有权有势的人怀有成见。招待会规模不大，大家都在等待那位贵宾。他迟到了。在他走进房间的刹那，我受到了震动。摩根先生个子高大、满头银发、身体结实，如果不是他的鼻子，他不会引人注目。实际上很难说那是鼻子，更像是一个铁青、古铜、紫红三色的大肿块，有些地方还流着浓。突然间，我十分可怜这个人，与其他人会面会使他经受多大的折磨呀！他对自己的迟到很礼貌地表示了歉意。然后大家去餐厅入座，他被安排在上座，在莱什曼太太和另一位

---

① 约翰·皮尔庞特·摩根（John Pierpont Morgan, 1837－1913）：美国金融家、铁路巨头，组建摩根公司、美国钢铁公司等。

太太之间。用餐时，他两次被叫出去接电话，他正等待从伦敦来的重要消息。

后来在喝咖啡时，我被介绍给他，他问我：

"你在美国演奏过吗？你喜欢那个国家吗？"

而我，则装成个幼稚、好奇的小子，问他："摩根先生，听说您可以自己养得起一支海军舰队，进攻任何国家，这是真的吗？您真的能不工作，而舒服地过上 1000 年吗？这些都是我刚从晨报上读来的。"

他皱皱眉头，说："你不该去读这种胡言乱语。我是个辛勤工作的人！"

接着的事实也证明了这一点，在我弹奏完第二首曲子后，他就起身告辞了。

"可怜的摩根先生每天 7 点就要坐到办公桌前上班了。"大使为他的早退解释道。

回到旅馆，躺在温暖的床上，我想：我这个穷钢琴家要比他那个千万富翁幸福多了！他得每天早上 7 点起床，去精心照料那座巨大的金山。他认为那些都属于他自己，但是却无法带进坟墓。

图尔克打电报通知我演出日期，并寄来 500 里拉。我又一次安稳下来了。

二等车，没卧铺，到利沃夫的旅途真是很长很长啊，而且我旅行时心情紧张——如果音乐会引起财政灾难，我将如何是好？我说由自己负担费用，这多么轻率！我几乎两个晚上没合眼，到达利沃夫时，一身肮脏，精疲力竭，还要准备应付最糟糕的情况。图尔克先生站在月台上，看他脸上的表情好像是他全家人都意外地丧生了。我的心冰凉。我们握了握手。

"事情就那么糟吗？"我怯生生地问，"一张票也没有卖出去？"

他凄惨地摇摇头说:"卖光了。"

"什么?"我叫起来,"你开玩笑,是不是?"

"不,不开玩笑。才两天票就卖光了。嗯,如果你同意,我就预告第二场音乐会。"

我真想掐死这个人!

"见鬼!那你为什么一脸的愁相?!"我冲他大嚷,"你可把我吓死啦!"

他似乎很诧异:"我都没票可卖了,还高兴什么?"

这位图尔克先生真是个怪人。不管怎么说,我的两场音乐会都是满座,而且还有一大群人要求再办。愿上帝保佑利沃夫和它忠实的听众吧!

返回华沙的旅程可谓好事多磨。我去克拉科夫时使用的假护照上的签证已过期。于是图尔克先生给我搞到一本奥地利护照,是由一个谁也不太清楚的地方的镇长签署的,所以是一份不太可靠的证件。但是我别无它法,只好冒险。半夜在边境上,一个俄国宪兵收了我的证件后,连证带人一起不见了。我等着,而其他旅客都被放行了。很长时间后,那个宪兵返回来,把我带到头等车的候车室,锁在屋里。我被拘留了!我急切地动起脑子来:斯特列姆霍夫上校……能帮上忙吧?这时来了个警察,端了一杯茶和一点饼干。他一句话没说就走了,又锁上了门。我疲惫不堪,坐在一张扶手椅里打盹。早上6点,两个宪兵叫醒我,把证件还给我,郑重声明那个证件无效(!),于是他们将我送上开回奥地利的火车。噢!一旦踏上自由的土地,我就坐火车去德-俄边境,再次胆大妄为地把那张没用的纸头递给俄国人。这次我居然毫无困难地通过了边境。我惊魂未定而深感庆幸地回到了华沙。

61

在"维多利亚旅馆",我与卡罗尔·希曼诺夫斯基和巴维尔·科汉斯基快乐地重逢了。而我的到来对他们则是个惊喜。整个晚上,直到半夜,我们都是在一起度过的。我请他们在华沙最好的"欧罗巴旅馆"的餐厅吃了晚饭,我向他们讲述了自己历险记的所有细节。他们最喜欢听我在维苏威火山和卡普里岛上的那段经历,这证明了我的一个理论,即令人不快的事件和危险的奇遇,随着时间的推移,就会变成最轻松的趣谈。我回到华沙就立即给波拉打了电话,她听说利沃夫救了我,简直开心得不能自已。我们约好第二天上午见面。

华沙的春天以其无可比拟的魅力向我们袭来。我们无法抵御这魅力,我的波拉又开始来旅馆看望我了,虽然是偷偷的,但这回可以走大门了。

感谢巴维尔让我认识了几位奇妙的新朋友——莫什科夫斯基(Moszkowski)一家。父亲是股票经纪人,是作曲家毛里茨·莫什科夫斯基的堂兄。他是一个乐观、机智的老先生,长得很像自己大名鼎鼎的堂弟。母亲是个出众的女人,尽管她已55岁,但却有着年轻姑娘的精力,是个热心的读者,能用三种语言阅读最有价值的文学著作,同时又是位贤妻良母。他们共有三个儿子,年纪都比我们略大,巴维尔与他们从小就认识,其中一个是工程师,一个是建筑师。他们全家对音乐都充满热爱,一场音乐会也不漏，并且最喜欢巴维尔和我。我很快就和巴维尔一样成了他们家中受到特殊照顾的客人。我们不时在他们家演一些我们正在排练的乐曲，这是计划在华沙和罗兹联手举行的音乐会上推出的曲目，目的在于看看莫什科夫斯基一家人的"音乐耳朵"有何反应，并听听他们的评价。

一天晚上，大儿子安代克带回来一份俄文报纸，塞给了我。

"读读这篇，"他说，"或许你会感兴趣的。"

那是有关即将在夏天（具体日期我忘了）举行的安东·鲁宾斯坦钢琴和作曲比赛的详细报道，地点在圣彼得堡。亚历山大·格拉祖诺夫将担任评委会主席。年龄上限是 25 岁（我那年 23 岁）。分设两个奖项：一个钢琴，一个作曲。每项奖金高达 2000 卢布（合 1000 美元）。

我的伟大同姓人总是那样高尚，他让我为拥有这个姓氏而骄傲。是他创立了第一个不分种族、信仰和肤色的国际比赛。为确保公正，他要求比赛每五年轮流在圣彼得堡、柏林、维也纳和巴黎举行，每次由各主办国的国立音乐学院的时任院长担任主席。

"阿图尔，你怎么看这件事？"安代克问道。

"我认为，这对有才华的年轻钢琴家是个大好机会。"我回答。

"不过你没有明白我的意思。我是要你去圣彼得堡，去夺冠！"

我微微一笑，"我很高兴听到你如此信任我，我也确实非常向往，可是我对此没有做好准备。你很清楚，我学任何作品从不能将其精雕细琢，练到尽善尽美的程度，而总留些即兴发挥的余地。再说，参赛者要演奏的曲目是很难的。我需要几个月才能学会。"

我的辩解没能说服安代克。巴维尔也站在他一边。

"阿图尔，你低估了自己的才华。"

"仅靠才华是赢不了的。"我说,"还需要更多的东西。"

最后他们放弃了,讨论到此结束。不过,我内心受到了触动。说真的,我羡慕那些能一天练琴八小时、把所弹作品掌握到完美程度的青年钢琴家。我力图忘掉比赛。我和巴维尔的音乐会进行得很不错。在弗朗克和勃拉姆斯的奏鸣曲演奏中,我们俩相互激发灵感,听众也都感觉到了。

华沙美人鱼——波兰首都的象征又在对我施展魅力了。我现在比以往更有理由被她控制。波拉的温柔、可爱和爱情使我充满了活力。她的勇气帮我从哈尔曼家肮脏的魔法中永远解脱出来。多亏波拉,我又能尽情享受华沙迷人的气氛了,这包括朋友、剧院、街道、咖啡馆以及富于幽默感的人们!令我自鸣得意的还有我在国外演出成功的消息也传到了华沙和罗兹。

但是,和华沙美人鱼的这段幸福的爱情突然被打断了。

报纸上刊登了一篇关于鲁宾斯坦比赛的文章,使我热血沸腾。格拉祖诺夫和评委会的其他成员一起签署了一封致沙皇的请愿书,请求沙皇放宽禁止俄国犹太人在首都逗留不能超过24小时的规定,允许犹太参赛者在整个比赛期间都能留在圣彼得堡。

沙皇未予答复,是由首相斯托雷平(Stolypin)代予答复,其拒绝粗暴而且绝对不容讨论。

我无法容忍这样蛮横的不公。我不仅作为犹太人身受其辱,而且对于玷污我伟大同姓人的行为忿忿不平,他绝不会容忍这样的歧视。我强烈地渴望报复。

巴维尔和安代克也都读了那篇文章。

"安代克,我要去圣彼得堡参赛!"我坚定地说,"如果他们试图阻挠我,我就把它变成国际事件、一桩真正的丑闻!"

巴维尔说:"我希望你知道比赛离今天只有两周了。你怎么来得及学会比赛曲目?"

"我才不管音乐哪,"我回答,"我去是要向斯托雷平示威!"

安代克平心静气地说："阿图尔，我去为你搞一套比赛曲目的乐谱。你明天上午到我家来，首先把所有曲目都弹一遍。然后你再考虑下一步怎么办。"

我表示同意。第二天上午满脸微笑的莫什科夫斯卡太太招待了我一顿丰盛的上午茶，有咖啡、鸡蛋、点心和果酱。

"孩子们，现在就到钢琴旁边去吧！"她愉快地说。

我先弹了安东·鲁宾斯坦的《d 小调钢琴协奏曲》，这是每个参赛者必弹的作品。在音乐会上，它听起来很难弹，但实际上比我想象的要容易些。其余的比赛曲目能构成一场独奏音乐会，计有：一首巴赫的四声部赋格，一首贝多芬晚期创作的奏鸣曲，一首舒曼的较重要的作品，肖邦的叙事曲、夜曲、玛祖卡舞曲各一首，还有指定的李斯特的四首练习曲中的一首。

所有这些看来都还能对付。我跟巴尔特学过贝多芬的奏鸣曲作品第 90 号，只有两个乐章，比较容易。舒曼的作品我可以在《蝴蝶》和《狂欢节》作品第 9 号中选一首。肖邦的作品我很熟悉。但在我的保留曲目中，没有李斯特的练习曲，也没有巴赫的四声部赋格。而且我很清楚，这些作品中我没有一首算得上真正准备好参赛的。我总能弹奏出这些曲子的精美、动听的轮廓，但我轻视了细节和技术上的完美，这个缺陷持续了多年。

不过，安代克和他全家都很乐观。

"要是你真下决心练琴，你一霎眼功夫就能学会。"

"这正是我的问题所在。我喜欢整天弹奏摆弄音乐，可是规规矩矩地练习一小时就厌烦了。"

"这么办，阿图尔，"安代克说，"为了让你自己和我们大家都吃一惊，你吃午饭前要学会协奏曲的第一乐章！"

我从来都无力拒绝挑战。

"好，我试试！"

安代克离开，而且把门也锁上了，这个坏蛋。

两点钟左右，我已经记熟了两个乐章，并开始学第三乐章了。

"午饭在桌上啦！"莫什科夫斯卡太太叫道。

高高兴兴地吃完营养丰富的午餐后，我又照这一办法回到房间去练琴。

这个聪明的办法很成功，安代克知道怎样激发我的雄心壮志和竞技精神。事实上我很高兴被关在房间里，迫使自己工作，并以击败他的挑战而备感自豪。这样子干了十天之后，我已确信比赛时可以像样地演奏了。

是安代克替我办完了所有手续，如寄出包括出生日期、所受音乐教育的个人简历等等。索霞的表兄，一位生活在圣彼得堡的记者，同意让我在逗留期间住在他家里。

波拉开始时劝我放弃这个冒险行动，但是被我坚定的决心打动了，于是也全力在精神上支持我。我在朋友们的祝福声中出发上路。

62

索霞的表兄斯特凡·格罗斯坦有一副善良、天真的面孔，一头金黄色的卷发和一双眯着的近视眼。从车站到他家的路上，他给我提供了许多宝贵的信息。

"我明白你的处境，"他说，"我认为你没有什么可担心的。我在彼得堡有个好朋友，是位犹太律师，他对你的事很感兴趣。

一旦有什么麻烦,他会免费为你代理。斯托雷平已经使他大为生气,他准备把政府告上法庭——当然这不会有什么结果。但我的朋友肯定,你会取得胜利。"

在格罗斯坦家,我还没安顿好,他就要我把证件给他。

"我必须把这些东西交给门房,"他解释说,"门房要对警察负责。"

"如果警察明天要我立即离开,我该怎么办?"我问。

"你就声明,你有权参加比赛,他们便要调查这件事。如果回答是否定的,律师就介入。"

我虽仍不太踏实,但多少放心了些,便把自己的老护照给了他。我睡了很长时间,慢慢用过早餐,就前去音乐学院报名并与格拉祖诺夫见面。所有参赛者都已到达,总数不超过 20 人。其中有 4 人我很熟悉,他们和另外几个人已是相当知名的钢琴演奏家了。格拉祖诺夫在院长办公室接见了我。他显然感到很不安。

"你不该来的,"他说,"我担心他们会不让你逗留。"

"如果真是这样,"我断然说道,"我就把它闹成国际丑闻!再说,此地有位律师已准备为我辩护。"

"令我不安的是这样一个事实,你是唯一身处困境的人。"格拉祖诺夫说,"其他俄国犹太人都是俄国音乐学院的毕业生,因此他们成了'自由艺术家',而来自国外的犹太人又都拥有外国护照。"

"先生,不管发生什么,请允许我参加比赛。"我恳求道。

他同意了,他无权拒绝。

在楼下大厅里我和其他人一起填写了报名表,抽了比赛顺序号。我抽到的是第 12 号。后来,大家随意地围在小吃部的旁边,开始互相熟悉。很快空气中就充满了各种语言的高谈阔论和小道消息。一个俄国人指着一个戴眼镜的年轻人说:

"阿尔弗雷德·霍恩(Alfred Hoehn),德国人。他将获得大奖。"

"你怎么这么有把握？他是天才吗？"

"他拿着赫塞（Hesse）大公写给他妹妹、俄国亚历山德拉皇后的信。"他回答说，"而且我敢肯定，我们的评委也会被告知此事的。"

传闻而已，我想。不过，我倒是想多了解一下这个德国人。经过几分钟的交谈，我发现霍恩和我有许多共同点。他对音乐和钢琴的看法与我很相似，此外，我们俩都崇拜勃拉姆斯。

因为参赛者有权选择钢琴，我首先关心的事就是找到贝希斯坦钢琴的代理。我找到了，他叫安德列·迪德里希（Andre Diederichs），他本人是个钢琴制造商，同时也是一位最可亲的人。他要我试一下为比赛准备的琴，那是一架极好的贝希斯坦牌琴，他仔细地听了我的弹奏。

"你具备获胜的条件。"他叫起来，"我打赌，你，还有我的琴都将是冠军！"

说完这些令人鼓舞的话之后，他就邀请我共进午餐。在饭店里，他了解到我是为了抗议斯托雷平才来的，警察可能会找麻烦，就表示出十分强烈的义愤，以至我不得不让他平静下来。我发现他是个可贵而且值得信赖的朋友。他送我回格罗斯坦家，和我一起分担不安。格罗斯坦一整天都紧张地守候在家，他告诉我们，到目前为止，尚未被传唤。我决定平静地等待事态的发展。

比赛在第二天上午 10 点开始。

一号选手是瑞士钢琴手爱德温·费舍尔①，他演奏了安·鲁宾斯坦的协奏曲的第一、第二乐章（比赛委员会决定取消演奏第

---

① 爱德温·费舍尔（Edwin Fischer, 1886－1960）：瑞士钢琴家。以演奏巴赫和贝多芬钢琴作品最为著名。建立了自任指挥的室内乐团。晚年从事教学，布伦德尔就是他的学生。

三乐章）。以格拉祖诺夫为首的评委会坐在头两排。他们一共12位，都是来自沙俄帝国几所音乐学院的教授，其中最重要的人物是大钢琴家阿涅塔·叶西波娃①（莱舍蒂茨基的第三任妻子）。由于时间较早，听众寥寥无几，后来成为大名鼎鼎钢琴家的费舍尔懊丧地评论道：

"每次比赛中，第一个出场演奏的总是牺牲品。大家都等着下一个，好有个比较。"

出于这样的认识，他演奏得有点漫不经心。安·鲁宾斯坦的协奏曲虽然曲式是古典的，但包含着一些优美的旋律素材。作曲家力求宏伟，结果却往往是夸张。要想弹好这首曲子，就要有气势和激情。第一天的参赛者都具备了很好的技术和力量，但恰恰缺少上述两个因素。

当晚，迪德里希告诉我，他去了解过了，警察依然没有出现。"肯定是忘记你了。"他开玩笑说。我们就出门愉快地吃了顿晚餐。

第二天下午，轮到我上场弹协奏曲了。上午大概有五个人出场，但总体比赛气氛还是很平淡。听众的反应也一般。我没有吃午饭，只是在小吃部喝了两杯咖啡。我紧张到了极点——这是我平生第一次参加比赛。同时我谢绝了与乐队排练，我想，没有经过事先准备的演奏，听起来会自然一些！

叫我的名字了，我的手指像冰柱般僵冷。我优雅地鞠了一躬，坐下来，差点就晕倒。但是随着协奏曲第一个和弦响起，我立刻变了一个人，进入一种奇特的忘我状态。我演奏着，就像被一种神秘的力量驱动着。我的演奏想必产生了"放电效应"，我

---

① 阿涅塔·叶西波娃（Annette Essipova, 1851-1914）：俄国钢琴家。莱舍蒂茨基的学生、助教和妻子。先在彼得堡崭露头角，后巡演于欧洲各地，大获成功。1870-1885年她共举行667场独奏音乐会。其特色是如歌的演奏和珍珠般的跑句。后在彼得堡音乐学院执教，许多俄国钢琴家和作曲家都是其学生，如普罗科菲耶夫。

还没有结束最后一个华彩段，听众席上就已响起了喊叫声。最后一个音符响过，便爆发出暴风雨般的欢呼声。听众鼓着掌，喊叫着，跺着脚。评委们起立鼓掌。我有些担心第二乐章——委婉的浪漫曲可能会激动不了听众，但他们的热情并未稍减。幕间休息，全体评委都到休息室来向我祝贺。

格拉祖诺夫说："我还以为是在听安东·格利高里耶维奇（鲁宾斯坦）的演奏。"

叶西波娃夫人亲吻了我。我简直飘飘欲仙。

迪德里希邀请了格罗斯坦和我到全城最好的法国饭店——"谷巴餐厅"吃晚饭。我们一起庆祝直到深夜。我开始忘记斯托雷平和警察了。

各家晨报对我的演奏作了火热的报道，而且都提及评委们是如何对我赞许有加的。

其余选手对协奏曲的演奏没能比前面的选手发挥得更好。霍恩弹得很细致，但没有火花。在钢琴独奏比赛前，参加作曲比赛的选手们用了一整天来展示各自的作品，他们一共有五人。我们便有两天的空闲时间可以在自选的钢琴上练习。大家兴趣盎然、但毫无妒意地相互倾听了各自的演奏。我的同伴们都是有成就的钢琴家，后来很多人都在钢琴艺术生涯中取得了很大成就。两个俄国人，裴什诺夫（Pyshnov）和鲍罗夫斯基（Borovsky）是叶西波娃的学生，有希望获奖。我则进一步发现与博学、谦虚的霍恩在音乐上有共同点。瑞士人埃米尔·弗赖①同时作为钢琴家和作曲家参赛，这使大家都很吃惊。

第三天，费舍尔又是第一个登场演出。这次大厅里坐满了

---

① 埃米尔·弗赖（Emil Frey, 1889－1946）：瑞士钢琴家、作曲家。20 世纪 20 年代初成为在欧洲和南美大受欢迎的钢琴家。作有许多钢琴曲、两首交响曲、一部弥撒曲、一部大提琴协奏曲等。

人。公众、报刊、整个俄罗斯都热切地关注着比赛。实际上在这一轮比赛中，我们每个人都有了自己的支持者。但是说实话，我的追随者最多。如果我是一匹赛马，我的赔率大约会是 10 比 1。

费舍尔演奏后，我听了希罗塔（Sirota）、裴什诺夫和一个英国人的演奏。他们使我感到沮丧——他们弹得太好了。四人都具备我从来不曾拥有的完美技术。这帮家伙连一个音符都没漏掉。我想我还是不要再听其他人的演奏为好，否则，不管有没有警察，我都会逃离比赛现场的。提起我的演奏，老实说，我受着"自卑情结"的折磨。我觉得任何能正确弹奏斯卡拉蒂的奏鸣曲的青年都是比我优秀的钢琴家。当然，我希望读者诸君能明白，作为真正意义上的音乐家，我比别人并没有任何自愧弗如的心理。

第二天下午，终于有人喊了句"第12号！"我觉得自己像是走上断头台。大厅里座无虚席。在听过 11 个人的演奏后，听众的热切期待达到了顶点。甚至评委们看起来也有点不安。要解读我的内心，真需要有一个很好的心理分析师。

真奇怪，紧张而兴奋的气氛有利于弹好曲子。

第一首作品，巴赫的前奏曲和赋格的声音在贝希斯坦钢琴上显得清澄而庄严。听众热情地鼓掌，而评委们也频频点头嘉许。之后的贝多芬奏鸣曲令我颇为担心，它很短，而且结尾不明确，效果不显著。第一乐章很辉煌，很感人，但最后乐章的一个优美的主题被过多地重复，结尾时又突然消失了。巴尔特教授对我说过，安东·鲁宾斯坦就是弹这个乐章把听众感动得流了泪的。牢记这一点，我全身心地投入表演之中，迷人的旋律的每次重复都被我赋予了新的、更强烈的意义。演奏完毕，听众开始时有点摸不着头脑，接着给予了我盲目的掌声，是那种典型的崇拜者的掌声。那欢呼与其说是给我的，不如说是为了贬低我的竞争者的。尽管如此，我仍然感到似乎自己已经赢得了这场战斗。

舒曼的《蝴蝶》相当成功，而肖邦的作品则是胜利！叶西波娃边听玛祖卡边擦眼泪。我猛击键盘演奏了李斯特的练习曲，虽然弹错了不少音，却是一气呵成。

与我的独奏结束后的反应相比，听众前几天的反响相当温和。俄国人真能成为世界上最蛮悍热情的听众。那天他们就证明了这一点。他们声嘶力竭地大喊大叫，一窝蜂地向我冲来。我艰难地退回休息室，评委们只能一个一个地挤进屋子，有些人进来时已是衣冠不整。格拉祖诺夫对我讲了几句令人感动的话，叶西波娃感谢了我演奏的肖邦。"这样的肖邦我永远不会忘记。"她说。

评委们回到自己的位置，继续去完成其职责。一个法国人弹得不错，但不太动人。

晨报纷纷刊登关于我的长篇报道，无一例外地称我是"胜利者"。一家主要是犹太人阅读的《自由主义日报》甚至走得更远，它使用《人民之声就是上帝之声》作为头版大标题，说"唯有鲁宾斯坦才能赢得鲁宾斯坦比赛"。华沙的报纸转载了这篇言过其实的文章。波拉、莫什科夫斯基一家和巴维尔发来了热情洋溢的贺电。

比赛的最后一天，我全部用来听剩下的五六个钢琴选手的演奏，其中有鲍罗夫斯基、霍恩、俄国人 伊塞里斯（Isserlis）和埃米尔·弗赖。鲍罗夫斯基是个优秀的钢琴家和功底扎实的音乐家，但缺乏个性。他弹的所有作品都太矫揉造作，因而不能激动人。不过他音乐学院的众多朋友对他的演奏反应热烈。

大家紧张地期待着霍恩的独奏。听众中流传着那封给皇后信件的故事，甚至有流言说霍恩是赫塞大公的私生子。实际上他是个严肃、谦逊的青年。他选了巴赫的一首速度慢、篇幅长的赋格，这要求音色的细微变化与丰富的层次，而他并未做到这些，因此，虽然从音乐的角度看他弹得极好，但听起来却显得单调。

他弹的第二首曲子是贝多芬最伟大的一首奏鸣曲，即所谓《锤子奏鸣曲（Hammerklavier）》，作品第 106 号。这首作品他弹得棒极了，就像一个成熟的大师。那首乐曲渗透了他的身心，演奏得如此之自然，好似他刚刚创作出来一般。第一乐章的高雅构想给我留下深刻的印象，他对柔板（adagio）的纯朴、优美的演奏深深感动了我。最后一段很难的赋格堪称辉煌。整个奏鸣曲的演奏宛如出自大师之手。曲终，霍恩得到了应有的欢呼。

他的其余乐曲就不那么吸引人了。霍恩在舒曼的作品中不够浪漫，对肖邦也缺少正确的感觉。而炫技性作品，如李斯特的练习曲，则决不符合他的风格。

排在霍恩这样有个性的选手之后，伊塞里斯听起来就乏味得多了，但是弗赖却很神奇。弗赖的三重奏给评委们留下了很好的印象，他被认为是作曲奖的唯一候选得主。然而谁也没有料到，他还是个很优秀的钢琴家。他弹的《锤子奏鸣曲》在技巧上比霍恩还要完美，虽然不那么动人。他演奏的整套曲目无疑让人十分愉悦。这位瑞士音乐家看上去是我最大的对手。听众热情地为他鼓掌，而评委们则犯了难！

比赛结束了。谁也没有离开座位。大家都以为马上就会公布获奖者的名字。但是格拉祖诺夫却决定把宣布比赛结果推迟到第二天下午两点。让我们这么痛苦地度过 24 小时真是残忍。我的朋友迪德里希设家宴庆祝我的胜利——结果为时过早。不管怎么说，晚餐很是精美，客人们都是我忠实的支持者。而迪德里希，出于对我的极度信赖，看起来在非常活跃地为我奔忙。他说李斯特最后的学生，亚历山大·希洛蒂（Alexander Siloti）希望我作为独奏演员参加他在圣彼得堡的两场时髦的交响音乐会。

"我还什么也没有答应他。"迪德里希说，"我希望能为你搞到些更实惠的东西。但我也没打击他的情绪。"

我们坐着，一边喝酒，一边聊天，直到半夜。清晨 3 点，我不得不叫醒可怜的、每天勤奋工作的格罗斯坦，而我却一直睡到中午。1 点钟迪德里希来了，带我去吃快餐，一份实实在在的俄罗斯凉菜拼盘。随后我们就去挤得满满的音乐学院大厅。我的到来引起了一阵欢呼，我感到挺温暖。2 点钟已过。大家耐心地等了一小时，但仍不见动静。我们中许多人都到旁边的小吃部喝咖啡去了。一个服务员答应，一旦需要就来叫我们。又过去一小时，已没有咖啡可喝了，但依旧没有任何消息。被紧张的心情折磨得筋疲力尽，我们回到大厅。整整三个小时之后，格拉祖诺夫和其他评委才在舞台上出现。迎接他们的是一片死寂。格拉祖诺夫脸色苍白，满头大汗，走上前来声音颤抖地宣布道：

"作曲奖，2000 卢布，一致投票决定授予埃米尔·弗赖先生。"欢呼声。弗赖走上舞台，接受了评委会的祝贺和听众经久不息的掌声。

"钢琴奖，2000 卢布，一致决定授予阿尔弗雷德·霍恩。"格拉祖诺夫继续说。

大厅里楞了一会儿，紧接着爆发出讥笑声、叫好声和掌声。格拉祖诺夫举起双手，表示还有话要说，想让大家安静下来，但毫无用处。这阵喧闹经过了好半天才算过去。他使劲提高嗓门，几乎是喊叫着一口气宣布道：

"一等特别奖和荣誉证书，一致同意授予阿图尔·鲁宾斯坦；二等特别奖和荣誉证书授予亚历山大·鲍罗夫斯基。"然后请我们——霍恩、鲍罗夫斯基和我，上台接受评委会的祝贺。

这套聪明巧妙的安排，使观众一时间摸不着头脑。大家最后才明白，是我和霍恩分享一等奖，但奖金由他一人独得。人们不同意这个方案，但它毕竟让大家平静下来了。唯一好斗的反对者是迪德里希，他嚷着："可耻，可耻！"至于我自己，则经历了情感的起伏和冷静的思考。无庸讳言，普遍的呼声使我确信自己一定会赢，而宣布的结果让我非常失望。但在内心深处我不得不承认，霍恩演奏的《锤子奏鸣曲》比我那简短的《e小调奏鸣曲》分量要重得多。在听了他的演奏和弗赖的优美的独奏之后，我已经不那么信心十足地感觉自己应该赢得奖金了。

我和迪德里希吃了平生最忧伤的一顿晚饭。俄语是骂人词汇最丰富的语言，我的朋友在吃饭的功夫就证明了自己对它掌握得多么全面。谈及其他问题时，他嚷道，一定是皇后下达了命令，而那帮"猪猡"就照办了。

我不喜欢这样的指责。

"迪德里希，"我说，"看来你忘了，霍恩是个很棒的钢琴家，根本不需要任何人的庇护。他是靠能力取胜的。"

他听不进去我的话。真是"追随者迷"，他对任何论据都充耳不闻、视而不见。

"别扯这些了，迪德里希。"我有点不耐烦地说，"你的怨恨使你无法公正，而且我太累了。"

他只好作罢，并把我送回住处。斯特凡·格罗斯坦还等着我。

"猜猜今天谁来看你啦？"他问道，但不等我回答，就继续说，"警察来了。一个警察交还了你的护照，带着要你在24小时内离开的命令。他还眼也不眨地补充了一句：'没有豁免令的犹太人必须严格遵守。'他一走，我就大笑起来。"

我们一起高声哄笑。这个"轻松场景"与我那充满戏剧性变化的一天配合得天衣无缝。

"明天晚上我回华沙。"我说，"嗯，亲爱的斯特凡，我很高兴，你就要摆脱我这个让人操心的房客了！"

当然他抗议我这样说，但实际上还是松了口气。第二天一早，迪德里希"砰"的一声闯进房子。

"阿图尔，"他叫喊着，"不管怎么说，你赢得了胜利！今天晚上你就去哈尔科夫！"

　　看到我张大着嘴、一脸迷惑的表情，他不禁笑开了。接着他告诉了我整个事情的原委。

　　"昨晚，谢尔盖·库谢维茨基（Serge Koussevitzky）从哈尔科夫给我打来电话，想了解比赛结果。在我把你所遇到的不公正告诉他后，他大为生气。他当即决定要补偿你。他的建议是：安排你在俄国举行巡演，包括参与他在莫斯科与圣彼得堡的两场交响音乐会；还有与鲁宾斯坦奖金相同的 2000 卢布，作为巡演的预支款项。"

　　任何语言都不足以表达我的高兴。我以为自己是在做梦。

　　"这还不是全部。"迪德里希继续说，"库谢维茨基邀请你到他在哈尔科夫附近的乡间别墅杰尔加奇去。他要认识你，并同你讨论建议的细节。"

　　我把警察造访一事告诉了他，他也笑起来。

　　"那么，这些狗娘养的突然想起你了，是不是？好吧，我们没有时间可以浪费，今晚你就去哈尔科夫。我把你抵达的时间通知库谢维茨基，请他派一辆马车来接你。"

　　我拥抱了他，也拥抱了格罗斯坦，我真想拥抱全世界！

　　库谢维茨基是当时享誉欧洲的最好的低音提琴演奏家，是这种笨拙乐器的真正演奏巨匠。尼基什和其他伟大指挥家都邀请他作为独奏演员参加他们的音乐会演出。他的艺术生涯是以莫斯科歌剧院乐队第一低音提琴手的身份开始的。一个非常富有和聪慧的女子爱上了这个能用自己的乐器优美地演奏的高大漂亮的青年。爱情使他们喜结良缘。新娘的陪嫁是以新郎名字命名的一个正式的交响乐队。跟随尼基什学习一段时间之后，库谢维茨基就在圣彼得堡和莫斯科展开了一个宏伟的音乐会演出季，同时在莫斯科设立了演出办公室，并在全俄设有代理机构。迪德里希是他在圣彼得堡的代表。1910 年，当库谢维茨基采取高尚的行动，挺身而出支持我时，情况就是这样。众所周知，后来他成为伟大的指挥家之一，并担任誉满全球的波士顿交响乐团受人尊敬的音乐总监，历时 25 年。

63

杰尔加奇在哈尔科夫近郊，坐马车去不到半小时。库谢维茨基和夫人在自己简朴却宽敞的别墅极其亲切地接待了我。晚餐时我们谈到鲁宾斯坦比赛的情况，我仔细地讲了自己所扮演的角色，从华沙开始直到意外的尾声。他们特别欣赏我决定反对斯托雷平法令的决心和事实上的胜利。

"哈哈！那就是说他们没有敢把你怎么样，对不对？"库谢维茨基高兴地说。

在安静地休息了一晚并美美地吃罢早餐后，库谢维茨基把我领进书房，讲了巡演计划。

"我要你和我一起演奏鲁宾斯坦的协奏曲。这将会引起轰动。我听说你的演奏非常出色。"

其实，我宁愿弹奏更有分量的协奏曲，不过我只好同意。

"我的演出办公室将为你在莫斯科、彼得堡、基辅和敖得萨、或许还有哈尔科夫组织独奏音乐会。"

"我答应过迪德里希在独奏音乐会上演奏《锤子奏鸣曲》。我想立即开始练习这首曲子。"

"那在两京①没有问题，但我不会主张你在省城弹它。"

叫我们吃午饭时，他手伸进口袋。"这是你回华沙的车票。火车晚9点离开，所以晚饭我们要早些吃。噢，差点忘了。"他拉开抽屉，拿出一个信封交给我。

"这是你的鲁宾斯坦奖金。"他说道，又微笑着加了一句，"不过你还得再弹一遍！"

下午，我打开琴盖试了一下，是一架很棒的布吕特纳牌钢琴。因为夫妇俩都渴望听听我的演奏，我弹了一整套音乐会曲目。库谢维茨基夫人给我的印象是有节制、话不多，她对我的音乐表现出热情的理解，对我更友好了。她的丈夫听得很认真，反应就像迪德里希一样。

"你有足够条件成就一番事业。"他说，"只要你能持之以恒地工作，那就毫无疑问。"

他把我送到车站，亲吻了我的双颊作别。旅途上走了一夜加半天。

在华沙，朋友们以混杂着义愤与怒气的祝贺欢迎了我。他们指责俄国人背信弃义，最激烈的是安代克。

"所有的评委都该就地枪毙！"他满脸凶相地申言。不过，库谢维茨基紧接着的举动大大改变了他们的情绪。我很愉快地发现，在整个比赛期间，全国都站在我一边，我受欢迎的程度已经大增。

我见到波拉时，她脸色苍白，感觉也不太好。她的朋友们邀请她一起去扎科帕内，我也鼓励她去，虽然这又要使我们分离。她要求我不要过去与她会合。她很可怜，一直希望要回孩子，依然害怕我陪着她在太引人注目的地方出现。希曼诺夫斯基打算到

---

① 两京，指俄国旧京莫斯科和新京圣彼得堡。

蒂莫舒夫卡去过夏天剩下的日子，他劝我一起去。

我们几天后出发了。但出发之前，我自豪地向萨尼亚夫斯基先生付清了欠"维多利亚旅馆"的债。自然，缠人的蚂蟥卡普尼克也得到了足够给一大家子买"药片"的钱。

希曼诺夫斯基的母亲和其他家人似乎很高兴再次见到我。日程表还是老样子：上午和希曼诺夫斯基切磋音乐，然后骑马，接着自己练练琴，熟悉希曼诺夫斯基的《奏鸣曲》和新创作的《交响曲》。晚上我们打牌或者做智力问答游戏，很早就上床睡觉。我在那里逗留了四个多星期，对我大有好处。

我精神抖擞地回到华沙"维多利亚旅馆"，马上就开始练习那首吓人的《锤子奏鸣曲》。演出季节启动得很慢，所以我有一些空闲。波拉回来得稍迟，感觉已经大好。我们继续悄悄地幽会，两人的爱情没有改变。

一封来自罗马的信件确认了我将参加奥古斯都音乐厅的一场交响音乐会。时间定在1911年1月的一个星期日傍晚，是我在莫斯科首演的前五天。圣马蒂诺伯爵要我弹两首自选的协奏曲，中间插入肖邦的两三首独奏作品。工作量可是不小，而所付的酬金甚至不够开销。尽管如此，一想到能在我喜欢的罗马公演，我还是感到骄傲和幸福！

光明的前景激励着我去扩大保留曲目。这次不用把我反锁起来了，我喜欢练习这些新作品。我的社交生活也活跃起来。由于在彼得堡取得的成功，我又像以前一样受欢迎了，"桃色事件"已被遗忘。

对于音乐会，我变得更加挑剔，拒绝了省城的演出费很少的若干场次，只同意在华沙和罗兹各演一场。考虑到莫斯科和罗马，我订做了几套新装。

一个收获颇丰的秋季就这样度过了——我置身于爱情和练琴之中，享受着朋友们的陪伴。

在 12 月中旬，我接到库谢维茨基的一份电报，称："前往柏林中途在华沙换车请来车站见面带上独奏音乐会节目单。"下面是到达的日期和时间。

火车准时抵达。我们驾车去另一个车站换乘。在车站餐厅里一边喝茶，一边进行亲切的交谈。库谢维茨基很喜欢我的曲目，只建议作几处小变更，半小时后他又上车走了。

罗兹的音乐会有个戏剧性的插曲。音乐厅里坐满了人，我的家人坐在前排，满怀期望，而我也弹得很好。但在幕间休息时，我的一个姨父突然脸色苍白而惊恐地冲进化妆间。

"警察来了！一个警察在了解你的服兵役问题。我求他不要打断音乐会，答应他明天一早所有问题都能说清楚。我不得不把你的地址告诉了他，还给了他几个卢布。"

我以超人的努力控制住自己完成了音乐会。回到家中，上下一片惊慌。在这种情况下，唯一的出路就是买通那个警察。这有些冒险，但当时没有其它办法对付俄国人。这回我们成功了，代价是 500 卢布。警察答应结束调查。回到华沙我首先关心的就是和负责帮我再次缓役一年的那个人见面。

"你不用担心，"他说，"我已经得到今年的文件了，但是需要 750 卢布去弄明年的。"

奖金渐渐花光，但是祸不单行，我可怜的波拉要做手术。她说很紧急，而且她缺钱。我着实焦急了几天，不过手术很顺利，波拉正慢慢恢复健康。圣诞节相互送礼的传统习俗，以及接踵而来的昂贵的新年庆典让我彻底破了产。

去罗马的日子已经临近，接着还要去莫斯科，可我一文不名，既没有钱买火车票，也没有钱作路上花费。我找巴维尔、安代克以及他的弟弟借一笔必要的款子，但他们也都和我一样囊空如洗。巴维尔的一个朋友杨·斯蒂琴斯基为我弄到一本正式的法国护照，他恰巧出生在法国。杨告诉我，只要在我回俄国之前办一个新的法国签证，回程就没有问题了。"你一到维也纳，就派旅馆的服务生去领事馆，说是一个朋友请你替他办这件事的。"

在不得不出发的那天前夜，我既绝望又恼怒。

"太荒唐了，我绝不能因为没有这可恶的车票钱就丧失去罗马和莫斯科这样的机会，"我喃喃自语，"怎么就没人能帮上忙呀！"

突然我想起安德列·迪德里希——我的忠实的朋友！库谢维茨基办公室的代表！须知，他可以马上给我汇钱，并在彼得堡音乐会之后扣除的呀！我连夜给他发出电报，恳求他立即给我电汇500卢布，作为彼得堡音乐会收入的预支。

这些钱最早能在中午汇到，但我还是整夜未能合眼。我努力入睡、弹琴、读书或者吃东西，但都不管用。我唯一能做的就是等待、等待、等待！中午，什么也没有；1点钟，仍是什么都没有；到了两点，依旧什么也没有……当我已经失去信心时，突然响起了敲门声。我打开门，是邮差——简直是个天使啊！

"阿图尔·鲁宾斯坦先生吗？"他用俄语问。

"是的，是我！"我回答。

"你是否在等电汇的钱？"他继续问道。

"是的，是的，当然是！我正在等着呢！"我叫道。

"是莫斯科来的？1000卢布？"他又问。

我吃了一惊，霎时间说不出话来。但是不到一秒钟的工夫，我在心中盘算：迪德里希大概手头没有钱，所以打电话到莫斯科，莫斯科做得很漂亮，比我要求的钱数还多汇了一倍。

"是的，当然是的！"我回答说。

他把电报和华沙商业银行的取款单给了我。我匆匆穿好衣服，直奔银行。银行4点关门。从那一刻起，一切就都能按部就班了。口袋里一有钱，我又觉得自己变成了百万富翁。我买好去罗马的二等往返车票，请波拉到"布里斯托尔旅馆"的餐厅的雅座吃了豪华晚餐。之后我叫上巴维尔和莫什科夫斯基兄弟去"维多利亚旅馆"告别，上了好多伏特加。午夜时分我动身去维也纳，第二天中午即抵达。我从车站直接去"帝国饭店"吃午饭，奥地利首都我已了如指掌。我把护照交给领班。

"请派一名伙计到法国领事馆，为这本护照申请一份去俄国的入境签证。我的朋友斯蒂琴斯基目前在乡下，他请我为他办妥这件事。"

我拿出几枚古尔登金币强调我的要求。那人满口答应，于是我进去吃午饭。在我喝咖啡时，派去的人就回来了。

"先生，对不起。"伙计说着把护照还给我，"他们拒绝发给签证。他们说这位先生在法国没有服兵役。"

咖啡刺激着我的喉咙。这个打击非常沉重。从罗马返回时，我根本没有时间到克拉科夫或者利沃夫去奋斗证件。我只在华沙停留了半天，然后径直去莫斯科。目前，我唯有沮丧地在咖啡馆等待去罗马的火车，而绝无可能做任何努力。

在永恒之城，贝托里尼豪华饭店的经理带着比上次更加灿烂的微笑迎接了我。大堂里悬挂着奥古斯都厅音乐会的海报，上面用大号字印着我的姓名。我收到圣马蒂诺伯爵的一封欢迎信，信中讲到音乐会的细节：我要排练三次，指挥是莫里纳利①先生，钢琴是贝希斯坦牌。

极为遗憾的是，斯克申斯基伯爵正在波兰。于是我的心思只得转向唯一能在护照问题上帮助我的人——莫杰斯特·柴科夫斯基。我鼓足勇气给他打了电话。他亲自接的电话，非常和善，并接受了我怯生生地请他吃午饭的邀请。遵照传统礼仪，我让一个

---

① 莫里纳利（Bernardino Molinari, 1880 – 1952）：意大利指挥家。罗马奥古斯都管弦乐团指挥，并常在欧洲和美国任客座指挥。他是阐释20世纪音乐作品的专家，尤以擅长阐释雷斯皮吉（Respighi）和马里皮耶罗（Malipiero）的作品著称。

旅馆服务生把我的拜贴分别送到莱什曼、鲁迪尼和卡萨蒂的府邸，当然也给圣马蒂诺伯爵送了。

莫·柴科夫斯基准时到达，他按照俄罗斯习惯吻了我的双颊。我带他上我和波拉通常去吃午饭的一家不错的饭馆。

"我期待着你的音乐会。"他说，"你打算弹什么曲子？"

"贝多芬的《G 大调钢琴协奏曲》作品第 4 号，肖邦的《船歌》、一首夜曲、《波洛奈兹舞曲》作品第 53 号，而最后是圣 - 桑的《g 小调协奏曲》。"

"令人生畏的曲目啊。我能来听你的排练吗？"他问。

"当然可以，这是我的荣幸。"

与此同时，我一直犹豫是否要告诉他我护照上的困难。跟他讲真话吗？他会怎样反应？他对我音乐会的兴趣让我多少有了点把握。我坦诚地向他说出实际情况，而这位高尚的绅士非常理解我遇到的麻烦。

"我同俄国领事很熟。"他说，"我设法用他能明白的方式来提出这事，也许他能帮助你。"他以一个夸张的手势制止了我的感谢，并微微一笑。

"你拿到证件后再谢不迟。我现在就去领事馆。你在旅馆等我。我会带来回音的。"

我回旅馆时心情轻松许多。鲁迪尼侯爵夫人的信就像来了救星，让我兴奋不已。"亲爱的鲁宾斯坦，"她写道，"如果你有空，可否于明晚 9 点来我家吃晚饭？而后我希望你能同意为我演奏（当然是专业地）。此颂……"。

鉴于音乐会的报酬很低，额外增加 2000 里拉再好不过。

莫·柴科夫斯基一小时后回来了，满脸的不高兴。

"那可恶的家伙拒绝了。更讨嫌的是，他还严厉申明，只是看在我的面子上，才不向上汇报你。"

原来如此。现在我进退两难啦。柴科夫斯基很难过。

"不要绝望，"他说，"我必须、我一定能找到办法来帮你。晚上排练时见，现在我去想想办法。"

他的同情深深地感动了我，这本身就是一种安慰。

在宏伟的奥古斯都音乐厅的排练进行得很顺利。指挥贝纳尔蒂诺·莫里纳利是一位伴奏专家，而乐队从一开始就和我非常默契。圣马蒂诺伯爵虽然只听了贝多芬的协奏曲，但他表示很满意。

莫·柴科夫斯基声称我天生就适合与乐队合奏。"我希望有朝一日能听到你演奏我哥哥的协奏曲。"

我保证一定去学。然后他继续说：

"你星期六下午有空吗？"

那是音乐会的前一天，最后一次排练是星期六的上午，所以我说有空。

"你看，我们在这里有一个不大的俄罗斯俱乐部，是由旅居罗马的俄国贵族成员建立的。星期六下午4点我们将应邀聆听彼得堡皇家剧院经理谢尔盖·伏尔康斯基大公的讲座。俄国大使和使馆全体工作人员都将出席。我希望你能作为我的客人一起去。也许能有点机会……"

"那位领事呢？"

"他不是俱乐部成员，没有被邀请。"

我不太乐观，但是我会接受莫·柴科夫斯基的任何建议。

星期五上午的排练时间拖得很长。莫里纳利对所有的细节都下功夫练习，重复了众多的段落，尤其是贝多芬的作品。他把我累惨了，不过这很有价值。

下午我休息了，以便在鲁迪尼家的音乐会上精神饱满。我穿着燕尾服，打着白领结，身披黑大衣，头戴圆顶大礼帽，坐车前去巴贝利尼宫，9点整抵达。管家给我开了门，接过我的礼帽和大衣，说侯爵夫人马上就好。我以为自己弄错了时间，来得太早了。管家领着我走过长长的一排客厅，到了一间小休息室，里面坐着一个身穿无尾礼服、正埋头阅读的年轻人。我向他鞠了一躬，他也礼貌地鞠了一躬，但没有中断阅读。我坐下等着，好像在牙医诊所。

不一会儿我们两人开始用法语交谈起来。他是阿根廷人，说法语带有很重的口音。

"我是来这里散心的。"他说道，"在布宜诺斯艾利斯生活枯燥乏味，罗马和巴黎是唯一可以找点乐趣的地方。"

这是个知道自己要什么的年轻人。他人也很英俊，西班牙式的黑发和短连鬓胡子，以及浓密的眉毛。女主人走进来，打断了我们的闲聊。她像往常一样漂亮，一身在家休闲的装扮。

"哦，亲爱的鲁宾斯坦，又能见到你，我真高兴。"她说着，向我伸出双手来。"请别介意，和我亲爱的朋友一起吃顿便饭（她给我们相互作了介绍，但我把他的名字忘了）。"

我想，嗯，晚会肯定很晚才开始，大概会在午夜吧。

我们进入餐厅，其实更像个早餐间，上了晚餐，非常丰盛，还有甜点、葡萄酒，等等。我几乎什么也没有吃，更没喝酒，而一直琢磨着晚会和我的演奏。但我感到有点不对劲，多拉·鲁迪尼对音乐会，比如时间、场所、还有要怎么演未置一词。当我礼貌地问候侯爵时，她微笑着回答说：

"喔，你还不知道。我们分居了。"

餐桌上的谈话没有趣味。他们谈论体育、赛马和流言。年轻人提及聚会、舞蹈、还有探戈舞的优点和特点。我讲了几则有关俄国和波兰的轶事。上咖啡时，她让管家送到音乐间去。我们换到一个较大的客厅。多拉和阿根廷人坐在一张沙发上，我坐在对面的一把扶手椅里，中间摆着一张咖啡桌。我们默默地坐着喝咖啡。最后多拉优雅地开腔了：

"阿图尔先生，请给我们弹几曲。我还想听你弹肖邦的《船歌》，我真喜欢上次招待会上你弹的这首曲子。"

这时我才明白，这就是"晚会"了！

钢琴就在我的身后。上面堆满了各种东西：鲜花、照片和书籍，所以我没有注意到。

"我希望你喜欢我的钢琴，我不久前才买的。"侯爵夫人说。

我们三人一起把乐器上碍事的东西搬开，我坐下试琴。这是一架不错的布吕特纳钢琴，已经调试好。

多拉和她的朋友回到沙发上，我就开始弹《船歌》。因为他们坐在我身后，所以我本不该看见他们的。但是经过抛光的琴盖像镜子般发亮，所以，我弹着琴，看见多拉，很明显是被音乐感动了，火热地亲吻自己的情人，并依偎着他；而他，对音乐显然不那么敏感，似乎对她的爱抚做出了回答，但并不热烈。我的处境相当尴尬。这情景令我想起法国滑稽剧《肖邦》来。我真不知道该如何是好。也许我应该生气，因为他们把我当做花钱请来的煽情者；或许我应感到自豪，因为我弹的曲子点燃着爱情？不管怎么说，我还是继续弹下去，而且弹得很愉快。有音乐我就会忘掉一切！不过我要读者放心，我的"听众"没有走得太远。

大约半夜时分，我告辞离开。多拉·鲁迪尼回复到冷静妩媚的状态，和我吻别。而阿根廷人则摆着西班牙小贵族的架子，握了握我的手。在门厅内，管家帮我穿上大衣，然后把圆顶大礼帽交给我，外加一个信封。回到"豪华饭店"时，我的财富增加了2000里拉。

64

星期六上午最后一次排练进行得很棒。我的音乐会常常是只匆忙排练一次就演出,现在终于懂得了通过三次排练来慢慢地、仔细地准备音乐会的好处。

莫·柴科夫斯基为我们的表演感到欣喜,邀请我吃午饭。

"我想给你补充介绍一些关于俄罗斯俱乐部的情况。"他说,"有一个细节你会感兴趣。安东·鲁宾斯坦在罗马举行了最后一次音乐会后,就把自己的钢琴赠送给了俱乐部。如果演讲时间不太长,也许你能有机会在'鲁宾斯坦的钢琴'上来一个短小的音乐会。由于大使在场,这可能会有用的。这个想法不赖吧,对吗?"说完,他咯咯一笑,对自己十分满意。

俄罗斯俱乐部位于一条僻静的小街上,是幢十分朴素的灰色建筑。门厅直通宽敞的音乐厅。高雅的听众总数不超过百人,坐在几排舒适的座位上。一个高高的讲台被安放在指挥台一侧,钢琴摆在正中央。莫·柴科夫斯基和我占了后排的两个座位。

伏尔康斯基大公走向讲台,放下厚厚一叠稿纸,喝上一大口水,点亮一盏小台灯,开始演讲。题目是戏剧史和表演艺术。他讲话吞吞吐吐,声音单调,还带着一丝傲慢与迂腐。这起着催眠作用,一个小时后,我发现许多人都垂着脑袋在偷偷打盹。演讲结束时,演讲者只得到几声懒洋洋的掌声作为回报,听众都站起身来。作为必要的宣泄,他们活跃地高声交谈。

开始上咖啡时，莫·柴科夫斯基带着我走到正和朋友们打招呼的大使面前。俄国大使道尔戈鲁基公爵是典型的老派年长贵族，瘦高个，标准的鹰钩鼻，蓄着刷子般的短髭，一双浅蓝色、眼窝深陷的眼睛，戴一只特大号的单片眼镜。他身穿一件长燕尾服，一条灰色条纹裤，一件白色马甲，系领带用的硬衬领用一枚镶嵌着黑珍珠的别针固定着。

莫·柴科夫斯基把我介绍给了这位挺有风度的绅士：

"大使阁下，这是极富才华的青年钢琴家，叫鲁宾斯坦。"

"噢？真有趣。名字一样吗？也是钢琴家，嗯。"

"如果阁下允许，俱乐部其他成员也同意，这位年轻的鲁宾斯坦渴望在这架对他说来神圣的、曾经属于永志不忘的安东·格里高利耶维奇（鲁宾斯坦）的钢琴上，弹奏几首俄罗斯音乐作品。"

莫·柴科夫斯基虽然和他哥哥一样反对安东·鲁宾斯坦，但还是甜言蜜语地说了上面那一番话。

"哈，这太令人高兴啦！我们当然想听听年轻人的演奏。"

那钢琴是俄国生产的贝克尔牌老琴，但调得很好。我尽力演奏了我所知道的俄罗斯乐曲：斯克里亚宾的两首前奏曲和一首练习曲，拉赫玛尼诺夫著名的《升 c 小调前奏曲》和梅特涅尔的一些作品。

在呆板而乏味的演讲之后，这些乐曲使所有在座者精神为之一振。我的成功使我回想起彼得堡，以及世界上没人对音乐的反应能像俄国人那样强烈的事实。

大使兴奋得单片眼镜都从眼眶上掉下来了。

"嗨，真棒！多么美，多么精彩，多么令人着迷啊！"

我用手指戳了戳莫·柴科夫斯基的后背。

"大使阁下，"他开始讲了（这是最合适的时候），"这个不幸的年轻人遇到一件可怕的事情，他把护照丢了。明天他在奥古斯都厅举行音乐会，而星期一清早就要直接去莫斯科了，从莫斯科开始他的巡回演出，与交响乐队举行首演。"

"唔，这真叫人难过，真难过！"公爵深为同情地说，然后又微微一笑，"不过，领事会马上帮助他的。我肯定。不是吗？"

"领事馆到星期一上午都休息。领事本人也不在。"我的保护人毫不害羞地撒谎道。

"唉，一定有办法的。人们还在莫斯科等着他呢，他必须赶到那里！"

大使认真起来，于是找来一名年轻随员。两人在一旁悄悄地说了一阵，大使不时打断随员的悄悄话，简短地高声说"为什么不行？""不就一次入境嘛！""咳，这没问题。"等等。商量了一会儿，大使就转过身，对我极为和蔼地说：

"年轻的鲁宾斯坦，明天我来听你的音乐会，还将带给你一件漂亮礼物。哈哈！怎么样？"

这种仁慈是真正的贵族赢得人们好感的一个方面。我和莫·柴科夫斯基两人从俱乐部出来，心中充满希望。

"他会给你带来一张有他亲笔签名的便条，那对你入境已经足够了，所以你就不必再担心了。"莫·柴科夫斯基说。

在罗马的首演是我的大事，至今不能忘怀。它是我和意大利听众之间爱情的开端，这爱情一直延续到今天，我的暮年。

第一首是贝多芬的协奏曲，弹得很顺利，虽然缺乏基本的灵感。莫·柴科夫斯基和我的注意力都被嘈杂声、迟到的听众、以及坐满正对舞台的楼厅包间的不太喜欢音乐的上流社会的听众分散了。所幸，楼厅其余位置上坐满了音乐学院的学生和音乐爱好者。接着是独奏，三首肖邦的作品。第一首《船歌》，始终是我最喜爱的曲子，而且每次都能给我后面的演奏提供灵感。这一次也没有让我失望：在我弹最后几个音符时，所有的听众都被我打动了。我被迫鞠躬三四次后，才能演奏夜曲。从这一刻开始，我弹得越来越好，直到奏完《降 A 大调波洛奈兹舞曲》，听众中积累的热情爆发出来。楼厅上大呼小叫："真棒！再来一个！真棒！"幕间休息时我走下舞台，但听众不停地喊着"再来一个！"在听众不断高涨的加演呼声中，我只得返场鞠躬致谢五六次之多，并想把加演留到音乐会结束的时候。斯甘巴蒂（Sgambati）大师气喘吁吁地出现在后台，冲我叫道：

"赶快，赶快，去弹个曲子吧。他们要是发怒了——也不知会对你做出什么事来！"

他吓了我一跳。我跑到钢琴边，弹了肖邦的一首练习曲，这才使意大利听众激烈的情绪稳定下来。

道尔戈鲁基公爵在莫·柴科夫斯基的陪同下来到化妆间。大使被我的成功深深感动，吻了我的双颊。

"嗨，你这坏小子，你都把我弄哭了。"他说着，交给我一个大信封。"我亲爱的，这是我的礼物！"

他招呼等在过道里面的那名随员过来，就是昨天见过的那个年轻人。

"把有关这个小伙子的所需要的资料收齐，统统填写到证件上。我已经签好字了。"

我张口致谢时，他举手一挥阻止了我。

"咳，不用谢，不用谢，小事一桩。等你过了边境就把这个文件撕掉，再去申请一本护照。这都是小事，哈哈。可你把我弄哭了，嗯！"说罢转身离开。

随员从信封里取出一大张纸，问我出生在哪里，多大岁数。

"这是外交护照，"他不由自主地说，"我必须详细填写。"

犹豫片刻，我镇定地说："我 1889 年出生在华沙。"

一瞬间，我就让自己比服兵役的年龄小了。他填写好，就把文件交给我。在一张很大的硬纸上，用俄文（还有法文）写着：

"第1号：以尼古拉二世皇帝陛下、全俄罗斯沙皇的名义，请给予我们的臣民阿图尔·鲁宾斯坦以关照和协助。"下面是日期。由道尔戈鲁基公爵亲自签名。真难以置信！甚至莫·柴科夫斯基都感到有点惊讶。

"我没料到他会这样做！"

圣－桑的协奏曲像暴风雨一样掠过音乐厅。莫里纳利和我没完没了地鞠躬致意，我不得不两次加演。许多新朋友来向我们祝贺。而斯甘巴蒂大师则微笑着说：

"我救了你一命。你可能会在你的某个热情的追随者手里丧命的！"

圣马蒂诺伯爵向我提出下个演出季里开音乐会的日期。我和莫·柴科夫斯基告别，内心充满感激。我从未忘记这位了不起的绅士在这样棘手和有争议的问题上给予我如此大度的理解，尤其考虑到他是一名俄罗斯的爱国者，而我，本质上则是俄国的乱臣。

回波兰的旅程漫长而乏味。然而，那奇妙的证件在我口袋里燃烧！俗话说，"事情要是太好，就会不真、不牢靠"。我的护照也会这样吗？他们会不会因为非法拥有这样的证件而逮捕我？直到抵达俄国边境，这类想法一直在折磨着我。我把这凶险的证件交出去时，心猛跳着，手颤抖着。宪兵把它打开，仔细读了一遍，又折好，还给了我，脚后跟"啪"的一并，给我敬了个军礼。然后把我带到小卖部，请我坐下，吩咐立即给我上茶点。我的感受远不是"印象深刻"所能表达。我只能说，对这份外交护照我肃然起敬了，并且决定不撕掉它。

回到华沙，正有个最大的谜团在等着我。我在"维多利亚旅馆"收到安德列·迪德里希的一份电报，称："刚休假两周自芬兰返回就收到你的急电。如你还要钱请电告我立即汇出。爱你的迪德里希。"

不可思议的怪事！让我摸不着头脑。要是迪德里希没有收到我的请求，那我收到莫斯科来的汇款岂不是活见鬼了？无论是令人惊叹的护照，还是最后这个谜，都把波拉和索霞、巴维尔和莫什科夫斯基一家镇住了。不管怎样，我还要去莫斯科。大家把我送到车站，祝我好运。波拉无以慰藉，心里难受。这次等待我们的是长时间的分离。

我于清早到达了俄国古都，天冷得要死。一路上，透过车窗，我只看见积雪的平原、寂寥的田野、破败的农舍。甚至迅速闪过的城镇看上去也是忧伤而冰冷的。

库谢维茨基演出办公室的经理、优秀的中提琴演奏家阿维里诺（Avierino）先生在车站等我。我是在华沙认识他的。在去"大都会旅馆"的路上，他给我解开了汇款之谜。那是错误造成的一出梦幻般的喜剧，对我则是难以置信、不可思议的救星！

"你记得库谢维茨基去柏林途中在华沙和你的会面吗？"他问我。

"当然记得。"

"事情是这样的，你们会面后不几天，我在办公室收到一份电报，内容为：'急电汇1000卢布鲁宾斯坦在华沙见过一切均好库谢维茨基。'他在'卢布'和'鲁宾斯坦'之间省略了'句号'一词，你懂了吧？我这个白痴，读电报时没有太注意，就把钱汇给了你，而不是他！等我再读电报时，却已经太迟了！"

我是当天就收到这笔钱的！

这个故事的令人不悦之处是我必须归还阿维里诺1000卢布。我先还给他500卢布，这立刻让我几乎口袋见底，其余的要从我尔后在俄国的音乐会收入中扣除。

库谢维茨基把我介绍给他的乐队时对我大加赞扬。但是在排练鲁宾斯坦的协奏曲时，我很遗憾地发现，他并非如我想象的是善于配合协作的好指挥。排练后，他把我带回家吃午饭，他夫人彬彬有礼地款待我。

次日晚间的音乐会在宏伟的贵族院大厅举行。厅里坐无虚席。鲁宾斯坦的协奏曲，特别是第一乐章我演奏的效果极好。但是我感到，弹贝多芬、肖邦或圣－桑的作品更能使听众了解我。在鲁宾斯坦比赛中不断出现的那种情绪，在莫斯科这样热爱音乐的城市中，在公开的音乐会上，它却消失了。

音乐评论家们喜欢我的演出，但最后的评价他们要留待独奏音乐会之后。

两天后，我们的曲目又在圣彼得堡高雅的贵族院大厅重演了一次。甚至在演出开始前，我就受到我的乐迷们的由衷欢迎。演出本身受欢迎的程度与在莫斯科不相上下。安·鲁宾斯坦的协奏曲与我的音乐感受力实难协调：它缺少灵感，只是为好的演绎者提供了一种表现手段。不过，我的演出还是尽量表达了协奏曲应有的风格，我自己的成功也当之无愧。

迪德里希很是满意，库谢维茨基也一样。音乐会后，我们三人一起去用晚餐，饭桌上主要的话题就是那 1000 卢布。

我在俄国两京的独奏音乐会要有趣得多。曲目里增加的《锤子奏鸣曲》引起广泛的评论。所有的评论家都非常肤浅地将我和霍恩对这首作品的观念进行了比较。有的认为我的阐释过于浪漫，有的则觉得霍恩的诠释不够动人。实际上霍恩和我两人都对。

"这怎么可能？"我那坚定不移的支持者迪德里希问。

"我马上给你证明。"我回答，"迪德里希，如果你请来十个著名画家给你画肖像，你的面孔在每张画上都会各不相同，而画家们都会向你保证，他们完全是按照自己所看见的形象画的。"

"好！同意。"迪德里希说，"但这与音乐有什么关系呢？"

"关系很明显。你看，每次创造都是宇宙的一个小小的部分，就像一朵花，一个人。同样道理，一首奏鸣曲在每个有才华的阐释者手中听起来都不同。这就是我们个人才能的真正使命。尼采在他的《悲剧的诞生》那本书中，称音乐是狄俄尼索斯①式的艺术，而其他所有门类的艺术则是阿波罗②式的艺术。对此他解释说：其他门类的艺术是阐释大自然或者自己的主观印象和思想，而音乐则是独立的、形而上的创造力量，先验的创造力量。我喜欢他的比喻。我则不自量力地认为，音乐的伟大创作者们是狄俄尼索斯式的人物，而我们这些二度创造者即阐释者则是阿波罗式的人物。"

我微微一笑，为这番装腔作势的说教略感羞愧。

迪德里希好像被镇住了，但他仍然坚持只有我对于这首奏鸣曲的理解才是正确的。

"迪德里希，我明白你想说什么。"我说道，"而且这很有趣，因为对我们来说，最重要的是让听众信服的本领，所以为了取得成功，就要竭尽全力。"

回到莫斯科，这首奏鸣曲获得了大得多的成功。这里没有听到过霍恩的演奏。

我的独奏音乐会在两地都成绩斐然，听众相当赏识，有时甚至很热烈，但是我的成功尚未达到轰动。这里面有原因。我的姓氏唯一一次帮了倒忙。当时尤瑟夫·霍夫曼垄断了俄罗斯的钢琴王国。作为这个国家传奇式的偶像安东·鲁宾斯坦的学生，他被普遍认为是这位伟人的嫡传继承人，这一情况使我看起来很像这个神圣姓氏的冒牌货。

虽然如此，我的成功引起了人们的注意，新的演出合同也有了保证。在莫斯科我停留了一周多。

对俄国古都的第一印象是失望。我本期待看到像伦敦那样辉煌

---

① 狄俄尼索斯（Dionysus）：希腊神话中的酒神和自然之神，尼采用以表示创造力。

② 阿波罗（Apollo）：太阳神，尼采用以表示再创造力。

的大都会，然而我所见到的城市却好像是克里姆林宫四周围间杂着许多小城镇和村落的集合体，而宫殿本身更是用不许接近的城墙围起来的中世纪要塞和城堡。现代化的、布局很美的圣彼得堡和不像样的、略具亚洲色彩的莫斯科似乎属于两个完全不同的国家。尽管如此，莫斯科难看的外表却由其内在的紧张生活及其居民的性格给予了补偿。这个城市属于商人——到处都可遇到他们，身穿传统的农民服装，裤褪塞进高筒皮靴里，上身是镶着彩边、侧开领口的衬衫，他们沉重的大衣都是用便宜、有味的皮毛做里子。大部分人都蓄着大胡子，头发从中间向两侧分开。即使他们当中的富人也并不鄙视这种装束，只不过他们长长的皮大衣用料是黑貂皮、阿斯特拉罕羔皮①、或者海豹皮。同时，其中一些人对美还具有敏锐的感受。当法国人还在慢慢学着欣赏自己的印象派画家的作品时，商人莫罗佐夫（Morosoff）和什楚金（Shtchoukine）已将这些大师们的展品一次性买断了。在由这两个人出资修建的博物馆里，收藏了塞尚②、雷诺阿③、莫奈④、马奈⑤、德加⑥、皮萨罗、

---

① 阿斯特拉罕羔皮：产于俄国阿斯特拉罕的黑色卷毛小羊皮。

② 塞尚（Cézanne, 1839 – 1906）：法国后期印象派代表。作有《玩纸牌者》、《圣维克图瓦山》等。

③ 雷诺阿（Renoir, 1841 – 1919）：法国印象派画家。作品有：《包厢》、《游船上的午餐》、《浴女》等。

④ 莫奈（Monet, 1840 – 1926）：法国画家。印象派创始人及其主要代表。常在户外作画，探索光色与空气的表现效果。代表作有：《睡莲》、《帆船》、《鲁昂大教堂》等。

⑤ 马奈（Manet, 1832 – 1883）：法国画家。革新传统绘画技法，对印象派产生过一定影响。画风色彩鲜明，明暗对比强烈，尤善表现外光及肖像。代表作：《左拉像》、《奥林匹亚》等。

⑥ 德加（Degas, 1834 – 1917）：法国画家，由古典派转为印象派。代表作：《芭蕾舞女》、《洗衣妇》等。

高庚①、凡·高②等人的部分杰作，甚至还有毕加索③和马蒂斯④的一些绘画。

莫斯科为自己的大歌剧院感到骄傲，夏里亚宾和男高音索比诺夫（Sobinov）便是其巨星。尼古拉·鲁宾斯坦⑤创办的皇家音乐学院正继承着这些伟大的传统，柴科夫斯基是该学院的作曲教授。

但我最欣赏莫斯科的"斯坦尼斯拉夫斯基和聂米罗维奇－丹钦科艺术剧院"⑥。他们为表达对契诃夫⑦的崇敬，建立了这个剧

---

① 高庚（Gauguin，1848－1903）：法国后期印象派画家，醉心于"原始主义"。作品有《黄色的基督》、《两个塔希提女人》等。

② 凡·高（van Gogh，1853－1890）：荷兰画家，后印象主义代表人物之一。以风景画和人物画著称。作品有：《邮递员罗兰》、《画架前的自画像》、《星夜》、《向日葵》等。

③ 毕加索（Picasso，1881－1973）：西班牙画家、雕刻家、立体主义画派的主要代表。代表作：油画《格尔尼卡》，宣传画《和平鸽》等。

④ 马蒂斯（Matisse，1869－1954）：法国画家、雕刻家、版画家。野兽派领袖。作品有：《戴帽子的女人》等。

⑤ 尼古拉·鲁宾斯坦（Nicholas Rubinstein，1835－1881）：俄国钢琴家、指挥。莫斯科音乐学院的创办人、首任院长兼钢琴教授。

⑥ 斯坦尼斯拉夫斯基和聂米罗维奇－丹钦科艺术剧院：（The Moscow Art Theater of Stanislavski and Nemirovitch－Dantchenko）是以两位著名戏剧家的名字命名的剧场。
斯坦尼斯拉夫斯基（Stanislavsky，1863－1938）：前苏联戏剧家。1888 年起领导莫斯科艺术文学协会。1898 年和聂米罗维奇－丹钦科共同创办和领导莫斯科艺术剧院，直到去世。一生导演和担任艺术指导的话剧和歌剧共达一百二十多部，如《青鸟》、《海鸥》、《在底层》、《铁甲列车》、《叶甫盖尼·奥涅金》等。所创立的演剧体系，继承和发展了俄罗斯和欧洲体验派的艺术经验。著作有《我的艺术生活》、《演员自我修养》等。
聂米罗维奇－丹钦科（Nemirovitch－Dantchenko，1858－1943）：前苏联戏剧家。早年主要从事编剧和教学活动。1898 年与斯坦尼斯拉夫斯基共同创办和领导莫斯科艺术剧院，邀请契诃夫和高尔基创作具有先进思想的剧本，保证了该院现实主义演剧方法的确立。曾导演《柳鲍芙·雅洛娃娅》、《安娜·卡列尼娜》和歌剧《暴风雨》等。著有《回忆录》（中译本名《艺术·戏剧·生活》）等。

⑦ 契诃夫（1860－1904）：俄国作家。1860 年开始发表作品。所写中短篇小说题材多样，寓意深刻，如《变色龙》、《哀伤》、《草原》、《决斗》、《套中人》、《第六病室》等。所写剧作也很有名，如《海鸥》、《万尼亚舅舅》、《三姐妹》、《樱桃园》等。

院，契诃夫为剧院的揭幕写了《海鸥》。这种鸟于是成了剧院的象征。我在那里看了几场演出，其中包括《樱桃园》——一个难忘的夜晚。没有明星，每位男女演员必须饰演符合各自特点的大小角色。

遥想那段日子，我就记起那个迷人的城市里有关烹饪风俗的一个有趣的例子。库谢维茨基的一个朋友邀请我去一家最好的饭店吃午饭。我们到达时是 1 点钟，直接去了自助吧——那里整齐地摆着三十来种冷热佳肴，中间围着若干盘盛满伏特加的玻璃酒杯，让馋酒的莫斯科人看了垂涎欲滴。慢慢享用过这些珍肴之后，我们去餐厅找了一张桌子坐下。

"你推荐什么菜？"东道主问领班。

"我们有很多种鱼可供选择。"他回答，并指了指一个很大的水池，我们从中挑了一条活蹦乱跳的大鱼。

"一小时可以做好。"他说。

"咱们边打台球边等吧。"我的同伴说。我们玩了一个多小时。

"你们的鱼做好了。"服务员通知我们。我们回到桌边，津津有味地吃鱼。下一道菜，鲜肉，也是如此这般。我们挑了一块生牛肉，又去玩了近一个小时的台球。为了准备精心制作的甜点，我们又有时间玩了长长的两局"辟开"。佐餐的酒是上等法国勃艮第酒。这顿午饭延续到晚上 9 点，估计花销不菲。

我的巡演把我带到哈尔科夫和顿河边的罗斯托夫，这是俄国皇家音乐协会邀请我去演出的。两座城市都以真挚的热情欢迎了我。但是这两个地方都没有什么值得记叙的。那里的旅馆简陋、不舒适。无论是大街上还是音乐厅，人们看上去都显得乏味和粗俗。

接下来的最后一站是基辅，以前访问时我就留有印象。音乐会是库谢维茨基的莫斯科演出办公室组织的。而准备工作则由一个叫伊季科夫斯基（Idzikowski）的波兰人主持，他是一家很大的书籍和乐谱店的老板。演出那天的早晨我来到这座乌克兰的首府。天气冷得很厉害。洗罢热水澡、用过早餐，我去看伊季科夫斯基先生。他个子不高，上了年纪，脸上充满智慧。他在私人办公室接见了我。

"我们很高兴你来我们基辅演出。"他说，"只可惜你的曲目中没有卡罗尔·希曼诺夫斯基的任何作品。这里的人口中有相当一部分是波兰人，他们对我们的年轻作曲家有着巨大的兴趣。"

"太好了！"我叫道，"看来基辅比华沙更了解希曼诺夫斯基！那请你在节目单里加上希曼诺夫斯基的《变奏曲（Variations）》来代替舒曼的作品吧。"

他微微一笑，"恐怕今晚你的上座率会很低。你看，听众不了解你。不过我相信，变更节目会有点好处。我在华沙听到过你的演奏，我预言你会获得很大的成功。"

他把我带到演出厅，那是基辅商会的财产，位于城市公园里。房子结构比例优美，音响效果极佳，看上去也很讨人喜欢。钢琴是上好的贝希斯坦琴，已调好音。我在上面练习了将近一小时，简单吃了点午饭，就好好休息了。我期待着为懂行的听众演奏希曼诺夫斯基的《变奏曲》所带来的愉快。

晚上，音乐会开始的时候，演奏厅里实际上是空的。除了买站票的年轻人，大厅里只稀稀拉拉地坐了不到五十人。我失望透顶，但更决心要全力以赴。相反，我的很多同行只要看到听众少，言行中就会流露出似乎"受了侮辱"。我与他们不同，总认为厅里的一小群人是座无虚席的听众中精选出的代表。所以整套曲目的头一首贝多芬的奏鸣曲，我就弹得很认真并且富有感情。这一小群人都是音乐精英，他们充分理解我所演奏的音乐。奏鸣曲之后，门打开了，进来八九个身穿晚礼服的人，都在前排就座。他们看上去有点为自己的迟到感到难为情，但我微微一笑，让他们放心。

下一首是希曼诺夫斯基的曲子。我喜爱这一曲子，全身心地投入了演奏。听众们满怀敬仰但缺乏热情，只有新来的几位热烈地鼓掌。幕间休息时，其中之一来到休息室，自我介绍说，他是普鲁申斯基（Pruszynski）伯爵，是波兰人。他法语讲得比波语好，并请我原谅他和他的同伴们漏掉了音乐会的开头部分。

"基辅的音乐会开始得太早，"他说，"总要吃完饭吧，是不是？我们来听听你的演奏，特别是想听希曼诺夫斯基的音乐。德米特里·达维多夫（Dmitry Davydov）夫妇是他的邻居和好朋友。我受他们之托，邀请你在音乐会后跟我们共进晚餐。"

我高兴地接受了。我对他的朋友们产生了兴趣，他们看起来可爱又有趣。

音乐会的结尾非常成功。我的年轻听众们从站席跑到指挥台前面，高呼着要求加演。我加演四次后他们才平静下来。

普鲁申斯基伯爵对此感到恼怒。

"真没有教养！站到了我们鼻子跟前，强迫你加演，好像音乐厅是属于他们的。"

我笑道，"伯爵先生，请不要过多责怪他们。我正好喜欢他们在我音乐会上的这种举动。"

他把我带到"大饭店"的餐厅，他的同伴们已经在等着我们了。我遇到一个惊喜：德米特里·达维多夫是作曲家柴科夫斯基的外甥，自然也是我感激不尽的莫杰斯特·柴科夫斯基的外甥。达维多夫的妻子纳塔丽亚是位少见的人物，这样的人我是忘不了的。她身上放射着某种光芒，有着高尚的心灵与智慧，立刻就俘虏了我。他们的那些朋友都是有趣的、充满生气的人。在"大饭店"吃的那顿饭成了我一直珍藏在记忆中的友谊的起点。更有甚者，他们抱成一团，坚持要我给基辅市民再听一次演奏的机会，否则就不许离开。我悲观地问他们如何知道这次就会有人愿意来听，他们一致地回答我说：

"达维多夫是乌克兰贵族的首领，他的内弟古季姆－列夫科维奇（Goudim－Levkovitch）是乌克兰省长、特列波夫（Trepov）将军的女婿，他们两人就能把十个基辅的音乐厅填满。"

这使我的疑虑消散了。我答应去找伊季科夫斯基商量第二场音乐会。这个可怜的人，满脸愁容地接待了我。

"昨天库谢维茨基办公室亏了些钱。"他说，"我希望明年你的运气会更好些。"

当我讲了自己的打算，告诉他支持者的名字之后，他双手一合，用波兰语讲道：

"你生来就是幸运儿！"

音乐会预定在周末举行，所以我有五天时间准备曲目。在基辅期间，达维多夫一家接纳了我，白天我都在他们家，在他们的钢琴上练习，和他们一起吃饭。他们举行了大型招待会，将我介绍给基辅社交界。音乐会的当天，门票全部售出。那是一个辉煌的夜晚，省长一身戎装，胸前挂满勋章，坐在第一排，周围簇拥着副官们和他们的夫人们，以及当地的头面人物。我弹了许多肖邦的作品，取得了巨大的成功。当时还是个小男孩的符拉季米尔·霍罗维茨（Vladimir Horowitz）也被领来听我的演奏，这是我后来听他自己讲的。达维多夫夫妇在"大饭店"举行了盛大的招待会。

伊季科夫斯基高兴得不能自已。

"我们应该立即宣布再举行一场音乐会！"他叫道，"肖邦作品独奏音乐会！"

我在基辅一共开了四场音乐会。最后两场也像第二场一样都满座了。乌克兰的首府是我在俄罗斯唯一征服了的地方。当我和伊季科夫斯基结帐时，我本期望能得到一大笔钱，但他给我的还不足 1000 卢布。

"这就是我三场爆满的音乐会的全部收入吗?"我问。

"我是库谢维茨基办公室的代表,办公室把你欠的一堆帐都交给了我。我不得不扣除第一场音乐会的亏损,还有你在华沙收到的 500 卢布。此外,基辅的四场音乐会成本也很高。"

我明知他做得不恰当,但也只好依他所说收下这笔钱,不过我告诫自己,今后我必须更多地关注票房的收入。

达维多夫一家坚决要求我去他们的乡村别墅"韦尔波夫卡(Verbovka)"消夏,或者只过一段时间。当然,我答应了。我们日渐情投意合。

普鲁申斯基伯爵是个优秀的向导,他领着我在城里参观。城市并不漂亮,但很有趣。那里建有一个巨大的地下"洞窟男子修道院"①,修士们在那里贮藏了价值数十亿卢布的黄金,要是哪个沙皇缺钱花,就只好来向修士们求告。城市建立在一座山丘上,俯瞰着壮丽的第聂伯河。圣米哈尔大教堂是一座宏大的建筑,在其内部,彩色玻璃窗、镀金和镶宝石的器物以及精美的马赛克比比皆是。

一天上午,普鲁申斯基伯爵愉快而从容地邀请我去洗俄罗斯蒸气浴。

"俄罗斯蒸气浴是基辅最好的去处。"他开玩笑地说,"非常美妙!"

我很好奇,就接受了邀请,虽然我讨厌出汗。

俄罗斯蒸气浴位于闹市的一座精致房子里。我们进入一个用大理石装修的、很宽敞的大厅。一个身高体壮、腰里系着条白围裙的男人把我们引进一个较小的房间,问我们是要出出汗呢,还

---

① 基辅地下"洞窟男子修道院":建于公元 10 世纪。现已列入联合国教科文组织世界文化遗产名录。

是选择其他洗澡方式，淋浴或者按摩？

普鲁申斯基用蹩脚的俄文说道：

"给他找个漂亮女人，我要一个男孩。"

哦……！我突然明白了为什么他偏爱这类场所。他的"选择"并未让我吃惊，我听说过他有同性恋嗜好。让我吃惊的是他那种颇能控制一切的手段。而且，我很想知道他给我要的年轻女人是什么样子。他被请到另一间屋子里去了，而我则留下等着。过了一会儿，一名高个子、身体结实的女人来到这间昏暗的房间来。但是我仔细一看，恐怖地发现那是一个怀孕已经七八个月的女人！我镇静了一下，就很客气地对她说，我最好还是抵制这种诱惑，而她最好也暂时不要剧烈运动。为弥补她损失的时间，我给了她几个卢布，她感激地微笑着收下了。

当我把这个奇遇告诉普鲁申斯基时，他气得脸都红了。

"这帮歹徒！这伙盗贼！"他诅咒道，"我再也不会来这里了！你还想再试一家蒸气浴吗？"

"不啦，谢谢！"

在基辅的最后一晚，达维多夫家举行了小型聚会，我一直弹琴到深夜。

"我们在'韦尔波夫卡'等你啊！"当我离开时，他们在我后面这样喊道。

65

我回到华沙的那天，波拉一早就来到车站等我。自我去莫斯科后，她唯一获得的消息就是我从基辅发出的通知我回国的电报。这完全怪我。我长期以来形成的反感写信的态度发展成为恶劣的堕性，甚至连最紧迫的信件都会无限期地拖延。所以她现在狠狠地责怪我，说我没心肝，一点也不奇怪。但是尽管如此，看到我和离开前一个样，她还是很开心。再说呢，她对我的一切也都是了然的，因为雅罗申斯基已经详细地向她描述了我在基辅的成功。

我也立即走上正常的轨道——在外省举行多场音乐会，在华沙是两场：一场和乐队同台，一场与巴维尔合作。

希曼诺夫斯基和雅罗申斯基都在城里。前者很高兴我和达维多夫太太建立了友谊，他很爱她。而后者则为我在"他的"城市取得的成就感到骄傲。

华沙的春天像以往一样醉人，我品味着它的每一刻。我挨个上剧院，接二连三地参加迷人的晚宴和朋友们快乐的午餐会。当然，还与巴维尔和他弟弟长时间探讨音乐。

一天下午，当我们在"鲁尔斯茶室"打台球时，巴维尔像他平常一样，随便地说道：

"阿图尔，不许笑，我要让你喜出望外。我打算结婚了。"

我不相信地看着他。

"那，请告诉我，你和谁结婚？"

"和我们的索霞呀，不言自喻啦！"他说，"这算是正式通知吧。"

我都不敢相信自己的耳朵。这么多年来，我从来没有发现他对这个女孩有过任何爱情、甚至一般地感兴趣的迹象。他从来没有改变过对她的态度，她一直是个很好的、有益的伙伴。至于索霞，我非常肯定她不爱巴维尔，而且理由充分，因为她曾亲口对我承认，她热恋着卡齐密什，巴雷尔斯基家四兄弟中的老大。

"巴维尔，"我很小心地说，"你好好想想。我觉得你正在犯一个大错误。"

"不要那么悲观嘛！"他回答说，"索霞表示，为能成为我的妻子而感到骄傲。她全家也因此觉得十分高兴。他父亲从俄国买来一把极好的斯特拉迪瓦里小提琴送给我。"

这时我头脑里闪过一个念头，这件礼物很可能坚定了巴维尔的决心。我没有说话，但是依旧坚决反对这桩婚事，并且拒绝参加婚礼。他忍下了这种怠慢无礼，在他自己婚礼的当天，竟像往常一样来和我打台球。

我从来没有像那个春天那样感到生活的欢乐。我曾是个幸福的人！我敢说，我现在依然是我遇到过的人群中最幸福的一个。有必要解释一下如此张狂的表白。我对幸福的理解是在柏林那个阴森的日子、在那次自杀后很快产生的。那是一种顿悟。正是从那时起，我学会了无条件地热爱生活。

我认为，大部分人是以不现实的方式对待幸福的，老是使用那个要命的连接词"如果"作为条件。你会听到他们说：如果我富有我就会幸福，如果那个姑娘爱我……如果我有才华；或者，最常用的"如果"：如果我健康。人们经常能达到自己的目的，但这时很快又发现了一些新的"如果"。

我们降生在一个深不可测、无法解释、不合逻辑、荒谬、危险的世界上，并且，对于"是谁或者是什么创造了世界，以及为什么创造它"这个问题是没有答案的。至于我自己，不论生活是好是赖，我都爱它，不提任何条件。因为在我看来，这是唯一的活法。

我想起一个优美的童话，说有一个皇帝，星相家建议他穿上一件属于幸福人的衬衫。经过漫长的寻找，他终于找到一个农民。农民宣称自己无限幸福，……只不过他没有衬衫。

我远不想假装自己具备超群的性格与毅力，或者我能"微笑着面对不幸"。相反，我很容易灰心失望、发火恼怒、缺乏耐性，和大家都一样。唯一的差别在于，在我的潜意识里，我把这一切都看做欢乐、幸福的不可避免的对立面。

生活可以使我们失去自由、健康、财产、朋友、家庭、成就，但不能剥夺我们的思想和想象。而爱、音乐、艺术、鲜花和书籍则永在。还有对一切事物的强烈兴趣也永在。

这些听起来也许有点荒谬，但是我对生活的自觉的爱，的确是在柏林的那个我生命中最不幸的一天里产生的。

安代克和伐采克·莫什科夫斯基两兄弟邀我一同去拜访他们家的一位好朋友——哥德弗拉姆大夫（Dr. Goldflam），他想认识我。那是个品质超凡的人——一位有名的医生，继承了一大笔遗产，行医不收报酬，还很愿意给最贫穷的人看病。

一天晚饭后，我们到他家去，那是大夫自己的一幢漂亮的老房子。医生亲自给我们打开大门，很热诚地同我打招呼。我立即注意到，他的黑眼睛和面庞都充满了智慧和慈祥。

"啊，我终于能愉快地认识你啦！我经常听你演奏，安代克讲了你许多事！"

我一下就感到轻松自在，无拘无束。他高高的个子，行动敏捷，五十出头，头发已经斑白，但看上去比实际年龄要小。在他宽敞的书房里，我们喝着咖啡，吃着点心。他给我看了自己收藏的上乘的青铜小雕塑，包括罗丹的一件生动的作品。

"这些青铜雕塑是我的嗜好。"他说，"它们是我孤独生活中的伴侣。你知道，我是个单身汉。我从来没有时间结婚……我的病人们让我忙个不停。"

他的巨大的书房以及藏书的质量，都充分说明哥德弗拉姆是个博览群书的人。与他谈话极为有趣，我们涉及了所能想得到的话题，并很高兴能就其中一些要点展开讨论。他听起来无所不知，争论起来像个专家。

谈话中，安代克笼统地提出反犹主义问题，并强调了在波兰的情况。这是犹太人之间经常讨论的话题。我当时的观点是：反犹太主义在很大程度上是有道理的。

"当我看着这些富有的犹太人和他们的妻子在大庭广众中的表现——夸耀自己的财富，显示自己的珠宝、自己的皮大衣，并四处招摇时，我能理解那些非犹太人的愤怒。"

哥德弗拉姆大夫温和地回答说："大概你忘了，你说的那些犹太人只是极少的一小部分。你的批评不能适用于整个犹太民族。"

可能是我同那些言语中听的反犹者与杰出的天主教徒在一起厮混多年的经历影响了我的判断吧。

"好吧，医生，好吧，"我热烈地争辩道，"那么反过来，我们又能看到些什么呢？犹太聚居区吗？那些顺从的、留着络腮胡子、两鬓的头发卷曲、畏首畏尾的小人物？为什么他们不利用他们天生的才华与智慧做些比倒卖旧衣服更有益的事呢？在那些排犹主义的波兰人诋毁我们，称我们犹太人是放高利贷者、是小偷时，我就极为恼火。我知道，我们也幸运地拥有具备高度文化修养的精英，而且，大夫，我很倾向投票选你当这些精英的领导，但这些精英人数太少，无力抵消其余人的不良影响。"

医生面露愁容，表情严肃起来。略为停顿，他低沉着嗓音开口道：

"听你如此悲观地评价我们这个民族，我很难过。你说的话里有许多准确的观察，但你是否考虑过，你如此严厉批评的所有这些现象的起因是什么？"

我不得不承认，我只知其然，不知其所以然。

"那你要答应我，你会认真仔细地阅读我将寄给你的几本书。读完之后，你把书带来，我们再继续讨论。"

"大夫，我崇拜好书超过一切，我答应你，一定读完，而且会好好保护它们。"

在回家的路上，我后悔在和一位我尊敬与赞赏的人的谈话中那么感情冲动。

医生给我寄来海因里希·格雷兹（Heinrich Graetz）写的德文版四卷本《犹太人史（The History of the Jews）》。我花了一个多星期的时间阅读它们，主要是躺在床上看的。我们民族的起源和圣经时期①对我毫不新鲜：在这方面我接触过很多，主要的犹太教节日总会提醒我们那些重要的历史事件，此外，我记得在柏林的宗教课上的要点。然而，当我读完有关反对泰特斯皇帝时代罗马人的可怕战争的描述，有关犹太人的英勇保卫战，以及第二神殿的覆没和犹太人随后开始的"大流散"，我的兴趣便随之俱增，最后变得急不可耐地想了解更多。我爱不释手了。

等我最终读完这四卷书时，我对犹太问题的看法发生了巨大

---

① 犹太教圣经时期，是指公元前6世纪至公元前2世纪的400年，即《旧约》从收集材料到用希伯来文编纂成典籍的时期。当时，犹太人处于东方的巴比伦人和波斯人统治下的流放岁月。《旧约》是古老犹太民族的历史、宗教、法律和文学方面的一部不朽的"百科全书"，同时它又是世界一神教教义之母。它于公元90年犹太教雅姆尼亚会议上被确定为正经，我国天主教称之为"古经"。

的变化：我确实意识到，我为自己身为一个犹太人而感到自豪。哥德弗拉姆医生为我打开了眼界，使我看到犹太人真正的、基本的性格。我对他永远感激不尽。

犹太人被逐出家园、浪迹天涯两千年，却英雄地维护了自己民族和宗教的独立性。排斥、迫害、酷刑、折磨、屠杀、逐出家园，都没能击败他们顽强的抵抗，没能使他们放弃对自己使命的信念。

我把书还给哥德弗拉姆医生时，他正在照顾病人，但他邀我晚上一起吃饭。这一次，我们的谈话变成了自由交换思想和观感。

哥德弗拉姆医生说："全世界的反犹主义者都具有一个显著的特点，他们乐于容忍你上次批评的那类犹太人，他们甚至喜欢那些人。富有的犹太人使他们怀有好感：金钱的力量是巨大的。最杰出、最有名望的基督教徒家庭的子孙经常和犹太富翁的女儿结婚。甚至对所谓的高利贷者、借钱给他们的银行家们，他们也并不在意。他们需要这些人。至于其余的犹太人、犹太聚居区内的犹太人，则被视为低等种族。反犹主义者倾向于温和地、照顾性地对待他们，就像对待仆人和奴隶。"

"所以，如果更进一步地观察这个状况，"我说，"就能看到他们的敌意都集中在具有最高道德水准、智慧、以及富有才华的犹太人身上，就是那些一旦被允许参与竞争，就会在一切可能的领域脱颖而出的人，例如科学、艺术或经济领域。人们仇恨他们，是因为他们拒绝被他们所居住的国家同化，他们忠于家庭，以及他们的持重和博爱。在真正的反犹主义者眼里，所有这些特点都接受不了。"

哥德弗拉姆医生微微一笑。

"医生，"我问，"你是否认为，所有这些事的基础在相当程度上是嫉妒？"

"当然啦!"他回答,"嫉妒毒害思想,并能导致犯罪,而不仅仅局限于污蔑和不公正。"

感谢上苍让我能活到今天,1972 年,我在写这本书,并目睹了以色列国家奇迹般的再生。我记得,父亲一直在谈论和梦想着我们的人民能重回耶路撒冷。我内心有种感觉,在这一光辉的时刻,我代表着我的父亲。

犹太人,流浪两千年重返故国后,向世人展示出他们与生俱来的宏伟气概。他们用了不到二十五年,就将沙漠变成美丽的沃土。他们发展了工业、科学中心和美术。他们庄重地讲着希伯来语,再不用讲节奏单调的奇特方言了,并且与数千倍的敌人成功地作战,证明了他们一往无前的勇气和无比的军事艺术。是啊,聚居区里温顺的犹太人变成令人生畏的战士了。

66

一直与孩子分离使波拉的心情越来越糟,而且,她怕被人看见和我一起出现在城里。于是我们又开始在索霞家见面,尔后在帕乌丽娜·纳尔布托娃的别墅度过伤感的一周。

1911 年夏天来临时,我决定接受达维多夫一家一次次重提的邀请。到他们家的路我认识,因为他们和希曼诺夫斯基家用同一个车站。他们的"韦尔波夫卡"庄园离希曼诺夫斯基家的卡缅卡约有十俄里①，但是达维多夫家的庄园和希曼诺夫斯基家陈旧的、波兰式的蒂莫舒夫卡庄园差别很大。它更像市郊的别墅：正面是白色的，精致而宽敞，但毫无特点。花园也像个小型城市公园。室内是英国风格，家具陈设在当时非常现代化。房间不大，却很舒适，使人感到像在自己家里一样。

全家都很真诚地欢迎了我，也包括他们三个年轻的儿子，他们大概很高兴能再次见到我。

"你用我的舅舅彼得·柴科夫斯基来消夏时经常住的房间和睡过的床。"达维多夫说，"他在这里创作了几首最好的作品呢。"

很容易想象这使我多么兴奋。夜里，我曾梦见过那位大名鼎鼎的作曲家，而且梦中的气氛很愉快。

总起来说，我在"韦尔波夫卡"过得很开心。我什么也不用做，他们善解人意地让我一个人爱怎么过就怎么过，甚至开饭的时间也不固定。

一天，希曼诺夫斯基由他表弟海因里希·涅高兹（Harry Neuhaus）陪着一起来访，他表弟是个很有才华的年轻钢琴家兼作曲家，其父是德国钢琴教授，娶了希曼诺夫斯基母亲的表妹。希曼诺夫斯基已写完他的奏鸣曲，特送手稿来给我看。那是一首很复杂、很难的作品，不过的确是首杰作，充满了新概念和不可抗拒的激情。我们大家都深受感动，我则渴望立即掌握。希曼诺夫斯基把手稿留给我，于是我马上开始工作。我感到，希曼诺夫斯基深深地心仪于达维多夫的夫人纳塔丽亚（Natalya），她娘家姓米哈伊洛夫。希曼诺夫斯基甚至爱着她。在我练习他的这首宏伟的奏鸣曲时，纳塔丽亚一直都呆在房间里。

一天晚上，达维多夫夫妇带着我去参加他们的一个邻居、俄国公爵夫人雅什维尔（Yashvil）举办的舞会。舞会的气氛、所有

---

① 1俄里等于1.06公里。

的装饰和客人，使我想起柴科夫斯基的舞剧《叶甫盖尼·奥涅金》中的场景，甚至连舞蹈也相同——波洛奈兹舞和真正的波兰玛祖卡舞，只是缺少歌剧音乐。舞会真叫迷人，凌晨 6 点我们才回家。白天的时间对我们不够用，与美丽的女主人长谈，外加那么多的音乐，怎么会够呢。我凭借记忆尽量弹奏柴科夫斯基的曲子，但上午全部用来练习希曼诺夫斯基的奏鸣曲，我已开始背奏了。

一天下午，纳塔丽亚和我去拜访希曼诺夫斯基一家，其间还发生了一件可笑的事。那个一直和他们住在一起的老姑妈刚好得到一部当时最受欢迎的波兰作家热罗姆斯基①的新小说，即两卷本的《灰烬》。老姑妈刚好读完第 1 卷，就好心地借给我。回到"韦尔波夫卡"我就开始看，第二天早上 7 点便读完了。书是描写拿破仑时代的波兰的，特别吸引人。不马上读第 2 卷我简直受不了。于是我就求达维多夫的儿子们帮我备好马鞍，自己策马直奔蒂莫舒夫卡，跪在老姑妈的脚下，求她把宝贵的第 2 卷借给我。那神圣的女人把书给了我，我又揣着宝贝高兴地疾驰回去。在第二个不眠之夜中，我就把它读完了。后来，这部小说为希曼诺夫斯基《第二交响曲》中的一段模进（sequence）提供了灵感。

在"韦尔波夫卡"的逗留结束了。我很难过地和他们告别，并且不得不答应明年再来。

回到华沙，我得知波拉没有出城，而且尽是坏消息：家里继续排斥她，和她断绝了一切联系。

---

① 斯特凡·热罗姆斯基（Stefan Zeromski, 1864－1925）：20 世纪上半叶波兰最杰出的作家。主要作品除《灰烬》外，还有《忠实的河》、《无家可归的人们》、《罪恶史》、《生活的魅力》等。

"那就强行闯入，引起丑闻吧？"我提议，"说到底，母亲总有权见自己的孩子！"

但波拉不听我的。她家里对她的所作所为，让她心有余悸。她真可怜，正过着沉重的日子！我却一点忙也帮不上。我只希望能和她一同出国旅行，可眼下，我只在波兰和俄国有音乐会，又不能带她去。波兰呢，她害怕；俄国嘛，我那少得可怜的演出费又支付不起两个人的开销。我们唯一的安慰就是爱情。

华沙演出季开始得很好。比利时伟大的小提琴家欧仁·伊萨依和法国钢琴家拉乌尔·普尼奥在交响乐厅举行的两场奏鸣曲独奏音乐会，令人难忘。费特贝格、希曼诺夫斯基、巴维尔·科汉斯基和我与他们一起度过了许多时间。每次音乐会后，我们一起去吃晚餐，讲笑话，又吃又喝，总要坐很久。伊萨依很喜欢巴维尔和我。

"明天下午到我们旅馆房间来，我们有架钢琴，给我们演奏一首奏鸣曲。"他对我说。

我和巴维尔当然同意，但是我们极为害怕在这样的大师们面前演奏。不管怎么说，我们上午排练了《克鲁采奏鸣曲》和勃拉姆斯的一首奏鸣曲，就大胆地去演奏给他们听。两位大师很认真地听着我们的演奏。当我们奏完后，普尼奥不自觉地跑过来吻了巴维尔的双颊，用法语嚷道：

"不可能拉得更好了！"

而小提琴大师伊萨依则跑到我跟前和我拥抱，大声说：

"我从未听到过这样演奏《克鲁采奏鸣曲》。你是个诗人。"

两位伟大的艺术家相互之间小小的"不忠诚"使我们偷着乐。

在华沙遇到的另一位大名鼎鼎的客人是夏里亚宾。

他来华沙的情况相当地不同寻常。阿斯特拉罕的一位鱼子商人崇拜这位著名男低音歌唱家，花费巨款邀请他在俄国和华沙进行短暂的巡演，只是为能在夏里亚宾陪同下旅行一次。他们一行四人：那个商人热仁（Zhizhin）、夏里亚宾、他的伴奏科耶涅曼（Koenneman）以及我的老朋友阿维里诺——就是因 1000 卢布而出了名的那位，这次他也参加演出，用中提琴拉几首曲子。

音乐会大获成功。夏里亚宾的独唱保留曲目很有限，但他想出一个聪明的计策来掩饰他的弱点。他用一本小册子代替节目单，里面印着大约五百首编好顺序号的歌曲。所以他只要报出一首歌的序号，让听众自己去小册子中寻找。而我，则总能猜到他下一首歌是多少号。他能唱的歌无非是舒曼的《两个掷弹兵（The two grenadiers）》、穆索尔斯基的《跳蚤之歌（The Flea）》、安东·鲁宾斯坦的两首歌曲、再加上别的两三首，但是那些什么也不明白的听众会对这个机灵鬼的保留曲目数量之大而惊叹不已。

音乐会后，鱼子商人在"布里斯托尔旅馆"的包间举行宴会。他还请了歌剧院的两个漂亮芭蕾女演员和夏里亚宾的一个俄国歌唱家朋友。晚宴很快变成不折不扣的狂饮，我们每个人都喝了许多伏特加。夏里亚宾对两个身材姣好的女演员已经欲火中烧，一会儿也没给她们安宁。我则在一架可怕的钢琴上弹着各种乐曲。那个鱼子商人热仁就拥抱我、亲我，泪流满面地喊着：

"阿图莎，你发誓，你一定要来阿斯特拉罕开音乐会。我会使你名扬阿斯特拉罕的，我还要请你吃真正的晚餐，这里吃的东西简直是笑话。"

我哪能抵御得了这种诱惑呢？我当然发誓，说一定去（我也兑了现！）。但是我却花了几天时间才从这顿晚餐中清醒过来。

一天，希曼诺夫斯基要我给他的一些朋友演奏他写的《奏鸣曲》，地点在一位十分热爱音乐的老太太、斯皮埃斯夫人（Spiess）家。她是一个富有的化工厂老板的遗孀。她儿子斯特凡是希曼诺夫斯基亲密和得力的朋友。她召集了一小群希曼诺夫斯基的崇拜者，包括费特贝格，希曼诺夫斯基要和他四手联弹自己的《第二交响曲》的几个片段。

《奏鸣曲》令大家印象深刻，特别是对斯皮埃斯夫人。

"这真是杰作！"她喊叫起来，"应该让全世界都知道！"

在费特贝格和希曼诺夫斯基四手联弹了交响曲第一乐章的几个片断和整个优美的第二乐章后，这位老太太流下眼泪。

"这两首作品出自同一灵感，它们互为补充，相得益彰。"她深受感动地说。

立刻，费特贝格的机会主义的头脑就接过了这个话茬。

"夫人，"他叫道，"真是奇妙！您猜到了《奏鸣曲》和《交响曲》之间的紧密联系。我要是腰缠万贯，就毫不犹豫地去柏林、维也纳和莱比锡组织音乐会，只演这两首作品。我相信，阿图尔一定会同意我的看法。"他补充道，向我寻求支持。

"这肯定是个天才的主意！"我说，"只恐怕要花费很多啊！"

斯皮埃斯夫人一时间显得有点意外，之后，像是突然下定了决心，说道："如果费乔①答应指挥《交响曲》，而阿图尔愿意演奏《奏鸣曲》，那我就准备为整个计划出资。"

费特贝格和我这次总算协调一致、逼真地表演着，对这个"出乎意料的"、并且也"不敢奢望的"提议诧异得说不出话来。此时，希曼诺夫斯基也参加进来，我们一起向这位慷慨、热情的老太太说了不计其数的感谢话。正如所料，费乔包揽了所有的准备工作，当然，也包括希曼诺夫斯基的这些音乐会的财务运作。

而我，则为有机会向世界展示希曼诺夫斯基的杰作感到骄傲。同时，根据早先不愉快的经验，我一直对这次与费特贝格的新的合作放心不下。

---

① 费乔，Ficio，费特贝格的昵称。

　　这些音乐会我们计划在 1912 年的 1 月或 2 月举行，这就给我留下足够的时间可以在波兰开几场音乐会，在俄国进行五六次演出，包括早就答应的对阿斯特拉罕的访问。

　　波拉到了克拉科夫。她小心地躲在旅馆内，但去听了音乐会，装成"偶然地"来到这个城市。除克拉科夫和利沃夫之外，我还在波兰奥占区的其他城市进行演出，由于那张神奇的护照，我感到十分安全。

　　在俄国，我在莫斯科、哈尔科夫、罗斯托夫、萨拉托夫等地的俄罗斯皇家音乐协会的小音乐厅进行了演出，酬金低得荒唐。一列没有电、靠蜡烛照明的原始火车把我送到阿斯特拉罕，路上花了 24 个小时。那是沿着伏尔加河直到下游三角洲的奇异旅程。车厢里挤满了黄皮肤的鞑靼人、卡尔梅克人（Kalmuck）和其他蒙古人。在臭味熏天的餐车里，他们那被摇曳的烛光照耀着的脸看起来很怪诞。所幸，我最终到达鱼子之都时，这该死的噩梦就结束了。

　　热仁先生，我的资助人，以快活的叫声和拥抱欢迎我，然后把我送到城里唯一一家正经的旅馆。在路上他努力消除我对音乐会的怀疑。

　　"我用我的朋友把音乐厅填满，"他说，"他们答应会鼓掌的，就像你是夏里亚宾本人一样。"

　　我心情愉快，开始品味这次冒险的新鲜感。

　　音乐会成了狂欢。他的朋友们（就是我的听众）遵守了诺言，在我演奏的每个间隙都拼命地鼓掌，甚至在一首曲子中间也鼓掌。

　　音乐会后，热仁邀请我去吃晚饭。

　　"我有个小惊喜给你！"他说。

　　根据他脸上的表情，我估计必定会有不同凡响的事等着我。我没有失望。他把我领到我下榻的旅馆的一个大房间，那里放着一张大桌子，大约可以坐 30 人。桌子中央是一大块空心冰砖，里边堆满了没有放盐的新鲜鱼子。那是我平生吃过的最美味的鱼子。还没有弄清楚是怎么回事，我已经喝下两三杯伏特加了。

突然，不知从什么地方冒出来一支鞑靼人的合唱队，清唱了所谓的肖邦《A 大调军队波洛奈兹》。在整个演唱过程中，客人们全都肃立着，认为这是波兰国歌。之后我们坐下吃饭。

主人把我介绍给自己的情妇，她就坐在我们两人中间。这是位高个子、黑头发的漂亮姑娘，皮肤白得惊人，眼睛很大，睫毛特长，但面孔显得迟钝。她穿一身梦幻般的波斯装束，上面缀满了宝石。

我们用喝汤的大勺就着伏特加吃鱼子。晚餐看起来好像没有完的样子：鱼，高加索烤羊肉米饭，然后是一系列甜点——土耳其花生酥、核桃杏仁软糖和糕点、冰淇淋，用大号银盘子满满堆着的各种水果、枣和花生。等我发现除我一人之外，所有人都喝醉了时，大约已经是凌晨四五点钟。但是为了这个优势，我不得不付出突然恶心呕吐起来的代价。一个好心人把我送到洗手间，我把整顿晚餐都吐了出来。

稍后，我感觉好些，清醒过来，就又回到客人们中间。他们还在继续全力狂饮。

宴席还有演出助兴。土耳其或者波斯肚皮舞女演员一会儿迅速抖动赤露着的腹部，一会儿又慢慢转动腰肢。时而，为丰富表演，她们转过身来，用臀部做同样的动作，令所有观众开心不已。我被这演出吸引住了，突然听到主人对他的情人吼叫道：

"别像木乃伊那样坐着不动！起来，去让客人高兴高兴！"

那可怜的女人一直面无表情地坐在那里一声不吭地吃喝着，她于是站起来，舒舒服服地坐到我的大腿上，用手臂搂着我的脖子。这个意想不到的姿态让我感觉相当不悦，我担心，这个商人，眼下是酩酊大醉，也许会突然清醒过来，看到我这个样子，说不定会割断我的气管。不过，我的这种疑虑很快就消散了，因为主人向我保证，这一切只是传统的东方式好客的表现。

说实话，虽然我很想把姑娘带回自己的房间，但是主人如此公开提出建议却有点倒胃口。结果，我对那女孩的温存作出的反映，倒像我是个处女。

到了早晨，宴会又焕发出活力。上了豪华的早餐，从一份新鲜的鱼子开始，佐以必备的伏特加，然后是鸡蛋、冷餐肉、香肠、奶酪，最后是热咖啡和各种圆面包、主食面包和蛋糕、蜂蜜以及果酱。这一切一直延续到中午，弄得我只是勉强来得及收拾行李，赶上火车。热仁和他的情人还有力气把我送到车站，流着眼泪和我告别，又是拥抱，又是亲吻。

"真是一场名副其实的狂饮！"我叹了口气，终于坐到了自己的包厢里，周身酸软无力。

67

1912 年新年后没几天，头一场卡罗尔·希曼诺夫斯基作品音乐会便在柏林举行。费特贝格又选择了那个交响乐厅和爱乐乐团。不过这次，感谢上帝，我管我自己。节目单上包括《第二交响曲》，幕间休息后是《第二钢琴奏鸣曲》。

在一定程度上，这是两场独立的音乐会。希曼诺夫斯基坚持《第二奏鸣曲》要最后演奏，他说"这是恰到好处的音乐平衡"。音乐会对我们是件大事。在两次全曲的排练中，费特贝格取得了很好的效果，让乐团了解到《第二交响曲》的全部分量和优美。至于《奏鸣曲》，我则从所提供的贝希斯坦钢琴中挑选了最好的一架，用它进行了热切的练习。

纳塔丽亚·达维多夫太太从基辅赶来参加音乐会。而希曼诺夫斯基的表弟海因里希·涅高兹当时在柏林，跟巴尔特教授学琴。

音乐会非常成功。虽然大部分人使用了免费门票，但为数众多的听众中还是包括了著名的音乐家们，比如布索尼，以及音乐迷。报刊纷纷派出首席评论员，期待中充满着紧张的气氛，这种情况总是在重要的音乐事件中不可免的。

两首作品颇受尊重，虽然意见各有不同。人们赞叹费特贝格高超的指挥艺术，同时赞扬了我的精巧的构思、记忆力和气质。

达维多夫太太邀请我们四人（涅高兹也加入了）在"德雷塞尔饭店"共进晚餐。我们举杯互祝成功，那上等香槟酒打开了我们的话匣子，我们聚到深夜才散。告别时，希曼诺夫斯基邀请涅高兹第二天下午1点一起吃午饭。

我们一直睡到中午，没有吃早餐，等涅高兹来吃午饭。等了一小时后，我们决定自己先吃，但希曼诺夫斯基为表弟不安起来。

"不来参加约好的聚会，这不像他。但和他联系很难，因为他没有电话。"

我们匆匆吃上几口，就一起上涅高兹的膳宿公寓，发现女房东正在着急。

"他行为古怪。"她说，"晚上没有用过床，一早就跑出去了。在桌上留下封信给一位叫希曼诺夫斯基的先生。"

希曼诺夫斯基手抖着打开信封，读完之后，脸色灰白。他一个字也说不出来，只是把信递给了我。

我清楚地记得这封信的内容，虽然不是原话。涅高兹写道，音乐会使他清晰地意识到，他永远也成不了作曲家，也不会是钢琴家，因为他无法明知自己是个失败者还继续活下去，所以决定到心爱的佛罗伦萨去死。

"卡罗尔，我们不能再耽误时间了。"我说，"你必须马上去佛罗伦萨，在他做出什么不可补救的事之前，制止住他。"

"是啊，"希曼诺夫斯基喃喃自语，"他正经历着可怕的失望情绪，不过，阿图尔，请和我一起去，我一个人对付不了这种事。"

我们跑回旅馆，打听火车时刻，当晚我们就前往佛罗伦萨，第二天刚过中午便抵达了。希曼诺夫斯基径直跑到托尔纳布尼街上的一家酒吧去等，而我则跑到最近一个警察局了解是否有一个外表像涅高兹的年轻人的情况。打过几个电话之后，他们告诉我，有一个叫尼科尔斯基（Nicolsky）的年轻俄国人，在旅馆的浴室里割破了自己的手腕，后来害怕了，又喊救命，现在正在当地一家医院治疗和恢复。我的直觉告诉我，那个尼科尔斯基不是别人，正是涅高兹。返回酒吧，我看见希曼诺夫斯基正沮丧地啜着一杯酒。我把他拉出来，找了辆车奔向医院。在医院，我们的一切担心都得到了证实。不幸的涅高兹躺在床上，脸色苍白，眼睛半闭，裹着绷带的胳膊放在胸前。

我们的出现使他吃惊地坐了起来，他想说什么，但希曼诺夫斯基用力地、像亲兄弟那样拥抱了他。这场噩梦在我们三个人高兴的泪水中结束了。

所幸，医生说病人可以旅行。于是我们把他裹暖，塞进卧铺车厢返回柏林。希曼诺夫斯基和我轮流守了他一夜。

涅高兹的手腕好长时间才痊愈。第一次世界大战后，他留在俄国，取得了很大的艺术成就。他被任命为著名的莫斯科音乐学院院长和教授；举行过几场引人注目的音乐会；几位最杰出的俄罗斯钢琴家都得到过他的指点，并从他广博的文化素养、精深的知识和对音乐的领悟中获得灵感。

很奇怪，在柏林的整个逗留期间，我的任何一个老朋友和熟人都没有出现，也没有与我联系，好像音乐会是在其他城市举行似的。从佛罗伦萨回来后，已经来不及拜访任何人。我们必须前往莱比锡。我们的音乐会在这个以音乐闻名的萨克森城市所获得的成功比在柏林要小得多。由于没有安排上因门德尔松而名声大振的、优美的"格文特豪斯音乐厅"，我们只好满足于在宽大的、不大为人看好、而且音响效果很差的"圆形音乐厅"举行。管弦乐队是临时由各路人马拼凑起来的，根本达不到《交响曲》的高要求。至于听众，也肯定不是莱比锡的音乐精英。

乐队成员，除了少数几个，对音乐都无动于衷。不过听众还是热烈地为费特贝格和我鼓了掌。当我们也请希曼诺夫斯基对听众鞠躬致意时，所得的掌声不过是礼节性的。而评论家们则赞许有加，尽管对《交响曲》配器过密有些保留。就《奏鸣曲》而言，大家都喜欢其力度的逐渐增大和独创性，因此总体上也得到了更有利的评价。

碰巧，那时巴维尔和索霞正在莱比锡探望家人。他们出席音乐会令人十分喜出望外。第二天晚上，我去巴维尔父母的住处吃晚餐，认识了他全家。

我立即就喜欢上了他的母亲。她有一双和儿子一样的温柔的黑眼睛和相类似的活力。他父亲就比较乏味，给我的印象除了沉默寡言、不善交际，还是典型的俄罗斯正统派犹太人。两个妹妹活泼好客，尽管不太漂亮。然而他弟弟，一个刚毕业于音乐学院的钢琴手，他的不雅的举止和缺少真诚却不大令我愉快。除我以外还有一位客人：一个漂亮可爱的年轻英国女小提琴家，名字叫西尔维娅·斯帕罗（Sylvia Sparrow），在布鲁塞尔她曾跟巴维尔学过琴。很快我们就成了终生的挚友。

索霞在这些人中显然感觉不舒服。这些直来直去的人按她的口味肯定不够"有教养",但她努力掩饰这一点——她对所有的人都欣然微笑,过分地称赞食物,表示要帮母亲干活。由于巴维尔热情的介绍,全家都敞开双臂欢迎我。

几天后我们一队人马就继续上路前往维也纳。我们下榻在舒适、考究的"克朗茨饭店"。老板克朗茨热爱音乐,对能接待我们感到极为高兴。

我对我们的这次音乐会寄予很大希望,尤其是我在这里举行了预示着成功的首演之后。报刊对音乐会很感兴趣,当做重要事件,还刊登了有关我们的趣闻。费特贝格和"音乐演奏家乐队"在很棒的"金色大厅"进行了三次排练。对于《奏鸣曲》,这次我毫不犹豫地选择了波森多夫钢琴。组织者向我们骄傲地宣布,对门票的需求很大。路鲍米尔斯基公爵正好在城里,便在"萨克尔饭店"为我们举行了豪华的晚宴。

这场在维也纳的音乐会大获全胜。听众向我们欢呼,希曼诺夫斯基不得不多次鞠躬致谢。报刊一致赞扬了两首作品,称其为"丰富了我们音乐遗产的伟大杰作"。莱奥波德·戈多夫斯基,维也纳音乐学院大师班(Meister classe)的首脑人物,也前来祝贺,并请我们去他家做客。

我们的音乐会成为那个演出季的主要事件之一。结果,最重要的音乐出版社《环球出版社(Universal Edition)》提出与希曼诺夫斯基签订长期合同的建议,这是他的音乐在获得广泛承认的道路上向前迈出的重要一步。几天后,希曼诺夫斯基极其满意地向我们展示已经签订好的合同。我们衷心地分享了他的快乐。

此后不久,路鲍米尔斯基公爵在"萨克尔饭店"吃午饭时自豪地宣布,由于他的推荐,费特贝格已经获得邀请担任著名的维也纳歌剧院指挥一职,并获得"帝国与皇家宫廷指挥"(Imperial and Royal Court Conductor)的头衔。这一轰动性的消息只让我一人感到意外,其他人都已知道了,但是正式宣布前,都保着密。

我们可为费特贝格和公爵干了不少杯。

在我们三人受到的广泛关注中，甚至也有我的一小份。戈多夫斯基建议我接手帝国和皇家音乐学院大师班钢琴预科班，头衔为"皇帝和国王任命的教授"！那可真是个极为诱人、令人感到荣耀的建议，但是在人生的那个阶段，对接受这样的职务我还毫无准备。我学会了懂得自由的可贵，虽然为了维护这个自由我不得不忍受许多困难。在我的潜意识里，我一直期待着某种不可预见的事情，期待着奇迹，期待着突变。

费特贝格、希曼诺夫斯基和我三人都陶醉在维也纳的成功里。许多有影响的人物把我们当做明星，当地的音乐家们纷纷发来请柬，邀我们听音乐会、看戏、参加招待会。一个名叫汉斯·埃芬伯格（Hans Effenberger）的年轻评论家喜欢四处尾随着我们。此人生得很英俊，有一双梦幻般的黑眼睛，一脸黑胡子。他称自己是一个波兰贵族和一个波兰伯爵小姐的私生子，真姓是希里温斯基（Sliwinski）。他被遗弃在教堂的台阶上，由一对奥地利夫妇收养，他们没孩子，居住在布拉格，名叫埃芬伯格。他毕业于布拉格大学，从事音乐和文学评论，也是霍夫堡帝国图书馆的馆员。

这真是个浪漫动人的故事，不过我们将信将疑。但是我们喜欢他的殷勤和对希曼诺夫斯基音乐的热情态度。

戈多夫斯基的家成了我们的第二个家。这位大钢琴家喜欢用自己独有的方式把他的近作演奏给我们听，若无其事地对付着那些令人生畏的困难！他妻子是个活跃的黑发女子，待我们像最亲近的家人，她的四个孩子也一样。他们都才十几岁，两男两女。小女儿达格玛尔（Dagmar）相貌出众，年仅13岁，外表像个小波斯人，这使我想起在罗兹的马尼娅·舍尔。她那又粗又黑的辫子、圆似杏仁的眼睛、漂亮的鼻子、丰满红润的嘴唇，都让她看起来比自己的年龄要大。希曼诺夫斯基和我都明显意识到她的存在，而她则在挑逗我们。她喜欢讲述自己和著名的轻歌剧作曲家弗朗兹·莱哈尔（Franz Lehar）以及大钢琴家尤瑟夫·霍夫曼的"友谊"，称他们是"弗朗兹叔叔"、"尤瑟夫叔叔"。这个达格玛尔已经是个大姑娘了。

一天早上，我在报上读到一则消息，说几天后帕布洛·卡萨尔斯（Pablo Casals）将在维也纳首演。这消息令我激动。卡萨尔斯当时已经名声大噪，所以维也纳才以爆满的"金色大厅"来欢迎他。使我们吃惊的是，他和乐队选了瑞士作曲家伊曼纽尔·莫欧尔①的一首协奏曲，莫欧尔是仅仅因为发明双重联键钢琴才出名的。那首协奏曲不值一提，但是卡萨尔斯演奏时精神是那么集中，声音是那么无与伦比，无人不被他所感染。当他加演时，维也纳就完全被征服了。后来，我们大家都到休息室向他表示祝贺，他则把我介绍给为此次重要演出和他同来的他的英国经纪人。卡萨尔斯告诉我，这位蒙太古·切斯特先生是伦敦老牌的"维尔特音乐会代理公司"的老板。

"他请我们两人明天和他一起吃午饭。"卡萨尔斯解释说，"他对你有些有趣的建议。"

我自然表示接受，于是我们在"布里斯托尔饭店"吃了午饭。

"我了解你在维也纳取得成功的所有情况。"切斯特开始道，"卡萨尔斯非常欣赏你。他建议我在今年 5 月和 6 月的演出旺季为你在伦敦组织几场音乐会。你有什么想法？"

"你的意思是支付演出费邀请我举行音乐会吗？"我满心希望地问道。

"不是。"他回答说，"我的公司只是代理人。但是我愿意只收取总收入的一小部分为你组织音乐会。我建议在贝希斯坦厅

---

① 伊曼纽尔·莫欧尔（Emanuel Moor, 1863—1969）：匈牙利钢琴家和作曲家。

（Bechstein Hall）举行三场独奏，之后，由于我确信你会成功，你将很快得到若干报酬很高的合同。"

我苦笑了一下，"切斯特先生，我没有钱来支付肯定要赔本的音乐会。我很清楚音乐会有多贵。"

"那你怎么能在维也纳和柏林举办首场音乐会的呢？"

"我有位赞助人，"我说，"他相信我的才华。"

"哦，是这样。"切斯特叫道，"让我跟他谈谈，也许他会在伦敦为你再办一次。"

卡萨尔斯打断了我们的话。

"演出季开头的时候我将在伦敦的'王后厅'举行音乐会。如果你愿意和我一起演出几首奏鸣曲，也许会成为有利于你的独奏音乐会的引子。"

切斯特双掌一击："卡萨尔斯，你真是个魔法师！你白送鲁宾斯坦一次成功的机会。"然后他朝着我："你肯定知道，卡萨尔斯会让音乐厅满座的，这样，整个伦敦就都能听到你的演奏了。现在把你担保人的姓名和地址告诉我吧，我肯定他会同意为你的独奏担保的。我马上给他打电话，请他接见我。"他急不可耐。

几小时后，公爵给我打来电话。

"来我这里拜访的英国人可信吗？"他问。

"可信。他是著名大提琴家帕布洛·卡萨尔斯的经纪人。"

"那就告诉他我同意他的建议。"然后他就放下了话筒，也不听我的感谢。

这个新闻使切斯特和卡萨尔斯大为高兴，我们立即就着手制定在伦敦的演出计划了。作为首演我同意和卡萨尔斯一起演奏勃拉姆斯和格里格的各一首奏鸣曲。我还答应为独奏提供三份不同的节目单。

希曼诺夫斯基想让他的妹妹斯塔尼斯拉娃、一个很好的女歌唱家在他的歌曲独唱音乐会中露面，请我为其伴奏，并演奏他的几首独奏作品。对我自己的艺术事业而言，这不是最有利的，但是出于对希曼诺夫斯基的友谊和对他的工作的尊重，我同意了。那个音乐会两周后在一家俱乐部的大厅里举行。斯塔尼斯拉娃唱得很好，我弹奏了希曼诺夫斯基的《变奏曲》和几首练习曲和前奏曲。我们的听众不多，但很有眼力。

与此同时，我在维也纳的生活一直保持着同样的活力。一家大百货公司的老板，冯·奥贝莱特纳先生，很有创作歌剧的激情，那一阵他经常请我吃饭。他的最新一部题为《阿佛洛狄忒（Aphrodite）》的歌剧刚刚在维也纳歌剧院进行了首演，主角是年轻、漂亮、聪明的女演员玛丽亚·叶里察（Maria Jeritza）。她唱得很美，但是音乐本身缺少真正的才气和创造性。说老实话，维也纳歌剧院同意上演这部歌剧令我略感意外。

首演之后，冯·奥贝莱特纳先生在"萨克尔饭店"的包间里举行了一场豪华的招待会，邀请了歌唱家、指挥和维也纳的几个知名人士。房间里有一架挺好的钢琴。大家刚一离席，我就被邀请弹上几首。我愉快地同意了，这样的听众是首选的。

费特贝格、希曼诺夫斯基和我通常都在旅馆里吃饭。费特贝格管财务，负责旅馆开销。所以钱的事我就没太注意。此外，我自己在药房、服装店、邮局、理发店、小费、来往交通上要花费不少钱，结果我的口袋又见底了。一天早晨，我决定向费特贝格要些零花钱。但我发现无论费特贝格，还是希曼诺夫斯基都不在房间里，便去服务台了解，他们是否给我留下什么消息。服务员回答说，昨天晚上两位先生就去了威尼斯。

我无话可说！这些没心肝的坏蛋！居然把我就这么丢下不管了！当然，这是费特贝格干的好事。希曼诺夫斯基只是个不负责任的孩子，完全被他控制着。但是费特贝格！他又来这一套了。

所幸，当天晚上我要去公爵家吃饭，公爵想了解一下去伦敦开音乐会的细节。

于是，我没有忍住，把他们去威尼斯的事告诉了公爵。公爵知道我为希曼诺夫斯基的这次巡演放弃了几个重要合同，而且还没要演出费。从我自己的艺术事业来看，这是一个牺牲。所以公爵一听这个费特贝格是怎样对待我的，就叫起来：

"他是个恶棍！我要撕毁他和歌剧院的合同！我一定要告诉他们他是个什么样的人。"

我费了很大的劲才让公爵平静下来，求他不要做这样的事，我说，那会引起轩然大波，把大家都卷进去。路鲍米尔斯基公爵答应了，又开始微笑起来。最后，我告辞时，他拿给我一张 1000 克郎的纸币，说：

"我不想看到你成为这个恶棍的牺牲品。"

几天后，两个"恶棍"从威尼斯返回。费特贝格只是简单地解释道："我们突然厌倦了维也纳，需要休息一下。"

我没有吭声，事实上，我不再和他说话。但我确实有话要对希曼诺夫斯基说。可是他不但不道歉，反而就达格玛尔的问题突然攻击我。我在他的眼睛里看到了仇恨和嫉妒。

"你越来越讨厌了，老是跟她眉来眼去，力图给她留下好印象，而你这么做不过就是为了气我。如果你哪怕再看她一眼，你就可以不再把我当朋友了！"

我也火冒三丈。

"好极了！"我叫道，"从现在开始我就和她来真的！"说完，我跑出去，随手摔上了门。

后来我们去戈多夫斯基家吃饭，我就请达格玛尔陪我去参观美术馆。她很乐意地答应了，而且她父母也没有反对。从此，希曼诺夫斯基和我有整整一年时间没有说过话，直到达格玛尔把我们重新拉到一块儿。这整个事件对我是个痛苦的教训。

英国和第一次世界大战

68

随着去伦敦的日子一天天临近，我越来越为在英国的演出季而激动，我的想像力任意驰骋。这将是我展开伟大艺术事业的地方，我做着白日梦。

脑子里充满了虚幻的前景，我自然渴望波拉能和我分享。当然，我清楚自己身上的钱只够两个人用两三周。但我深信切斯特说的能够获得酬金优厚的合同的保证。并且，我还指望卡萨尔斯会支付我与之合作演出的报酬。我给波拉写了一封长信，向她说明这一切，求她与我在巴黎会合一同前往伦敦。她回电说非常高兴，巴黎北站见。

我欣喜若狂。为以防万一，我决定向非常有钱的冯·奥贝莱特纳先生借1000克朗，并暗暗希望，他会给我这笔钱，作为我曾在他的招待会上演奏的酬金。我打电话给他时，他提议到旅馆来看我。他满面春风地走进来，握了我的双手，显然是以为我会邀请他出席一场音乐会，或者有其它愉快的建议的。一听到我要借钱时，他的面孔一下子就变成了严肃的银行出纳的脸，但他仍感到多少有义务伸出援手。

"最多只能给你800克朗，"他说，"我现在现金有点紧。"

于是我接过800克朗，而他则要求我出具收据。这样，我离开维也纳时，经济情况略好一些，并且对伦敦充满了希望。

波拉到了北站，看上去精神饱满、愉快而动人。我们在"光明之城"度过了美好的一天一夜。那是完美、幸福的一天，我通常称这种日子为"永恒的一刻"。第二天一早我们坐上轮渡火车，向伦敦进发。还是那条到加来的漫长而烟雾腾腾的旅途，那种有味的渡轮，以及最后在多佛令人愉快地坐上的舒适并备有丰盛英国茶点的小包厢。我们没通知任何人就到了维多利亚火车站，我不想让切斯特马上就知道我不是一个人来的。

在维也纳时，有个英国人建议我在汉诺威广场附近的一家旅馆租房，他甚至答应帮我预订。我们乘车前往，找到一栋看起来很顺眼的房子。在门厅里铺着大理石地砖，有一个穿制服的看门人。一位彬彬有礼的经理把我们引到一小套公寓，包括一间温馨的客厅和一大间双人卧室，中间由一个小厅和一个浴室隔着。最合我们胃口的是舒适、结实的英国家具，以及赏心悦目的整洁。

我担心这样的房子要超出我的支付能力，已准备好来一个漂亮的撤退，这时经理提及房租是一周 5 磅（合 25 美元！）。"你们可以要求把饭菜送到房间里，我们的餐厅不对外营业，但饭菜很好，而且不贵。"

花这么少的钱就能生活得如此舒适，这只有在昔日黄金般的岁月才可能。我几乎亲吻了经理。我只需签名即可住下，波拉不必签字。经理走后，我们就在房间里高兴得跳呀蹦的。

第二天一早，第一件事就是去贝希斯坦公司。他们在伦敦有一家工厂，在自己的音乐厅旁边有一个大琴行。音乐厅里经常有独奏演出（现在依然如此）。当地分部的头头很客气地接待了我。切斯特已就我近期的音乐会和他联系过，所以他保证会通力合作。这与他维也纳的同事反差多大啊！他还主动提出，要给我的住处送去一架小钢琴，然后就请我到琴行亲自去挑选演奏琴。

"维尔特音乐会代理公司"就在附近，我便步行穿过两三个街区，在办公室里找到了切斯特先生，他见到我非常高兴。

"我喜欢艺术家在公开演出前早早地就到达演出地。这样，他们就有机会熟悉演奏厅和钢琴，并最终与报界见面。卡萨尔斯目前在外省巡演，将在音乐会之前两天回来，好与你进行两次排练。你们在'王后厅'的奏鸣曲独奏会的票已全部售出。"

他邀请我一起吃午饭，但是我谢绝了，波拉在等我。

卡萨尔斯返回之前的四天里，我们尽情游览城市。我们去国家画廊看了两次，大英博物馆里的珍宝让波拉惊诧不已。我们看了平内罗①的喜剧，演得很好，由帕特里克·坎贝尔夫人主演，还有其它精彩的综艺节目。所住的公寓始终让我们感到喜悦，以致一日三餐几乎都是在房间里吃的。早餐和下午茶好极了，中饭和晚饭虽较平淡，但有益健康。

卡萨尔斯来到我们的公寓进行第一次排练。从音乐角度看，这是一次极为有趣的体验。在勃拉姆斯的《e小调大提琴奏鸣曲》中，我们之间在对作品的理念上发生了几次意见分歧。的确，勃拉姆斯在一定程度上受到舒伯特和舒曼的影响，因此他的音乐充满了生机，但是他内心里一直存在着一只古典主义音乐家的手在约束着他。我就是这样理解他的音乐的。

卡萨尔斯以自己独有的歌唱性声音和激情演奏了第一乐章，但也加进一些悲怆的感情。我以为这是多余的，虽然我没有胆量批评他，因为他的演奏简直太美了。按照我的口味，在第二乐章的中部，他的分句处理过于甜蜜浪漫。在他要我演奏的自由速度中，我们也有不同意见。最后大家各让一步。格里格的奏鸣曲从头到尾都进行得很顺利。当我们演奏完毕时，卡萨尔斯叫道："真棒！真棒！"我为能同这样伟大的艺术家一起演出感到骄傲。

"王后厅"的音乐会是日场，从下午3点开始，这是英国音

---

① 平内罗（Pinero, 1855－1934）：英国戏剧家，后当演员。主要作品有闹剧《花花公子迪克》和问题剧《坦克瑞的续弦夫人》等。

乐迷最喜欢的音乐会时间。

演出开始前我不免紧张，我担心会被当做那位伟大独奏家的一名普通伴奏。但结果表明，我的担心是多余的。卡萨尔斯拉着我的手走上舞台，我们两人一起平等地对鼓掌的听众鞠躬致意。

听众对勃拉姆斯的作品印象深刻。我们谢了四五次幕才算过关。下个曲子是巴赫的一首大提琴无伴奏组曲——这是这位了不起的大提琴家一向受到欢迎的大师般的表演。幕间休息后，我们演奏了格里格，与我的预计一样，这首作品似乎最能打动听众的心弦。听众以巨大的欢呼和认同的喊叫接受了它，后来我们只得把最后一个乐章重奏一遍。在休息室卡萨尔斯拥抱了我。

我瞒着切斯特邀请卡萨尔斯到我们的公寓去吃晚餐，因为我希望他认识波拉（排练的时候她不在场）。我们单独在一起的时候，我跟他解释了有关情况，他认为这是很自然的事。用晚餐时，可以看出，波拉使他着迷，她状态非常好，仍然在为我们的成功欢欣不止。

严厉的伦敦评论家们众口一词地赞扬音乐会，并把我和他们早已公认的偶像相提并论。我记得一个评论家写道："他们的共同演奏是最完全的化学合成。"我没有追问他这话是什么意思，只把它当做对我的一种恭维。无论如何，切斯特先生已经认为我是一颗"上升的新星"。

一周后，我在贝希斯坦音乐厅举行了首场独奏音乐会。切斯特沾沾自喜地笑着对我说："我为你召集到一群优秀的听众。"这通常表示大部分听众是拿免费票的。对此我早有准备。英国人很难认可年轻的后来者，在这方面他们很出名。他们喜爱诸如约阿希姆、帕德雷夫斯基、梅尔芭或者帕赫曼①这样的老将，不假思

---

① 帕赫曼（de Pachmann，1848—1933）：俄国钢琴家。以演奏肖邦作品见长，风格细腻优美。

索地崇拜这些他们喜爱的、不会令他们失望的名人。

贝希斯坦厅非常适于个人独奏，可以容纳 900 人。我的音乐会共有 600 人到场。我把自己准备的节目单称作"自我介绍"：巴赫的《幻想曲和赋格》、贝多芬的钢琴奏鸣曲、舒曼的《交响练习曲》、一小组肖邦的作品和一首李斯特的狂想曲。我的状态很好，从一开始就感到听众站在我一边。我的成绩随着每首乐曲的演奏越来越好。李斯特的作品引起了要加演的呼声，我加演了三次。我疲倦但高兴地返回休息室，波拉赏给我无数的亲吻和拥抱。稍后，人们涌进来向我祝贺，其中有埃米·黛斯廷和雅克·蒂博。

"我听说，你和帕布洛·卡萨尔斯举行了一场美妙的独奏，"雅克说，"你不和我同演两场吗？就在此地，在这个厅里。"

我不知如何回答。但切斯特对这个主意表现得急不可耐。

"你必须同意！"他叫道，"这会很轰动的！这样，你在不到六周的时间中就演出六场了。"

"我们把它严格定位成奏鸣曲独奏音乐会，任何人都不单独演奏。"蒂博又补充道。我激动之极，要和蒂博演奏六首奏鸣曲啊！

接着黛斯廷出现了，带着一个小白脸，很可能是新的情人。

"我不是跟你说过吗，鲁宾斯坦是很了不起的！"她对他说，但他似乎并不信服。

一对老年夫妇也走进来，丈夫自我介绍说他是约翰·贝格海姆先生（John Bergheim）。

"我们接到一个朋友冯·萨克斯先生从维也纳来的信，他要我们一定来听你的演奏，并且见见你。"

（冯·萨克斯先生是个富有的生意人，已经退休赋闲。他崇拜音乐，喜欢为有希望的青年男性艺术家举行小型茶会。但他聚会上的气氛对我来说同性恋味太重，我在那里总觉得不自在。）

老先生继续激动地说，"萨克斯对你不够公正——你比他讲的要好得多！"

贝格海姆夫妇邀请我去吃晚饭，他那么坚持，我不能拒绝。我不喜欢单请我而不同时请波拉，但另一方面，我又没有勇气把她作为同我一起旅行的"女性朋友"介绍给人。我正努力找个什么理由来拒绝他们，这时波拉用波语悄声对我说：

"你同意了吧，既然他们那么在乎你，而且是那么真诚。"

于是我接受了邀请，贝格海姆立即确定了日期，告诉我他家的地址，并说派小汽车来接我。

第二天早上，报纸对音乐会发表了许多赞扬性的评论。两三个批评家认为我的演奏过于纵情，希望我能予以控制；另一些人恰恰相反，他们高度赞扬我的纵情演奏。不过大家都认为我是"生就的"钢琴家，预言我将会有远大的前程。令我感到震动的是，伦敦评论界的评论风格是那么式样划一：谁也不写个人的感受，不说他们喜欢什么，不喜欢什么，也不对自己的见解进行论证。这简直就像法官在法庭上作出判决一样，说出来的就是最后的、不容争辩的终审。这么多年来，他们的风格恐怕依然如故。

69

贝格海姆夫妇居住在伦敦北郊的汉普斯特德，在一条叫做贝尔萨泽公园路的角上，车辆可以驶过庭院直抵房前。那是一幢高大但不招摇、孤零零的四层楼房。

两个女佣开了门，一个从我手上接过帽子和大衣，另一个把我领到二层的客厅，打开门，大声禀报：

"阿图尔·鲁宾斯坦先生。"

房间里已经有几个客人了。贝格海姆先生热情地欢迎了我，并将我作为"年轻的天才"——这令我不太高兴——介绍给大家。他小小的个子，已经七十多岁，长着一双敏锐的、布满血丝的灰色眼睛，那眼睛一直激动地鼓着。他的鼻子很端正，标准的犹太人类型。女主人克拉拉·贝格海姆比丈夫年轻不了多少，个子更矮一些。她体型清瘦、优雅，灰白的头发梳着玛丽王后的发式。她戴一副厚厚的眼镜，她爱突然脸红，连鼻子都变红。

客人们都很有趣，其中有埃德蒙·戴维斯爵士，著名的犹太百万富翁之一，在南非发的财；还有拉尔夫·皮托，一位年轻、极为漂亮的绅士，和他可爱的夫人：高高的个子，头发乌黑，是拉特兰（Rutland）公爵夫人的侄女，也是英国的两个著名美人——马乔丽夫人（Lady Marjory）和黛安娜·曼纳斯夫人（Lady Diana Manners）的表妹；最后是乔治·亨舍尔爵士[1]，他是知名的音乐会歌唱家，又是波士顿交响乐团的首席指挥，以及他的女儿海伦——一个很有前途的女高音歌唱家。

晚餐是在一层的大餐厅吃的。餐桌上点缀着各种形状和颜色的雅致的兰花，食物都是最好的英式烹饪，但不太对我的胃口。晚餐末尾，主人上了几串个头很大的黑葡萄。

"这是我的暖房里自产的。"他自豪地说。

在女宾们离开餐厅之后，又上了波尔图葡萄酒。贝格海姆先生打开通向花园的门，给我们展示了一大排暖房。

---

[1] 乔治·亨舍尔爵士（Sir George Henschel, 1850 – 1934）：德国男中音歌唱家、钢琴家、指挥家。1877年首次在伦敦演出。1886 – 1888年任英国皇家音乐学院声乐教授。1886 – 1896年为伦敦交响音乐会的指挥。1893 – 1895年任苏格兰管弦乐团指挥。自认为是歌唱家。还作曲。1914年被封为英国爵士。

"我就在这里栽种兰花和水果。"然后长篇大论地讲述暖房的好处。

饭后，英国男人喜欢单独留下来聊一会，喝上几口，所以贝格海姆太太过了一段时间才开门请我们加入女宾的圈子。上楼去客厅时，贝格海姆先生把我拉到一边，求我弹奏几曲。

"我们这里有一架很好的、调好音的贝希斯坦钢琴。"他说道，"我们的客人们都真诚热爱音乐。"

他根本不用求我，我原本就打算弹的。在和乔治·亨舍尔爵士的简短谈话中，我了解到他多年来就是个瓦格纳迷，所以我就从《特里斯坦》中的《爱之死》开始弹起，接着弹奏自己改编的《女武神之骑（Walkurenritt）》——这是我的两首百发百中的曲目。演奏产生的效果势不可挡。我不记得我的演奏何时还给一小群听众带来过更多的愉快。乔治爵士拥抱我和皮托太太亲吻我的方式均让我非常感动。当时在场的人日后都成为热爱我的听众。大家准备告辞时，贝格海姆先生要我多逗留片刻。他带我来到一间看上去像办公室的私室。

"我想和你谈谈我自己，"他开始道，"也许你会感兴趣。"

接着他描述了自己是如何出生在耶路撒冷（当时巴勒斯坦处于土耳其统治之下）。

"我的父亲是个生意人，但我对石油产生了兴趣，于是跑到伦敦寻找机会。一个加拿大人，麦克加维先生（Mr. McGarvey）成了我的合伙人。不久我们在波兰的加里西亚购买下一些开采石油的许可证，在那里和两个波兰人，斯克申斯基伯爵（Count Skszynski）和伯恩斯坦先生（Mr. Bernstein），成立了合股公司。伯恩斯坦的儿子后来成为法国的一个剧作家。我就是这样在波兰积攒起财富的。"

"那位斯克申斯基伯爵是不是有个儿子？"我问。

"是啊！他有个儿子叫亚历山大，还有两个漂亮的女儿。"

"哈哈!"我大笑,"现在轮到我给你讲亚历山大和亨利·伯恩斯坦的事啦!"

我说的故事使他感到十分有趣。

"我想,你大概想回去了,已经不早了。我用汽车送你回家。请接受对你精彩演出的一点儿酬金。"他打开抽屉,交给我 25 英镑。我高兴地收下,心想这对我非常有用。到现在为止,切斯特先生对合同、收入或是金钱都还只字未提。

我出门时,这对可亲的老两口要我答应还会来和他们一起吃"家庭午餐"。

回到家时,波拉躺在床上,看着书在等我。她想知道晚会的细节。我讲完后,她满意地说:

"我就知道那对你很重要,应该去的。"然后,她带着自己皮提亚①式的表情补上一句说,"他们会在你的生活中起重要作用的。"

晨报带来一个好消息:佳吉列夫的"俄罗斯芭蕾舞团"(Diaghilev's Russian Ballet)要来科文特花园歌剧院作短期演出。开幕式将上演《舍赫拉查德》②和《玫瑰魂》,两剧都由卡尔萨维娜(Karsavina)和尼任斯基(Nijinski)担任主角;还要演出《伊戈尔王(Prince Igor)》中的舞蹈。这对我们俩真是天大的喜讯,我们都没看过俄罗斯芭蕾舞团的演出。在切斯特的帮助下,我们得到了两张正厅前排的好票,当然是自己掏钱买的。

那是个如梦如幻的夜晚,整场演出中,波拉和我手拉着手出神地坐着。整场芭蕾舞仍然是那么新颖生动,巴克斯特(Bakst)和罗耶里赫(Roerich)的舞台布景还完好地保存着。尼任斯基的

---

① 皮提亚(Pythia):希腊神话中的人物,阿波罗神庙中宣示阿波罗神谕的女祭司。

② 《舍赫拉查德》是里姆斯基 – 科萨科夫于 1888 年创作的交响组曲,取材于《天方夜谭》中的故事。福金根据该组曲的音乐将其改编成为芭蕾舞剧,在巴黎首演。

魅力和跳跃都叫人不敢喘气。至于卡尔萨维娜，我简直爱上她了。波拉一点都不吃醋，因为她自己也有同感。我们走出剧场时，情感上已过度兴奋。

我的第二场独奏音乐会来的人比第一场要少。"但大多数人是买了票的。"切斯特嘻嘻地笑道。这次我演奏了几首从未公开演奏过的作品：斯克里亚宾的《第五钢琴奏鸣曲》、梅特涅尔的两首作品以及希曼诺夫斯基的一首练习曲和两首前奏曲。评论家们对新作品的评论或多或少都是有利的，但他们忍不住对作曲家们提出了几个改进的建议。听众们对新作给予很多掌声表示欢迎。不过，我演奏肖邦的《降 A 大调波洛奈兹舞曲》时，掌声响亮得多，他们也自在得多。接着就是我最喜欢的加演曲目。

演出后，我们在华沙的好朋友帕乌丽娜·纳尔布托娃来到休息室。她说她在伦敦办事，想看俄罗斯芭蕾想得要命。波拉为找到了逛商店和参观市容的伙伴而十分高兴。这个可怜的人，她时常感到孤单，因为我的时间越来越多地用于艺术活动、演出前的练习、接受没有她参加的邀请，等等。那个晚上我们请帕乌丽娜到我喜欢的"卡尔顿烧烤餐厅"去吃晚餐。

很可惜，我不得不继续独自去参加晚会，因为我没有令人信服的托词。戴维斯太太请我参加了一次有 20 位宾客的晚宴，都是金融界和工业界的巨子。还有一名法国画家埃德蒙·迪拉克（Edmund Dulac）也在场，他因常常为书籍画插图而广为人知。贝格海姆夫妇没有被邀请。我在那个晚上演奏了曲子，并指望得到一笔可观的酬金，但我所得到的只是千百次的感谢和赞扬。

我最后一次音乐会来了许多听众，既有买票的，也有"白听的"。那场音乐会上，我对我的听众已经似曾相识了，我认出好几位参加了我的三场独奏音乐会的听众。节目中，肖邦的包含《葬礼进行曲》的奏鸣曲特别感动了大家。贝格海姆夫妇含着泪水来向我祝贺。最后一个节目是李斯特改编的《爱之死》，这个曲子我在任何听众面前都从未失败过。

三场音乐会后，我急不可耐地想知道我该得到多少钱的报酬，于是我到了切斯特的办公室。当我问起时，他大吃一惊。

"我不明白你说什么。"他说，"我正在整理给路鲍米尔斯基公爵的明细帐单，他还必须支付将近两百英镑的亏空。对你当然就没有一分钱了。"

我真是一个天真的傻蛋啊！我毫无商业观念的头脑想当然地认为，既然公爵负担音乐会的全部支出，那么整个音乐会的票房收入就全由我支配了。说到底，我的音乐会没有商定酬金，可是我要支付旅行、住宿和饮食的费用——简而言之，我要活着啊！看来，我在伦敦的努力变成黄粱美梦了。

"坦白地说，切斯特先生，在维也纳时，你误导了我。你说，如果我取得成功，将会有报酬丰厚的合同。你是这样描绘前景的。"我失望地说，"而你必须承认，我没有失败。无论是你的听众还是你的评论界都对我表示了钦佩。可尽管这样，你仍然拿不出任何东西给我。"

"别责怪我，"他怯懦地说，"我正尽力而为，但本演出季已进入高潮。在你到来之前，一切都已预定好了。不过，在来年春季我给你预备了两场很好的音乐会。"

突然，他转移话题说道，"一个年轻的美国歌唱家和他的妻子，很有趣的一对，听了你的全部音乐会，为你疯狂。明天我能带你去他们家喝茶吗？他们求我，让我请你去。"

我表示同意，只是为了和解。我感到自己的话刺痛了他。

午饭时波拉努力让我打起精神来。

"我拿扑克牌给你算了一卦。"她笑着说，"从卦中可以知道你能战胜一切困难，你总会占上风的。"

贝格海姆太太来了一封信，又是邀请我去吃晚饭。当然不能拒绝，我肯定又能挣到几个小钱。

第二天，当我一见到美国歌唱家保罗·德雷珀（Paul Draper）和他的妻子缪丽尔·德雷珀（Muriel）时，就知道他们是同我合得来的人。没过五分钟，我们已经很能相互理解了。保罗年近三十，身材修长，头长得很端正，窄长的脸刮得干干净净；相貌虽然生得一般，但显得很有风度。他的穿着、举止都雅致得无可挑剔。他最吸引我的就是他对音乐感人的挚爱。他妻子是完全不同类型的人。她的年龄并不重要，既可以说她是 40 岁，也可以说是 20 岁，实际上，她比她丈夫小不了多少。

她有美丽、迷人的身材，苍白、缎子般的皮肤，一双异常漂亮的手。但她的面部毫不安详：头又细又长，头发全部拢在发网内；高颧骨，短而略扁的鼻子；嘴巴极大，厚厚的红嘴唇——这些使她看起来像个黑白混血儿。许多人认为她很丑，另一些人则认为她美。尽管个性有点咄咄逼人，且智慧超群，她还是很有女性魅力的。

切斯特告辞后，保罗用他那细细的、带刺激的男高音，以了不起的乐感唱了他崇拜的舒伯特的几首歌曲。面对这样的人，我毫不犹豫地讲出波拉的事，他们当天晚上就请我们两人共进晚餐。波拉很喜欢保罗，但是缪丽尔讥讽的微笑、强硬的观点和响亮的笑声有点让她不安。

与此同时，贝格海姆夫妇越来越喜欢找我做伴了，几乎没有一天不发来邀请或者送来便条。每次在他们家演奏，我都能得到一张 25 英镑的支票。有一次在招待会上，贝格海姆先生请我演奏肖邦的《葬礼进行曲》。我拒绝了，借口说进行曲是奏鸣曲的一部分，在这种场合演奏太长了。但实际上，自从在朗布依埃跟斯特罗戈诺夫伯爵一起度过的那个忧伤的夜晚之后，我迷信地害怕演奏这首作品。但是贝格海姆先生依然不停地要求我弹奏，而我却不想告诉他我已经发誓不在私人场合为朋友演奏这首曲子。最后，我还是让了步。等我演奏完毕，这位亲爱的老人又是满眼泪水。

这里我要讲一件奇异的巧合。一天，贝格海姆夫妇邀请我吃午餐，说他们想要我认识一位非常有趣的波兰女士。

"我们是在前往加那利群岛巡游的航程中成为好朋友的。我肯定你会喜欢她的。"贝格海姆先生告诉我说。

当女佣给我打开通向客厅的门时，我呆住了！沙发上坐着两位女士：一个是帕乌丽娜·纳尔布托娃，另一个是……波拉！这情景就像是喜剧中的一幕。

帕乌丽娜脑子很快，立即就控制住局势。

"阿图尔，"她叫道，"真巧！在这里见到你。我们常和波拉说起你，波拉正好十分有幸，听了你的每一场音乐会。"

波拉怯生生地微笑着。

在整个午餐过程中，我们就继续表演着这幕喜剧。当时我猜，这是帕乌丽娜导演的好事，她这样做就是为了让我难堪，因为她怪我是个胆小鬼，没有勇气把波拉作为自己心爱的女人介绍给贝格海姆夫妇。后来波拉在家里也证实了这一点。那时我很生帕乌丽娜的气，但现在想起来，我觉得她是对的。

和蒂博联手举行的音乐会充满欢乐。我们两人在音乐上极为和谐，排练几乎比音乐会本身更使我们高兴。蒂博把漂亮的西尔维娅·斯帕罗带来了，她曾是蒂博和巴维尔的学生，我在莱比锡巴维尔的父母家见过她。开始工作之前，我们一起在公寓里吃了午饭。一天下午，我们还没有喝咖啡，蒂博就要开始排练。西尔维娅很乐意地给我们分别倒了一杯浓香扑鼻的饮料。给我的那杯就搁在我的谱架旁边。当时蒂博正在练习一个比较难的段落，他的琴弓碰到了杯子，啪嗒一声，咖啡流进开着盖子的钢琴里。四个人一起发出惊叫。我特别担心，因为我要对这架不属于我的钢琴负责。波拉和西尔维娅没耽误片刻，立即开始以女人处理这种问题的天赋，用小块小块的海绵将被琴弦挡着的咖啡吸了出来。经过很长时间的努力，共鸣板终于吸干了。我们大声地舒了口气！但是那架可怜的贝希斯坦钢琴大概直到寿终正寝还一直保留着咖啡的香味。

波拉决定和帕乌丽娜一起回华沙，并和她一起到乡下住一段时间。可怜的波拉，希望要回孩子的想法始终折磨着她！

在她启程的头天晚上，我们经受了一次可怕的经历。凌晨3点，我们正睡得香，电话铃突然响起来，把我们惊醒。是保罗·德雷珀从楼下大堂打来的电话。

"我要立即见到你！"他用奇特的声音说。

"为什么？……发生什么事了？"我问道，警觉起来。

"我这就上来，我要和你谈谈。"说完他就扔下话筒。

我们勉强来得及穿上睡袍，他已经站在门口。我把他让进起居室。他一坐下，就开始语无伦次地说话，声音非常急促。他那闪闪发光的眼睛和绯红的脸颊更增添了我们的不安。这时我们才意识到他是喝醉了。过了一会儿，我们才弄明白他想说什么。

"阿图尔，我一定要有一份你想让我学的舒伯特歌曲的完整曲名。"他自言自语。

我没有法子，只好找来一张纸，草草地写下我想得起来的几首歌曲的名字。他一把抓起那张纸，站起身，便匆匆离去。

我们决定给缪丽尔·德雷珀打个电话。

"她不知道他在什么地方，一定急死了。"我对波拉说。但缪丽尔用睡意蒙胧的声音回答道：

"别为他担心，他又跑出去狂饮了。大概要四五天，等酒瘾过去他就正常了。"

真够奇怪的，我反而镇定下来。

波拉走后，我决定暂时留在伦敦，期望再从贝格海姆先生那里得到一两张支票，或许不走运的切斯特先生会给我弄到一个迟到的合同。剩下的钱花得很快。和波拉一起在伦敦度过的七个星期掏空了我的口袋。我已经欠了一周的房租。

卡萨尔斯回城了。他请我到他下榻的"迪厄多内旅馆"吃午饭，那里有一个很好的餐厅。餐厅的女老板迪厄多内夫人已上了年纪，她几乎只为法国艺术家服务。

卡萨尔斯是个令人惊讶的人。那天早上报纸头版有一条新闻，说一个叫费勒（Ferrer）的加泰罗尼亚无政府主义者，在科尔特斯枪杀了一位西班牙政府部长，这个无政府主义者是在国会开会时从很近的地方开的枪。当我很愤怒地把这事告诉这位伟大的大提琴家时，他却铁着脸回答说：

"费勒不过是完成了他的使命。我自己就是个无政府主义者。"

在吃饭时，我提到了对切斯特的失望。

"他让我落得一场空。"我抱怨说，"我参加了六场音乐会的演出，但一个子儿都没有得到。而现在他连一场演出都约不到。"

我的意图是提醒卡萨尔斯，他也没有分给我哪怕一小部分他在"王后厅"举行的音乐会的收入。

因为他对我的暗示没有作出反应，我就请他借给我十个英镑。他犹豫片刻后，把我带到楼上自己的房间，给我如数开了一张支票，交给我。我较为冷淡地谢了谢他，便告辞了。

随着我经常拜访贝格海姆夫妇，他们对我的友谊也与日俱增。我已是他们家庭午餐上的常客，因而认识了他的侄女尼娜和侄子彼得——这是贝格海姆弟弟的遗孤。两位老人收养了他们，他们就和老人住在一起。在花园里散步时，我们谈及各种话题，我得知贝格海姆先生是拜罗伊特的瓦格纳"音乐节剧院"首批资助者之一，这使我感触良多。贝格海姆先生想全面地了解我的情况，当我谈起切斯特，他很难忍受。

"你一定要甩掉这个人。下个演出季，我亲自来处理你在英国的艺术事业。你必须和我们一起住。"

我深受感动。我爱上了这位老人。

缪丽尔·德雷珀通知我保罗回家了，人已恢复正常。一天下午，只有我们两人的时候，她给我讲了这件伤心事。原来，保罗从大学时代起就已经慢性酒精中毒了，实际上他憎恶酒精，因为他清楚，这东西对他自己和他的嗓音有多大危害。

"于是他就周而复始地和酗酒作斗争。但是如果有一天他不走运，碰巧沾上一滴酒，就没有人、也没有任何力量能够拦住他。他会消失三四天，在偌大的都市中想要找到他是很难的。有时我只好请警察帮忙……"

多可怕的病啊！但是更加可悲的是他不定期的酒瘾发作时和他清醒期间的令人难以置信的反差。他清醒时，是个多么有礼貌、可爱、热情、令人倾心的人啊！我们经常在钢琴边度过快乐的时光。他自己就弹得一手好钢琴，而他演唱舒伯特、舒曼和勃拉姆斯的歌曲时，感情表达得又是那么恰当。如果他嗓子再好些，他能成为那个时代最杰出的歌唱家之一的。

多谢他，使我意外发了笔财。德雷珀夫妇要搬家，保罗请我为他挑选一架贝希斯坦演奏用钢琴，放置于新家宽大的音乐室里。我非常仔细地为他挑选，成功地给他选了一架异常优美的乐器。第二天，贝希斯坦公司给我送来一张 30 英镑的支票，这是我的好处费！

我离开伦敦时，带着贝格海姆夫妇的祝福和一张 50 英镑的支票（一笔奖金?），并受到德雷珀夫妇的热烈欢送。当切斯特提起他为我在下个演出季安排的两场音乐会时，我请他和贝格海姆先生联系，心里高兴地想象着他会从那位老先生那里听到什么样的回答。

70

在回俄国的途中，我首先在维也纳稍事逗留。我曾答应过达维多夫夫妇，夏天余下的日子要和他们一起在韦尔波夫卡度过。但是为了通过俄国边境，我要搞到一本新护照。从俄国驻罗马大使那里得到的外交护照在某种意义上是份危险的证件——对一个年轻的普通钢琴家来说太显眼、太郑重了。虽然在回华沙的路上，我顺利通过了边境城市亚历山德罗沃，可是在去基辅沿途的布罗迪镇却驻有恶名在外的秘密警察。一想到会被详细盘查外交护照的来历，我就怕得发抖。

唯一答应无论何时都会帮助我的人是汉斯·埃芬伯格——卡罗尔·希曼诺夫斯基和我的忠实追随者。一次我们谈起这个话题时，他提到过能帮忙。

一大早，在咖啡馆匆匆吃过早点后，我步行到霍夫堡，找到了"帝国图书馆"。我请一个穿制服的门卫向埃芬伯格通报我来访，他回答说不需要，就直接带我进去。

埃芬伯格一见我们就迅速关上办公桌的翻盖，把几本书塞进抽屉里，站起身来欢迎我。

"真让人喜出望外啊！"他说，"我希望你能住些日子。"

"这完全取决于你啦。"我回答道，并告诉他我需要他的帮助。

"我相信玛丽亚能帮助你解决。"

"谁是玛丽亚？"

"一个迷人的女人，我的情人。"

当我追问详情时，他解释说，她是个有夫之妇，他们相爱着。他请我吃午饭，由她作陪。

"这当然太好啦！"我笑着回答，"但是见鬼，她从什么地方能给我搞到护照？"

"他丈夫有一本护照，并且肯定会同意给你的。他是个很可爱的家伙。"

这听起来难以置信，但无论如何我都不会放弃任何机会。

"汉斯，我进来时，你为什么那么急急忙忙盖上办公桌？"我问。

他先看了看周围，确定只有我们两个人。

"阿图尔，你看，"他悄悄说，"我正在编写国际色情文学书目。这收入不错。因此，我的办公桌里就塞满了我平生读过的最刺激、最淫秽的材料。这不仅不利于健康——我总是被撩拨得欲火难耐，而且你也能想象，要是我的私活被发现会发生什么事。那我就会名誉扫地，被赶出图书馆。"

事实上，把奥地利皇帝弗兰西斯·约瑟夫一世的道貌岸然、神圣不可侵犯的皇宫和世界色情文学相提并论，确也有点滑稽讽刺。

到吃午饭的时候了。埃芬伯格用四把不同的钥匙将办公桌和抽屉锁好。我们出发，乘车前往一家咖啡馆。

"我和玛丽亚约好在这里相会。你先在出租马车上等我们一下。"埃芬伯格说。

他们满面春风，手搀着手，从咖啡馆出来。

"这是玛丽亚。"埃芬伯格把个子不高、但身材匀称的黑发女子介绍给我。她的眼睛明亮有神，小鼻子微微翘起，脸上挂着可亲的笑容。她满身活力，一刻不停地说话，随时都在变化着面部表情。用一句通常的话来概括，她是个好伙伴。所以好幻想、安静、稳重的埃芬伯格爱上她就毫不奇怪了。吃饭时，他立即提出护照的事，玛丽亚满意地拍了一下手，说：

"今天下午你就可以拥有你今生看到过的最好、最有趣的护照了。我丈夫已经不需要它啦。"

我热烈地亲吻了她，并发誓要感激一辈子。

不到两小时，埃芬伯格就把我想要的护照拿来了。晚上，我们一起观看罗纳谢尔的综合文艺节目，非常愉快。我回到"克朗茨饭店"，美美地睡了觉。早上7点有人急切地敲我的房门。

我原以为是服务员叫错了门。但是，当我打开门，看见埃芬伯格头上裹着绷带，口鼻周围满是血迹，一只胳膊吊在胸前，身子弯着。我的心都停止跳动了。

"老天爷，发生什么事啦？"我叫道，同时让他坐下。

"我被打了。"他嗓子发颤地回答。

"被谁打的？"

"她的丈夫和她的两个兄弟，"他大哭起来。"他们还威胁说，只要我还敢同她见面，他们还要打。"

我十分同情他，但我也为护照担心起来。埃芬伯格安慰我说玛丽亚向他保证过，她丈夫永远不会发觉少了护照的。再说，如果我们愿意，还可以寄回来。

两天后我抵达韦尔波夫卡。我做的第一件事就是把证件寄给埃芬伯格。

在乌克兰乡间的那座村庄里，1912年的夏天是迷人的。那份宁静，那种偏远，那片简朴、自然的美景是安抚我的神经系统的一剂良药。在维也纳和伦敦度过的最近几个月给我心理上留下烙痕。不断的激动，必须作出的各种抉择，众多的失望和沉重的责任，没完没了的经济困难——这一切都削弱了我精神上的承受力。只要在这个平静的环境里呆上几天，我就能恢复健全的心智了。

达维多夫一家很容易相处。父亲和三个儿子都很快活，充满活力，而且，多谢上帝，还善解人意。他们从不掺和到我的私事里来，从不要求我演奏，除非我自愿。达维多夫太太是个理想的伙伴。我演奏时，总是安安静静地坐在角落里；其余时间，我们会几个小时地谈论艺术和文学，探讨人生和人。她让我读了许多我原先不知道的俄国书籍。她颇有绘画天赋，为了发展民间艺术，她在村子里为当地农民开办了一所学校。一位农妇因而得以在伦敦的展览会上获得一枚金质奖章，并把它挂在项链上。

被花坛和几棵白桦树环绕着的一条长凳，是我喜欢坐着读书的地方。从那里可以欣赏到庄严的日落，富饶的田野上庄稼摇曳起伏、以及田野后面一望无垠的乌克兰草原的景色。

这次我没有拜访希曼诺夫斯基家，和他那场愚蠢的争吵仍然记忆犹新。再说，我从达维多夫太太处得知，费特贝格和希曼诺夫斯基在维也纳租了房子，一起在那里消夏呢。

一天我收到一封信，带来一个叫人极其难过的消息。贝格海姆先生在车祸中丧生，而同乘一辆汽车的他的夫人却只受了点轻伤。可爱的老人啊！我哭得像个孩子，感到自己弹奏那首不祥的进行曲真是罪过。虽然想起这灾难就让人恐惧，但是我依然给贝格海姆太太写了一封长信，并给他的侄子寄了一张明信片，正是他把这可怕的车祸告诉我的。

剩下的假期我几乎都消磨在钢琴旁边——那是我最好的慰藉。达维多夫太太深表惋惜，她对贝格海姆的了解都来自我对我们短暂友谊的讲述。

达维多夫夫妇让我比原计划多停留了一周。

"我们不想看见你这么忧伤的样子。"他们说。

他们说得对，于是我振作起来，下决心为了纪念贝格海姆去征服伦敦，而不用切斯特参与。

回到华沙，我在维多利亚旅馆收到贝格海姆太太的一封信。她在维也纳，在她丈夫的另一个侄女马乔丽（Marjorie）家，马乔丽嫁给了贝格海姆的合伙人的儿子和继承人弗雷德·麦克加维。老太太在信中详细描述了那场车祸的细节，用简洁的语言讲了她丈夫怎样被抛出他们所驾驶的那辆汽车，当场死亡。

在附言中，她又加了几句动人的话："我记得我亲爱的丈夫对你的承诺，我决意将其兑现。所以，亲爱的孩子，请接受我的邀请，在伦敦逗留时住到我家来，并告诉我，在你的艺术发展中我怎样做才能对你有所帮助。"

这个附言使我内心深受感动。我很难为情，我低估了贝格海姆太太。她出身于信奉新教的英国上层家庭，带着维多利亚时代的烙印。因为在我眼里，她一直幸福地生活在她丈夫坚强的个性之下，我并未察觉到她自己是个多么坚毅的人。这是个令人高兴的意外。

我措辞热情地给她回了信，对她的邀请预致谢意，而且告诉她，我不久将去维也纳开音乐会，我答应将在那里拜访她。

波拉回城后，听到贝格海姆因车祸身亡的消息受到了很大的震动。

"那个晚上你对我讲《葬礼进行曲》时，我也有不祥的预感。"她说。

我的音乐季从罗兹的一场音乐会开始。父母亲和其他家人对我在国外音乐会的情况很感兴趣。他们是世界上最好的侦探，自然早已知道了所有的细节。

在波兰俄占区的两三场音乐会后，我就到克拉科夫举行年度演出。音乐厅经理满意地通知我，上座率将会很高。

"很快我们的上座率就将超过利沃夫。"他夸口道。

他的秘书鲁道夫·埃森巴赫（Rudolf Eisenbach）实际上负责音乐会有关事宜，他是钢琴家伊格纳齐·弗里德曼的表弟。我为独奏音乐会的这样超常的好结果，以及对他出色的工作表示了感谢。他要求和我单独见面，有建议要对我说。我们找了家咖啡馆坐下，我静等着他开口。

"你知道我怎样看你。"他羞怯地开口道，耳朵都红了，"你的天赋足以成就辉煌的艺术事业，但需要有人帮你实现它。"

"我不同意你的意见，"我打断他，"如果我的音乐会一直能取得这次在克拉科夫的成果，那我就不用为任何事担心了。"

"但是你错啦。"他情绪激动地回答，"你是位艺术家，而为了取得成功并获得利益，需要一个生意人。你需要一个能寻找机会、负责同演出公司联系、以及善于讨价还价的人。"

他越发激动了："对你，我就是这样的一个人。我的计划如下：我当你的私人经纪人。我以切实可行的方法来安排你的巡演，把你的宣传材料寄发给各音乐会的负责人，获取更高的演出报酬，在你能够拥有满座听众的城市独立举办音乐会。我和你一起旅行，注意不让任何人利用你。"他停下来喘了口气。

"亲爱的朋友，"我苦笑着说，"你的计划很完美，听上去棒极了，可是我哪里有钱来支付你所做的一切工作呢？我的收入勉强够自己开支，你还打算和我同行？"

"不，不！你还没有让我说完。"他赶忙说道，"目前你什么钱也不必付给我。当你有能力承担时，我只要你净收入的百分之十。何况，我之所以努力，就是确保你能支付得起。我自己开支旅费，直到你能轻松地还给我。"

我大吃一惊。他的建议好得让人不敢相信。由一个不用我出钱的私人经纪人来负责我的具体事务，这种前景让人难以拒绝。如果不是担心我也许会疏漏掉他计划中对我不利的内容，我会当场接受的。

"请给我一份书面计划吧。"我说，"我将和你现在的经理研究一下。我会尊重他的意见，因为他对你的工作了解有年。"

他同意了。我带着他的文件，把整个事情提交给他的上司。

"他早就有这个想法了。"他的经理迟钦斯基（Trzcinski）说，"我知道自己将失去一个好秘书，不过我的建议是：带上他，他对你会是无价的。"

埃森巴赫和我拟订了一份三年的合同并签了字。他没有浪费时间，立即着手工作，并且很快就显现出成效。在他的管理之下，利沃夫的音乐会挣到更多的钱。此外，他在加里西亚还获得了几场酬金更高的音乐会合同。鉴于他同俄国各地音乐协会的高效沟通，他为我安排了包括圣彼得堡在内的很不错的巡演。为做广告达到宣传目的，他找人印刷了一些有我的照片和评论摘要的小册子，发往重要的音乐中心。

他让我忙了整个秋天。在俄国的音乐会特别成功，尤其在基辅，我的朋友们在那里摆酒设宴款待我。我在圣彼得堡举行音乐会时，达维多夫夫妇也在那里，他们坚持要带我参加各种聚会，一次甚至到冬宫（沙皇不在时）出席了皇宫警备司令举办的午宴。

马林斯基歌剧院上演的《叶甫盖尼·奥涅金》非常感人。在奥克斯库里－吉伦邦德（Uxkull－Gilenband）男爵夫人奢华的宅第举行了大型招待会，这位夫人我是在基辅认识的。几百人挤满了五六个接待室。我被女主人介绍给众多的公爵煌伯爵。我十分疲惫，而除了几个朋友之外，却又找不到任何人可以说话，于是打算去吃点自助餐。经过一间化妆室时，我发现一个大个子修士，正坐在一只凳子上，对围着自己的人群讲话。我确信那是特奥多尔，那个逃离修道院的修士。他印刷小册子反对强大的东正教最高会议①，在彼得堡的一些沙龙里成为受欢迎的人。他脏乱的头发和胡子令人厌恶，我便走开了。后来在街上，达维多夫悄悄对我说：

"这个僧人就是拉斯普京②。他对沙皇和皇后有着危险的影响。"

我很遗憾，当时没有仔细瞧瞧他的样子。

在圣诞节和新年前后，我在华沙过了几星期。埃森巴赫也过来和我研究下一步的计划。我只剩两场在罗马的音乐会合同了。在维也纳、柏林和伦敦成功的首演之后，再返回那些地方举办音乐会是很重要的。但是我们无力承担相关的巨大开支。我们认真研究过这个问题后，得出结论，我可以在维也纳举行两场音乐会冒冒险。靠切斯特去伦敦是不能考虑的。我们必须另找经纪人。

我们前往维也纳，埃森巴赫开始准备我在"金色大厅"的独奏演出。一周后我坐上了去罗马的火车。奥古斯都音乐厅上座率极高，听众冲着我欢呼，但是酬金少得像笑话，只勉强够路费和生活费。我所有"有分量的"朋友都不在城里，所以也没有机会举办任何可心的、有赚头的私人小型音乐会。

"冬季大家都去滑雪或者到里维埃拉（Riviera）去了。"圣马蒂诺伯爵解释说。

我在罗马只呆了几天，在威尼斯逗留了不到一周，便返回维也纳。埃森巴赫到车站接我，说起音乐会比较悲观。

"开第一场独奏音乐会时，有一个年度大舞会和我们唱对台戏。"他说，"第二场当晚，歌剧院有隆重的首演。"

---

① 东正教最高会议（Synod），即东正教主教常设会议，是其最高权力机构。

② 拉斯普京（Rasputin, 1872－1916）：德国间谍，因给皇太子治愈血友病曾受沙皇尼古拉二世所宠信，并对朝廷有过很大影响。后被俄国朝廷反德政党成员刺杀。

我既不恼火也不泄气地听着。多年的观察已经教会我，每当听众买票不积极，当地的经纪人总能找到一些真实的、无可争辩的理由为自己开脱：什么市长的生日呀，爱国庆典呀，或者有流行性感冒呀，等等。但是如果听众真的想听某位艺术家的演奏，那么任何战争、革命、或者大罢工都阻碍不了他们来参加音乐会。

在"克朗茨饭店"，我收到冯·萨克斯先生的一张明信片，邀请我参加茶会，并"与贝格海姆太太见见面"。我打电话表示接受，从他那里得知我们的朋友又回到了维也纳，住在麦克加维夫妇家。我在电话簿上找到他们的电话号码，立即打电话过去。贝格海姆太太听到我的声音很是高兴，就在电话里把我介绍给她的侄女。那位侄女邀请我次日去吃午饭。

"克拉拉伯母给我们讲了你的许多事。"麦克加维太太说。

麦克加维夫妇（弗雷德和玛奇·麦克加维）在阿伦堡广场有一套宽敞而舒适的公寓，隔两栋房子就是戈多夫斯基家。我走进客厅时，只有他们夫妇俩在。

"伯母一会儿就来，不过我们不需要她作介绍了吧。我们从她所谈的事中已经很了解你了，早就盼着能见到你。"

我立刻感到和他们在一起很自在。贝格海姆太太进来时，发现我们三人像相识多年的老朋友一样正在闲聊。我觉得老夫人已经从打击中恢复过来了，她的样子同我上次和她告别时没有变化。

"阿图尔，我亲爱的，"她亲吻并拥抱了我，"看见你真高兴。"然后，她轻声说，"你又使我想起了他。"她哭了起来，我的心绪也随之波动。

在饭桌上我们热烈地谈论起音乐。弗雷德和玛奇都很在行，尤其钟情于钢琴。他们听说我在维也纳举办音乐会的消息都非常激动。

"那伦敦呢?"贝格海姆太太问,"你什么时候来?希望你没有忘记曾答应要住在我们家。"

"我今年看来是不能去了。我在伦敦没有音乐会。"我说。

贝格海姆太太有些奇怪,"我以为都办妥了。我丈夫约翰对我说过他要自己来办这件事的。你为什么改变了想法呢?"

她的好奇心很快就由于我的健谈得到了满足。我滔滔不绝地讲了半小时之后,无论是她,还是麦克加维夫妇就已经知道所有有关我的值得一提的事情了。贝格海姆太太对我和埃森巴赫的非同寻常的合同感到惊喜。

"我想认识你的秘书,也许是经纪人。"

"他两者都是。"我说。

当天下午,埃森巴赫就在长谈中把他近期的计划对贝格海姆太太作了介绍,并从她那里获得了高达 1500 英镑的贷款,又得到麦克加维先生 500 英镑的贷款。这些钱要用于我在伦敦、维也纳、柏林和其他重要城市的音乐会的广告宣传。我的秘书将定期对支出进行结算。

这次顺利的拜访之后,埃森巴赫带着拿破仑在奥斯特里茨战役①之后的神情,向我详细讲述了这一胜利。贝格海姆太太高尚地制止了任何感谢。

"我只是做了我丈夫打算做的事情。"

而当我笨拙地向麦克加维先生表示感激时,他打断了我,把双手放在我的肩上,说:

"我亲爱的朋友,我的财富多亏了波兰,而你只是给了我一个回报的机会。"

---

① 奥斯特里茨战役:1805 年沙皇和奥皇与法皇拿破仑在奥国境内进行的一场决战,是拿破仑最重要的胜仗之一。

在维也纳的两场音乐会令我非常满意。第一场我演奏了贝多芬极难的《锤子奏鸣曲》，这首曲子对一般钢琴家是块绊脚石。要在第一乐章平静、庄严而篇幅颇长的柔板中吸引住听众的注意是个难题，那天晚上我似乎做到了。第二场音乐会曲目的风格比较轻松。在巴赫与肖邦的作品之后，我弹了通常都会成功的曲子。第一场音乐会有亏空，但第二场的收支基本平衡。

两次音乐会戈多夫斯基都到场了，并赞扬我对那首奏鸣曲的弹奏。

"但你必须练琴。"这是他的结论。

使希曼诺夫斯基和我都感到松了口气的是，小小年纪的达格玛尔让我们俩完全和解了。在"德梅尔饭店"著名的茶室，我们高兴地重逢，让相互间无谓的、孩子气的争执一笑泯灭。从那天起，我们的友谊再未受到过任何伤害，直到希曼诺夫斯基过早地去世。

"你和费特贝格怎样了？"我问道，那是个击中要害的问题。

"再别提起这个无耻小人的名字了。"他叫喊起来，满脸厌恶的苦相。

"他怎么你了？"我感到好奇。

火冒三丈的希曼诺夫斯基用一个指头压住鼻子，充满怒气地嘶声说道：

"阿图尔，你想想，这个畜牲乘我不在的时候把一个女人弄到我们的公寓里，他居然不要脸地在我的床上和那女人睡觉，就在我母亲的肖像之下。你懂吗，阿图尔？在我生身母亲的肖像下啊！我真该杀了他！"

我忍不住，咯咯地笑起来。

这件事使我想起肖邦和李斯特之间发生的类似事件，后者做出了完全相同的不检点的行为。不管怎么说，希曼诺夫斯基认识一下真正的费特贝格，我是不会不高兴的。

我的青年时代

埃森巴赫在柏林音乐学院的旧址给我安排了一场独奏，就是我以前听过约阿希姆和豪斯曼演奏勃拉姆斯的《小提琴、大提琴双协奏曲》的音乐厅，当时的伴奏是"梅宁根宫廷乐队"，指挥是弗里茨·施泰因巴赫①。在这历史悠久的音乐厅演出，我感到光荣。

还有一个惊喜在等着我。爱玛·恩格尔曼夫人通过我的代理人转来一封信，邀请我在柏林逗留期间住在她家。她丈夫已故，和儿子汉斯一起住在离"选帝侯大街"不远的公寓里。我回电感激地接受了邀请。

我们到达德国首都的那天早上，汉斯，现在已是个又高又胖的年轻人了，满脸笑容地来迎接我，并驱车把我带到他们的新家。埃森巴赫在附近的一家旅馆订了一个房间。

恩格尔曼夫人几乎没有变化。她仍旧是位待人友善、行动敏捷、胖墩墩的小个子女士，和我上次见她时一样。早餐时我们有许多话要交谈，主要是关于音乐的。重新置身于熟悉的气氛之中是多么令人愉快啊！

音乐会进行得很顺利。听众不算多，但很懂行。我演奏时非常注意细节，在技术上也很精确，但缺乏通常的那种自信。在柏林，我天生的热情常常不能自发地流露，好像以前巴尔特教授时期的不愉快还压抑着我。说到巴尔特教授，他也出席了音乐会，还给我写来一封满纸批评讽刺的信，尽管他也赞扬了几句我演奏的肖邦。不过他的信中丝毫未提如何严肃对待音乐的纯粹本质，只有一些怎样更好地处理技术问题的建议。

---

① 弗里茨·施泰因巴赫（Fritz Steinbach, 1855 - 1916）：德国指挥家，作曲家。师从其兄埃米尔。曾任迈宁根管弦乐队、纽约爱乐乐团指挥。以阐释勃拉姆斯作品著称。

一次，恩格尔曼夫人整个下午都和我一起弹奏改编成四手联弹的贝多芬和舒伯特的四重奏，我恍若置身仙境。在我的记忆中，那个下午是我在柏林逗留期间的亮点。

我和埃森巴赫返回克拉科夫，他有些私事要办，而我则在加里西亚额外演出了两场。其中一场在切尔诺夫策，一个离罗马尼亚边境不远的富裕的工业中心。当地居民喜欢将自己的城市称为"东方维也纳"。一位老先生在车站接我，并作了自我介绍，但是我已经忘了他的姓名。

"是我邀请你来演出的。"他说。

在去旅馆的路上，我问起钢琴时，他有些傲慢地回答说：

"我亲爱的孩子，你能有机会在切尔诺夫策演出，可以感到骄傲。预定我音乐会票的听众们是城里最重要的人物，他们比维也纳的任何听众都高雅得多。"

他的吹牛虽然没能说服我，但给我留下了印象。音乐厅的比例合适、品味不错，音响效果很理想，钢琴是一架很好的波森多夫琴。只有一个细节，一个奇特的情况令我不悦：在大厅的一侧，十扇门一排地直接开在大街上。想到要离街市的嘈杂这么近进行演奏，我有点不安。我习惯于与外界声音隔绝得很好的音乐厅。

晚间的音乐会上，听众的情况的确令人惊异。厅里坐满了人，个个都穿得像参加皇帝邀请的舞会，而不是一场普通音乐会。那个经理说得对，他们是最考究的听众，但同时又是我面对过的最漠然、最冷冰冰的听众。我演奏得很不错，但每个作品弹完后，戴着手套的巴掌礼貌地拍上两三下所产生的声音几乎听不到。不等我鞠躬，掌声早已消失。无怪乎我希望尽快地结束这场独奏。我弹罢最后一个和弦，听众多拍了三巴掌以示盛情，便准备离开了。这时所有出口一齐洞开，一股寒气冲进大厅。我躲进休息室，正打算取大衣和帽子时，听到了真正热烈的掌声。我往大厅窥探，吃惊地发现，全体听众都穿着大衣站着，在拼命地鼓掌。

我蔑视地想，噢，这里原来只是要求加演时才鼓掌，在这之前就不作兴鼓掌吗？好吧，我要教教他们。于是我走上舞台，带着冷冰冰的尊严鞠了一躬。可掌声越来越响了。我又鞠躬两三次，最后我憋不住，便微笑起来。此时他们才大声叫喊道"真棒！再来一个！……"，那是任何一个艺术家都抵御不了的呼声。于是我加演了一曲。演完后，音乐厅内天下大乱。我只得又加演了三次，结束时我沉醉在取得的成功里。

整场音乐会期间，老经理一直安安静静地坐在休息室里，显然对我、对听众都很满意。但从掌声响起的那一刻起，他便不安起来。我听见他愤怒地喃喃自语："我一定要结束这种情况。我再也不能忍受了。我务必结束这种状况！"

每加演一次，他便多一分恼怒，直到最后勃然大怒，挥拳击在桌子上，高喊着：

"我要叫警察！我必须叫警察！"

"发生什么事情啦？"我关切地问，"你遇到麻烦了吗？我能帮你什么忙呢？"

"不！"他做了个无奈的手势，回答，"你帮不上忙。什么也不能阻止你加演。"

他这样说有点太过分了。

"我加演和你生气有关系吗？"我尖锐地问。

他平静下来，用颤抖的声音说道："你看，都怪那些该死的门，音乐会一结束，门就打开了。当我的听众离开大厅时，那些在咖啡馆和大街上等候的成百上千的混蛋就涌进来，使劲鼓掌，让我的艺术家们为他们免费演奏，而我却没有任何办法阻止他们！"他深深地叹了口气，一屁股坐到椅子上。

我对他说了几句同情的话，但我发誓，今后我在切尔诺夫策就只为这些"混蛋"演奏。

我们回到维也纳时，贝格海姆太太已经前往伦敦了。我经常见到麦克加维夫妇，他们给了我一切可能的帮助。他们请我到家里练琴，那琴比我在旅馆里的要好。

我的保留曲目需要扩大。于是在不满两个星期的时间内，我增加了贝多芬的两首较重要的奏鸣曲，勃拉姆斯和舒曼的一些短小作品，以及肖邦的大型《b小调奏鸣曲》。像以前一样，而且在后来许多年中也一样，我接触手头作品的方法，其过程是种独特的复合：我对作品的结构总有一个明确的方案，也总能做到对作曲家的感情的意向心领神会；然而，由于我懒惰成性，我讨厌练习那些困难段落，我会忽略应关注其细节以达到精致、清晰的弹奏。通常，我把全部重点放在音乐的内涵方面。

埃芬伯格受伤后已经完全康复，并摆脱了对玛丽亚的爱恋，也做完了那件违禁的工作。他又回复了正常的自我，变成一名可亲的同伴。他以自己广博的知识丰富了我的生活，他的知识包括值得读、值得看和值得听的一切。是他使我了解了托马斯·曼①的头一批小说，赖纳尔·马里亚·里尔克②的诗歌，以及年轻奥地利作曲家的音乐。

希曼诺夫斯基给我看了一首打算为我写的钢琴协奏曲的草稿，但随后他用在了《第一小提琴协奏曲》中，并题献给巴维尔。后来他补偿我的是优美的钢琴与乐队合奏的《交响协奏曲

---

① 托马斯·曼（Thomas Mann, 1875－1955）：德国小说家。他因代表作《布登勃洛克一家》获诺贝尔文学奖。

② 赖纳尔·马里亚·里尔克（Rainer Maria Rilke, 1875－1926）：奥地利诗人。对西方现代文学影响巨大。著名诗作有：《祈祷书》、《杜伊诺哀歌》和《献给俄尔甫斯的十四行诗》等。

（Symphony Concertante）》。

我们观看了《玫瑰骑士（Rosen kavalier）》，演唱者是洛特·勒曼①和伊丽莎白·舒曼②，真是个美妙的组合。但是那个演出季最重要的事件是勃拉姆斯的《小提琴、大提琴双协奏曲（Double Concerto）》，演奏者是伊萨依和卡萨尔斯。因为没搞到门票，我不得不站在乐队的一架低音提琴背后，但是任何不舒适都没能破坏我聆听这两位大艺术家的难忘的演奏时所感受到的喜悦和激动，片刻也没有。

71

伦敦的演出季刚刚开始。经过从维也纳出发的漫长而累人的旅行，我和埃森巴赫在一个阳光灿烂的早晨到达伦敦。贝格海姆太太的司机在维多利亚车站等我们，他驾车带着我们通过拥挤的

---

① 洛特·勒曼（Lotte Lehmann，1888－1976）：德裔美籍女高音歌唱家。1909年首演，在《魔笛》中扮第三男童。1914年首次在维也纳演出。后加入维也纳歌剧团，担任主角。期间到伦敦、萨尔茨堡、美国演出。后在美国定居。1951年告别舞台。

② 伊丽莎白·舒曼（Elisabeth Schumann，1888－1952）：德裔美籍女高音歌唱家。1907年在汉堡首次登台演歌剧，参加汉堡歌剧院。1914年在美国纽约大都会歌剧院首次亮相，饰《玫瑰骑士》中的索菲，这也是她演唱过的最出色、最成功的角色之一。后在维也纳歌剧院、伦敦科文特花园歌剧院演唱。在美国举行独唱音乐会，里夏德·施特劳斯为其伴奏。是当时最受喜爱和推崇的女歌唱家，后定居美国。晚年执教。

城市来到边远、安静的贝尔萨泽公园路。老太太以她特有的率直欢迎了我。

"我亲爱的,我希望你在这里会很舒服。"她说着,把我领到三层一个可爱的房间,"尼娜和彼得是你的邻居,所以你不会寂寞的。如果你需要什么,就叫我的女仆维金斯,她会照料你的。"

我觉得自己好像一直住在这里。维金斯默默地、利索地打开我的箱子,把我所有的东西都分类放置好,拿走衣服去熨烫。

司机开车把埃森巴赫送到贝格海姆太太为他订好了房间的旅馆。

午饭时,我认识了家里的另外两个成员。尼娜·贝格海姆是位修长苗条的女子,将近30岁。她羞怯而善良,在持家方面对她伯母的帮助很大。可惜,她的面孔长得太一般了,在大街上我会认不出她来。她的弟弟彼得是个生意人,在一家大钢铁公司拥有一个负责职位。他像他的伯父一样,是出生在耶路撒冷的犹太人,但努力在外表和举止上做得比英国人还要英国人。因此从他身上透出的便是冷冰冰的超然和漠不关心。在几年后,他甚至改掉了自己的姓氏。

我在这个家庭安静、时钟般精确的规律生活中休息了一周。吃完早饭后,贝格海姆太太喜欢请我到她的化妆室,让我朗读邮差早上送来的信。我猜,这是她和她已故丈夫在一起时的老规矩。读完最后一封信,我就可以自由地、不受打扰地去练习新曲目了。

埃森巴赫为我在贝希斯坦音乐厅安排了两场独奏音乐会,第一场在5月底,第二场在6月。他这次挑选的经纪人是丹尼尔·迈耶尔,他已和许多艺术家打过交道,值得信任。无论如何,他不会比老切斯特更差吧!

保罗·德雷珀给我寄来一信,邀请我当晚去吃晚餐。"然后我们弄弄音乐!"他写道。我打电话说我当然去。

我的青年时代

　　德雷珀夫妇已迁出肯辛顿区的漂亮住宅，搬到了伊迪丝·格罗夫街（Edith Grove）19号，那是一条很短的小街，外表很一般，周围穷困沉闷。但是缪丽尔简直具有魔法，她将普通、单调的19号变成最宜人的住所。房后有一个古怪的建筑物，可能曾经作为工作间、马厩、车间或者仓库，老天爷才知道。缪丽尔把它腾空，将内部清理得干干净净，只保留了光秃秃的砖墙；她打通一面墙，开了一道门，并修了楼梯通下来。然后，她奇迹般地创造出一间美妙、宽敞、高贵的方形音乐室。在大壁炉的一侧摆着一架贝希斯坦大演奏琴，几个谱架，和一个专门放置乐谱的书架。对面的墙下是一张宽大、庄重的沙发，两侧各有一张文艺复兴样式的长桌，另有一把特大的扶手椅。壁炉架上面挂盖着一块古旧的哥特式提花毯。黑漆漆的横梁支撑着天花板，巨大的蜡烛摆放在房子最重要的位置上。这场景使人感到是佛罗伦萨一座宫殿的内部。而这个音乐室最宝贵的长处是它具有的吸引大艺术家去演奏音乐的非凡力量。

　　那天晚上，当我快到这个神奇的地方时，就在门口听到了贝多芬的《F大调四重奏》作品第59号之1的第二乐章的主题。没有任何作品比它更美了！保罗带我来到音乐室，我们找了个台阶坐下，以便不打扰演奏者。我原以为是受邀参加"音乐晚会"的，这在英国被称为"家庭音乐会"，然而我又惊又喜地发现只有不超过六七个人在认真专注地聆听这一卓越的作品，作品充满了对命运的不失尊严的听从。当含有俄罗斯旋律的尾声结束时，我走下楼梯去和缪丽尔·德雷珀打招呼，并认识她的客人们。其中三个是西班牙人：小提琴家及指挥恩里克·阿沃斯①，大提琴

---

　　① 恩里克·阿沃斯（Enrique Arbos，1863－1939）：西班牙小提琴家、指挥家。曾是约阿希姆的学生，后为伦敦皇家音乐学院教授。马德里交响乐团指挥。曾为阿尔贝尼斯的《伊比利亚》组曲配器。

家奥古斯丁·鲁维奥（Agustin Rubio），他俩都是皇家音乐学院的教授，而第三位佩德罗·莫拉莱斯（Pedro Morales）是中提琴手。其余的人是：尤金·古森斯①，一个比利时裔的年轻小提琴家和作曲家，后来则成了杰出的指挥家；一位匿名的女士；以及美国大画家约翰·萨金特②，后来我发现，他是个铁杆音乐迷。

伦敦弦乐四重奏团，在有才华的年轻人阿尔伯特·萨门斯③带领下，正在逐渐成为这类"组合"中的佼佼者。四位音乐家邀我与他们进行五重奏演奏。

"对，好！"缪丽尔叫道，"阿图尔会演奏的，但是大家先吃晚饭。"

我们跟着她上楼来到一间小餐厅，桌子上漂亮地摆满了冷盘龙虾、香槟酒、新鲜水果、奶酪和点心。美食就着妙语，我们愉快地消磨了一个小时，相互也更加熟识了。阿沃斯用滑稽的故事逗得我们笑出了眼泪，萨金特跟我一同回忆起约阿希姆。他对约阿希姆相当敬慕，并为他画过肖像。喝完咖啡，我们大伙就情绪饱满地回到音乐室。

我们坐下演奏勃拉姆斯的《f 小调钢琴五重奏》。这是我第一次视奏该曲，不过我曾听过这首作品，而且不止一次在四手联弹中弹奏过。开头的地方我小心翼翼，原作要比我想象的困难得多。然而很快我就热过身来，并且受到萨门斯和他的同事敏感、有力的合作的激发，我们很好地演奏了这部杰作，得到听众的热

---

① 尤金·古森斯（Eugene Goossens, 1893 - 1962）：英国指挥家、作曲家。曾任英王后乐厅乐队小提琴手，后自己办乐队，自任指挥。在科文特花园歌剧院指挥俄国歌剧和芭蕾舞团。又在罗彻斯特、辛辛那提交响乐团任职。还担任过新南威尔士音乐学院院长、悉尼交响乐团指挥。作有两部歌剧、一部芭蕾舞剧和两部交响曲，等等。

② 约翰·萨金特（John Sargent, 1856 - 1925）：美国画家，长期侨居伦敦。以肖像画著称。作品有：《某夫人》、《康乃馨、百合、蔷薇》以及波士顿博物馆壁画等。

③ 阿尔伯特·萨门斯（Albert Sammons, 1886 - 1957）：英国小提琴家。自学成才。曾任比彻姆乐队首席乐师，伦敦弦乐四重奏团首席乐师。发表过音乐作品。

情赞许。

按照音乐家之间的习惯，我们接着就进行了长时间的讨论品评，涉及到大家演奏的每个方面。我们无休止的闲聊被缪丽尔专横地制止住：

"现在该弹舒曼了，请吧！"

我们受命。舒曼的《降 E 大调钢琴五重奏》是室内乐中的瑰宝，它给了我一个机会，能更好地展示自己在集体演出中的天分与热情。这首作品的视奏比勃拉姆斯的作品来得容易，而我也带着欢欣与激情投入其中。当我们结束后，一阵高声的欢呼就是对我们的回报。那时，我已沉醉于音乐之中。抛开需要喘口气的四重奏团的成员，我贪婪的目光便落到古森斯和鲁维奥身上。

"求你们，我请求你们，让我们来演奏舒伯特的三重奏吧！"我鼓动他们。

开始他们坚决不干，但后来当我几乎强拉着他们到各自的乐器旁边时，他们软了下来，于是我们坐好，开始演奏恢宏的《降 B 大调三重奏》作品第 99 号。演三重奏我如鱼得水，这是我的领域。我和巴维尔和他的弟弟已经演奏过几十次。结果，我们的演奏达到了音乐会演出的质量。优美的音乐刺激得我们胃口大开。接着我们又开始表演舒伯特的另一首大作，《降 E 大调三重奏 (Trio in E flat)》作品第 100 号。这首演奏得甚至比第一首更好。我们站起身来，满意而又有点疲倦，想就此结束这一天，或者更准确地说，是这一夜。这时，缪丽尔以不容反抗的口气宣布：

"保罗，你给我们唱几首《冬之旅（Winterreise）》中的歌吧。"

于是保罗在我的伴奏下，用他那声音不太洪亮，但训练有素、表现力极强的嗓子，演唱了舒伯特的套曲《冬之旅》的几乎全部歌曲。他唱毕，我又接着弹起自己喜爱的勃拉姆斯、舒曼、胡果·沃尔夫①和其他我记得起的所有歌曲。在这顿音乐大餐之后，真的该回家了。

"上来用点夜宵。"缪丽尔从楼上叫道，"你们一定饿了。"

是啊，我们真的很饿，虽然我们并没意识到。"夜宵"相当丰富：有荷包蛋、冷餐肉、奶酪和咖啡。我们又说说笑笑，互开玩笑地喧闹了一阵，最后终于告辞，各自回家。从那个晚上起，伊迪丝·格罗夫街19号的音乐室就变成不为世人所知的音乐圣殿。在我的记忆里，那是我一生中音乐情绪最为高涨的时刻。

第二天我睡到中午才醒。中饭时，贝格海姆太太问我：

"你昨天是跳舞去了吧？我听见你凌晨5点才回来的。"

我告诉她自己参加了怎样的招待会，老太太一脸茫然。

"这好荒谬啊！怎么可以要求客人们演奏，并对他们发号施令呢？你说吃了两顿晚饭，他们想必很有钱吧！"

"不，我认为不是这样。"我回答。"但我肯定，他们会经常举行这样的聚会，我很想什么时候把你也带去。"

可怜的贝格海姆太太。我颇费了番功夫才向她解释清楚他们对我意味着什么。无论如何，为了安慰她，我又面无表情地开始给她读信了。

1913年的5月梦幻般地逝去。这个月里有几次聚会、一些表演和几场宏大的音乐会，还有几场较小型的，一般来说都很刺激，有时挺可笑，不过总是饶有趣味。然而，在伊迪丝·格罗夫街的那些音乐之夜则给人以启示——而且是最深、最美的启示。那些伟大的音乐家，献身于至清至纯的音乐艺术表达，让到场者的生命变得更为丰富、尊贵和崇高——不论是演奏者还是聆听

---

① 胡果·沃尔夫（Hugo Wolf, 1860－1903）：奥地利作曲家。1876年起开始写歌，并以此为生。疯狂崇拜瓦格纳，歌曲中也有反映。其独特天赋是用音乐表现歌词的意境。

者。

我们第二次在保罗·德雷珀家的聚会完全是出乎意料的一时冲动的结果。我们大家都去参加了雅克·蒂博和乐队在王后厅举行的音乐会。陶醉于他的优美的演奏，德雷珀夫妇、我、还有其他许多音乐家都到他的休息室去致谢。

"大家都上伊迪丝·格罗夫街去吃晚餐。"缪丽尔用她不容商量的口吻说道。然后，转身对着一群音乐家又补充了一句："去拿自己的乐器。雅克和阿图尔会想演奏的。"

"这可太叫人高兴了，我亲爱的。"蒂博说道，他曾在她以前的家中表演过。

德雷珀夫妇、雅克和我同坐一辆出租汽车，比其他人提前到了不少时间。晚餐已经摆在桌子上。那是缪丽尔用电话向"萨沃依烧烤馆"订的。

那个晚上我认识了莱昂内尔·特蒂斯①。

"这是我的朋友，他拉中提琴。"阿尔伯特·萨门斯把一位矮个子、十分谦虚、年龄在三十五岁左右的男子介绍给我。此人藏在镜片后的一双眼睛是世界上最温和的，并总是含着笑。他那浓密、烟草黄、"暴君式"的小胡子与他友善的面孔很不相称。

"进来吃饭吧，"缪丽尔拍拍双手，呼唤大家。我们这伙饥肠辘辘的人便冲进饭厅，将"萨沃依烧烤馆"送来的多汁的美食狼吞虎咽地吃了个精光。等饭桌旁愉快的嘈杂声平息下来，蒂博便发出信号：

"走吧，伙计们，去拉点四重奏。"

保罗摆好谱架，蒂博、萨门斯、特蒂斯和鲁维奥坐下来演奏

---

① 莱昂内尔·特蒂斯（Lionel Tertis, 1876－1975）：英国中提琴家、教师。求学于莱比锡和伦敦皇家音乐学院。在欧美巡回演出，1936 年退出舞台。巴克斯、布利斯和西里尔·斯各特等现代作曲家均曾为他创作乐曲。写有《弦乐演奏中的音色美》（1938 年）一书，并为中提琴制定下了新的技术规格。

德彪西的一首作品。

头几小节一开始，我就发现他们的组合之中有新的因素，一种我以前从没听到过的洪亮的声音。那声音来自特蒂斯演奏的强有力的、歌唱性的、深情的中提琴。他是我一生中有幸认识并聆听过的最伟大的艺术家之一。我们亲密、持续一生的友谊便是从那个晚上开始的。

演完德彪西的作品后，我和特蒂斯、蒂博和鲁维奥演奏了勃拉姆斯的《c小调钢琴四重奏》。第一乐章里，中提琴的独奏声音至今还回响在我的耳际。那真是个神奇的音乐之夜！

丹尼尔·迈耶尔认真准备了我的第一场独奏音乐会，听众相当多，即使不算满座。我第一次演奏了新的保留曲目中的几首作品，心中有些担忧。但是我的朋友以及音乐同行们的到场和欢呼，在整场独奏中始终鼓励着我。

幕间休息时，迈耶尔和埃森巴赫带来个好消息：亨利·伍德（Henry Wood）爵士邀请我7月份和他的乐队一起演出。我的愿望得以实现，我早就盼望着这一天了。

音乐会在肖邦的《降A大调波洛奈兹舞曲》的成功的喧闹声和不可避免的加演中结束。

稍后，在拥挤的休息室里，缪丽尔很巧妙地确定了去她家吃晚饭的人选。这次她是早有准备的。我想，这是让贝格海姆太太了解一下保罗家的"聚会"究竟是什么样子的好机会。

"我能否把贝格海姆太太带去吃晚饭呢？"我不事声张地问缪丽尔。

"可以，如果你确实需要的话。"她用自己男人味的、不大客气的方式回答。

我没有因她的拒绝而泄气，而以她的名义邀请了老太太。

晚餐极好——有充足的龙虾和香槟酒。那个晚上，除贝格海姆太太外，还有其他客人：约翰·萨金特；钢琴家、管风琴家约翰·沃纳（John Warner），他和保罗在哈佛大学念书时同住一个寝室；以及令人销魂的三位美国姑娘，韦伯格姐妹萨拉、霍伊蒂和奥尔加（Sarah、Hoyty、Olga Wiborg）。所有到场的音乐家都带着乐器，这已经成了这所房子的规矩。

晚会以舒曼的《降E大调钢琴五重奏》开始，蒂博和特蒂斯在其中创造了奇迹；然后蒂博和我演奏了法兰克的《A大调小提琴和钢琴奏鸣曲》。当红头发的、四岁的小保罗穿着睡袍跑出来听音乐时，大家都为他着迷。过了一会儿，他母亲便带他回去睡觉。尔后我们有幸欣赏了勃拉姆斯的《弦乐六重奏（String Sextet）》，由萨门斯和古森斯演奏小提琴，特蒂斯和格特鲁德·鲍尔（Gertrud Bauer）（钢琴家哈罗德·鲍尔 Harold Bauer 的妹妹）演奏中提琴，鲁维奥和梅·穆克里①（她是第一次到这里）演奏大提琴。真可谓美妙地演奏了美妙的作品。

稍稍吃了点东西之后，便是一段迷人的插曲。韦伯格姐妹请我为她们伴奏，她们演唱的是瓦格纳《众神的黄昏（Gotterdammerung）》中的《莱茵之女三重唱（Terzetto of the Daughters of the Rhine）》。她们用年轻、清新的嗓子把歌曲唱得极美。保罗听到她们的演唱也来了劲，让我继续伴奏，他演唱了舒曼的《我不恼怒》和舒伯特的《魔王（Erlkonig）》。

贝格海姆太太深受维多利亚时代如何正确组织"聚会"的传统的影响，开始时，对伊迪丝·格罗夫街那种随便的做法感到惊讶。缪丽尔不讲礼仪、武断独行的行事方式，嘲讽的评论和响亮的笑声与贝格海姆太太的中产阶级背景格格不入。但很快，晚饭之后，那寓所的魅力和音乐的美，那带着欢乐的演奏和聆听，都

---

① 梅·穆克里（May Mukle, 1880 - 1963）：英国大提琴家。曾就读于皇家音乐学院。长期担任独奏演员和室内乐演员。

是她迄今闻所未闻的，开始对她施展魔力了。最后，伊迪丝·格罗夫街完全把老太太迷住了。在我们回家的路上，她一直在不停地念叨着晚会的方方面面。

从那个夜晚起，我的时间就分配在贝尔萨泽公园路和伊迪丝·格罗夫街之间了。那非常消耗体力：长时间的等候公交车或出租车，两座房子之间似乎无尽的距离，对我的神经系统产生了明显的影响。

巴维尔和索霞的到来对我是个巨大的安慰。6 月初，在伦敦的演出季到达高潮时，大多数演奏家都会来到大不列颠的首都。因为在秋天之前，欧洲大陆的一切艺术活动都停止了。巴维尔立即被德雷珀夫妇接纳为在音乐室举行的所有音乐活动的正式参加者，他和索霞很快就和德雷珀一家以及贝格海姆一家熟悉起来。

我的第二场音乐会虽然上座率很好，并且受到听众普遍的欢迎，但在程度上低于我的预期。它被雪崩般压来的、英国公众长久喜爱的演奏家们的音乐会所遮盖：帕德雷夫斯基、伊萨依、卡萨尔斯和克莱斯勒的音乐会令王后厅水泄不通，卡鲁索、梅尔芭和黛斯廷主宰着科文特花园歌剧院。肖伯纳①、詹姆斯·巴里②和约翰·高尔斯华绥③的戏剧首演在演出季中也非常引人注目。而最后压轴的是，佳吉列夫的俄罗斯芭蕾舞团要在 7 月份演出。

巴维尔、索霞和我热情高涨地参加了这样的演出盛宴——我们有时搞到好座位，但通常都是站着看整场演出。

---

① 肖伯纳（Bernard Shaw，1856－1950）：英国剧作家、评论家、费边社会主义者。代表作为《恺撒和克莱奥巴特拉》、《人与超人》、《巴巴拉少校》、《皮格玛利翁》、《圣女贞德》等。获 1925 年诺贝尔文学奖。

② 詹姆斯·巴里（James Barrie，1860－1937）：英国小说家、剧作家。曾任英国作家协会主席。作品有《小牧师》、《彼得·潘》等。

③ 约翰·高尔斯华绥（John Galsworthy，1867－1933）：英国小说家、剧作家。代表作有《福尔赛世家》三部曲。获 1932 年诺贝尔文学奖。

我的青年时代

　　尽管如此，伊迪丝·格罗夫街的音乐聚会照常进行，甚或更胜往日，开始了新的时代。风闻我们的联欢会的音乐家都恳求加入，而那些假内行受不了被撂在一旁，更想闯进来。不过缪丽尔毫不退让，对演奏家总是欢迎的，即使他们没机会演奏。但她只允许了极少数的几位杰出的听众，像萨金特、亨利·詹姆斯①或者诺曼·道格拉斯②等。在她不得不邀请部分音乐家的妻子们时，她就在楼上准备一个舒适的角落，让她们可以在那里闲聊，而不会干扰音乐演奏。她与索霞很合得来，虽然她们时常发生争执。

　　我记得鲁维奥第一次把卡萨尔斯带到伊迪丝·格罗夫街来的那个晚上。我们大家正在用晚餐，音乐室内正在演奏莫扎特的四重奏，卡萨尔斯静静地站在大门口，然后突然问道：

　　"谁在拉中提琴？"

　　他隔着那么远的距离就分辨出莱昂内尔·特蒂斯的琴声。那时两位伟大的艺术家才第一次愉快地会面。还有一个稀罕的巧合，他们两人竟是同年同月同日生③。现在，1972年，当我写这一段的时候，他俩都还健在，并且已是96岁高龄了。

　　在1913年，巴维尔和我曾非常有幸地与这些巨匠一起演奏了那么多的室内乐。鲁维奥崇拜帕布洛·卡萨尔斯，总叫他帕布洛西莫④。而他本人也很有个性。当时他六十开外，高大威严的身材，一脸的灰白胡子，一头卷发，隆直的鼻梁，一双燃烧着忠诚和激情的蓝眼睛，满可以给米开朗琪罗充当摩西塑像的模特。

　　在卡萨尔斯第一次接触音乐室的那个晚上，我得以首次聆听

---

　　① 亨利·詹姆斯（Henry James，1843－1916）：美国小说家、评论家，晚年加入英国籍。主要作品有：《一位妇女的肖像》、《鸽翼》和《小说的艺术》等。

　　② 诺曼·道格拉斯（Norman Douglas，1868－1952）：英国小说家、散文家。主要写意大利南部题材。代表作为《南风》。

　　③ 卡萨尔斯和特蒂斯都出生于1876年12月29日。

　　④ 帕布洛西莫（Pablissimo）：最强的帕布洛之意。

舒伯特的《双大提琴弦乐五重奏（The String Quintet with two cellos）》，由蒂博、巴维尔、特蒂斯、卡萨尔斯和鲁维奥表演。他们的演奏充满了灵感，我无法形容倾听那次演奏的感受。我只能说，从那个晚上起，我的愿望就是在我临终之际，能有那段仙乐般的柔板中的安详而超脱的琴声相伴，不论那声音是真实的，还是想象中的。

还是回过头来说说我的艺术事业吧。丹尼尔·迈耶尔先生为我搞到了两场"家庭音乐会"的邀请：第一场是在伊舍勋爵夫妇家（Lord and Lsdy Esher's）；第二场是在贝尔格雷夫广场奥托·贝特爵士（Otto Beit）漂亮的府邸里，他是位南非的百万富翁。英国的"家庭音乐会"比之法国巴黎的"音乐晚会"更正式，它们被当做在私人宅第举办的音乐会，然而里面带有一些势利的行为。写到这里，我不禁想起一则传闻。一位英国公爵夫人请帕德雷夫斯基在她为乔治国王和玛丽王后举行的晚宴后演奏。伟大的艺术家索要高额酬金，对方立即就同意了。在演出前一天，他却收到公爵夫人的一封信，内称："尊敬的大师：不能邀您出席晚宴，我万分抱歉。作为职业艺术家，您在一间优雅的房间里会更自在，还可以在音乐会前稍事休息。您的……"

帕德雷夫斯基回信说："尊敬的公爵夫人：感谢您的来信。由于您周到地通知我不必出席晚宴，那么原先酬金的一半就足够了。您的……"

我还知道另一则绝妙的对答：西班牙小提琴家帕布洛·萨拉萨特①刚回到伦敦就收到一个条子：

---

① 帕布洛·萨拉萨特（Pablo de Sarasate，1844－1908）：西班牙小提琴家，作曲家。学成后不久便誉满欧美，在许多城市独奏演出。专为他写作的作品有拉罗的《第一小提琴协奏曲》、布鲁赫的《第二小提琴协奏曲》。他自己也写过一些小提琴乐曲。

"尊敬的朋友：真高兴您又回到了城里！您明晚能否来我家用晚餐？您忠实的朋友，……。又：请不要忘记带上您的斯特拉迪瓦里琴。"

萨拉萨特回信说："很高兴又能见到你。我当然接受您明天吃晚饭的邀请。尊敬您的……又：我的斯特拉迪瓦里是不吃饭的。"

7月初，接二连三地发生了许多有趣的事件。巴维尔在贝希斯坦厅举行了一场杰出的独奏音乐会，之后又在德雷珀家演奏了很多曲子。

我作为独奏首次与交响乐团合奏肖邦的《f小调钢琴协奏曲》很使听众倾心，但未获评论家青睐。根据他们专横的观点，帕德雷夫斯基对乐曲的解读——远比我更加伤感和浪漫——才是权威的。

一天下午，克莱斯勒、卡萨尔斯和哈罗德·鲍尔在王后厅举行了一场辉煌的三重奏演出。三位伟大的艺术家在完全的一致中融为一体，而他们的脾气禀性差别却那么大。

一个十岁的男孩，钢琴手，在一首莫扎特的协奏曲中显示了巨大的才华。报幕的时候只说他叫所罗门。

贝格海姆太太已经皈依为德雷珀"聚会"的"信徒"了，她带着一丝妒意，想要以自己谦虚的方式同他们竞争：由一个年轻、没经验的三重奏小组演出了几场小型音乐招待会，但都不太成功。于是在我的建议下，她决定举办正式的英国"家庭音乐会"。当然，我提议由我来演奏一场完整的独奏节目。大餐厅的家具被搬走，贝希斯坦公司送来一架上好的演奏琴。屋子里坐满了她的朋友们以及朋友们的音乐朋友，还有久经考验的缪丽尔一伙和我新结识的人。结果活动十分成功。

老太太骄傲得不能自已，她享受着"家庭音乐会"的每一分钟。她把索霞、缪丽尔、巴维尔和保罗留到深夜，不停地谈论着这次晚会。成功的"家庭音乐会"似乎给她注入了新的生命力。结果她几乎每天都出门游览。上午，吃过早饭、读完信件之后，她就把我带到"克佑花园"①或者"汉普顿宫"②，去看皇家学院的展览或者切尔西的花卉展，常常把我累得筋疲力尽，而她却依然精神得像朵鲜花；此外，她每天迫使我检查她花园里的所有暖房。这一切尼娜和彼得都不参与。不久之后的一天傍晚，我正在房间里看书，维金斯叫我：

"鲁宾斯坦先生，缪丽尔·德雷珀太太打来电话。"

我以为是约我参加晚会，就叫道："请帮我记录一下。"

片刻之后，维金斯又叫我："德雷珀太太要直接和你讲。"

我下了楼，拿起听筒，愉快地说：

"喂，缪丽尔。"

一个软弱、悲伤的声音答道："阿图尔，如果可以，你马上过来。我需要你，我真感到难过，是保罗的事。"没有浪费一点时间，坐上出租车，我就直奔伊迪丝·格罗夫街。缪丽尔坐在直通音乐室的小屋的桌子边。此刻的缪丽尔和我非常了解的她判若两人。我面前是一个穿着宽松的粉红色晨衣的娇弱女子，一头丝绸般的大波浪金发垂在肩上，半遮着她的脸。那双碧蓝的大眼睛绝望地看着我。我问"发生什么事了?"，她便不可控制地抽泣起来，算是回答。稍稍平静后，她才开口说道：

"保罗是四天前不见的，而且，这一次，没人在任何地方见过他。他完全失踪了。我拼命地寻找他，给所有我知道的酒吧打去电话。最后我报了警，今天上午他们把他送了回来，他的状况我没法描述……我想，他要死了。他现在就躺在楼上的床上，还

---

① 克佑花园（Kew Gardens）：英国著名的皇家植物园，位于伦敦西部。现已列入联合国教科文组织的世界文化遗产名录。

② 汉普顿宫（Hampton Court）：号称英国的凡尔赛宫，1838 年起对公众开放。

处于半昏迷状态。大夫给他注射了镇静剂。”她又开始哭泣，并补充道，“阿图尔，我再也受不住了。我独自承受着这事的折磨——我努力在人前隐瞒。你是知道这事的少数几个人之一。你已见过他大醉后的状况……阿图尔，求你帮帮我!”

我不知道该说什么好。我帮不上任何忙。沉默良久。突然我把她拥进怀里，亲吻了她。我轻声地对她说话，温柔地抚摸着她的头发。我爱上了她。

72

俄罗斯芭蕾舞团给伦敦的演出季带来了辉煌的结尾。有两周时间，全城都生活在他们的魅力之下。对我个人来说，则是发现了伟大的作曲家伊戈尔·斯特拉文斯基。卡尔萨维娜（Karsavina）、鲍尔姆（Bolm）和芭蕾舞团演出的《火鸟》真是美不胜收，但我的注意力完全被音乐所吸引。丰富的配器、节奏的律动、处理旋律和转调手法之巧妙，结尾处颂歌的庄严的渐强，这些都使我全身心地沉迷其中。

当我第一次看到《彼得鲁什卡（Petrouchka）》时，我更是欣喜若狂。整个演出过程中，舞台上的剧情与这一杰作的音乐同样使我着迷。在这里，乐队奏出了自穆索尔斯基以来最为地道的俄罗斯音乐的欢宴。尼任斯基跳的《傀儡之死（The death of the puppet）》及与之相配的忧伤的音乐让我感动得流下眼泪。我们也看了尼任斯基所重新塑造的、迷人的《牧神午后（Après‑midi dún Faune)》，以及拉威尔的《达夫尼斯与克洛埃（Daphnis et Chloé)》。最后一场是《春之祭》。这部芭蕾舞剧在巴黎首演时曾引起闻名的骚动，报刊对那场骚动的燎人心火的描述，促使伦敦人对《春之祭》翘首以盼。在挤得水泄不通的特鲁利街①上的一家剧院里我们如坐针毡。简短的序曲很好听，并令人对整场舞剧充满希望。但是帷幕拉开后，音乐却很难理解，随着剧情的发展，总谱的喧嚣和单调，以及舞台上难以领悟的演出使我不耐烦起来。演到最后一段被献祭的少女歇斯底里的舞蹈时，我的神经已经无法忍受了。我的期望受到挫折，情绪不高。

听众席上响起礼貌的掌声，还夹杂了些嘘声——英国观众有良好教养，对刚看过的《彼得鲁什卡》的作者仍怀有相当的敬意。直到对这部作品研究数周之后，我才明白了它的伟大。而十年后，巴黎音乐学院的年轻学生们演奏这一总谱，就像弹奏车尔尼的练习曲那样轻而易举了。

整个演出季都是由杰出的皮埃尔·蒙特②担任指挥的。几乎所有的演出我都是在德雷珀夫妇、巴维尔·科汉斯基夫妇或者贝格海姆太太陪伴下观看的。现在缪丽尔·德雷珀已经称贝格海姆太太为"克拉拉姑妈"了，但在背后则戏称她为"小克拉拉"。

巴维尔和索霞已返回波兰，埃森巴赫也回去了。开始我也打算和他们一起走，但又改变了主意。因为我已离不开伦敦，伊迪丝·格罗夫街终于变成了我的第二个家。我整天都在缪丽尔和保罗的陪同下度过，午饭在"萨沃依烧烤馆"吃，或者到索霍区③

---

① 特鲁利街，位于伦敦西区，曾是著名的剧院区。

② 皮埃尔·蒙特（Pierre Monteux, 1942—1964）：法国指挥家，后入美国籍。早年在巴黎音乐学院学习小提琴。担任佳吉列夫俄罗斯芭蕾舞团指挥，斯特拉文斯基的《彼得鲁什卡》和《春之祭》、德彪西的《比赛》和拉威尔的《达夫尼斯与克洛埃》的初演，都由他指挥。后在英美法多个剧院、乐团任指挥。是法国和俄国音乐杰出的阐释者。

③ 索霍区（Soho），伦敦著名夜生活区。

的某个意大利餐馆用。我陪着缪丽尔去裁缝店，或者去找画商。我们去剧院看戏，去看综合文艺演出，或者在音乐室摆弄音乐。

我发现了保罗新的一面：他是个老赌徒。在赌马时，他的运气好得难以置信。有一天在"萨沃依烧烤馆"用午餐时，保罗突然起身离开餐厅。看见我忧虑的神情，缪丽尔安慰我说："阿图尔，这次一切正常。"

几分钟后，他回来了，脸上微微泛红，宣称：

"我赢了3000英镑！"然后他给我讲起经过。他一直热衷于赛马，每天都研究赛马专家的各种提示、推测。久之，他说，他培养出一种预见力，一种本能，一种洞察力。

"当我有这种预感时，"他继续说，"我就找部电话下注。我的经纪人，拉德布罗克斯公司（Ladbrokes），在比赛开始前的最后一刻都接受我的赌注，因为我在他们那里建立了自己的信誉。"他微笑着补充道，"我玩的都是大赌注，每次都冒着很大的风险。"

缪丽尔证实了他的故事。

"保罗对于冠军马的直觉帮我们支付了伊迪丝·格罗夫街的房款、音乐会、晚宴、以及富足的生活，还有他跟祖尔·冯·缪伦（Zur von Muhlen）上课的学费。"她满意地笑着。

在伦敦的最后这些日子里，我结识了一个新朋友——著名作家诺曼·道格拉斯。他不时来伊迪丝·格罗夫街喝酒聊天。缪丽尔认识他时还是个小姑娘，她对他很真诚。作为英语语言大师，他在对话时喜欢混合着使用脏话和淫话，哪怕拉伯雷①听了也会脸红的。尽管如此，他是个具有罕见的智慧、知识和机智的人，内心和善，喜爱音乐。当他忧伤的时候，就会让我想起波兰的那

---

① 拉伯雷（Rabelais，1483－1553）：法国作家，擅长挖苦中世纪的墨守陈规和迷信，代表作为《巨人传》。

位我所喜爱的弗朗茨·费舍尔。道格拉斯喜欢把我带到索霍区去吃饭聊天。我对与这位经历丰富的人的忘年交感到荣幸，就对他诉说了自己爱情上遇到的麻烦，特别是对波拉的负疚感。

"我的老天爷，阿图尔，这都是些该死的胡说八道，是扯淡。遵循自己的直觉行事，要永远做你自己！如果这个波拉失去了你的爱情，那是她的错，她自己没有强大到能够维系住这份爱情。"

我也是这么想的，但没有勇气承认这一点。

在伊迪丝·格罗夫街，一天，缪丽尔随意地问道："阿图尔，我和保罗要去佛罗伦萨，我们将住在一位老友梅布尔·道奇家。她在离城不远的山上有一幢漂亮的别墅。她写信让我们带一个朋友去，你愿意和我们一起去吗？"

我毫不犹豫就同意了，但内心不免暗暗自责。我答应过波拉将去扎科帕内和她一起消夏的。

"克拉拉姑妈"宽容地微笑着接受了我去佛罗伦萨的消息。

"我亲爱的，我一点也不吃惊。"她说，"甚至我还盼着你出去玩玩呢。"

她设考究的晚宴为我们饯行，次日大家就上路了。

旅途漫长而令人疲乏。当我们在佛罗伦萨火车站下车时，满脸乌黑，像几个烟囱工。从热那亚到佛罗伦萨沿途的一百多个隧道几乎把人呛死。

两辆马车把我们送到别墅，但在洗漱干净之前，我们不愿见到任何人。最终，在召唤晚餐的锣声响起时，我是最后一个下楼的。我走进一间大厅，缪丽尔把我介绍给道奇太太和她的客人们。

"库罗尼亚别墅"是一所漂亮的房子。一条弯曲的山路将佛罗伦萨与此地相连，别墅就高踞在阿尔采特利山丘顶上。这座文艺复兴时期的宫殿被高大的柏树和芬芳的花圃环绕着。宽大的凉廊面对着周围和缓的山丘与沐浴在阳光下的托斯卡尼亚的景色。要是别墅里只有缪丽尔和我，那简直就是天堂了。而实际上，那里是地狱。

梅布尔·道奇是个三十岁左右的年轻女子，有一张可爱的面孔，身材稍胖，还有一个习惯性的、心不在焉的、蒙娜·丽莎般的微笑。她说话总是冷冷地三言两语，对仆人当然例外，而对所有的问题都是简单地点头作答。在"库罗尼亚别墅"的生活像个不停的旋转木马。女主人具有一种天赋，能把天底下最合不来的客人集中到一起：艺术与音乐评论家卡尔·凡·费希坦，他是个辩才；罗宾·德·拉·孔达米纳，迷人、结巴、而且从未登台表演过的演员；约翰·麦克缪伦（John McMullen），年轻英俊的业余室内装潢设计师，缪丽尔的密友。还有约翰·里德①，记者、诗人兼好斗的共产主义者，常常阴沉着脸、四处寻衅，他正是梅布尔喜爱的同伴。此外，还有两个爱大惊小怪的英国女人，我已忘记了她们的姓名。这似乎还不够，从早到晚还不断有杂七杂八的人流进到房子里来。格特鲁德·斯特恩②同费希坦争论不休；约翰·里德仇恨所有的人和事；诺曼·道格拉斯起劲地用最肮脏的辞句咒骂着；最后还要强调一点，我一直妒忌、恼火。无论何时，只要我一演奏，不论是贝多芬还是斯特拉文斯基，场内总有人要离开房间，以示对这人或另一人的抗议或仇恨。

保罗·德雷珀对这一切烦透了，便决定单独回到伦敦去上自己的课。只有缪丽尔一人在这全面的磕碰中保持着平静。我甚至怀疑，这使她感到愉快。她高声的谈笑折磨着我的神经，我讨厌

---

① 约翰·里德（John Reed, 1887－1920）：美国政论家。上大学时就组织过社会主义俱乐部。十月革命时期以记者身分到俄国，发表了《震撼世界的十日》。1919年参加美国共产主义劳工党，并再度去苏联，次年病逝于莫斯科。

② 格特鲁德·斯特恩（Gertrude Stein, 1874－1946）：美国女作家，后移居巴黎。提倡先锋艺术。作品有《三个女人的一生》、《艾丽斯·B.托克拉斯自传》等。

她的舍赫拉查德式的打扮——缠着穆斯林头巾或其它类似的装饰。更有甚者，我从来不能和她单独在一起，因为我们的房间分在不同的楼层。经过十天的这种折腾，大家都够了。缪丽尔、麦克缪伦和我决定到威尼斯去透透气。

在出发前告别时，梅布尔·道奇又对我们神秘地微微一笑，并意味深长地点点头，然后我们就上路了。

威尼斯啊，心爱的威尼斯！感谢你这三天赐予的极乐！就在这个奇迹之城可贵的宁静中，我又见到了我坠入情网那天的缪丽尔。在这里，她终于飘散开老是紧束在可恨的发网中的金发，学会了柔声说话，再次具备了女性的魅力。

我们会在圣马可方场坐上几个小时，默默地欣赏它的美，步行到"学院美术馆"去看卡尔帕乔①的油画，在"马丁尼饭店"品尝烧烤蒜味龙虾，我们没完没了地、愉快地聊着。麦克缪伦是个令人愉快而有趣的同伴。

最后一天早上，我们在旅馆露台上吃早饭时，缪丽尔微笑着高兴地宣布：

"心爱的，今天我就回伦敦，去告诉保罗一个好消息：我怀孕了。"

我勇敢地承受了这个打击。无论是麦克缪伦还是我，都做出了传统的反应。

"太棒了！好姑娘！幸运的缪丽尔！幸运的保罗！……"然后是祝福、拥抱和亲吻。

下午，我们用一只贡多拉船送她去车站，在月台上与她吻别，并看着她在包厢里安顿妥帖。火车开动时，我突然冲动起来，跳上火车，只对麦克缪伦叫了一声："我会回来拿行李的！"

---

① 卡尔帕乔（Vittore Carpaccio，1450－1525）：意大利文艺复兴早期威尼斯画派叙事体画家。代表作为组画《圣徒乌尔苏拉传》。

缪丽尔心绪很好。白天剩下的时间和夜里，直到抵达巴黎，我们都在谈话、吃饭和睡觉中度过。我在北站和她分手，然后在炎热的空城里失落地晃了一天。回威尼斯后，我感谢了麦克缪伦的帮助，付清房费，就坐上去维也纳、克拉科夫和扎科帕内的火车。

我给波拉发了电报，她来车站接我，还是那么温柔贤良。我忍受不住，觉得必须把实情告诉她。在去她住处的路上，我就坦白了一切。她低着头平静地听着，很长时间一言不发。然后，她温和地对我说：

"我早就感到会发生这种事的。阿图尔，我对于你太老了，而且我除了给你添麻烦，什么都没有给你。"

"不，不，不！"我叫道，"不是这样的，你不理解我！最亲爱的，我比任何时候都更加爱你，我崇拜你！只是我不由自主地爱上了那个女人，但我并不喜欢她！"

波拉什么也没有回答。

我们的马车停在一栋宽敞的房子前面，房子是我很喜欢的扎科帕内样式。那不是膳宿公寓，而是私人住宅。房东萨古尔斯卡太太（Zagorska）极有地位，她是约瑟夫·康拉德①的表妹。丈夫去世后，她不得不收几个房客，通常都是她的私人朋友。波拉就属于这个圈子。她在自己房间的隔壁为我要到一间房，在那里我们说呀说，直到深夜，然后度过了一个美妙的爱情之夜。

萨古尔斯卡太太有个未出嫁的女儿和她住在一起，叫阿涅拉（Aniela）。这个活泼、出众的年轻女子实际上是这栋房子的主心骨。此外，作为康拉德小说的优秀译者，她在作家和诗人中受到

---

① 约瑟夫·康拉德（Joseph Conrad, 1857－1924）：波裔英国小说家。代表作有《水仙号上的黑家伙》、《黑暗的中心》等。

很大的尊敬。由于她，萨古尔斯卡太太的房子成为波兰文学界人士喜爱的聚会场所。斯特凡·热罗姆斯基——时髦的小说家，莱奥波德·斯塔夫①——杰出的诗人，以及我亲爱的老朋友维特卡齐②*每天都花钱来这里就餐。我和波拉也获邀并参与了这些我印象中最有趣的、充满智慧的讨论。

餐桌上时常会出现一个高个、驼背、有点忧郁的男子。他脑袋不大，面貌刚毅，长着粗粗的眉毛，蓄着浓密的八字胡，头发剪得很短。他沉默寡言，不爱交际，告辞时只礼貌地亲吻阿涅拉和她母亲的手，而不理会其他人。流传着一些挖苦他的故事，说他训练驼背、瘸腿的学生，以进行军事行动。后来才知道，这个男人就是尤瑟夫·毕苏茨基③，波兰后来的解放者，并在对抗由托洛茨基④领导的俄军时取得了胜利。

在扎科帕内度过六七个星期，我在演出季中的奔波疲劳便完全消除了。应感谢阿涅拉的特意照顾，起居室每天上午都为我保留着，我才能不受打扰地在钢琴上工作。其他时间就照我最喜欢的方式度过：读书、和波拉长时间地散步、采蘑菇，还有最佳的消磨时间的办法——在"莫尔斯基的眼睛咖啡馆"和维特卡齐进行没有完结的哲学讨论。

---

① 莱奥波德·斯塔夫（Leopold Staff, 1878 – 1957）：20 世纪波兰重要抒情诗人。

②* 维特卡齐，是斯塔尼斯瓦夫·伊格纳齐·维特凯维奇（Stanislaw Ignacy Witkiewicz, 1885 – 1939）的昵称。在 20 世纪初，他的作品被认为是由有天分、而且个性迷人的作家写的狂文。在 20 世纪 50 年代，共产主义的波兰知识界认为他是萨特（Sartre）和卡缪斯（Camus）哲学的接班人。现在，文学界已经认同了他。

③ 尤瑟夫·毕苏茨基（Jozef Pilsudski, 1867 – 1935）：第一次世界大战期间领导波兰重获独立，后任国家元首、总理，与苏俄红军作战。在波兰享有很高威信。1926 年发动政变，建立独裁统治，直到谢世。人民波兰时期对他评价很低。1989 年波兰政权更迭后，再次被视为波兰伟大人物。

④ 托洛茨基（Trotsky, 1879 – 1940）：苏共早期领导人之一，十月革命后，历任外交人民委员、革命军事委员会主席。后被开除出党，驱逐出境。他组织了"第四国际"，被暗杀于墨西哥。

波拉和我生活得十分和谐，我们幸福地相互为伴。没人提起缪丽尔来，再说，我也没有她的任何消息，或者与她联系。贝格海姆太太从英国一个避暑胜地给我寄来几张明信片，但没有提到德雷珀夫妇。

埃森巴赫也来了几天，为了和我商谈不久就要开始的巡演，巡演看来很乐观。他还帮我组织了一场慈善音乐会，收入捐献给德乌斯基医生夫妇的结核病疗养院。音乐会是在我们启程的前夕举行的。那个夜晚我的演奏怀旧而且感伤，因为我回想起十年前，就在同一个地方，我试着展翅飞翔，进入独立而未知的未来。

扎科帕内对我的生活总具有一种神秘而幸福的含义。很多年之后，我又回到这个心爱的地方，向我未来的妻子求婚。

73

随着秋季来临，集中在萨古尔斯卡家中的一伙就各奔东西了。波拉回华沙，我则去克拉科夫。我要在那里逗留到这个演出季举行的第一场音乐会。埃森巴赫很能干，甚至可以说太能干了。整个秋天和冬天他都迫使我在各地旅行、演出，只在圣诞节期间让我勉强休息了两周。巡演是从加里西亚开始的。我在克拉科夫和利沃夫的音乐会已经变成一年一度的大事。我对利沃夫演出的安排出人意外，且有相当大的风险：我预告举行四场肖邦作品的独奏音乐会。敢于这样冒险需要技艺超群，但实际上这是一场恶战。肖邦作品的保留曲目我只有两套，而不是四套。所以，我被迫在巡演途中匆匆地准备出十几首曲子。这是埃森巴赫的主意，他贪婪地想从忠实于我的利沃夫城捞取现金收入。幸好没有发生灾难。所有的曲子我都能熟练地背奏了，但是听起来和这些杰作应有的声音则相去甚远。

我还记得与肖邦独奏音乐会相关的一个小插曲。有一场音乐会，一位学院派的教授要来听我演出，他是出了名的严厉的批评家。我很害怕，便在音乐会开始前给他写了个条子："亲爱的教授：我劳您大驾给我行个方便，不要留在音乐厅。今晚，我的身体状况不足以满足您的高要求。如果您肯赏光，同意在音乐会后与我在'乔治饭店'共进晚餐，那我就告诉您我提出这种非同寻常的请求的原因。"教授离开了音乐厅，不过来吃了晚饭。

在加里西亚的巡演为时颇长又辛苦，而且不太赚钱。最后一站，我第一次访问了罗马尼亚的首都布加勒斯特。在这里我如鱼得水——城市和街上的行人使我想起华沙。服装鲜艳的音乐迷们参加了我的音乐会，他们以艺术家渴求的那种聚精会神倾听着演奏。他们喜欢我，我也喜欢他们，尤其是那些漂亮的罗马尼亚妇女，她们头发乌黑、眼睛闪亮。后来，人们带我到一个地方，去听罗马尼亚民间音乐，它不像匈牙利音乐那样缠绵，而是更活泼，更令人激动。我的朋友乔治·埃内斯库[①]已经对此做过出色的探究和展示。

第二天，在王宫，我为年迈的伊丽莎白王太后演奏。她是著名女作家，化名卡门·席尔瓦（Carmen Sylva），用德文发表过感

---

① 乔治·埃内斯库（Georges Enescu, 1881－1955）：罗马尼亚作曲家、指挥家、小提琴家。7岁入维也纳音乐学院。1899年获巴黎音乐学院小提琴演奏头奖。在积极作曲的同时，还作为小提琴家和指挥家在各地旅行演出。他还是梅纽因的老师。作品有歌剧《俄狄浦斯》，交响曲三部，罗马尼亚狂想曲两首及室内乐。1912年设立了罗马尼亚青年作曲家创作奖。

伤的诗歌。她和她的女侍臣一起心不在焉地听了我半小时的演奏，说实在的，演奏得很差。我刚弹完，太后就用德文赞许了几句，并在我西服的翻领上别了一枚闪闪发光的"功勋奖章"，上面刻着铭文"当之无愧者"。

我愉快地回到华沙，但只停留了几天。埃森巴赫尽量不让我有喘息的机会，他在波兰排满了音乐会，让我一直忙到圣诞节。我也在罗兹演出了，我的事业渐入佳境，父母和全家都十分兴奋！

波兰首都的圣诞节有其特有的美丽，而我也总是以能参与其中而倍感荣幸。那是纯洁、幸福与安祥的节日。波拉和我都融入到这无比美妙的节日里。但是没有什么可与华沙的除夕夜相比。波兰人有快乐、嬉戏、充分享受生活所赐的天分。他们呼喊、歌唱、跳舞、饮酒，而这么做只是为了快乐，并且从未因此而丧失天生的尊严、礼貌或优雅。

于是，我和朋友们通宵达旦、兴致勃勃地玩乐，就这样迎来了不祥的 1914 年。

1 月初，我出发前往俄国进行长时间的巡演。从基辅和敖德萨开始，一直到顿河畔的罗斯托夫，沿途我还在波尔塔瓦、克列缅丘克和哈尔科夫进行了演出。在莫斯科举行了一场音乐会，并作了简短的休整，其间我每天都去"斯坦尼斯拉夫斯基剧院"，之后我又继续上路。最后几场音乐会是在伏尔加河沿岸的城市——下诺夫哥罗德、喀山、萨马拉和萨拉托夫举行的①*。

坦率地说，这次时间拖得很久的演出，既没使我愉快，又未带来经济效益。音乐厅太小，听众太沉闷。邀我巡演的强有力的

---

① * 苏联把许多城市都换成了红色领导人的名字，但随着这些领导人的垮台，又做了更改。

帝国音乐协会（Imperial Music Society）显然忽视了其在各地的分支，而把音乐会交到那些无能的经纪人手中。更糟的是，我的酬金只勉强够支付旅费和食宿。

回到华沙好开心。对我来讲，华沙就意味着"家"。我开始准备即将在维也纳、罗马、柏林和伦敦举行的重要音乐会。这最后一个城市使波拉感到不安。

"你又要和她见面了。"她说。

"是的，我估计是。"我回答，"不过，心爱的，不要担心，我已经痊愈了。"

我从她的眼里看出她没有把握，而且，我承认，我也没有。

听到巴维尔·科汉斯基和索霞又要去伦敦的消息，我感到高兴。在与朋友们逐一告别后，我和埃森巴赫出发去维也纳。奥地利首都以严寒和刺骨的冷风欢迎我们，相比之下莫斯科暖和得多。在街上步行都挺危险，因为结了冰的人行道非常滑。所幸，我的第一场音乐会那天，天气转好。一切顺利。听众对我很热情，我的朋友们都到场了。我和符·路鲍米尔斯基公爵共进晚餐，拜访了麦克加维夫妇，在戈多夫斯基家吃了午饭。贝格海姆太太寄来一封长信，再次邀请我住到她在贝尔萨泽公园路的家里。埃芬伯格给我带来几本好书，并介绍我认识了几位有才华的年轻音乐家。

和罗塞的四重奏团一起举行的第二场音乐会很有趣。这个享誉世界的演奏团邀请我与他们一起在维也纳金色大厅演出钢琴五重奏。我们表演了勃拉姆斯和舒曼的五重奏，多亏在伦敦度过的那些音乐之夜，这两首曲子我都很熟。我们成功的合作被传为美谈，尤其是无论听众还是评论家们，原先都根本不相信我还能演奏室内乐。

阿诺尔德·罗塞提议 1915 年我加入他的四重奏团赴西班牙巡演。再没有什么更能令我高兴的了。从童年起我就偏爱西班牙的旋律和节奏。后来，西班牙的一切，不论音乐、艺术、文学还是历史都特别能吸引我的注意。所以，尽管我首次在西班牙亮相将只会是作为小组中的一员，而不是独奏演员，我还是感激地接受了他的建议。

埃森巴赫向我汇报了可怜的财务情况。他说，不大的收入不论有多少，也被我们两人的支出耗尽了。

我们口袋空空地抵达罗马，而且没什么指望能在短期内让荷包鼓起来。圣马蒂诺伯爵希望我在他的乐队演出，但顽固地拒绝提高酬金，争辩说乐队已经很让他破费了。但是，我碰上一个惊喜——在卡萨蒂侯爵夫人家举行了一场报酬很高的"音乐晚会"。在奥古斯都音乐厅，我在莫里纳利指挥下演奏了贝多芬的《G大调协奏曲》，虽然没有引起加演的呼声，但在音乐家们眼里我取得了扎实的成就。

我在圣·塞西莉亚音乐厅举行的独奏音乐会上主要是弹李斯特和肖邦的作品，这非常合乎听众的口味。

我们从罗马直接上柏林，埃森巴赫在贝多芬音乐厅为我安排了独奏音乐会。像以前一样，这次我又怯场了。音乐厅里只坐着一半人，而且不少是"白听"的。我以巨大的努力弹出所有的音符，而且尽量少出错。结果是，我的演奏听上去很卖力，但毫无灵感。

使我大为惊奇的是，听众，包括我自己的朋友以及报刊，都赞扬这场音乐会是我迄今最好的一场。而且，我们没有亏空的麻烦。埃森巴赫事先付的定金已经足够开销。

柏林生活在欧洲的紧张局势引起的不安之中。德国报纸刊载了俄国军队在奥地利边境附近进行危险调动的令人无法平静的新闻。我在维也纳便听说利沃夫的乌克兰大学生要求自治造成骚乱的消息以及波斯尼亚和黑山为反对奥匈帝国而公开造反的消息。但是维也纳没有太认真对待。"我们已经习惯了，我们对付得了他们。"无忧无虑的维也纳人这么说。

德国人可没有掉以轻心。他们长期敬畏自己的陆军和海军，已经不知天高地厚了。而威廉皇帝对英、法、俄三国持续的口头攻击也使老百姓一直神经紧张。我们离开柏林时心里感到松了一口气。

74

伦敦沐浴在阳光下。全城都沉浸在早春欢乐的气息中。经历完寒冷、昏暗、雾气沉沉的漫长冬日，伦敦人坐在特拉法尔加广场纳尔逊纪念石柱周围的台阶上，坐在皮卡迪利广场的爱罗斯喷泉周围的石级上，或者聚集在公园的绿草坪上，像享受香槟酒一样享受上天馈赠的阳光。贝尔萨泽公园路的那栋房子也分享到了一份阳光的欢乐。整座房子显得洁白而干净，暖房闪闪发光，园子里到处都露出待放的花苞。

贝格海姆太太迎接我时身着浅灰色衣服，带着母亲般的温暖。她请了客人参加晚宴来为我接风。

"我希望你发现你的房间已经收拾好了，"她说，"是维金斯负责照料的。我也找人调好了钢琴。"她带着满意的微笑补充说。

喝下午茶时我们作了愉快的长谈。我详细地给她讲述我的旅行，讲了维也纳和柏林；她则说起她的活动和其他人的一些事，但只字未提德雷珀夫妇。这使我很困惑。自从在巴黎北站那次伤心的分别之后，我既无他们的音讯，也没听人说起过他们，更不想打听。经过两三天痛苦的忍耐之后，我给伊迪丝·格罗夫街打了电话。是一个女仆接的。

"我是鲁宾斯坦，请德雷珀先生听电话。"

片刻之后，我听到保罗·德雷珀冷冰冰的声音装腔作势地问："先生您好。"

我相当吃惊，也用同样的口吻回答说："谢谢，很好。您和家人健康如何？"但这实在令人太难受了。

"保罗，"我说，"我们为什么说这些混帐话。我知道你我之间发生了一些问题。明天中午来"斯科特饭店"和我一起吃午饭。我们必须把事情说清楚。"

"好，我来，"他也用自然的语调回答道。

第二天，在"斯科特饭店"，他讲出全部实情。在佛罗伦萨，他看到我毫不掩饰的妒忌，自己也不免妒火中烧。缪丽尔·德雷珀回家后告诉他我们一起去了威尼斯，他不肯相信在那里我们未单独在一起。

我回答说："我承认自己爱上过她，就像她周围的其他男人一样，但是现在都过去了。我和波拉一起幸福地度过一个夏天之后，已经忘掉了佛罗伦萨和其它一切。至于威尼斯，保罗，我以最神圣的东西发誓，约翰·麦克缪伦始终和我们在一起，我和她从来没有单独呆过。所以，忘掉整个事情吧。而且，一想到没有伊迪丝·格罗夫街、没有那音乐室和音乐之夜的伦敦，我就无法忍受。如果是那样，我宁愿立即离开。"

保罗喝完了咖啡。我们站起身来，准备离开。

"阿图尔，走，去看看我们的小宝贝。"

我们在楼下音乐室碰到缪丽尔。她坐在一张摆放着杯子和点心的桌子边，正在倒茶。

"你好，阿图尔！"她说，"你瘦了。"

"缪丽尔，看你气色这么好，真让我高兴。你好像有点发福。”

有个年轻的女客坐在桌旁。

“这是鲁丝，我的小妹妹。现在和我们一起住。”说着，保罗把我介绍给她。

“我很高兴终于认识你了。”她用柔和、动听的声音说，“保罗写信说过你的许多事情。”

兄妹俩长得不像，但她身上也具有她哥哥的热情与魅力。她的面孔清瘦而秀气，深色的头发，细腻的鼻子微微上翘，一双黑眼睛充满表情。

我们四个喝着茶大谈音乐。这时，爱尔兰保姆南希带着婴儿和他哥哥小保罗出现了。缪丽尔中断了谈话，抱过孩子，那孩子长得跟任何婴儿一样。

“他叫斯穆奇①。”她声言（我一直不知道他真名叫什么）。

鲁丝和我搬出一堆应时的套话：“多可爱的孩子！和你一模一样，缪丽尔！是的，但眼睛像保罗！”等等，等等。孩子哭了起来，南希把他抱出房间。四五岁的小保罗，这个漂亮的红头发小男孩留了下来，吃了几块点心。

缪丽尔比以前任何时候都更能自律了，头发整洁地裹在发网里，告诉我们演出季里佳吉列夫即将到来的喜讯。

“芭蕾和歌剧，我们都有啦。夏里亚宾将在《鲍里斯·戈杜诺夫》、《伊戈尔王》和《霍宛斯基之乱》中演唱。我们又可以看到《春之祭》和《彼得鲁什卡》了。我已经订好所有首场的包厢。”

“这太棒了！”我叫道，“但这是谁赞助的？”

“托马斯·比彻姆的父亲，他经营药片发了财。他为整个演出季做担保，交换条件只是让托马斯指挥几场芭蕾，并在所有的

---

① 斯穆奇，意为“污点”。

节目单上印上‘比彻姆药片，比彻姆药片，比彻姆药片’！"

"没关系，"我说，"他只是打算同时支持俄国艺术和英国泻药。"但是我的俏皮话没引人发笑。当时，俄罗斯艺术是神圣的。

在伦敦的时间过得很快。一转眼，就轮到了我的首场独奏。巴维尔和索霞已经来到伦敦。一个宏伟的演出季开始了。缪丽尔举行了梦幻般的招待会，会上演奏了了不起的音乐作品，还有一个惊喜！除巴维尔和我，演奏的还有萨门斯、特蒂斯、西尔维娅、鲁维奥，以及一个身材高大的优秀的大提琴家费利克斯·萨蒙德①。客人中有亨利·詹姆斯、约翰·萨金特、诺曼·道格拉斯，韦伯格三姐妹也回来了，甚至包括蒙太古·切斯特——他穿着燕尾服、戴着白手套，越发自负了。开头的曲目是舒伯特的《降 E 大调三重奏》，由巴维尔、萨蒙德和我一起演奏。因为我们已熟知这一作品，没有视奏和任何技术上的困难，不必事先准备，演出时全身心投入。然后是海顿的美妙的四重奏，由萨门斯、西尔维娅、特蒂斯和鲁维奥出演。接着是勃拉姆斯的五重奏，演出者有巴维尔、萨门斯、萨蒙德、特蒂斯和我。我们的听众高兴之极，但亨利·詹姆斯和切斯特是例外：前者似乎不喜欢音乐，但对缪丽尔感兴趣；后者愉快时只是短短地哼一声便罢。

可口的晚餐持续了很长时间，其间，皮埃尔·蒙特（Pierre Montuex）带着中提琴盒子出现了。饭后我们又回到音乐室。

我们以为缪丽尔会像通常那样高声建议演奏她想听的什么作品，可她却跟丈夫咬起了耳朵。他也悄声回答，然后两人拼命地跟鲁丝低声交谈。鲁丝开始时坚决地说着"不"，但是又低语一阵之后，她让步了。

---

① 费利克斯·萨蒙德（Felix Salmond, 1888－1952）：英国大提琴家。在伦敦弦乐四重奏团和其他室内乐团担任大提琴手。在埃尔加的《大提琴协奏曲》的首演中担任独奏。后赴美演出，定居，组建纽约三重奏团，执教于科蒂斯专科学院和米利亚德学校。

于是缪丽尔以响亮的声音宣布道：

"我的小姑子鲁丝将来一段独白。"

大家惊愕了片刻。须知，我们是来演奏伟大音乐作品的啊！可德雷珀夫妇却要强加一段只适合于家庭庆祝圣诞或者祖父生日的废话！

鲁丝拿来一块棕色的旧头巾，往头上一披，在颌下系住，然后平静地讲解道：

"一个爱尔兰老妇人为了和女儿生活在一起，移民去了美国。她已经25年没有见过女儿了。她希望女儿正在岸边等待，可是却看不见人。"

鲁丝突然摇身一变成了老太婆，她的目光在人群中急切地寻找，焦渴地期待着和女儿的幸福重逢。她向人们打听消息，但谁也听不懂她的爱尔兰方言。逐渐地，她的脸和身子似乎蜷缩起来，老太婆开始害怕要发生的事情。最后——老人已成为悲剧人物——她声音微弱地喃喃自语，诉说着自己置身异国的孤独、沮丧和贫困的命运。

鲁丝解掉了头巾。我们喉咙哽咽。亨利·詹姆斯结结巴巴地说：

"天……天啊，你真……真是个天才。"

鲁丝高兴地微微一笑，说：

"现在我表演一个引着朋友们参观自己花园的英国夫人。"

她用手拢了一下头发，霎时间变成一个十分挑剔的英国女贵族。

"亲爱的，难道你们不赞赏我的矮牵牛花吗？它们难道不是很圣洁么？而这是我最爱的大丽花……"她就这样没完没了地唧唧喳喳着，惟妙惟肖地模仿着出身高贵的英国女人讲话的口气和发音。

我们对她的表演着迷而兴奋，报以大声的欢呼和赞扬。

"你在哪里学的？是谁写的台词？"大家问。

"喔，只不过是我自己瞎编的。"鲁丝谦虚地说，"我一直喜欢模仿和打趣他人。"

保罗和缪丽尔为这个"出人意外"的节目很是自得。这的确让人耳目一新。

我在贝希斯坦厅的独奏音乐会十分成功。巴赫伟大的《g小调幻想曲和赋格》和舒曼的《交响练习曲》赢得了热烈的掌声。我在伦敦逐渐打开了门路。埃森巴赫高兴地说，这次没有亏空。

随后，我们又在伊迪丝·格罗夫街演奏音乐。蒂博、巴维尔、特蒂斯、蒙特、萨蒙德和梅·穆克里优美地演奏了勃拉姆斯的两首六重奏。鲁丝为我们表演了两个有趣的小品。这次萨金特来主要是想观察她的面部，为她的不同角色画了素描。我问诺曼·道格拉斯怎样看她。

"去他妈的爱尔兰老婊子吧。不过我喜欢她的喜剧表演。"他回答。

现在我生活在令人头晕眼花的匆忙之中，每天都有新东西。伦敦是世界上最好客的城市，非常流行请人吃过晚饭再看歌剧，要么上完剧院或参加音乐会后再用晚餐。借这些机会，我认识了许多有趣的人物。其中之一是科勒法克斯夫人，二等爵士阿瑟·科勒法克斯先生（Sir Arthur Colefax K. C）的妻子。她非常善于巴结社会名流，是这个领域里的天才，此外，还是个异常迷人的女人。她会用自己独有的方法，发一份电报给肖伯纳，称："请明天来喝茶。韦尔斯[①]想和你见面。"又另发一份电报给韦尔斯，称："明天肖伯纳来喝茶，希望能见到你，你能来吗？"结果两个

---

① 韦尔斯（H. G. Wells, 1866–1946）：英国作家。主要作品有科幻小说《时间机器》和《星际战争》，社会问题小说《基普斯》和《托诺－邦盖》等。

人都来了……对政治家、艺术家、音乐家，对每个有声望的人，她都用这相同的手段。

除社交活动外，我还有更为重要的事情——音乐会。下一场是和巴维尔合作的奏鸣曲音乐会。我们应保罗的邀请，常在他的工作室进行排练。

"我听说，卡萨尔斯在伦敦。"一天上午缪丽尔说，"我们请他今晚来，一起演奏舒伯特的五重奏。"

保罗和巴维尔自告奋勇去找他。在我们等他们回来的时候，缪丽尔给其他音乐家们打了电话——大家都答应来。两个小时后，保罗和巴维尔回到工作室。

"怎么样，"我问，"你们见到他了么？他来吗？"

他们愁容满面地坐下。

"怎么回事？你们为什么不回答？"

他们顽固地沉默着。

我再也无法忍受了。

"巴维尔，你马上跟我说发生了什么事？"我用波语说，"我感觉这和我个人有关。"

巴维尔不情愿地让了步。

"是的，卡萨尔斯拒绝到有你在场的地方来。"

"什……什么？为什么？"我结巴着，完全愕然地问道。

"我们不知道……他不肯对我们说。我们坚决要求，恳求他说出原因，但他不为所动。"

我坐了下来。这个残酷而且意想不到的侮辱深深地刺伤了我。特别使我感觉受到伤害的是那种神秘，好像我犯了罪似的。我扪心自问，绞尽脑汁也想不起曾经做过任何事情，让他可以这样对待我。于是我写了一封信给他，内容大致如下："你严重地侮辱了我。我认为你拒绝透露事情起因的做法不能接受，也无法容忍。其间一定发生了什么误会。我的良心是清白的。我心里总装着一座你和你的伟大艺术的纪念碑（这一句真可怕，但我的确是这样写的）。你没有权利对我隐瞒真情。我要求你立即回答。"

第二天回答来了，我记得其中的每个字："借了钱不归还的朋友就不再是朋友。"之后是签名。读完这个条子，我好一阵大笑。"原来只是为了这个！"是的，我当然记得他借给我的 10 英镑。我没有还他，是因为我认为那是我参加他的音乐会的象征性酬金。不过，我还是没有钱还他，不得不从巴维尔那里借钱。于是我写信给他："当了解到仅仅是为了平常的钱的问题，我大大松了口气。如果我没有记错，我欠你 15 英镑，现随信寄上，并对这么久没有归还表示歉意。"

我没有收到对这信的回音。很自然，这件事被议论纷纷。一部分评论想必传到了他的耳朵里，因为四五周后，他给我寄来一封信和 5 个英镑。信中写道："检查收支帐单，我发现，你多付了 5 英镑。谨随信一并退回。"

那令人不快的、荒唐可笑的故事就这样结束了。卡萨尔斯和我多年之后才和解，还是鲁维奥促成的。我们甚至共同演出过一两次，但那种魅力已经破碎了。他在我心中的"纪念碑"变成了仅仅赞叹了不起的大提琴家的"小石堆"，而不是对其为人的赞叹。我和他是用不同眼光看待人生的。

佳吉列夫剧团童话般的歌剧与芭蕾舞剧演出季，是以介绍夏里亚宾的特场开始的，剧目是《鲍里斯·戈杜诺夫》。他扮演不幸的、发狂的沙皇简直无人可比。在开幕式上他比以往唱得都好。那是巨大的胜利。科汉斯基夫妇和我一起与德雷珀夫妇坐在他们的大包厢里，完全入了迷。夏里亚宾谢幕二三十次，之后，我们都跑到后台去祝贺他。伦敦观众情绪高涨，行为举止间似乎他们都变成了俄国人。我们费力地穿过这样的人群，最终来到夏里亚宾的化妆间。

"阿图莎，看见你太高兴了！"他叫道，用标准的莫斯科传统亲吻了我三次。相互介绍之后，他答应晚间一有空就到伊迪丝·格罗夫街去。

我真走运，看到歌剧和芭蕾舞剧的全部首演，不是和德雷珀夫妇，就是和贝格海姆太太一起，老太太有大多数演出的票。希曼诺夫斯基和雅罗申斯基也被演出季的"磁石"吸引到伦敦来了。贝格海姆太太知道那会使我高兴，就邀请希曼诺夫斯基住在贝尔萨泽公园路。他当然接受了邀请，但不久就后悔了，因为不习惯我们房东太太的小题大做。然而，他却着迷于伊迪丝·格罗夫街。他和雅罗申斯基，加上夏里亚宾，很快就成为那间音乐室的常客。这时，夏里亚宾已经宽宏大量地原谅了雅罗申斯基上次的失礼。

一天晚上，夏里亚宾带来他的朋友让娜·格拉涅尔（Jeanne Granier），当时著名的轻歌剧和喜剧演员。饭后，保罗演唱了希曼诺夫斯基的几首很难的新作，作曲家充当伴奏。这些歌曲太现代、太复杂，我们听着不太心悦诚服。只有让娜·格拉涅尔叫道：

"好，好！真是奇妙！"

夏里亚宾讨厌言不由衷的赞扬，就泼冷水："亲爱的，不要装腔，这些歌你一个音符都没懂。"

她恼火地回答："你怎么能这样说呢！我一直崇拜他的歌曲。年轻时，我就唱过他的全套《诗人之恋（Amour d'un poète)》！"

很显然，她指的是舒曼的套曲《诗人之恋》。那个可怜的女人，她一定以为，在波语里，舒曼就变音成为希曼诺夫斯基了！

夏里亚宾想换个话题，就拿出穆索尔斯基的《霍宛斯基之乱》的钢琴总谱，迫使我为他伴奏。他给我们演唱了整部歌剧。

我和巴维尔的奏鸣曲音乐会取得了巨大的艺术成就，但是上座率很低。我的第二场独奏音乐会也遇到相似的命运。俄罗斯芭蕾舞团吸引了整个伦敦音乐会听众的全部注意力。不管怎么说，我对自己的成就是很满意的。丹尼尔·迈耶尔为我办妥了 1915 年 1 月和 2 月的三场重要音乐会的合同。

一天晚上，我们又去看《彼得鲁什卡》。我和"克拉拉姑妈"坐在楼下正厅，而希曼诺夫斯基、巴维尔夫妇与缪丽尔一起坐在包厢里。芭蕾舞剧像首演一样引起了巨大的轰动。几次谢幕之后，一个矮小的男子上台鞠躬。人们以长时间的欢呼表示欢迎，原来那就是伊戈尔·斯特拉文斯基本人！我从座位上一跃而起，激动地说："我必须要去见他！"说完就跑到剧院后台。此刻斯特拉文斯基还在舞台上，又几次躬身致谢。那时，我已经基本上认识芭蕾舞团所有的成员了，所以当我看到早已熟悉的大胡子电工，就求他把我介绍给大师。

"好！"他用俄文回答。

最后一次谢幕后，斯特拉文斯基转过身来准备离去，这时电工指着我对作曲家说：

"这是鲁宾斯坦。"

作曲家停下步来，等着我说话。

"我仔细地研究了您的《春之祭》，"我用俄文胆怯地说，"很想知道自己对这首伟大作品的理解是否正确。您能否给我一点时间就这个问题交换一下意见？"

他本想立即摆脱我的，但我的话使他产生了兴趣，便继续听下去。在我说完后，他犹豫了一下。

"明天我有事。"他以洪亮的低音说道，"但是如果你愿在早上 9 点来，可以在我吃早餐时会面，我们能谈半小时。我住在河滨路的'塞西尔旅馆'。"

我谢过他，又跑回自己的座位。第二天，为了不迟到，我早上 7 点就起床了。9 点整我敲响他的门。我进屋时，他正在靠窗的桌旁坐着，已经快吃完早餐了。他请我坐下，而我则一刻也没浪费，立即开始对他讲述我对《春之祭》的印象，当然，首先对《火鸟》和《彼得鲁什卡》表示了深深的敬佩。

"在我第一次听《春之祭》时，我的困惑无法形容。"我说，"我的音乐本能厌恶您作品的那种野性的冲击。但我更讨厌追随那些典型的自负的现代潮流，他们对每一部自己不能理解的作品都用廉价的评论来打发它，比如说作者'疯了！'，或者更糟，说什么'他不真诚！'。我长时间地研究了总谱，最后终于得出结论，您的基本构想是再现大自然诞生之际声音的逐步演变，而不在于描绘某个部落为了抚慰神灵而祭献少女的仪式。"

斯特拉文斯基大为惊异，他承认，我的许多言论接近他的本意。

"《春之祭》实际上是我对现存的音乐传统的反抗。我只是努力给音乐注入一些新鲜血液，让它获得新生。"他声言。

从这个问题开始，我们两人的讨论就没完没了啦，涉及身边的任何话题：艺术、文学、语言、政治、宗教和爱情。突然，斯特拉文斯基一句话说了一半就停顿下来：

"光顾闲谈，把我的约会都忘记了，唉，管它呢，再说，那都是些乏味的人！"

于是我们继续聊天。已近中午，他眼睛闪光地建议道：

"我们溜进剧院去看里夏德·施特劳斯的新芭蕾舞剧吧，他们现在正进行排练呢。佳吉列夫从塞尔特公司订购的布景和服装害得自己破了产。我想看看是否真的值得。"

到特鲁利街只要走一小段路。我们走进昏暗的剧院，在最后一排坐下。塞尔特的布景实际上是临摹韦罗内塞①或者丁托列托②所画约瑟和波提乏夫人③的圣经故事场景（我不记得这是两人中的哪一位画的了）。

彩排由施特劳斯亲自指挥，音乐包含典型的施特劳斯式的节奏韵律（schwung），乐队配器有着作者丰富的复调织体，但实质上空洞无物、缺乏灵感。

在一些特别的段落，斯特拉文斯基会捏捏我的胳膊，并用不能在书中发表的语言批评一番。我们从剧院出来，没有被人发现。来到街上，他说：

"该吃午饭了。您是否知道什么好地方能吃点东西？"

我原计划在伊迪丝·格罗夫街和科汉斯基夫妇、希曼诺夫斯基和雅罗申斯基他们一起吃午饭的。"您愿不愿意和我一起到我朋友家里好好吃一顿？您在那里还可以遇见几个讲法语和俄语的有趣的人。"

他喜欢这个主意。我们时间充裕，因为缪丽尔愿意稍晚些吃午饭。不速之客受到了特别的礼遇，同时，我们这一帮也很对他的口味。餐桌上的交谈活跃得难以描述。我们是在音乐室里喝的咖啡。斯特拉文斯基立即感觉到这地方的魅力，但是看到那架演奏琴，便对作为乐器的钢琴发表了些带贬意的看法。

"钢琴只不过是件打击乐器，仅此而已。"他说。

希曼诺夫斯基反驳道："我不同意您的看法。最伟大的作曲家们为钢琴谱写了许多要求歌唱性声音的杰作。"

---

① 韦罗内塞（Veronese，1528－1588）：威尼斯画派的重要代表。
② 丁托列托（Tintoretto，1518－1594）：意大利文艺复兴后期威尼斯画派重要画家。
③ 波提乏夫人（Madame Potiphar）：波提乏是《旧约圣经》首卷《创世纪》中埃及王的侍卫长，约瑟是他购买的奴仆。约瑟能干又英俊，波提乏夫人看上了他，但遭到拒绝，便诬陷于他。

"他们都错了。"这位俄国作曲家说，"我相信，会产生恰如其分地对待钢琴的新音乐的。"

希曼诺夫斯基为了支持自己的论据，便涉及到具体的人。

"如果您听到阿图尔弹奏您的《火鸟》或者《彼得鲁什卡》，您会改变对钢琴的看法的。"

"鲁宾斯坦是钢琴手吗？"斯特拉文斯基吃惊地问。

大家都把这当做笑话，哈哈大笑起来。我则突然想起我忘记告诉他了。

我们在伊迪丝·格罗夫一直呆到凌晨4点。弹奏了室内乐，吃过两次晚餐，又喝了大量香槟酒。乘出租车回家时，我把斯特拉文斯基顺路送到旅馆门口。我们亲吻告别，并决定此后以名字相称并在讲法语和俄语时用'你'代替'您'。在他逗留伦敦的一星期里，我们每天都在一起吃午餐，虽然有过许多艺术上的争执和辩论，但我们成了终身的亲兄弟般的朋友。

1914年6月28日，奥匈帝国的皇位继承人弗兰西斯·斐迪南大公（Archduke Francis Ferdinand），被塞尔维亚的一个狂热的爱国者在萨拉热窝杀害。这桩哈布斯堡王朝的新悲剧震惊了全世界。可怜的、悲痛欲绝的皇帝引起普遍的同情。英王乔治颁令王室悼念一周。

我们一伙人没太受到这起政治犯罪的影响。生活照常进行：我们仍然去特鲁利街听歌剧、看芭蕾；伟大的艺术家们依然还在城里；我们的音乐之夜由于增加了新的曲目和演奏者而更加丰富，那愉快的晚餐也更为愉快了。是啊，在伦敦的生活令人陶醉！而那恢宏的演出季还没有结束。

一天，保罗悄悄地对我说："阿图尔，不要告诉任何人，我破产了。两个星期来我一直不走运。我为了挽回损失一再加大筹码，不过现在都完蛋了。我现在的唯一希望就是'德比马赛'①。我决定把5000英镑都押在一匹不可能输的马身上。一定跟我去看比赛吧，我觉得你会给我带来好运的。"

我答应了他，于是在那个对英国人来说神圣的德比马赛日里，保罗、巴维尔和我乘出租车前往埃普索姆（Epsom）。那天阳光耀眼，天气炎热。巨大的赛道周围挤满了百万之众，我们奋力推开人群，挤到栏杆边，爬上金属网。国王和王后乘着一辆四套马车到来，然后坐进王室包厢。年度大赛已经准备就绪。二十多匹赛马，由穿着彩色服装的小巧的骑手驾驭着，逐一缓缓出现在跑道上。骑手半蹲着粘在马鞍上，在激动的人群面前展示自己昂贵的坐骑。

保罗焦虑得脸色苍白。他指着一匹栗色马匹说：

"那就是肯尼莫尔。"

于是，为了交好运，我说了声"大便"。

马匹被带到闸门后排成一列。一声尖锐的信号响起，闸门猛然升高，比赛开始了。起初的一段，马匹成群地前进，好像捆在一起。但是开始拐第一个弯的时候，便形成了一条线，之后，那条线逐渐拉长，有四五匹马超过了其他马匹，迅猛地跑到前头。

人群发出野性的、震耳欲聋的狂呼。人们歇斯底里地喊叫着自己下了赌注的那马匹的名字。保罗和其他人一起叫着"肯尼莫尔！肯尼莫尔！"有四匹马远远地跑在最前面，但是里面没有"肯尼莫尔"。保罗好像一只吓坏了的鸡在鸣叫："肯尼莫尔，肯尼莫尔！"后来他的声音越来越弱，直到最终，比赛结束后，我听见他仍然在喃喃自语"肯尼莫尔"。多么悲惨和令人心碎的一幕啊。我永远不会忘记那匹不幸的马的名字，它永远在我耳边回响。

---

① 德比马赛，该项赛事始于1780年，每年6月举行。

我们乘一辆拥挤不堪的公共汽车回城，一路上大部分时间都是站着的。保罗沉默不语，他已经完全垮了。巴维尔被人群隔开，但也看了赛马，他很清楚所发生的悲剧，保罗也曾对他讲过一切。

在伊迪丝·格罗夫街，缪丽尔、鲁丝和索霞一边喝茶，一边等着我们回来。

"缪丽尔，我们全完了，彻底破产了！"走进音乐室时保罗大声说道。

"大家都坐下吧。喝杯茶。"缪丽尔说，显然她对这个坏消息早有准备。

"可是，缪丽尔。"保罗坚持着，"我是认真的。今天我们失去了所有的一切，一贫如洗了。"

"你别讨厌。今天晚上我们在'萨沃依烧烤馆'吃晚饭，而且我们还有一点存款。"

保罗心灰意懒，无力地坐到椅子上。

他们的财务状况的确令人绝望。保罗不仅丧失了全部现金，而且还欠着拉德布罗克斯赛马经纪公司债务。在英国，欠赌债是件严重的事。德雷珀夫妇与专家们进行长时间的探讨、交谈和咨询，与债主磋商。房子和音乐室都作价抵押了。最后，鲁丝·德雷珀天使般地伸出援助之手。她对哥哥很有感情，为了让他摆脱最紧迫的债务并在短期内应付自如，她把自己继承的大部分资产提供给哥哥。这个举动令保罗大为感动，可缪丽尔却摆出一副王后接受臣子进贡的架势。

政治再次居于首位。由于皇太子被刺，奥地利要求塞尔维亚做出超乎寻常的让步。但塞尔维亚拒绝了。

一天上午，埃森巴赫给我带来一份维也纳的《新自由报》，激动地叫道："读读这篇，读读！这意味着战争！"

我读到，头天晚上奥地利政府向塞尔维亚发出最后通牒，称：如果塞尔维亚仍然拒绝让步，奥地利军队就要越过塞尔维亚边界。

我丢开报纸说："没有什么好担心的。这场战争只是一个帝国对一个造反的小小邻国的惩戒行动！"

但是第二天一早我改变了看法。报纸上的标题讲的全是俄国的威胁，一旦奥地利进攻塞尔维亚，俄国就要进行武装干涉。

伦敦报纸发表了许多文章，都称上述情况为严重的危机。不过居民大都不太在意，还是保持着那种冷漠的心态。然而，形势一天坏过一天。德国威廉皇帝似乎一直在等待这样的危机。他开始对奥地利老朽的皇帝施压，让他马上进攻塞尔维亚，并对俄国人发出照会，威胁一旦它干预奥地利 – 塞尔维亚冲突，就会爆发战争。

现在英、法政府感觉到事情决非儿戏，开始警觉了。这两个国家和俄国签订有《三国协约》①，规定任何一国处于战争状态时，其他国家也要参战。

普通人，包括我们，不愿，也不能相信这个文明世界会发生如此大规模的战争。但消息很令人不安。

巴维尔和索霞带着西尔维娅·斯帕罗前往立陶宛；埃米尔·姆威纳尔斯基夫妇邀请他们去自己的庄园消夏；希曼诺夫斯基返回蒂莫舒夫卡；而雅罗申斯基则到了基辅。我本来要同科汉斯基夫妇一起走的，但最后决定留下来。部分是因为我喜欢呆在发生大事的地方，但主要是因为我还依恋着谬丽尔。

保罗突然决定离开，而且竟然是去德国，直接到危险的政治危机中心去。他的理由含糊且令人不解：说是想学德语，听听德文歌曲之类。但我认为，他想逃避自己造成而又应付不了的烂摊

---

① 三国协约：英、法、俄三国在《英法协约》基础上于 1907 年签署。

子。缪丽尔平和地接受了他的离去。那天晚上,我们去看了本季最后一场芭蕾舞演出。

现在德皇不仅公开威胁俄国,而且还威胁法国。在众多高谈阔论的好战演说中,有一次他向臣民发誓,要和敌人战斗到底。德国军队在德法和德俄边境都已处于战备状态。局势急剧恶化。面对德皇的威胁,法俄政府也以陆海军总动员作答。

伦敦人已经彻底警觉起来,他们成百上千地站在公告牌前,沉默而焦急地读着来自国外的命运攸关的消息。报纸每半小时就印发一次通报。

英王乔治和沙皇尼古拉均向德皇——他们的表弟——紧急呼吁,要他再次考虑自己的最后决定,并表示准备与他开会共同协商,以取得一个令人满意的解决冲突的办法。德皇冷冰冰地拒绝了他们的建议。他在告人民书中郑重地声明,法国和俄国发布的总动员令是敌意的挑衅,对此唯一的回答只能是战争。

之后的一天,我们在报上读到令人瞠目的大标题——"比利时遭德军入侵"。

尽管希望渺茫,英国仍然盼望在最后一刻会出现奇迹来阻止致命的后果,但它被德国粗暴地进犯这个弱小的、爱好和平的国家的行径激怒了。议会投票一致同意宣战,国王签署了这份宣言。法国此前已处于战争状态,俄国也一样。

悲剧性的浩劫开始了,它引发了许多别的的灾难。各国间宽松、持久的和平共处时代,生活优雅、品味良好、举止得体、事业兴旺的时代,都不复存在了。世界失去了对未来的信心。

75

　　战争的头几天，困惑的伦敦人主要责怪德国人不近人情。"想想看，德国人竟趁着我们的法定假日发动战争！"他们这样说，但同时，全国准备做出任何牺牲，坚定地支持国王。

　　贝格海姆太太比平时更加大惊小怪了，不过实际上，却因再次忙碌而高兴。她送别身穿军装的彼得·贝格海姆加入自己的团队。他的妹妹尼娜开始在一家医院里工作。伦敦就像个军营。埃森巴赫极度紧张，作为奥地利臣民他身陷两难，留在英国就有被关进拘留营的危险；另一方面，回克拉科夫的所有道路都已被切断。我在报上读到，奥地利大使馆的工作人员要通过海路前往的里雅斯特。

　　"如果他们同意把你带上，那你就安全了。"我对我可怜的、被吓坏了的秘书说，"我在一个'家庭音乐会'上认识了你们的大使，他是个可亲的人，所以还有点机会。不过在目前的情况下，他是否愿意接见我不太好说。"

　　那位大使，门斯多夫伯爵——他曾是英王爱德华七世的密友、伦敦最受欢迎的外交官——立即接见了我们，并答应给予帮助。当天晚上我就收到他的电报，让埃森巴赫于某日在南安普顿与大使馆工作人员汇合。真是大家风范！

　　缪丽尔·德雷珀，那个来自波士顿的美国女人，转眼间变成最狂热的英国爱国者了。从她的眼神里，我可以看出她对我没去参军不以为然。在被瓜分成三部分的波兰，兄弟之间被迫骨肉相残；我要能对德国人作战那当然再好不过，但总不能与俄国人并肩战斗吧。和她解释这些是白费力气。

沙皇的堂弟、武装力量总司令尼古拉·尼古拉耶维奇亲王发表了一份声明，宣布俄占区的波兰可以在自己的旗帜下参战。同时有消息说，旅居法国的成千上万的波兰人正在组建波兰军团，军团将在法军序列中对敌作战。

我决定立即去巴黎，加入我自己同胞的军团。带着剩余的几个子儿和一个装有生活必须品的小行囊，我在维多利亚车站登上火车。贝格海姆太太和缪丽尔来为我送行。亲爱的"克拉拉姑妈"塞给我五英镑的金币。

"这是为你需要额外食物时备用的。我不信任那些法国人。"她出于典型的英国传统观念这样说。缪丽尔送我时则很感骄傲，因为又为大战多招了一个新兵。

傍晚时分我抵达巴黎，就直接去了在卡普钦纳大道上的"斯克里布旅馆"，要了个房间休息一夜。我打算第二天一早去俄国大使馆报到，立即登记加入波兰军团。

街道上挂满旗帜，好像 7 月 14 日国庆节一样，城里一片高涨的爱国热情。一队队士兵，由军乐队引导着，间隔着相等的距离，在人潮涌动的大街上行进。一群群兴奋的巴黎人，一边挥舞着帽子和手绢，一边高呼"法国万岁！比利时万岁！"给士兵们打气。妇女们把鲜花抛给他们，姑娘们则跑过去亲吻他们。军乐队演奏的几首进行曲的高昂情绪让我的喉咙哽咽：《桑布尔河与默兹河》[①] 和

---

① 《桑布尔河与默兹河（Sambre et Meuse）》，桑布尔河和默兹河都是由法国流向比利时的河流，桑布尔河是默兹河的支流。

《出征颂》^① 与《马赛曲》一样，激发起崇高的感情。

那个晚上我没能入眠。自己成为手握枪支、准备射杀他人的士兵形象噩梦般萦绕在我心头，使我无法合眼。我感到自己能毫不手软地杀死德皇，但一想到要杀死无辜的年轻德国人，其中也许有我柏林的"读书小组"的朋友，我就觉得这太不公道了，让我反感。

我在"和平饭店"的露台上吃了些早点，每个人都焦急地读着最新的战报。"敌人已到法国边境。入侵迫在眉睫。"报纸颂扬了比利时国王阿尔贝（King Albert）和他勇敢军队的英雄般的抵抗，这让法国获得了宝贵的调兵遣将的喘息之机。

该去俄国使馆了。一辆出租车把我拉到位于格勒内勒街的使馆门口，我在那里遇到许多滞留在巴黎的俄国公民，他们三五成群地站在庭院里，等待着被叫进屋去。我请一个穿制服的门卫把我的名片交给武官。

"伊格纳捷夫伯爵在圣彼得堡。"门房回答，"也许代理他的奥斯诺比申上校愿意接见你。"

他拿着我的名片走了。奥斯诺比申这个名字好像很耳熟。一会儿，一个又高又胖的俄国军官出现在走廊上。他看了我一眼，又看一下名片：

"鲁宾斯坦？"他突然哈哈大笑起来，"阿图尔·鲁宾斯坦？你究竟来这里做什么？"

这时我也认出他来了，他是斯特列姆霍夫上校的朋友，就是那个曾经在华沙帮助我和巴维尔免服兵役的大音乐迷。我记得，这个胖男人有几次曾兴致勃勃地听我们演奏。我告诉他为什么会

---

① 《出征颂（Le Chant de Départ）》，此歌曲由法国抒情诗人、剧作家玛丽－约瑟夫·舍尼埃作词，梅于尔配曲。在1799年法国大革命五周年纪念会上演唱，从而广为传唱。

来巴黎，并立即切入正题。

"法国军队要求俄国武官签署一份文件，才允许我加入波兰军团在法国作战。"

上校严肃起来。

"沙皇陛下已撤消了总司令所作的声明。波兰人在俄国的旗帜下作战，在法国并没有波兰军团。"

一个沉重的打击！一时间我不知道如何是好。

过了一会儿，我灰心地说："那么，我除了加入法国外籍军团①，就没有其它办法了。你怎么看，他们会要我吗？"

"当然会要你的。"他回答，"但是听我劝告：不要去。在法国外籍军团服役会永远地毁掉你的双手，即使你运气非常好，能够毫发无损地从战场归来。"

我信心不足地讲了我参战的决定。

"一派胡言。"上校反对道，"战场上我们的人手足够。而且我们有义务为人类保护极有才华的人。留下你的地址，鲁宾斯坦。我努力给你找一个不会伤害你珍贵手指的战时工作。"

他与我诚挚地握手作别。在回旅馆的路上，我轻松地想：真走运！伊格纳捷夫伯爵在圣彼得堡，要不，他会直接把我送回俄国的！

我一边等待上校的消息，一边试图找到我的哥哥伊格纳齐。我知道他住在蒙帕尔纳斯区，但具体地址弄丢了。我四处打听，找到了"圆亭咖啡馆"，当时此处是各国艺术家时髦的聚会场所，我可能会在那里遇到他。咖啡馆巨大的露台上满满地聚集着多才多艺、色彩纷呈的人群。多数男人看起来都无疑是画家、音乐家

---

① 法国外籍军团：1831 年组建，由外籍士兵组成，法国军官任指挥，据记载，它很有战斗力。

或作家。蓬乱的长发、络腮胡、八字胡比比皆是。大家的服装混杂而带有画趣——灯芯绒工作裤，破旧的毛线衫，敞领衬衫，破旧、发亮的冬季套装配着浆过的白色假领，还有各种可笑的鞋子——软皮拖鞋挨着漆皮鞋，棕色的靴子旁边会是凉鞋或者拖鞋，而且，这一切都非常和谐。这里能听到各种听得懂的和听不懂的语言，但法语除外，因为所有年轻的法国男子都被动员入伍了。大部分女人都是画家们的模特和宝贝女朋友。大家隔着桌子大声呼叫，好像这里每个人都相互认识。

我喜欢这个去处。我发现一张桌子边有三个男人讲着波兰话，就问其中之一是否认识我的哥哥。

"是的，我和他很熟。"他回答说，"他肯定不在城里，要不，他会和我们在一起的。"

因为谁也不知道伊格纳齐的地址，于是我决定经常来这个咖啡馆转转。

一个星期过去了，但没有来自奥斯诺比申上校的任何消息。我着急起来。"斯克里布旅馆"的房间太贵，此外，我也没有预计到事态会如此发展。而最糟的是，我不敢换旅馆，因为这是我给上校留的地址。

从前线传来了令人吃惊的消息。德军已占领了色当（Sedan）和圣康坦（St. Quentin），并迅速向巴黎推进。法军总司令霞飞①将军撤退到了更安全的地点，以便组织抵抗，保卫受到威胁的首都。一天早上，大街上出现了布告。巴黎军事长官加里埃尼

---

① 霞飞（Joffre，1852 - 1931）：法国将军。第一次世界大战时任法军总司令，在马恩河会战中阻止了德国军队的进攻，但后来屡遭失败，被解除指挥权，但晋升为元帅。

（Gallieni）将军签署了一份给市民的呼吁书。他警告大家危险迫在眉睫，要求大家离开首都，唯有从事与战争有关工作的人员可以留下。

不过，巴黎本已空空荡荡。开战使得每年的出城度假变为成群出走。

警察局发布了新的命令：晚上 9 点，一切公共场所必须关门，灯光调暗。每小时都有新的规定和禁令公布。

一天凌晨，一种奇怪的吵闹声把我从睡梦中惊醒。我跳下床，跑到凉台上去看看发生了什么事情。声音是从大街上传过来的，那里有看不到尽头的出租汽车行列，正载着士兵不知开往何处。

我被这情景吓坏了，首先想到的是：巴黎卫戍部队在逃跑，霞飞吃了败仗，加里埃尼将军不久便将交出首都。

我匆忙穿好衣服，跑到俄国大使馆去了解情况。在格勒内勒街，两个法国警察在楼前站岗，不让我过去。

"我和武官有约。"我以严厉的口气说。

"昨晚他和全体使馆人员一起去了波尔多。"一个警察说。

我不相信他，说道："这是不可能的。只要政府在首都，大使馆就无权离开。"

"法国政府昨天上午就迁往波尔多了。"他回答，并转过身去。

我的心停止了跳动。那是最后的救命稻草啊！我绝望地回到旅馆，想象着德国人把我当做间谍逮捕，用火烤我的双手来折磨我。我收拾好行李，结清房费，就去找一家普通旅馆的更便宜的房间。路过"和平饭店"的露台时，我听到从歌剧院广场传来的叫喊声。卖报人挥舞着最新的一份号外："马恩河上的大战役！巴黎卫戍部队在加里埃尼将军领导下转移到第一线，把敌人的一翼切断了！冯·克鲁克（von Kluck）的军队在撤退！"

我的血液又开始流动了。人群在齐声呼喊："加里埃尼！加里埃尼！"我和他们一起喊叫。

在附近的海尔德路，我在一家"尼罗河旅馆"（荒谬的名字，和埃及没有任何关系）找到一个三个法郎一天的小房间，一个非常普通的地方，但看起来很整洁。我放好行李，便下了楼，乘公共汽车前往蒙帕尔纳斯区。

"圆亭咖啡馆"里挤满了人。许多老顾客都站着，手里端着杯咖啡或者饮料。大家不约而同地都在谈论着马恩河战役。那几个波兰人还坐在平时的老地方，其中一人邀请我和他分享一把椅子。相互熟悉之后，我了解到我的"合坐者"是一名喜欢音乐的医学博士，就像他那一行中的大部分人一样。在这拥挤的场所我们逗留了好几个小时。时不时有人出去拿份新公报，不过内容照旧：敌人在后撤。

9 点钟，宵禁开始了，大家都必须离开。那位波兰医学博士提议我陪他去他工作的医院，他正在那里做夜间实习医生。

"你可以在我们的食堂喝杯茶。"他用波兰语说，"甚至我们那里还有一架钢琴呢。"

我无力抵御。离开伦敦后，我还没有见过钢琴。那天晚上，"拉里布瓦西埃医院"是个悲惨的地方。每分钟都有救护车载着从前线后撤的重伤员到来，然后马不停蹄地离开，去接其他人。在食堂里，我的朋友把我介绍给几位坐在长条餐桌边、正在喝茶或者咖啡的医生。他们冷漠地讨论着一些较难的病例，而且每个人被叫去做下一个手术的时候，都来不及喝完杯中的饮料。

我第一次强烈地意识到战争的荒谬和真正的恐怖。一个无辜的年轻人，昨天还是健健康康、无忧无虑的，今天已被另外一个无辜的年轻人杀死了。这是多么不能容忍的悲剧性的蠢事啊！

我的视线胆怯地转向屋角的那架立式钢琴。于是我走近它，打开琴盖，弹了几个音。琴已走音走得十分厉害，两三个琴键也弹不响了。尽管如此，我还是坐下弹起来。我弹了贝多芬的《悲怆奏鸣曲》。我还从来没有那样弹过。不是乐曲听起来如何，而是我的感受如何。我快要哭了，其他在场的人也一样。

我有限的积蓄已所剩无几。那五个金英镑早已花光，但是我咬紧牙关预留两周的房租。于是剩下的钱就不够正经吃饭了。有那么四五天，我唯一的食物就是法国小葡萄，就是在葡萄收获季节，街上以几分钱的价格卖的那种。我忍受着饥饿的煎熬，有时饿得睡不着觉。回忆那些可怕的、挨饿的日子使我想起一个令人辛酸而可笑的小插曲：一天晚上，我从"和平饭店"旁边经过，在灯火通明的饭店里，我看到三个英国军官坐在靠窗的桌子旁吃晚饭。其中之一是我在伦敦的熟人。他透过窗子看见我，就打手势邀请我进去与他们汇合。我走进饭店，他就站起来，献媚地把我介绍给自己的同伴。

"老兄，看见你很高兴！这场战争，血腥、残暴的买卖，是吧？不过，我要说，老弟，我们会打败他们的，这些德国佬！"其他人哄笑着。

"请坐，亲爱的伙伴，和我们一起吃晚饭吧。"他说。

我立即回答，不假思索："谢谢，不用了。我刚吃过晚饭。"我的内心不能忍受让这些英国人看见一个饿极了的人狼吞虎咽的样子。他帮我点了杯咖啡，我接受了，但是因为紧张，我才喝一口就烫了舌头。

我整夜都睡不着，老有一大块牛肉，配炸土豆条，外加色拉酱，在眼前晃来晃去，都是这次令人恼火的经历惹的祸。

第二天下午，我步行到"圆亭咖啡馆"。我的朋友，那个实习医生，慷慨地请我喝了杯茶。邻桌上有人高声谈论着供给艺术家的"大众汤（soupe populaire）"。我打听之下才知道，在香榭丽舍大街有个地方可以每天两次领到汤和面包，是一家慈善机构为流落在巴黎的艺术家提供的。这回我坐公共汽车前往，很容易就找到了那个地方，但我却被告知"要等一小时他们才会把那宝贵的食物端出来"。为打发时间，我又买了一串葡萄，坐在长凳上吃起来。逐渐地，我的患难中的艺术同行们开始集中了，一共有五十人左右。有些人觉得面熟，但大家都保持着一定的距离，不愿交谈，对此，我非常理解。

在一张大桌子后面出现了几位女士（热心慈善事业者），忙着摆碗、切面包和做其它杂务。最后，一个男人把一大陶罐热汤和一把长柄勺放到桌子上。我们在桌前排好队，从两位女士那里得到自己的一份。那是很好的蔬菜汤，里面飘着面包块，就像我吃过的最好的饭菜一样可口。我正慢慢地吃着，每一口都小心翼翼，突然听到一个声音叫着我的名字。

加布里埃尔·阿斯特吕克本人惊异地望着我："阿图尔，这种时候你在巴黎干什么？"

我满脸通红，竟然被他看见自己在吃"大众汤"。

"如果你感兴趣，那我就告诉你为什么，还有你为什么会在这里碰见我。"我说。

"等我一下——我一会儿就回来。"他跑去和那几位女士以及几位"喝汤人"谈话。

后来我了解到，阿斯特吕克本人就是这种"大众汤"的发起人。他把我领到附近的一家咖啡馆，我告诉了他自己多灾多难的冒险。

"我想法给你找点事情做。"他说道，并答应尽快给我消息。此外，他还拿给我 100 法郎。

"这是你将来的音乐会的预支款。"他微笑着，说完就离开了。

不久，阿斯特吕克给我找到一份翻译从战俘身上搜到的书信和文件的工作。我的德语、波语、俄语、法语和英语都派上了用场。周薪100法郎，而且下午空闲无事。这不是军事工作，我是作为平民受雇的。

"圆亭咖啡馆"现在是我的司令部了，我成为其"俱乐部"的一员。一天我哥哥伊格纳齐出现了。他一直呆在图尔，刚一宣战，他就和其他人一起逃了过去。我们已经很长时间没有见面，生活把我们分开了。即便不是如此，我们身上本来也没有多少共同点。"圆亭咖啡馆"使我们不自觉地接近起来。还有另外两个波兰人和我们汇集到一块。他们也是新到这个咖啡馆的，其中一个是华沙来的画家，叫克拉姆什蒂克（Kramsztyk）；另一个是音乐家莫拉夫斯基①，他多年来一直住在巴黎。我们成了不可分离的四人团，都在咖啡店见面，并一起消磨时光。

战事在某种意义上正处于胶着状态。开始进行可怕的阵地战了，这是最残酷的战争。法国人决心守住自己的防线，"他们过不去!"成为他们的口号。英国人在左翼巩固住自己的阵地；而英雄的阿尔贝国王则在自己无畏的国土的最突出的角落上顽强地抵抗着。意大利人，原本与德国和奥地利结成三国同盟，现在改了主意，已经在春天对奥地利宣战。

法国报刊刊登了有关德军在比利时、波兰和法国北部所犯罪行的报道，那罪行令人发指、使人害怕。狙击手杀死了一个德国兵，为了报复，他们竟铁石心肠地枪杀了这些国家数百名无辜平民。还有可怕的疯狂杀戮、强奸和酷刑的消息。德国当局说这些指责是"恐怖宣传"，但是我经手翻译的一些文件和信函证明法

---

① 莫拉夫斯基（Eugeniusz Morawski，1876－1948）：多年后，他成为国立华沙音乐学院的院长。

方报道属实。著名的作曲家阿尔贝里克·马尼亚尔①仅仅因为对侵略者不够客气，就被杀害了。我们伟大的文明屈从于并跟随着那个邪恶的德国皇帝，如此可鄙地降低了自己的水平。一想到这些，我就深感蒙受耻辱。在无法克制的盛怒之下，我当即就地发誓："我永远不再去德国演奏！"

直到我写这些话的今天，我还一直遵守着这一誓言——不过，很遗憾，这理由已变得更充分、更强有力了。

我和莫拉夫斯基成为好朋友。在那个咖啡馆里我们经常就许多问题交换意见，由此，我们相互间也更为了解，不仅是个人方面，也包括音乐方面。我们会在他的钢琴旁连续度过几个小时，他给我演奏自己的作品，它们显露了他真正的才华；而我则向他介绍卡罗尔·希曼诺夫斯基的音乐。

在那些时日里，我还充当了另外一个角色——摆姿势让人画肖像。画家是位年长的波兰老姑娘，奥尔加·博兹南斯卡（Olga Boznanska），她在巴黎艺术界颇有名气。在克拉科夫她曾听过我弹琴，喜欢我的演奏，现在则一定要为我画像。她在蒙帕尔纳斯大街有一间大画室，每天下午4点钟我都会到那里，坐在置放于小平台的椅子上，摆上个把小时的姿势。

博兹南斯卡是个有点古怪的人。她五十岁左右，个子不高，身材苗条，脂粉过厚的小脸上一双黑眼睛紧张地四下张望着，这使她显得像个丑角。她总穿着一身黑色的长衣裙，好像正要去教堂。脖子上总裹着一条长围巾，或许是要掩饰双下巴。每天5点整，博兹南斯卡就停止画画。

---

① 阿尔贝里克·马尼亚尔（Albéric Magnard，1865－1914）：法国作曲家。是马斯内和丹第的学生。在巴黎圣乐学校教授对位法，是一位性灵独抒的作曲家。作有4部交响曲、室内乐和3部歌剧（以《贝雷尼斯》最为杰出）。1914年德军进攻巴黎时，他的宅第被焚。他从二楼窗口射击走近的德军，打死打伤各一人，自己也被害。

"该喝茶了，"她发话，"去看看我的小老鼠。"

这时不知从什么地方就有一打或者更多一些的小老鼠跑到画室中央，好从自己的画家朋友那里得到食物。有些来看望她的女士会尖叫着夺门而出，但我更多地是以一种哲学的态度对待这事。无论如何，我的全身肖像画画得无与伦比，而她已经开始画另外一幅侧面像。

克拉姆什蒂克也是一个优秀的肖像画家。他请求博兹南斯卡同意他同时在她的画室里画我的肖像。她欣然应允。现在我还保留着他那幅上乘的肖像画呢。但是在第二次世界大战期间，博兹南斯卡所画的两幅肖像画从我巴黎的寓所不翼而飞。

让我们回过头来叙述第一次世界大战。一天晚上，莫拉夫斯基把我介绍给一个罗马尼亚家庭：一位寡妇带着两个女儿和一个儿子，三个孩子都热爱音乐。儿子是非常有天赋的小提琴手，大女儿钢琴弹得很好，小女儿则是个不错的大提琴手。他们可爱而充满生气。莫拉夫斯基教那姑娘弹钢琴，并成为那个家庭的好友。我第一次拜访这个家庭时，母亲就留我们吃晚饭，上了美味的罗马尼亚菜肴。我很快发现，我们有许多共同之处。晚饭后，自然，我们弹奏了不少乐曲。我和她的儿子演奏了一首奏鸣曲，大女儿把福雷的钢琴曲《主题与变奏》（Thème et Variations）弹得很美。我则什么都弹了一些。直到半夜我和莫拉夫斯基才告辞。

我时常回访那个好客之家。母亲健谈而聪明，她很有智慧地计划了孩子们的前程。很明显，她最宠英俊、优秀的儿子，对小女儿充满了深深的母爱，但把学钢琴的大女儿玛格丽特当做灰姑娘。我无法理解其原因，因为她很动人，有着漂亮的皮肤、黑头发、天鹅绒般柔和的黑眼睛——纯粹的罗马尼亚型姑娘。她伤感的表情触动了我，在某种程度上，我变成她的保护人，我要她弹琴，加重语气地赞扬她，用餐时礼貌地关注她。不过，一旦独处，哪怕时间很短，我就吻她，或者在餐桌下拉她的手。

法国政府重新回到巴黎，整个外交使团也回来了。一天，我又大着胆子去了格勒内勒街，获知伊格纳捷夫伯爵已经返回使馆。尽管如此，我还是找了奥斯诺比申上校。这次他在一小间办公室接待了我，稍显尴尬。

"我让你失望了，很抱歉。"他说，"可当时来不及办任何事。我们接到立即离开的命令。整个使馆一片惊慌。那么，我们走后，你的景况如何？"

我大致给他讲了些我生活的情况。他同情地倾听着。当我站起身时，他说：

"听我说，鲁宾斯坦，如果你需要什么，就来找我！"

实际上，战时的巴黎不仅可以忍受，甚至还有些好处。那座大都城，被绝大多数居民放弃之后，已经缩小到省城的规模，同时别具特色。虽然离危险的前线很近，还不断有部队调动，但我们已习惯于这种生存方式。我确信，人类适应一切生存变化的能力简直是无限的。

一天早上，"尼罗河旅馆"的女服务员8点就叫醒了我：

"一个年轻的姑娘要见你，她在楼下等着。"

我问是谁。

"她不愿说出自己的姓名。"

奇怪哦。我想一定是从国外刚到的，因为巴黎没有人会这么早就来叫醒我。

我穿好衣服，下楼走进大门旁的小会客室。钢琴手玛格丽特安安静静地坐着，脚边放着一个旅行袋。她见了我就站起来，直接说道：

"我从家里逃出来了，我来和你住。"

我最初的反应是被惊呆了。之后，我想起在华沙和波拉在一起的那个可怕的早晨。我握住她的手。

"玛格丽特，亲爱的，他们对你怎么啦?"我问道。

"没什么。他们不知道我在哪里。没人看见我出门。"

这真荒谬。我必须了解事情的真相。

"你把袋子留给行李员。"我说，"我们详细谈谈。"

我把她带到街上的一个小咖啡馆，要了咖啡和奶油圆球蛋糕，让她把一切都告诉我。她没有多少可说的。

"母亲不喜欢我——从来就不喜欢。她只关心弟弟和妹妹。她想的只是把我送回罗马尼亚，嫁给一个富有的老头。但我要和你生活。阿图尔，我们相爱——只有这才是最重要的。"

她讲得很悲伤，同时又相当可笑。

"我亲爱的孩子，"我开始说道，"这会是个美梦，但也只能让它是个梦。现实是非常残酷的——很少能让我们实现梦想。"我轻轻拍着她的手，"亲爱的，你还是个未成年人。你母亲有权让警察找你，强制带你回家，还要控告我与未成年人私奔。"

她默默地坐着，漠然地听着我说教。她的那双大眼睛还沉浸在自己的梦中。

那是个我永远不会忘记的十分棘手的日子。我们就坐在那个咖啡馆里，一直坐着，直到我想他们会把我们轰出去。于是我们散步来到杜伊勒丽花园，坐在一张可以看见协和广场的长凳上。她让我忘记了工作。午饭时间早已错过，而我还在不停地讲，她也一直在听。我们就在12月的严寒里冻着。最后，我无计可施，怒上心头，便一把抓住她的手，冷冷地说:

"我带你去找莫拉夫斯基，问问他该怎么办。"

她平静地同意了。在"圆亭咖啡馆"里，莫拉夫斯基和伊格纳齐、克拉姆什蒂克一起坐在桌边。在我迫切的要求下，他和我一起来到街上，玛格丽特正在那里等我们。

到了莫拉夫斯基楼上的房间里，他听我讲述着事情的经过，越听越不耐烦：

"你这个蠢姑娘，你怎敢让自己的生活陷入麻烦，又搅乱了鲁宾斯坦的生活呢？"他愤怒地对她骂道，"走，我把你送回母亲身边去！"

她又一次平静地顺从了。我们在我住的旅馆取回她的旅行袋，然后他们走了。

玛格丽特真是个奇特的姑娘。她颇甜蜜、可爱，但在那漫长的一天里，她破坏了我在巴黎的情绪。

一天，在"圆亭咖啡馆"，一个英国人纠缠着我说：

"我希望1月份在伦敦的音乐会上能听到你的演奏。"

看我一脸狐疑，他拿出一份伦敦的报纸——《每日电讯》。我看到自己的名字印在上面，是作为伦敦交响乐团的独奏演员，要演奏贝多芬的《G大调协奏曲》。我高兴得不能自已，感情奔放地感谢了这位英国老兄。我渴望着尽快前往伦敦。

我去拜访奥斯诺比申上校，并解决了全部问题。他交给我一份合法证件，说明我的艺术工作是对战争事业的宝贵贡献，是为协约国作宣传。我给贝格海姆太太写了一封短信，通知她我将回英国；也给缪丽尔写了信，说明回伦敦的理由。

我离开巴黎时依依不舍。我对"圆亭咖啡馆"，对其生气勃勃的"俱乐部"，对奥尔加·博兹南斯卡以及她的老鼠，还有那家热情的罗马尼亚人都已有了感情。战争时期的巴黎是悲伤而美丽的；而巴黎人民表现出的善良和勇敢，是我从未见过的，无论是战前，还是战后。

伊格纳齐、莫拉夫斯基和克拉姆什蒂克把我送到巴黎北站。告别时我答应说，战争一结束我就会回来和他们在"圆亭咖啡馆"相聚。

76

　　战争期间的伦敦与巴黎截然不同。我原以为城里的人会减少，然而在 1915 年初，似乎有相当多的人涌入了英国首都。

　　成千上万的比利时人在逃避入侵者时，都到英国寻找藏身之地。许多法国家庭认为英伦诸岛比欧洲大陆更加安全。街上到处可见休假或奔赴前线的士兵和船员。剧院、音乐厅和电影院每晚都客满。音乐会吸引的听众比战前还要多。

　　贝格海姆太太派来一辆汽车到维多利亚车站接我，并像以往那样慈祥地接待了我。但她对我这么长时间不在伦敦却没有给她任何消息感到伤心。来自像她那么喜欢通信的人的责怪是十分自然的。

　　第二天我就和缪丽尔·德雷珀见了面。她对我不写信给她就能理解得多。她已经不那么咄咄逼人，而变得更加宽容了。她告诉我，战争一开始保罗就回来了，然后去了美国，回到自己病重的母亲身边去了。

　　"他把我抛给命运去主宰。"她说道，没有丝毫的自怨，"我的办公桌上堆满了没结清的帐单，有肉店的，有杂货店的，有送奶工的，诸如此类。不过英国店主是天下最宽宏大量、最能信任人的。他们相信我迟早会付清这些欠款，所以就继续给我赊账。"

　　这样缪丽尔就继续举行音乐晚会，与朋友们会见，在音乐室提供茶水。当然，规模比以前小多了。

我的青年时代

西尔维娅·斯帕罗从立陶宛回来了。她不得不经过芬兰北部和瑞典,然后坐船到英国。她谈及姆威纳尔斯基家别墅的奇妙,他家的热情好客,他们的客房,美丽的涅曼河,还有他家可爱的孩子们。

"德国人在东普鲁士打赢了一个大战役,正在开进立陶宛。"她说,"姆威纳尔斯基全家都躲到了莫斯科,巴维尔·科汉斯基夫妇回华沙了。"

当晚,西尔维娅把我带到她的一个朋友家,那里有几个比利时音乐家在演奏室内乐。我在他们中间见到了伊萨依,很容易想象,我是怎样分外地高兴。他们演奏了莫扎特的《g 小调钢琴四重奏》,钢琴部分由马克·汉姆伯格①担任。他是老一代炫技学派的钢琴家,他那敲击的声音以及对作品的随意处理完全不适合演奏莫扎特。

他们演奏完后,西尔维娅把我介绍给本人也是钢琴家的女主人以及那些比利时人。伊萨依非常热情地同我打招呼,并且不需"过门",便彬彬有礼地邀请我和他以及他的同行(他们都是以他的名字命名的布鲁塞尔四重奏团的成员)一起演奏福雷的《c 小调钢琴四重奏》。汉姆伯格从未听说过我,但在征得他友善的同意之后,我相当紧张地接受了邀请。于是我们精神抖擞地开始演奏这一作品。

在第一乐章的中间,有一句美丽的钢琴乐句,然后小提琴奏出回声。这一次,受到大师的激励,我以特殊的情感演奏出这一乐句。伊萨依中断了演奏,叫道:

---

① 马克·汉姆伯格(Mark Hambourg, 1879 - 1960):英籍俄国钢琴家。先随父亲学习钢琴。1888 年在莫斯科公开演出,被誉为神童。翌年到伦敦演奏亦获成功。1891 - 1895 年师从莱舍蒂茨基。后开始演奏生涯。到 1906 年已在伦敦举行了 1000 次音乐会。与两个分别为小提琴家和大提琴家的弟弟组成三重奏,和自己的女儿演奏钢琴二重奏。著有《从弱到强》、《第八个八度》等书。

"真美，真美，你是个诗人！我们重来！"

我满面通红地重复了一次，投入全部的感情。这回，伊萨依衔接得那样微妙，轮到我感动得喉咙都哽住了。说来也怪，正巧是福雷的这个乐句使我们两人之间结下了父子般的友谊，这友谊一直延续到伊萨依去世。

西尔维娅帮助我找到了挣钱的新办法。她租了一间带钢琴的工作室，在那里教小提琴。当我为此向她道贺时，她提议我与她一同冒险。

"有两个女孩和一个男孩曾向我打听你是否教琴。我让他们明天中午来，当着你的面弹弹。三人都有能力付学费。我相信，你想要多少学生就会有多少。"

她的建议很对我的胃口，于是第二天我就变成了钢琴教师。其中一个姑娘很勤奋；另一个姑娘汗如雨下，每弹五小节就要停下来擦擦手和脸；那个男孩有天赋但协调能力不够。

由于我住在贝尔萨泽公园路，距离每天的工作地点太远，这变成个严重问题。我必须在肯欣顿和切尔西附近找一个住处，位于缪丽尔和西尔维娅两人的工作室之间。贝格海姆太太对这件事的态度令人感动。

"亲爱的孩子，我会想你的，但是我理解。请答应不时来看看我。"

为寻找较好的住房徒劳了一番之后，我在富尔哈姆路靠近伊迪丝·格罗夫街的地方租到一间房子，煤气照明，有味，还不太干净，唯一的好处就是便宜。

我同伊萨依几乎天天见面。多亏他，我的音乐会生涯看起来总算很令人振奋了。大师和他的妻子居住在市内一幢漂亮的住宅里，是一位崇拜他的英国爵士把房子借给他在战争期间使用的，那位爵士愿意住在乡间。伊萨依喜欢我在他午休之后去，与他分享浓咖啡（他讨厌喝茶！）；我们合奏几首奏鸣曲，或者谈论一些音乐会。他赞赏我对贝多芬《G大调协奏曲》的演奏，当时我已广受欢迎。而且他同意和我一起去伊迪丝·格罗夫街吃晚饭，吃的是英式切达奶酪、薄脆饼、凉火腿和浓咖啡。所幸，缪丽尔的食品柜里还有冰镇啤酒。第一眼瞥见音乐室，伊萨依就大叫起来：

"多好的地下室！我可以在这里过一辈子啦！"

萨门斯和西尔维娅（他们在恋爱）、我亲爱的特蒂斯和鲁维奥，为向大师致敬，演奏了德彪西题献给伊萨依的四重奏。他很喜欢他们的演奏，并亲吻了特蒂斯的双颊，但是令我们惊讶的是，他竟声称他不懂这音乐，说它对自己来说是太时髦了。

在这个演出季，伊萨依和我一起举行了二十多场音乐会，其中很多是为红十字会、为比利时人和波兰人以及其他名目的战争义演。但我也和他一起在王后厅他的独奏音乐会上演出过奏鸣曲，没有接受他提供的酬劳。尔后，他又在"威格莫尔厅"（贝希斯坦厅的新名字）我的独奏音乐会上和我一起演出，而报酬全归我。当然，我们也在伊迪丝·格罗夫街，既和原先的老队员也和他带来的比利时人一起演奏了大量的室内乐，并且晚餐由演出人员自己安排。真妙！每当回想到，在我成长为钢琴家的艺术道路上，给了我最重要影响的竟是当代最伟大的两位小提琴家，我自己都感到奇怪。

一天下午，当我步行穿过皮卡迪利广场时，约翰·萨金特拦住了我：

"是鲁宾斯坦吧，多令人愉快的巧遇啊！我昨晚还同一位迷人的老太太讲到你，她极其渴望见到你。多年来她一直到处打听你的下落，还托我帮忙找你呢。明天下午4点一定到我在蒂特街的画室来。她也会在那里，我正为她画素描。"

"是她本人认识我，还是只听说过我？"我来了兴趣。

"她很了解你——这是她告诉我的。"

我努力搜索记忆，但想不起如他所描述的任何女士来。

"谢谢你，"我说，"我明天4点来你的工作室。"

次日，我跑到他的画室，内心充满好奇。房间里面有三个人在看他的画，一位头发花白的女士和一对年轻夫妇。一见我，那位夫人就用几种语言混杂着叫起来：

"啊呀，这就是他！鲁宾斯坦终于来了……唉，我多高兴！哦，棒极了！胡安妮塔（Juanita）！何塞·安东尼奥！这就是鲁宾斯坦！"然后，她笑着对我说，"这是我的外甥，这是他的妻子。嗯……"

我还是不明白她是谁，直到她又断断续续地嚷嚷了几次之后才算弄清楚。

她叫欧亨尼娅·埃拉苏里斯（Eugenia Errazuriz），1906年在巴黎罗曼娜·布鲁克斯家，她曾带着女儿与阿尔芒·德·贡道－比隆和我一起吃过午饭。我突然记起来，我演奏的《牧神午后》曾给她留下了很深的印象。她用自己那可笑的方式告诉我说，她从来没有忘记过我，自那天起，她就一直要找到我，可惜一无结果。她外甥何塞·安东尼奥·甘达利亚斯（Jose Antonio Gandarillas）是三人中最善言词的人，他解释说他姑妈是我的艺术的盲目崇拜者，她经常谈起我来，让他感觉自己好像从小就认识我。

"现在，既然我们最终找到了你，就再不会同你失散了。"

他姑妈则一再嗯嗯啊啊地表示着赞同。外甥媳妇是位可爱而且很有风度的年轻女子，一直没有作声，但她的眼睛像星星一样闪烁着。

这种言过其实的谈话让我吃惊又尴尬。萨金特站在一旁，宽容地微笑着。欧亨尼娅·埃拉苏里斯又兴奋起来。

"请来吃晚饭，啊，今天晚上。"她对萨金特和我蛊惑地笑道。

"谢谢，非常乐意。"我俩异口同声地回答。她身上有一种不可抵御的东西。

我回家换了一套吸烟衫①，然后决定回到萨金特那里，和他一起去吃饭。说实话，我想多了解一些他们的情况。萨金特很诚恳地告诉了我欧亨尼娅——大家都这么称呼她——的一切。她丈夫是一位智利外交官，不过离婚了。当年婚后，她一直轮流在巴黎和伦敦居住。她容貌出众，在巴黎以"美丽的埃拉苏里斯夫人（la belle Madame Errazuriz）"闻名。离乡多年，她的西班牙母语有些生疏，而她的法语和英语又一直不够好，这就是她讲起话来那么奇特而混杂的原因。

"尽管如此，"萨金特用一个手指对着我摇动着，强调道，"我还从来不知道有谁能像这个女人那样，具有稳定而不可思议的品味。不论是关于艺术、音乐、文学，还是室内装潢，她都能看到、听到、嗅到、感觉到真正的价值和美。所以——"他微微一笑，"她与你重逢时那么高兴，意味着她在你身上看见了特殊的、宝贵的东西。"

我怀疑地笑着。

他们住在蒂特街与泰晤士河河堤相交的拐角处，离萨金特的工作室只隔几幢房子。在路上，他又额外给我补充了一点信息：

"她与外甥夫妇住在一起。外甥媳妇非常富有，是智利驻伦敦大使的妹妹。实际上欧亨尼娅本人从未腰缠万贯，即便有，也花掉了，或者送给了急需钱的画家或者诗人。"

我们走进宅第，管家给我们指了去楼上客厅的路。三个智利人像先前一样感情奔放地接待我们。在一间宽大的、镶有橡木墙裙的房间里，放置着很多漂亮物件，其中包括一架很好的斯坦威演奏琴。除了博尔迪尼的油画，墙上还挂着一幅萨金特画的欧亨

---

① 吸烟衫：旧时欧洲人居家穿的宽松外套。

尼娅的肖像（我得知，其他许多有名的和无名的画家都画过她的肖像）。花卉和家具是以很高的品位挑选和布置的。我的赞美之词遭到了欧亨尼娅的抗议：

"东西太多了，呵，到处是零碎！呃、呃，所有这些东西都该扔掉！胡安妮塔喜欢小摆设，嗯,……"

我现在终于能仔细看看欧亨尼娅的模样了。她想必曾是位非凡的美人，现在尽管已有 50 岁或者更大的年纪，但依然美丽。她颇为丰满，皮肤很有弹性，色泽自然（读者不应忘记，当时还没有发明整容术），她的小鼻子高傲地翘着，轮廓很漂亮。白发中间杂着缕缕青丝。不过，是她不可抵御的魅力和充沛的精力令她葆有姿色。

晚饭的菜肴极为丰富，即便卢卡拉斯也会满意的。其间我们热烈讨论了大战及其悲剧。欧亨尼娅，虽然说话措辞常有语病，却道出了我许多的心声，例如她坚决不屈服，还主张无条件地热爱生活。我们谈到奇迹，这在天主教徒面前是个微妙的话题，可我控制不住要说出自己的想法。我一向喜欢"奇迹"这个词，因为我始终感到，宇宙中的一切毫无例外都是奇迹。我们脑中所想，甚至梦里所见，都可能成为奇迹。

我说："如果一个人摆脱了失忆症症状后，能够用全新的、没有被污染的眼光看世界，那你们就会明白我想说的是什么了。难道能有比生命本身、比音乐、比鲜花、比爱情更伟大的奇迹吗？遗憾的是，人类的天性倾向于对奇迹熟视无睹，以至愚钝到将其认作当然的事。"

我所喜爱的、经常喜欢挂在嘴边的哲学信条，得到了欧亨尼娅善意的回应。其他人恐怕并没有完全理解我的意思，不过他们喜欢我对自己论点的狂热信念。不管怎样，我在美妙的斯坦威钢琴上弹了几首曲子，缓和了他们的神经。

欧亨尼娅、何塞·安东尼奥和胡安妮塔的确没有再与我失去联系。他们奇特、悄然地进入了我的生活。每天他们都会以不同的形式出现一下。一天，我的住处收到一个沉重的阿斯皮雷牌旅行皮包，里面装着一套刻有我名字的缩写字母的银质梳洗用具，外加欧亨尼娅的一张卡片，上面写着："感谢你美妙的音乐。"又一个早晨，一件邦德街上哈伯裁缝店做的缎子睡袍自己找上门来，胡安妮塔·甘达利亚斯在信中解释说她担心我穿太薄的睡袍会伤风。一天晚上我随便评论了一句何塞·安东尼奥·甘达利亚斯的手帕上有一种淡雅的男用香水味，第二天我便拥有了一大瓶"彭哈里贡牌"的"哈曼"香水。我必须承认，此后，我一直不间断地使用这种香水。他们在自己举行的晚宴上，总把我作为贵宾对待，把我介绍给众多的艺术家、作家、政治家和大使。这还不够。有一天早晨，胡安妮塔的管家来到我的住处。

"先生，我是来取你的行李的。"他说。

"怎么回事，为什么？"我问，大为意外。

"夫人吩咐把你请回家去。"

那是一个星期六。我想，他们大概打算带我出城度周末，但是一定还有其它的意外在等我吧。我们立即收拾好东西。我的大箱子和其他东西都还在贝格海姆太太家。司机把我送到皇家医院路和蒂特街的街角。管家替我开了门，取下箱子，进屋搬到二楼。我像小孩跟着圣诞老人一样顺从地跟着他走。我们进入一个宽敞的房间，阳光从两扇窗子射进屋来。屋角有一架贝希斯坦牌演奏琴。其他的家具包括一张舒服的大沙发、两把扶手椅和一张咖啡桌，桌上摆着鲜花和水果。管家指给我看一间小卧室和附属的浴室。

"先生，这是你的套间。"他咧嘴笑着说。

我赶快跑到他们的宅第，他们知道我一定会来，都在等着我。之后发生的由衷的、感人的一幕，我最好不要描述了。

十分自然地，我把我的智利朋友介绍给缪丽尔，带伊萨依去了他们家，还让他们结识了"克拉拉姑妈"。他们和缪丽尔相处得不太融洽。缪丽尔勉强藏起来的高人一等的架势、刺耳的笑声，和他们与生俱来的拉丁式的殷勤格格不入。不过欧亨尼娅爱上了那个音乐室。在紧接着的音乐之夜上，伊萨依和他的四重奏团以及西尔维娅、特蒂斯和萨门斯演奏，胡安妮塔负责准备晚餐，这使我想起保罗赛马获胜的黄金岁月。

一天晚上，我们在甘达利亚斯家演奏室内乐，萨金特、智利大使夫妇以及西班牙大使夫人也都在场。

伊萨依、迪福①、特蒂斯、一个比利时大提琴家和我正在演奏弗朗克的钢琴五重奏，这时很响的敲墙声迫使我们中断了演奏。

"哈，又来了。"甘达利亚斯解释道，"我们的邻居是个患有多疑症的老头，一个曾在印度服过役的退休上校。他仇恨外国人，只要有机会就来找麻烦。"

敲墙声停下来，于是我们又回到五重奏上。

突然间，街上传来喊叫声，就在我们敞开的窗户下面：

"停止那该死的噪音！现在正在打仗！这种时候跳舞你们难道不害臊！警察应该把你们这些外国佬统统赶出去！"

我们又停止了演奏，静听他喊叫。

甘达利亚斯被这种挑衅的话语激怒了，跑到街上准备打架，但邻居躲回自己的屋子里。甘达利亚斯不依不饶，去拉他的门铃。那男人没有反应。他又一次长时间地拉铃，还是没有回应。最后，甘达利亚斯控制不住自己，便火气十足地打碎了门旁一扇

----

① 迪福（Desere Defauw, 1885－1960）：比利时小提琴家、指挥家。1914－1918年与特蒂斯、伍德豪斯、多哈德（Doehard）组成一组弦乐四重奏进行广泛演出活动。曾在布鲁塞尔安特卫普音乐学院任教。1943－1947年任芝加哥交响乐团指挥。1949年回国执教于皇家音乐院并兼任该院指挥。经常举办"迪福音乐会"。

窗子的玻璃，一只手鲜血淋淋地回到家里。正当大家称赞他勇气可嘉时，两个警察拉响了门铃，要求同房主见面。甘达利亚斯下楼与他们交涉，回来时略为尴尬。

"他们要求我们全体立即去一趟警察局。"

这下好玩了。大家都投入了此幕闹剧。

我们一大群，穿着考究的晚礼服，男士们戴着圆顶礼帽，走进警察局。那位红鼻头、金鱼眼、有沙文主义情绪的上校已在等着我们。看到一位大使、两位杰出的画家、伊萨依那令人起敬的形象、尊贵的夫人们以及其他几个人，那个治安官一下子呆住了。

于是他恼怒地询问我们的控告人：

"这就是你说的那些大吵大闹、破坏安宁的醉鬼吗？那个吹奏下流舞蹈音乐的乐队又在哪里？"

那人没有回答，他无言以对——而且有点醉了。

萨金特先生字斟句酌地扼要解释了事情的经过。治安官红着脸让我们离开，对他所造成的麻烦不停地道歉。甘达利亚斯夫妇主动提出赔偿脾气火爆的邻居被打破的玻璃，但他骄傲地拒绝接受。

一天早上，我在报上读到，俄国军队已经撤退到位于布格河后面、筑有防御工事的新战线上。波兰被遗弃给德国。当日晚些时候，就有号外报道："德军已占领华沙。"

在无可奈何的愤怒中，我唯有用双拳击打自己的脑袋。我好像看见我全家都被杀害，波拉被奸污，华沙在燃烧——世界崩溃了。我不知道自己更恨谁，是俄国人还是德国人。逐渐安静下来后，我只是希望，波拉已经最终和她的孩子们团聚；他们逃到了俄国；巴维尔和索霞安然无恙；我全家没有受到伤害。我们相互间已经完全失去联系。我陷入悲观绝望中，整天就憋在屋子里。

第二天上午，缪丽尔给我捎来一封短笺："我理解你的心情。到我这里来，我们一起吃份奶酪。爱你的缪。"

胡安妮塔给我送来了鲜花，像是送葬，好家伙。

伊萨依又额外请我喝了一杯浓咖啡，给了我最大的安慰：

"我的小家伙，你不要过分在意。他们也占领了布鲁塞尔。但是总有一天，我们要赶走他们的！"

一天，伊萨依向特蒂斯、那个比利时大提琴家和我建议，一起到前印度总督、凯特莱斯顿的寇松勋爵（Lord Curzon of Kedleston）的庄园过周末，并且演奏室内乐。

"比利时王后伊丽莎白，我的忠实的小提琴学生，"他解释道，"托付寇松勋爵在战争期间照顾她的三个孩子。作为王室的老朋友，我表达过拜访他们的愿望。寇松勋爵很客气地邀请我们四人去他家度周末，也演奏些音乐。"

我们很乐意地接受了这个诱人的邀请。在下一个星期六的下午，我们来到寇松勋爵在贝辛斯托克附近的乡间府邸。在堂皇的公馆的入口处，主人的长女艾琳小姐（Lady Irene）以典型英国式的温文尔雅迎接了我们。

"父亲还没有从城里回来。"她说，"不过他一定会回来吃晚饭的。"接着她转向伊萨依补充说："莱奥波德（Leopold）王子今天一早去前线找阿尔贝国王了，而他的弟弟要和同学一起过周末。所以只有小玛丽·何塞（Marie José）公主一人和我们在一起，不过也只有她一人真爱音乐。"

整理完毕之后，我们和艾琳小姐以及她的两个妹妹一起喝茶。三姐妹都还只有十几岁（她们童年丧母），个个容貌出众。当艾琳倒茶（给伊萨依倒的是咖啡）时，可爱的小公主走进屋来，并按照皇室礼仪（这么小她就已经学会了！），把小手递给我们每一个人。

伟大的小提琴家关切地问道："小公主，你哥哥上前线后，你一定很忧伤吧，对吗？"

她摇摇头，回答说：

"哦，不！完全不是这样。他去只不过是为了做个榜样。"

伊萨依给她拉了几首她曾经听他表演过的小提琴曲，她很高兴地鼓了掌。

我们都换好衣服吃晚餐，只有大师一人例外。他对那传统的丝绒领黑西服、白衬衫和宽松的黑领带情有独钟。

寇松勋爵最后一个出现在宽敞的接待室欢迎客人。他走进来时宛如最高法院的法官正要宣判死刑一般。他那光秃秃的脑袋，冰冷的、钢铁般灰色的眼睛，紧闭的薄嘴唇——完全是一副无动于衷、面无表情的样子。他走起路来傲慢自大。他那佩戴着总督和"嘉德勋位爵士"①勋章的全身肖像画俯瞰着整个房间。

虽然如此，用餐时，他倒是个完美的英国式主人，招呼着上酒，不许酒杯空置，当女宾们离开餐厅后，又提供了波尔图葡萄酒和雪茄。

稍后，在休息室里，当大家准备演奏四重奏时，寇松勋爵制止了我们：

"先生们，我希望，能否明天下午再聆听各位美妙的音乐？我觉得，现在是该歇息的时候了。"

早上，管家通知我们，早餐在餐厅用。

"先生，不用拘泥任何礼节。"他补充说。

特蒂斯和我首先准备妥来到楼下。艾琳小姐已经坐在桌边吃上了。她指指摆满菜肴的长条餐桌，让我们随意挑选。桌上放着10盆或者12盆用暖炉保温的菜肴，其中有鸡蛋炒香肠、熏肉、

---

① 嘉德勋位爵士，Knight of the Garter，是英国最高等级的勋位。

腰子、烤蘑菇吐司、腌鲱鱼和熏黑线鳕鱼。我们自己挑好了菜，就坐在桌边和艾琳小姐一起用餐。不久，那两位比利时人走进来。这时，真正的喜剧开幕了。伊萨依一见各种鱼就对他的同伴用法语叫起来：

"这真是野蛮人！早上 8 点就吃鱼！"然后对可怜的艾琳抱怨说，这里怎么就看不到一块正经的面包，咖啡里一股茶味，而茶闻着像咖啡。年轻的小姐很有幽默感，听后直笑到眼泪出来，我们也一样。伊萨依得知周围有很好的垂钓的去处，才安静下来——他酷爱钓鱼。

寇松勋爵没有下来吃早点。上午我们是在年轻的小姐们陪同下度过的。大师和一个男仆去钓鱼了。我和特蒂斯演奏了一首中提琴奏鸣曲，然后我单独弹了些勃拉姆斯和肖邦的作品。吃午饭时，艾琳小姐说："我父亲请大家原谅，他要到吃下午茶时才回来。"

4 点钟，他走进房间，礼貌地向我们点头打招呼，喝了杯茶后说道：

"先生们，如果你们不觉得累，那我们很乐意听听音乐。"

我们坐下演奏德沃夏克的四重奏。少女们和小公主坐到我们身边，而寇松勋爵则坐在屋角的一把舒服的扶手椅上。第一乐章结束时，我们看到他安静地睡着了。当我们演奏完毕时，他突然醒来。

"这十分、十分令人愉快！非常感谢，先生们。"

晚饭前我们上了火车，到伦敦时有点疲倦，但情绪极好。"先生们，这十分、十分令人愉快！"我们一次又一次地相互重复着。

何塞·安东尼奥·甘达里亚斯和胡安妮塔举行了一次大型晚宴。客人中有两对大使夫妇、外交部的哈罗德·尼科尔森（Harold Nicolson)、萨金特和其他几个人（名字我忘了）。我坐在欧亨尼娅旁边。吃饭时，除了其他许多话题外，我情不自禁地对西班牙大加赞扬。我对她讲，西班牙的每件物品都会令我激动，还提到我错过了与罗塞四重奏团一起去西班牙演出的机会。

欧亨尼娅认真地听着我的长篇大论，突然间，她神秘地拍拍我的胳膊，好像《灰姑娘》里的神仙教母那样，说道：

"明天你就会去西班牙的！"

我吻了她的手，感谢她的美好祝愿。

就在第二天，我接到一位经纪人打来的电话，但不是我的经纪人丹尼尔·迈耶尔。

"你是否能演奏勃拉姆斯的《d小调钢琴协奏曲》？"他问。

我笑起来，"这是我满12岁以来，唯一没有间断过演奏的曲子！"

"大师阿沃斯打电报来，问我是否认识一个钢琴家，能在这个日子（具体日期我已忘记），在西班牙的圣塞瓦斯蒂安与他一起演奏这首曲子。你能否及时赶到那里？"

欧亨尼娅吗？我自问。是欧亨尼娅安排的么？可是这完全不可能啊，她从来没有见过阿沃斯！

对我而言，那是我一生中最有诱惑力的建议。但如何实现呢？西班牙是中立国，而我是为战争效力的俄国臣民。此外，穿越法国已经变得很困难。尽管如此，我决定不使那个经纪人失望。

"我努力一下。"我回答，"今天下午你再给我打电话。"

我欣喜若狂，跑着去找欧亨尼娅。她平静地听着我讲这个消息。

"哦，我告诉过你，嗯，嗯？我预感到了，难道不是吗？"

那么，救星又出现了！等我对她解释这旅程复杂到多么可怕的程度时，她无动于衷地微微一笑。

"阿图罗，干吗着急，嗯？这事我来解决。你一定能去的！"

她到楼上的卧室去给一位女士打电话，"是俄国大使的一位密友。"她对我解释说。简短交谈之后，她眼睛里闪着胜利的光芒返回来，对我说道：

"你会拿到签证的。噢，哈！等着吧！"

下一个电话是打给哈罗德·尼科尔森的。虽然她的英语和法语讲的都不怎么样，但是对方完全理解了她的意思，并答应尽快回复。

下午我早早地给那个经纪人打了电话：

"请给阿沃斯回电，我基本上能准时赶到。"

事情进展神速。当天晚上，我就收到俄国大使的一份电报："星期天上午 11 时我在使馆恭候阁下。请带护照。"尼科尔森也宣布了好消息。外交大臣格雷（Grey）勋爵同意让我搭乘一艘英国勤务军舰前往毕尔巴鄂。

星期天上午，本肯道夫男爵（Baron Benckendorff），即大使先生，在空荡荡的使馆办事处接待了我。

"我是专程从乡间赶来为你签署证件的。"他愤愤地发泄道，"我希望你值得我这么做。"

然而，当他看见我的外交护照时，就改变了说话的口气，"啊，看来我的同事对你的评价很高哟。"他签署了一份声明，准许我前往中立国。

我又去向缪丽尔告别。

"你这鬼东西，真走运！"她笑道，"你回来时，估计就不会再碰到我了——我要永远回到故国去了。我们在伦敦已经无法糊口。"

我不太相信她，但我们两人都伤感起来。

我带着智利来的天使们的祝福启程了。但我还是拿不准，欧亨尼娅到底是个巫婆，还是善良的仙女们的女王呢？

去毕尔巴鄂的旅程糟糕透顶。海上风浪很大，此外，鉴于德国潜艇的威胁，全体人员被迫始终穿着救生衣。军舰在音乐会的前夜抵达毕尔巴鄂，然后我乘火车赶往圣塞瓦斯蒂安。阿沃斯为我在"大陆饭店"订好一个房间。

在露台上喝咖啡时，阿沃斯给我介绍了一些音乐会的情况。

"西班牙人像法国人和意大利人一样，不喜欢勃拉姆斯。我想破除这个愚蠢的偏见，所以就在此地，在圣塞瓦斯蒂安组织一次他的音乐节。在马德里是不会允许我干这事的。但在这里，我和我的乐队可以喜欢什么就做什么。"

第二天上午，在去参加唯——次排练的路上，我发现，海报上我的名字是用笔写上去的。显然，他们肯定怀疑我是否能赶来。音乐会安排在一家紧挨着赌场的小剧院里举行，那是个合法经营的赌场，但对我心爱的《d小调协奏曲》来说，这环境就不太有吸引力了。

无论如何，由阿沃斯指挥的马德里交响乐团是训练有素的，排练进行得非常顺利。看起来，乐团成员们对我的演奏着了迷。他们举止狂热，在乐句中间就叫起好来，而在结束时为我高声欢呼。他们还跑过来拍拍我的脊背，用西班牙语说着容易听懂的"真好啊，真好！"阿沃斯对我说，从没见过乐手们这样表现。

来听音乐会的人不是很多，剧院里只坐满一半。但是弹完那首里程碑式的、庄重的作品，我个人获得的成功绝对具有轰动效应。圣-桑、李斯特或者肖邦的任何作品从来没有如此打动过听众。他们迫使我一遍又一遍地鞠躬，最后我不得已破坏了音乐节的规定，加演了一曲才算作罢。赌场的经理多明格斯先生立即主动向我提出增加三场音乐会：一场与乐队，两场独奏。

王太后玛丽亚·克里斯蒂娜（Queen Mother Maria Cristina）

邀请我到她的夏宫"米拉马尔宫"作客。她接待我时非常礼貌，并为她宫中没有钢琴而抱歉，但答应一定来听我的一场音乐会。

第二场还是与乐队一起演出，音乐会上人山人海。所有门票在一小时内就全部卖光了。好像全城人都渴望听到我的演奏。阿沃斯请我演奏圣-桑的《g小调钢琴协奏曲》。排练时剧院里挤满了以各种借口硬闯进来的人。

音乐会开场前一个小时，楼梯上便簇拥着没票的听众，阻塞了人口。整场音乐会期间，他们就坐在楼梯上，竖着耳朵倾听从大厅里飘出的一些片段。

西班牙爱乐协会联合会的一名代表主动提出签订一份从1916年1月份开始在西班牙主要城市演出20场的合同。我不知道命运为我准备了怎样的未来，但我冒险签下这个合同。不管发生什么事，我都只会谦恭地感谢上苍让我有机会在我梦寐以求的国度取得这个立足点。

我的下一场独奏音乐会将于两周后在圣塞瓦斯蒂安举行。这个机会让我高兴得跳了起来。我一生游览西班牙的愿望马上就要实现了（参看我在意大利的壮举）。我对不推迟任何自动送上门的机会抱着迷信的态度。

阿沃斯教给我在他的国家旅游的一个实惠办法。

"先累加一下预计的总里程，然后去买一套'里程票'①。每次出发前，检票员都会从你的小本子里撕去那段旅途的公里数。这办法的优点是，你花三等车的票价就能坐上头等车。"

我骄傲地买了两千公里的小本子，这相当于去马德里、托莱多、科尔多瓦、塞维利亚、格林纳达，然后再回到圣塞瓦斯蒂安的距离。

不是吹牛，这是真正的英雄业绩！马德里和安达卢西亚的8

---

① 里程票（kilometrico），一种按照旅行里程购票的办法。

月比地狱还热，即使晚上也炎热难耐。另外，由于没准备应付这种热浪的衣着，我倍受煎熬。在穿着十分单薄随便的当地人中间，我的秋装特别惹眼。尽管如此，我对这些城市的了解从未超过我这第一次的接触！

马德里的人都走光了。人们告诉我说，大多数居民都去了圣塞瓦斯蒂安（！）。所以我在首都逗留的两天时间大部分都用于参观普拉多博物馆。我以为，那是世界上最完美的画廊。这里能看到的所有画作都是伟大的杰作。只有在马德里才能充分地欣赏委拉斯克斯和戈雅（Goya）的伟大艺术。实际上，他们的全部作品都珍藏在普拉多博物馆。我听说，西班牙国王腓力四世相当聪明，他把委拉斯克斯本人派到罗马去购买最杰出的意大利画家们的最好的作品。这是能在这座博物馆欣赏到拉斐尔、提香、丁托列托以及其他众多大师的如此丰富的油画作品的唯一原因。

中世纪的气氛、塔古斯河畔雄伟的城市、以及隐藏在幽深狭窄的古巷中的光线昏暗但装饰丰富的主教座堂，是托莱多留给我的印象。我最感兴趣的是去看市中心的那个宽阔的广场：西班牙宗教裁判所时期，犹太人曾在这里被公开处以火刑。

不过，是塞维利亚、科尔多瓦和格林纳达才使我爱上了西班牙，那才是我想象中的西班牙，我渴望了解的西班牙。我知道，许多西班牙读者会摇头说：又是一个只认为我们国家是"小手鼓的西班牙"（Espana de la pandereta）——对那些通常很吸引游客的弗拉门科舞蹈、吉他和斗牛的戏称的家伙。从他们的角度看，他们是对的。不过，我要为自己申辩一番，我愿坦然承认，我一生对西班牙的热爱源自我对许多国家大作曲家众多乐曲的爱恋，其中包括对莫扎特的《唐璜》和《费加罗的婚礼》、比才的《卡门》、夏布里埃①的狂想曲《西班牙》、罗西尼的《塞维利亚理发师》、阿尔贝尼斯的《伊比利亚组曲》，等等，等等。这些作品从西班牙丰富的民间歌舞中获得灵感，大部分都让人联想到主要以塞维利亚为中心的安达卢西亚地区的音乐、生活和风俗。"天主教徒"伊丽莎白女王（Queen Isabel 'la Católica'）对格林纳达及其周边地区的解放，为哥伦布提供了必要的手段去发现美洲，她远大的目光仍让我年轻的心激动不已。

从西班牙历史中我还了解到——同时也是给我印象最深的——使我的大批族人丧失生命的宗教裁判所，无休止的西班牙王位争夺战，以及无敌舰队在对英战争中的失利。让我对西班牙的伟大奇迹敞开心扉的人是塞万提斯，就是在我对西班牙语掌握到能用无与伦比的原文阅读《堂吉诃德》的时候，我全面地了解并亲身体验了那个奇迹。

在塞维利亚，导游带我参观圣克鲁斯的巴里奥区（保存完好的17世纪城区）时，指着放在一个富有诗意的角落里的一张长凳说："唐娜·埃尔维拉（Dona Elvira）就是在这里等待唐璜（Don Juan）的。"当时，我高兴之极。我希望，前面的长篇辩白足以解释我为什么这样高兴。在我阳台前的圣费尔南多广场上，十多个可爱的姑娘在跳塞维亚纳舞②，互相传递并敲打着一对响板。

特里亚纳城的郊区和看上去像宫殿的香烟厂，唤起了我对《卡门》的怀旧的回忆。托罗斯广场看起来似乎就是剧中斗牛的地方。

虽然炎热难当，但我还是逼着导游跟着我爬上吉拉尔达塔

---

① 夏布里埃（Alexis Emmanuel Chabrier, 1841－1894）：法国作曲家。最初受瓦格纳的影响。后作有喜歌剧《星》、《缺乏教养》、《国王失态》。但大多数人都是通过他的管弦乐队狂想曲《西班牙》和《快乐进行曲》而知道他的。

② 塞维亚纳舞，Sevillana，弗拉门科歌舞的一种变体。

顶。这个可怜人一边爬着转梯，一边用可恶的话语喃喃地咒骂着我。

我喜欢懒洋洋的马车夫，他们头戴趾高气扬的宽边帽，胸前钮扣洞里插着一朵红色石竹花。我也喜欢文塔·埃里塔纳，人们在那里边唱边跳弗拉门科。我啜着雪利酒，大口吞咽着美味的熏制火腿，陶醉地看着他们。在塞维利亚的头几天简直如梦似幻。

在我抵达的那个酷热的中午，科尔多瓦正在午休。街市上寂静无人，只有几只流浪的猫、狗在四处张望。旅馆职员答应下午给我找个导游。为消磨时间，我上街去转悠，并且摸到了"梅斯基塔教堂"及其大理石和斑岩圆柱迷宫。我在这座宏大的摩尔式主教座堂里（德国贝德克旅行指南里标明是四星级游览胜地）呆了整整两小时，主要不是因为它美，而是因为那里有宝贵的凉爽空气。

用过午餐、小憩之后，导游带我去进行长时间的漫游。他带我参观了一些典型的安达卢西亚式样的住宅，包括它们优美的天井和铁栅栏，还有一些教堂及当地的斗牛场。最后，在一个咖啡馆里，他硬逼我喝了当地产的非常难喝的冷饮，名叫"巴旦杏仁汤"。

我很累但很满意，已经打算给他支付工钱了，这时他拉住我。

"不去西班牙最好的妓院逛逛怎么能离开科尔多瓦！"他连说带比划地让我明白过来。

"今晚我没有性欲。"我一边用法语说着，一边打着手势。

"这不要紧。"他继续比划着，"你只要给他们买上一两瓶雪利酒就行。"

我被诱惑了，于是他把我带进一栋与左邻右舍毫无差别的房子里。

在一个有着凉爽喷泉的清新院落中，一对老夫妻舒舒服服地坐在摇椅上，迅速而在行地摇着手中的木扇。院子四周坐着八九个漂亮姑娘，年龄都不超过 25 岁，有的在做针线，有的在看杂志上的图画，有的在扇扇子。所有的姑娘都穿得很体面，没有化妆，举止就像任何一个中产阶级家庭的女孩。这是我见过的最为理想的家庭景象。我们的到来一点都没有妨碍他们。

导游悄悄地对老先生说了点什么，老人拍拍手，简洁地吩咐了一下。一个姑娘走了出去，并带回来两瓶雪利酒。这时那对老夫妇就站起身来，请我们进入接待室。在这里，摆放着几张红色的长毛绒沙发和桌子，桌上还有玻璃杯，几张挑逗性的图片道出这个地方的真正性质。然而，在墙角的立式钢琴上方，竟然还挂着一幅圣母像。

"全家人"个个都端起一杯雪利酒。姑娘们借口天气热，纷纷撩起裙子，露出大腿。面对此情此景，那老头便拍拍我的胳膊，眨眨眼睛，指指她们漂亮的腿。形势有点令我尴尬。那一点甜味都没有的雪利酒，又热又闷的空气，以及语言上的障碍，扼杀了我的性欲。但我天生的虚荣心不能容忍自己被当做一个年轻的性无能者而成为姑娘们的笑柄。

只有音乐才能深深地打动她们。我打开琴盖，给她们来了一场音乐会，有西班牙歌曲，有《卡门》，有维也纳圆舞曲等等。其结果不仅仅是成功，而是决定性的大捷。姑娘们涌过来亲吻我、拥抱我，老头拒绝收我的酒钱，并宣布我可以免费挑选任何一个姑娘。当然，我谢绝了所有这些善意，反而不得不在那架钢琴上签名，不过，我签名时还是心满意足的。我希望那架立式琴今天还在那里，可以为这个优美的盛夏故事提供佐证。

早晨抵达格林纳达时，我让马车夫把我送到"阿兰布拉宫旅馆"，那是我那本德语旅游指南竭力推荐的。在去旅馆的路上经过市中心时，我感觉这里是一座昏昏欲睡的省城，只有一座精美的主教座堂能证明它的重要性。

在一条平淡无奇的街道的尽头，有一道破旧狭窄的入口，通往一座美丽的公园。突然间，气氛完全改变，一种神秘的诱惑力控制了我。我决定步行，以便近距离地体验它。在这个迷人的地方，树木的浓荫下清凉而幽暗，我听见水声淙淙，几条看不见的小溪不知从什么地方涌出，叠瀑而下，又不知流向何处。我宛如置身梦境，溪水悄声细语地讲述着过去的故事，我被它们的秘密迷住了。

马车夫的声音将我从催眠状态唤醒。他驾车驶过陡峭的公园小径，把我送到了旅馆。那是一座模仿摩尔风格的红色建筑。我被带到自己的房间后，便询问早餐在哪里吃，我听到的回答是："我们在凉台上供应。"他们太正确了！从凉台看去的景色格外优美。从上往下看到的那部分城市恍如一片神圣的绿洲，坐落在那翠绿、肥沃的平原（La vega）之上，并由远处雄伟、层峦叠嶂的内华达山守卫着。女修道院及其宽大的回廊、教堂和附属的钟楼创造出平和、宁静的气氛。我为能独自一人、不被搅扰地欣赏这美景感到快乐！

当天下午，我去著名的"阿兰布拉宫"——摩尔人的哈利发[①]的宫殿。事实上，它一直保持着格林纳达被卡斯蒂列的伊莎贝拉（Isabel of Castille）与阿拉贡的费迪南德（Ferdinand of Aragon）征服后，末代哈利发沃阿夫提尔（Boabdil）被迫出走时的原貌。这是座宏大的纯摩尔风格的建筑物，有着许多穹顶以及塔楼、凉廊和外部通道。它修建在俯瞰整个地区的小山上。其内部颇令人赞叹。外面，有条道路通往一个精心布置的花园，名叫"众生园'（Generalife），那里也是"阿兰布拉宫"的一部分。一种淡淡的伤感四处弥漫着，深深地触动了我的心。我为"阿兰布

---

① 哈利发：中世纪政教合一的阿拉伯国家和奥斯曼帝国的元首的称呼。

拉宫"辉煌的过去感到惊讶和着迷。

晚上，吃过晚饭后，导游劝我去"阿尔瓦伊辛"，那是"阿兰布拉宫"对面的一座小山，山洞里住着会用歌舞娱乐旅游者的茨冈人。旅馆职员警告我说，仅仅和导游一起去那里不太安全。

"最好和其他旅游者结伴而去。"他说，"茨冈人可能会给你造成麻烦的。"

我向来喜欢冒险，所以尽管如此，我还是决定前往，不过我身上只带着些估计会用得到的钱，其余的都寄存在旅馆的经理处。马车经过曲曲弯弯的道路把我们送到山上，就停在一块平地旁，那里所见的不是房子，而是长长的一排山洞。我立刻就被不下十二三个黑头发、黑眼睛的孩子高声叫嚷着包围起来。他们毫不害羞，死乞白赖地乞讨金钱，很难摆脱他们。最后，导游在几个年长一些的茨冈人的帮助下，才得以把孩子们轰走。然而，这些茨冈人又开始回过头来喧嚷着邀请我们去看他们表演舞蹈。他们住在不同的窑洞里，纷纷拽着我的衣袖去自己家，所以这一邀请变得很复杂。他们也立刻为我该光顾谁家争执起来。这次，又是导游救了我，使我免遭被扯成碎片的危险。他用拐杖指了一家窑洞，就像施展魔法一样结束了这场混乱。我们走进一间刷白了的窑洞，那是收拾好专供表演用的。全部家具就是给客人们坐的几把椅子，给吉他手坐的两把椅子和墙角的一张耶稣像。舞者和歌手是两位年轻美丽的姑娘、一个六十开外的女人以及一个还不到十岁的小女孩。样子活像《卡门》中的走私犯的两个吉他手开始弹响了自己的乐器。那有力的节奏和美妙的声音真使我欣喜。其中一人时而停止弹奏，用花腔唱几句奇特的华彩段。后来我才知道，那是正宗的弗拉门科深唱法（canto jondo）。这种音乐从未记录下来过，完全是自由的即兴演唱。它从阿拉伯人那里继承来，采用了西班牙和茨冈民间音乐的节奏作为歌唱和舞蹈的伴奏。姑娘们穿着带裙襦的长裙，头发上卡着梳子、插着红色石竹花，舞跳得异常优雅和富有激情，但表情极度严肃、高傲，没有一丝笑容，似乎是在参加宗教仪式。那个老妇人奔放的气质超过了两个姑娘，她看上去如同魔鬼附身，甚至令我害怕。小姑娘也已经是一个优秀的舞蹈能手了。

演出结束后，六个表演者向我伸出手掌，大叫着要我付钱。导游事先曾付过钱，但他们认为太少。我好容易才摆脱出来。我把带来的钱都给光了，但他们还是在我身后又喊又追，直追到我们的马车前，才被导游用拐杖吓走。离开时我的印象既美好又恐怖。

第二天早上，我坐火车前往马德里和圣塞瓦斯蒂安，抵达目的地时我已累极了。但当阿沃斯很高兴地告诉我两场独奏音乐会的票已售罄时，我又恢复了活力，而且我演奏得还真不错。听众把我当做他们喜爱已久的演奏家来欢迎。阿沃斯举办可爱的晚宴为我饯行，宴会上我讲述了在他们国家的历险故事，使他和他的客人们大为开心。

由于法国在马恩河上获得的胜利，我幸运地得以经过法国回到伦敦。漫长而悲惨的阵地战还在继续着。

77

回到伦敦后，我在皇家医院路的住所见到缪丽尔·德雷珀写的一封信，告诉我她已返回美国。她在伦敦的生活已经完全无法忍受。事实上，在不仅没有钱，而且还欠着各种商店与"萨沃依烧烤馆"大笔债务的情况下，她带着孩子，维持了一所大房子、保姆和女佣整整一年，已经表现出超乎常人的勇气和坚韧的性格。不过，坦率地讲，她的离去让我很是松了口气。我一直因无法帮助她而心中感到不安，这使我产生一种强烈的自卑感。

欧亨尼娅、胡安妮塔和何塞·安东尼奥·甘达里亚斯把我当做凯旋的英雄。他们从在圣塞瓦斯蒂安听过我音乐会的朋友处获得了消息。

在伦敦呆了数天后，我和他们一起北上苏格兰。在那里，他们为了度过夏末秋初的一段时日租了一栋房子。

"我们有一架好钢琴给你用。"他们告诉我，"你可以工作、骑马和打松鸡。"

我们来到靠近因弗内斯郡的小镇福里斯。那房子是一座普通的城堡，属于威廉·戈登·卡明斯爵士（Sir William Gordon Cummings）。他是个令人着迷的绅士，曾应甘达里亚斯之邀到他家作客。我在苏格兰度过了最心旷神怡、无忧无虑的两个月。我愉快地工作，每天同甘达里亚斯一起骑马，观看他们射杀可怜的松鸡，不过，我吃起松鸡来倒也津津有味。在看去像传说中的餐厅里，还有身穿苏格兰短裙的男人，一边绕着桌子行进，一边吹奏着风笛。我的房间里有一个很不错的书房，从中我找到一些英国文学的杰作。那里也有我最喜爱的娱乐项目———一张台球桌。但首先，我要为与管弦乐队一起在苏格兰和利兹举办的几场音乐会满怀热情地准备新曲目，他们要我弹奏柴科夫斯基的《降 b 小调钢琴协奏曲》和拉赫玛尼诺夫的《第二钢琴协奏曲》。我还喜出望外地收到邀请，去格拉斯哥和爱丁堡与"苏格兰管弦乐队"一起演出，由埃米尔·姆威纳尔斯基（我未来的岳父）出任指挥。

晚间，当我仍在弹奏时，间或主人们和几位客人会穿着睡衣下楼来，一直听到深夜。

我们乘坐汽车返回伦敦，沿着臭名远扬的尼斯湖和风景优美的喀里多尼亚运河行驶，然后我们停在利兹，我要在那里进行本季的首演。

正是在那里我经历了名不虚传的、典型的英国大雾，迄今我都无法忘却。汽车花费整整一小时才到达市政厅的大门，而这段路步行还要不了十分钟。在我费力地寻找看不见的第一级台阶时，我的头实实在在地撞到"装饰"市政厅大门的一只石狮子的头上，于是我只好额头上带着一个大包举行音乐会（所幸观众看不见）。观众席完全被弥漫在音乐厅里的雾气遮挡住，所以我们之间唯有通过我的音乐和他们的掌声进行交流。

第二天一早，大雾散去，我们才能在晚上回到伦敦。

重返西班牙之前的几个月我就不详细描写了。在胡安妮塔的慷慨帮助下，西尔维娅在伊迪丝·格罗夫街举行了几场精彩的招待会。缪丽尔把租期尚未届满的房子交给了她。伊萨依、特蒂斯、萨门斯、迪福和一个我忘了其姓名的比利时大提琴家演奏了妙不可言的音乐。我们演奏莫扎特、勃拉姆斯、福雷和弗朗克的作品。还有两次，我们有幸找到几个优秀的演奏家，一起演奏舒伯特的《八重奏》、我喜爱的需要两个大提琴家出演的舒伯特的《五重奏》以及贝多芬的《七重奏》。埃米尔·姆威纳尔斯基是幸运的听众之一。我平生第一次有机会演奏柴科夫斯基的协奏曲正要感谢他。他告诉我，他一家人都安全地躲到俄国去了，而他则经由瑞典来苏格兰履行早已签好的合同。他还说他没有来自沦陷的波兰的任何消息，所以我仍然忧郁地不知道波拉和我一家人的命运。至于巴维尔·科汉斯基夫妇和卡罗尔·希曼诺夫斯基，西尔维娅对我说，他们都滞留于雅罗申斯基在基辅的家中。

在伦敦举行了两场音乐会——其一是和伦敦交响乐团在贝多芬音乐节的演出，由韦尔布鲁根（Verbrugghen）指挥；另一场是和伊萨依的独奏音乐会，之后我便前往格拉斯哥。

在音乐会当天上午的排练中，我新学的那首难弹的柴科夫斯基的协奏曲暴露出许多不完善的地方。但是姆威纳尔斯基不但没有失去耐心，而简直就是和蔼的化身。

"和我一起吃午饭。"他说，"喝完咖啡上我的房间去。我有一架钢琴，所以我们能仔细探讨。"

他有关从音乐上和技术上来掌握这部严密作品的宝贵建议，至今我还铭刻在心。只要乐句允许，他就会去掉总谱中"连续的很强"（continued fortissimi），而标注上一个"弱"（piano）和"渐强"（cresendo），藉此在总体上增加新鲜感并加强效果。他也向我验证，在第二乐章中，过快地演奏圆舞曲的模进（valse sequence）是多么错误。每当我演奏这部作品时，从来没有不先想想他的教导的。而且多亏他，无论在格拉斯哥还是在爱丁堡的演出，我都取得了真正的成功。

在伦敦，我和我的智利朋友们一起按照天主教的传统在圣诞前夕好好庆祝了一番，并在贝格海姆太太家吃了典型的英国圣诞大餐，有火鸡和酒烧葡萄干布丁（plum pudding flambe）。在伊迪丝·格罗夫街，我们享用着由胡安妮塔准备的丰盛晚宴，与所有的朋友、音乐家和听众一起迎来了1916年。

新年一过，我立即动身去西班牙。头三场音乐会是和西班牙优秀的年轻大提琴家加斯帕尔·卡萨多（Gaspar Cassado）一起在萨拉哥萨、奥维耶多和毕尔巴鄂举行的。我们两个人轮流演奏。在这三场平稳而相当成功的音乐会之后，我便独自一人继续巡演。

巴伦西亚是我和西班牙听众再次建立那种令人兴奋的、过电般联系的城市，在圣塞瓦斯蒂安我曾那么强烈地感受过这种联系。我的合同原定两天之内连开两场音乐会，但是在第二场音乐会幕间休息时，爱乐协会的管委会一致决定我在接下去的两天里额外加演两场独奏音乐会。这样，我就为同一个城市的听众接连四天举行了四场音乐会！

通过这个机会，我了解到一些西班牙人的殷勤好客。奥占区波兰的几个画家，作为敌国的臣民被迫离开法国，在巴伦西亚附近的萨贡托安下身来。其中有几位我在波兰和巴黎就认识，所以我很高兴和他们重逢。最后一场音乐会后，我邀请他们在一家高级饭店吃晚饭，我们大概一共十个人。当我们正在用波兰语谈笑时，一位先生走到我们桌旁，祝贺我取得的成功，又拿来一张椅子和我们坐在一起。大家对这位不请自来的伙伴颇感惊异，我们一伙的西班牙语都不过关，但是作为外国人，我们还是非常礼貌。我递给他一杯葡萄酒，他为我的健康干了杯。不成功地交谈了几分钟之后，他站起身来，和我们每个人都握了手，就离开了饭店。过了好长一段时间，当我要买单时，侍者却告诉我，那位西班牙绅士已经替我们结了帐，但是他的名字却无人知晓。从侍者的解释中，我只听懂那人声称："他们是我的国家的客人。"

巴伦西亚之后，我的巡演大获成功。我在西班牙第二大城市巴塞罗那的首演是在一个小音乐厅里举行的。但是五天后，我在"音乐宫"又演了一场，那个厅非常大，但是仍然装不下我的听众。我演奏了巴赫、贝多芬、舒曼、肖邦、李斯特以及德彪西、希曼诺夫斯基、斯克里亚宾和梅特涅尔的作品，不过没有勃拉姆斯的作品，也没有西班牙音乐，因为我非常担心会奏出"外国口音"。听众最喜欢的是肖邦和李斯特。我得知，马德里爱乐协会不愿邀请我演出，是因为他们宁愿要室内乐，而不要独奏演出。可是我在圣塞瓦斯蒂安的首演在马德里引起很大的反响，以至一家通常上演戏剧和喜剧的剧院邀请我开了三场音乐会。音乐会在傍晚举行——通常的音乐会时间，因为西班牙人开饭非常晚。

在我到达首都时，三场音乐会的票早已销售一空，剧院经理建议我再加演两场。很幸运，我在仓库里找到一架用过多次的贝希斯坦旧钢琴，它还保有其高贵品质。在"拉拉剧院"的第一场独奏音乐会给我带来了梦幻般的成就，我不得不加演四五次，但听众仍不愿离开剧院。国王阿方索十三（Alfonso XIII）的姑妈、伊莎贝拉公主到场听了我的演奏。幕间休息时，她把我召到自己的包厢里，邀请我第二天去喝茶。

"明天5点我在宫中等你。维多利亚·欧亨尼娅王后（Queen Victoria Eugenia）陛下也将到场。她想听听你的演奏。"她非常客气地说。

这次"茶会"成为我与西班牙王室持续终身的友谊的开端。我明白，"友谊"一词听起来过于自负，也许说"王室赐予我许多恩惠"更为恰当。但我必须承认，我确实感受到他们那温暖的、富于人情味的友谊，因为我在那个家庭的每个成员身上都找到了大度、自发的热忱和理解。这一感情经受住了西班牙革命和内战的考验，一直延续到阿方索国王和维多利亚·欧亨尼娅王后的第三代。

从那天起，美丽迷人、极好音乐的年轻王后，伊萨贝拉公主，还有王太后玛丽亚·克里斯蒂娜就总要光临我在马德里的音乐会了。另外贝阿特丽斯（Beatriz）和玛丽娅·克里斯蒂娜（Maria Cristina）两位公主也常来。

我的听众似乎很自然地是由马德里最有趣的人们组成。除了所谓宫廷圈外，众多的音乐家、大作家、政治家和外交使团的成员都经常出现在我的音乐会上。西班牙伟大的剧作家哈辛托·贝纳文特（Jacinto Benavente）通常在后台听我的音乐会，坐着一张摇椅，抽着大号雪茄。阿方索国王完全不通音乐，只在必要时才出席音乐会，但对我怀有纯属个人的感情，他喜欢和我聊聊，也高兴听我谈话。

欧亨尼娅、甘达里亚斯——大家都称他为托尼——以及胡安妮塔从伦敦赶来为我的最后几场音乐会助威。欧亨尼娅在西班牙的社交圈里极受欢迎。她把我介绍给许多贵族家庭。这些望族中的许多人都变成我有生之年的亲密朋友。

4月，托尼和费尔南－努涅斯（Fernan－Nunez）公爵夫妇利用圣周（复活节前为期一周的长假和著名的复活节大集）组织了一次去塞维利亚的旅行。一群人中包括蒙特里亚诺（Montellano）公爵夫妇和他们的一双儿女、阿里亚加（Aliaga）公爵夫妇和女儿、库埃瓦斯·德贝拉伯爵（Cuevas de Vera）、卡洛斯·萨拉曼卡（Carlos Salamanca）（他的漂亮妹妹维亚维耶哈侯爵夫人是欧亨尼娅最好的朋友），以及欧亨尼娅、胡安妮塔和我。我们浩浩荡荡的"大篷车队"由四辆罗尔斯·罗依斯汽车和三五辆运送行李、食物和其他野餐用品的汽车组成。在多莱多和科尔多瓦逗留一天之后，我们就从容不迫地向目的地进发。沿途，我们总是在风景如画的地方停下来，在树荫下愉快地吃午餐。在什么地方停留，一般都由费尔南－努涅斯公爵决定。一旦决定停下来就餐，仆人们就立即在草地上铺开一块地毯，搬来舒适的野营椅，在每个人面前架上一张小折叠桌，摆好盘子、玻璃杯和银餐具。餐单主要是鱼子、熏鲑鱼、凉鸭肉、各种沙拉、奶酪和水果，以及高级葡萄酒、果子酒和咖啡。为男士们准备了放在大号保湿烟盒里的雪茄，而女士们则有放在银制烟盒里的香烟。我的西班牙新朋友们把这叫做"野餐"！

一次，一位赶着两头山羊的老牧羊人停下来看我们用餐。他穿着一条褴褛的裤子，一件褪色的衬衫，头戴一顶破帽子，但他没有刮胡须的面孔显得满高贵。费尔南－努涅斯公爵和他搭话道：

"伙计，能否请你品尝一点东西呢？"

"好啊，我乐意。谢谢。"那人回答说。

于是仆人受命拿给他一份同我们吃的一样的食品，包括葡萄酒和雪茄。牧羊人安安静静地吃完，喝了葡萄酒，点燃雪茄。野餐结束后，我们准备离开。老人对公爵说：

"先生，如果你来到前面村子的那条长街上，我就住左边第二家。任何时候愿意拜访我，你都会受到欢迎。"

说完，他用一个充满尊严的手势和我们告别，带着他的山羊远去了。

公爵沉默了一会儿，然后以因为激动而沙哑的嗓子说：

"他们多么尊贵和骄傲，我们西班牙的农民，是吧？"

圣周的仪式体现出西班牙天主教徒虔诚的信仰中混杂有明显的异教痕迹，这给我留下很深的印象。在耶稣受难日，送葬时抬棺材的脚夫扛着笨重的祭台，上面展示着耶稣受难的组画，还有表现耶稣背着十字架艰难行进以及几个门徒的彩绘木雕，或是一身雪白服饰的圣母雕像：她还佩戴着货真价实的钻石项链和胸针，这些饰物当然都是为了表示吉利而向城里的阔太太们借来的。脚夫们会在塞维利亚的主要街道上缓慢地游行一整天，有时也停下来喝口葡萄酒，或者等着听听少女们在凉台上向圣母唱出求助的祈祷歌（Saeta）。如果碰巧富人区教堂的游行队伍和穷人区游行队伍相遇，那些早已喝醉了的脚夫们便会大打出手。"你们的圣母只不过是个婊子。"穷人区的游行者们就会这样叫喊。虔诚的人群目睹着这一幕还颇感兴趣呢。

圣周期间，商店、剧院、银行和饭店都关门停业，直到星期六晚上，也就是复活节前夕。到时候，根据一个奇怪的传统，西班牙所有的剧院都要上演佐里利亚（Zorrilla）的古典戏剧《唐璜（Don Juan Tenorio）》，音乐厅也都营业，人们都吃喝欢庆，与新年夜没什么不同。复活节当天和其后的两天，会举行一年一度的最重要的斗牛，吸引当时最伟大的斗牛士来参加，如加里托（Gallito）、贝尔蒙特（Belmonte）和加奥纳（Gaona）。我们参加了随后的节日的所有活动，既看又跳塞维亚纳舞，整个晚上都在

"文塔·埃里塔纳"听弗拉门科。所有这些都是异常愉快的经历，接着的许多年，我都是这个节日的常客。

我们的"大篷车队"继续向阿尔赫西拉斯进发。到了那里之后，库埃瓦斯、蓬斯（Manolo Pons）（即蒙特里亚诺公爵）、萨拉曼卡和我几个人没有休息，而是坐船到丹吉尔①，去看一眼非洲。横渡只需两个小时。我们在阿拉伯城市里游逛，在市场上逗留，买了几顶圆筒的土耳其帽和几双平跟软拖鞋。在咖啡馆我们抽着水烟袋，欣赏到异国情调。回到阿尔赫西拉斯后，我们四人吃了一顿愉快的晚餐，喝下不少雪利酒，大家都兴致勃勃。

邻桌有位俏丽的年轻女士独自坐着，身着黑装，面露愁容。饭后，大家分头行动，有的去赌场，有的去睡觉。我一个人留在客厅里，喝着咖啡。这时，那个穿黑衣的年轻女士用法语向我打听到丹吉尔去的船的情况。告诉了她有关信息之后，我和她继续聊天，并且走出房间，去到一直往海边延伸的美丽的花园里，眺望直布罗陀山。她说，在战争中她失去了丈夫。出自同情，我握住她的手。就这样，她猛然地、几乎是歇斯底里地搂住我，于是，我们立即在花园昏暗角落里的长凳上做起爱来。这在我整个一生中是最出乎意料的事。后来她跑回自己的房间，第二天早上起来人已消失。事后回想起来，我突然意识到，战争能让一个心碎的女人干出什么样的事来啊。

我们的"大篷车队"经过马拉加、格林纳达和龙达回到马德里。在帕尔森特公爵家族（Dukes of Parcent）的宫中，公爵夫人和她的迷人的女儿为我们举行了一次美妙的晚宴。公爵夫人的女儿叫做皮埃迪塔·伊多尔贝，是个高傲、美丽的姑娘，曾在温泉疗养圣地卡尔斯巴德与我说过话。回到首都后，托尼和胡安妮塔便乘火车返回伦敦，而欧亨尼娅和我则留在马德里。

---

① 丹吉尔：直布罗陀海峡南岸的港口之一，位于北非国家摩洛哥的东北部。

年轻的王后经常邀请我到她的私人套间为她和她的女儿们演奏，只有女侍臣圣·卡洛斯公爵夫人（Duchess San Carlos）在场。还有一次，我在王宫为外交使团、西班牙的望族和为数不少的公主、王子的大聚会演奏。每次这种演出后，我都能得到国王和王后送的精致礼物，诸如一对带小钻石的袖扣，一只金表，一个刻有"维多利亚·欧亨尼娅"的签名和日期的金烟盒，一条白金项链，等等。

阿尔瓦公爵（Duke of Alba），西班牙除国王之外最显要的人物，经常邀请我去吃晚饭。因为他同时拥有苏格兰贝里克公爵（Duck of Berwick）的头衔，所以他把在西班牙推行晚上 8 点（而不是西班牙通行的晚上 10 点或者更迟）吃饭的英国风俗当做自己的职责。此外，公爵是个极为守时的人——这是他又一个非西班牙的特点。我很遗憾，第一次去吃晚饭就迟到了 15 分钟。阿尔瓦公爵家族历史悠久的"里利亚宫"离我居住的旅馆相当远，所以我把到达那里所需的时间估计错了。当我走进大厅时，两名身穿公爵家制服的男仆接过我的大衣和礼帽，严厉地对我说，公爵和他的客人们已上桌用餐了。我极为难堪，不得不迅速想出一个可信的托词。进入餐厅时，我脸上已经带着遭了难的表情。

"先生，我在旅馆的浴室里出了点意外，让我十分痛苦。"我结结巴巴地说，"过热的房间和热水浴害得我几乎晕倒。"我闭上眼睛，"我勉强挣扎着才穿好衣服。"

我的故事得到了大声的同情。

"静静地坐一会，放松一下。"公爵怀着真诚的关切说道。"一杯温热的清炖肉汤对你会有好处的。"

"请你把这吞下。"一位太太递给我一片药。"这对心脏有益。"

整个晚饭过程中，大家都很关心我。

"你是否好些了？或许还要再吃一片药吧？"

说实话，我感觉好开心。宫殿是个宏伟的博物馆。在喝咖啡的房间里，墙上挂着两幅提香画的阿尔瓦公爵的肖像，那是我们主人的祖先、臭名远扬的弗兰德里亚总督。还有一张鲁本斯（Rubens）画的同一位阿尔瓦公爵。一对可爱的夫妇坚持把我送到家，扶我进了房间。

第二次我又迟到了，我自己也极为不满，虽然那不是我的错。欧亨尼娅和几个朋友们在鸡尾酒会上耽误了我的时间。在去里利亚宫的路上，我编造出一个迟到的好理由。

这一次，公爵起身欢迎我，然而口气有点不耐烦：

"亲爱的鲁宾斯坦先生，很抱歉你还没到我们就开始用餐了，不过我一向赞成严格按时开饭。"

我平静地回答："十分正确，先生。不过我碰上一件预想不到的事。我刚坐上出租车，一个旅馆服务员就告诉我有个紧急电话。一个美国经纪人建议我明年冬天到美国巡演。就因为这个电话，我迟到了。我实在是非常抱歉。"

公爵立刻就高兴地笑起来。

"哦，噢，祝贺你，亲爱的。"他说着，转向宾客们，宣布道，"鲁宾斯坦将应邀到美国巡演啦。"

"好极了，简直太好啦！祝你成功！"客人们叫起来。大家为我举杯，我成了当晚的英雄。

几星期后，阿尔瓦公爵又一次邀请我去吃晚饭。这次我下定决心要准时到达。"要是迟到了，我就自杀！"我对自己发誓。我6点半就穿好了衣服。8点差20，我已坐进出租汽车。

"请到里利亚宫。"我对出租汽车司机说。

路程还不足15分钟。我们平稳地行进，路上车辆不多，通过一个昏暗的广场时，我突然听到一声巨响，好像枪声一样。出租车的轮胎爆了。我失望之极。

"快，给我另叫一辆车。"我叫道，但是司机耸耸肩膀，微微一笑，说：

"这附近没有任何出租车。不过走过去并不远。只需向前走三个路口，向右转走一条长街，你就到了。"

我奔跑起来，好像要夺取奥运会的冠军似的。跑到宫殿时已浑身大汗，气喘吁吁，才迟到10分钟。不幸的是大家已经入座。我非常恼火，差点儿要哭出来。

"我碰到了一件最最糟糕的事。"我上气不接下气地说，然后我讲了出租汽车发生的倒霉事。我非常沮丧，准备告辞。

阿尔瓦公爵平静地回应道：

"别那么伤心。我非常理解你。"接着，他带着迷人的微笑，补充道："你的小故事我喜欢。"

这次他没有相信我。唉，讲真话反而无人相信！

虽然我取得了那么多成功，但无论爱乐协会还是"拉拉剧院"支付的演出费都为数太少。所以我的确需要一个好的经纪人。

一个相识的音乐家告诉我一个叫丹尼尔（Daniel）的人，他曾在柏林著名的赫尔曼·沃尔夫公司工作过。我和他约好第二天上午见面。

原来他是个古巴人，他的真名叫埃内斯托·德克萨达（Ernesto de Quesada）。他继承或者自己购买了一家叫"丹尼尔"的小印刷公司，他就把这个名称保留下来，安到演出公司头上。他长着一张娃娃脸，与他三十多岁的年纪不太相称，而且他相当羞怯。但我立即感到他正是我需要的人，一个真正合格的音乐经纪人。

"下一个演出季我们可以多挣很多钱，但这需要和那些吝啬的爱乐协会讨价还价。"他说，"在马德里和巴塞罗那，你应该自己冒险组织音乐会。在付清花销之后，其余的钱就都归你了。"

我邀请他作为我在西班牙的经纪人，迄今他还是我在那里的代表。我们制定了下个演出季的计划，而他马上就开始为我的巡回演出进行准备。

5月的马德里已经热不可耐，在城里的生活也同样让人难以忍受。大家都在关注战事。我在这个中立国家，比在卷入战争的国家能够更加明显地感觉到国际形势的脉搏。交战阵营双方的各国公民都涌进了西班牙，他们在马德里也进行着自己的小战争。间谍、阴谋、假警报、诽谤是他们的秘密武器。我很难分清敌友。一次，一个法国人问我："听说你和奥地利使馆的参赞谈过话，是真的吗？"

"当然没有。"我回答。不过我撒了谎，那个参赞是波兰人，是我的朋友。不管你去什么地方，永远都要睁大眼睛看着：这家伙是不是间谍？他干吗这么匆匆忙忙地离开？说不定去打电话了。不管怎么说，我的许多朋友都到乡间或者海边去了。欧亨尼娅和比亚维耶哈侯爵夫人去看望住在科尔多瓦附近的朋友，王室则移驾到桑坦德的王宫去避暑。

78

1916年6月初的一个温暖、阳光明媚的早晨，我来到圣塞瓦斯蒂安。虽然我的音乐会预定在7月举行，但我需要休息和新鲜空气，最主要的是我想离开马德里。

我把自己舒舒服服地安顿在"大陆饭店"的一间面对孔查湾的屋子里，欣赏着这座悦人城市的风光。下楼去吃午饭时，我嘴里哼着一段西班牙歌曲，情绪极佳。在靠窗的一张桌子旁，坐着伟大的谢尔盖·佳吉列夫，陪着他的是年轻的列奥尼德·米雅辛（Léonide Miasin）。尼任斯基离开后，这个年轻人成为芭蕾舞团的首席舞蹈演员和这位芭蕾魔术大师的宠儿。以前会面时，佳吉列夫不曾注意过我，现在却起身欢迎我。

"能在这里遇见你真让人惊喜！"他微笑着说，露出了满口的牙齿，"请和我们坐一桌吃吧。"

我当然照办了（我们的一日三餐都包给了饭店），从此我们就都在一起吃饭。

这个大人物现在正处于严重的麻烦之中。对于大多数欧洲平民，战争给他们的生活带来的是根本性的变化，但对佳吉列夫则简直是灾难。他拥有最高水平的芭蕾舞团，但是世界，他的特定世界，突然间将他拒之门外了。西班牙作为他唯一能抵达的中立国，成为他的避难所。但这是个多么不安全的避难所啊！诚然，在即将来临的秋季，纽约"大都会歌剧院"提出了重要的演出合同；1917 年夏天，阿根廷和乌拉圭也有一个较长的演出季合同。但这两个生死攸关的合同都包括一条即便不是无法接受、也是非常难办的条款，即无论"大都会歌剧院"还是布宜诺斯艾里斯的"科隆剧院"，都不同意芭蕾舞团演出时可以没有尼任斯基。"我们的宣传都是靠他的名字。"他们宣称。而佳吉列夫因为对尼任斯基的婚姻妒火中烧，怒不可遏地解雇了那位伟大的舞蹈家，并以不那么轰动的米雅辛取代他。因此，这个可怜的人现在只好妥协，他必须诱使、甚至乞求那个大明星在这两个演出季中加入芭蕾舞团。而他自己和米雅辛只得留在欧洲。而眼下，由于缺乏经费，他正在为维持芭蕾舞团作着无望的斗争。除芭蕾舞团本身

外，两名俄国画家和指挥家厄内斯特·安塞尔梅①也在他的工资
单上，而且，他不得不支付西班牙作曲家曼努埃尔·德·法雅
（Manuel de Falla）酬金，他已经要求法雅为下个演出季节写一部
芭蕾舞剧。毕加索则负责这台西班牙芭蕾舞剧的布景和服装。

　　我抵达时情况就是如此。然而，佳吉列夫有着坚强的意志，
他从不让人看出他有什么麻烦，始终都保持着幽默感。所以，我
们席间的谈话活跃、充满智慧，而且十分有趣，并经常能为新的
芭蕾节目想出些天才的主意来。自然，我还逐渐认识了这个团的
所有成员，包括舞台布景人员。法雅、莉迪娅·洛普霍娃②、阿
道夫·波姆（Adolph Bolm）、里拉·卡舒巴（Lila Kashouba）和
莎贝尔斯基（Shabelski）姐妹都成了我形影不离的同伴。

　　我计划中圣塞瓦斯蒂安的"平静的避风港"变成了"疯狂的
旋转木马"。观看身着紧身衣的可爱的芭蕾舞演员每天上午的排
练很令人兴奋。我喜欢在一间咖啡馆的露台上与画家们和安塞尔
梅之间的那些长时间的讨论，还喜欢饭店里那些愉快的午餐，喜
爱聆听法雅演奏新芭蕾舞剧《三角帽（the Three Cornered Hat）》
的音乐片断。深夜，洛普霍娃、波姆和其他音乐爱好者会把我拉
到已经没有人的赌场大厅，逼着我弹奏好几小时，经常到午夜过
后很久。整个剧团表现出一种可敬的精神：舞蹈演员数日没有像
样的饮食，拖欠着旅馆的帐单，身无分文，但谁都从未失去乐天
的性格。他们还随时准备着寻开心，不让困难妨碍他们的工作。

　　原来，法雅并非等闲之辈。他看去像个身穿平民服装的苦行
僧，总穿着一身黑衣服。他的光头、他锐利的黑眼睛和他浓密的
眉毛之间，总有一丝感伤隐藏着，甚至他的微笑也含有忧愁。但

---

　　①　厄内斯特·安塞尔梅（Ernest Ansermet，1883－1960）：瑞士杰出的指挥家。
　　②　莉迪亚·洛普霍娃（Lydia Lopoukhova）：俄罗斯芭蕾舞团演员，著名的经济
学家约翰·梅纳德·凯恩斯未来的妻子。

是他的音乐却表现出巨大的激情，与他本人似乎形成鲜明的对比。他谱写芭蕾舞剧总谱时放不开手脚，羞怯、谦卑，在音乐中加进来几首过时的小步舞曲和加伏特舞曲①，这使佳吉列夫非常厌烦。

"我希望它是纯西班牙的，而不是这种异国的垃圾。"佳吉列夫大声叫喊。

第二天，可怜的法雅带来一首霍塔舞曲（jota）的草稿，那是典型的西班牙舞曲。

"哈，这才是我们所需要的。"佳吉列夫说，而米雅辛则点头赞同，"我们要更多这样的东西。"

就这样，法雅一天又一天地把那首《霍塔舞曲》发展成为一段长而热烈的舞剧终曲，这使折磨他的佳吉列夫大为欣喜。结果令人惊讶，《三角帽》变成芭蕾舞团最成功的保留剧目之一。

阿沃斯从马德里赶来开始他的夏日演出季，并与我联合举行了首场独奏音乐会。在热情奔放、欢呼雀跃的听众面前，我们两次演奏了柴科夫斯基的协奏曲。

佳吉列夫和他的朋友米霞·塞尔特夫人（Madame Misia Sert）属于最认真的听众之列。两人都喜爱这首协奏曲和我对它的演奏特色。而且正是在这一天，我才真正赢得了佳吉列夫的友谊。此前，他对我的种种关心，在很大程度上是和我在西班牙的成功、以及我在这里可能对他有所帮助联系在一起的。

米霞·塞尔特是个不寻常的女性。与其说她美丽，不如说她具有魅力且充满活力。她在巴黎出名是因为马奈、雷诺阿、图卢兹－洛特雷克（Toulouse－Lautrec）、维亚尔（Vuillard）和博纳尔（Bonnard）都为她画过肖像，还因为她嫁给了西班牙画家何塞·马里奥·塞尔特（Jose Maria Sert）。她在巴黎艺术界很有影

---

① 小步舞曲和加伏特舞曲（gavotte）都是源于法国的古典乐曲。

响。就是她，还有其他人，帮助佳吉列夫从各国豪富们手中获得了资金来支撑他那奢侈昂贵的演出季的。她带着一大笔钱来到圣塞瓦斯蒂安，让他及时松了一口气。米霞·塞尔特夫人引以为荣的是，她是天底下唯一一个不仅为那位仇视女人者所容忍、而且确实为他所崇拜的女子。

在圣塞瓦斯蒂安的"维多利亚·欧亨尼娅剧院"，芭蕾舞团与由安塞尔梅指挥的马德里管弦乐队一起举行了两场隆重的演出。之后，安塞尔梅把乐队留下，以我为独奏演员举办了一场音乐会。剧院里坐满了人，我们将所有的收入都用于支付舞蹈演员们的旅馆账单。佳吉列夫到伦敦去争取一些基金，给我带来两条漂亮的领带———一个可爱的姿态！

我的演出季也已经开始。巡演从巴塞罗那和加泰罗尼亚省的其他城市开始。到处是欢呼和满座。在马略卡岛上的帕尔马，阿尔贝尼斯的遗孀请我吃晚餐，我很乐意地表示接受。她和两个女儿住在帕尔马的市郊。一个女儿已出嫁，另一个女儿劳拉（Laura）是个非常好看的年轻姑娘。在饭桌上我讲到自己怎样在不知阿尔贝尼斯是何许人的情况下认识他的故事，让她们很开心。

"你是否能弹些他的作品呢？"阿尔贝尼斯夫人问。

"当然能。"我回答，"我了解并喜爱他的《伊比利亚组曲》①，但我害怕在西班牙演奏。在波兰，最有名的外国钢琴家演奏肖邦的玛祖卡舞曲都会引人发笑，因为他们无法掌握这种纯粹波兰作品的节奏。我可不想在西班牙冒遭到嘲笑的风险，我对自

---

① 《伊比利亚组曲（suite Ibelia）》：是西班牙著名作曲家、钢琴家伊萨克·阿尔贝尼斯（1860—1909）的杰作。该曲以西班牙民间歌舞弗拉科丰富的节奏、和声和旋律为基础，采用了法国先进的印象派和声手法，并创造性地用钢琴模仿吉他或响板的演奏效果，使音乐充满了鲜明、浓郁的西班牙乡土气息和强烈的感染力，开拓了具有高度艺术性的钢琴流派之先河。作曲家因此成为西班牙音乐史上最重要的代表人物之一。

己在这里所取得的成功非常满意。"

"但是，求求你，只为我们演奏阿尔贝尼斯的一些作品吧。"女士们恳求道。

"夫人，"我有点难为情地说，"我演奏他的作品充满激情，不过是按照自己的方式。你会明白，在我看来，《伊比利亚》的织体太过稠密了些——这妨碍旋律的自然流动。当听到我为了突出音乐的本质而舍弃了许多音符时，也许你会感到震惊。"

女士们没有动摇。

"就按照你的感觉弹——听你的阐释一定会很有趣。"

我从《特里亚纳》①开始，把自己对西班牙节奏固有的热爱全部投入。我弹完后，阿尔贝尼斯夫人对着劳拉说：

"这真是很令人惊讶，他和你父亲弹得完全一样！"

"是的，是的。"劳拉说，"爸爸也省略掉很多不重要的伴奏。"

来自作曲家兼钢琴家的遗孀和女儿的赞同令我备受鼓舞。我又按照自己的解读方式，演奏了《伊比利亚》中的第三、第四首。我的两位听众不时用惊叹声打断我的演奏。

"爸爸这里是用'自由速度'弹的，他结束得'很轻'，他的速度和你的完全相同。"

我下定了决心。

"夫人，"我说，"如果你答应会去马德里或者巴塞罗那出席《伊比利亚》的首演②，那我就在自己的音乐会上弹奏这部组曲的全部 12 首曲子。"

---

① 《特里亚纳（Triana）》为《伊比利亚组曲》的第六首，是全曲最著名的一首，富有狂想风格和吉普赛风情。

② 《伊比利亚组曲》曾由作曲家敬慕的法国女钢琴家布朗什·塞尔瓦于 1906 年至 1908 年分卷分期在法国巴黎等地演出。阿图尔·鲁宾斯坦 1916 年在西班牙首演全套曲目。

女士们郑重其事地答应了我。

我离开帕尔马继续巡演，然而一有可能，我就研读这部极难的作品。

一个月后，我宣布在马德里举行三场特别音乐会，每场的节目都由《伊比利亚》的四首乐曲组成。鉴于此前还没有任何人演奏过，这乐曲对于听众是个意外的发现。我可以毫不夸张地说，这些音乐会是我的艺术生涯中真正的转折点。每弹完一首，都爆发出热烈的喧闹声。"加演，加演，加演！"听众们叫喊着，迫使我一首接一首地重弹。最后，他们给了我一生之中最热烈的欢呼，我不得不鞠躬十几次，鲜花不停地飞向我。尔后在街上，一群听众一直把我送到旅馆，一路上不停地喊叫着："真棒，棒极了！"阿尔贝尼斯夫人、劳拉、阿沃斯、法雅以及其他音乐家们都拥抱我，以最热情的方式赞扬我。"你弹这乐曲就像个地地道道的西班牙人。"他们说。从此，我就被贴上西班牙音乐最杰出阐释者的标签，并在每个城市中都演奏了部分组曲，而且到处都能取得同样的成功。我也弹奏过阿尔贝尼斯去世后发表的作品《纳瓦拉》①，它成为我演奏生涯中喜欢用作加演的乐曲。好多年里，我不弹这首曲子就结束不了音乐会。

另外还有一件奇特的与音乐有关的事件。法雅和我成了知心朋友。一天晚上他带我去看帕斯托拉·英姆佩里奥（Pastora Im-perio）演出他的芭蕾舞剧《魔法师之恋（El Amor brujo）》，她是著名的吉普赛女歌唱家和舞蹈家。节目在剧院里上演，开始得很晚，是在正常演出结束之后。舞剧讲的是一个姑娘被一个男人（一个优秀的舞蹈家）施了魔法控制起来的故事。音乐由五六名乐师演奏，就是夜总会里通常能听到的乐队；钢琴手在一架立式

---

① 《纳瓦拉（Navarra）》：是《伊比利亚组曲》的姐妹篇。由阿图尔·鲁宾斯坦首演。

钢琴上弹奏。不过音乐令我着迷，特别是一个叫做《火之舞（fire dance）》的舞蹈，帕斯托拉·英姆佩里奥跳得出神入化。

"你能把这一舞曲的总谱借给我吗？"我问作曲家。"我想把它改编成钢琴曲，并在某一次音乐会上演奏。"

他笑了，说道："我当然可以给你。不过我怀疑它是否会产生影响。"

我进行了改编，不过只是将《火之舞》从总谱的原稿中摘录下来。等我在紧接着的一场音乐会上把它作为加演曲子弹奏后，听众疯狂起来。我不得不重复弹了三遍！

维多利亚·欧亨尼娅王后参加了我所有的音乐会，也经常邀请我在她的私人套房演奏，就像老公主伊莎贝拉和王太后所做的那样。

我音乐会上使用的钢琴开始迅速地磨损了，以致我以用它演奏而感到羞愧。一天，我向年轻的王后抱怨这事，并为那件乐器冰冷、刺耳、衰弱的声音表示歉意。

"我也注意到了。"王后陛下说，沉默片刻，她又补充道："如果你答应严守秘密，那我很乐意把我自己的斯坦威琴借给你在马德里的音乐会上用，就是你很喜欢的那架。"

我笑着，感到不知所措。这是极其超乎寻常的提议。

"我希望这不会给陛下造成麻烦。"我说。

"一点也不会。每次音乐会后我就吩咐把琴送回宫中。但我不想让任何人知道这事，甚至国王。他可能会不赞同。"她微笑着补充道。

我找不到合适的言词，无法表达我内心的深切感激。

于是，那架王室钢琴就被送到我下一场的音乐会上，而我一弹完就立即被运走。王后很愉快地听到自己的钢琴能够充分发挥潜力。听众也发现了变化，不过想当然地认定是某个音乐迷把自己的琴借给了我。

在一场这样的音乐会上，发生了一个意想不到的情况。我正要去剧院时，经理打来电话：

"你的钢琴还没有到。听众已经越来越多了——我该怎么办？"

我惊慌起来。

"我亲自过问此事。"回答后，我就打电话给圣·毛罗公爵的府邸，他是王后的侍臣，知道这个秘密。

"公爵出城去了。"管家回答说。

我跑到剧院，观众席上已经几乎坐满了人，但舞台上还空空如也——没有钢琴。到开场的时候还是没有任何消息。我急得要发疯了。一刻钟后，听众开始以掌声和跺脚声来表示不耐烦。经理走上舞台解释说，钢琴受到延误，但是已经在路上了。被观众的高声抗议折磨了一小时后，乐器终于到达，并匆匆地在舞台上摆好。几分钟后，王后出现在王室包厢中。我大大地松了口气，开始演奏。那场音乐会是我演奏效果最佳的场次之一，我决心要好好抚慰听众，并成功地使他们忘记了"钢琴事件"。

幕间休息时，我被叫到王室包厢里，王后因激动脸还红着呢。

"真抱歉让你那么难熬地等待钢琴。"她说，"可是发生了一件破例的事。吃午饭时，太后和国王进行了活跃的政治讨论。惯常，午饭后两人便都去休息。但今天由于意见分歧，他们就继续争论，地点恰好就在放着等待运送的钢琴的那间房子里。我如坐针毡，又不敢打断他们。他们一离开，我的人就立即把钢琴送到剧院来了。我们也紧跟了过来，不是吗？"王后对圣·卡洛斯公爵夫人微微一笑。

在我的印象中，1916－1917年的演出季里，我仅在西班牙就举行了一百多场音乐会。我想不出有哪个西班牙城市我没有去演出过。那时我的西班牙语已经讲得很流利了。巡演中最大的困难就是找到适合音乐会用的钢琴。我常常不得不在音响很弱的小型平台钢琴（baby grand）或者从当地某个所有者那里借来的非常陈旧的演奏琴上弹奏。

我记得有一个城市的监督委员会吹牛说，专门为我搞到了一架崭新的钢琴。当我恐怖地发现那是一架立式钢琴时，我拒绝演出，并打算离开。但是那个小镇的镇长在车站截住我：

"求求你，请不要让我热爱的城市难堪。"说完，他竟哭了起来！

见此情景我的心都碎了。于是，我在这架糟糕透顶的半拉乐器上演奏了整场音乐会。

在加那利群岛的帕尔马，我听说，一个富有的香蕉种植场主有一架真正的贝希斯坦演奏琴。我一刻不停地赶去找他，希望他能把琴借给我在音乐会上使用。那人是个外表粗俗、没有受过教育的家伙，似乎对我的请求非常受用——想必有人告诉他，如果允许我使用这琴，对他将是一种荣耀。

"你看，"他骄傲地说，"这是世界上最好最贵的钢琴——我只买最好的东西。"他给我看了一把钥匙，补充说："还没有任何人碰过我的琴呢——我一直把钥匙随身放在口袋里，你将是第一个弹它的人。"

他庄重地打开乐器……于是，唉……映入眼睑的是多么可怕的情景啊！琴弦生了锈，有些已经断了，木头也被白蚁吃空，甚至耗子也不止一次啃它充饥。我急忙离开，不忍心看见那人沮丧的表情。

回到马德里后，我有幸出席了佳吉列夫芭蕾舞团在"雷亚尔剧院"的首演。那是有王室成员出席的隆重演出。我应蒙特里亚诺公爵夫妇（Montellano）之邀坐在他们的包厢里，并将在演出后与他们共进晚宴。我们着迷于《舍赫拉查德》的优美，其中奴隶一角又由尼任斯基担任了。幕间休息时我在小吃部注意到一个穿着常服、身材矮小的黑发男人在打量我，他有一双我所见过的最锐利的眼睛。他用西班牙语对我说：

"你是钢琴家鲁宾斯坦吗？"

我突然想到他是谁了。

"毕加索？"我问。

我们两人爆发出笑声。根据共同的朋友的描述，我们很容易地就认出了对方。芭蕾演出结束后，我谢绝了和蒙特里亚诺公爵夫妇一起去用晚餐，而与毕加索一起来到"太阳门"附近的"东方咖啡馆"，那里是艺术界和知识界著名的聚会场所。毕加索和我谈了几个小时，涉及所有的事，我们相互都非常理解。我们美好的友谊就是这一晚萌发的，经过这么多年的世事和个人生活的变迁，我们的友谊仍然充满了生命力。

欧亨尼娅十分渴望结识与俄罗斯芭蕾舞相关的各路豪杰。我成功地邀请了佳吉列夫、米雅辛、法雅和毕加索在"王宫饭店烧烤厅"吃午饭。欧亨尼娅着迷于所有的人，尤其是毕加索。就像之前的格特鲁德·斯特恩一样，她也要他抽些时间来画她和她女儿的肖像，此外还要他为她画一扇屏风、一副手镯和另外一些能入画的东西。大战后的一个夏天，她请毕加索到比亚里兹的别墅度假。毕加索为了感谢她的款待，想出一条妙计。最后一天早上，他在自己卧室的墙上秘密地画了几幅壁画，之后就与她吻别了。当欧亨尼娅走进他的房间时，发出一声大叫——既高兴又沮丧！那别墅不是她自己的，她只是租来度假的！

来自俄国的消息一天比一天令人担心！德军在整个俄国战线上一直取胜，不断向着这个国家的纵深推进。一桩桩重大历史事件正迅速接连发生。对拉斯普京轰动性的谋杀结束了沙皇皇后对政治的有害干涉。沙皇退位后，由杜马选举产生的以利沃夫公爵

（Prince Lvov）为首的新的自由政府，不顾局势极为不利，决定继续进行战争。

就在这时，我开始担心我的护照可能变得毫无价值，但是驻马德里的俄国大使十分好心，以共和政府的名义给我换了一本新的外交护照。然而俄国政治形势突然发生了危险的转折。

两个著名的马克思的追随者——列宁和托洛斯基秘密进入圣彼得堡，列宁在那里向陆军和海军的逃兵进行慷慨激昂的长篇演说。很快，工人和农民也加入进来，队伍不断壮大。杜马选举出社会党人亚历山大·克伦斯基（Aleksandr Kerenski）担任总理。列宁在斯莫尔尼宫成立了革命委员会，日益有效地反对杜马的法令。

那支已经丧失斗志的军队随时都会向敌人投降。玩世不恭、肆无忌惮的政府深受被拉斯普京支配的沙皇皇后的影响，将士兵们当做炮灰。于是他们大批地参加了列宁的革命。在喀琅施塔德军港发生了多次暴动。

俄国的形势就是这个样子。

在西线，协约国的军队还在坚持，几十万勇敢的人为了保卫凡尔登这个阴森的要塞而倒下。可怕的凡尔登战役取胜之后，阵地战依然在进行。

一天早晨，"王宫饭店"的接线员打电话告诉我，说大厅里有一位先生想和我见面。当我问他为何目的时，接线员转告了答复："这位先生不愿在电话里谈，但他说事情很重要。"

我多少有点好奇，就去到大厅。一位面孔圆圆、身材矮胖的男子站起来，脸上冒着汗，张口就问：

"有什么地方可以私下谈谈？"

"我想，最好在我的房间里。"我提议。

我们乘电梯上楼，走进房间，那人确认房门已关好，也不脱大衣和帽子，就激动地说起来：

"我想让你去阿根廷。"

"去干什么？"我问。

"开音乐会。"

"你是音乐会经纪人吗？"

"不是。"他回答，"但我的姐夫在布宜诺斯艾里斯有一个很大的剧院。"

他看上去是个古怪而不负责的人，但他很在乎自己的计划，这样我就决定打电话给德克萨达。

"你能否明天中午来一下？"我问客人，"我想就你的建议同我的秘书商量一下。我还有别的计划。"

"行，我来。不过，请你在和我会面前不要接受其他建议。"我表示同意，他便走了。

埃内斯托·德克萨达上午就赶过来，他早已为我在马德里和巴塞罗那做出了很有效的努力。我对他讲了那个家伙的奇怪建议。

"不要应允，"德克萨达出主意说，"最好先等等布宜诺斯艾里斯著名的歌剧院'科隆剧院'的经理福斯蒂诺·达罗萨（Faustino da Rosa）的严肃的合同以及其它几家剧院。他是唯一能在这个重要和富有的国家把你好好介绍给听众的人。"

我记住他的忠告，在接待那个人时（我忘了他的名字），就带着无所谓的冷淡态度，并试图把他打发走。但此人极为固执，简直摆脱不了。

"我是布宜诺斯艾里斯的一个大巧克力工厂的老板，十分有钱。"他说，"我只有一个姐姐，我想在演出事务上帮我姐夫一把。他让我邀请马德里最优秀的剧团去他的剧场演出，最好是'拉拉剧团'。几天前我买了张票想看看拉拉剧团正在上演的贝纳文特的喜剧。走进剧场时我看到什么呢？舞台上坐着一个人在弹钢琴，满堂的观众，包括王室包厢里的王后和公主们，都在为他欢呼，我从来没见过那样的场面。于是我当场决定要同时邀请那个剧团和那个钢琴手在下个演出季为我姐夫的剧院演出！"

听了他这个故事，我禁不住笑起来。

"'拉拉剧团'可能会接受你的建议。"我说，"不过说到我，我已决定只能应福斯蒂诺·达罗萨的邀请去阿根廷，他拥有适合我这类艺人的组织和剧院，此外……"

"你错了。"他打断了我，"我姐夫的'圣马丁剧院'比达罗萨的'奥德翁剧院'要大，而且，达罗萨这个演出季的节目已经确定了。"

"我很遗憾，"我冷冷地说，"不过我还是宁愿等一两年，而不想让自己被一个从未组织过钢琴家演出的人介绍给你伟大的国家。现在请你原谅……我很忙。"我说着就站了起来。

那家伙怒气冲冲地离开，甚至没有告辞。

德克萨达，还有剧院的演员们都很喜欢我的故事。几天后，一大早就有人敲我的门。我打开门，那个阿根廷巧克力生产商径直走进房间，手里还提着个包。他一言不发地打开包，把一堆金沙弗林①倒在我的床上。"这是你音乐会的预付款。"他狞笑着说，"我们准备保证给你 4500 镑金币②的收入，你在阿根廷和乌拉圭演出 15 场音乐会！"他从床上数出了 500 枚金币。我大吃一惊。那些金币在我看来就像是阿里巴巴的财宝。我经不住这种诱惑。下午我们便签好合同，合同从 6 月初开始生效，包括两张头等舱的往返船票。对我的决定的正确性，德克萨达的评价是悲观的。我建议他作为我的秘书和我一起去，有高额的月薪，还包各种开销。有他在我身边，在涉及那些人会如何把我介绍给听众的方式

---

① 金沙弗林：英国旧时面值一英镑的金币。
② 1 枚沙弗林金币当年等于 5 美元金币。

上，我就会踏实得多。德克萨达同意后，我就放心了。我唯一的麻烦就在于护照。对我很友好的美国大使威拉德（Willard）先生对南美各国是否承认我的证件表示怀疑。为防止万一，他为我给自己在布宜诺斯艾利斯的同事写了一封介绍信。

在"雷亚尔剧院"的一次交响音乐会上，我有机会听到法雅的《西班牙庭园之夜（Nightsin the Gardens of Spain）》的首演，由阿沃斯指挥，作曲家的朋友、年轻的钢琴家何塞·库比莱斯（José Cubiles）担任钢琴演奏。他没能背奏，因此演出丧失了不少风味。但是我爱上了这首作品，就主动提出在本演出季最后一场音乐会上由我来演奏此曲。因为一直在巡演，我是在火车上研究总谱而掌握这首曲子的。在排练时，我就能背奏了。法雅和阿沃斯对我在音乐会上的演出表示满意，但听众反应不太好。这作品对他们来说太复杂了，结尾是单调的"很弱"。尽管如此，阿沃斯和我还是得到非常热情的掌声。加演时我弹了《火之舞》，仍然像通常一样引起了欢呼。

国王和王后也出席了音乐会。在幕间休息时，我告诉两位陛下自己即将前往阿根廷，还向国王抱怨命运的不公：为什么我，一个波兰人，要因为俄国的政治动荡而失去护照呢！国王在波兰有近亲，而且对我的祖国深感同情，就请我第二天中午到王宫去。

"我吩咐他们把你领到我的私人房间里。我来看看能做些什么。"

这一夜我好容易才睡着。正午时分，在王宫，国王的副官把我引到御用接见室，国王陛下立即接见了我。国王把我介绍给一位已经在房间里的绅士。

"这是我的警察总长。他会发给你一本正式的西班牙护照，说明你是波兰公民。波兰虽然在我的朝廷没有外交代表，但我个人可以担保你的身份。我想这样的证件能够使你进入任何一个国家了。"

他以让人倾心的微笑接受了我的感谢，并赠我一张镶在银质像框内的他的照片作为告别礼物，上面用西班牙文题着："送给阿图罗·鲁宾斯坦，西班牙伟大的朋友。阿方索国王。"

我一直珍藏着这张照片，还有王后送的两张。可惜，当纳粹闯进我在巴黎的寓所后，它们就丢失了。

多亏这本西班牙护照，我被这个伟大的国家承认为自由波兰的第一个公民，而自由波兰还远未获得独立。

1917 年 5 月中旬，德克萨达和我一起乘坐"伊莎贝尔公主号"汽轮从加的斯起航去布宜诺斯艾利斯。漫长的路程超过两周时间，我们得以充分休息。和我们一起乘船的有可爱的"拉拉剧团"，还有去智利和秘鲁演出的法国"安德烈·布吕莱和雷吉娜·巴德喜剧团"（Andre Brule and Regina Badet）。所有的演员都是很好的同伴，我常为他们演奏，他们也喜欢听我弹琴。

在到达布宜诺斯艾利斯的前两天，我收到了我的经纪人（那位姐夫）发来的海底电报："我已将与'拉拉剧团'及与你的合同转卖给福斯蒂诺·达罗萨句号他急需你去'奥德翁剧院'句号他事先签订的'吉特里剧团 Guitry Company'因顾虑潜水艇而拒绝启程"。

我叫来德克萨达，拥抱了他，高兴得开始又跳又叫。

"德克萨达，这是我遇上的最大的救星啦！"

德克萨达反复读着电文。

"真难以置信，我简直不敢相信啊！"他说，"这不正是我们最初的设想吗，你真走运！"

"是啊，德克萨达，"我突然严肃起来说，"的确，我是个幸运儿，不过关于此事我有自己的一个小小的理论。根据我自身的经验和观察的结果，上苍、大自然和上帝，或者不论我们如何称呼，这创造力量似乎会眷顾那些无条件地接受并热爱生活的人。我肯定就是一个这样的人，而且是全心全意的。所以我发现，不论我潜意识中渴望得到什么，生活总会设法赐予的——我只能称之为奇迹。"

后 记

    经过深思熟虑，我决定在此处降下帷幕。我的青年时代正好结束于此。从那时起，我的生活改变了色彩，并开始以更平稳的步子前进了。我成功地为自己的艺术生涯找到一个支撑点。尽管遇到过许多起伏波折，这生涯直至今日还在继续，给了我无限的快乐。

阿图尔·鲁宾斯坦

纽约 1973 年 1 月

译 后 记

2002年春，我从一位波兰朋友处得到了钢琴大师阿图尔·鲁宾斯坦的长篇自传《我的青年时代》波兰译本。本想随意翻阅欣赏，不料拿起书来便被它紧紧吸引而不能释手。读完之后，深感这是一本内容十分丰富、文笔极为生动的好书，于是萌发了动笔翻译的念头，还托朋友在美国就便代购了该书的英文原版及其续篇《我的漫长岁月》。一天，我老伴姚曼华有事请教周广仁教授，偶然谈及翻译此书的想法。令人喜出望外的是，周先生立即表示热忱支持并向中央音乐学院出版社推荐。出版社社长俞人豪教授旋即与我们联系，商谈并签订了出版合同。之后，我们便以巨大的热情投入了翻译劳动。

开初，是由我根据波兰文版译出第一稿，再由姚曼华对照英文版逐句校阅。但由于波文版与英文版在一些细节上有出入，为尽量保持原文的风貌，力求译文的准确，我们决定改为以英文原版为主，同时充分利用波文版中可借鉴之处。这样，英文的翻译量大增，任务加重，因而把儿子梁镝也拉了进来。他的加盟对加快翻译速度、提高译文水平，自然都起了重要作用。于是，在四百多天的日子里，我们这个小家变成了一个繁忙的翻译作坊……

本书翻译过程中碰到不少有关音乐的难点，幸得中央音乐学院教授于润洋和中国人民大学徐悲鸿艺术学院钢琴教授朱雅芬两位的援手，他们在百忙中抽出宝贵时间帮助我们解决了困难。这里我们要向他们表示由衷的感激。

由于作者精通多国语言，书中除了时常出现德文、法文、西班牙文及意大利文的词句外，还有拉丁文、俄文和土耳其文。为了精确译出这些"外来语"，我们只好求教于多位朋友。对所有热心帮助过我们的友人，我们在此一并表示真挚的谢意！

特别应提到的是，周广仁教授虽然工作极其繁忙，仍十分痛快地答应为本书作序；俞人豪社长和出版社的有关人员对我们的译本也做了许多卓有成效的工作。多亏他们，这本书才能和读者见面。

本书除数量不多的原注均予保留外，为方便读者，我们又增加了一些注释。

对译文中错误之处，恳请读者不吝赐教。

梁全炳

2004 年 11 月 18 日

人名索引

A

Arbós, Enrique　阿沃斯，恩里克，西班牙指挥和作曲家

Arrivabene　阿里瓦贝纳伯爵夫人，意大利贵族

Astruc, Gabriel　阿斯特吕克，加布里埃尔，法国演出商

Astruc, Lucienne　阿斯特吕克，吕西安娜，女儿

Avierino, Konstantin　阿维里诺，康斯坦丁，俄国经纪人，中提琴家

Avignon, Mathilde d'　达维尼翁，马蒂尔德，旅法波兰伯爵波托茨基之情妇

B

Bach, Sebastian　巴赫

　Das wohltemperierte Klavier　《平均律钢琴曲集》

　Fantazja i Fuga g – moll　《g 小调幻想曲和赋格》

　Toccata organowa F – dur　《F 大调管风琴托卡塔》

Badet, Regina　巴德，雷吉娜，法国女演员

Bakst, Léon　巴克斯特，莱昂，俄国舞美画家

Baldwin piano　鲍德温牌钢琴

Ballin, Albert　巴林，阿尔贝特，德国军舰设计师

Bariatinsky　巴利亚廷斯基，俄国公爵

Barrie, James　巴里，詹姆斯，英国作家

Bartet, Jeanne　巴泰特，让娜，法国演员

Barth, Heinrich　巴尔特，海因里希，德国钢琴教授，阿·鲁宾斯坦的老师

Barth, Richard　巴尔特，里夏德，德国小提琴家、指挥

Bartosinska, Helenka　巴托辛斯卡，海伦卡

Barylski, Kazimierz　巴雷尔斯基，卡齐密什

Barylski, Zygmunt　巴雷尔斯基，泽格蒙德

Battistini, Mattia　巴蒂斯蒂尼，马蒂亚，意大利男中音歌唱家

Bauer, Gertrud　鲍尔，格特鲁德，英国小提琴家

Bauer, Harold　鲍尔，哈罗德，英国钢琴家

Béarn　德贝阿恩，法国伯爵夫人

Beatriz　贝阿特丽斯，西班牙公主

Bechstein, Karl　贝希斯坦，卡尔，钢琴厂老板

Beecham, Thomas　比彻姆爵士，托马斯，英国指挥

Beethoven, Ludwig　贝多芬，路德维希

　　Sonata B – dur "Hammerklavier" op. 106　《降 B 大调奏鸣曲》作品第 106 号，通称《锤子奏鸣曲》

　　Concerto in c minor（No. 3）　《C 小调协奏曲作》品第 3 号

　　Concerto in G major（No. 4）　《G 大调协奏曲》作品第 4 号

　　Quartet in F major（op. 59 No. 1）　《F 大调四重奏》作品第 59 号之 1

　　Septet　《七重奏》

　　Sonata C – dur "Waldstein"　《C 大调奏鸣曲》作品第 53 号，通称《华尔斯坦奏鸣曲》

　　Sonata c – moll op. 13 "Patetyczna"　《c 小调奏鸣曲》作品第 13 号，即《悲怆奏鸣曲》

　　Sonata D – dur op. 28 "Pastoralna"　《D 大调奏鸣曲》作品第 28，即《田野奏鸣曲》

　　Sonata e – moll op. 90　《e 小调奏鸣曲》作品第 90 号

　　Sonata f – moll op. 57 "Appasionata"　《f 小调奏鸣曲》作品第 57 号即《热情奏鸣曲》

　　Sonata A – dur op. 47 "Kreutzer"　《A 大调小提琴和钢琴奏鸣曲》作品第 47 号即《克鲁采奏鸣曲》

　　Sonata c – moll op. 30（violin and piano）　《c 小调小提琴

和钢琴奏鸣曲》作品第 30 号

Beit, Sir Otto 贝特，奥托爵士　南非富翁

Bellicioni, Gemma 贝林乔尼，格玛，意大利女高音歌唱家

Belmonte　贝尔蒙托，西班牙斗牛士

Benavente, Jacinto 贝纳文特，哈辛托，西班牙剧作家

Benckendorff, Aleksander 贝肯多夫，亚历山大，俄国外交官

Berg, Alban 贝尔格，阿尔班，歌剧《璐璐》的曲作者

Bergheim, Clara 贝格海姆，克拉拉，约翰之妻

Bergheim, John　贝格海姆，约翰，英国生意人

Bergheim, Nina　贝格海姆，尼娜，约翰的侄女

Bergheim, Peter　贝格海姆，彼得，约翰的侄子

Bergson, Henri　柏格森，亨利，法国哲学家

Berlioz, Hector　柏辽兹，埃克托尔，法国作曲家

　Trojens, Les　《特洛伊人》

Bernhardt, Sarah　贝尔纳尔，萨拉，法国女演员

Bernstein, Henri　伯恩斯坦，亨利，法国剧作家

　Bercail Le　《老家》

Biernacki　别尔纳茨基，波托茨基伯爵的波兰秘书

Bizet, Georges　比才

　Carmen　《卡门》

Bluthner piano　布吕特纳牌钢琴

Bogolska, Helena　鲍古尔斯卡，海莱娜，波兰女歌唱家

Boito, Arrigo 博伊托，阿里戈，意大利作曲家、诗人、台本作者

　Mefistofele　《梅菲斯托费勒斯》

Bolm, Adolf　鲍尔姆，俄国舞蹈演员和舞美

Bonnat, Léon 博纳，莱昂，法国肖像画家

Borodin, Aleksander 鲍罗廷，亚历山大，俄国作曲家

　Prince Igor　《伊戈尔王》

Borowski, Aleksander　鲍罗夫斯基, 亚历山大, 俄国钢琴家

Bösendorfer, Ludwig　波森多夫, 路德维希, 波森多夫牌钢琴厂老板

Bourdelle, Emile　布代尔, 埃米尔, 法国画家

Boznanska, Olga　博兹南斯卡, 奥尔加, 波兰旅法画家

Brahm, Otto　布拉姆, 奥托, 德国剧院院长

Brahms, Johannes　勃拉姆斯, 德国作曲家

Concerto (violin and cello) (op. 102)　《小提琴和大提琴双协奏曲》作品第 102 号

Handel Variations　《亨德尔主题变奏曲》

Paganini Variatioans　《帕格尼尼主题变奏曲》

Quartet (strings) B flat (opus. 67)　《降 B 大调弦乐四重奏》

Quartets (piano and strings): A major (opus 51 - 52)《A 大调钢琴和弦乐四重奏》作品第 51 - 52 号; C minor (opus 60)《c 小调钢琴和弦乐四重奏》作品第 60 号

Quartet (piano and strings) F minor (opus 34)《钢琴和弦乐四重奏》作品第 34 号

Brandes, Emma (Engelmann, Emma)　勃朗德斯, 爱玛 (恩格尔曼), 克拉拉·舒曼的学生

Braque, Georges　布拉克, 乔治, 法国画家

Bretschneider　布雷特施奈德, 贝希斯坦钢琴厂驻罗马代表

Breval, Lucienne　布雷瓦勒, 吕西安娜, 法国歌唱家

Brocheton, Georges　布罗歇通, 乔治, 半西班牙血统法国人

Brooks, Romaine 布鲁克斯, 罗曼娜, 美国画家

Bruch, Max　布鲁赫, 马克斯, 犹太裔德国作曲家

Concerto for violin, G minor　《g 小调小提琴协奏曲》

Bruckner, Anton　布鲁克纳, 安东, 奥地利作曲家

Brulé, André　布吕莱，安德烈，法国演员

Bruneau, Alfred　布律诺，阿尔弗雷德，法国作曲家、评论家

Brussel, Robert　勃鲁塞尔，罗伯特，演出商阿斯特吕克的秘书

Budde　布德，瑞士教师

Bülow, Hans　彪洛，汉斯，德国钢琴家、指挥

Buoncompagni　布翁孔帕尼公爵，意大利贵族

Burnham, Harry Lawson　伯纳姆，哈雷·劳松勋爵，英国报业主

Busoni, Ferruccio　布索尼，费鲁齐奥，意大利钢琴家

C

Caetani, Don Roffredo　卡埃塔尼，罗弗雷多

Camondo, Count Isaak　卡蒙多，伊萨克伯爵，土耳其、法国银行家

Campbell, Patrick　坎贝尔，帕特里克，英国女演员

Capllonch, Miguel　卡普龙奇，米盖尔，阿图尔的钢琴老师

Careño, Teresa　卡雷尼奥，特蕾莎，钢琴家

Carré, Albert　卡雷，阿尔贝，法国歌剧院院长

Carré, Marguerite　卡雷，玛格丽特，法国女歌唱家

Caruso, Enrico　卡鲁索，意大利男高音歌唱家

Casals, Pablo　卡萨尔斯，帕布洛，西班牙大提琴家

Casati, Luisa　卡萨蒂，路易莎，侯爵夫人

Cassadó, Gaspar　卡萨多，加斯帕尔，西班牙大提琴家

Castellane, Jean　卡斯特朗伯爵，让，法国贵族

Cavalieri, Lina　卡瓦里埃利，丽娜，法国女歌唱家

Cervantes　塞万提斯，西班牙作家

Don Quexote 《堂吉诃德》

Chabrier, Emmanuel 夏布里埃，埃马努埃尔，法国作曲家

España 《西班牙》

Chagall, Marc 夏加尔，马克，法国画家

Chaliapin, Feodor 夏里亚宾，费奥多尔，俄国男低音歌唱家

Chalubinski, Tytus 哈乌宾斯基，蒂图斯，波兰医生

Chanler, Robert 钱勒，罗贝尔，美国画家

Chausson, Ernesi 肖松，欧内斯特，法国作曲家

Chekhow 契诃夫，俄国作家

The Cherry Orchard 《樱桃园》

Seagull 《海鸥》

Chester, Montague 切斯特，蒙太古，英国演出经纪人

Chevillard, Camille 舍维雅，卡米尔，法国指挥

Chevrier 谢夫里耶，法国演出商

Chmielnik, Genia 赫密尔尼克，盖尼娅

Chopin 肖邦

Barcarolle 《升 F 大调船歌》作品第 60 号

Concerto F minor 《f 小调协奏曲》作品第 21 号

Etudes（opus 25） 《练习曲》作品第 25 号

Fantazsia on Polish Themes 《波兰主题幻想曲》作品第 13 号

Fantasie F minor 《f 小调幻想曲》作品第 21 号

Nocturne D flat 《降 D 大调夜曲》作品第 27 号

Polonaises：A flat（opus 53） 《降 A 大调波洛奈兹舞曲》作品第 53 号

A major（Military Polonaise） 《A 大调波洛奈兹舞曲》（军队）

F sharp minor 《升 f 小调波洛奈兹舞曲》

Grande Polonaise 《降 E 大调钢琴和乐队大波洛奈兹舞曲》作品第 22 号

Rondo C major for two piano（opus 73） 《C 大调双钢琴回旋曲》作品第 73 号

Scherzo B flat minor（with Funeral March） 《降 b 小调谐谑》曲作品第 31 号内含《葬礼进行曲》

Scherzo B minor 《b 小调谐谑曲》作品第 20 号

Sonata B flat minor 《降 b 小调奏鸣曲》作品第 35 号

Sonata B minor 《b 小调奏鸣曲》作品第 58 号

Claudel, Paul 克洛岱尔，保罗，法国诗人

Clayton 克莱顿，英国上校，英国康诺特公爵私人副官

Clément, Edmond 克莱蒙·爱德蒙，法国男高音歌唱家

Colefax, Sir Arthur and Lady 科勒法克斯爵士夫妇，英国人

Colette, Sidonie Gabrielle 科莱特，法国女作家

Colonna 科洛纳，亲王

Condamine, Robin 德·拉·孔达米纳，罗宾，意大利演员

Connaught, Arthur 阿瑟，康诺特，公爵之子

Connaught 康诺特公爵，英国贵族

Conrad, Joseph 康拉德，约瑟夫，波裔英国作家

Conried, Heinrich 孔里德，海因里希，德国歌剧院院长

Cocquelin, Benoit Constant 科克兰，法国演员

Cordovinus 高多维努斯，法国旅店老板

Corneile 科尔内勒，法国剧作家

Cowl, Mrs. Jane 科尔太太，英国旅法旅店老板

Cubiles, Jose 库比莱斯，何塞，西班牙画家

Cummings, Sir William Gordon 卡明斯，威廉·戈登爵士，英国人

Cuevas de Vera, Carlos 库埃瓦斯·德贝拉，卡洛斯，伯爵，西班牙贵族

Curzon, George Nataniel 寇松，乔治勋爵，英国国务活动家

Curzon, Irena　寇松，伊丽娜小姐，乔治的女儿

Czartorylska, Marcelina　查尔托雷斯卡，女公爵

D

D' Albert, Eugen　达尔贝，欧仁，苏格兰钢琴家、作曲家

D' Annunzio, Gabriel　邓南遮，加布里埃尔，意大利作家

Davis, Edmund　戴维斯，爱德蒙，英国爵士，富翁

Davis, Lady　戴维斯夫人

Davydov, Dymitr　达维多夫，德米特里，俄国贵族

Davydov, Madame Nathalie　达维多夫夫人，纳塔丽亚

Debussy, Claude 德彪西，克劳德

　　Après – midi d' un Faune　《牧神午后》

　　Jeux　《游戏》，又译《比赛》

　　Pelléas et Mélisande　《佩利亚斯与梅丽桑德》

　　Quartet　《弦乐四重奏》

Defauw, Désiré　迪福，比利时小提琴家、指挥

Derain, André　德兰，安德烈，法国画家

Destinn, Emmy　黛斯廷，埃米，捷克女歌唱家

Dettelbach　德特巴赫，法国音乐迷

Diaghilev, Sergei　佳吉列夫，谢尔盖，俄罗斯芭蕾舞团团长

Diederichs, André　迪德里希，安德列，贝希斯坦钢琴厂驻彼得堡代表

Dluski, Kazimierz　德乌斯基，卡齐密什，波兰医生、居里夫人的妹夫

Dodge, Mabel　道奇，梅布尔，美国女人

Dolgorukij　道尔戈鲁基公爵，俄国驻罗马大使

Dominguez　多明各斯，西班牙赌场老板

Doria　多利亚公主，意大利贵族

Dorothy X　多罗西

Douglas, Norman　道格拉斯，诺曼，美国作家

Dranem　德拉南，法国丑角演员

Draper, Muriel　德雷珀，缪丽尔，保罗之妻

Draper, Paul　德雷珀，保罗，美国歌唱家

Draper, Ruth　德雷珀，路丝，保罗之妹

Drew, Bertha　德鲁，伯莎，美国姑娘

Dropiowski　德罗皮奥夫斯基，波兰演出经纪人

Dufy, Raoul　迪菲，拉奥尔，法国画家

Dukas, Paul　杜卡，保罗，法国作曲家

　　Apprenti Sorcie L'　《魔法师的弟子》

　　Ariane et Barbe – Bleue　《阿里安与兰胡子》

　　Variations on a Theme of Rameau　《拉莫主题变奏曲》

Dulac Edmund　迪拉克，埃德蒙，法国插图画家

Duparc（Marie, Eugèene）　迪帕克，欧仁，法国作曲家

Dwořzák Antoni　德沃夏克，安东尼，捷克作曲家

E

Edison, Thomas　爱迪生，美国发明家

Edward VII　爱德华七世，英王

Effenberg, Hans　埃芬伯格，汉斯（希利文斯基），音乐评论家，奥地利皇家图书馆馆员

Ehrlich, Heinrich　埃尔里希，海因里希，钢琴教授

Eisenbach, Rudolf　埃森巴赫，鲁道夫，波兰经纪人

Elzbieth 伊丽莎白，比利时王后

Elzbieth 伊丽莎白，罗马尼亚王后，化名：卡门·西尔维娅

Emmanuela（Pottier Emmanuela） 埃玛努埃拉（波特·埃玛努埃拉），波托茨基伯爵的养女

Enesco, Georges 埃奈斯库，乔治，罗马尼亚作曲家

Engelmann, Emma 恩格尔曼，爱玛（布朗德斯），女钢琴家

Engelmann, Hans 恩格尔曼，汉斯，爱玛之子

Engelmann, Wilhelm 恩格尔曼，维尔海姆

Epstein, Mieczyslaw 爱泼斯坦，密齐斯拉夫

Erard piano 埃拉尔德牌钢琴

Errazuriz, Eugenia 埃拉苏里斯，欧亨尼娅，阿根廷一外交官的前妻

Esher, Lord and Lady 伊舍勋爵夫妇

Esparbès, Germain d' 戴斯巴贝，热尔曼，法国人

Essipova, Annette 叶西波娃，安涅塔（安娜），俄国钢琴家、钢琴教育家

Eustis, George 尤斯蒂斯，乔治，美国人

Eysold, Gertrud 伊索尔德，格特路德，女演员

F

Fall, Leo 法尔，莱奥，奥地利作曲家

    Dollar Princess, The 《金元公主》

Falla, Manuel de 法雅，曼努埃尔·德，西班牙作曲家

    Amor brujo EI 《魔法师之恋》

    Three - cornered Hat, The 《三角帽》

    Fire Dance 《火舞》

Nights in the Gardens of Spain 《西班牙庭园之夜》

Fallierès, Armand 法利埃, 阿尔芒, 法国总统

Farrar, Geraldine 法勒, 杰拉尔丁, 美国女歌唱家

Fauré, Gabriel 福雷, 加布里埃尔, 法国作曲家

Féraudy, Jacques d' 德费罗迪, 雅克, 法国演员

Fernán-Núñez 费尔南-努涅斯, 公爵和夫人

Fernou, Karl 费诺, 卡尔, 德国赫尔曼演出公司的经理

Ferrer 费勒, 西班牙无政府主义者

Fischer, Edwin 费舍尔, 爱德温, 瑞士钢琴家

Fiszer, Franc 费舍尔, 弗朗茨, 波兰文人

Fetelberg, Grzegorz 费特贝格, 格热戈什, 波兰指挥

Flagstad, Kirsten 弗拉格斯塔德, 希尔斯滕, 挪威女高音歌唱家

Flesch, Carl 弗莱什, 卡尔, 匈牙利小提琴家

Fokin, Michail 福京, 米哈伊尔, 俄国舞蹈家

Follman, Natan 福尔曼, 纳唐, 鲁宾斯坦的姨父

Fouquiere 富基埃尔, 法国男爵

Foy, Eddie 福伊, 埃迪, 美国笑星

Fragson 弗拉松, 法国歌唱演员

Franck, César 弗朗克, 塞扎尔, 比利时作曲家

Fredro, Aleksander 弗雷德罗, 亚历山大, 波兰剧作家

Frandzia (Kravets) 弗朗季娅 (姓: 克拉维茨), 阿图尔的姨妈

Fremstad, Olive 弗莱姆斯塔德, 奥利弗, 美国女高音歌唱家

Frey, Emil 弗赖, 埃米尔, 瑞士作曲家、钢琴家

Friedlander, Max 弗里德朗德尔, 马克斯, 德国音乐学教授

Friedman, Ignacy 弗里德曼, 伊格纳齐, 波兰钢琴家

Fuchs, Rishard 福克斯, 里夏德, 德国律师

G

Gabrilóvich Osip　加布里洛维奇，奥西普，美籍俄国钢琴家、作曲家

Gallito　加里托，西班牙斗牛士

Ganay　加内，法国伯爵

Gandarillas, Jose Antonio　甘达利亚斯，何塞·安东尼奥，西班牙富豪

Gandarillas, Juanita　胡阿尼塔

Ganz, Rudolf　甘茨，鲁道夫，瑞士钢琴家、指挥

Gaona　加奥纳，西班牙斗牛士

Garden, Mary　加登，玛丽，英格兰女高音歌唱家

Gasiński, Edmund　加辛斯基，埃德蒙德，波兰演员

Gasinski, Ludwik　加辛斯基，路德维克，波兰演员

Gauthier – Villars, Henri（Willy）　戈蒂埃－维拉，亨利（维利），法国音乐评论员

Gaveau, Etienne　加沃，厄迪纳，法国钢琴厂老板

Gilibert, Charles　吉利贝特，夏尔，法国歌唱家

Gilibert　吉利贝特夫人，法国女歌唱家

Gintowt　津托夫特，波兰银行家

Glass　格拉斯，阿图尔初次到华沙时的女房东

Glass, Izabelah　格拉斯，伊莎贝拉，房东女儿

Glazunow, Aleksander　格拉祖诺夫，亚历山大，俄国钢琴家、作曲家

Godowska, Dagmar　戈道夫斯卡，达格玛尔

Godowski, Leopold　戈道夫斯基，莱奥波尔德，美籍俄国钢

琴家、作曲家

Goethe, Johann Wolfgang von　歌德，德国诗人

Goldflam　哥德弗拉姆，波兰犹太医生

Gontaut – Bilon, Antoine　贡道－比隆，安托万，法国伯爵

Gontaut – Bilon, Armand　贡道－比隆，阿尔芒，伯爵

Gontaut – Bilon, Louis　贡道－比隆，路易，伯爵

Goossens, Eugene　古森斯，尤金，英籍比利时裔小提琴家，作曲家

Gorki, Maksim　高尔基，俄国作家

　　Lower Depths The　《底层》

Gottschalk, Louis Moreau　戈特沙尔克，路易斯·莫劳，美国作曲家、钢琴家

Gould　古尔德

Gounod, Charls 古诺，夏尔，法国作曲家

　　Faust　歌剧《浮士德》

Graetz, Heinrich　格雷兹，德国历史学家

　　History of the Jews The　《犹太人史》

Grandmaison, Henri 格兰姆阿松，亨利，法国男爵

Granier, Jeanne 格拉涅尔，让娜，法国女歌唱家

Greffulhe　格雷弗勒，法国伯爵夫人

Grey　格雷，英国勋爵，外交大臣

Grieg, Edward　格里格，挪威作曲家

　　Peer Gynt　《佩尔·金特组曲》

　　Ich Liebe Dich　《我爱你》

　　Sonata（cello and piano）　《大提琴和钢琴奏鸣曲》

Gromadzki, Bronislaw　格罗马茨基，波兰人，希曼诺夫斯基的朋友

Grossman, Louis　格罗斯曼，路德维希，斯坦威和贝希斯坦

琴的代理

H

Henschel, George　亨舍尔，乔治爵士，英国歌唱家，指挥

Henschel, Helen　亨舍尔，海伦，爵士女儿，女高音歌唱家

Henselt, Adolph　亨泽尔特，阿道夫，德国作曲家

Heyman, Jakub　海伊曼，雅库布，鲁宾斯坦的舅父

Heyman, Noemi　海伊曼，诺爱米（Nemutka 奈姆特卡），鲁宾斯坦的小表妹，早年夭折

Heyman, Pawel　海伊曼，巴威尔，鲁宾斯坦的舅父

Heyman, Szolem　海伊曼，绍勒姆，鲁宾斯坦的外公

Hochman, George　霍克曼，乔治，美国调律师

Hochwaechter, Alec　霍赫瓦赫特尔，阿历克，德国人

Hoehn, Alfred　霍恩，阿尔弗雷德，德国钢琴家

Hofmann, Jozef　霍夫曼，尤瑟夫．波兰钢琴家

Hofman, Kazimierz　霍夫曼，卡齐密什，波兰钢琴教授

Horowitz, Vladimir　霍罗维奇，符拉季米尔，俄国钢琴家

Huberman, Bronislaw　胡贝尔曼，勃罗尼斯瓦夫，波兰小提琴家

Humperdinck, Engelbert　洪佩尔丁克，恩格尔贝特，德国作曲家

　　Hansel und Gretel　《汉泽尔和格蕾太尔》

Hurok, Sol 胡罗克，索尔，美国大演出商

I

Idzikowski　伊季科夫斯基，基辅书籍和乐谱店老板

Ignatieff　伊格纳捷夫伯爵，俄国驻法国武官

Imperio, Pastora　英姆佩里奥，帕斯托拉

Izabela　伊丽莎白（西班牙公主）

Isserlis, Julij 伊塞里斯，尤里，俄国钢琴家

Iturbe, Piedita 伊多尔贝，皮埃迪塔，西班牙公爵夫人

J

Jaczewski 雅切夫斯基，演出经纪人

James, Henry 詹姆斯，亨雷，美国小说家、评论家

Jaroszynski, Jozef 雅罗申斯基，尤瑟夫，鲁宾斯坦的朋友

Jedliczka 耶德里奇卡，钢琴教师

Jeritza, Maria 叶丽察，玛利亚，奥地利女歌唱家

Jesipowa, Anette 叶西波娃，阿奈塔，俄国钢琴家

Joachim, Joseph 约阿希姆，约瑟夫，小提琴家，德国皇家高等音乐学校校长

John, Augustus 约翰，奥古斯都斯，智利驻英国大使

Joly, Charles 若利，夏尔，法国评论家

Juriewa, Helena 尤里耶娃，海列娜

K

K 波拉的丈夫

Kapnik 卡普尼克

Karsawina, Tamala 卡尔萨维娜，塔玛拉，俄国芭蕾女演员

Kaszuba, Lila 卡舒巴，丽拉，波兰女舞蹈演员

Kawecka, Wiktoria 卡维茨卡，维克托里娅，波兰女演员

Kerr, Alfred 克尔，阿尔弗雷德，德国评论家

Kijenska 基燕斯卡，钢琴老师

Knabe，Ernest　克纳伯，欧内斯特，美国钢琴制造商

Knabe，William　克纳伯，威廉，美国钢琴制造商

Kochanski，Eli　科汉斯基，埃里，波兰大提琴家，巴维尔的弟弟

Kochanski，Pawel　科汉斯基，巴维尔，波兰小提琴家

Koenneman　科耶涅曼，夏里亚宾的俄国伴奏

Kohn，Jozef，Leon　科恩，约瑟夫·莱昂

Korolewicz‑Waydowa，Janina　科罗莱维奇‑瓦伊多娃，雅尼娜，波兰女高音歌唱家

Kusewicki，Sergiusz　库谢维茨基，谢尔盖，俄国大提琴家、指挥家

Kramsztyk，Roman　克拉姆什蒂克，罗曼，旅法波兰画家

Kravets，（Krawec?）Frandzia　克拉维茨，弗朗季娅，鲁宾斯坦的姨妈

Krehbiel，Henry Edward　克雷赫别尔，亨利，美国评论家

Kreisler，Fritz　克莱斯勒，弗里茨，奥地利小提琴家、作曲家

Kruszelnicka　克鲁舍尔尼茨克，波兰女高音歌唱家

Kugel　库格尔，维也纳金色大厅经理

Kulenkampff　库伦卡姆夫，德国和声教授、指挥

Kwast，Julius　克瓦斯特，尤里尤斯，荷兰指挥

L

Laborde，Francoise　拉伯德，弗朗索瓦，侯爵夫人的女儿

Laborde，Lili　拉伯德，莉莉，侯爵夫人的女儿

Laborde　拉伯德，侯爵夫人，法国贵族

Lalo，Pierre　拉洛，皮埃尔，法国评论家

Lamoureux，Camile　拉穆勒，卡米尔，法国指挥

Landau, Adolf　朗道，阿道夫，鲁宾斯坦的二姐夫

Landau, Maurycy　朗道，毛里斯，鲁宾斯坦的大姐夫

Landau, Wilhelm　朗道，维尔海姆，德国银行家

Landowska, Wanda　朗道夫斯卡，万达，波兰女钢琴家、羽管键琴家

Laurencin, Marie　洛朗森，玛丽，法国画家

Lavalliere, Eve　拉瓦勒尔，爱娃，法国女演员

Le Bargy, Charles　勒巴尔齐，夏尔，法国演员

Lehár, Franz　莱哈尔，弗朗兹，奥地利轻歌剧作曲家

Lehmann, Lotte　莱曼，洛特，女歌唱家

Leishman, John　莱什曼，约翰，美国外交官

Leoncavallo, Ruggiero　莱翁卡瓦洛，意大利作曲家

　　Pagliacci·《丑角》

Leszetycki, Teodor　莱舍蒂茨基，特奥道尔，钢琴教育家，祖籍波兰

Lessmann, Otto　莱施曼，奥托，评论家

Levy, Martin　莱维，马丁，鲁宾斯坦留学德国的资助人之一

Lhevinne, Jozef　列维涅，约瑟夫，俄国钢琴家

Lhevinne, Rosina　列维涅，罗希娜，俄国钢琴家，教师约瑟夫之妻

Lind, Jenny　林德，珍妮，瑞士女歌唱家

Liszt, Franz　李斯特，弗朗兹，匈牙利钢琴家、作曲家

　　Liebestod　《爱之死》

　　Walc 'Mefisto'　《魔鬼圆舞曲》

L'Ouvreuse (Gauthier - Villars, Henri)　剧院引座员（戈蒂埃 - 维雅，亨利）

Lopuchowa, Lidia　沃普霍娃，莉迪娅，俄国女舞蹈演员

Litvinne, Felia　里特维纳，费利娅，女歌唱家

Matisse, Henri　马蒂斯, 亨利, 法国画家

Mayol　马约尔, 法国歌唱演员

McGarvey, Fred　麦克加维, 弗雷德, 加拿大老板

McGarvey, Marjorie（Madge）　麦克加维, 玛奇

Mcmullen, John　麦克缪伦, 约翰, 美国室内装饰师

Medtner, Mikolaj　梅德涅尔, 尼古拉, 俄国作曲家

Melba, Nelie　梅尔芭, 内莉, 澳大利亚女高音歌唱家

Melcer - Szczawinski, Henryk　梅尔采尔 - 什查文斯基, 亨雷克, 波兰人

Melchior, Lauritz　梅尔基奥尔, 劳里兹, 丹麦男高音歌唱家

Mendelssohn, Felix　门德尔松, 费利克斯, 德国作曲家

Mendelssohn, Robert　门德尔松, 罗伯特, 德国银行家

Mensdorff　门斯多夫伯爵（奥地利驻英大使）

Mero, Yolanda　梅罗, 姚朗达, 匈牙利女钢琴家

Messager, André　梅萨热, 安德烈, 法国轻歌剧作曲家

Messal, Lucyna　梅塞尔, 路希娜, 波兰女演员

Metzger　梅茨格, 德国旅店老板

Meyer, Arthur　迈耶尔, 阿瑟, 英国记者

Meyer, Daniel　迈耶尔, 丹尼尔, 英国演出经纪人

Meyer, Fanny　迈耶尔, 法妮, 鲁宾斯坦的表妹

Meyer, Salomea　迈耶尔, 萨洛梅, 鲁宾斯坦的姨妈

Meyer, Siegfreid　迈耶尔, 席格弗雷德, 鲁宾斯坦的姨父

Miasin, Leonid　米亚辛, 列奥尼德, 俄国芭蕾舞演员

Michalowski, Aleksander　米哈沃夫斯基, 亚历山大, 波兰钢琴教育家

Micinski, Tadeusz　米钦斯基, 塔代乌什, 波兰诗人、剧作家

Mickiewicz, Adam　密茨凯维奇, 亚当, 波兰诗人

Mirbeau, Octave　米尔博, 奥克塔夫, 法国剧作家

Affaires sont les Affaires，Les　《生意就是生意》

Mlynarski，Emil　姆威纳尔斯基，埃米尔，波兰指挥家

Moissi，Alexander　莫伊希，亚历山大，意大利裔德国演员

Molinari，Bernardino　莫里纳利，贝纳尔迪诺，意大利指挥

Mommsen，Theodor　莫姆森，特奥多尔，德国教授

Moniuszko，Stanislaw　莫纽什科，斯塔尼斯瓦夫，波兰作曲家

　　Halka　《哈尔卡》

Montellano　蒙特里亚诺公爵，西班牙人

Montez，Lola　蒙代斯，劳拉，西班牙女舞蹈演员

Monteux，Pierre　蒙特，皮埃尔，法国指挥（后入美国籍）

Moore，Emanuel　莫欧尔，伊曼纽尔，瑞士作曲家

Morales，Pedro　莫拉莱斯，彼得罗，西班牙中提琴家

Morawski，Eugeniusz　莫拉夫斯基，埃乌盖纽什，波兰音乐家

Morgan，John Pierpont　摩根，美国银行家

Morley，John　莫利，约翰，英国勋爵

Morosini，Anina　莫罗西尼，阿尼娜，伯爵夫人

Morozowicz，Leopold　莫罗佐维奇，莱奥波德，波兰人

Moszkowska　莫什科夫斯卡，莫什科夫斯基夫人

Moszkowski，Aleksander　莫什科夫斯基，亚历山大

Moszkowski，Antoni　莫什科夫斯基，安东尼

Moszkowski，Maurycy　莫什科夫斯基，莫里茨，波兰作曲家

Moszkowski，Waclaw　莫什科夫斯基，伐茨瓦夫

Mottel，Felix　莫特尔，费利克斯，德国指挥家

Mounet – Sully　穆内－絮利，法国歌唱家

Moussorgsky，Modest　穆索尔斯基，莫杰斯特，俄国作曲家

　　Boris Godunov　《鲍里斯·戈杜诺夫》

　　Flea The　《跳蚤之歌》

　　Khovantschina　《霍宛斯基之乱》

Mozart，Wolfgang 莫扎特

　　Concerto in A major 《A 大调协奏曲》

　　Concerto in B flat 《降 B 大调协奏曲》

　　Don Juan 《唐璜》

　　Marriage of Figaro The 《费加罗的婚礼》

　　Piano Quartet，G minor 《g 小调钢琴四重奏》

　　Rondo A minor 《a 小调回旋曲》

Muck，Karl 穆克，卡尔，德国指挥家

Mukle，May 穆克里，梅，英国女大提琴手

Muller，Fritz 缪勒尔，弗里兹，澳大利亚钢琴家、作曲家

N

Narbutowa，Pauline 纳尔布托娃，帕乌里娜，波兰犹太人

Nedbal，Oskar 奈德巴尔，奥斯卡，奥地利指挥

Nemirovitch - Dantchenko，Vladimir 聂米罗维奇 - 丹钦科，
莫斯科艺术剧院院长

Neuhaus，Gustav 涅高兹，古斯塔夫，俄国钢琴教师，海因
里希之父

Neuhaus，Heinricz 涅高兹，海因里希，俄国钢琴家、钢琴
教育家

Neumark，Adolf 奈乌马克，阿道夫，鲁宾斯坦的表兄

Nicolson，Harold 尼科尔松，哈罗尔德，英国作家、传记作家

Nietzsche，Friedrich Wilhelm 尼采，德国哲学家

　　Also sprach Zarathustra 《扎拉图斯特拉如是说》

　　Birth of Tragedy The 《悲剧的诞生》

Nizynski，Waclaw 尼任斯基，伐茨瓦夫，波裔俄国芭蕾舞

演员

　　Noailles, Anne　诺阿耶，安娜，法国女诗人

　　Noskowski, Zygmunt　诺斯科夫斯基，泽格蒙特，波兰作曲家、教授

　　Nossig, Alfred　诺希格，阿尔弗雷德，帕德雷夫斯基的歌剧《曼鲁》的词作者

　　Nossig, Alfredowa　诺希格夫人

　　Nuñés　努涅斯，法国律师

O

　　Oberleithner　奥贝莱特纳尔，奥地利百货公司的老板、业余歌剧作曲

　　Oldenburga　奥尔登堡，大公夫人

　　Osnobiszyn　奥斯诺比申，俄国上校

P

　　Pachmann, Wladimir　帕赫曼，符拉季米尔，俄国钢琴家

　　Paderewski, Ignacy　帕德雷夫斯基，伊格纳齐，波兰钢琴家、作曲家

　　　　Manru　《曼鲁》

　　Paderewska, Helena　帕德雷夫斯卡，海莱娜，帕德雷夫斯基夫人

　　Pallenberg, Max　帕伦伯格，马克斯，奥地利喜剧演员

　　Palmer, Potter　帕尔默，波特，美国女财主

李斯特的学生

Rejane（Reju Gabrielle）　雷让娜，法国演员

Rembielinski, Stanislaw　伦别林斯基，斯塔尼斯瓦夫，波兰破落贵族

Reszke, Edward　雷什科，爱德华，波兰男低音歌唱家

Reszke, Jan　雷什科，杨，波兰男低音歌唱家

Reymont, Wladyslaw　莱蒙特，符瓦迪斯瓦夫，波兰作家，诺贝尔文学奖获得者

Chlopi　《农民们》

Rimski – Korsakow, Nikolaj　里姆斯基－科萨科夫，尼古拉，俄国作曲家

Scheherazade　《舍赫拉查德》

Reisler, Edouard　里斯雷，艾杜阿，法国钢琴家

Roerich, Nicholas　罗耶里赫，尼古拉，俄国画家

Rosa, Faustino da　罗萨，福斯蒂诺·达，阿根廷剧院经理

Rosé, Arnold　罗塞，阿尔诺德，奥地利小提琴家

Rosenthal, Maurycy　罗森塔尔，毛里斯，乌克兰钢琴家

Rosentower, Alice　罗森托维尔，阿丽西娅

Rosentower, Elsa　罗森托维尔，爱尔萨

Rosentower, Johanna　罗森托维尔，约安娜

Rosentower, Maria　罗森托维尔，玛丽亚

Rospigliosi　罗斯皮廖西，公爵夫人

Rossini, Gioacchino　罗西尼，意大利作曲家

Barber of Seville　《塞维利亚理发师》

Rothschild（Baroness Gustave）　罗思柴尔德（古斯塔夫男爵夫人）

Rothschild, Baroness Nelly　罗思柴尔德，奈莉，女男爵

Rothschild, Baron Robert　罗思柴尔德，罗贝尔，男爵

Rouault, Georges　鲁奥，乔治，法国画家

Rousseliere　鲁塞里厄雷

Rózycki, Aleksander　鲁日茨基，亚历山大，波兰钢琴教师

Rozycki, Ludomir　鲁日茨基，路道米尔，波兰作曲家

Rubinstein, Antoni　鲁宾斯坦，安东尼，俄国作曲家、钢琴家

Rubinstein, Dawid　鲁宾斯坦，达维德，阿图尔的二哥

Rubinstein, Felicja　鲁宾斯坦，费莉齐娅，阿图尔的母亲

Rubinstein, Frania　鲁宾斯坦，弗拉尼娅，阿图尔的二姐

Rubinstein, Helena　鲁宾斯坦，海莱娜，阿图尔的三姐

Rubinstein, Ignacy　鲁宾斯坦，伊格纳齐，阿图尔的三哥

Rubinstein, Izaak　鲁宾斯坦，伊萨克，阿图尔的父亲

Rubinstein, Jadwiga　鲁宾斯坦，雅德维加（雅加），阿图尔的大姐

Rubinstein, Nicolas　鲁宾斯坦，尼古拉，莫斯科皇家音乐学院的创办人

Rubinstein, Stanislaw　鲁宾斯坦，斯塔尼斯瓦夫（斯塔希），阿图尔的大哥

Rubio, Augustin　鲁维奥，奥古斯丁，西班牙大提琴家

Rudini, Dora　鲁迪尼，道拉，意大利侯爵夫人

Ruthland　拉特兰公爵夫人，英国

Rzewuski, Stanislaw　热乌斯基，斯塔尼斯瓦夫，波兰人

Rzewuska, Zofia　热乌斯卡，索菲娅

S

Sacher　萨克尔，奥地利旅馆女老板

Sachs　萨克斯，奥地利富翁

Saint – Saëens, Camille　圣 – 桑，卡米尔，法国作曲家

Salamanca, Carlos　萨拉曼卡，卡洛斯，西班牙大公女儿

Salmond, Felix　萨尔蒙德，费利克斯，英国大提琴家

Salomon, Fritz　萨洛蒙，弗里茨

Salomon, Georg　萨洛蒙，格奥尔格，德国犹太医生

Salomon, Richard　萨洛蒙，里夏德

Sammons, Albert　萨门斯，阿尔伯特爵士，英国指挥

San Carlos　圣卡洛斯，西班牙大公夫人

San Martino　圣马蒂诺伯爵，意大利音乐家

Santo Mauro　圣·毛罗公爵

Sarasate, Pablo　萨拉萨特，帕布洛，西班牙小提琴家、作曲家

Sargent, John　萨金特，约翰，美国画家

Sartre　萨特，法国存在主义作家

Sauer, Emil　索尔，埃米尔，德国钢琴家、作曲家

Say, Constant　萨伊，康斯坦，法国富商

Skarlatti, Momenico　斯卡拉蒂，意大利作曲家

Schalk, Franz　沙尔克，弗朗茨，奥地利指挥家

Scharwenka, Xawer　萨尔文卡，萨克维尔，钢琴教授

Scheel, Fritz　谢尔，弗里茨，德国指挥

Schmidt, Leopold　施密特，德国评论家

Schmit, Alois　施密特，阿洛伊兹，德国指挥、作曲家

Schnabel, Artur　施纳贝尔，阿图尔，奥地利钢琴家

Schniztler, Arthur　施尼茨勒，阿瑟，奥地利剧作家、小说家

Schubert, Franz　舒伯特，弗朗兹，德国作曲家

　　Erlkonig　《魔王》

　　Octet　《八重奏》

　　Quintet（with two cellos）　《双大提琴五重奏》

　　Unfinished Symphony　《未完成交响曲》

Shakespeare, William　莎士比亚，英国剧作家

Sienkiewicz, Henryk　显克维奇，亨雷克，波兰作家

　　Hania　《哈尼娅》

Siloti, Aleksander　希洛蒂，亚历山大，俄国钢琴家、指挥家

Sirota, Leo　希罗塔，莱奥，俄国钢琴家

Skarzyńska, Helena　斯卡尔仁斯卡，海莱娜，伯爵夫人

Skarzyński, Konstanty　斯卡尔仁斯基，康斯坦蒂，波兰旅法伯爵

Skrzynski, Aleksander　斯克申斯基，亚历山大，波兰伯爵

Slowacki, Juliusz　斯洛伐茨基，尤里乌什，波兰诗人

Sobinow, Leonid　索比诺夫，列奥尼德，俄国男高音歌唱家

Sorel, Cecile　索尔，塞希莉，法国女演员

Sparrow, Sylvia　斯帕罗，西尔维娅，英国女小提琴家

Spengler, Oswald　施本格勒，奥斯瓦尔德，德国哲学家

Spiess, Jadwiga　斯皮埃斯，雅德维佳，波兰一化工厂老板的富孀

Spiess, Stefan　斯皮埃斯，斯特凡，富孀之子

Staff, Leopold　斯塔夫，莱奥波德，波兰诗人

Stein, Gertrude　斯特恩，格特鲁达，美国女作家

Steinbach, Fritz　施泰因巴赫，弗里茨，德国指挥家

Steinmann　斯坦因曼，钢琴教师

Steinway, Charles　斯坦威，查尔斯，美国斯坦威钢琴制造商

Stock, Frederick　斯托克，弗雷德里克，美国指挥

Stojowska　斯托尧夫斯卡

Stojowski, Zygmunt　斯托尧夫斯基，泽格蒙特，波兰钢琴家

Stolypin, Petr　斯托雷平，俄国总理

Strauss, Johann　施特劳斯，约翰，奥地利作曲家

Strauss, Richard　施特劳斯，里夏德，奥地利作曲家

Etudes and preludes 《练习曲和前奏曲》

Sonata No. 2 《第二奏鸣曲》

Symphony Concertante 《交响协奏曲》（即《第四交响曲》）

Variations （opus 3） 《变奏曲》作品第 3 号

Variations on a polish theme （opus 10） 《波兰主题变奏曲》作品第 10 号

Variations 《变奏曲》

T

Tarnowska 塔尔诺夫斯卡伯爵夫人，波兰人

Tchaikovski Modest 柴科夫斯基，莫杰斯特，俄国作曲家柴科夫斯基的弟弟

Tchaikovski, Peter 柴科夫斯基，彼得，俄国作曲家

    Concerto B flat （piano） 《降 B 大调钢琴协奏曲》

    Concerto D major （violin） 《D 大调小提琴协奏曲》

    Eugene Onegin 《叶甫盖尼·奥涅金》

Tertis, Lionel 特蒂斯，莱昂内尔，英国中提琴家

Teyte, Maggie 泰特，马吉，英国歌唱家

Thibaud, Jacques 蒂博，雅克，法国小提琴家

Titian 提香，意大利画家

Trabia 特拉比亚，意大利贵族

Trapszo 特拉普绍，波兰滑稽剧明星

Trotsky, Leon 托洛茨基，苏共早期领导人

Trzcinski, Teofil 迟钦斯基，特奥菲尔，波兰经纪人

Turk 图尔克，鲁宾斯坦在利沃夫演出的经纪人

U

Ulrich Bernard　乌尔里希，贝纳特，美国经纪人

Uxkull – Gillenband　奥克斯库里－吉伦邦德，男爵夫人

V

Vallandri, Jeanne　瓦兰德里，让娜，法国女歌唱家

Vanderbildt, Mrs. Cornelius　汪德比德，科内留索娃（格拉切），美国阔太太

Vanderbildt, Mrs. W. K.（Birdie）　范德比尔特（波迪），美国阔太太

Van Vechten, Carl　冯·费希坦，卡尔，意大利音乐和艺术评论家

Velazquez, Diego　委拉斯克斯，迭戈，西班牙画家

Verbrugghen, Henri　韦尔布鲁根，亨雷，比利时小提琴家、指挥

Verdi，Giuseppe　威尔第，朱塞佩，意大利作曲家

Verne，Jules　凡尔纳，儒尔，法国作家

Victoria，Eugenia　维多利亚，欧亨尼娅，西班牙王后

Villavieja，Marchioness　维亚维耶哈，西班牙贵族

Vladimir　符拉季米尔大公，俄国大公

Volkonsky　伏尔康斯基公爵，俄国驻意大利大使

Voltaire　伏尔泰，法国思想家

Vuillard，Jean Edouard　维亚尔，让·爱德华，法国画家

W

Wedekind, Frank　韦德金，弗兰克

　　Erdgest（Lulu）　《地精》（《璐璐》）

　　Spring's Awakening　《春醒》

Weingartner，Felix　魏恩加特纳，费利克斯，德国指挥

Weisweiller，Edouard　魏斯韦勒，爱德华，法国银行家

Wells，H.G.　韦尔斯，英国作家

White，Mrs. Olive　怀特，奥利弗夫人

Wiborg，Sarah　韦伯格，萨拉，美国女歌唱家

Wiborg，Hoyty　韦伯格，霍伊蒂，美国女歌唱家

Wiborg，Olga　韦伯格，奥尔加，美国女歌唱家

Wielopolska　维洛波尔斯卡，波兰贵族

Wieniawski，Henryk　维尼亚夫斯基，亨雷克，波兰小提琴家、作曲家

Wiesel，Mr. and Mrs. Izaak　维塞尔，鲁宾斯坦的姨父母

Wilamowicz – Moellendorff　维拉莫维奇－莫伦多夫，俄国外交官

Wilde，Oskar　王尔德，奥斯卡，英国作家

　　Salome　《莎乐美》

Welhelm II　威廉二世（德皇）（挑起第一次世界大战）

Wilhelmina　威尔海米娜（荷兰女王）

Willard，Joseph　威拉德，美国驻西班牙大使

Winkler　温克勒尔，波兰演员

Winter，Mr. Paul　温特，保罗，德国商人，鲁宾斯坦在柏林时的房东

Winter，Henny　温特，海妮

Wirth，Emanuel　威施，埃马努埃尔，德国中提琴手

Witkiewicz，Stanislaw　维特凯维奇，斯塔尼斯瓦夫（维特卡齐），波兰作家、画家

Wolf，Hugo　沃尔夫，胡果，奥地利作曲家

Wolf，Hermann　沃尔夫，赫尔曼，德国演出商

Wood，Sir Henry　伍德，亨利爵士，指挥

Wyspiański，Stanislaw　维斯皮杨斯基，斯塔尼斯瓦夫，波兰剧作家

Y

Yashvil　雅什维尔，俄国大公公主

Yourievskaya　尤利耶夫斯卡娅，俄国女公爵

Ysaÿe Eugène　伊萨依，欧仁，比利时小提琴家

Z

Zagórska，Aniela　萨古尔斯卡，阿涅拉，波兰女翻译家

Zagórska　萨古尔斯卡太太

Zamoyski，Jan　萨莫伊斯基，杨，波兰贵族

Zarzycki　萨日茨基，波兰作曲家

Zeromski，Stefan　热罗姆斯基，斯特凡，波兰小说家、剧作家
　　Popioly《灰烬》

Zhizhin　热仁，俄国商人

Zorrilla，José　佐里利亚，何塞，西班牙诗人、剧作家
　　Don Juan Tenorio　《唐璜》

Zusia　茹霞，华沙科恩家的女管家